시베리아 탐험기
Tent Life in Siberia

George Kennan
1868

우리역사연구재단

시베리아 탐험기

2011년 6월 26일 초판 1쇄 인쇄
2014년 11월 17일 초판 2쇄 발행

지은이 | 조지 케넌
역주자 | 정재겸
펴낸이 | 이세용
펴낸곳 | 우리역사연구재단
주간 | 정재승
교정 | 배규호
디자인·편집 | 배경태
출판등록 | 2008년 11월 19일 제321-2008-00141호

주 소 | 서울시 서초구 서초동 1689-2번지 서흥빌딩 401호
전 화 | 02-523-2363
팩 스 | 02-523-2338
이메일 | admin@koreahistoryfoundation.org

ISBN | 978-89-961975-6-0   03810

잘못된 책은 구입하신 서점에서 바꾸어 드립니다.
이 책의 저작권은 우리역사연구재단에게 있습니다.
우리역사연구재단의 허락 없이 내용을 인용하거나 발췌하는 것을 금합니다.

정 가 | 25,000원

▲ 1870년 뉴욕과 런던에서 동시 출간된 《시베리아 탐험기》 초판본. 표지 그림 속의 원주민 주거지 텐트와 개, 순록 등이 탐험기의 내용을 상징하고 있다.

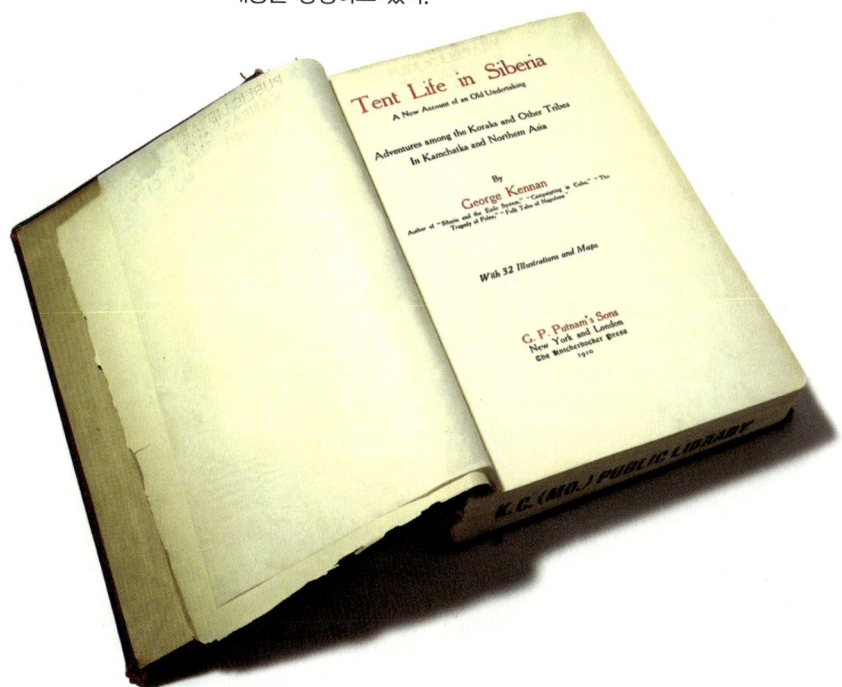

▲ 1910년 32장의 화보를 덧붙여 간행된 증보판.

▲ 에웬(또는 에벤족)족의 춤

◀ 캄차카 원주민의 주거 내부(가운데 통나무를 타고 오르내림)

▲ 이텔멘족 여자샤먼

▲ 캄차카 소도(신성지역)의 장승

▲ 캄차카 페트로파블로프스크 인류학박물관에 소장된 고대 캄차카 원주민들의 고래 사냥 그림(우리나라 울산 대곡리 반구대 암각화나 울주 천전리 암각화와 유사하다). 일찍이 청동기시대부터 시베리아 동북쪽 해안에서 한반도 해안에 이르는 해로를 왕래하며 암각화를 남긴 사람들이 있었다. 최근에는 신라왕 석탈해가 캄차카 반도 출신이었다는 학설(김종성,《철의 제국 가야》)도 제기되었다.

▲ 캄차카 인류학 박물관에 있는 이텔멘족 샤먼의 복식과 무속도구 북

▲ 코략족

축치족 ▶

▲ 유카기르족

▲ 유카기르족

▲ 에웽키족

▲ 야쿠트족 샤먼의 굿 장면

▲ 바이칼 호수 주변에 사는 부리야트족 민속음악단과 샤먼

▲ 캄차카의 백조

▲ 캄차카의 붉은부리 오리

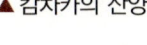

▲ 캄차카의 산양

▲ 캄차카의 코략스키 화산

▲ 캄차카 반도의 숲

▲ 코랴스키 화산

▲ 캄차카의 가을

▲ 개썰매

▲ 곰가족

◀ 최근의 화산 폭발 장면

◀ 순록떼

▲ 코락스키 화산과 농부

▲ 캄차카 베링 섬의 물개

▲ 캄차카 화산과 달

▲ 클루체프스키 화산의 일몰

▲ 캄차카의 여름(눈과 꽃이 공존한다)

▲ 아바차 만의 삼형제 바위

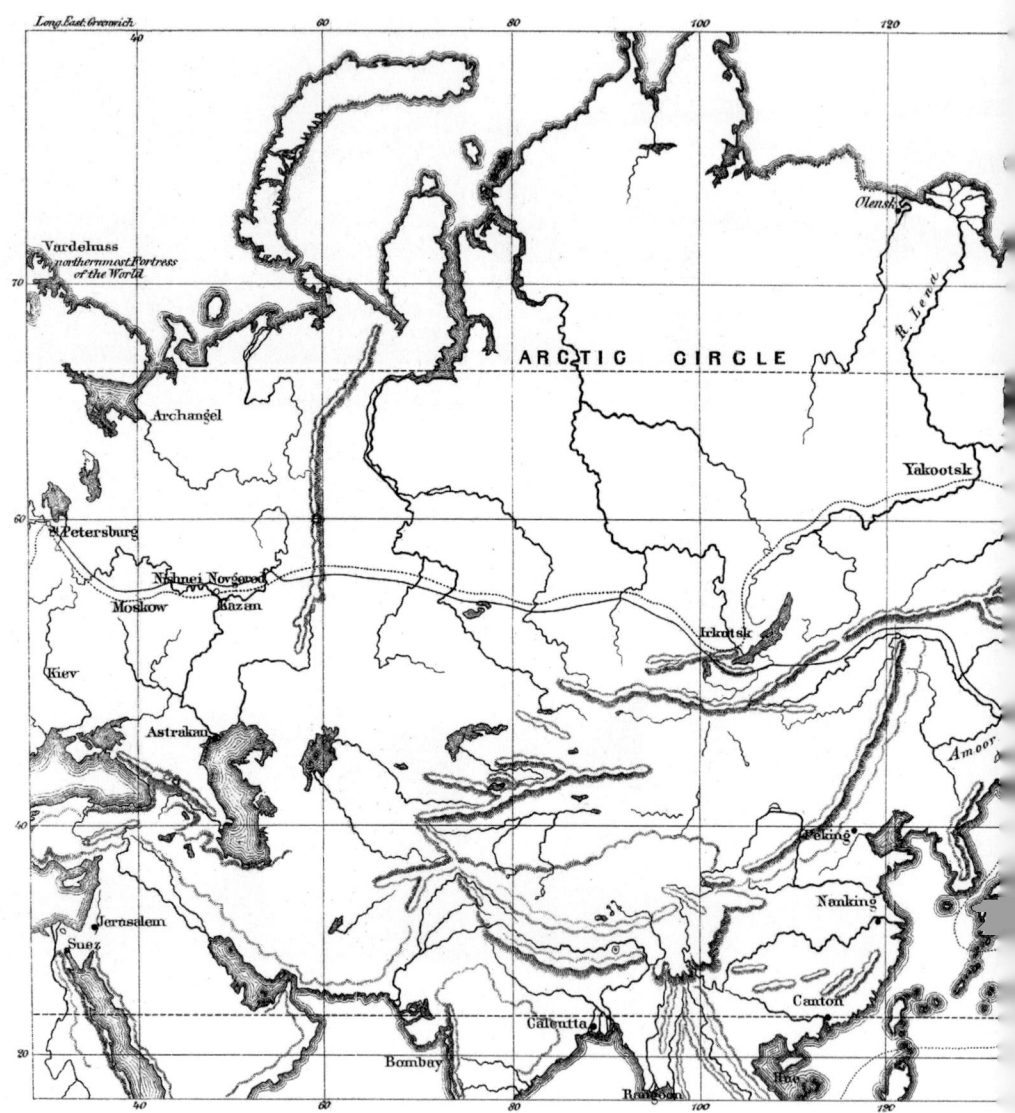

▲ 1870년 초판본에 실려있던 저자 조지 케넌의 탐험지도

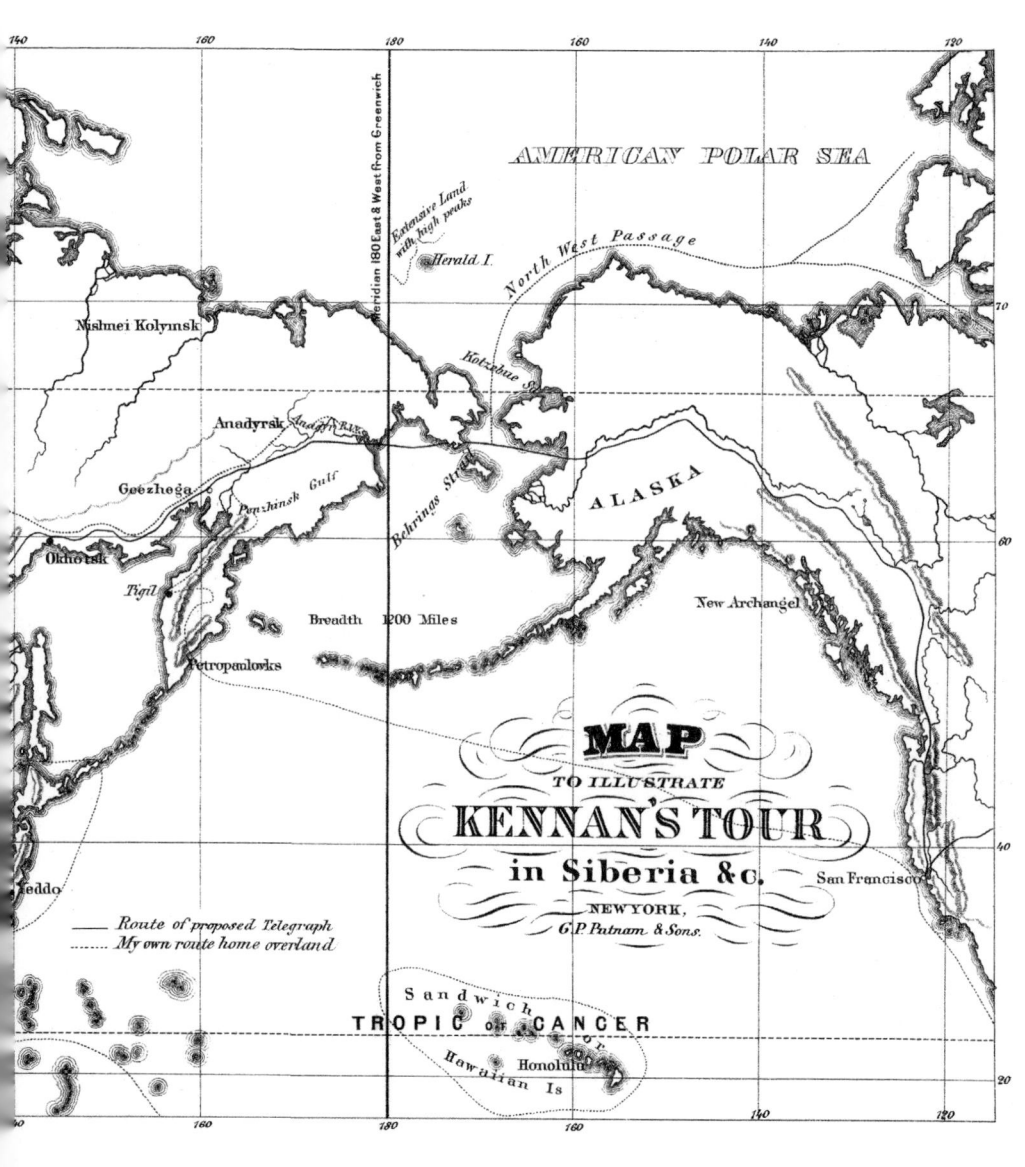

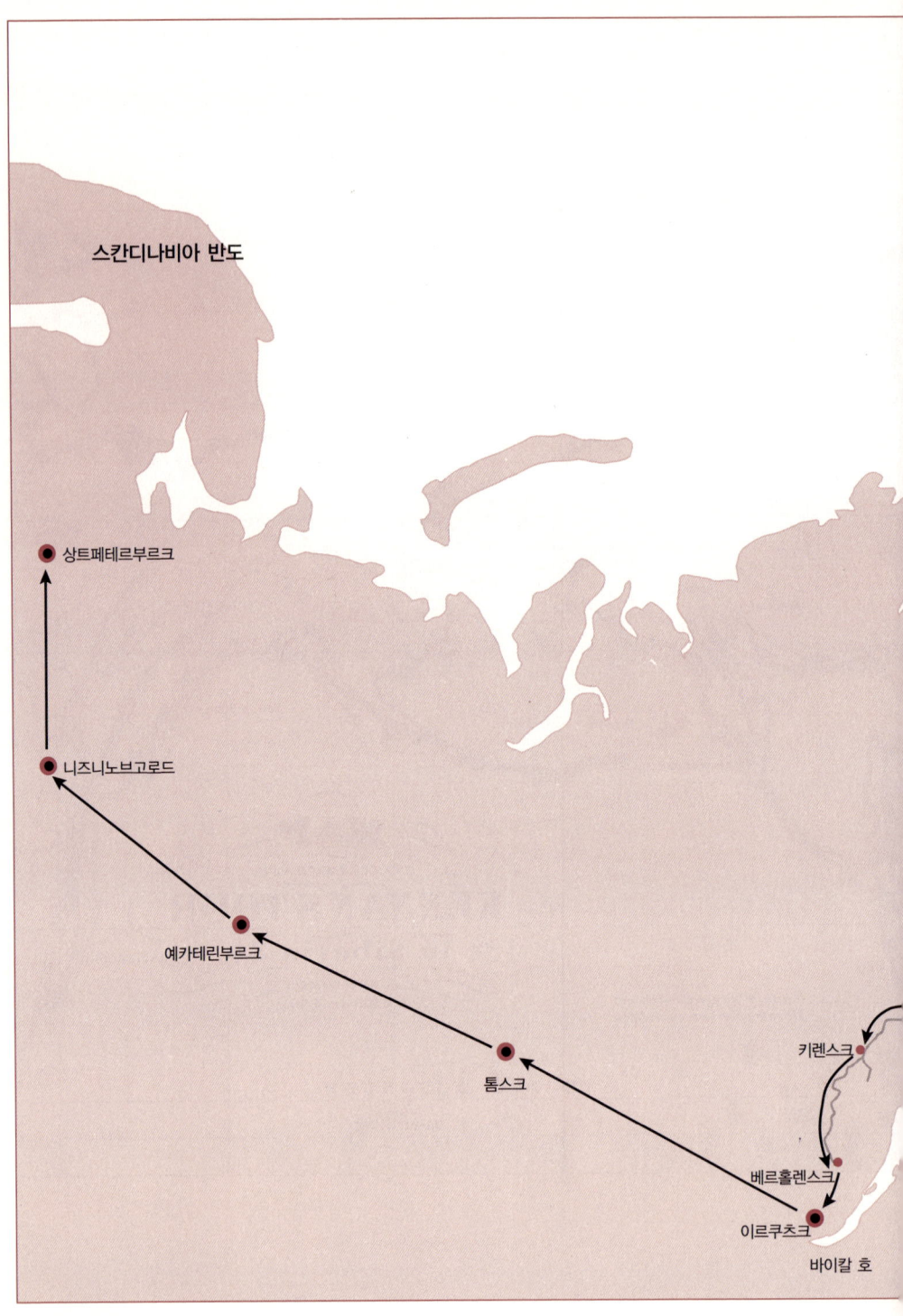

▲ 시베리아 탐험대의 경로 지도

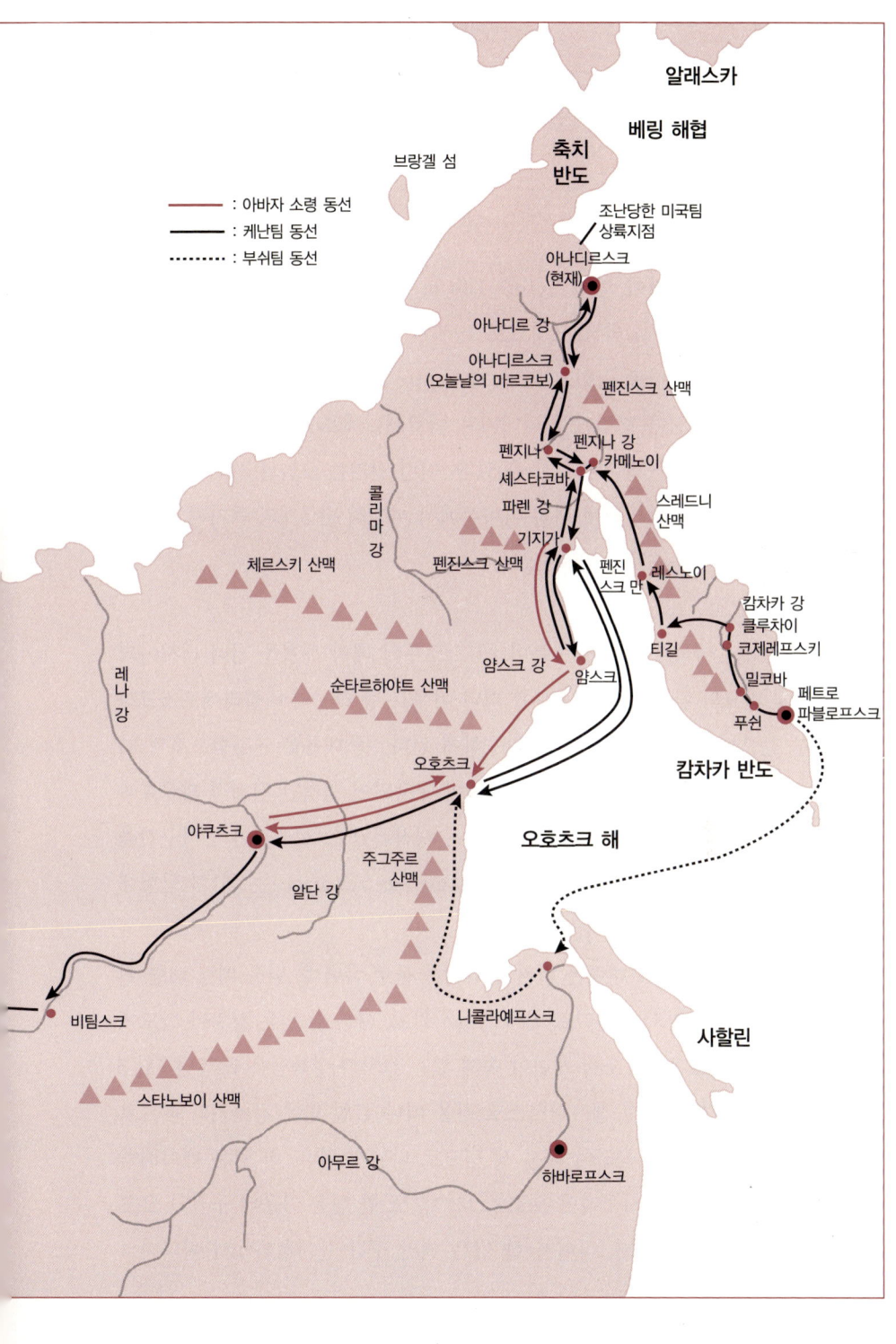

역자 서문

이 책 《시베리아 탐험기(Tent Life in Siberia)》는 조지 케넌(George Kennan: 1845~1924)의 대표작으로 19세기 여행문학 중에서 매우 뛰어난 작품 가운데 하나로 꼽히고 있다. 특히 19~20세기를 아우르는 시베리아 여행기 중 러시아 탐험가 블라디미르 아르세니예프의 《데르수 우잘라》와 함께 가장 유명한 작품이라 할 수 있다. 이런 인기는 오늘날 21세기에도 이어져오고 있는데, 인터넷 서점 아마존에서 여전히 별 5개의 독자평가를 유지하고 있는 것을 보면 알 수 있다.

1864년 미국과 러시아는 북미대륙으로부터 베링 해협을 건너 러시아의 축치 반도와 캄차카 반도 북부를 지나 아무르 강 하구의 니콜라예프스크까지 전신선을 가설하는 사업에 착수하게 된다. 두 대륙을 연결함으로써 미국과 유라시아를 하나로 잇는 전신망이 구축되어 엄청난 경제적 파급효과를 얻게 될 전망이었다. 그렇게 사업은 시작되었고, 시베리아 공사구간을 설정하기 위해 러-미 전신회사(Russo-American Telegraph)는 제1차 탐험대를 조직하여 보내게 된다.

총대장인 벌클리 대령은 먼저 탐험대를 둘로 나눠 한 팀은 베링 해협 왼쪽 축치 반도 밑의 아나디르 만에 상륙시키고, 다른 한 팀은 캄차카 반도에 상륙시키기로 한다. 조지 케넌이 속해 있는 캄차카 상륙팀은 1865년 7월 3일 쌍돛 범선을 타고 샌프란시스코 항을 떠나 47일 만에 캄차카의 페트로파블로프스크에 도착하여 다시 세 팀으로 나뉘게 된다. 한 팀은 맨아래쪽 구간인 아무르 강 하구에서 오호츠크까지, 또 한 팀은 가운데 구간인 오호츠크에서 기지가까지, 나머지 한 팀은 맨위 구간인 기지가에서 아나디르 만까지를 담당하였다.

페트로파블로프스크에서 맨아래쪽 구간 팀인 마후드와 부시 팀은 범선을 타고 아무르 강 하구로 떠나고, 나머지 두 구간 팀들은 육로로 개썰매를 타고 캄차카 반도 북부를 횡단하여 82일 만에 오호츠크 해 상단에 있는 기지가에 도달한다. 기지가에서 가운데 구간 팀인 아바자 소령 팀은 오호츠크 해 서부 해안가를 따라 오호츠크로 향하고, 맨위 구간팀에 속한 조지 케넌은 북동쪽 평원지대를 따라 23일 만에 아나디르스크에 도착하게 된다.

각자 임무를 수행하는 과정에서 눈 폭풍으로 1명이 사망하고, 또 혹독한 환경에 1명이 정신이상으로 자살하는 등 수많은 죽을 고비를 넘기고 사업을 잘 진행시켜왔다. 그러나 예기치 않은 사업중지 명령으로 모두 기지가로 철수하여 1867년 10월 24일 미국으로 돌아가게 된다. 이렇게 함으로써 탐험대는 2년간 약 3,000km에 달하는 아무르 강하구에서 베링 해협 아나디르 만까지의 구간을 답사했던 것이다.

이 책은 논픽션 여행기이지만 재치와 유머가 곳곳에 산재해 있고, 소설과 같은 긴장과 파국 등의 구성으로 독자로 하여금 자연스럽게 읽는 재미에 빠져들게 하고 있다. 그래서 서두에서 이 책에 대한 평을 썼던 소설가 래리 맥머트리가 이 책을 허먼 멜빌의 《모비 딕》이나, 마크 트웨인의 여러 작품들의 소설적인 재미와 비교할 정도로 모험소설의 대표작으로 평하고 있는 것이다.

물론 이 책은 그런 소설적인 재미 이외에 논픽션 여행기가 갖추어야 할 많은 현장 정보들을 풍부하게 갖고 있다. 특히 저자 자신이 직접 현지 원주민들(캄차달족, 코랴족, 축치족 등)과 함께 그들의 유르트(통나무 집)와 텐트에서 야영생활을 했던 생생한 기록이기 때문에 인류학적 정보로서도 가치가 높은 것이다. 이런 정보들은 시베리아와 밀접한 관계를 맺고 있는 한반도 문화와 관련하여 우리 한국인들이 결코 무심하게 지나칠 수 없는 자료들이라 할 수 있다.

예를 들면 저자가 '아나디르스크 열병'이라는 현지 주민들의 무병(巫病)을 소개하는 장면에서는 우리나라의 무당들이 보이는 무병 증세를 연상하게 될 정도로 유사성을 보이고 있다. 또한 코랴족 유목민들의 결혼식을 묘사하는 장면에서는 결혼 전 남자가 여자의 집에 가서 2년 동안 일을 해주는 풍습이 있는데, 그것은 고구려의 데릴사위제를 떠올리게 한다.

코랴족 정착민들의 가옥구조는 모래시계를 거꾸로 뒤집어 놓은 듯한 'X'자 모양으로, 드나드는 통로가 가운데 환기 구멍뿐이고 홈을 파놓은 나무기둥을 통해 오르내린다. 그리고 집 옆에는 물고기를 말려 저장하는 창고인 네발 달린 '볼로간'이 있다. 그들의 가옥구조는 중국 사서인《후한서》,《삼국지 위지동이전》에 나오는 고대 읍루족의 수혈(竪穴)과 가옥구조가 유사한 것으로 추정되며, 또한 '볼로간'은 고구려의 창고인 '부경(桴京)'을 떠올리게 한다.

그 밖에도 캄차달어가 우리 한글과 같은 교착어라는 등 유사점이 있는 조각 사료(史料)들이 여기저기 널려 있다. 물론 한두 가지 유사점만으로 모든 것을 추정할 수는 없는 일이지만, 이런 단편적인 자료들이 모이면 나중에 이들 시베리아 원주민들과 우리의 정체성을 밝히는 데 중요한 자료가 될 것으로 믿는다.

조지 케넌은 시베리아 원주민들에 대한 솔직한 평도 많이 할애해놓고 있는데, 대체적으로 서구인의 편견으로만 바라보지 않고 원주민의 입장에서 바라보려고 노력하는 모습이 마치 성실한 인류학자를 보는 듯한 느낌이다. 그는 축치족과 코랴족을 러시아의 침입에 맞서 스스로의 생존을 쟁취한 유일한 종족으로서 시베리아에서 가장 용감하고 독립성이 강한 사람들로 보고 있다. 또한 그들의 선한 본성을 다음과 같이 표현하고 있다.

"……코랴족 유목민의 성향은 아주 선하다. 이들은 여자와 아이들을 아주 친절하게 대한다. 이들과 교류해온 2년 넘는 기간 동안 나는 한 번도 이들이 여자와 아이들을 때리는 모습을 본 적이 없다. 이들의 정직성은 놀랄 만한 것이다. 예를 들어 우리가 아침에 이들의 야영지를 떠난 이후에, 이들이 8~16km의 먼 거리를 순록 썰매를 타고 우리를 쫓아와, 우리가 서둘러 출발하는 바람에 잊고 떠난 칼, 파이프 등의 사소한 물건들을 전해주던 일들은 아주 흔한 일에 속했다.

우리는 많은 부족들로부터 문명국가에서 받을 수 있는 것보다 더 많은 친절과 호의를 받아왔다. 만일 내가 돈도 없고 도와줄 친구도 없는 상황에 처한다면, 나는 미국에 있는 많은 친척들에게 호의를 구하기보다는 기꺼이 코랴족 유목민들에게 도움을 청할 것이다. 우리의 관념으로 볼 때, 이들이 잔인하고 야만스러워 보이지만, 내가 아는 한 이들은 결코 배반하지 않는 것으로 알려져 있다. 나는 거리낌 없이 이들의 손에 나의 생명을 맡길 수 있다고 본다.……"

그리고 조지 케넌은 원주민들의 전통 믿음인 샤머니즘에 대해서도 이같이 말하고 있다.

"……많은 사람들이 샤머니즘이란, 미신에 쉽게 속아 넘어가는 원주민들을 대상으로 소수의 교활한 샤먼들이 벌이는 거대한 사기극이라고 주장하고 있다. 나는 분명 이것이 편견에 치우친 견해라고 생각한다. 시베리아 원주민들과 함께 살아보고, 그들의 특성을 연구하고, 또 그들을 둘러싼 주변 환경을 직접 체험해본 사람이라면 샤먼들이나 그 추종자들의 신실한 믿음을 의심할 수 없으며, 또한 악령숭배만이 그들의 유일한 종교라는 주장을 받아들일 수 없을 것이다. 다만 그것은 그런 혹독한 환경 속에서 가능한 종교일 뿐이다.……"

조지 케넌은 원주민들에게서 극지탐험에서 살아남을 수 있는 생존방법 등도 배우게 된다.

"……극지 여행에서 가장 중요한 법칙은 첫째로 기름진 음식을 충분히 먹어두는 것, 둘째로 과도한 체력소모와 밤여행을 피하는 것, 셋째로 일시적으로 빨리 열을 내기 위해 심하게 움직여 땀을 많이 흘리는 운동을 절대 하지 않는 것 등이다.
경험이 없는 사람들은 낮에는 많이 움직여 체력을 많이 소모하게 되고, 자칫 비상상황이 발생하게 되면, 밤에는 지치고 땀에 젖어 있게 되어 거의 얼어죽을 수 있는 상황에 빠질 수 있는 것이다.……"

그 밖에도 이 책은 저자의 해박한 지식과 뛰어난 묘사력 등 많은 볼거리를 갖추고 있는데, 다만 역자의 능력이 부족하여 그 세밀한 묘사를 정확하게 번역해내지 못한 부분들이 있을 것으로 보여 아쉬움이 남는다고 하겠다. 하지만 시베리아에 관한 역사문화 방면의 작품들을 소개하는 데 너무나 인색한 한국적 현실에서 미진한 역자의 능력으로나마 시베리아 원주민들의 삶과 문화를 생생하게 기록해놓고 있는 이런 명저를 소개할 수 있게 되어 그나마 커다란 위안이 된다.

잠깐 조지 케넌 가문과 한국과의 인연을 간략히 소개해보기로 하자. 저자인 조지 케넌은 탐험가로, 또 러시아 전문가로 유명해지면서 1904년 러일전쟁을 취재하기 위해 《더 아웃룩(The Outlook)》의 특파원으로 한국을 방문하여 당시 한국에 대한 부정적인 면을 주로 보도하였다. 이후 일본의 한국 병탄을 인정하는 가쓰라-태프트 비밀조약을 진행 중인 친일 성향의 시어도어 루스벨트 대통령의 자문위원이 되어 어느 정도 정치적 영향력을 갖게 된다. 1905년 기울어가는 대한제국의 고종은 그런 루스벨트에게 일곱 번이나 특사를 보냈으나 모두 무위로 끝났다. 그중 다섯 번째 특사로 선교사 헐버트(Homer B. Hulbert)를 보냈는데, 헐버트가 자문위원인 조지 케넌을 만났으나 아무런 성과가 없었다. 이렇게 조지 케넌은 한국과의 역사적 악연도 있었다.

또한 그의 손자뻘되는 조지 프로스트 케넌은 러시아 전문가였던 조지 케넌의 영향을 받아 똑같이 러시아 전문가의 길을 밟고 트루먼 대통령 시절 소련 주재 미국 대사를 지내면서 대소련 봉쇄정책을 입안하는 등 냉전 구도의 주역이 되면서 미·소 양국의 대리전이 된 6·25 전쟁 발발에 일정 부분 영향을 미치게 된다. 결과적으로 이 또한 한국과의 악연으로 작용한 것이다. 결국 조지 케넌 가문과 한국과의 인연은 냉엄한 국제정치 현실 속에서 별로 우호적인 것이 아니었다고 볼 수 있겠다. 하지만 그렇다고 이 책의 진가가 감소되는 것은 아니다. 이 책은 조지 케넌의 초기 작품이며 더더구나 정치와는 아무런 관련이 없는 탐험기이기 때문이다.

이제 한국은 머지않아 통일의 날이 올 것이고, 통일 한국은 바로 면전에 만주와 시베리아를 맞대게 될 것이다. 우리가 말로만 동북아의 중심인 허브국가가 되겠다고 하기보다는 실제로 그에 대한 준비를 착실히 해나가야 하는 시점이다.

해양세력인 미·일 서구세력과 대륙세력인 중·러 세력과의 사이에 놓여 있는 한국은 중간에서 균형을 취하기 위해, 대륙세력에 대한 연구를 게을리해서는 안 된다. 시베리아가 유라시아의 미래에 아주 중요한 대륙임에도 아직 우리에게는 머나먼 동토의 땅으로만 인식되고 있는 형편이다.

그러나 현지에 한 번이라도 다녀온 사람들이라면, 만주만 지나면 바로 시베리아가 나오기 때문에 그리 먼 곳이 아니라 오히려 서구보다 더 가깝다는 사실을 깨닫게 된다. 또한 기온이 급상승하고 있는 지구온난화의 영향으로 앞으로 시베리아는 사람이 살기 좋은 온대지방으로 변할 가능성이 크다.

시베리아는 너른 땅과 무진장한 자원의 보고이지만 인구는 적다. 통일한국이 미래에 우리와 인류학적으로 친연성이 있는 이 시베리아를 잘 활용할 수 있다면, 한민족의 정체성을 더욱 명확히 밝힐 수 있을 것이며, 경제적으로도 상생 발전할 수 있는 기회를 맞이하게 될 것이다.

역자는 지난 10여 년간 한민족의 시원을 연구해오며, 우리 겨레의 주요 발상지로 거론되어온 북방 시베리아 지역에 관심을 기울여왔다. 이러한 연구의 첫 결과물로 시베리아 동부 바이칼 호수 지역의 토착 원주민을 다룬 《부리야트족의 전통과 문화》를 번역하여 국내에 소개하였고, 시베리아 전 지역을 다룬 개론서라 할 수 있는 《시베리아 원주민의 역사》를 역시 국내 초역으로 2008년 출간했다. 그리고 이제는 각론으로 들어가 각 지역을 세부적으로 소개해주는 작품들을 번역할 필요성을 느끼게 되어, 먼저 시베리아 북동부 지역을 소개하고 있는 이 책을 번역, 소개하게 되었다.

아무쪼록 이 탐험기가 널리 소개되어 시베리아 연구의 촉진제가 될 수 있다면, 역자로서 더 바랄 것이 없겠다. 부족한 캄차카 반도의 사진 자료를 제공해주신 이규열 선생님(www.siberiatrip.co.kr)과 (주)세명여행 김영래 이사님, 조선일보 이진한 기자님, 본문 중의 러시아어를 바로 잡아주신 전 이르쿠츠크 국립외국어대학 박근우 교수님께 진심으로 감사를 드린다. 끝으로 이 귀중한 북방문화자료의 출판을 흔쾌히 허락해주신 우리역사연구재단 이세용 이사장님께 깊은 감사의 뜻을 표한다.

2011년 5월 계룡산방에서
역주자 정재겸

래리 맥머트리(《브로크백 마운틴》의 작가)의 소개글

엘리자베스 여왕과 자코뱅 당의 시기가 무운극(無韻劇, blank-verse drama) 시대였다면, 19세기는 여행문학의 시대였다. 그런 빛나는 시기에 부응하여 모든 재능을 갖춘 한 작가가 나타났다.

조지 케넌은 시베리아에서 자신의 기회를 발견하였고, 그 결과물이 이 책《시베리아 탐험기》였으며, 이것은 19세기 여행문학 중 매우 감동적인 고전 중 하나가 되었다.

19세기 여행가에게 있어서 기회란 무한한 것처럼 보였음에 틀림없다. 서구의 커다란 상업주의 국가들이 3세기 동안 끊임없이 탐험을 시도한 결과 대양(大洋)과 대륙(大陸)의 윤곽이 드러났다. 거의 모든 지역들이 발견되었지만, 상세하게 묘사된 곳은 별로 없었으므로 나날이 증가해가는 대중 독자들의 사실주의적 욕구를 만족시키지 못하고 있었다.

그러한 욕구는 아마도 나날이 커가는 사실주의적 소설에 의해서 자극받았을 것이다.《로빈슨 크루소》는 작가 디포우가 자신의 주요 영감의 원천이었을 것으로 보이는 난파선 내용을 자세하게 이야기하는 필체로, 매우 재치 있게 풀어나갔기 때문에 성공했다.

어쨌든 19세기는 여행가들을 계속 만들어냈으며, 그들의 에너지와 묘사력은 위대한 소설가들의 그것에 뒤떨어지지 않았다. 여행가들의 에너지는 소설가들보다 더 컸을지도 모른다. 왜냐하면 여행가들은 고속도로가 막히고 공항이 인파로 붐비는 것보다 더 나쁜 상황에서도 글을 썼을 뿐만 아니라 또한 여행도 해야 했기 때문이다. 소설가와 여행작가 사이의 차이점은 미묘한데, 거의 모든 소설가들이 여행을 하며 여행 작품을 쓰는 데 비해, 적지 않은 여행가들은 소설을 쓰지만 좋은 작품을 내는 일은 드물다는 것이다.

영어로 쓰인 여행 문학의 위대한 시기는 1790년대 제임스 브루스1)와 몽고 파크2)의 아프리카 여행 작품들로부터 시작해서 1923년 앱슬리 체리-개러드3)가 로버트 스콧의 마지막 북극탐험에 관한 비극적인 명작《세상에서 가장 힘든 여행(The Worst Journey In The World)》Ⅱ권을 출판했을 때까지 이어졌다.

그 130여 년 동안 움직일 수 있는 사람은 모두 사실상 바닷길 위에서 혹은 뭍길 위에서 여행 중인 것으로 보였다. 박물학자-여행가들(베이츠4), 월러스5), 다윈)은 남아메리카를 선호했던 것 같다. 그들보다 더 경쟁적이었던 사람들은 북서쪽 항로, 혹은 나일 강의 근원을 찾았다. 리처드 버튼 경6)은 이슬람권 세계를 선호했으며, 지구상의 모든 곳이 사람들을 유혹했다.

---

1) James Bruce(1730~1794): 영국의 여행기 작가. 블루 나일 강의 근원을 찾아 북아프리카와 에티오피아를 10여 년간 탐험했다. 저서로《나일 강 근원을 찾아서(Travels to discover the source of the Nile)》를 남겼다.

2) Mungo Park(1771~1806): 영국의 아프리카 탐험가. 니제르 강을 처음 발견한 서구인이 되었다. 니제르 강 탐험 중 원주민들의 공격을 받고 도피하다가 강에 빠져 죽었다. 저서로《아프리카 내륙 여행기(Travels in the Interior districts of Afirca)》를 남겼다.

3) Apsley George Benet Cherry-Garrard(1886~1959): 영국의 남극 탐험가. 비극으로 끝난 스콧의 남극 원정대에 가장 나이 어린 24세의 대원으로 참여하여 살아남았다. 저서로《세상에서 가장 최악의 여행(The Worst Journey in the world)》을 남겼다.

4) Henry Walter Bates(1825~1892): 영국의 박물학자, 탐험가. 1848년 월러스와 함께 아마존 탐험을 시작하여 유명해졌고, 4년 후 월러스가 귀국하고 혼자서 11년간 머무르다 귀국했다. 저서로《아마존 강의 박물학자(The naturalist on the river Amazons)》등이 있다.

5) Alfred Russel Wallace(1823~1913): 영국의 박물학자, 탐험가, 지리학자, 인류학자. 처음엔 베이츠와 함께 아마존에 가서 조사했으나, 이후로 말레이 군도 및 인도네시아에 머물며 연구를 계속하여 다윈과는 독립적으로 자연선택을 통한 진화의 개념을 만들었다. 아시아에서 오스트레일리아에 걸쳐 동물군의 단절현상이 나타난다는 월러스 선을 발견하는 등 '생물지리학의 아버지'로 불린다. 저서로《말레이 군도(The Malay Archipelago)》등이 있다.

6) Sir Richard Francis Burton(1821~1890): 영국의 탐험가, 작가, 군인, 시인, 민족지학자, 외교관 등으로 다재다능했던 그는 29개 언어에 능통했으며, 왕립지리학회 회원으로 아시아, 아프리카를 여행했고, 아프리카 탕가니카 호에 최초로 들어간 유럽인이 되었다. 만년에는 다마스커스, 트리에스테 주재 영사를 지냈으며, 기사 작위를 받았다. 그는 수많은 여행기를 남겼으며,《카마 수트라》,《아라비안 나이트》를 번역하여 처음 유럽에 소개한 것으로도 유명하다.

이 여행문학을 하나의 장르로 연구하려는 시도가 별로 없었다는 것은 불행이다. 이런 연구 시도가 가장 잘돼 있는 것은 폴 퍼셀[7]의 《외국(Abroad)》(1980)으로, 이것은 양차 세계대전 사이의 기간, 즉 황금기가 지난 시기의 영어 여행문학을 다루고 있다.

물론 미국은 유럽인들이 가장 빈번하게 여행하던 곳 중 하나였다. 어떤 사람들은 사냥하기 위해(막시밀리안 왕자[8]), 강연하기 위해(디킨스), 사업하기 위해(트롤로프 부인[9]) 미국에 왔으며, 또한 많은 사람들이 여행을 하고 글을 썼다.

19세기 초 30~40년 동안 미국인들은 자신들이 주로 사는 곳에서 떠나지 않고 머물러 사는 것에 관심을 기울여야 한다고 느끼고 있었다. 때때로 여행할 필요가 생기면 급박한 여행이 이루어졌지만, 글쓰기를 필요로 하지 않았다. 미국 작품들에서 오늘날 아메리카 원주민이라 불리는 토착민들은 노골적으로 배제되었다. 미국인들이 여행작품을 쓰기 시작했을 때, 이들은 영국인이나 프랑스인들이 자신들을 비하했듯이 스스로를 비하해서 다루었다.

작가들은 문학적인 목적 때문에 빈번하게 아주 어려운 여행을 함으로써 스스로 희생물이 되어 봉사했다. 자기 비하, 희극적 양식이 발전했으며, 그 속에서 고난에 찬 여행 – 그들 중 많은 사람들이 받은 혹독한 고난 – 은 가

---

[7] Paul Fussell(1924~): 펜실베이니아 대학 영문학 교수, 문학 역사가, 작가. 저서로 《2차 대전과 현대의 기억(The Great War and Modern Memory)》 등이 있다.

[8] Prince Maximilian 혹은 Maximilian of Baden(1867~1929): 1871년 비스마르크에 의해 프로이센 왕국을 중심으로 성립된 독일제국이 제1차 세계대전에 패배한 후 혁명에 의해 의회제도의 독일공화국으로 넘어가는 것을 지켜본 독일제국의 왕자.

[9] Frances Trollope(1779~1863): 영국 여류 대중소설가. 그녀의 셋째 아들 안소니 트롤로프와 장남 토머스 트롤로프 역시 작가로 유명하다. 그녀는 결혼 후 어려운 가정생활을 극복하기 위해 미국으로 이주했으나, 실패를 맛보고 다시 영국으로 돌아와 그동안의 경험을 소설로 쓰기 시작한다. 작품으로는 사회적 저항이 담긴 최초의 기업소설 《공장 소년 마이클 암스트롱(Michael Armstrong: Factory Boy)》과 스토우 부인의 《엉클 톰스 캐빈》에 영향을 미친 최초의 반 노예제 소설 《조나단 제퍼슨 윗로(Jonathan Jefferson Whitlaw)》, 그리고 그녀의 최대의 작품 《과부 바나비 3부작(The Widow Barnaby trilogy)》이 있다.

볍고 낙천적으로 다루어졌다. 그리하여 이야기체와 희극적 양식이 주류를 이루게 되었다.

19세기 미국에서 장르가 항상 매끄럽게 구분되었던 것은 아니다. 존 로이드 스티븐스[10]의 《유카탄 여행에서 생긴 일(Incidents of Travel in Yucatan)》(1841)은 순수한 여행문학이며 명작이지만, 그 연대가 오래되어 희귀본이 되었다. 쿠퍼[11]와 어빙[12]은 모두 여행을 허구의 세계인 픽션으로 이끌어 갔으며, 혹자는 이들이 픽션을 자신들의 여행으로 이끌어 갔다고 의심하기도 한다. 《오무와 타이피(Omoo and Typee)》에서 멜빌(Melville)은 성장하고 있는 여행문학의 대중성에 투자하려고 시도했지만, 상업적으로 실패했으며 또한 미학적으로도 실패했다는 것이 나의 견해이다.

더 나은 다른 혼합된 작품들이 만들어졌으며, 아마 틀림없이 그들 중 가장 위대한 작품일 《모비 딕(Moby Dick)》과 함께 그런 여행의 맛을 갖추고 있는 고전작품들이 많이 나타나기 시작했다. 그 외의 다른 작품들에는 소로(Thoreau)의 《콩코드와 메리맥 강에서의 일주일(A Week on the Concord and Merrimack Rivers)》, 파크맨[13]의 《오레곤 가는 길(The Oregon Trail)》, 조시아 그렉(Josiah Gregg)[14]의 《대평원에서의 무역생활(Commerce on the

---

10) John Lloyd Stephens(1805~1852): 미국의 탐험가, 작가, 외교관. 1839년 중미 특별대사를 지내면서 그는 마야문명 유적을 탐험하기 시작했고, 이후 파나마, 콜롬비아 등을 다니다가 당나귀에서 떨어져 사고를 당한 후 후유증으로 사망한다. 작품으로는 《유카탄 여행에서 생긴 일(Incidents of Travel in Yucatan)》, 《중미 여행에서 생긴 일(Incidents of Travel in Central America, Chiapas and Yucatan)》 등이 있다.

11) James Fenimore Cooper(1789~1851): 미국 뉴저지 주 출신으로 워싱턴 어빙과 함께 미국 초기문학의 대표작가이다. 작품으로는 《개척자들(The Pioneers)》, 《모히칸족의 최후(The Last of the Mohicans)》, 《대평원(The Prairie)》 등이 있다.

12) Washington Irving(1783~1859): 미국 뉴욕 출생으로 미국문학의 선구자이다. 작품으로는 《스케치북(The Sketch Book of Geoffrey Crayon)》이 유명하다. 그 안에 실린 30여 편 중 《립 밴 윙클(Rip Van Winkle)》은 근대 단편소설의 효시로 불린다. 스페인 주재 미국공사를 두 번 지냈다.

13) Francis Parkman(1823~1893): 미국의 역사가, 작가, 원예학자. 어릴 적에 몸이 약해 시골로 보내진 그는 4년 동안 머물면서 자연과 친해졌고, 평생 자연과 함께 살아가게 된다. 작품으로는 《오레곤 가는 길(The Oregon Trail: Sketches of Prairie and Rocky Mountain Life)》, 《북미의 프랑스와 영국(France and England in North America)》 등이 있다.

Prairies)》, 그리고 물론 마크 트웨인(Mark Twain)의 《미시시피 강에서의 원시생활 체험기(Roughing It, Life on the Mississippi)》와 《시골뜨기의 외유기(The Innocents Abroad)》 등이 있으며, 기타 다양한 작품들이 여행작가에게 요구되는 모든 재능을 갖고 있음을 증명해 보이고 있다. 여행작가는 강, 하늘, 평원 등의 장엄한 모습에 감동되어 그 풍경을 생생하고 관용적인 표현으로 역설적이며 재치 있게, 그리고 솜씨 좋게 그려내는 재능을 가진 사람이며, 무엇보다도 열정을 가진 사람이다. 고난 속에서도 열정이 없다면 여행작품은 불행 이상의 기록이 될 수 없는 것이다.

간단히 말해서 이 책은 조지 케넌의 대표작이라 할 수 있다.

케넌은 마크 트웨인이 갖고 있는 천재성을 갖고 있지 않을지 모르지만, 그와 대등한 열정과 재치를 갖고 있다. 예를 들어 이 책 《시베리아 탐험기》에서 가장 재미있는 장면인 코략족 주거지 폴로그(polog)에서 보낸 첫날밤의 묘사 장면은 마크 트웨인의 《미시시피 강에서의 원시생활 체험기》에 나오는 것과 같을 정도로 생생하다. 사실상 이 두 작품의 색깔은 거의 비슷한 것이어서 마크 트웨인이 자신의 작품을 '서부에서의 텐트 여행(Tent life in the West)'이라고, 또 케넌이 자신의 작품을 '시베리아에서의 원시생활 체험기(Roughing It in Siberia)'라고 불러도 별로 어색해 보이지 않을 것이다.

블랙 유머(black humor)가 여행문학에서 기원한 것이라는 명제가 성립할 수 있다면, 《시베리아 탐험기》는 그런 이론에 기초한 우수한 작품이 될 수 있을 것이다. 《미국인 전기 사전(The Dictionary of American Biography)》에 수록된 그에 관한 기사에 따르면, 젊은 시절의 조지 케넌은 남북전쟁 당

---

14) Josiah Gregg(1806~1850): 상인, 탐험가, 작가. 테네시 주 출생으로 6세 때 미주리 주로 이주해 살다가 결핵에 걸려 시골생활을 시작한다. 이후 뉴멕시코 지방에 정착해 살면서 약 10년에 걸친 무역상으로서의 삶을 엮은 《대평원에서의 무역생활》을 펴내고 유명해진다. 이 책은 뉴멕시코의 지리, 식생, 지질, 문화 등에 대해 상세히 기술하고 있다. 이후 특파원으로 멕시코-미국 전쟁을 취재하기도 하고 캘리포니아 금광 탐사팀에 참여했다가 눈사태를 맞아 굶어죽었다.

시 일선에서 전투요원으로 참가할 수 없는 육체적 한계를 갖고 있었던 것으로 보인다. 그 한계가 무엇이었든간에, 그것은 케넌이 영하 60도로 내려가고 가장 심한 블랙 유머를 자극해대는 환경아래 있는 시베리아 북동부에서 2년 동안 돌아다니는 것을 막지 못했다.

그는 20세의 숙달된 전신기사였는데, 그 당시 멋지게 보였을 것이 틀림없는 한 기업체에 고용돼 있었다. 처음에 애틀랜틱 케이블(Atlantic Cable) 사가 실패하자, 웨스턴 유니온(Western Union) 사는 알래스카, 베링 해협, 그리고 시베리아를 관통하여 유럽 쪽 러시아에 닿는 하나의 전신선을 구축함으로써 미국과 유럽을 연결할 수 있기를 희망했다.

케넌과 그의 용감한 팀은 1865년 미국을 떠나 거의 2년 동안 시베리아를 여행하고 다녔다. 거기에서 그들은 황무지를 답사하고 다녔고, 도중에 만난 다양한 원주민들을 설득하여 땅에 전신주를 박는 작업을 돕도록 애썼다. 그 전신주에는 마술을 부리는 전선이 이어져 있었고, 대륙을 가로질러 갈 것이었다.

사실적으로 말할 것 같으면, 그들은 살아남으려고 대부분의 시간을 소비해야만 했고, 그러기 위해서는 극도의 인내심과 어쩌다 찾아오는 기적을 필요로 했다. 그 기적이란 뜻하지 않게 찾아오는 그런 행운인데, 그것은 훌륭한 여행작품들에 거의 빠지지 않는 항목인 것이다.

이 작은 팀은 서쪽으로 가는 도중에 한 미국 포경선을 타게 되었는데, 거기에서 이들은 오래된 신문들을 읽다가 애틀랜틱 케이블 사가 승리를 거두고 러-미 전신회사는 패배했다는 사실을 알게 되었다.

조지 케넌은 이후 자기 생애에서 가장 재능 있고 신뢰성 있는 저널리스트 중 한 사람이 되었다. 1901년 맥킨리(Mckinley) 대통령이 저격당했을 때, 케넌은 대통령 언론담당 비서로서 백악관의 모든 전신업무를 책임지고 있었다. 그는 펠레(Pelee) 화산의 분출[15], 그리고 미서 전쟁[16]을 취재하기도 했다.

한편 그의 일생에서 어머니와도 같은 역할을 한 러시아는 케넌 가(家)를 어루만져 주었다. 러시아는 케넌의 손자뻘이며 뛰어난 외교관인 조지 F. 케넌(George F. Kennan)도 어루만져 주었다. 러시아는 그를 여러 번 불러들였다. 1880년대 중반 한 편집장의 부탁으로 그는 정치범들의 유형제도를 둘러보기 위해서 시베리아로 돌아갔다. 처음에는 로마노프 왕조를 옹호하는 경향을 띠었으나, 마지막엔 비난하는 경향으로 돌아섰다.《시베리아와 유형제도(Siberia and the Exile System)》는 정치범 수용소 굴라크(Gulag)에 관한 최초의 훌륭한 연구서이며, 아직까지도 필수적인 저작물로 남아 있다. 이 책 역시 그 방식에 있어서 훌륭한 여행기이며,《시베리아 탐험기》보다 훨씬 더 어두운 분위기의 책이다. 6개월에 걸쳐 유형지를 돌아다니던 그의 여행은 쇠약해진 건강 때문에 중단되었다.

《시베리아 탐험기》는 젊은이가 쓴 책답게 힘이 넘치고 자신감에 차 있으며, 파격적이고, 또한 아주 멋진 읽을거리를 제공해주고 있다. 1870년 처음 출간되었고, 이후 14쇄를 거치는 동안 책 장정도 표지에 유르트와 개가 끄는 썰매를 타고 있는 코략족을 새겨넣은 청색, 녹색, 갈색 3가지로 다양화되었다. 1910년에는 제37~41장이 더 늘어난 증판이 단행되었다.

불후의 명작에 속하는 여행작품들 중에는 비극으로 끝나는 경우가 별로 없다. 스콧의 탐험을 다룬 체리-개러드의 작품 같은 경우는 예외에 속한다. 통상적으로 탐험가들은 결국 집으로 귀향하게 된다. 사실 여행 그 자체는 완전한 지옥 같은 것일는지 모르지만, 그것을 쓰는 데 있어서 여행가이자 작가인 당사자는 통상적으로 그것을 마치 즐거운 소풍이라도 되는 것처럼 만들어 버린다. 그 속에서 원주민, 야생동물, 기후 등이 그 소풍에 문젯거

---

15) 1902년 카리브 해 프랑스령 마르티닉 섬의 화산 폭발로 약 3만 6,000명이 사망하는 당시 최대의 재해.
16) Spanish-American War: 1898년 쿠바를 둘러싸고 미국과 스페인이 벌인 전쟁.

리를 제공하는 하나의 자극제 역할을 할 뿐이지만.

이런 관점에서 볼 때 케넌은 뛰어나다. 그가 만들어내는 기지(機智)는 실패하는 법이 없으며, 또한 그는 기지보다 더한 어떤 것이 언제 효과를 발휘하는지도 알고 있다. 이 책에서 가장 뛰어난 산문 구절은 1867년 2월에 발생하여 특별한 광경을 연출했던 북극광 오로라에 대한 묘사이다. 극지 탐험에 관한 수많은 작품들 중에 케넌의 이 같은 묘사를 능가하는 것은 어디에도 없다. 그의 글솜씨는 장엄하다고 불렸다.

대부분의 훌륭한 여행작가들과 마찬가지로, 조지 케넌은 자신의 경험을 새롭고도 재미있게 드러내 보이는 능력을 가지고 있다. 그는 열정을 가지고 탐험에 참가했으며, 그것을 생생하게, 그리고 유머감각을 가지고 재미있게 묘사하여 곧 당대 19세기 독자들을 사로잡았으며, 마침내 오늘날 20세기에도 많은 독자들을 다시 사로잡을 것으로 생각된다.

래리 맥머트리[17]

---

[17] Larry Mcmurtry(1936~): 미국 텍사스 출신의 소설가로 《외로운 비둘기(Lonesome Dove)》로 1986년 퓰리처 상을 받았고, 《마지막 영화(Last Picture Show)》, 《애정의 조건(Terms of Endearment)》, 《브로크백 마운틴(Brokeback Mountain)》 등이 영화로 제작되어 호평을 받았다.

저자 서문

웨스턴 유니온 전신회사(Western Union Telegraph Company)가 1865~1867년 알래스카, 베링 해협, 시베리아를 거쳐 대륙을 횡단하여 유럽에 이르는 전선 케이블을 설치하려 했던 시도는 어떤 면에서 볼 때 현 세기에 있어서 가장 놀랄 만한 사업이었다. 발상이 대담하고 그 목적이 중요한 것이어서 그것은 단번에 모든 문명세계의 관심을 불러 모았으며, 또한 그 회사는 미국 자본이 참여한 최대의 전신회사로 간주되었다.

그러나 경쟁사인 애틀랜틱 전신회사(Atlantic Cable)가 화려한 성공을 거두자 그것은 대중들의 생각에서 완전히 사라져 버렸으며, 눈부시게 발전해 가는 이 시대에 성공하지 못한 모든 모험적 사업들과 마찬가지로, 그것은 빠르게 잊혀졌다. 대부분의 독자들은 이 사업이 처음 시작되는 단계에서부터 마지막으로 포기 단계에 이르는 주요 역사적인 사실들을 알고 있다.

그러나 그 회사가 브리티시컬럼비아(British Columbia : 당시는 영국령, 현재는 캐나다의 태평양연안주(州)), 알래스카, 시베리아에서 성취했던 것들에 대해서는 그 사업을 원래부터 입안했던 사람들 중에서도 단지 몇몇 사람들만이 알고 있을 뿐이다. 즉 그 사업에 참여해 탐사하고 작업에 임했던 사람들이 겪고 극복해냈던 온갖 장애물들과 우리가 가보지 못하고 여행해보지 못했던 지역들에 대한 지식을 제공받을 수 있도록 해준 것이 바로 그 사업의 가장 큰 성과물이라 할 수 있다.

그 사업에 참여했던 사람들은 2년간에 걸쳐서 미국 해안가의 밴쿠버 섬에서부터 베링 해협까지, 또 베링 해협에서 아시아의 중국 국경까지 거의 1만 km에 달하는 야생지대를 탐험하였다. 이 황량한 미개지에서 야영했던 그들의 흔적들은 가장 야생적인 곳인 캄차카의 성채 같은 산악지대에서,

북서부 시베리아의 거대한 황야지대에서, 그리고 알래스카와 브리티시컬럼비아의 빽빽한 소나무 삼림지대에서 찾아볼 수 있다. 그들은 순록을 타고 북아시아 산악지대의 가장 험하고 좁은 길들을 통과했고, 가죽을 씌운 카누를 타고 북부지역의 커다란 강들을 건너갔으며, 시베리아 축치족의 연기나는 텐트 속에서 잠을 자고, 영하 50~60도의 북부 황야지대에서 텐트를 치고 야영을 했다. 그들이 세워놓은 전신주와 집들은 이제 그 황량한 야생지대에 외로이 서있을 뿐이다. 그것들만이 오로지 그들이 3년간 고생하며 쌓아올린 유일한 결과물이며, 또한 실패한 사업의 유일한 기념물인 것이다.

나의 목적은 러-미 전신회사의 역사를 쓰는 것이 아니다. 그 경쟁회사인 애틀랜틱 전신회사의 성공으로 러-미 전신회사가 이룩한 초기 업적의 중요성은 완전히 가려졌으며, 러-미 전신회사의 실패로 그에 대한 사람들의 관심도 사라져갔다. 그러나 실패한 역사가 중요하지 않다 하더라도, 러-미 전신회사의 후원아래 그들이 기획하고 실행했던 답사와 탐험은 그들이 추구했던 목적과는 별도로 나름대로의 고유한 가치를 갖고 있는 것이다.

그들이 탐험에 나섰던 지역은 문명세계에 거의 알려지지 않았으며, 그곳에 사는 유목 원주민들은 문명인들의 방문을 거의 받아보지 못한 채 살아왔다. 오로지 소수의 모험심에 찬 무역 거래꾼들과 모피 사냥꾼들만이 그 침묵의 세계를 깨뜨리고 침입해 들어갈 뿐이며, 문명인들이 그들의 발자취를 따라 들어갈 가능성은 거의 없어 보인다. 왜냐하면 일반 여행객들은 그 지역 탐험에 따르는 많은 위험과 고난에 걸맞은 매력거리들을 찾을 수 없기 때문이다.

러-미 전신회사의 전보 배달부들이었던 윔퍼(Whymper)와 달(Dall), 두 사람은 이미 브리티시컬럼비아와 알래스카의 여러 지역을 여행했던 이야기를 책으로 출판하였다. 나는 베링 해협의 나머지 반대편에서의 탐험이야기도 똑같은 관심을 모으게 될 것이라 생각하여 북동부 시베리아에서의 2

년간의 생활을 서술체의 글로 썼다. 이 글은 완벽한 과학적 정보 보고서도 아니며, 또한 아주 특별한 연구 보고서도 아니다. 이 글의 목적은 오로지 비교적 잘 알려져 있지 않은 이 새로운 지역의 주민, 풍경, 관습, 그리고 외부에 드러난 일반적인 특징들을 가능한 한 분명하고 정확하게 전달하고자 하는 것뿐이다. 그것은 근본적으로 한 개인이 시베리아와 캄차카에서 살아가는 데 대한 기술(記述)이며, 또한 특별한 과학기술의 진보에 대한 묘사가 아니라 참신한 주제로써 독자의 시선을 끌고 있는 것이다.

개정판 서문

　시베리아에서의 생활과 모험에 관한 이 이야기는 꼭 40년 전인 1870년에 처음 발표되었다. 그때 이후로 독자들의 성원에 힘입어 출판이 끊이지 않고 계속되었고, 그에 따라 원판이 거의 닳아버리게 되었다. 독자들의 이런 지속적인 관심에 힘을 얻은 나는 새롭게 삽화 및 사진을 넣고 5개 장을 추가하는 등 크게 보완을 한 개정판을 내어 독자들의 기대에 부응하기로 하였다.
　처음에 이 책은 내가 러시아에 없는 동안에 출판되었다. 나는 이 책의 마지막 장을 상트 페테르부르크에서 써서 1870년 초에 출판사에 보냈다. 그 당시 나는 캅카스 산맥으로 출발하는 데 모든 신경을 집중하고 있었으므로, 만일 시간이 충분했다면 당연히 집어넣었을 이야기들을 빠뜨린 채, 마지막 장을 아주 짧고 간단하게 마무리하고 말았다. 그래서 이번 개정판에서는 '바다의 오로라', '필사의 탈출' 등을 비롯한 새로운 이야기들을 추가했으며, 또한 오호츠크에서부터 볼가 강까지 약 8,000km에 달하는 육로를 썰매를 타고 겨울여행을 하면서 겪었던 모험 이야기를 처음 공개하고 있는 것이다.
　이번 개정판에 들어 있는 삽화와 사진들이 독자들에게 더 많은 흥미를 유발하리라 나는 기대하는 바이다. 삽화는 나와 함께 시베리아에서 동고동락한 조지 프로스트(George A. Frost)가 그린 것이며, 사진은 베링 해협 아시아 쪽 지역을 답사한 제섭 북태평양 탐험대[18]의 과학탐사 담당이었던 2명의 러시아인 시베리아 유형수 요헬손[19]과 보고라스[20]가 찍은 것들이다.
　다음 분들의 도움이 없었더라면 이번 개정판은 나올 수 없었으므로, 나는 원래 성 니콜라스(St. Nicholas)를 위해 쓰인 내용 중 일부 부분을 쓸 수 있도록 허용해주신 센추리 사(The Century Company), 남편의 삽화를 쓸 수 있도록 허용해주신 매사추세츠 주 노스캠브리지의 프로스트 부인(Mrs. A.D. Frost), 그리고 요헬손과 보고라스의 시베리아 사진들을 쓸 수 있도록 허용해주신 미국 자연사 박물관(American Museum of Natural History)에게 빚진 마음으로 감사함을 전하고자 한다.

1910년 2월 16일
남부 캘리포니아 보포르(Beaufort, S.C.)에서
조지 케넌

---

18) Jesup North Pacific Expedition: 1897~1902년 사이에 당시 미국 자연사 박물관장이었던 모리스 제섭(Morris Jesup)의 후원, 프란츠 보아스(Franz Boas)의 기획으로 베링 해협 양쪽, 즉 캐나다 북서해안, 알래스카, 시베리아에 걸쳐 양쪽 원주민들의 관계를 추적 비교하는 인류학적 대탐험에 나서게 된다. 미국과 러시아 인류학자들 12명이 참여한 이 탐험대는 많은 중요한 자료와 사진, 보고서를 남겼다.

19) Vladimir Ilich Iokhelson 혹은 Jochelson(1855~1937): 빌니우스 태생의 러시아 민족지학자. 1885년 나로드니키 운동에 참가한 죄로 체포돼 콜리마 지역에 유배되었다. 보고라스와 마찬가지로 1894~1896년, 1900~1902년 제섭 탐험대에 참가해 코랴족, 유카기르족, 알류트족 등에 대해 연구했다. 1908~1911년에는 북미 원주민 연구답사에 참여했으며, 1922년 미국으로 이주해 자연사 박물관의 업무에 참여했다. 저서로는 『코랴족』, 『유카기르족과 유카기르족이 된 퉁구스족』 등이 있다.

20) Vladimir Germanovich Bogoraz(1865~1936): 러시아 민족지학자. 언어학자. 나로드니키의 '인민의 의지'파 운동에 참가한 죄로 1889년 시베리아 콜리마 지방에서 10여 년간 유배당했다. 라들로프의 추천으로 1894~1896년의 야쿠차 답사단, 1900~1902년 미국 자연사 박물관의 제섭 탐험대에 참가했으며, 1918년이후 레닌그라드 인류학 및 민속학 박물관, 1921년 레닌그라드대학 교수, 1932년 소련 종교사 박물관 관장으로 근무했다. 저서로는 『축치족(2권, 1934, 1939)』, 『루오라베트란어(축치어)-러시아어 사전(1937)』 등이 있다.

차 례

화보 _ 3 지도 _ 16 역자 서문 _ 20 소개글 _ 27
저자 서문 _ 35 개정판 서문 _ 38 일러두기 _ 44

제 1 장
러시아까지의 육상 전신선 _ 45
제1차 시베리아 탐험대의 샌프란시스코 출항 _ 47

제 2 장
북태평양 횡단 – 러시아 범선을 타고 간 7주간의 항해 _ 54

제 3 장
캄차카 해안의 그림 같은 풍경 _ 65 페트로파블로프스크 도착 _ 71

제 4 장
캄차카의 러시아인 _ 73 성인(聖人) 2명의 이름을 딴 마을 _ 77
숲이 무성하고 꽃이 만발한 땅 _ 78

제 5 장
러시아어 배우기 첫시도 _ 82 아무르 강 탐험팀과의 이별 _ 88

제 6 장
카자크족 결혼식 _ 91 캄차카 반도 _ 95

제 7 장
북쪽을 향해 출발 _ 99 캄차카의 자연풍경, 마을, 그리고 사람들 _ 102

제 8 장
남부 캄차카에서 말타고 걷는 길 _ 109
주민들의 집과 음식 – 순록의 혀와 들장미 꽃잎 _ 110 캄차카 마부의 찬송가 _ 113

제 9 장
아름다운 게눌(혹은 게낼) 계곡 _ 119 글자로 도배된 벽 _ 123
무서운 곰 _ 123 마지막 말타기 _ 126

제 10 장
캄차카 강 _ 127 카누로 강을 타고 내려오는 여정 _ 129
밀코바에서의 환영식 _ 132 차르의 친척으로 오해받다 _ 134

제 11 장
클루차이에 도착 _ 137 클루체프스카야 화산 _ 141
경로 선택 _ 143 러시아의 '검은 목욕' _ 144

제 12 장
욜로프카에서의 카누 여행 _ 147 화산들의 대화법 _ 151
"오, 수잔나!" – '미국어' 말하는 원주민 _ 152 힘겨운 등산 _ 155

제 13 장

비바람 몰아치는 밤 _ 160 캄차카 동서 분수령을 넘어서 _ 161
또 한번의 곰 사냥 _ 163 위험한 말 경주 _ 166
티길 _ 167 북부 캄차카 고원지대 _ 168

제 14 장

오호츠크 해안가 – 레스노이 _ 170 '악마의 통로" _ 173
눈폭풍 속에서 길을 잃다 _ 175 작은 황동제 상자로 구원받다 – 거친 바다 풍경 _ 177

제 15 장

눈폭풍으로 인한 계획 포기 – 떨어진 식량 _ 181 밀물과의 경주 _ 182
2일간의 굶주림 – 레스노이로의 귀환 _ 187

제 16 장

캄차카 밤의 여흥거리 _ 189 캄차달인의 특성 _ 190 연어잡이와 담비덫 사냥 _ 191
캄차달어와 음악 _ 194 개썰매 _ 196 겨울옷 _ 198

제 17 장

새로운 출발 – 사만카 산맥 횡단 _ 200
코략족 야영지로의 하산 _ 201 유목민들과 유르트 – 문구멍과 개 _ 205
폴로그 _ 208 코략족 음식 _ 212

제 18 장

코략족이 떠돌아다니는 이유 – 그들의 독립심 _ 215 불편한 삶 _ 218
순록의 이용 _ 219 코략족의 거리 감각 _ 222
'황동 손잡이 달린 칼을 지닌 군주' _ 226

제 19 장

눈더미 나침반 _ 230 코략족의 따라잡기 결혼 _ 230
취하게 하는 독버섯 _ 237 단조로운 코략족 생활 _ 240

제 20 장

코략어 _ 242 공포심에서 생긴 종교 _ 244
샤먼의 주술 – 노인과 병자를 죽이는 관습 _ 249
순록에 관한 미신 _ 254 코략족의 특성 _ 255

제 21 장

첫 동상에 걸리다 _ 258 정착 코략족 – 모래시계 모양의 유르트 _ 259
유르트 내부 – 다리 모양으로 사람을 식별하다 _ 262
뚜껑 달린 썰매 '파보스카'를 타고 간 여행 – 정착 코략족의 나쁜 성격 _ 264

제 22 장

개썰매 몰이의 첫시도 – 예치기 못한 모욕 _ 272
기지가 도착 _ 277 지방관의 환대 _ 280 동절기 탐험 계획 _ 282

제 23 장
개썰매 여행 __287 북극권의 신기루 – 북쪽 밤하늘에 펼쳐진 빛의 전쟁 __290

제 24 장
불쾌한 숙소 __298 카자크족 전령의 도착 __299 아나디르 강 하구의 미국인들 __302
북극권의 모닥불용 나무 __304 시베리아의 눈폭풍 __306 대설원에서 길을 잃다 __308

제 25 장
펜지나 __311 고가도로 건설용 나무기둥 __312 영하 47도 __314
여흥거리용 토론 – 천체 모형을 먹어치우다 __316 러시아 정교 신부의 집 __319

제 26 장
아나디르스크 – 북극의 전초기지 __323 혹독한 기후 __325
러시아 정교식 크리스마스 미사와 캐롤 __326 시베리아의 무도회 – 신나는 춤 __330
크리스마스 연휴기간 동안의 오락거리 __336

제 27 장
아나디르 강 탐험 팀의 소식 __337 구조 계획 __339
난로 연통에 관한 이야기 __341 아나디르 강 하구로의 출발 __342

제 28 장
동쪽으로의 썰매여행 __345 강 하구 도착 – 난로 연통을 찾는 야간수색 __346
난로 연통에서 들려오는 소리 __350 아나디르 강 탐험 팀의 이야기__355

제 29 장
시베리아 원주민의 분류 – 북미 인디언 계열, 몽골리언 계열, 그리고 투르크족 계열 __357
서양 의복에 대한 원주민들의 평가 __365 성인(聖人)이 된 미국인 __368

제 30 장
북극의 오로라 __370 아바자 소령의 지시 __374
축치족과 함께한 매크리와 아놀드의 모험 __377 기지가로의 귀환 __378
되돌아본 동절기 탐험 __379

제 31 장
동절기의 마무리 작업 __382 새 울고 꽃 피는 봄 – 길고 긴 낮 __383
기지가의 사회생활 __387 이상한 병 __390 여름철의 낮과 밤 __396
미국에서 온 소식 __397

제 32 장
지루한 기다림 – 북극권의 모기떼들 __399
보급품을 기다리다 __401 배가 도착했다는 신호가 울리다 __402
회사소속 범선 클라라 벨 호와 러시아 코르벳 군함 바락 호 __404

───── 제 33 장 ─────

보급선 팔메토 호의 도착 – 강풍에 해안가에 좌초하다 _410
어려운 화물 하역 – 흑인 선원들의 반란 _412
외로운 아나디르스크 행 여행 _416 어리석은 코략족 – 통조림의 폭발 _418
아나디르스크에서의 기근사태 _421

───── 제 34 장 ─────

한밤중의 조우 _425 부쉬 팀의 고난 – 시베리아의 기근 사태 _427
아나디르 강 지역에서의 작업 – 굶주리는 전신주용 나무 베는 팀 _432
얌스크로의 여행 _435

───── 제 35 장 ─────

토폴로프카 강 하구에서의 유르트 _440 눈폭풍이 몰아치는 계곡 _442
'돌아오지 못하는 강' _444 계속되는 눈폭풍 _447
유빙을 타고 탈출하다 – 잠 못 이루는 밤 _450
죽은 듯 보였던 리트 – 드디어 얌스크에 도착하다 _452

───── 제 36 장 ─────

밝은 전망 _455 포경선의 신호 – 시 브리즈 호 _456
아틀랜틱 전신회사에서 온 – 사업 포기 소식 _460

───── 제 37 장 ─────

나쁜 소식의 공식적인 확인 _462 바다의 오로라 _463

───── 제 38 장 ─────

사업의 마무리 – 전신장비 바겐세일 _469
필사적인 탈출 _471 바다로 떠밀려가는 보트 _475
언워드 호의 구조를 받다 _476

───── 제 39 장 ─────

상트 페테르부르크로의 출발 _482 야쿠츠크 경로 _483
퉁구스족 야영지 _485 스타노보이 산맥을 넘어 – 혹독한 추위 _486
불타는 기둥 – 야쿠츠크 도착 _488

───── 제 40 장 ─────

세상에서 가장 큰 말 우편배달 제도 – 여행준비 _490
시베리아식 '송별식' _492 얼음을 타고 가는 우편로 여행 – 선잠 자기 _494
피해 복구 _497 이르쿠츠크의 첫인상 _499

───── 제 41 장 ─────

문명 세계로의 입장 _501 귀족들의 무도회 – 이상하고 괴이한 언어 _502
셰익스피어 시대의 영어 _505 대 시베리아 간선도로 – 차 무역상 카라반을 지나치다 _506
빠른 여행 – 11주 만에 약 9,000km를 달리다 _508

찾아보기 _509

일러두기

1. 이 책은 1870년 The Knickerbocker Press의 초판본을 재판한 1986년 Peregrine Smith Books의 페이퍼백 보급판을 기본으로 하면서 1910년 G.P. Putnam's Sons의 하드커버 증보판으로 추가 보완하여 번역하였다. 따라서 저자 서문이 2개 실리게 되었고, Larry McMurtry의 소개문이 추가되었으며, 37~41장의 5개 장이 더 추가되었고, 아름다운 삽화와 사진이 풍부하게 실리게 되었다.

2. 초판본과 증보판에 나오는 러시아 지명표기가 각각 다르므로, 되도록 현재 러시아 지도에서 사용되는 지명표기를 따르도록 하였다.
    예) Kloochay(초판본), Kluchei(증보판) → Kluchi(현재 러시아 지도)

3. 러시아어 표기에 있어서는 본문이 영문인 것을 감안하여 지명은 영문발음을 따르고, 일반 대화체 문장은 되도록 러시아 현지발음에 가깝도록 표기하였다.
    예) 아나디르스크(Anadyrsk), 쿠다(kooda)

CHAPTER 01

러시아까지의 육상 전신선

러-미 전신회사(Russo-American Telegraph Company), 더 정확하게 말한다면, '웨스턴 유니온 익스텐션(Western Union Extension)'은 1864년 여름 뉴욕에서 설립되었다. 미국에서 베링 해협을 거쳐 유럽까지 전신선을 구축하겠다는 발상은 여러 뛰어난 전신기사들이 오랫동안 마음속에 품어왔으며, 1857년 북아시아 대륙을 횡단하는 여행을 마친 페리 콜린스[21]에 의해 처음 제안되었다. 그러나 그것은 진지하게 고려되지 않다가 애틀랜틱 전신

---

[21] Perry McDonough Collins(1813~?): 미국 뉴욕 출신 변호사로 초기 삶이 잘 알려져 있지 않으며, 30대 초 남부 뉴올리언스로 이주하여 미국이 북미대륙을 지배해야 한다고 주장하는 목사 윌리엄 그윈과 운명적인 만남을 갖게 된다. 캘리포니아에 골드러시 바람이 불자 그는 그윈을 따라 캘리포니아로 가서 금광사업을 벌이다 미국과 러시아 자본이 합쳐진 회사를 운영하게 되었고, 이후 그윈이 캘리포니아의 최초 상원의원이 되면서 워싱턴 정가와도 인맥을 쌓게 된다. 그윈의 도움을 받아 페테르부르크와 모스크바에서 시베리아 총독 니콜라이 무라비요프와 차르 알렉산드르 2세를 만나 미국과 러시아의 상업발전을 위한 견해를 나누고 이르쿠츠크, 캬흐타, 치타를 거쳐 아무르 강을 타고 내려가 니콜라에프스크에 도착한 다음 배를 타고 미국으로 돌아간다. 그는 러시아 여행을 통해 미국-브리티시컬럼비아-알래스카-베링 해협-아무르 강하구-이르쿠츠크-유럽에 이르는 전신선 구축사업을 구상하여 미국, 러시아, 영국의 지지를 얻어내며 사업을 추진했고, 결국 웨스턴 유니온 전신회사 사장인 히람 시블리를 설득하여 러-미 전신회사를 세우게 된다. 저서로 《아무르 강 여행(A Voyage Down to the Amoor)》을 남겼다.

회사(Atlantic Cable)의 첫 시도가 실패로 끝난 이후에야 비로소 두 대륙간의 육상 전신선 설치 방안이 본격적으로 논의되기 시작했다. 초기인 1863년 대륙간 통신이 실현 가능하다는 콜린스의 방안이 뉴욕에 있는 웨스턴 유니온 전신회사(Western Union Telegraph Company)에 접수되었다. 그것은 미국과 러시아의 전신체제를 하나로 연결하는 방안으로 브리티시컬럼비아, 러시아령 미국(알래스카), 북동부 시베리아를 통과하는 전신선이 아시아 대륙 해안가의 아무르 강 하구에 있는 러시아 전신선과 만남으로써 거의 지구 전체를 한 바퀴 도는 하나의 전신선 띠를 형성한다는 계획이었다.

이 방안은 매우 분명한 이점들을 많이 갖고 있었다. 긴 전신선이 필요하지 않았고, 베링 해협의 짧은 구간을 제외하고는 육상 어디에서나 폭풍 같은 사고로 손상된 부분을 쉽게 복구할 수 있었다. 또한 그것은 아시아 대륙 해안을 따라 내려가 결국 베이징까지 전신선을 확장하여 중국과의 교역을 확대해주고 또 수익성 사업의 발전을 약속해주는 것이었다. 이 모든 점 때문에 자본가들과 전신업에 관련된 사람들의 강력한 지지를 받은 이 방안은 마침내 1863년 웨스턴 유니온 전신회사에 의해 채택되게 되었다.

물론 애틀랜틱 전신회사의 두 번째 시도가 성공할지도 모르며, 또한 그러한 성공이 웨스턴 유니온 전신회사에 치명적인 것은 아니더라도 상당한 피해를 입힐 수 있다는 것은 예상된 일이었다. 그러나 그런 일은 일어날 것 같지 않았고, 모든 정황을 참고로 하여 웨스턴 유니온 전신회사는 불가피한 위험은 감수하고 이 방안을 추진하기로 결정했던 것이다.

웨스턴 유니온 전신회사는 러시아 전신선을 시베리아를 경유하여 아무르 강 하구까지 연장하는 계약을 러시아 정부와 체결했으며, 그 대신 러시아 땅에서 특별한 권리를 부여받았다. 1864년에는 영국 정부로부터 유사한 특권을 부여받았다. 또한 미국 의회로부터 지지를 약속받았으며, 1,000만 달러의 자본을 가지고 즉각 '웨스턴 유니온 익스텐션 회사(Western Union Extension Company)'를 설립했다. 자본은 주로 모회사인 웨스턴 유니온 전신회사(Western Union Company)의 주주들에 의해서 조달됐으며, 5%에 해당하는 평가액이 즉시 사업 실행을 위한 자금으로 조성됐다. 그러한 것은 사업의 궁극적 성공에 대한 믿음 때문이었으며, 1주당 75달러의 가격으로 모든 주식이 2개월 만에 다 팔렸다.

제1차 시베리아 탐험대의 샌프란시스코 출항

1864년 8월 멕시코 만 주둔 통신 부대 지휘관이었던 벌클리 대령(Col. Chas. S. Bulkley)이 이 회사의 기술부장으로 임명됐으며, 12월에 그는 탐험대를 조직하고 장비를 준비하며 실질적으로 사업을 시작하기 위해 뉴욕을 출항하여 샌프란시스코로 향했다.

그런 기발하고 중요한 사업에 동참함으로써 나 자신을 확인하고자 하는 욕망에 이끌려, 그리고 또한 전에는 결코 경험할 수 없었던 그런 여행과 모험에 대한 자연스러운 애정에 이끌려 나는 그 사업이 시작되자마자 탐험가로써 내가 할 수 있는 모든 것을 쏟아부었다. 나의 지원이 잘 받아들여졌고, 12월 13일 드디어 나는 샌프란시스코 본사 기술부장으로 임명된 벌클리 대령과 함께 뉴욕 항을 출항했다.

벌클리 대령은 샌프란시스코에 도착하자마자 몽고메리 가(街)에 사무실을 개설하고 예비 탐사를 위한 탐험대를 조직하기 시작했다. 미지의 지역인 브리티시컬럼비아, 러시아령 북미 지역, 시베리아 등을 탐험할 사람들을 모집한다는 소문이 시내에 퍼지자마자, 회사 사무실에는 각 직종에 따른 지원자들이 떼지어 몰려들었다.

디킨스의 소설 《데이비드 카퍼필드》에 나오는 모험을 좋아하는 미코버(Micawber)와 같이 일종의 변화를 오랫동안 기다려온 모험가들, 새로운 금광으로 떠오른 북부 지역에서 다시 재기하기를 희망하는 파산한 광산업자들, 새로운 스릴에 목말라 있는 제대 군인들 – 이 모든 사람들이 이 커다란 사업의 개척자로 자신의 역량을 기꺼이 보여주고 싶어 했다. 숙련된 기술자들은 모자랐지만, 경력이 없이 열정만 갖고 있는 일반인들의 지원은 넘쳐흘렀다.

인원 고용, 탐험대 조직, 장비 준비에 몇 달이 지나가고 마침내 1865년 6월 준비를 모두 마친 회사 소속 배들이 출항을 알렸다.

이미 결정된 바와 같이 사업 계획은 첫 번째 팀을 브리티시컬럼비아의 프레이저 강(Frazer River) 하구 부근에, 두 번째 팀을 러시아령 북미 지역의 노턴스 사운드(Norton's Sound)에, 그리고 세 번째 팀을 베링 해협의 아시아 쪽 지역인 아나디르 강(Anadyr River) 하구에 상륙시키는 것이었다. 이들 세 팀은 전신 송달 기사인 포프(Pope), 케니코트(Kennicott), 매크리(Macrae)의 지휘아래 자신들이 상륙한 강줄기를 따라 내륙 쪽으로 곧장 들어가, 계획된 전신 선로를 설치할 장소를 정하기 위해 지역의 주민, 기후, 토양, 목재 등에 관한 모든 정보를 얻어내는 것이 목적이었다.

북미 지역의 두 팀은 빅토리아(Victoria)와 성 미카엘 요새(Fort St. Michael)와 같은 비교적 괜찮은 작전 기지를 얻을 수 있을 것이다. 그러나 시베리아의 팀은 비록 아시아 쪽 해안가에 도달한다고는 하나, 현지 정착촌으로부터 거의 1,600km 멀리 떨어져 있는 황야의 맨 끄트머리인 베링 해협 부근 지역에 상륙하는 것이었다.

카누 외에는 아무런 다른 교통수단이 없는 미지의 지역에 내던져져서 유목민인 토착 원주민들의 적대적인 시선을 받으며 오로지 자신들에게만 의지해야만 하는 이 팀의 성공과 안전은 결코 보장받을 수 없는 것이었다. 이번 사업의 많은 동료들조차 사람을 그런 상황에 남겨 놓는 것은 거의 죽음 속에 몰아넣는 것이라고 주장했다. 또한 샌프란시스코에 있는 러시아 영사는 벌클리 대령에게 편지를 써서 시베리아 팀을 북태평양의 아시아 쪽 해안가에 상륙시키지 말고 오호츠크 해의 러시아 항구 중 하나에 보내도록 강력히 권고하였다. 그곳에서는 내륙 쪽에 관한 정보를 얻을 수도 있고, 또 탐험대에 필요한 말이나 개가 끄는 썰매도 얻을 수 있다는 것이었다.

이런 충고는 분명 모두에게 좋은 것이었다. 그러나 불행히도 우리의 기술 국장인 벌클리 대령에게는 그 팀을 오호츠크 해로 보낼 배가 없었다. 그리고 여름 기간 동안에 아시아 쪽 해안가에 상륙한다면, 배가 베링 해협 가까이에 상륙하게 될 것이 틀림없었다.

그러나 6월 말 벌클리 대령은 '올가(Olga)'라 불리는 작은 러시아 상선이 샌프란시스코에서 캄차카와 오호츠크 해의 남서 해안가를 향해 출항할 예정이라는 정보를 알게 되었고, 아무르 강 하구의 니콜라예프스크(Nikolaevsk)의 러시아인 정착촌에 4명의 승객을 실어달라고 선장을 설득하는 데 성공했다. 이곳은 첫 작전을 수행하는 전초 기지로서는 비록 오호츠크 해의 북부 해안가에 있는 곳들보다는 못하지만, 북태평양의 아시아 쪽 해안가에 있는 어느 곳들보다 훨씬 나은 곳이었다.

이 팀의 구성원은 작업 감독관이며 시베리아 팀의 총지휘자인 러시아 신사 아바자(S. Abaza) 소령, 캘리포니아 출신의 유명한 민간 기술자 제임스 마후드(James A. Mahood), 캐롤라이나에서 3년간의 군복무를 마치고 방금 전역한 부시(R. J. Bush), 그리고 나까지 모두 4명이었다. 숫자로도 그리 강력한 팀이 아니었고 또 경험이 많은 뛰어난 팀도 아니었지만, 매우 희망에 차있었고 자신감과 열정이 넘치는 팀이었다.

6월 28일 우리는 "쌍돛대 범선 올가 호가 화물을 거의 다 싣고 곧 출항한다"는 소식을 접했다. 나중에 알게 된 것이지만, 이 은유적인 뱃사람 언어는 단지 배가 여름기간 중 어느 때나 출항할 수 있다는 의미일 뿐이었다. 그러나 물정을 모르는 우리들은 그 쌍돛대 범선이 닻을 올리고 출항할 모든 준비가 되어 있음에 틀림없다고 생각했으며, 그 출항 소식에 우리는 서둘러 출항 준비를 하느라 흥분과 혼란 속에 빠져 들었다.

외투, 셔츠, 장화 등이 마구 지급됐으며, 담요, 두꺼운 신발, 뒤집어 입는 플란넬 오버 셔츠 등을 대량 구매했고, 밸러드 앤 샤프(Ballard & Sharpe)제라이플 소총, 권총, 날카로운 단도 등의 병기들도 무분별하게 사들였다. 살충제 약단지, 술병, 포충망, 뱀자루, 약상자, 그리고 용도를 모르는 10여 종류의 과학 기구 등이 큰 상자에 포장되었다. 브랑겔[22]의 여행기, 그레이(Gray)의 식물도감, 그리고 몇몇 종류의 과학 서적들이 추가되어 작은 도서관이 만들어졌다. 마침내 밤이 되기 전에 우리는 새로운 벌레를 잡아들이는 것부터 시작하여 캄차카 정복에까지 이르는 모든 모험을 감당해낼 수 있는 장비를 모두 갖추고 준비를 끝냈노라고 보고할 수 있었다.

배를 직접 보지 않고 출항한다는 것은 전례에 어긋나는 일이었으므로, 팀의 검사위원으로 임명된 부시와 나는 배가 정박해 있는 부두로 걸어갔다. 선내 통로에서 만난 선장은 미국인이 다된 무뚝뚝한 독일인으로 이물에서 고물까지 배 전체를 안내해 주었다. 우리의 모자란 항해 경험으로는 지저분한 이 배가 항해를 잘 견딜 것인가를 권위 있게 판단할 자격이 없었다. 그러나 부시는 대담한 성격과 다재다능한 능력을 갖고 있어서 배의 '선형미(線形美)'(실제로 어떤지는 모르지만), 그리고 범포의 폭과 구조물 일반에 대해 선장에게 박식하게 설명해 주었으며, 중간 돛이 하나인 것과 둘인 것의 장점을 비교하고, 또 새로 나온 돛 활대 줄과 돛을 말아 올리는 장치에 대해 논의하는 등 나를 완전히 압도하고 선장마저 놀라게 할 정도의 항해 지식을 보여주었다.

부시는 내가 전에 사무실 책상 위에 놓여 있던 것을 본 적이 있는 《바우디치[23]의 항해법 핸드북(Bowditch's Navigator)》을 몇 번 숙독하면서 대부

---

22) Ferdinand Petrovich Vrangel(1797~1870): 영어로는 랑겔 Ferdinand Von Wrangel. 독일계 러시아인 탐험가이자 제독. 러시아 지리학회 창설자 중 하나이며 러시아 과학원 명예회원으로 남작의 칭호를 받았다. 해군사관학교를 졸업한 그는 1817~1819년 '캄차카' 호를 타고 캄차카 반도를 포함하여 인디기르카 강에서부터 축치 반도에 이르는 해안선을 탐험했으며, 1820~1824년에는 북극해의 섬을 찾아 탐험했다. 이후 알래스카 총독을 역임하고 해군장관을 지냈으며, 알래스카를 미국에 파는 것에 반대했다. 저서로 《시베리아 북부해안 및 북극해 탐험》 등이 있다. 그는 북극권의 빙하학, 지질학, 기후학, 인류학 연구에 중요한 자료를 제공하였다.

분의 항해 지식을 얻었던 게 아닌가 하는 강한 추측이 들었다. 그래서 나는 곧장 《매리어트[24]의 항해 이야기(Marryat's sea tales)》전집을 구하기로 결심하였고, 다음 번에는 그가 머리를 숙일 정도로 많은 항해 지식을 습득하여 그를 압도할 작정이었다.

현재 나는 쿠퍼의 소설에서 읽은 것들, 즉 배의 닻부표,[25] 야간 반사장치, 닻걸이, 삼목활차(dead eye; 세 구멍 도르래) 등의 희미한 기억밖에 없었으므로, 그런 정도의 지식으로는 풋내기 선원으로 무시당할 수밖에 없었다. 나는 아무 생각없이 삭구(索具: 로프, 와이어 등의 삭과 도르래로 구성된 하역장치)들을 바라보면서 삼목활차와 뒷돛대 세로 활대가 움직이는 것을 바라다보고 있었다. 그런데 선장이 재빨리 다가와 바람이 배의 측면을 강타하면서 앞돛대 중앙 활대와 뒷돛대 세로 활대가 서로 엉키게 되는 위험한 광경을 본 적이 있는지 물어봄으로써 나의 기를 죽였다. 나의 경험으로는 그런 재앙과도 같은 광경을 본 적이 없다고 힘없이 대답하자, 그는 나의 무지에 동정이 간다는 미소를 지으며 부시에게 돌아섰고, 그 순간 나는 이를 갈면서 식당칸을 조사하러 간다는 핑계를 대고 아래층으로 내려갔다.

그곳은 나의 마음을 가라앉혀 주었다. 그곳에는 통조림 캔, 소고기 저장품, 농축 우유, 파이용 과일, 그리고 'Zante cur.'라는 이상한 글자가 새겨져 있는 통나무 통 등이 길게 줄지어 서 있었고, 그런 모습이 곧 나의 흥분된 마음을 진정시켜 주면서 의심의 그림자를 걷어내고 '올가' 호가 최근에

---

23) Nathaniel Bowditch(1773~1838): 미국의 항해가, 수학자. 현대 항해법의 창시자. 저서 《The New American Practical Navigator》는 오늘날 모든 미해군 함정에 비치돼 있는 교범이다.

24) Captain Frederick Marryat(1792~1848): 영국 해군대령, 작가. 항해 소설의 선구자. 14세부터 해군에 견습생으로 들어가 25년간 지중해, 버뮤다, 노바 스코티아, 미얀마, 카나리아 제도 등을 돌아다니다가 대령으로 은퇴했고 깃발 신호체제를 완성시킨 것으로도 유명하다. 찰스 디킨스와 친했고, 조셉 콘래드와 어니스트 헤밍웨이에게 영향을 미쳤다. 저서로는 반 자전적 소설인 《편안한 견습사관(Mr. Midshipman Easy)》과 어린이 소설의 고전인 《뉴포리스트의 아이들(The Children of the New Forest)》 등이 있다.

25) dead heads: 닻의 위치를 표시하는 나무로 만든 부표.

가장 최신의 건조 공법으로 만들어진 배로서 튼튼하고 항해에 적합하다는 확신이 들었다.

아래칸을 꼼꼼하게 살펴본 결과 배가 틀림없이 출항할 수 있다는 사실을 확신하게 된 나는 이를 말해주려고 위층에 있는 부시에게로 올라갔다. 나는 이런 결론이 나오게 된 관찰 결과를 빼먹고 얘기했지만, 부시에게서 문제될 만한 질문은 하나도 나오지 않았으므로, 우리는 배의 구조, 성능, 장비 등에 관한 긍정적인 보고서를 들고 사무실로 돌아갔다.

7월 1일 토요일 '올가' 호는 마지막 짐을 싣고 모든 출항 준비를 끝냈다. 우리는 서둘러 작별의 편지를 집에 보내는 등 마지막 준비를 마치고 월요일 아침 9시에 하워드 가(街)의 부두에 집결했다. 그곳에는 우리의 배를 끌고 바다로 인도할 증기 예인선이 정박해 있었다.

많은 친구 동료들이 우리에게 작별인사를 하려고 몰려들었다. 부둣가는 환한 여인네 드레스와 푸른 남정네 제복으로 둘러싸여 따뜻한 캘리포니아 아침의 밝은 햇빛아래 완연한 휴일 풍경을 연출하고 있었다.

벌클리 대령은 우리의 건강과 성공을 진심으로 기원하면서 우리에게 마지막 지시사항을 전달했다. 우리는 이번 탐험대에 뽑히지 못한 운 없는 친구들에게 다음에 올 수 있는 기회가 있을 것이라고 웃으며 위로해 주었고, 많은 사람들로부터 오로라가 빛나는 북극에 사는 새와 벌레들의 표본을 채집해 보내라는 요청과 지시가 쇄도했다. 축하, 기원, 경고, 조롱, 그리고 눈물의 작별인사 속에 증기 예인선의 출발 신호가 울렸다. 항상 자연에 많은 관심을 갖고 있는 박물학자 달(Dall)은 충심으로 나를 껴안으며 말했다.

"잘 가라, 조지. 신의 축복을! 달팽이나 야생동물 뼈 같은 것이 있으면 잘 찾아봐라!"

B양은 간청하듯이 말했다.

"나의 오빠를 잘 보살펴주세요."

그녀의 오빠가 내 팀이 된다면 보살펴 주기로 약속하며, 나는 멀리 가버린 B양의 자매를 생각하고 있었다. 만일 그녀가 면전에 있었다면 그녀 역시 똑같은 간청을 했으리라. 증기 예인선이 '올가' 호가 정박해 있는 곳을 향해 커다란 반원을 그리며 다가오자, 우리는 손수건을 흔들고 작별인사를 되풀이 하면서 서서히 부둣가에서 이동하여 앞으로 2개월 동안 우리의 집이 될 작은 쌍돛배로 옮겨 탔다.

증기 예인선은 우리를 금문교(Golden Gate) 외곽으로 끌고 가서 밧줄을 풀어버렸다. 예인선이 항구로 되돌아가기 위해 우리 배를 스쳐 지나갈 때, 그 배의 앞갑판 맨 앞에 대령을 필두로 모인 우리의 친구들이 만세 삼창을 하며 힘찬 격려를 해주었다.

"제1차 시베리아 탐험대 만세!"

우리 역시 똑같이 만세 삼창으로 대답했다. 문명세계에 대한 마지막 작별인사였다. 그리고 우리는 아놀드(Arnold)가 배 뒷전 지지대에 매달아놓은 하얀 손수건이 더 이상 보이지 않을 때까지 작아져 가는 예인선의 뒷모습을 말없이 바라보았다. 우리는 태평양의 커다란 파도를 맞으며 외로이 흔들리고 있었다.

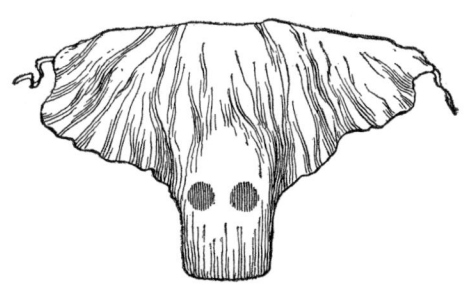

물개 사냥할 때 쓰는 가면

CHAPTER 02

"그는 이번 항해에 커다란 자신감과 넘치는 기쁨을 누리고 있었다. 아무도 그런 시도를 한 적이 없었기 때문에." - 리처드 버튼 경

북태평양 횡단 - 러시아 범선을 타고 간 7주간의 항해

1865년 7월 12일 수요일 샌프란시스코 북서쪽 약 1,100 km 해상에서.

열흘 전, 우리가 출발하기 전날, 희열과 기대와 희망으로 가득 차서 나는 버튼의 작품에서 인용한 위의 문장을 나의 일지 맨 첫장에 또렷한 글씨체로 써놓았다. 나는 나의 열정을, 그리고 '환상의 눈'으로 바라보는 '미래의 환희'가 완전하게 실현되리라 믿었고, 그것이 '불확실한 희망' 위에 놓여 있다는 것을 한 번도 의심한 적이 없다. 또 '대양의 파도 위에서의 삶'이 땅 위에서 얻을 수 있는 최고의 기쁨보다 훨씬 더 큰 기쁨을 가져다주리라 생각했다. 버튼의 인용구는 나에게 최대한의 즐거움을 선사했으므로, 그런 아주 간단하고 적절한 좌우명을 내게 던져준 그에게 감사를 드렸다. 물론 뒤집어 말해서 '그'가 자신감과 기쁨을 누릴 때, 다른 사람들은 그것을 할 수 없어야 한다는 부당한 논리가 나에게는 조금도 부조리하게 여겨지지 않았던 것이다.

오히려 그것은 나에게 아주 논리적인 것으로 보였고, 어느 누가 부정적인 시각을 비췄더라면 나는 치욕적인 것으로 대했을 것이다. 내가 바다의 삶에 대해 품고 있었던 생각은 주로 시적인 풍경들, 즉 바다에서의 석양, '한여름 붉은 노을 속에 떠 있는 에덴의 섬들', 그리고 시인들이 해마다 무지몽매한 육지 사람들을 바다 항해로 유혹해왔던 '달빛 쏟아지는 고요한 밤바다' 등의 풍경들로부터 기인한 것이었다. 안개, 폭풍, 뱃멀미 같은 것들은 나의 머릿속에 전혀 들어오지 않았다. 혹은 내가 그런 폭풍의 가능성을 인정하더라도, 그것은 단지 하나의 풍경화 같은 것일 뿐이었다. 바람이 불면서 파도가 치는 아주 시적인 풍경 말이다. 그것은 소설 속이라면 아주 사실적으로 그려지는 요소들이 없는 시적인 풍경이었다. 뉴욕에서 캘리포니아로 가는 항해 도중에 약간 거친 날씨를 경험해 보았던 것은 사실이지만, 나는 그 기억을 굉장히 시적인 것으로 이상화시켜 놓은 지 오래였다. 심지어 나는 아주 재미있고 매력적인 하나의 경험으로써 태평양에서 폭풍을 만나기를 기대하기조차 했다.

환상이 지속되는 동안에는 아주 즐거운 나날이었다. 그러나 이제 끝이었다. 실제 바다 생활이 10일쯤 지나가자 '미래의 환희를 기다리는 불확실한 희망'은 미래의 불행을 결정지은 확실한 절망으로 바뀌었고, 나는 시적인 환상과 현실이 일치하지 않는 것을 한탄했다. 버튼은 거짓말쟁이였고, 테니슨(Tennyson)은 사기꾼이었으며, 바이런(Byron)과 프록터26)는 진실을 은폐했으며, 나는 희생자였다. 다시는 시인들을 믿지 않을 것이다. 그들은 시적인 이상을 위해서 진실을 말했을 수는 있지만, 그들의 판단은 아주 빗나간 것이며, 그들의 상상력은 실제 바다 생활에 비해 너무 사치스러운 것이었다. 그나마 바이런의 〈런던행 소포(London Packet)〉는 그중 예외에 드는 훌륭한 작품이며, 그 외에 전체 시문학 작품들 중에서 기억나는 다른 것은 없다.

---

26) Procter: 바이런과 동시대의 영국 시인. 본명은 바이런 월러 프록터(Bryan Waller Procter). 필명은 배리 콘월(Barry Cornwall).

항구를 떠난 후 우리의 삶은 결코 시적인 것이 아니었다.

거의 일주일 동안 우리는 속수무책으로 말로 표현할 수 없을 정도의 뱃멀미 고통을 겪을 수밖에 없었다. 매일 우리는 좁은 선실 침대에 앓아누워 있으면서 책을 읽지도, 말을 하지도 못했으며, 다만 기름이 잘 채워진 수평장치 안에 있는 선실 등불이 불안하게 흔들리는 것을 바라보거나, 배가 흔들릴 때마다 무거운 아래 돛 활대가 이리저리 흔들리면서 규칙적으로 들리는 범포 받침대의 쩔꺽거리는 소리, 그리고 현창(舷窓) 뒤쪽 주변으로 바닷물이 튀고 쿨럭이는 소리들을 듣고 있을 뿐이었다.

우리 모두는 찰스 디킨스의 소설 《마틴 처즐위트(Martin Chuzzlewit)》에 나오는 하인 마크 태플리(Mark Tapley)와 같이 어떤 환경에서도 낙천적이며 쾌활한 성격을 지닌 그를 열렬히 따르고자 하는 추종자들이었다. 그러나 통탄스럽게도 우리는 원칙과 실제 현실을 조화시키는 데 실패했다. 뱃멀미에 기진맥진하여 널브러져 있는 4명의 모습에서 쾌활함이라곤 눈꼽만큼도 찾아볼 수 없었다. 뱃멀미가 우리의 철학에 승리한 것이다! 우리가 할 수 있는 일이라곤 뱃멀미에 괴로워하면서도 즐거웠던 과거를 회상하거나 앞으로의 일을 상상해보는 것뿐이었다.

나는 노아가 방주를 탔을 때도 전혀 뱃멀미를 하지 않았을까 하는 호기심 어린 생각을 했던 기억이 난다. 방주와 우리 쌍돛배의 항해술을 비교해보면 어떨까? 그리고 방주도 우리 배와 마찬가지로 큰 파도가 칠 때 불안하게 앞뒤로 곤두박질쳤을까? 만일 방주도 그런 경우를 당했다면, 그 속에 있던 동물들도 분명 뱃멀미를 했음에 틀림없을 것이다! 이런 생각이 들자 나는 슬며시 웃음이 나왔다.

나는 또한 고대 그리스 항해 영웅들인 이아손[27]과 율리시즈(Ulysses)가 태어나면서부터 뱃멀미를 하지 않았던 것인지, 아니면 우리가 겪었던 그런

---

27) Jason: 아르고(Argo) 호의 선장으로 항해하다가 황금 양털을 차지한 그리스 신화의 영웅.

불쾌한 과정을 똑같이 겪어야만 했던 것인지 궁금했다.

마지막으로 결론지어 본다면, 뱃멀미란 일부 다른 질병들과 마찬가지로 현대문명이 만들어낸 불유쾌한 발명품으로, 고대인들은 그런 것에 걸리지 않고도 그럭저럭 잘 지냈던 것으로 생각되었다. 그리하여 내 눈에서 약 30cm 떨어진 페인트 칠한 갑판 쪽의 파리 똥 자국이라도 뚫어져라 바라볼 때면 샌프란시스코를 떠나 출항할 때 가졌던 밝은 희망이 떠올랐고, 반대로 벽 쪽으로 머리를 돌리면 신음에 찬 절망이 떠올랐다.

나는 누군가 이런 뱃멀미로 인한 몽상들을 글로 적어놓은 사람들이 있는지가 궁금해졌다. '저녁때의 몽상', '독신자의 몽상', '해변에서의 몽상' 등 많은 몽상이 있지만, 지금까지 내가 아는 한, 이런 뱃멀미를 겪으며 갖게 되는 몽상을 문학적으로 표현하려고 시도했던 사람은 없는 것 같다. 그것은 이상하리만치 무심하게 지나쳐온 부분으로 나는 무한한 미지의 세계가 여기에 있다는 사실을 몽상 능력을 가진 열정 있는 작가에게 정중하게 제시하고자 한다. 작은 쌍돛배로 북태평양을 가로지르는 항해는 끊임없이 글쓰기 재료들을 제공해줄 것이기 때문이다.

지금까지 우리의 인생은 너무나 단조로워서 주목할 만한 사건 하나 일어나지 않았다. 날씨는 춥고, 축축하고, 안개가 자욱했으며, 바람은 변덕스럽고 파도는 크게 울렁거렸다. 우리는 3평 남짓한 뒤편 선실에 틀어박혀 있었다. 거의 숨 막힐 것 같은 실내 공기, 오수(汚水), 등불 기름, 담배 연기 등의 온갖 냄새들이 우리의 사기를 꺾어놓고 있었다. 그러나 나는 오늘 우리 팀원 모두가 일어나 앉아서 저녁식사에 대한 기대를 버리지 않고 있다는 사실을 보고 기뻤다. 그러나 기운 내라고 선장이 낡은 아코디언으로 힘들게 연주해준 파우스트 행진곡[28]에도 불구하고 선실 탁자 주위에 고통스런 얼굴로 앉아 있는 사람들에게 활기를 불어넣는 데는 실패했다.

---

28) 구노의 파우스트 중 병사들의 합창에서 나오는 행진곡을 뜻하는 듯.

마후드는 자기는 아무 일 없는 것처럼 가장하고 있었는데, 마치 무슨 영웅이라도 되는 것처럼 침묵을 가장하며 선장과 서양장기를 두고 있었다. 그러나 그는 이따금 갑자기 일어나 갑판으로 갔다가 매번 송장처럼 더 고통스러운 핼쑥한 얼굴이 되어 되돌아 왔다. 그렇게 이따금 후갑판으로 가는 이유가 뭐냐는 질문에 그는 명랑한 표정으로 완벽하게 가장하면서 "단지 배가 어디로 가고 있는지 궁금해서 나침반을 보러가는 것뿐"이라고 대답했다. 돌아올 때의 그의 구겨진 얼굴 표정을 보고 나는 '나침반을 보러 가는 일'이 그렇게 고통스럽고 힘든 일인 줄을 새삼 깨달았다.

그러나 그는 그런 고통에도 불구하고 자신에게 부여된 의무를 성실히 수행하고 있었고, 또한 배가 제대로 가고 있는지 걱정하고 있는 우리의 근심을 덜어주고 있었다. 선장은 약간 부주의한 측면이 있었는데, 그는 때때로 하루에 한 번도 나침반을 보지 않는 경우가 있었다. 그러나 마후드는 불침번을 서면서까지 나침반을 지켜보았다.

1865년 7월 16일 일요일 샌프란시스코 북서쪽 약 1,300km 해상에서.

엊그제 밤에는 북서쪽에서 불어온 강한 폭풍 때문에 단조로운 생활은 사라지고 뱃멀미는 더 지독해졌으며, 우리는 24시간 동안 필사적으로 돛을 감아내리는 축범부를 잡고 버텨야만 했다. 폭풍은 오후 늦게부터 시작됐으며, 밤 9시쯤 되자 바람은 최고조에 달했고 파도는 급히 솟구쳤다. 파도는 마치 거인족인 타이탄의 커다란 쇠망치처럼 공포에 떨고 있는 뱃전을 때리고 있었다. 폭풍은 삭구(索具)들 사이로 온갖 소리를 다 내며 으르렁댔고, 양수기가 규칙적으로 쿵쿵거리는 소리와 선대(船臺)를 쌩하고 스쳐 지나가는 길고 음울한 바람소리는 우리에게 무서운 예감을 불러일으키면서 모든 졸음을 쫓아내 버렸다.

느릿느릿 어둠을 뚫고 새벽이 다가오고 있었다. 첫 여명인 새벽녘 회색 빛이 물막에 덮인 갑판의 작은 사각형 등불과 경쟁하며 밝아오면서, 혼란과 무질서로 가득 찬 난장판 같은 우스운 장면이 연출되고 있었다. 배가 심하게 흔들리면서 정박해 있을 때부터 약간 부서져 있었던 마후드의 트렁크가 선실바닥에서 앞뒤로 미끄러져 다녔다. 부시의 커다란 해포석(海泡石) 담배 파이프는 두툼한 스펀지와 함께 내가 가장 아끼는 모자 윗부분에 둥지를 틀고 있었고, 소령의 시가 상자는 더러운 셔츠에 꼭 끼인 채 주기적으로 구석에서 구석으로 맴돌아 다니고 있었다. 책, 종이, 담배, 솔, 더러운 목 깃, 긴 양말, 빈 술병, 슬리퍼, 외투, 낡은 장화 등등이 카펫 위로 이리저리 뒹굴어 다녔다. 전신 장치 부품이 들어 있는 커다란 상자는 자신을 묶고 있는 줄을 끊고 모든 것을 순식간에 부셔버릴 것같이 흔들렸다. 맨 처음 정신을 찾은 사람은 소령이었다. 그는 침대에서 팔꿈치를 괴고 일어나 이리저리 쓸려 다니는 물건들을 뚫어지게 바라보다가 갑자기 머리를 흔들며 말했다.

"기묘하단 말이야, 기묘해!"

마치 쓸려 다니는 장화와 시가 상자 등이 우리가 알고 있는 물리법칙으로는 설명할 수 없는 어떤 혼란스러운 새로운 현상을 보여주고 있다는 듯이. 갑작스런 배의 흔들림으로 그런 특별한 상황에 처하게 되자, 자연스레 그런 독백이 나오게 되었던 것이다. 그러면서 그가 물질세계의, 특히 태평양의 타고난 저열성을 다시 한 번 확신하며 잠자리에 들었으리라는 것은 의심의 여지가 없다.

그런 불안한 상황 속에서 '밖으로 나가기'를 시도한다는 것은 상당한 정도의 결심이 필요했다. 그러나 부시는 하품을 하며 두세 번 짜증 섞인 신음 소리를 내더니 일어나서 옷을 입으려는 시도를 했다. 배가 바람을 맞아 앞뒤로 출렁이자 서둘러 바닥을 기면서 그는 한 손에 장화를, 다른 손에는 바지를 들고 놀라울 정도의 민첩함을 보이면서 한 발로 깡총거리며 선실 안을 돌아다니기 시작했다. 미끄러져 다니는 트렁크와 굴러다니는 빈병들을 급히 피하고 뛰어넘더니 서둘러 장화 두 짝에 두 발을 동시에 집어넣으려 하였다. 이렇게 힘들게 움직이는 와중에 갑작스레 배가 움찔 흔들리자 놀란 그는 가만히 있는 세면대를 향해 돌진하다가 돌아다니는 빈병을 밟고 넘어지더니 결국 선실 구석에 처박혔다. 포복절도하며 웃음이 터진 소령은 간신히 말을 이어갈 수 있었다.

"배가 기묘하게 흔들린다고 내가 말했잖아!"

부시는 자신의 한쪽 무릎을 어루만지며 화가 나서 대꾸했다.

"그래요, 기묘하군요! 그럼 당장 일어나서 직접 한번 해보세요!"

그러나 소령은 부시가 하는 것을 바라보는 것으로 만족하면서 그의 불행에 웃음을 보낼 뿐이었다. 부시가 마침내 옷을 입고 장화를 신는 데 성공하자, 나는 잠시 망설인 다음 그를 뒤따라 하기로 결심했다. 트렁크 위로 두 번이나 넘어지고, 거꾸로 처박히고, 엉금엉금 기는 등 여러 가지 기묘한 동작들을 똑같이 연출하면서 나는 윗옷을 뒤집어 입고, 장화도 양발에 거꾸로 신은 채 비틀거리며 갑판으로 나가는 계단을 올라갔다.

바람이 여전히 거세게 불어댔으므로, 우리는 모든 돛을 내리고 오로지 가운데 돛만 짧게 올려놓았다. 낮게 깔려 있는 비구름 속에 숨어 있던 파도가 3m 높이의 산더미 같은 하얀 물보라를 일으키며 후갑판을 덮치더니 경종이 울려대고 뱃전이 물에 잠길 때까지 배를 기울여 놓고는 앞갑판에 물보라를 뿌리면서 깜깜한 구름 속으로 부서져갔다. 그것은 내가 전에 품고 있었던 폭풍에 대한 상상과 완전히 일치하는 것은 아니지만, 상상의 많은 부분이 실제 현상과 맞아 떨어지고 있었다.

바람은 삭구 사이로 으르렁댔고, 바다는 돛을 삼킬 듯이 울렁였으며, 배는 극에서 극으로 출렁댔다. 이것은 신상에 닥친 위험을 의미하는 것이었으므로 내가 전부터 바다에 대해 품고 있던 장엄한 환상은 거의 완전히 사라져 버렸다. 궤도를 이탈하여 배 끝이 하늘에 닿을 정도로 앞뒤로 심하게 요동치는 배에서 물벼락을 맞아 온몸이 젖어버린 사람이 장엄함에 대해 심사숙고할 여유는 없는 것이다. 그런 험난한 여정을 겪고나면, 이전에 바다의 아름다움과 장엄함에 대해 즐겨 논하던 낭만적인 환상은 여지없이 부서져 나가고 만다. 거친 항해로 말미암아 시구(詩句)나 감정이 달라지는 것이다. 시에서 '젖은 돛(wet sheet)'이나 '출렁이는 바다(flowing sea)'가 실상은 정반대로 침대 위의 젖은 시트(wet sheet)나 선실 바닥에 흘러다니는 바닷물(flowing sea)이 되기도 한다. 우리가 겪은 경험으로 볼 때, 그것은 장엄함이라기보다는 폭풍으로 인한 불안감과 불유쾌함이다.

1865년 7월 27일 항해 중인 '올가' 호에서.

샌프란시스코에 사는 동안 나는 때때로 이런 의문을 품었던 적이 있었다. 밤이 되면 금문교를 거쳐서 론 산(Lone Mountain)을 넘어 흘러 들어오는 차가운 안개는 어디서부터 오는 것일까? 지금 나는 그 해답을 찾기 위해 실험실에서 연구를 하고 있는 것 같은 기분이 든다. 지난 2주 동안 우리는 계속해서 회색 구름과도 같은 짙은 안개 속을 항해해왔다. 안개는 때로는 너무 짙어서 돛대 끝이 거의 보이지 않을 정도였고, 또 뒤쪽에 있는 선실로 가는 통로를 찾을 수 없을 정도였으며, 우리 옷에 미세한 물방울들이 달릴 정도였다. 그래서 우리가 건너가고 있는 이 거대한 태평양의 따뜻한 '만류(Gulf Stream)'가 저 멀리 시베리아로부터 불어오는 차가운 북서풍과 만나서 생긴 수증기가 응축되어 이런 안개가 만들어진 것으로 나는 추정한다. 이 안개야말로 우리의 항해를 가장 어렵게 만드는 요소인 것이다.

결국 우리의 생활은 아주 단조로운 일상으로 굳어져갔다. 하루 12시간을 잠자고, 먹고, 담배 피우고, 또 기압계를 바라보는 일 등으로 보냈다. 2주 전에 우리가 겪은 폭풍 이야기는 귀중한 대화 소재가 되었고, 또 일시적이었지만 짜릿한 전율을 느껴본 아주 즐거운 경험이었다. 우리 모두는 소령이 말한 것처럼 그것이 '흥미로운 사건'이었다는 데 동의했다. 그리고 무료해진 우리는 무언가 또 다른 사건이 일어나기를 애타게 기다리고 있었다.

춥고, 비오고, 안개 낀 나날이 매일 반복되었다. 어쩌다 가끔 역풍이 불거나 눈발이 휘날리는 날도 있었지만, 우리는 하릴없이 무료한 시간을 보내고 있었다. 아침 7시 반이면 재미있고 능글능글한 네덜란드인 2등 항해사가 우리를 깨우러 왔다. 아침 먹을 시간이면 그는 항상 우리에게 다가와서 "고래가 나타났다!" 하고 소리를 질렀다. 우리가 갑판으로 나가보면 이상하게도 그 고래는 마치 '모비 딕'처럼 어김없이 사라지고 없었다. 그가 만들어낸 마법의 고래가 더 이상 우리의 주의를 끌지 못하자, 이번에는 아주 신비스럽고 괴이한 바다뱀을 출현시켰다. 그는 아주 우스꽝스런 엉터리 영어로 그 굉장한 장면을 묘사해 주었다. 그러면 우리는 혹시나 하는 헛된 희망을 품고 다시 그것을 보기 위해 안개 낀 갑판으로 기어나갔다. 물론 우리는 결코 그것을 볼 수 없었다.

부시는 일어나서 하품을 하며 잠에서 덜 깬 눈으로 선장실 앞쪽에 있는 식탁을 바라보았다. 내 침상에서는 식탁이 보이지 않았으므로 나는 부시를 지켜보고 있었다. 우리 머리 위로 갑판에서 등이 굽은 승무원의 발걸음 소리와 급하게 무언가에 부딪히는 소리가 들리더니, 대여섯 개의 삶은 감자가 선실 통로 계단 밑으로 굴러 떨어졌다. 이것들이 아침식사의 메뉴를 알려주고 있었다. 부시가 식탁을 지켜보고 있기 때문에, 나는 부시를 주의 깊게 지켜보기만 하면 된다. 부시의 표정을 보면, 오늘 아침 일어날 가치가 있는지 없는지를 알 수 있는 것이다. 만일 그가 한숨을 쉬며 벽으로 돌아누우면, 오늘 메뉴는 감자뿐인 것이며, 그러면 나 역시 한숨을 쉬면서 그의 행동을 따라 했다. 그러나 그가 얼굴에 미소를 띠고 일어나 앉으면, 신선한 양고기 내지는 카레라이스, 닭고기가 확실하므로 나 역시 그를 따라 일어나 앉았다.

아침식사를 마치면 소령은 담배 한 대를 피우면서 마치 명상하는 듯이 기압계를 바라보고, 선장은 아코디언을 잡고 러시아 국가를 연주했으며, 부시와 나는 갑판으로 나가 시원한 안개 공기를 들이마시면서 바다뱀을 만들어낸 2등항해사에 대한 험담을 즐겼다. 날씨가 좋으면 우리는 책을 읽고, 장기를 두고, 펜싱 연습을 하거나 돛대 위를 오르는 등 시간을 보냈고, 그렇게 이미 20여 일이 지났고 이제 20여 일을 더 보내야만 육지를 볼 수 있을 것이다.

1865년 8월 6일 알류샨 열도 근처 해상에서.

이 지긋지긋하고 단조로운 해상생활을 벗어나기만 한다면, 황무지면 어떻고 또 한두 송이의 금작화만이 피어 있는 메마른 땅인들 어떠하랴. 나는 수십 km를 더 간다 해도 마다하지 않으리!
캄차카는 여전히 황무지인 그대로이겠지만, 콜럼버스가 꽃이 만발한 산살바도르 섬 해안가를 처음 발견했던 그 기쁨과 마찬가지로 우리는 캄차카를 맞아들일 것이다. 나는 한두 포기 잡초뿐인 모래톱을 발견한다 해도 놀라지 않을 것이다. 모래톱인 것만 확인된다면 잡초조차 없는 모래톱이라도 상관하지 않을 것이다. 지금까지 우리는 34일 동안 바다에서 배 한 척 보지 못했고 땅 그림자도 보지 못했다.
요즘 우리의 주된 오락거리는 과학과 역사의 논란거리들에 대한 토론이었는데, 이 토론이 진전돼 감에 따라 우리들의 논쟁 실력도 늘어만 갔다. 긍정적인 면은 이것이 모두에게 흥미를 유발하는 것이었지만, 유일한 단점은 결정적인 권위가 없는 상태에서 어느 누구도 만족할 만한 결론에 도달할 수 없다는 것이었다. 요즘 우리는 16일 동안이나 고래 '분수 구멍'의 용도에 대해 토론하고 있었는데, 만일 우리 배가 마치 희망봉 근처를 떠도는 유령선처럼 정착지를 모르고 영원히 떠돈다면 우리의 토론도 영원히 결론을 내지 못하고 어느 누구도 만족시키지 못하는 꼴이 될 것은 분명했다.

선장은 26권으로 된 케케묵은 네덜란드어판 세계사 전집을 갖고 있었는데, 그는 사랑, 과학, 전쟁, 예술, 정치, 종교 등 지구상의 모든 문제를 해결해주는 마지막 권위자로 이 전집을 들먹였다. 토론에서 코너에 몰리면 그는 즉시 이 묵직한 전집 뒤로 몸을 숨기고 우리가 무조건 항복을 표명할 때까지 그 끔찍한 다음절(多音節) 네덜란드어의 집중포화를 퍼부었다. 설혹 우리가 고래의 '분수 구멍'과 세계사가 무슨 관계가 있느냐는 의문을 제시하는 모험을 하려들면, 그는 오히려 기세등등하게 기록된 책조차 믿지 않는 머리가 잘못된 회의주의자로 우리를 몰아붙였다.

그러나 저녁식사 시간에 선장이 파이를 분배하는 역할을 맡게 되자, 나는 나의 신념을 덮어두고 그 전집보다 더 나은 지식을 갖고 있지만 악질적인 이교도로 낙인찍힌 부시를 몰아붙이는 선장과 한편이 되었다. 그 결과 부시는 단 한 개의 작은 파이를 받았고, 나는 두 개를 받게 되었다. 이것은 물론 나의 동조에 대한 선장의 보답이었으며, 또한 건전한 역사지식을 확산시키는 데 유리하겠다는 그의 판단 때문이었다. 이후로 저녁식사 시간에 부시가 그 세계사 전집에 대해 칭찬하는 것이 관찰되기 시작했다.

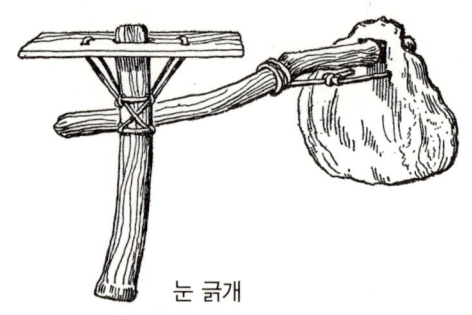

눈 긁개

CHAPTER 03

캄차카 해안의 그림 같은 풍경

1869년 8월 17일 캄차카에서 약 320km 떨어진 해상의 올가 호에서.

마침내 우리의 항해는 끝을 향해 다가가고 있었다. 7주나 되는 오랜 기간 동안 춥고 비바람치는 거친 날씨를 겪고서야 비로소 우리는 육지가 보이는 기쁨을 누릴 수 있었다. 우리의 기쁨은 힘든 항해를 견뎌내고 녹초가 된 선원들보다 못하지 않았다. 내가 글을 쓰고 있는 동안에도 육지가 가깝다는 환호소리와 함께 갑판에서 무언가를 문지르고 긁어내는 소리가 들렸다. 그것은 인간세계와 다시 대면하는 배를 무언가로 장식하는 소리였던 것이다. 어젯밤 우리는 캄차카의 페트로파블로프스크 항구에서 단지 약 400km밖에 떨어져 있지 않았다. 만일 순풍이 계속 불어준다면 우리는 내일 정오쯤 그 항구에 도착할 수 있을 것이다. 그러나 아침은 바람 한 점 불지 않아서 아마도 도착은 토요일로 연기될 수밖에 없으리라.

1865년 8월 18일 금요일 캄차카 해안가 해상에서.

오늘 아침 순풍이 불었다. 그러나 바다는 맨 위의 돛대가 희미하게 보일 정도로 짙은 안개에 덮여 있었고, 모든 돛을 말아 올린 브릭 올가 호는 짙은 안개 속에서 흔들리고 있었다. 바람이 계속 불어와 안개가 흩어진다면 아마도 오늘밤에는 육지를 볼 수 있지 않을까 하는 생각이 든다.

오전 11시

나는 방금 맨 윗돛대의 활대 위에서 3시간을 매달려 있다가 내려오는 참이었다. 거기서 나는 버팀대를 붙잡고 불안한 자세로 올라앉아 안개 속에서 앞뒤로 흔들리며 육지를 주시하고 있었고, 배는 좌우로 흔들리며 느릿느릿 나아가고 있었다. 하늘은 구름 한 점 없이 맑았지만, 우리는 배 3척 거리의 짧은 거리에서도 물체를 식별할 수 없었다. 배 주위로 갈매기, 가마우지, 물수리 등의 많은 물새들이 에워쌌고, 바다는 둥둥 떠 있는 해파리들로 가득 찼다.

정오

30분 전부터 안개가 걷히기 시작하더니 망원경으로 수평선을 샅샅이 뒤지던 선장이 11시 40분쯤 기쁨에 찬 목소리로 외쳐댔다.
"육지다! 육지! 만세!"
그리고 동시에 그 외침소리는 이물에서 고물까지, 배밑 취사실에서 맨 윗돛대까지 배 전체에 울려퍼졌다. 부시, 마후드, 소령은 앞갑판으로 뛰어나갔고, 등이 굽은 요리사도 제정신이 아닌 듯 손에 밀가루 범벅을 한 채 취사실에서 달려나와 앞갑판으로 올라갔다. 다른 선원들도 삭구 있는 쪽으로 몰려 나갔으나, 조타수만은 냉정함을 유지하고 있었다. 앞쪽으로 멀리 수평선 너머로 희미하게 빛나는 윤곽이 드러나면서 두 개의 높은 원추형 산 정상이 나타났다. 그것들은 너무 멀어서 깊은 계곡에 쌓인 눈만이 하얗게 보일 뿐이었고, 또 너무 희미해서 푸른 하늘과 거의 구별할 수 없을 정도였다. 그것들은 바로 캄차카 해안가에서 내륙 쪽으로 약 160km 정도 떨어져 있는 빌류친스키(Villeuchinski) 산과 아바차(Avatcha) 산이었다. 망원경으로 오랫동안 열심히 산을 살펴보던 소령이 산을 향해 자랑스레 손을 흔들다가 우리에게로 돌아서서 애국심이 분출하는 듯 말을 꺼냈다.

"여러분 눈앞에 위대한 러시아 제국, 나의 조국이 있습니다!"

그 순간 안개가 다시 배를 덮쳤고, 그는 갑자기 할 말을 잃고 있다가 불만스런 표정을 지으며 러시아어로 외쳐댔다.

"초르트 쥐엣 쉬토 에타 타코이(Chort zuiet shto etta takoi. 제기랄! 이상한 일이군! 안개, 안개, 안개뿐이라니)!"

5분 만에 그 '위대한 러시아 제국'의 마지막 흔적이 사라져 버렸다. 우리는 저녁식사를 하기 위해 배 밑으로 내려갔다. 아주 즐겁고 흥분된 마음으로. 그것은 북태평양 바다에서 46일을 보내지 않은 사람은 결코 상상할 수 없는 그런 것이었다.

오후 4시

방금 우리는 육지의 또 다른 광경에 빠져들고 있었다. 30분 전에 내가 올라가 있던 맨 윗돛대에서 나는 그 광경을 볼 수 있었다. 한순간에 거대한 회색 커튼이 천천히 열리듯이 안개가 걷히기 시작하면서 바다와 푸른 하늘이 얼굴을 드러냈다. 태양이 지면서 붉은 노을빛으로 가득 차자, 한 폭의 그림 같은 아름다운 광경이 연출되었다. 우리 앞에는 남북으로 약 240km 길게 뻗어 있는 거대한 캄차카 해안선이 놓여 있었다. 그것은 하얀 구름과 안개로 군데군데 얼룩져 보이는 거대한 곶(串)이었으며, 마치 붉은 노을 빛을 받으면서 푸른 바다에서 포말을 일으키며 갑자기 툭 솟아난 것 같았다. 멀리 약 3,300m와 4,900m 높이의 두 활화산이 삼각 머리에 만년설을 얹은 채, 산 아래쪽에 황혼의 붉은 그림자를 드리우면서 들쭉날쭉 섞여 있는 더 낮은 산들 위로 높이 솟아나 있었다.

해안선이 점점 뚜렷이 보이게 되자, 그 거리는 단지 약 24km밖에 되어 보이지 않았다. 그것은 마치 바다에서 갑자기 생겨난 신기루 같았다. 그 황홀한 광경은 5분이 채 못 되어 회색 커튼 같은 안개에 다시 천천히 가려지기 시작하더니 서서히 우리 시야에서 사라져갔다. 우리가 본 것이 진짜인지, 아니면 단지 환상에 불과한 것인지 하는 의문을 우리에게 남겨둔 채로. 우리는 오늘 거의 하루 종일 그랬던 것처럼 지금도 여전히 차갑고 짙은 안개 속에 덮여 있다.

1865년 8월 19일 캄차카 페트로파블로프스크 항구에서.

어젯밤에 우리는 파보로트니(Pavorotni) 곶에서 약 24km밖에 떨어져 있지 않은 것으로 생각했었으나, 다시 안개가 전에 없이 짙어지자, 선장은 더 가까이 육지에 접근하려는 모험을 시도할 생각도 못하고 있었다. 배는 밤새도록 제자리를 맴돌며 날이 밝아 안개가 걷히면 안전하게 해안가에 상륙할 수 있게 되기만을 기다렸다.

5시쯤 나는 갑판에 있었다. 안개는 더욱더 차갑고 짙어졌다. 신선한 남동풍이 부드럽게 불면서 하얀 파도가 안개를 헤치고 출렁였다. 6시가 채 못 되어 여명이 밝아오기 시작하자 범선은 앞돛, 삼각돛, 가운데 큰 돛을 모두 펼치고 육지를 향해 힘차게 나아가기 시작했다. 선장은 망원경을 손에 들고 마음을 졸이며 후갑판을 서성이다가 가끔 수평선을 샅샅이 훑어보았고, 또 혹시나 날씨가 맑아질 무슨 징후라도 없는가 하여 바람 부는 쪽으로 시선을 돌렸다. 바람을 타고 해안가로 달려가고 싶었지만 두터운 안개 때문에 여러 번 그는 뱃머리를 돌려야 했다. 그러나 결국 날이 밝아오자 안개가 사라지고 수평선의 윤곽이 뚜렷해졌다.

그런데 이게 웬일인가! 너무 놀랍게도 사방 어디에도 육지는 보이지 않았다. 전날 밤 한 시간이면 도달할 수 있을 것 같았던 하얀 산봉우리들, 기다란 줄을 이루었던 푸른 산맥들, 깊은 계곡과 깎아지른 갑(岬), 이 모든 것들이 녹아 없어지듯 아무런 흔적도 남기지 않고 대기 속으로 사라져 버렸다.

우리 배가 남긴 자국을 따라 호기심을 가지고 날아온 수많은 다양한 새들이 배 주위에서 시끄럽게 재잘대던 것을 제외하고는 약 1,600km 거리를 항해해오는 동안 육지의 존재를 나타내주는 것이라곤 아무 것도 없었다. 수면 위에 높이 서 있던 육지가 갑자기 사라진 것을 설명하려고 많은 이론들이 제시되었다. 선장의 이론에 따르면, 밤사이에 강한 조류가 해안가로 밀어닥쳐 우리 배를 남동쪽으로 멀리 밀어내 버렸다는 것이다.

부시는 함께 있던 불침번 동료가 잠들어 버리는 바람에 배가 육지를 지나쳤다고 고자질했고, 반면에 그 불침번 동료는 절대로 육지 같은 것은 없었으며, 그것은 단지 신기루였을 뿐이노라고 엄숙하게 선언했다. 소령은 '기묘한 일'이라고 말하면서도 정작 자신이 나서서 그 문제를 해결하려고는 하지 않았다.

이제 우리는 순조로운 남풍을 만나서 7노트(시속 약 13km)의 속도로 항진하고 있었다. 해가 뜨고 난 후부터 약 48km 이상의 거리를 주파했지만, 8시, 9시, 10시가 되어도 여전히 육지는 보이지 않았다. 그런데 11시쯤에 수평선이 서서히 어두워지더니 갑자기 약 6km밖에 떨어져 있지 않은 곳에서 절벽 끄트머리의 가파른 갑(岬)이 엷은 안개를 헤치고 그 거대한 모습을 드러냈다.

곧 모두 흥분하기 시작했다. 배의 속도를 줄이기 위해 가운데 돛을 말아 올리고, 해안가에 배를 대기 위해 약 5km 정도의 거리에서 배의 진로를 바꾸어 넓은 해안가 쪽으로 원을 그리며 돌아 들어갔다. 산봉우리들은 구름과 안개 속에 가려져 있어서 우리의 위치를 가늠해볼 수 없었다. 정확히 우리가 어디에 있는 것인지 확인한다는 것은 쉬운 일이 아니었다.

왼쪽으로 멀리 푸른 빛깔을 내는 두세 개 이상의 갑(岬)들이 안개 속에서 희미하게 자태를 드러냈다. 그러나 여기가 어디고 페트로파블로프스크 항구가 어디 있는지에 대해서는 아무도 대답할 수 없었다. 우리가 열심히 망원경으로 해안가를 샅샅이 살펴보고 우리가 처한 상황에 대한 각자의 의견을 중구난방으로 내놓고 있는 동안, 선장은 해도, 컴퍼스, 필기도구 등을 갑판으로 가져와서 선실 채광창 위에 내려놓고 이 갑들의 위치를 확인하기 시작했다. 다행히 선장이 갖고 있는 러시아 해도는 좋은 것이어서 그는 곧 우리가 있는 위치와 갑의 이름들을 알아내었다. 바로 우리는 아바차 만(Avatcha Bay)의 입구에서 남쪽으로 약 14km 떨어져 있는 파보로트니 곶(Cape Pavorotni) 북쪽에 있었던 것이다.

이제 방향이 정해지자 우리는 남동풍이 계속 불기 전에 새로운 항로로 빠져나갔다. 한 시간이 채 못 되어 '삼형제 바위'라 불리는 외따로 떨어진 바위를 보게 되었고, 시끄럽게 울어대는 갈매기와 앵무새 같은 부리를 가진 오리들이 떼를 이루어 둘러싸고 있는 가파른 바위섬 하나를 지나 2시쯤에 우리는 페트로파블로프스크 마을이 위치해 있는 아바차 만의 입구에 도달하였다.

입구에서 바라본 풍경은 우리가 상상했던 것 이상이었다. 푸른 풀로 덮인 계곡이 해안가 개활지에서부터 멀리 산에까지 뻗어 있었다. 둥그렇게 원을 이룬 절벽지대는 노란 자작나무숲으로 덮여 있었고, 언덕배기의 따뜻한 곳에는 짙은 녹색의 덤불숲과 드문드문 꽃들이 자라고 있었다. 우리가 등대가 있는 절벽 아래로 가까이 지나가게 됐을 때, 부시가 기쁨에 넘쳐 소리를 질렀다.

"만세! 클로버 잎이다! 클로버 잎!"

그러자 선장이 경멸하는 듯이 외쳐댔다.

"극지방에는 클로버 잎 같은 것은 있지 않아!"

그러자 부시가 빈정대며 반박했다.

"여기 와본 적도 없는 당신이 어떻게 알아요? 클로버 잎을 닮았는데."

그리곤 망원경으로 더 살펴본 후에 다시 말했다.

"저건 클로버 잎이에요."

그런 다음 그의 표정이 아주 밝아졌다. 마치 클로버 잎의 발견이 혹독한 캄차카 기후에 대한 걱정을 크게 덜어주었다는 듯이. 그것은 일종의 온도를 나타내주는 대표적인 식물 같은 것이었는데, 부시는 이 몇 안 되는 클로버 잎을 가지고 온대지방의 풍부한 식물군을 상상하는 등, 다윈이라면 꿈도 꾸지 않았을 단계로까지 상상의 나래를 폈다.

우리들 생각 속에는 캄차카라는 이름 그 자체가 항상 메마르고 황량한 그런 풍경과 연결돼 있었으므로, 우리는 이런 아름다운 풍경과 풍부한 식생이 있으리라곤 상상도 하지 못했다. 사실 동토의 각박한 땅에서 살아남을 수 있는 것은 이끼류나 작은 풀 종류뿐이지 그 외의 어떤 것들이 있을 수 있겠느냐는 것이 우리 모두의 논란거리였다. 우리가 기쁨과 놀라움에 휩싸였던 것은 당연한 일이었다. 우리는 나무와 무성한 덤불숲으로 덮인 푸른 언덕, 하얀 은빛 나무껍질을 가진 자작나무 숲과 클로버가 있는 계곡, 마치 화산 폭발과 같은 과거 자연이변의 증거를 꽃이란 옷으로 가려보겠다는 듯이 바위 틈 사이에 뿌리를 내리고 바람에 흔들리고 있는 들장미와 매발톱꽃 등을 보았던 것이다.

페트로파블로프스크 도착

3시가 되기 전에 우리는 페트로파블로프스크 마을이 보이는 지점에 도달했다. 붉은 지붕과 나무껍질로 지붕을 엮은 통나무집들이 모여 있었고,

녹색 칠을 한 돔이 있는 그리스 정교 교회, 기다란 해변가, 반쯤 부서진 부두, 포경선 2척, 반쯤 물에 잠긴 폐선의 잔해 등이 보였다. 푸른 언덕은 커다란 반쪽자리 잎의 모양으로 작은 마을 주변까지 뻗어 나가 아바차 만 입구에 위치한 잔잔한 호수 같은 항구를 거의 둘러싸고 있었다. 앞돛과 가운데 큰 돛을 모두 접고 우리 배는 물방앗간 저수지 같은 이 육지로 둘러싸인 호수 안으로 조용히 미끄러져 들어갔다. 돌을 던지면 맨 앞의 집이 맞을 만한 거리가 되자, 모든 돛이 말아 올려지고 배가 흔들리면서 철컥대는 쇠사슬 소리와 함께 우리 배의 닻이 아시아 땅에 내려졌다.

물개가죽으로 만든 소년용 부츠

CHAPTER 04

캄차카의 러시아인

외국을 방문하려는 사람에게 긴 바다 항해가 훌륭한 마음의 준비물이 된다는 사실은 이미 어빙이 잘 관찰해왔던 일이다. 그는 이렇게 말했다.

"세속적인 일로부터 잠시 떨어져 있다보면 새롭고 생생한 경험을 받아들일 특이한 마음의 상태가 만들어지게 된다."

사람을 지치게 만드는 단조로운 바다 생활 때문에 여행자는 자신의 침체된 분위기를 끌어 올려주고 또 새로운 생각을 하게 해주는 어떤 것에 호의적인 시선을 가지고 빠지게 된다. 그래서 아주 일상적인 평범한 일조차도 그에게는 기쁨과 감사로 여겨지게 된다. 이런 이유 때문에 오랜 항해 끝에 어느 낯선 지방에 도착하게 되는 여행자는 처음에는 그 지방 사람과 풍경에 매우 호의적인 반응을 보이는 경향이 있다. 그래서 이 새로운 지방에 대한 우리의 첫인상은 아주 생생하고 분명하고 또 아주 즐겁고 지속적인 것이어서 우리에게 특별한 행운이 다가온 것처럼 보였다. 먼 훗날에도 이번 여행에 대한 우리의 추억은 가장 밝고 오래 가는 색조로 그려진 가장 즐거운 그림이 될 것이었다. 캄차카의 산들에 대한 나의 첫인상은 '밝고 투명한 색조'로 그려진 환희, 그리고 나의 열정적인 환상이 투영된 낭만이었다. 이것은 산에서 만난 눈보라, 계곡에서 만난 비바람 등 내가 겪은 고난보다도 더 오래 기억될 것이었다. 아마 환상을 꿈꾸는 것일 수도 있지만, 나는 그것이 진실이리라 믿고 있었다.

바다에서 5~6주를 지낸 사람의 육지에 대한 동경심은 때때로 너무 강해져서 거의 열망에 이르게 되기도 한다. 우리가 처음 본 이 땅이 이끼로 뒤덮인 거대한 황무지 중 하나이며, 또 이후에 내가 이곳을 싫어하게 된다 하더라도, 나는 이곳을 에덴동산 못지않은 곳으로 생각할 것이었다. 그리스의 템페 계곡29)이 자연의 무한한 혜택을 받은 아름다운 곳이라지만, 페트로파블로프스크의 붉은 지붕과 나무껍질로 엮은 통나무집들이 포근하게 자리 잡고 있는 이 조그만 푸른 계곡보다 더 큰 즐거움을 나에게 줄 수는 없었다.

세상에서 멀리 떨어진 이 외진 곳에 배가 도착했다는 사실은 매우 중요한 사건이었다. 닻 구멍을 통해 쇠사슬이 철컥거리는 소리가 이 조용한 마을에 상당한 소란을 야기했다. 어린아이들이 모자도 쓰지 않은 채 문밖으로 뛰쳐나와서 잠시 우리를 살펴보더니 남아 있는 가족들을 부르러 급히 뛰어 돌아갔다. 푸른 색 윗도리와 가죽바지를 입은 검은 머리의 원주민들과 러시아인 농부들이 떼를 지어 선착장에 모여 들었다. 그리고 갑자기 75~100마리에 이르는 반(半) 야생의 개들이 몰려들어 우리의 도착을 축하하는 합창을 하는 듯 짖어대기 시작했다.

이미 오후의 늦은 시간이었지만, 우리는 마른 땅을 밟아보고자 하는 조급증을 참을 수 없었다. 그래서 선장의 작은 보트가 내려지자마자 부시, 마후드, 그리고 나는 마을을 구경하기 위해 선착장으로 향했다.

페트로파블로프스크 마을의 도시 구획은 아주 불규칙적이었다. 최초 이주민들이나 현재 살고 있는 그 후손들도 도시 구획이란 개념을 전혀 생각

---

29) Vale of Tempe: 올림푸스 산과 오사 산 사이의 계곡.

해보지 않은 듯했다. 여기저기 흩어져 있는 집들 사이로 마치 양들이 지나다니는 길처럼 무질서하게 길들이 이리저리 흩어져 있었다. 어느 방향으로도 똑바로 100m를 갈 수 없는 형편이었는데, 가다보면 어느 집 옆구리와 맞닥뜨리고 또 남의 집 뒷마당을 가로지르기 일쑤였다. 밤에는 가다가 잠든 소 위로 넘어지는 일이 평균 15m에 한 번 꼴이었다. 하지만 이곳은 푸른 언덕으로 둘러싸여 있고, 또 마을 뒤쪽으로 높이 솟아 있는 약 3,600m의 눈 덮인 아바차 산 정상이 그림같이 보이는 아름다운 마을이었다.

이 마을의 독일인 상인인 플루거(Fluger) 씨가 항구 밖에서 우리를 작은 보트에 태우고 들어왔었는데, 이제는 자청하여 우리의 가이드가 되었다. 마을 주변을 잠시 걷다가 그는 우리를 자기 집으로 초대했다. 우리는 담배 연기가 가득한 방에 둘러앉아 미국의 남북전쟁 소식, 캄차카 사회의 최근 풍문 등에 대해 얘기를 나누다가 이윽고 날이 저물었다. 나는 플루거 씨의 책상에서 《쇤베르그-코타 가족(The Schönberg-Cotta Family)》와 비처(Beecher)가 쓴 《삶의 사상(Life Thoughts)》이라는 책을 보았는데, 이런 책이 벌써 이 먼 캄차카 해안에 도착했다는 사실에 놀라움을 감출 수 없었다.

이 땅을 처음 밟은 사람들은 러시아 당국에 의무적으로 신고를 해야 했다. 우리는 플루거 씨와 볼맨(Bollman) 씨를 따라서 이 항구의 상주 공관장인 수트코보이(Sutkovoi) 선장의 집을 방문했다. 그의 붉은 색 양철지붕 집은 무성한 참나무 숲에 거의 가려져 있었고, 산에서 내려온 맑고 차가운 시냇물이 연이어 있는 작은 폭포들 아래로 떨어져 내리고 있었다. 대문 안으로 들어간 우리는 가지가 서로 맞닿아 그늘을 이루고 있는 넓은 자갈길을 따라 올라가서 노크도 없이 집안으로 들어갔다. 수트코보이 선장은 진심으로 우리를 환영해주었다. 우리가 영어밖에 할 줄 몰랐는데도 불구하고 그는 우리를 마치 집에 있는 것처럼 편하게 대해주었다. 그러나 모든 대화가 두 가지 언어로 통역될 때까지 기다려야 했으므로 대화가 오래가지 못하고 곧 시들해졌다. 처음에는 대화가 빛을 발하다가 러시아어, 독일어, 영어로 통역되어 우리에게 넘어오는 사이에 그 신선함은 사라져 버렸다.

나는 세상으로부터 멀리 떨어진 이 외딴 곳에서 세련된 문명의 증거들을 많이 발견하고 놀라지 않을 수 없었다. 사실 나는 생존에 필요한 가장 기본적인 생활필수품들이나 아니면 기껏해야 최소한도의 오락거리 몇몇 이외에는 전혀 기대하지 않았었다. 그런데 방 한구석에는 커다란 러시아제 피아노가 자리를 차지하고 있었고, 러시아, 독일, 미국 음악 중에서 뽑아놓은 선곡들은 주인의 취향을 말해주고 있었다. 유화와 석판화 몇 점들이 벽을 장식하고 있었고, 가운데 탁자 위에는 마치 전시를 하는 것처럼 많은 사진들이 놓여 있었다. 수트코보이 선장과 부인은 서양장기를 두다 말고 일어서 문 쪽으로 다가왔다.

우리는 한 시간 동안의 방문을 즐겁게 보내고 다음날 저녁식사에 초대를 받은 후 그곳을 떠났다.

우리는 아무르(Amoor) 강까지 계속 항해할 것인지 아니면 페트로파블로프스크에 머물면서 북쪽으로 여행을 시작할 것인지 아직 결정하지 못했으므로, 여전히 항구에 머물러 있는 범선을 집삼아 매일밤 우리의 작은 선실로 되돌아갔다. 항구에서의 첫날밤은 마치 우리가 바다에서 철썩이는 파도와 몰아치는 바람에 삐걱대며 흔들리는 배에 익숙해졌을 때처럼 이상스레 여겨질 정도로 조용하고 평안했다.

밖에는 산들바람도 불지 않았고, 작은 만 안쪽의 수면은 어두운 밤의 거울과 같아서 높이 솟은 언덕 주변을 어둡게 반사해내고 있었다. 점점이 흩어져 있는 마을 불빛들이 어두운 바다너머로 길게 드리우고 우리 오른쪽에 있는 컴컴한 언덕배기에서는 희미한 소방울 소리나 혹은 늑대처럼 길고 처량하게 울부짖는 개소리가 간간히 들려왔다. 나는 잠을 자려고 많은 애를 썼지만, 우리 앞에 놓인 새로운 환경, 지금 아시아에 있다는 생각, 그리고 앞으로의 모험과 미래의 전망에 대한 온갖 추측과 상상으로, 오랫동안 뒤척이며 잠을 이룰 수 없었다.

성인(聖人) 2명의 이름을 딴 마을

페트로파블로프스크 마을은 캄차카 반도에서 가장 크지는 않지만, 가장 중요한 정착지 중 하나였다. 인구는 원주민들, 러시아인 농민들, 그리고 담비무역 때문에 이곳까지 이끌려온 소수의 독일인 및 미국인 상인들을 포함하여 약 200~300명 정도였다.

이곳은 엄밀하게 말하면 캄차달(Kamtchadal)[30]족 원주민들의 대표적인 마을은 아니다. 왜냐하면 이곳은 외국인과의 교통으로 상당한 정도로 문명의 영향력을 느낄 수 있는 곳이며, 또한 생활양식과 사고에 있어서 현대적 산업과 계몽의 흔적들을 일부분 보여주고 있는 곳이기 때문이다. 이곳은 18세기 초부터 정착지로 존재해 왔으므로 그 나름의 문화를 갖고 있는 곳이다. 그러나 시베리아의 마을에서 연륜이라는 것이 발전을 나타내는 척도는 아니다. 페트로파블로프스크는 지금도 여전히 시대에 뒤떨어진 상태에 있으므로 현재 제2의 유년기에 들어섰거나 아니면 아직 계몽의 성숙기에 들어서지 못했을 것으로 생각된다.

이곳이 왜 페트로파블로프스크-성 베드로와 성 바울의 마을-로 불리는지 마을 사람들에게 부지런히 물어봤지만 그 이유를 알아내는 데는 실패했

---

30) 캄차카 반도에 사는 원주민을 지칭하는데, 이텔멘족(Itelmens)이라고도 한다. 그러나 엄밀히 말하면, 원래 원주민을 이텔멘족이라 하고, 나중에 이주해온 러시아인과 원주민 사이에 혼혈된 주민들을 캄차달족이라 구분한다. 오늘날 인류학자들은 이텔멘족이 동남아시아를 통해 캄차카로 이주해온 고아시아족과 중앙아시아를 통해 이주해온 북미인디언의 조상들과의 사이에서 7,000년 전에 형성된 것으로 추측하고 있다. 18세기 초 이텔멘족의 인구는 약 15,000~25,000명이었으나, 이후 '캄차카의 피사로'로 불리는 아틀라소프가 이끄는 카자크족 용병부대에 의해 거의 학살당하고, 또한 러시아인이 옮긴 전염병으로 많은 사람이 죽어 18세기 말경에 이미 인구가 약 3,000명으로 줄었으며, 이후 러시아인과의 혼혈 등으로 인해 20세기 말에는 인구가 약 1,000명으로 줄어들고 원주민어인 이텔멘어가 아닌 러시아어를 대부분 구사하는 것으로 보고되고 있다. 이텔멘족은 원래 주변의 코략족, 축치족 등과 마찬가지로 사로잡히기보다는 자살하는 쪽을 택하는 아주 호전적인 종족이었다. 따라서 저자가 앞에서 언급한 캄차달족의 순치된 모습은 원래 모습이 아니라, 러시아의 정복과 착취에 따른 후유증으로 보인다.

다. 교회의 성스러운 기록에는 캄차카 사람들의 많은 요청에 대한 답으로 보낸 서한 한 장 남아 있는 것이 없었고, 또한 그런 이름을 갖고 있는 유명한 성인들 중 어느 누구도 이곳을 방문했다는 증거가 없었다. 그래서 우리는 성인의 덕행과는 동떨어진 삶을 살고 있는 이곳 주민들이 성인의 도움을 받아야 할 필요성을 느끼고 이 정착지의 이름을 성 베드로와 성 바울이라고 불렀으며, 그럼으로써 성인들이 이곳에 특별한 관심을 갖고 최후 심판 때 주저 없이 자신들을 구원해줄 것이라는 희망을 갖고 있는 것이라고 결론지었다. 이것이 이 마을 최초 설립자들의 생각인지 아닌지는 알 수 없지만, 이런 의도는 신앙심은 강하지만 실제 행동은 그렇지 못했던 시베리아 정착지 대부분의 사회에서 잘 받아들여졌을 것이다.

숲이 무성하고 꽃이 만발한 땅

관광객의 관점에서 말한다면 페트로파블로프스크의 볼거리는 거의 없다고 말할 수 있으며, 또한 별 재미도 없었다. 마을에서 역사적으로 자랑거리가 되거나 관심을 가져볼 만한 것들은 뛰어난 항해가 베링(Behring)과 라페루즈31)를 기념하여 세운 기념비 두 개와, 크림전쟁 동안 영불 연합군의 공격을 물리치기 위해 언덕 위에 구축해놓은 요새의 흔적밖에 없었다.

그러나 밀폐된 어두운 선실에서 거의 두 달을 갇혀 살았던 우리들에게 마을은 그 자체로도 충분히 매력적인 곳이었다. 그래서 다음날 아침 일찍

---

31) La Perouse(1741~1788): 프랑스 해군대령이자 해양탐험가. 루이 16세의 명을 받아 선원 220명의 배 2척을 끌고 태평양 탐험에 나선 그는 1785년 브레스트 항을 출발하여 대서양의 카나리아 군도, 칠레 남단 케이프 혼, 하와이 군도, 알래스카, 하와이, 마카오, 필리핀 제도, 일본, 한국(1787년 5월 정조 때 제주도를 지나 울릉도를 발견하는 등 남해안과 동해안을 조사하고 지도에는 일본해로 잘못 표기함), 캄차카 반도(1787년 9월 7일 페트로파블로프스크에 상륙하여 현지인들의 환대를 받음), 사모아, 호주 등을 거쳤으며, 호주 북쪽 바다 뉴칼레도니아 산타크루즈의 티코피아 섬에 이르러 좌초되어 행방불명되었고, 이후 1826년에 그 잔해가 발견됨.

우리는 아바차 만으로부터 그 작은 항구를 분리시켜 주고 있는 나무가 우거진 반도의 해변가로 산책을 나갔다.

하늘에는 구름 한 점 없었지만 짙은 안개가 언덕 정상너머까지 낮게 드리우며 주변 산들을 시야에서 가려버렸다. 전체 풍경은 습기를 머금은 에메랄드처럼 푸르른 녹색이었다. 그러다가 간간히 회색빛 구름 같은 안개 사이로 햇빛이 얼굴을 내미는가 싶더니 마치 눈물 젖은 얼굴이었다가 금방 밝은 미소를 짓는 것처럼 안개에 젖어 있는 언덕 중턱을 가로질러 빠르게 확산되기 시작했다. 땅바닥은 온통 꽃으로 덮여 있었다. 잡초들 사이 여기저기에는 보라색의 습지 제비꽃이 점점이 박혀 있었고, 이끼 낀 회색 바위 너머로는 종처럼 생긴 자줏빛 매발톱꽃이 바람에 흔들리고 있었으며, 빽빽한 숲에도 땅바닥이 있는 곳은 어디에나 마치 색색의 그림자가 드리운 듯 들장미가 그 섬세한 분홍빛 꽃잎을 흩뿌려 놓고 있었다.

우리는 항구와 만 사이에 있는 가파른 언덕길을 걸어 올라가고 있었다. 스치는 덤불마다 작은 물방울들이 튀겨 내렸고, 발밑으로는 수백 개의 이슬 맺은 꽃잎들이 밟혔다. 우리는 곧 라페루즈 기념비에 도달했다. 나는 그의 고향 사람들, 즉 프랑스 사람들이 그의 공적을 더 높이 평가하여 이보다 좀 더 훌륭하고 멋진 기념비를 세워 오래도록 기념해 주었으면 하는 바람이다. 기념비는 검은 색을 칠한 얇은 철판에 나무들을 씌운 단순한 것이었다. 그것에는 아무런 날짜도 글씨도 새겨져 있지 않아서 뛰어난 항해가를 새롭게 기념하는 기념비라기보다는 어떤 범죄자의 무덤에나 놓일 묘비명에 더 가깝게 보였다.

부시는 풀에 덮인 작은 언덕에 앉아 주변 풍경을 스케치하고 있었고, 마후드와 나는 옛날 러시아군 포대를 찾으려고 언덕 위를 이리저리 돌아다녔다. 여러 개의 포대가 만의 안쪽과 바깥쪽을 나누어 놓는 능선 마루를 따라 포진해 있었는데, 그곳은 서쪽으로부터 마을로 들어오는 접근로를 내려다 보는 위치에 있었다. 이제 그곳은 거의 풀과 나무로 뒤덮여 있어서 형체를 알아볼 수 있는 것은 오로지 대포 쏘는 구멍뿐이었다. 나는 캄차카의 위치가 멀리 떨어져 있고 또 기후 조건이 혹독하기 때문에 주민들이 전쟁의 참화로부터 다소 벗어날 수 있었을 것이라고 생각했었다. 그러나 이 땅에도 역시 파괴된 요새와 풀로 덮인 전쟁터가 있었다. 이제는 정적에 싸인 언덕만이 그리 오래지 않은 시절에 적군을 향해 쏘아댔던 천둥과 같은 대포 소리를 기억하고 있었다. 기술자로서의 직업 정신이 살아난 듯 포대의 참호를 찬찬히 살펴보고 있는 마후드를 남겨놓고 나는 언덕 위로 걸어 올라가 절벽 끝에 다다랐다.

거기에서 러시아군 포병들이 돌격해오는 영불 연합군을 격퇴시켰던 것이다. 이 절벽 주위에서 벌어진 혈투의 흔적은 이제 남아 있지 않다. 죽음의 접전으로 갈가리 찢긴 대지는 초록색 양탄자를 깔아놓은 듯 이끼로 덮여 있었다. 약 30m 아래의 바윗돌 많은 해변에서 총검을 들고 비명을 지르며 육박전을 치렀던 그 마지막 치열했던 전투를 회상시켜주는 것은 어디에도 없었으며, 초롱꽃만이 무심하게 바다에서 불어오는 시원한 미풍에 머리를 끄덕이며 흔들리고 있을 뿐이었다.

나로서는 갈등의 진짜 중심지로부터 멀리 떨어진, 이 중요하지도 않은 고립된 요새를 연합군이 무자비하게 공격한다는 것 자체가 별로 좋게 보이지 않았다. 이 요새를 점령함으로써 어떤 식으로든 러시아 정부 세력이나 자원을 약화시킬 수 있었다면, 혹은 어떤 전환점을 만들어냄으로써 크림반도에서의 결정적인 전투 상황으로부터 관심을 돌릴 수 있었다면, 그것은 아마도 정당화될 수도 있었으리라. 하지만 그것은 궁극적인 결과에 어떤 직간접적인 영향도 미칠 수 없었으며, 오스만투르크 제국이나 그로 인해 생긴 '동방 문제'에 대해 전혀 들어본 적도 없는 소수의 캄차달 주민들에게 오로지 불행만을 가져다주었을 뿐이었다.

천둥 같은 적군의 대포 소리와 바로 문 앞에서 작렬하는 포탄 파편 조각들은 바로 이들에게 전쟁을 알리는 첫신호였을 것이다. 그러나 연합군 함대의 공격은 보기 좋게 격퇴당했고, 얼마 안 되는 카자크 용병과 농민으로 구성된 미미한 러시아군에 허를 찔린 데 굴욕감을 느낀 연합군 제독은 자살했다. 전쟁 기념일에는 모든 주민들이 참여한 가운데 사제들이 앞장 선 장엄한 행렬이 승리를 찬양하는 기쁨의 노래를 부르며 마을을 한 바퀴 돌고 적군을 격퇴시킨 언덕 위에까지 행진하는 것이 관례가 되었다.

전쟁터에서 잠시 식물 채집을 마친 다음 나는 스케치를 끝낸 부시에게 합류했으며, 피곤해진 우리는 마을로 되돌아갔다. 우리가 해안가에 나타나면 항상 현지 주민들에게는 관심거리가 되었다. 우리가 러시아인 농부나 원주민 농부들을 지나치게 되면, 그들은 공손히 모자를 벗어 손에 쥐고 인사를 건넸다. 집집마다 창문에는 '아메리칸스키 치노브니키(Amerikanski Chinovnikee 미국인 관리들)'를 보려고 내민 머리들로 들썩였으며, 개들까지 우리에게 몰려와 짖어대고 늑대소리를 내며 비명을 질러댔다.

부시는 지금까지 자신이 이토록 대중의 관심을 끌만큼 중요한 존재였던 적이 없었으며, 그것은 모두 이 지성적이고도 판별력 있는 캄차카 사회 때문에 가능한 것이라고 선언했다. 뛰어난 천재를 즉각적으로 알아보는 능력이야말로 그런 지성적인 사람들의 특징이라고 확신하면서 그는 다른 사람들에게도 그런 능력이 똑같이 부여되지 않은 것에 깊은 유감을 표시했다. "무언가를 암시하려는 의도는 전혀 없다!"라고 변명하면서.

뼈 발라낼 때 쓰는 칼

CHAPTER 05

러시아어 배우기 첫시도

　여행자가 외국 땅에서 부딪치는 어려움 중 첫 번째는 언어 문제이다. 특히 캄차카, 시베리아, 혹은 거대한 러시아 제국의 일부에서는 더욱 두드러진다. 러시아인들이 바벨탑 시대에 어떤 일을 저질렀기에 지금 그렇게 복잡하고, 뒤틀리고, 또 엄청 알아듣기 힘든 언어로 고통을 받아야 하는 것인가를 나는 전혀 상상할 수가 없다. 나는 때때로 러시아인들이 다른 민족들보다 더 높이 탑을 쌓으려다가 벌을 받아 그렇게 된 것이 아닌가 하는 생각이 들었다. 즉 러시아인들이 또 다시 탑을 쌓지 못하도록 하기 위해 늙어 힘 빠질 때쯤해서야 비로소 소통이 될 정도의 어려운 언어를 신께서 만들어주신 것이 아닐까.

　러시아인들이 어떻게 자신들의 언어를 획득하게 되었든, 아무튼 러시아어는 러시아 제국을 여행하는 모든 이들에게 분명 살 속에 박힌 가시처럼 고통스러운 것이다. 우리가 캄차카에 도착하기 몇 주 전에 나는 가능하면 원주민들과의 첫대면에서 가장 유용하게 쓸 수 있는 몇 가지 표현들을 배우기로 결심했었다. 그중에서 가장 단순한 문장이 "나는 먹고 싶어요"였다. 나는 이 문장이 현지 주민들에게 말하게 될 최초의 발언이 될 수도 있다고 생각했고, 또 이 문장을 몰라서 굶어 죽을 위험에 빠지는 상황을 절대 피하기 위해 철저히 외우기로 결심했다. 그래서 어느 날 나는 러시아인인 소령에게 이에 합당한 러시아어 표현이 무엇인지 물어보았다. 그는 별거 아니란 투로 내가 배고플 때마다 해야 할 표현을 다음과 같이 알려주었다.

"바샤브웨소키블라가로디아이 윌리키프레쉬코디텔스트보이 탁달샤이 (Vashavwesokeeblagarodiaee weeleekeeprevoskhodeetelstvoee takdalshai)." (앞의 두 구절은 러시아 귀족에게 쓰는 '각하'라는 경칭이고, 탁달쉐는 '계속'의 뜻으로 케넌을 놀리기 위해 엉터리로 알려준 듯-역자주)

나는 소령이 이 비정상적으로 긴 문장을 유창하고 우아하게 발음하는 것을 듣고는 지금까지 어느 재능 있는 사람에게도 결코 내보이지 않았던 감탄과 존경심을 느끼게 되었다. 동시에 그가 처음 음식을 요청하게 되기까지 얼마나 많은 세월 동안 인고의 땀방울을 흘렸을까를 상상해보니 나의 마음은 절망의 나락으로 떨어졌다. 지칠 줄 모르는 인내심을 발휘하여 그런 언어를 결국 정복해야 하는 그의 타고난 운명에 나는 그저 놀라울 따름이었다. 만일 먹는 것과 같은 단순한 일에 그런 정도의 긴 발음을 요구한다면, 도대체 신학적이고도 형이상학적인 더 심오한 문제를 다루는 데는 어느 정도가 될 것인가? 상상만 해도 기가 질릴 뿐이었다.

나는 소령에게 그 터무니없이 긴 문장을 커다란 플래카드에 적어서 내 목에 걸어주는 편이 나을 것이라고 솔직하게 말했다. 나는 그 발음을 낼 수도 없었고, 또한 배울 시도도 해보지 않았다. 나중에 나는 그가 나의 미숙한 경험과 남의 말을 잘 믿는 성격을 이용하여 가장 길고 어려운 단어들로 만든 문장을 나에게 주었다는 것을 알게 되었다. 물론 그 문장의 진짜 의미는 별로 좋은 것은 아니었을 테지만, 그렇다고 그렇게 특별히 어려운 단어들을 선택할 필요는 전혀 없는 일이었다.

나는 현대의 모든 언어들 중에서 러시아어가 가장 배우기 어려운 언어라고 믿고 있다. 우리가 예상하듯이 러시아어의 어려움은 그 발음에 있는 것이 아니다. 러시아어는 음성학적으로 모든 단어가 발음이 되고 있으며, 단지 영어에 낯선 소리 몇 개만을 가지고 있을 뿐이다. 하지만 러시아어 문법은 대단히 복잡하고 난해하다. 예를 들면 격(格)이 7개고 성(性)이 3개이다. 성은 정해진 규칙이 없이 순전히 임의적이기 때문에 외국인이 명사와 형용사에 합당한 어미 붙이기를 배운다는 것은 거의 불가능한 일이다. 러시아어 어휘는 매우 풍부하고, 또한 그 숙어는 향토색 짙은 독특한 개성을 갖고 있으므로, 러시아 농민들 사이에 통용되는 대중적인 회화체를 완벽하게 습득하지 않고서는 그것들을 거의 이해할 수 없다.

모든 인도-유럽어와 마찬가지로 러시아어는 고대 산스크리트어와 밀접한 관계에 있으며, 다른 언어들보다 더 많이 초기 산스크리트어인 고대 베다 범어 단어들이 변하지 않은 상태로 잘 보존돼 있는 것 같다. 그래서 현대 러시아 농민들이 기원전 1000년경에 힌두어로 쓰인 1부터 10까지의 숫자를 소리나는 대로 들어보면 한두 개의 예외는 있겠지만 대부분 이해할 수 있을 것이라는 생각이 든다.

페트로파블로프스크에 머무는 동안 우리는 "예", "아니오", "안녕하세요?"에 해당하는 러시아어를 배우는 데 성공했다. 그것은 어려운 언어를 배우는 데 있어서 사소한 진전이었음에도 불구하고 우리는 크게 자축했다.

지금까지 여행자와 지리학자들이 러시아어 명칭을 영어식으로 표기해온 일반적인 방식에 대해서 나는 몇 가지 말하고 싶은 것이 있다. 간단히 말하면 그 방식은 복잡한 러시아어 발음 zh와 ya를 구별하지 않고 모두 똑같이 영어 j로, 그리고 러시아어 발음 v와 f를 영어 w로 간단히 표기하고 있으며, 또한 거꾸로 단순한 러시아어 발음 ch를 영어 tch와 stch로 복잡하게 표기하고 있는 것이다.

어떻게 이런 분별없는 방식이 지금까지 유지돼오고 있는지 알 수가 없다. 러시아어에는 영어 'wood'에서의 w와 같은 발음을 내는 글자 w가 없다. 그러나 우리는 wrangell, woronsof, wolga, wladimir, pultowa, werst

등의 경우에 v를 대신하여 w를 사용해왔다. 마치 우리 지도를 만든 편집자들이 모두 'we'라는 발음을 제외하고는 v 발음을 낼 수 없었던 조상 웰러(Weller) 씨의 직계후손이라도 되는 것처럼.**32)** Gee-zhee-ga(기지가)라고 발음하면서 G-h-i-j-i-g-h-a로 표기하거나 Kam-chat-ka(캄차카), Kam-skat-ka로 발음하면서 K-a-m-s-t-c-h-a-t-k-a로 표기하는 것은 무슨 정당성이 있는 것인가? 이 단어들의 러시아어 발음은 아주 단순한데, 이 단어들을 영어로 발음하고 표기하는 방식은 철자법상으로도 정당성이 없고 또 상식적으로도 이해할 수 없다.

며칠 후 캄차카에 우뚝 솟아있는 봉우리 두 개의 이름이 클루체프스카야(Klieutchiefskajia)와 쉬우바일리친스카야**33)**로 표기된다는 것을 알게 된 나는 웹스터 사전의 창시자 노아 웹스터(Noah Webster)의 이름으로 묻지 않을 수 없었다. 발음 보조기관이 6개쯤 더 있지 않고서야 누가 그런 발음을 낼 수 있겠는가? 차라리 Kloochefskiá와 Soovail-itch-in'-skia로 표기되었더라면, 러시아어 발음에 근접할 수 있는 다소의 희망이라도 있었을 것이다. 누군가 다음에 지리학적인 개정을 하게 될 경우, 다음 세대를 위하여 좀 더 간단하고 이해하기 쉬운 시스템이 채택되기를, 그리고 러시아어 명칭의 철자법이 지금까지 그래왔던 것처럼 우연스런 아니면 변덕스런 개인적 취향에 좌우되지 않게 되기를 나는 희망한다.

우리를 위해 마련된 페트로파블로프스크에서의 환영식에는 러시아인들과 미국인들이 참석했으며, 환대는 진심 어리고 열정적인 것이었다. 우리가 이곳에 도착하고 나서 처음 3~4일은 이렇게 서로 돌아가며 방문하고 저녁식사를 하는 것으로 지나갔다. 목요일에 우리는 만을 가로질러 10~15

---

32) 찰스 디킨스(Charles Dickens)의 소설 《피크위크 보고서(The Pickwick papers)》에서 주인공의 시종으로 나오는 사무엘 웰러(Samuel Weller)의 아버지 토니 웰러(Tony Weller)는 자기 이름을 W로 써야 하는지 V로 써야 하는지 모르는 인물임.

33) Shieuvailitchinskajia: 혹은 쉬발리친스카야(Shivalitchinskaya), 쉬벨루치(Shiveluch).

베르스타34) 거리에 있는 아바차(Avatcha)라 불리는 작은 마을까지 소풍삼아 말을 타고 갔다 오다가 이 아름다운 반도의 풍경, 기후, 식생에 완전히 매료되었다. 풀과 나무로 덮인 언덕 주변으로 꼬불꼬불하게 난 길에서는 만 안쪽의 맑고 푸른 바닷물 위로 툭 튀어나와 바다로 향하는 관문 역할을 하는 진홍색 곶이 한눈에 내려다보였고, 서부 해안을 따라 멀리 50~60km 떨어져서 우뚝 솟아 있는 하얀 빌류친스키(Villoo-chin-ski) 봉우리까지 기다란 산맥을 이루며 뻗어 있는 그림 같은 설산들이 은빛 자작나무 덤불숲 사이로 얼핏얼핏 보였다. 어디에나 고도에 따라 풍부하게 자라고 있는 식물군은 적도지대에 못지않아 보였다.

우리는 거의 안장에서 구부리지 않고도 한 움큼의 꽃을 딸 수 있었고, 풀숲을 헤치고 나아갈 때는 어디서나 길게 자라 있는 야생초가 우리의 허리를 간질였다. 래브라도35)의 살을 에는 듯한 추위를 예상해왔던 곳에서 이탈리아의 온화한 기후를 발견한 기쁨에 젖어, 그리고 아름다운 풍경에 넋을 잃은 우리는 언덕을 따라 올라가며 미국 노래를 부르며 마음껏 소리를 질렀고, 주변은 온통 메아리로 가득 찼다. 우리는 해가 서산에 기울며 우리가 돌아갈 시간을 알려줄 때까지 키가 작은 카자크(Kazak) 조랑말을 타고 언덕길을 질주했다.

탐험계획

아바자 소령은 페트로파블로프스크에서 얻은 정보를 바탕으로 다가올 겨울을 대비한 계획을 수립했는데, 그 대강은 다음과 같다. 즉 마후드와 부시는 '올가' 호를 타고 중국과의 국경지대인 아무르 강 어귀로 가서 그곳에

---

34) verst: 러시아의 옛 거리 단위로 1베르스타는 약 1,067m.
35) Labrador: 캐나다 동부 뉴펀들랜드 주 래브라도 지방.

있는 정착촌에 보급기지를 마련한 다음, 러시아의 해안요새인 오호츠크 (Okhotsk)의 남쪽과 오호츠크 해의 서쪽에 놓여 있는 험한 산악지대를 탐험할 예정이었다.

한편 소령과 나는 원주민들과 한 팀을 이루어 캄차카 반도를 통과하여 북쪽으로 올라가면서 전선 가설구간인 오호츠크와 베링 해협 사이의 중간지점에 도달할 예정이었다. 이 지점에서 우리 둘은 다시 나뉘어 한 사람은 서쪽으로 가서 오호츠크에서 마후드, 부시와 만나고 나머지 한 사람은 북쪽으로 가서 베링 해협으로부터 서쪽으로 약 640km 떨어져 있는 러시아의 무역기지 아나디르스크(Anádirsk)에 도달할 예정이었다. 이런 식으로 우리는 아나디르스크와 베링 해협 사이에 있는 황량한 지역을 제외하고 우리 전신선이 지나가게 될 전 지역을 답사하게 되는 것이다. 적은 인원과 혹독한 현지 환경을 고려해볼 때, 이것은 아마도 고안해낼 수 있는 최고의 계획이었을 것이다.

그러나 이것은 소령과 내가 원주민 팀원들을 제외하곤 단 한 사람의 친구도 없이 겨울 내내 탐사여행에 나서야만 한다는 것을 의미하는 것이었다. 나는 러시아어를 구사할 줄 몰랐으므로, 통역자 한 명 없이 이 일을 수행한다는 것은 거의 불가능한 일이었다. 그래서 소령은 도드(Dodd)라 불리는 한 젊은 미국인 모피 무역상을 고용했는데, 그는 페트로파블로프스크에서 7년간 살았으므로 러시아어와 원주민들의 관습에 익숙했다. 그래서 우리 팀원은 5명이 되었고, 세 팀으로 나뉠 예정이었다. 즉 한 팀은 오호츠크 해의 서부 해안을 향해, 또 한 팀은 북부 해안을 향해, 그리고 나머지 한 팀은 오호츠크 해와 북극권 사이에 있는 지역을 향해 나아갈 것이었다.

교통수단이나 생계수단 같은 세세한 사항들은 모두 각 팀의 재량에 달려 있었다. 우리는 원주민들과 같이 생활하고 여행하면서 현지에서 조달할 수 있는 모든 수단을 이용할 생각이었다. 우리가 준비하고 있는 이 탐사여행은 결코 안락한 것이 아니었다. 페트로파블로프스크의 러시아 당국은 우리에게 힘닿는 데까지 모든 정보와 지원을 아끼지 않았다. 그러나 그들은 5명으로는 결코 아무르 강과 베링 해협 사이에 있는 약 2,900km 길이에 달하는 거의 사람이 살지 않는 지역의 탐험에 성공할 수 없을 것이라고 주저 없이 말했으며, 또한 소령이 예상한 가을의 캄차카 반도 통과계획도 성공할 수 없으리라고 단정지었다. 설사 성공했다 하더라도 소령은 북쪽에 있는 거대하고 황량한 초원지대를 절대 통과할 수 없다는 것이다. 왜냐하면 그곳은 오로지 유목민인 축치족[36]과 코략족[37]만이 살 수 있는 곳이기 때문이다. 이에 소령은 그들에게 우리가 해낼 수 있다는 것을 보여줄 것이라고 간단히 답하면서 준비해야 할 일들을 계속 해나갔다.

아무르 강 탐험팀과의 이별

8월 26일 토요일 아침 마후드와 부시를 태운 올가 호는 캄차카 반도의 북쪽으로 올라가게 될 소령, 도드, 그리고 나를 페트로파블로프스크 항에 남겨두고 아무르 강을 향해 출항할 예정이었다.

---

36) Chukchis: 유전학자 스펜서 웰스(Spencer Wells)에 따르면, 축치족은 먼 옛날 중앙아시아에서 순록을 따라 북동아시아로 이주했으며, 13,000년 전 그중 일부가 베링 해협을 통해 미주대륙으로 이주하여 미주대륙 원주민의 조상이 되었던 것으로 보고되고 있다. 18세기 초 인구가 약 6,000명이었고, 이후 끊이지 않는 러시아의 정복 시도에도 러시아 원정대장 파블류츠키를 죽이는 등 끝까지 굴하지 않았던 유일한 시베리아 원주민이다. 러시아인이 물러난 이후 계속 인구가 늘어나 20세기말 인구가 약 15,000명이 되었다. 그러나 러시아의 영향으로 오늘날 원주민 언어인 축치어가 있음에도 대부분이 러시아어를 사용하고 있는 형편이다.

37) Koryaks: 아직 코략족의 기원은 알려져 있지 않으나, 오늘날 인류학자들은 갱신홍적세 말기 북미대륙과 유라시아가 이어져 있었을 때, 양쪽에서 인류가 오가다 형성된 것으로 추측하고 있다. 18세기 초 인구가 약 10,000명이었으나, 러시아의 침략으로 18세기 말 약 4,800명으로 줄었고, 20세기 말 약 5,600명을 기록하고 있다. 저자는 축치족과 같이 코략족도 러시아에 굴복하지 않은 것으로 적고 있으나, 코략족은 18세기 중엽 러시아의 학살로 인구가 절반 이하로 줄어들자 결국 굴복하여 러시아에 공물을 바치게 된다. 토착어인 코략어는 이웃한 축치어, 이텔멘어와 더불어 같은 고아시아어 계통의 츄코트-캄차카 언어계열에 속하지만, 이텔멘어보다 축치어와 더 유사하며, 문화도 축치족과 유사성을 보이고 있다. 또한 코략족 언어와 문화는 아무르 강 하류의 니브흐족과 유사하다는 보고도 있다. 원주민 대부분이 코략어보다는 러시아어를 구사하고 있다.

그날 아침 날씨는 맑고 화창했으므로 나는 원주민이 노를 젓는 보트 한 척을 빌려 타고 바다에 나가 올가 호에 있는 부시와 마후드를 만났다.

산에서 불어오는 시원한 아침바람을 맞으며 올가 호가 서부 해안가의 절벽으로부터 천천히 물러나기 시작하자, 우리는 '아무르 강 탐사대'의 성공을 기원하며 이별주를 마셨다. 그리고 나는 선장과 악수를 나누고 그의 네덜란드어판 세계사 전집을 칭찬해 주었으며, 나머지 선원들과도 작별 인사를 나누었다. 보트로 갈아타려 할 때, 2등항해사가 내가 겪게 될 위험에 대한 걱정으로 가득 차 있는 듯한 표정으로 엉터리 영어를 구사하면서 소리쳤다.

"오우, 미스터 키니(Mr.Kinney)!"(그는 케넌이라고 발음하지 못했다.)
"누가 요리를 해쥬고 감쟈를 먹을 슈 이쓸까?"

그는 마치 세상의 모든 고난이 요리사와 감자가 없는 상황에 집약돼 있다는 듯이 말했다. 나는 우리가 스스로 요리할 수도 있고 또 뿌리식물을 먹으면 된다고 쾌활하게 그를 안심시켰으나, 그는 마치 우리의 불행을 미리 알고 있는 듯한 예언자의 슬픈 표정을 지으며 머리를 흔들었다. 부시가 나중에 나에게 전해준 바에 따르면, 아무르 강으로 가는 도중에도 우울하고 깊은 몽상에 빠져 있는 2등항해사의 모습을 종종 목격하고 그에게 다가가 무슨 생각을 그리 하느냐고 물었더니, 역시 슬픈 표정으로 머리를 흔들며 뭐라 표현하기 힘들다고 강조하면서 이렇게 대답했다고 한다.

"불쌍한 미스터 키니! 불쌍한 미스터 키니! 불쌍한 미스터 레몬(Mr. Lemon)!"

그가 일으킨 거대한 바다뱀 소동 사건에 대해 의구심과 부정으로 일관했던 나의 태도에도 개의치 않고, 그는 나를 그가 아끼는 애완동물 순서 중에서 첫 번째인 고양이 '토미' 다음 번에 위치시켰고, 내 다음이 돼지였다.

올가 호가 모든 돛을 활짝 펴고 동쪽으로 진로를 틀면서 천천히 만을 빠져나갈 때, 나는 부시가 후갑판에 서서 수신호로 무언가 알 수 없는 말을 전달하고 있는 마지막 모습을 볼 수 있었다. 나는 그에 대한 응답으로 모자를 벗어 흔들다가 목이 메어 해안가 쪽으로 몸을 돌리고, 노를 젓는 원주민에게 힘껏 저으라고 지시했다. 올가 호는 그렇게 떠나갔다. 그것으로 문명 세계와의 마지막 연결 고리가 우리로부터 떨어져 나간 것이다.

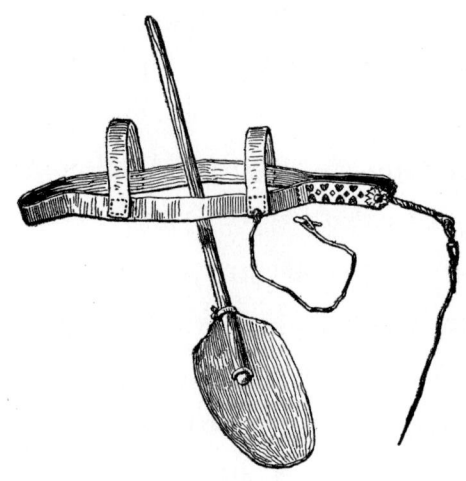

순록 굴레와 눈삽

CHAPTER 06

카자크족 결혼식

올가 호가 떠난 뒤로 페트로파블로프스크에서 우리는 캄차카 반도를 통과해 가는 북부여행을 위한 준비로 나날을 보내고 있었다. 그러던 어느 화요일 교회에서 열리는 결혼식의 증인이 되어달라는 초청이 있었다고 도드가 나에게 말했다. 결혼식은 교회 본당에서 열리고 있었는데, 우리가 입장했을 때는 아침 미사가 거의 끝날 무렵이었다. 성스런 결혼식으로 하나가 될 운명에 있는 행복한 한 쌍의 신랑신부를 발견해내는 것은 그리 어려운 일이 아니었다. 그들은 무의식적으로 또한 부주의하게도 자신들의 비밀스런 모습을 드러냈다.

불행인지 행운인지 알 수 없는 신랑은 20세 가량의 머리를 짧게 깎은 카자크족이었다. 그는 테두리가 진홍색인 어두운 색의 프록코트(frock coat: 서양식 예복)를 입고 있었는데, 그의 신체 구조를 전혀 고려하지 않은 채 겨드랑이 아래 15cm 정도 되는 허리 윗부분에까지 숙녀복처럼 주름이 잡혀 있었다. 이 특별한 날에 경의를 표하기 위해 그는 귀 위에까지 솟아 있는 하얗고 커다란 목깃을 하고 있었는데, 그것을 올가 호 선원들이 보았더라면 "맨 앞돛의 상부에 삐죽 솟아 있는 보조범포와 같다"라고 말했을 것이다. 그가 입고 있는 무명바지와 신발 사이의 간격은 무려 약 15cm 이상이었는데도 아무런 시정조치가 취해지지 않은 것은 그에 대한 이해부족이라고 애석해할 수밖에 없었다.

신부는 신랑에 비해 적어도 스무 살은 더 먹어보이는 나이든 과부였다. 이 대목에서 나는 찰스 디킨스의 소설에 나오는 한 장면이 생각났다. 즉 토니 웰러(Tony Weller)가 자기 아들 사무엘(Samuel Weller)에게 "새미야, 과부를 조심해라(Bevare o' the vidders, Sammy), 과부를" 하고 V와 W를 헷갈리며 마지막 당부를 하는 장면이다. 만일 토니 웰러가 지금 이 아무 생각 없이 제단 앞으로 다가가고 있는 신랑을 목격했다면 무슨 말을 하였을까 하는 생각이 들었다.[38]

신부는 테두리에 아무런 장식이 없는 '가구 무늬'로 알려져 있는 특이한 얼룩무늬 옥양목 옷을 입고 있었다. 그것이 비스듬히 재단돼 있는지, 아니면 깃을 가지고 있는지 등에 대해서 내가 무지의 상태에 있다는 것은 유감스런 일이지만, 나에게 있어서 옷 만드는 일은 점치는 일만큼이나 신비로운 일이었다. 그녀의 뒷머리는 진홍색 비단수건으로 질끈 동여매졌으며, 앞머리는 작은 금박 핀으로 정리돼 있었다.

결혼 미사가 종결 부분에 들어가자, 제단이 방 한가운데로 옮겨졌고, 신랑 신부는 사제 앞으로 불려나갔다. 사제는 검은 비단 가운을 둘렀는데, 발에는 무거운 소가죽 장화를 신고 있어서 묘한 대조를 이뤘다.

신랑 신부에게 각각 푸른 리본으로 묶은 촛불 3개씩을 쥐어준 다음 사제는 커다랗고 낭랑한 목소리로 결혼 예식문이라 생각되는 것을 읽기 시작했다. 처음에는 거침없이 읽어나가다가 문장 중간 중간에서 알아들을 만큼 소리를 죽였다가 다시 10배의 속도로 서둘러 읽어나갔다. 신랑 신부는 아

---

[38] 찰스 디킨스의 소설 《피크위크 보고서(The Pickwick Papers)》에서 주인공 피크위크(Pickwick)는 과부 바델(Bardell)로부터 결혼사기 소송을 당한다. 그래서 아버지 웰러가 아들에게 "과부를 조심해라(Beware o' the widows, Sammy)"라고 경고한다.

무 소리도 내지 않고 조용히 있었으나, 부제(副祭)는 반대편에 서서 멍하니 창밖을 바라보다가 때때로 불쑥 끼어들어 음울한 목소리로 찬송하면서 사제의 독경소리에 응답했다.

독경의 마지막에 이르자 이들은 모두 경건하게 대여섯 번 연속으로 성호를 그었고, 사제는 신랑 신부에게 결정적인 질문 하나를 물어본 다음 그 둘에게 은반지 하나씩을 나누어 주었다. 그리고 무언가를 조금 더 읽은 다음 신랑 신부에게 포도주가 든 컵에서 한 티스푼씩을 떠내 복용시켰다. 독송과 찬송이 다시 얼마 동안 계속되었고, 신랑 신부도 성호 긋기와 부복을 계속하다가 부제가 5초에 15번씩 아주 빠른 속도로 이렇게 되풀이 하면서 응답송을 마무리 지었다.

"가스포디 포멜루이(G?spodi pomeelui; 신이여 우리에게 은총을 베푸소서)." 그런 다음 그는 메달이 여럿 달려 있는 커다란 금박의 왕관 2개를 가져와서 지난 결혼식 이래로 쌓여 있는 먼지를 훅 불어내고는 신랑 신부 머리위에 씌워주었다.

카자크 젊은이의 왕관은 너무나 커서 마치 촛불 끄는 기구처럼 그의 머리를 뒤덮어서 눈을 완전히 가린 채 귀에 걸쳐 있었다. 신부의 머리는 다소 독특한 모습으로 정리돼 있어서 왕관 자체가 머리에 걸리지 않게 돼있었으므로, 하객 중 한 사람을 불러내어 왕관을 잡고 있게 하였다. 사제는 신랑의 손을 잡고 신부는 신랑의 손을 잡은 채 모두가 제단 주위를 돌기 시작했다. 맨 앞에는 사제가, 그 뒤에는 왕관에 눈을 가린 카자크 신랑이, 그 뒤에는 왕관이 흘러내리지 않도록 애쓰는 신부가, 그리고 마지막에는 임시로 선발된 하객 한 사람이 신부 머리 위에 있는 왕관을 붙잡은 채 신부의 옷을 밟아가며 쫓아가고 있었다.

그 광경이 얼마나 우스운지 엄숙한 분위기임에도 불구하고 나는 거의 모든 하객들이 놀랄 정도로 큰 웃음을 터뜨리지 않을 수 없었다. 이런 식으로 이들이 제단 주위를 세 번 돈 다음 마침내 결혼식은 끝을 맺었다. 신랑 신부는 왕관을 벗어 왕관에 경건하게 입을 맞춘 다음 교회 안을 걸어다니며 벽에 걸려 있는 성인들 그림 하나하나에 대고 성호를 긋고 절을 하였다. 그런 다음 마지막으로 하객들로부터 축하를 받기 위해 뒤로 돌아섰다. 그것은 물론 지성인이고 예의바르고 정중한 사람으로 알려진 고귀한 신분의 미국인으로부터 이 경사스런 날에 신부에 대한 축하의 말을 듣고 싶은 기대도 포함돼 있었다.

그러나 이 고귀한 신분의 미국인은 불행하게도 어떻게 해야 할지를 모르고 있었다. 왜냐하면 내가 습득한 러시아어란 고작 "예", "아니오", "안녕하세요?"에 한정돼 있었기 때문이다. 이 표현들은 이런 비상사태에 전혀 어울리지 않았다. 그러나 예의 바르다는 국가적 명성을 유지하고 또한 신부에게 나의 호의를 보여주겠다는 일념에 나는 이 상황에 가장 적합한 것으로 그중 가장 긴 문장을 선택한 다음 정중하게 신부에게 걸어가 90도 절을 하고 아주 서툰 러시아어로 안녕하냐고 물었다. 이에 그녀는 이렇게 대답했다.

"체라스브웨치아노 하라쇼 파코르나샤에 블라가도루(cherasvwechiano khorasho pakornashae blagadoroo)."**39)**

고귀한 신분의 미국인은 자신의 의무를 다했다는 자부심을 갖고 퇴장했다. 나는 신부의 건강 상태에 대해 들은 바가 없었지만, 이렇게 긴 문장을 숨도 쉬지 않고 빠르게 읊조리는 능력으로 판단해보건대, 그녀는 건강한 것이 틀림없다고 결론 내렸다. 그렇지 않고서야 그런 긴 문장을 어떻게 읊조릴 수 있으랴!

다시 한 번 웃음을 터뜨린 도드와 나는 도망쳐 나오듯 교회를 빠져나와 숙소로 돌아왔다. 그 후에도 계속 적절히 진행되는 그리스 정교식 결혼예

---

39) "즈드라스트부이체 하라쇼, 파코르네쉐 블라가다류(안녕하세요? 예. 대단히 감사합니다.)"로 추정된다.

식은 특별한 인상과 장엄함을 느끼게 해준다고 소령이 알려줬으나, 머리를 뒤덮은 왕관을 쓰고 사제 뒤를 따라 제단 주위를 엎어질 듯 도는 그 가엾은 카자크 젊은이의 기억을 떨쳐버릴 정도의 장엄함이 아니라면 나는 다시 그런 결혼식을 보고 싶지 않았다.

캄차카 반도를 통과하는 육상여행을 하기로 결정했을 때부터 소령은 준비 작업에 자신의 모든 시간과 정력을 다 쏟았다. 텐트, 곰가죽, 야영 장비 같은 것들을 구입하여 짐을 잘 꾸려놓았고, 이런 우리의 비축물들을 말 안장에 매달아 운반해갈 상자들이 물개가죽에 싸여 준비돼 있었다. 원주민 생활을 경험해본 현지인들의 의견을 반영하여 2개월의 여행기간 동안 야외생활의 고단함을 줄일 수 있는 모든 것이 충분히 준비되었다. 말들은 인근 마을에서 조달될 예정이었고, 우리가 가게 될 경로를 따라 특별 전령이 파견되었다. 이들은 우리가 가게 될 것을 현지 원주민들에게 미리 알려주고 우리 탐험대가 지나갈 때까지 말과 함께 집에 머물러 있도록 지시를 내렸다.

모든 것이 준비되자 우리는 9월 4일 극북(極北) 쪽을 향해 출발했다.

캄차카 반도

우리가 여행하게 될 캄차카 반도는 오호츠크 해 동쪽으로 북위 51~62도 사이에 있는 약 1,120km 길이에 달하는 기다랗게 내민 혀와 같은 모양의 땅이다. 그것은 거의 전체가 화산으로 형성돼 있고, 남북으로 길게 뻗은 험한 산맥에는 지금까지 거의 쉬지 않고 활동하고 있는 활화산들이 5~6개 포진해 있다. 이름조차 잘 알려져 있지 않은 이 거대한 산맥은 북쪽으로 순록 유목민인 코랴족(Koraks)의 터전이면서 '음울한 지대'로 불리는 초원 고지대 혹은 사막과 같은 불모지대를 뒤로 하고 북위 51~60도 사이에 거의 하나의 능선을 이루며 뻗어 내려가다가 돌연 오호츠크 해에 이르러서야 멈추어 선다. 반도의 중남부는 거대한 산맥이 잦아들어 낮은 지맥이나 산자락을 이루다가 깊은 계곡을 형성하게 되는데, 그곳은 장엄하고 변화무쌍한 아름다움을 지닌 그림 같은 야생 풍경을 제공해주고 있어서 북부 아시아 전체에 걸쳐 이를 능가할 만한 곳이 없을 정도이다.

북쪽 맨 끝을 제외하고는 모든 지역의 기후가 비교적 온화하고 균등해서 일반인들이 생각하는 것과는 완전히 다르게 식생이 거의 열대지방과 맞먹을 정도로 신선하고 풍부하다. 반도의 인구는 내가 주의 깊게 관찰해본 결과 약 5,000명 정도로 추산되며, 3개의 계급으로 구성돼 있다. 즉 러시아인, 캄차달인 혹은 정착 원주민40), 그리고 유목 코략족이다.

가장 수가 많은 계급을 형성하고 있는 캄차달인은 산맥의 중부 능선에서 발원하여 오호츠크 해와 태평양으로 흘러드는, 반도에 산재해 있는 작은 강들의 하구 근처에서 작은 통나무 집을 짓고 마을을 이루어 정착해 살고 있다. 이들의 주요 생업은 어업, 모피사냥, 그리고 호밀, 순무, 양배추, 감자 경작인데, 감자는 북위 58도에서도 잘 자란다. 이들의 가장 큰 정착촌은 페트로파블로프스크와 클루차이(Kluchi 혹은 Kloochay) 사이에 있는 캄차카(Kamtchatka) 강의 비옥한 계곡 안에 있다. 비교적 숫자가 적은 러시아인은 캄차달인 마을들 사이에 여기저기 흩어져 살면서 대체적으로 캄차달인 및 북쪽의 유목 부족민들과의 모피무역에 종사한다.

유목 코략족은 반도에서 가장 사납고, 강하고, 또 독립적인 원주민으로 무역 거래의 목적 이외에는 북위 58도선 이남으로 거의 내려오지 않는다. 이들이 선택한 거주지는 펜진스크 만(Penzhinsk Gulf) 동쪽에 있는 거대하고 황량한 초원 지대인데, 여기에서 이들은 항상 작은 무리를 이루어 이곳저곳으로 이동해 다녔으며, 커다란 모피 텐트 안에 살면서 길들인 수많은

---

40) 처음에는 러시아인들이 원래 원주민인 이텔멘족(Itelmens)을 캄차달이라 부르다가 나중에는 원래 원주민인 이텔멘족이 학살당하며 줄어들면서 반쪽 러시아인이나 정착하여 토착민이 된 러시아인도 캄차달이라 불렀다. 여기서는 후자의 경우이다.

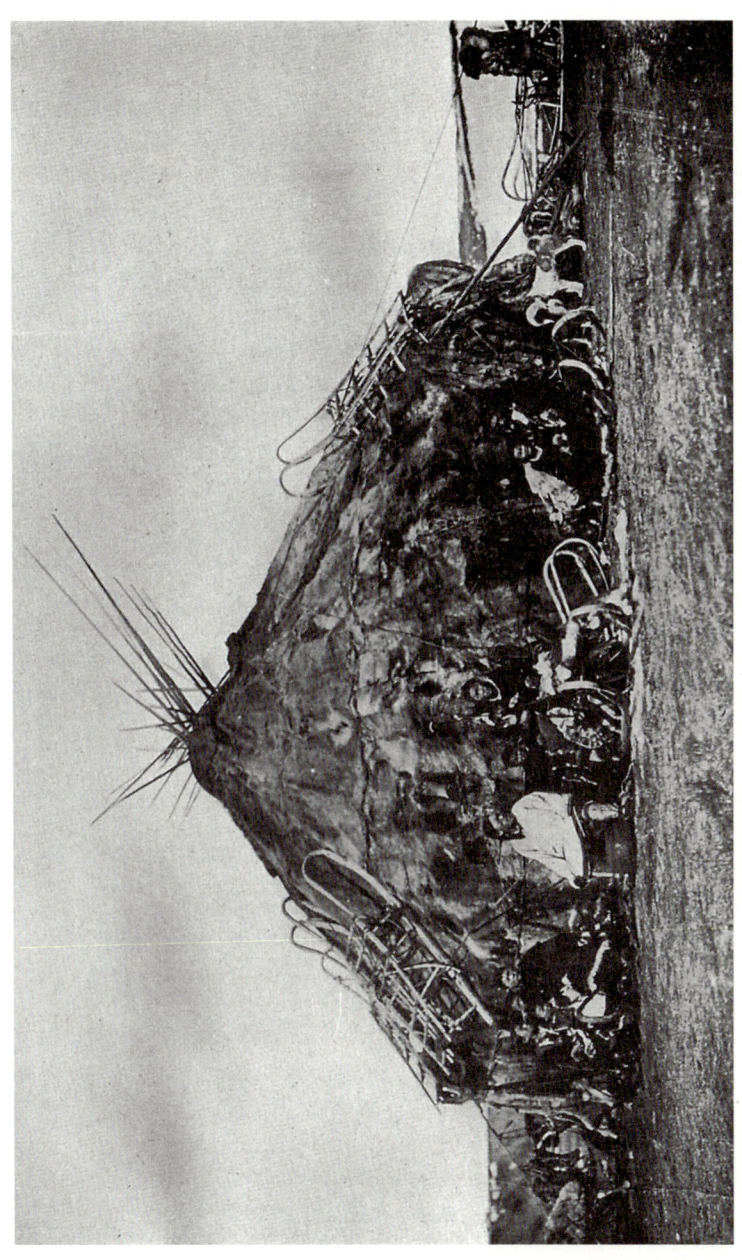
▲ 유목 코략족의 여름 텐트(긴 겨울 유일한 교통수단인 나무썰매가 천막집 위에 올려져 있다.)

순록 떼로 생계를 유지한다.

　캄차카의 모든 주민들을 명목상 다스리고 있는 러시아 정부의 관리는 지방관리이며 시골 경찰서장인 '이스프라브니크(Ispravnik)'라 불렸는데, 그는 관할지역 내 모든 남성에게 부과되는 연간 모피세, 즉 '야삭(yassák)'[41]을 징수하고 또 개인간 및 종족간의 모든 법률적 문제들을 해결한다. 그는 페트로파블로프스크에 거주하고 있는데, 정부시설 미비 등으로 인해 그의 사법권이 미치는 관청이 있는 마을을 벗어나면 그를 보기 힘들다. 널리 떨어져 있는 캄차달인 정착촌들 사이에 오가는 교통수단은 말, 카누, 개썰매뿐이고, 반도 전체에 걸쳐 도로 같은 길은 하나도 없다. 지금 이후로는 '도로'라 말할 수 있는 경우가 생길 수 있을지 모르지만, 여기서 내가 도로라 말하는 것은 그저 기하학자들이 말하는 '선' 이상의 것이 아니다. 즉 질적으로 어떤 두드러진 기술 같은 무언가와 관련돼 있는 것이 아니라 단순히 길고 곧은 수직선의 연장일 뿐이다.

　우리의 계획은 원주민과 말을 고용하여 마을에서 마을로 경로를 따라 이 거칠고 인구 희박한 지역을 통과하여 유목 코략족이 살고 있는 지역에 도달하는 것이었다. 그 유목 코략족 지역의 북쪽으로는 아무런 정상적인 교통수단이 없으므로 우리는 그저 '행운'과 극지 유목민의 자비심을 빌 수밖에 없는 상황이었다.

---

[41] 원래 야삭은 칭기스칸이 정한 성문법으로 몽골제국의 기본법이었다. 칭기스칸의 아들 주치와 손자 바투가 킵착 칸국으로 러시아를 지배할 때 야삭에 따른 공물을 러시아가 몽골에 바쳤고, 이후 몽골체제를 배워간 러시아가 시베리아로 진출하여 원주민들을 복속시키고 공물을 받게 되는데, 야삭(공물, 세금)이란 이름으로 변형되어 착취하게 된다. 러시아는 특히 시베리아 원주민들로부터 검은 담비를 야삭으로 징수하게 된다.

CHAPTER 07

북쪽을 향해 출발

　북아시아 전체에서 가장 야생적이고 아름다운 풍경으로 둘러싸인 이 캄차카 반도의 남부에서 꽃이 만발한 언덕길을 약 300km 정도 말을 타고 내달렸던 첫경험은 결코 잊을 수 없을 것이다. 또한 야영생활의 신선함과 모험으로 인한 흥분을 처음으로 느끼며 푸르른 계곡을 통과했던 추억은 내 생애 최초로 겪어본 여행의 큰 기쁨이었다. 우리는 새롭게 발견한 자유로움과 완전한 독립감을 만끽하면서 기꺼이 문명세계에 등을 돌렸고, 노래를 부르고 야호 소리를 외치면서 밝은 마음으로 야생의 세계 속으로 말을 달려 들어갔다.
　마부와 길 안내인을 제외하면 우리 팀은 4명으로 구성돼 있었다. 총사령관과 아시아 탐험대 대장은 우리가 페트로파블로프스크에서 고용한 젊은 미국인 도드와 나 자신이었다. 단지 4명뿐인 우리 팀을 보고 있자니 루쿨루스[42] 장군이 이끄는 로마군이 소규모인 것을 보고 미트리다테스 6세[43]가 조롱 섞인 말로 이렇게 빈정거렸던 것이 생각났다.
　"만일 저들이 외교사절로 오는 것이라면 너무 많은 숫자이고, 만일 병사로 싸우러 오는 것이라면 너무 적은 수로다."

그러나 힘이라는 것은 항상 숫자로만 측정되는 것은 아니다. 우리는 우리 앞길에 놓일 장애에 대한 두려움이 전혀 없었으므로, 우리보다 더 큰 팀도 굶어죽을 수 있는 곳에서 분명히 살아남을 수 있다고 생각했다.

9월 3일 일요일 먼저 말들을 만의 반대편에 있는 한 작은 마을에 실어 보냈고, 우리 자신은 작은 구명보트를 타고 그곳에 갈 작정이었다. 다음날인 월요일 우리는 러시아 당국 관리들을 초청해 송별식을 치렀는데, 그들은 우리의 건강과 성공을 빌면서도 엄청 많은 양의 샴페인을 마구 권하고 또 마셔댔다. 그런 다음 페트로파블로프스키의 모든 미국인을 나눠 실은 두 척의 구명보트가 아바차 항을 향해 떠났다.

앞머리 삼각돛과 사형범(斜形帆: 기운 형태의 돛)을 펼친 채로 부드러운 남서풍을 맞으며 만을 가로질러 우리는 아바차 강어귀 안쪽으로 미끄러져 들어가 마을에 상륙했다. 마을 주민들은 우리의 기를 북돋워준다고 15잔씩 15번의 술을 권하고 또 마셔댔다. 그러고는 우리의 미국인 친구들, 피어스 헌터(Pierce Hunter) 및 프론필드(Fronefield)와 작별 인사를 나눴다. 캄차카 탐험가들을 보호해주는 수호성인에게 풍성한 헌주를 드리고 세 번 마음을 담아 축배를 주고받은 뒤, 우리는 배를 띄우고 오쿠타(Okoota)에 있는 캄차달인 정착촌을 향해 장대와 노를 가지고 천천히 강을 거슬러 올라가기 시작했다.

우리의 질펀한 송별식에 함께 참여한 원주민 대원들은 그런 무분별한 음주의 희생자가 되어 아직까지 술이 덜 깬 상태로 꺽꺽대며 캄차달인 노래를 부르고, 미국인을 찬양하는가 하면, 짐으로 무거운 구명보트의 안전한 항해를 위해 기여하지는 못할망정 돌아가며 강물에 빠져버리는 상황을 연

---

42) Lucullus: 로마시대의 명장으로 미트리다테스 6세와의 전쟁에서 1만의 군대로 10만의 적군을 무너뜨리는 등 전승하였다.

43) Mithridates: 로마시대 소아시아의 폰투스 국왕으로 로마에 반기를 들어 3차례에 걸쳐 전쟁을 일으키나 로마의 명장들 술라, 루쿨루스, 폼페이우스, 카이사르에게 패배하여 멸망함.

출하고 있었다. 다만 특유의 기운으로 아직 멀쩡한 부쉰(Vushine)만이 강물에 빠진 가엾은 인간들의 머리털을 잡아끌면서 정신차리라며 노로 그들의 머리를 톡톡 두드렸다. 그리고 그는 모래톱에 걸린 배를 떼어내어 뱃머리를 상류 쪽으로 튼 다음 장대로 밀고, 노로 젓고, 강물에 뛰어들고, 소리치고, 욕설을 퍼부으면서 어떤 비상사태에도 대처할 준비가 돼 있다는 것을 보여주려고 애썼다.

우리가 페트로파블로프스크를 떠난 것은 정오를 한참 지나서였다. 캄차달인 대원들의 무능력과 자주 출몰하는 모래톱 때문에 애를 먹어 오쿠타 아래쪽으로 어느 정도 떨어진 지점에서 저녁을 맞게 되었다. 마르고 접근할 수 있는 강둑을 찾아낸 우리는 구명보트를 강가에 끌어 올려놓고 첫 노지 야영을 준비했다.

부쉰은 높게 자란 젖은 잡초를 베어낸 다음 작은 무명천 텐트를 설치하고 바닥에는 잘 말린 따뜻한 곰가죽을 깔았다. 그는 또한 빈 양초상자와 깨끗한 수건을 이용하여 즉석에서 식탁과 식탁보를 준비하고, 불을 피우고, 차를 끓이는 등 저 유명한 요리사 알렉시스 소이어[44]의 요리 솜씨에 손색 없을 정도로 훌륭한 저녁식사를 20분 만에 우리 앞에 차려놓았다.

저녁식사를 마친 우리는 불가에 모여 앉아 이야기를 나누다가 황혼 빛이 서쪽으로 사라지고 어둠이 몰려오자 두꺼운 담요로 몸을 감싸고 곰가죽 위에 몸을 눕혔다. 무성한 잡초 사이로 반쯤 잠들다 깬 오리들이 낮게 꽉꽉거리는 소리와 가끔 강가에서 야행성 새들이 내지르는 울음소리를 들어가며 마침내 우리는 잠에 들었다.

---

[44] Alexis Soyer. 프랑스어로는 수와예: 1810~1858, 프랑스 태생의 요리사로 런던에서 활동했으며, 아일랜드의 대기근 사태 때 무료 급식소를 만들어 가난한 사람들을 구제하고 크림전쟁에 참가하여 나이팅게일과 함께 부상자 구호에 힘쓰고 영국군 급식 개선에 많은 기여를 하였다.

캄차카의 자연풍경, 마을, 그리고 사람들

동쪽으로부터 날이 밝아오자 나는 잠에서 깨어났다. 일주일 내내 산 주위에 회색구름처럼 매달려 있던 안개가 이제 사라져 버리고, 텐트를 열어놓은 사이로 내 눈에 비친 첫 풍경은 새벽의 어슴프레한 회색빛을 뚫고 스펙트럼처럼 빛나는 원뿔 모양의 하얗고 거대한 빌루친스키(Villoo-chin-ski) 봉이었다. 동쪽으로부터 붉은 햇살이 퍼져나가자 모든 자연이 잠에서 깨어나는 것처럼 보였다. 오리와 거위들이 강가의 갈대숲 여기저기에서 꽥꽥 울어대기 시작했다. 이웃 해안가에서는 이상한 소리로 울어대는 갈매기 소리가 들려왔다. 맑고 푸른 하늘에서는 야생 백조들이 서식처인 내륙 쪽으로 날아가면서 아름다운 트럼펫 곡조 같은 울음소리를 냈다. 나는 차갑고 맑은 강물로 세수를 한 다음 산을 보라고 도드를 깨웠다.

바로 우리 텐트 뒤쪽으로는 하얗게 눈을 뒤집어 쓴 장대한 코락스키[45] 봉이 약 3,500m 높이로 솟아 있었다. 그 날카롭고 하얀 봉우리는 이미 떠오르는 햇빛으로 붉게 물들어 있었지만, 그 동쪽 능선 위 하늘에는 아직도 새벽별이 희미하게 흔들리고 있었다. 조금 오른쪽에는 함몰된 봉우리에서 깃발처럼 노란 연기를 길게 내뿜고 있는 거대한 아바친스키(Avatchinsky) 화산과 3개의 분화구에서 시커먼 증기를 뿜어내고 있는 코젤스키[46] 화산이 있었다.

텐트 앞으로는 멀리 어렴풋이 푸르스름한 해안선 윤곽이 보이고 해안가에서 내륙 쪽으로 약 50km 떨어진 곳에 날카로운 빌루친스키 봉이 우뚝 서서 이른 아침부터 마치 봉화대처럼 연기를 피워 올리고 있었다. 양털 조각

---

45) Ko-rát-skoi: 코라츠코이 혹은 코락스카야(Koryakskaya), 코락스키(Koryaksky).
46) Koselskoi: 코젤스코이 혹은 코젤스키(Kozelsky).

구름 같은 안개가 산등성이 위 여기저기에 떠다니다가 마치 땅에서 피어난 밤이슬 요정이 밝은 부활을 위해 하늘로 올라가듯 자취 없이 사라져 버렸다. 떠오르는 태양의 붉고 따뜻한 기운이 처음에는 눈 덮인 산등성이를 따라 내려오더니 결국에는 봇물 터지듯이 계곡 전체에 번졌다. 우리의 작고 하얀 텐트는 들장미꽃처럼 분홍색으로 물들었으며, 모든 이슬방울이 보석처럼 반짝이고, 또한 빛을 받은 고요한 강물은 마치 하얗게 빛나는 거대한 콜로이드 은용액처럼 조용히 흔들리고 있었다.

"난 낭만적인 사람은 아니지만
그런 감정을 느끼지 않을 수 없는 순간이 있다네
마치 주변 사물에 심금이 심하게 울려대어
그 감흥을 숨길 수 없는 것처럼
나의 영혼속에는 그 짧은 음악소리가 아직도 남아 있네
자연의 손가락이 내 심금을 건드릴 때마다"

내가 위와 같은 인용구를 감상적으로 읊어대자, 먹는 즐거움을 방해하는 자연미에 대한 열중 같은 것을 절대 허용하지 않는 도드가 텐트에서 나오더니 나의 독백을 가로막으며 엄숙하게 말했다. 즉 내가 물질적인 것으로 생각을 끌어내린다면 아침식사가 준비됐음을 알려줄 것이고, 그렇지 않으면 아침식사 없이 영혼의 음악소리와 함께 있으라는 제안이었다. 텐트 안에서 맛있는 냄새가 흘러나오자 나는 그 제안을 도저히 거부할 수 없었다. 도드가 표현한 바에 따르면, 나는 식사자리에 갔지만 여전히 밥숟갈을 뜨고도 계속해서 그 풍경에 대해 "열심히 떠들어댔다"는 것이다. 아침식사를 마친 후 텐트를 해체하고 야영장비를 챙긴 다음 우리는 구명보트 후미 좌석에 앉아 배를 해안가에서 떼어내고 다시 천천히 강을 거슬러 올라가기 시작했다.

모든 곳의 식생은 아직 가을 서리를 맞지 않아 거의 열대지방과 같은 풍요로움을 보여주는 것 같았다. 높게 자란 야생 잡초는 다양한 색깔의 꽃들과 뒤섞여 강가 끄트머리까지 뻗어 있었다. 에델바이스와 양지꽃이 강둑을 따라 빽빽하게 자라 있었고, 마치 맑고 잔잔한 수면 위에 떠 있는 아름다운 보트처럼 분홍색, 노란색 꽃잎들이 강물 위에 떨어져 있었다. 노란 매발톱꽃은 강물에 비친 장대한 화산 모습 옆에 있는 자신의 우아한 모습을 바라보기라도 하는 듯 강 위로 고개를 낮게 수그리고 있었다. 그리고 이상하게도 검은 색인 캄차카 나리꽃은 마치 장례예복을 입고 어떤 알 수 없는 꽃의 죽음을 애도하는 듯한 슬픈 자태로 여기저기 서 있었다.

동물들의 삶은 그런 그림 같은 풍경을 순식간에 흐트러뜨리고 만다. 기다란 목의 야생 오리들은 호기심 반 걱정 반인 듯 거친 목소리로 꽥꽥거리면서 빠른 속도로 계속 우리 곁을 스쳐 지나갔다. 저 멀리 높은 산등성이 쪽으로부터는 기러기 울음소리가 작게 들려왔다. 가끔씩 멋진 독수리 한 마리가 툭 튀어나온 바위에 홀로 앉아 오랫동안 무언가를 응시하다가 갑자기 그 넓은 날개를 펴고 하늘로 날아올라 계속 넓게 선회하다가 결국 아바친스키 화산의 눈 덮인 하얀 봉우리를 배경으로 하여 하나의 미세한 움직이는 점이 되었다.

연기를 내뿜는 화산과 눈 덮인 산으로 둘러싸였지만 템페 계곡만큼 푸르며, 온갖 동식물로 가득 차 있고, 또 사람이 살지 않는 이 미지의 아름다운 계곡이 선사하는 그런 야생적이고도 원시적인 아름다운 풍경을 나는 결코 본 적이 없었다. 정오쯤 돼서야 개 짖는 소리가 들려왔고, 그것은 우리가 정착촌에 가까웠음을 알려주는 것이었다. 강을 급하게 한 번 돈 다음 우리는 오쿠타의 캄차달인 마을을 목격하게 되었다.

캄차달인 마을은 어떤 면에서 미국의 개척시대 정착촌과는 많이 달라서 간단한 설명이 필요하다. 그것은 대체적으로 강둑 근처의 조금 높은 지대에 위치하면서 포플러나무와 자작나무 숲으로 둘러싸여 높은 언덕이 차가운 북풍을 막아주고 있었다. 집들은 해안가 근처에 불규칙적으로 한데 모여 있었고, 높이가 매우 낮고 통나무로 만들어졌으며, 끝 부분에 홈을 파 연결하고 그 틈새를 마른 이끼 덩어리들로 채운 사각형 집이었다. 지붕은 거칠고 긴 억새 같은 풀로 엮은 초가지붕이거나 낙엽송 껍질조각을 덧대 붙인 굴피지붕으로 처마가 넓고 길었다. 창문은 간간이 유리창이 설치된 곳도 있었지만, 대체적으로 말린 순록 힘줄을 두드려 만든 실로 반투명의 물고기 부레를 조각조각 이어 붙여 만든 것이었다. 문짝은 거의 사각형이고 굴뚝은 긴 장대들을 둥글게 엮어놓고 그 위에 두껍게 진흙을 바른 것이 전부였다.

집과 집 사이 여기저기에 다리가 4개 달린 대여섯 채의 희한한 구조물들이 서 있었는데, 그것들은 '볼로간(bologan)'이라 불리는 물고기 저장고였다. 개나 산짐승으로부터 그 안의 내용물을 지키기 위해 4개의 기둥을 땅에 박고 저장고 바닥은 지면으로부터 간격을 두어 통나무로 만든 원추형 텐트였는데, 마치 네 발 달린 작은 건초더미를 많이 닮아 있었다. 집집마다 옆에는 수평으로 여러 개의 장대가 걸려 있는 사각형의 높은 건조대가 수천 마리의 연어를 가득 달고 서 있었고, 그 생선 냄새가 주위를 다 진동시키고 있어서 캄차달 사람들의 직업이 무엇인지, 그리고 무엇을 먹고 사는지가 은연중에 드러나고 있었다.

해안가 모래언덕에는 5~6척의 속을 파낸 카누들이 잘 손질된 그물과 함께 거꾸로 놓여 있었다. 집집마다 2~3대의 길고 좁은 개썰매들이 벽에 기대어 있었고, 100여 마리의 귀가 쫑긋한 늑대 같은 개들이 긴 말뚝에 간격을 두고 매여 있으면서 따가운 햇빛에 숨을 헐떡이며 귀찮은 파리나 모기를 쫓아내고 있었다.

마을 중앙에는 캄차카식 비잔틴 건축예술의 영광을 나타내는 그리스 정교회 성당이 서쪽을 향해 서 있었다. 붉은 색의 반짝이는 돔을 갖고 있는 이 성당은 반짝이는 금빛 십자가를 통해 자신의 영적인 지배 능력을 저 소박한 통나무집들과 원뿔형 볼로간들에까지 확장시키고 있었다. 성당은 통나무를 베어 조심스럽게 만들어지는데, 일반적으로 진홍색을 칠하고 녹색 양철지붕을 씌웠으며, 그 위를 하늘색으로 칠하고 황금색 별들이 반짝이는 양파 모양의 양철 돔 2개를 세워놓았다.

이 원시적인 야생지대에서 색칠하지 않은 소박한 통나무집들과 대조적으로 빛나는 색깔을 자랑하며 서 있는 성당 풍경이란 묘사하기가 쉽지 않은 기묘한 광경이었다. 만일 낮은 통나무집들이 모여 있는 미국의 개척지대 정착촌 풍경에다 화려한 터키식 모스크를 가운데 배치해놓은 상태에서, 5~6개의 작은 건초더미와 물고기를 말리는 15~20개의 커다란 격자형 나무들, 그리고 썰매와 카누를 주변에 적절히 배치해놓고 기다란 말뚝에 100여 마리의 늑대 같은 개들을 묶어놓는다면, 여러분은 어느 정도 캄차달인 정착촌의 풍경을 더 정확하게 상상해볼 수 있을 것이다. 캄차달인 정착촌들은 통나무집과 성당의 크기에 있어서 다소 다른 점이 있지만, 회색 통나무집, 원추형 '볼로간', 말린 생선, 늑대 같은 개, 카누, 썰매, 생선 냄새 등은 모두 공통된 특성인 것이다.

남부 캄차카의 이 정착촌 주민들(이텔멘족)은 시베리아 원주민의 평균 신장보다 상당히 작고 거무스레한 피부를 가진 종족으로 더 멀리 북쪽에 살고 있는 유목부족인 코략족, 축치족(Chookchees)과는 매우 다른 특징을 보이고 있었다. 남자 평균 신장은 약 160cm로 넓은 얼굴에 툭 튀어나온 광대뼈, 작고 가는 눈, 턱수염이 없고 검고 곧은 머리털, 작은 손과 발, 그리고 팔다리는 매우 가는 반면에 배는 툭 튀어나와 있었다. 이들은 아마도 중앙아시아에서 기원한 종족일지도 모르지만, 근래에는 축치족, 코략족, 야쿠트족[47], 퉁구스족 등과 같은 내가 알고 있는 다른 어떤 시베리아 종족들과도 아무런 접촉 없이 고립돼 있는 것이 분명해 보인다.

이들은 유목생활보다 정착생활을 하고 있어서 이웃 유목부족들보다 훨씬 더 쉽게 러시아에 종속되었고 이후 러시아 문명의 영향을 상당히 많이 받게 되었다. 이들은 정복자들의 종교, 관습 등을 거의 모두 받아들여서 매우 진기한 이들의 고유 언어는 이미 사용 불능 상태에 빠져 있었다. 이들의 특징을 부정적으로 묘사하기란 쉬운 일일 것이다. 독립심도, 자신감도 없으며, 북쪽에 있는 축치족, 코랴족과 마찬가지로 싸움을 좋아한다고 한다. 그러나 그런 특징들은 러시아인들의 교육의 결과일 뿐으로 이들은 결코 탐욕스럽거나 부정직하지 않았다. 오히려 그 반대로 이들처럼 관대하고 친절하며 신앙심 깊은 사람들을 나는 결코 만나본 적이 없다.

그러나 현재 이들이 하나의 종족으로써 괴멸 상태에 놓여 있다는 사실은 의심의 여지가 없다. 1780년 이래로 이들의 인구는 절반 이하로 줄어들었고, 잦은 전염병 창궐과 기근으로 더 줄어들어 결국 늘어나는 러시아인들에게 곧 흡수돼 버리고 말 것이다. 현대 여행자들의 눈길을 끌어들일 수 있는 이들의 이교신앙, 즉 폭풍이나 질병 같은 악령들에게 바치는 개 희생제의 (祭儀:제사) 등 자신들의 고유한 관습과 신앙을 이들은 이미 잃어버렸다.

이들은 주로 생계를 연어에 의지하고 있는데, 연어가 매년 여름 알을 낳으러 강으로 올라오면 작살, 그물, 덫 등으로 수천 마리씩 잡았다. 연어는 소금간을 하지 않은 상태로 야외에서 말려져 춥고 긴 북방의 겨울 동안 캄차달 사람들과 개들의 식량이 되었다. 그러나 여름이 되면 이들의 식단은 좀 더 다양해지는데, 캄차카 남부의 토양과 기후에서는 호밀, 감자, 순무 등의 재배가 가능해지고 반도 전체에 걸쳐 동물들이 풍성해진다. 이끼 많은 평원과 풀 많은 계곡에는 순록과 검은색 및 갈색의 곰들이 돌아다니고, 산에는 야생 염소와 양들이 빈번하게 눈에 띄고, 강과 늪지에는 수많은 종

---

47) Yakoots: 오늘날 인류학자들은 오랜 옛날 야쿠트족이 바이칼 호 부근에서 현재 레나 강 지역으로 이주해온 투르크족으로 추정하고 있다. 시베리아 소수민족 중 부리야트족에 이어 두 번째로 큰 종족으로 2002년 인구가 약 44만 명인 것으로 보고되고 있다. 러시아의 침략으로 한때 인구가 많이 줄었으나, 특유의 강인한 생활력으로 토착어인 투르크어 계열의 야쿠트어를 야쿠티야 자치공화국 내에서 러시아어와 함께 제1공용어로 사용하고, 주변 종족들의 공용어로도 사용되고 있다. 야쿠티야 공화국은 석유, 다이아몬드 등 무진장한 자원의 보고로 앞으로 미래가 기대되는 나라이다.

류의 오리, 거위, 백조 등이 떼를 지어 몰려들었다. 이 물새 종류들은 털갈이 하는 시기에 조직적인 '몰이 사냥'을 통해 대량으로 잡을 수 있는데, 50~75명 가량이 카누를 나누어 타고 좁은 상류로 물새들을 몰아가면 결국 설치해놓은 거대한 그물에 걸리게 되는 것이다. 이렇게 잡힌 물새들은 소금에 절여져 겨울철 양식으로 쓰이게 된다.

러시아인들로부터 소개된 차와 설탕은 이제 커다란 기호품으로 자리잡게 되어 캄차카 반도에서만 연간 약 9,000kg 이상이 소비되고 있다. 캄차달 사람들은 이제 스스로 호밀을 재배하고 빻아 빵을 만들어 먹고 있다. 그러나 러시아인들이 들어오기 전에 원주민들은 빵 대신 캄차카에 나는 진홍색 나리꽃의 뿌리를 갈아 만든 반죽을 구워먹었다.

반도에서 나는 유일한 과일은 야생 버찌 같은 장과류이다. 장과류에는 15~20가지 종류가 있는데, 그중에서 중요한 것은 '마로쉬카(maroshkas)'라 불리는 블루베리, 옐로우-클라우드 베리(yellow-cloud berry), 드워프 크랜베리(dwarf cranberry) 등이다. 이것들은 늦가을에 채집해서 얼려 놓았다가 겨울식량으로 사용했다. 거의 모든 캄차달 사람들은 소를 길렀으므로 우유는 항상 풍부했다. 새콤한 우유, 응고된 유제품을 구운 것, 설탕과 계피가루를 뿌린 달콤한 크림 등의 진기한 원주민 음식들은 문명인의 식탁에도 올려질 만한 것들이다.

그래서 음식으로만 생각해보더라도 캄차카 마을에서의 삶은 우리가 전에 가졌던 편견처럼 그렇게 받아들일 수 없을 정도는 아니다. 게다가 내가 보기에 캄차카 계곡에 살고 있는 원주민들은 미국 서부 개척지대 대부분의 이주민들 삶과 거의 같은 수준의 안락한 삶을 누리고 있는 것으로 보였다.

CHAPTER 08

남부 캄차카에서 말타고 걷는 길

오쿠타에 도착해보니 우리의 일행과 말들이 기다리고 있었다. 우리는 조그만 어느 원주민 집에서 빵, 우유, 블루베리 등으로 서둘러 점심을 먹은 다음 어색한 자세로 안장 위에 올라앉아 일렬종대로 숲을 통과하게 되었는데, 도드와 나는 선두에 서서 〈아름다운 스코틀랜드 던디 아가씨(Bonnie Dundee)〉라는 노래를 불렀다.

연이어 있는 아름다운 산들의 아침 풍경이 눈앞에 가까이 다가왔다. 그러나 산자락을 덮고 있는 자작나무와 마가목 숲 때문에 보이는 것은 오로지 나무 꼭대기 사이로 얼핏 보이는 눈 덮인 하얀 산봉우리뿐이었다.

해지기 전에 우리는 어느 작은 원주민 마을에 도착했다. 그 마을의 이름은 아주 생소해서 나같이 처음 듣는 사람은 발음할 수도 받아 쓸 수도 없는 그런 것이었다. 그것을 열대여섯 번씩 되풀이해 발음해보는 도드가 대단해 보였다. 그러나 그것은 반복할수록 더 이상하고 더 알아들을 수 없는 상태가 되었으므로, 결국 나는 그것을 편의상 예루살렘이라 부르기로 했다. 할 수 없이 내 지도 위에 그것을 적어 놓았지만, 그것은 결코 후세 사람들이 이스라엘의 잃어버린 지파가 캄차카에 이주해간 증거로 볼 수 있게 만든 것은 아니었다. 내가 이렇게 예루살렘이라고 안타깝게 부르기 한참 이전부터 이 불운한 마을은 아주 야만스러운 이름으로 불려왔는데, 그것은 헤브류 글자나 기타 알려진 여느 고대 글자로도 온당하게 표현될 수 없었던 것이다.

주민들의 집과 음식 – 순록의 혀와 들장미 꽃잎

말을 타고 달리는 익숙지 않은 일에 지친 나는 예루살렘에 도착하자마자 푸른색의 중국 난징(南京)식 윗도리와 사슴가죽 바지를 입고 마중 나와 정중한 인사를 건네는 한 캄차달인에게 고삐를 넘겨주고 말에서 내려 부쉰이 가리켜준 우리가 묵을 집으로 들어갔다.

우리를 위해 마련된 제일 좋은 방은 약 3m² 정도의 천장이 낮은 방이었는데, 페인트칠을 하지 않은 자작나무 판자로 만들어진 벽, 천장, 마루는 잘 닦여져 부드럽고 하얀 눈처럼 빛나고 있었다. 마치 습지의 천국 네덜란드의 어느 깨끗하고 단정한 집 가정주부의 솜씨처럼 보일 정도였다. 깔끔하게 붉은 색이 칠해진 커다란 진흙 화덕이 방 한쪽을 차지하고 있었고, 기다란 벤치 하나, 소박한 의자 서너 개, 그리고 탁자 하나가 아주 적절히 배치돼 있었다. 꽃무늬 있는 옥양목 커튼이 달려 있는 2개의 창문 사이로 따스한 햇빛이 스며들었고, 벽 여기저기에는 거칠게 만든 미국제 석판화들이 걸려 있었다.

전체적인 분위기가 아주 단정한 것이어서 우리는 마치 뭔가 찔리는 듯이 새삼 진흙투성이인 우리 자신의 모습을 의식하게 되었다. 집과 가구는 모두 다른 어떤 도구도 사용하지 않고 오로지 도끼와 칼만 가지고 만들어졌다. 나무판자에 대패질도 하지 않고 페인트칠도 하지 않았음에도 불구하고 부지런히 모래로 문지르고 물로 닦아 섬세한 크림색 하얀빛을 내는 데 성공함으로써 그 조야한 마무리 솜씨를 보충하고 있었다. 마룻바닥마저 너무 단정해서 밥먹기가 주저해질 지경이었다. 우리가 남부 캄차카에서 보아

왔던 모든 캄차달인 집에서와 마찬가지로 이 집의 가장 큰 특징은 문 높이가 낮다는 것이었다. 그것은 오로지 이동수단이 손과 무릎뿐인 인간 종족들을 위해 고안된 것으로밖에는 보이지 않았는데, 오랫동안 참아야만 습득되는 척추의 유연성이 없다면 집안으로 들어갈 수 없는 구조였다.

부쉰과 도드는 전에 이미 캄차카 곳곳을 돌아다녔으므로 이런 특이한 건물구조에서 지내는 데 아무런 불편이 없었으나, 소령과 나는 이번 여행의 첫 2주 동안 계속 좁은 문에 이마를 부딪혔다. 여기저기 불규칙적으로 크게 부풀어 오른 우리들 머리를 당시 유명했던 골상학자들인 프란츠 요셉 갈[48]과 요한 가스파르 슈푸르츠하임[49]이 보았더라면 아마 그들도 해석하기 어려운 수수께끼와 같은 머리라고 말했을 것이다. 비정상적으로 부풀어 오른 것이 놀라운 능력을 갖게 됨을 의미하는 것이라면 우리 머리 모양이 변형되는 것도 감수할 수 있을 것이었다. 그러나 불행히도 우리의 '지각 능력'은 이마의 혹이 거위 알만할 때까지도 문 위의 가로대를 인식하지 못하고 있었다.

전령으로 파견된 카자크족 사람이 우리가 세력 있는 중요한 사람들이라고 아주 과장된 보고를 원주민들에게 했고, 이에 따라 예루살렘 사람들은 우리를 맞기 위해 세심한 준비를 마쳤다. 그들은 우리의 체류를 자랑스럽게 여기며 집 안팎을 주의 깊게 쓸고, 닦고, 장식했다. 여인들은 대체로 꽃무늬 있는 옥양목 치마를 입고 밝은 색의 비단 수건으로 머리를 붙들어 맸다. 아이들 얼굴은 대부분 섬유질의 대마 다발에 비눗물을 묻혀 깨끗이 닦아 윤이 났다.

---

48) Franz Josef Gall(1758~1828): 독일의 해부학자. 신경과학의 한 분야인 골상학을 주창함.
49) Johann Gaspar Spurzheim(1776~1832): 독일 내과의사이자 갈의 제자. 이들은 현미경으로 뇌를 관찰하다가 부위별로 세포의 수와 크기가 다르다는 것을 관찰하고 그 기능들이 서로 다르다고 생각하게 됨으로써 모든 종류의 행동들이 각기 뇌의 특정 부위에서 나타나며 그것이 마음의 근원이 된다고 가정했다. 또 사람의 도덕성이나 인격도 뇌의 부위별 발달 정도에 달려 있다고 가정하여 골상학(phrenology)을 만들어냈다.

마을 전체가 우리의 저녁식사에 필요한 접시, 컵, 수저 등의 기물과 오리, 순록의 혀, 블루베리, 고형 크림 등의 음식을 풍부하게 내어 놓음으로써 지친 여행자들의 욕구를 충족시켜줌과 동시에 주민들의 호의와 환대를 보여주고 있었다. 1시간 만에 우리는 산으로 둘러싸인 신선한 환경 속에서 한껏 솟아난 식욕으로 구은 오리고기, 순록의 혀, 흑빵, 신선한 버터, 블루베리, 크림, 들장미 꽃잎을 다져 설탕으로 잰 맛있는 잼 등이 준비된 훌륭한 저녁식탁을 마주하고 앉아 있었다.

우리는 기름기 많은 고래고기, 생선, 생선기름으로 구성된 식사를 매일 하게 될 것을 예상하고 미리 마음을 굳게 먹고 캄차카에 왔었다. 그런데 그 대신 자줏빛 블루베리, 크림, 싱싱한 장미꽃 등으로 차려진 사치스러울 정도의 식탁에 놀라 즐거워하고 있는 우리를 한번 상상해보라!

식도락을 즐겼던 로마의 장군 루쿨루스도 자기가 뽐냈던 쾌락의 정원 투스쿨룸(Tusculum)에서 이런 청정한 장미꽃으로 장식된 연회를 베풀 수 있었을까? 결코 못했을 것이다! 이런 청정한 천국의 식탁은 "루쿨루스가 루쿨루스에게 정찬을 베푼다"라는 사치스런 로마시대의 식탁 이전에 이미 사라졌다가 이 멸시받는 캄차카 원주민들에 의해 재발견되어 이제 최초로 북방 오지 사람들이 세계 미식학에 공헌하는 첫 번째 경우로 기록되고 있는 것이다.

백설탕과 에델바이스 꽃잎을 똑같은 비율로 섞은 다음 약간의 블루베리를 넣고 잘게 으깨어주면 진홍빛의 풍부하고 걸쭉한 액체가 만들어지는데, 이것은 나팔 인동덩쿨 무늬가 새겨진 컵에 담겨 제공된다. 올림푸스 산 정상에서 신들과 함께 이런 연회를 즐기고 있는 자신을 상상해보라! 저녁식사를 마치자마자 나는 식탁 밑의 마루에 발을 뻗고 누워서 고무베개에 바람을 불어넣은 다음, 미라처럼 담요를 둘둘 말아 덮고 곧 깊은 잠에 들었다.

캄차카 마부의 찬송가

 항상 일찍 일어나는 소령은 다음날 아침에도 날이 밝아오자 벌써 깨어 있었다. 도드와 나는 서로 의기투합하는 경우가 드물었지만 일찍 일어나는 이것만은 야만인의 낡은 습관이며 정상적인 19세기 문명인이라면 그런 천한 행동은 하지 않을 것이라고 암묵적인 동의를 하고 도드가 비하해서 부르는 우리의 '카라반'이 떠날 준비를 할 때까지, 아니면 적어도 아침 먹으라는 호출이 올 때까지 느긋하게 늦잠을 즐기고 있었다.
 그러나 날이 밝자마자 떠들썩한 소동이 벌어졌으므로 나는 잠에서 깨 스프링처럼 몸을 일으키다가 탁자다리에 심하게 머리를 부딪혔다. 그리곤 눈을 들어 사납게 사건 현장을 바라보았다. 소령은 옷도 제대로 갖춰 입지 않은 채로 놀란 얼굴의 러시아인 마부들에게 욕설을 해대며 방 쪽을 향해 분노를 쏟아내고 있었다. 밤사이에 말들이 모두 사라져 버렸기 때문에 그가 할 수 있는 말이란 단지 "초르트 톨코 즈날 쿠다(Chort tolko znal kooda. 오로지 악마만이 말들이 사라진 곳을 알 수 있을 게다)."뿐이었다.
 이것은 불운한 우리 여행의 첫 조짐이었다. 그러나 두 시간 사이에 잃어버린 대부분의 말들을 찾아냈다. 마부들이 투덜대며 다시 짐을 꾸렸고 우리는 말을 타고 예루살렘을 떠나 아바친스키 화산 아래쪽의 풀이 무성한 언덕길로 천천히 나아갔다.
 날씨는 봄날같이 따뜻했으며 안식일을 맞이한 것처럼 사방이 고요했다. 길가의 자작나무와 오리나무 이파리들은 따뜻한 햇살을 받으며 미동도 없이 매달려 있었고, 저 멀리 낙엽송 위에서 조는 듯 마는 듯한 까마귀의 울음소리는 이상하게도 우리 귀에 또렷이 들렸으며, 심지어 멀리 떨어진 해안가의 파도 소리조차도 들을 수 있는 듯했다.
 공중에서는 벌들의 웅웅거리는 소리가 희미하게 들려오고, 말발굽 아래 으깨어진 블루베리 열매에선 향기로운 냄새가 진동했다. 만물이 연합하여 우리네 지친 나그네들을 유혹하는 것 같았다. 향긋하고 따스한 풀숲에 몸을 내던지고 졸린 벌들의 웅웅대는 소리를 들으며 으깨어진 블루베리의 달콤한 냄새에 취한 채 저 멀리 솟아 있는 화산의 하얀 분화구에서 천천히 뿜어져 올라가고 있는 연기 구름을 바라보면서 한나절을 게으르게 보내는 사치를 누려보라고 말이다.

나는 웃으면서 도드에게 말했다.

"우리는 얼어붙은 러시아의 유형지 시베리아에 있는 것이 아니라 아라비안나이트 같은 어떤 마법에 의해 천국과 같은 도원경으로 이동한 것이야. 그래야만 이 꿈과 같이 나른한 분위기를 설명할 수 있을 거야."

"도원경은 무슨 얼어죽을 도원경이람!"

그가 갑자기 소리를 지르면서 자기 얼굴을 찰싹 때렸다.

"시인들은 이런 사나운 모기떼들이 피를 빨아 먹는 곳이 도원경이라고 말하진 않았어. 이 모기떼야말로 우리가 캄차카에 있다는 충분한 증거가 되는 셈이지. 어디에도 이렇게 땅벌처럼 커다란 모기는 없다고!"

나는 우리를 비켜지나간 불행은 새로운 자비라고 아이작 월튼[50])이 말했다고 부드럽게 그를 일깨워 주면서 따라서 자신을 물지 않은 모기들에게 감사해야할 것이라고 말해주었다. 그러나 그의 대답은 이랬다.

"아이작 월튼이 여기 있어봐야 알 거야."

아이작 월튼에게 어떤 보복이 돌아갈지 알 수는 없지만, 도드가 아이작 월튼의 철학이나 조금이라도 위로해 보려는 나의 시도를 받아들이려 하지 않는 것이 분명했으므로 나는 더 이상 말하지 않았다.

사방이 조용하여 마치 일요일인 듯한 느낌이 든 마부대장 막시모프는 그 늘진 자작나무 숲길을 천천히 나아가면서, 때로는 변덕스런 말들에게 플랑

---

50) Izaak Walton(1593~1683): 영국의 수필가, 전기작가. 오늘날 낚시인의 바이블이라 불리는 《조어대전(釣魚大典) – 명상가의 오락(Compleat Angler)》을 썼다.

드르 기마병의 불경스런 말투를 능가하는 욕지거리를 퍼부어대면서, 커다랗고 낭랑한 목소리로 그리스정교 미사곡의 한 소절을 불러제꼈다.

"오! 나의 기도가 향기롭게 하소서(이쪽이야! 돼지 같은 놈아! 똑바로 가라고!),

나의 손을 높이 들어 찬양하게 하소서(일어나! 암소 같으니라고! 늙어빠지고 눈멀고 다리가 부러진 악령의 자식아! 어디로 가는 거냐고!),

내 마음이 악한 데로 향하지 않도록 하소서(스베냐 프로클랴티에 svenya proclatye! 앉지 말라고! 제기랄! 이 늙어빠진 돌대가리야!),

내 마음이 악한 것들에 사로잡히지 않도록 하소서(보호 스넴 Bokh s'neem! 이런 망할 놈의 말 같으니라고!).

내 입을 조심하게 해주시고, 내 입술을 닫게 해주시옵소서(에카 보론! 포들레츠! 슬레포이 타코이! 초르트 티비 바스메! Ecca voron! Podletz! Slepoi takoi! Chort tibi vasmee! 우와! 미친놈아! 왜 나무로 뛰어드는 게냐?)"

막시모프는 내가 이해가지 않는 부분도 상상력을 동원하면 이해할 수 있을 정도로 재주 있게 비유적인 욕설을 섞어가며 노래 부르는 데 열중해 있었다. 그는 찬송가와 욕설의 부조화에 대해서는 전혀 의식하지 못하고 있는 것 같았다. 설사 그가 그것을 완전히 인식하고 있다 하더라도 아마 그는 찬송함으로써 욕설한 것을 모두 보상받은 것으로 생각할 것이고, 또 욕설할 때마다 성스러운 구절 한마디씩을 읊었다면 필시 천국에 있는 그의 장부도 대차 균형을 이루는 것이 당연하다고 확신하면서 아무 거리낌없이 자기가 하던 일을 계속할 것이었다!

길, 아니 차라리 오솔길은 예루살렘으로부터 서쪽으로 방향을 틀어 포플러나무와 자작나무가 빽빽한 숲을 통과하여 낮은 벌거숭이 산맥 기슭으로 구불구불 돌아 들어갔다. 가끔 우리는 풀이 조금 무성한 개활지에 들어섰는데, 땅바닥에는 블루베리 열매들이 널려 있어서 혹시 곰이 나타나지나 않을까 경계의 눈초리를 보내지 않을 수 없었다. 그러나 사방은 고요하고 움직임이 없었다. 여치의 울음소리마저 졸렸다. 마치 모든 만물을 압도하는 듯한 나른함에 휩싸인 것처럼.

거의 참을 수 없을 지경에 이른 무차별적인 모기의 공격을 피하기 위해 우리는 서둘러 말을 몰았는데, 키 큰 산형화가 밀집해 자라 있는 넓고 평탄한 계곡을 통과하고 작은 언덕을 넘어 한걸음에 코랴족 마을에 도달했다. 마을 한가운데에는 150여 마리의 반 야생 개들이 짖어대고 말들이 울어대고 또 사람들이 이리저리 뛰어다니는 등 그야말로 혼란스러운 장면이었다.

이 마을에서 우리는 말과 마부들을 거의 다 바꾸었고, 이끼가 끼어 있는 캄차달인 집의 툭 튀어나온 처마 밑에서 야외 도시락 점심을 먹은 다음 2시쯤에 캄차카 강 분기점 너머로 80~100km 떨어져 있는 다음 마을 말쿠아(Malqua)를 향해 출발했다. 25~30km 정도 부지런히 말을 몰아 달리자 해질 무렵에 우리는 오솔길에 드리운 빽빽한 포플러나무, 자작나무, 마가목 숲을 벗어나서 풀이 조금 무성한 개활지로 들어섰다.

그곳은 약 4,000m² 넓이로 마치 캠핑할 것을 예상하고 일부러 만들어놓은 곳처럼 보였다. 삼면이 숲으로 둘러싸여 있었고, 나머지 한 면은 바위, 통나무, 덤불숲, 잡초 등이 빽빽한 산골짜기와 접해 있었다. 차갑고 맑은 시냇물이 일련의 작은 폭포를 이루어 어두운 계곡으로 떨어지고 또 풀이 무성한 습지를 거쳐 꽃이 자라지 않는 모래톱 수로를 형성하고 급기야는 주변 숲속으로 사라져간다. 밤을 지새우기에 이보다 더 나은 장소를 찾아본다는 것은 쓸데없는 짓이므로 우리는 아직 날이 밝은데도 갈 길을 멈추기로 결정했다.

우리는 서둘러 말을 말뚝에 매고 모닥불 피울 나무를 구해오고 찻주전자를 올리고 텐트를 쳤다. 그런 다음 곧 따뜻한 곰가죽을 땅에 깔고 길게 누워 뜨거운 차를 마시면서 서쪽 산 너머로 천천히 지고 있는 붉은 노을을 바라보며 캄차카에 대해 이야기를 나누었다. 그날 밤 잠을 자려고 누워 있으려니 텐트 뒤쪽에 있는 숲속으로부터 딸랑거리는 말방울 소리와 계곡으로 떨어지는 물소리를 들으며 나는 캄차카에서의 노지 야영생활보다 더 즐거운 것은 없다는 생각이 들었다.

다음날 우리는 모두 매우 지친 상태로 말쿠아에 도착했다. 길은 말을 몰아갈 엄두가 나지 않을 정도로 매우 좋지 않은 상태였다. 떨어진 바위와 나무로 막혀 있는 좁은 계곡길을 통과하고, 이끼로 덮인 습지를 가로지르고, 또 험하고 가파른 언덕길을 올라가야만 했다. 안장에서 떨어지는 일이 반복됐고, 식량상자가 나무에 부딪혀 짐끈이 풀렸으며, 습지에 빠져 온통 젖기도 하고, 말이 넘어지면서 마부들이 욕설을 해대는 등 우리 모두는 재난에 봉착했다.

소령도 이런 부침이 심한 캄차카 여행에 익숙지 않았지만 마치 스파르타 군인처럼 말없이 잘 견디고 있었다. 그러나 마지막 16km 정도를 남겨놓은 상태에서 드디어 그는 금욕주의자처럼 동요하지 않고 조용히 앞서 가고 있는 도드에게 더 이상 못 참겠다는 듯이 소리를 질렀다.

"도드! 오, 도드! 그 빌어먹을 말쿠아에 아직도 도착 못한 거야?"

도드는 버드나무 회초리로 말 엉덩이를 한차례 때리고는 안장에 앉은 채로 뒤를 돌아다보고 장난기 있는 미소를 지으며 대답했다.

"아직 도착 못했어요. 하지만 곧 도착할 겁니다!"

하지만 그런 애매한 위로성 대답은 우리에게 활력을 불어넣어 주지 못했다. 마침내 날이 어두워지기 시작할 무렵에 우리는 멀리서 하얀 연기 기둥이 솟아오르는 장면을 목격했다. 도드와 부쉰이 말쿠아의 온천에서 나오는 것이라고 말해주었다. 15분 만에 우리는 배고프고, 지치고, 젖은 몸으로 말을 달려 마을에 도착했다.

그날 밤 나에게 저녁식사는 뒷전이었다. 내가 원하는 것은 오로지 탁자 밑으로 기어들어가 아무도 건드리지 않는 상태에서 혼자 쉬는 것이었다.

내가 이렇게 뼈와 근육조직에 대해서 생생하게 느껴본 적은 일찍이 없었다. 내 몸의 모든 뼈와 힘줄이 고통으로 자신의 존재를 알려왔다. 그리고 20분 만에 나의 등은 구부릴 수 없을 정도로 쇠꼬챙이처럼 딱딱하게 굳어 있었다. 나는 우울한 생각에 잠겼다. 일종의 프로크루스테스[51]의 침대에 누워서 짧아진 등뼈를 잡아늘리지 않는 한, 다시는 원래의 190cm 키로 되돌아갈 수 없을 것 같았다. 말을 타고 계속적으로 수직적인 압박과 진동을 받음으로써 척추가 수축되었음이 틀림없었다. 그래서 어떤 외과적 수술로도 원상태로 회복시킬 수 없을 것같이 보였다. 그런 슬픈 생각이 머릿속에 빙빙 도는 채로 나는 장화도 벗지 않고 탁자 밑에서 잠들어 버렸다.

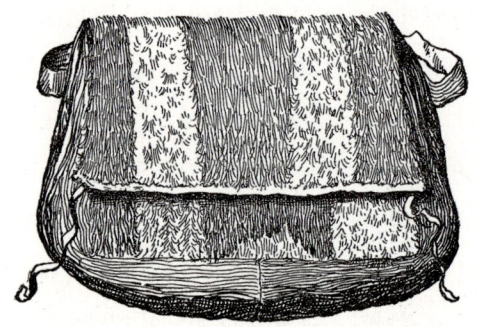

순록가죽으로 만든 여행가방

---

51) Procrustes: 고대 그리스의 강도로 잡은 사람을 쇠침대에 놓고 짧으면 잡아 늘려놓고 길면 다리를 잘랐다고 함.

CHAPTER 09

아름다운 게눌(혹은 게닐) 계곡

다음날 아침 말안장에 다시 올라가는 일이 정말 힘들었지만, 소령은 시간이 지체되는 것에 어떠한 변명도 허용하지 않았다. 엄정 강직한 재판관인 라다만투스[52]라도 되는 양 그는 푹신한 안장에 올라앉아 사정없이 출발신호를 내렸다. 나의 굳어진 허리 고통을 동정해주는 캄차달인 2명의 도움으로 나는 가까스로 새 말 등에 걸터앉는 데 성공했다. 그리고 우리는 남부 캄차카의 정원이라 불리는 게눌(Genul) 계곡 속으로 말을 몰아갔다.

말쿠아 마을은 캄차카 강 분수령의 북쪽 경사면에 위치해 있는데, 황량하고 낮은 화강암 언덕으로 둘러싸여 있어서 마치 미국 네바다 주 버지니아 시의 주변 자연환경을 보는 것 같았다. 주목할 만한 것은 광천수 온천이었는데, 아쉽게도 직접 방문할 시간이 없었으므로 먼발치에서 그 위치를 짐작하게 해주는 증기 기둥을 바라보면서 온천수의 온도 및 약효 성분에 대해 원주민들이 해주는 이야기에 만족해야만 했다.

---

[52] Rhadamanthus: 그리스 신화에서 제우스와 에우로파 사이의 아들로 사후에 명부의 재판관이 되었다.

마을의 북쪽은 길고 좁은 게눌 계곡으로 열려져 있다. 이 계곡은 캄차카 반도에서 가장 아름답고 또 가장 비옥한 곳이다. 길이는 약 50km, 폭은 약 5km 정도로 양쪽 주변에는 눈 덮인 고산들이 연이어 서 있다. 이 산들은 하얀 산봉우리와 깎아지른 절벽이 이어진 기다란 모습으로 말쿠아에서부터 거의 캄차카 강 상류까지 멀리 뻗어 있다. 작은 시냇물은 계곡을 따라 구불구불 흘러가고 개울가에는 1~2m 높이의 야생풀들이 길게 자라 있으며, 자작나무, 버드나무, 오리나무 군락들이 여기저기 짙은 그늘을 만들어 주고 있었다. 이파리들은 이미 초가을의 화려한 색깔을 과시하기 시작했다. 붉은색, 노란색, 초록색의 넓은 줄무늬가 산기슭을 따라 수평으로 달려 나가면서 계곡 밑에서부터 하얗게 반짝이는 저 높은 산봉우리까지 단계적으로 형성돼 있는 식생대를 화려하게 채색해 놓았다.

정오 전에 우리는 계곡 중간지점에 도달했는데, 그곳 풍경은 너무나 장대하고 화려해서 최고의 감탄사가 나오지 않을 수 없었다. 사방 40km까지는 햇빛이 가득한 계곡으로 게눌 강이 은빛을 내며 흘러가고 둑에는 여기저기 사이를 두고 자작나무와 오리나무 숲이 우거져 있었다. 라셀라스가 살았던 행복의 골짜기[53]처럼 이곳 역시 넘을 수 없는 산들로 둘러싸여 다른 세상과 단절돼 있는 것같이 보인다. 그림같이 아름다운 눈 덮인 산봉우리들은 그 형태의 다양성과 독특함을 서로 뽐내면서 북동부 시베리아 최고의 야생미를 다투고 있었다. 산기슭 아래 절반은 짙푸른 소나무가 빽빽이 들어찬 넓은 수평지대로 하얀 눈으로 덮인 산봉우리, 그리고 불꽃처럼 분출돼 밑으로 쏟아져 내리는 심홍색 화산재와 강렬하고 아름다운 대비를 이루고 있었다. 산은 거인 타이탄이 여기저기 찢어놓은 것처럼 깊고 좁은 계

---

53) Happy Valley of Rasselas: 18세기 영국작가 사무엘 존슨(Samuel Johnson)의 소설 《아비시니아의 왕자 라셀라스의 이야기(The History of Rasselas, Prince of Abyssinia)》에 나오는 왕궁이 있는 골짜기. 부족한 것이 없는 '행복의 골짜기'에 살고 있는 아비시니아(옛 에티오피아)의 왕자 라셀라스는 자신을 둘러싼 이 행복에 의심을 품고 '골짜기 너머의 삶' 속에 벌어지는 인간들의 일반적인 운명을 탐색하기로 한다. 행복이란 무엇인가를 탐색하는 신고전주의 여행기이다.

곡을 이루고 있는데, 연한 진홍빛 안개가 피어올라 햇빛이 들어가지 못하고 시야가 가리었다. 따뜻하고 향기로 가득한 대기, 깃털 구름 몇 점이 하늘에 떠 있지만 너무 투명하여 그림자를 만들지 않을 정도의 쾌청한 날씨, 이 모든 것이 캄차카에서 가장 아름다운 풍경 중 하나일 것이라는 데 모든 사람이 아마도 수긍할 것이라는 생각이 든다. 황량한 풍경은 미국의 캘리포니아에 있는 시에라 네바다 산맥이 더하지만, 캘리포니아나 네바다에서는 겨울과 여름 두 계절의 특징을 동시에 찾아볼 수는 없다. 초가을 맑은 날의 게눌 계곡은 하얀 눈과 붉은 장미꽃, 거친 화강암과 화려한 색조의 이파리들, 이런 것들이 조화를 이룬 한 폭의 그림을 여행객들에게 선사한다.

도드와 나는 야생열매 따먹는 데 열중하며 오후의 여가시간 대부분을 보냈다. 선두에 조금 뒤처져도 빠른 속도로 내달리면 따라잡을 수 있으므로, 우리는 강둑에 있는 특별히 우거진 숲에 자리를 잡았다. 햇빛에 일광욕을 한다음 우리는 걷는 대로 말이 따라오도록 발목에 말끈을 동여매고 노랗고 꿀맛같은 '마로쉬카', 짙은 진홍색의 달콤한 블루베리 등의 열매 따먹기 축제를 시작했다. 옷은 붉은 얼룩으로 더럽혀지고 얼굴과 손은 마치 인디언 코만치족[54] 전사들이 싸우러 나갈 때 하는 분장과 같았다.

게눌의 원주민 마을에 도착했을 때는 아직도 해가 한 시간 동안 떠 있었다. 우리는 어느 들판을 지나쳐갔다. 남자와 여자들이 거친 낫으로 건초를

---

54) Comanche: 코만치족의 기원은 정확히 알려져 있지 않으나, 대체적으로 3만 년 전, 15,000년 전, 6,000년 전, 4,000년 전 등 세네 번에 걸쳐 시베리아에서 베링 해협을 건너온 것으로 알려져 있다. 오늘날 뉴멕시코, 콜로라도, 아리조나, 캔자스, 오클라호마, 텍사스 등지에 걸쳐 대평원에 널리 살고 있는 코만치족은 18세기 말 약 45,000명에 달했으나, 미국의 침략으로 20세기 중반 약 3,000명으로 줄었다가 2010년 현재 약 15,000명인 것으로 보고되고 있다. 토착어인 코만치어는 8개 미주 인디언 언어군 중 유토-아즈텍어 계열(Uto-Aztecan)의 누믹어(Numic)에 속하며, 쇼쇼니어(Shoshone) 방언으로 분류되기도 한다. 저항심과 독립심이 강한 코만치족은 자기들만의 코만치국(Comanche Nation)을 설립하여 본부를 오클라호마에 두고 카지노 운영 등 자체적인 사업을 벌이며 자기들 부족에 대한 사법권을 행사하고 있으며, 2002년에는 코만치국 대학을 세우는 등 미국 원주민 중 가장 높은 교육열을 보이고 있다.

베다가 놀란 눈초리로 우리를 바라보았다. 우리는 계속 말을 몰아갔다. 길이 갑자기 강 앞에서 끊기고 그 너머에 마을이 서 있었다. 물에 젖지 않으려고 무릎을 안장 위로 올리고 얕은 곳을 건너는 데 성공했지만, 우리는 비슷한 크기의 또 다른 강과 다시 만나게 되었다. 그 강을 건너자 비슷한 크기의 세 번째 강과 또 마주쳤다. 이 강 역시 건넜으나 또 다시 네 번째 강이 출현하자 소령이 절망하는 듯한 목소리로 도드에게 소리쳤다.

"어이! 도드! 이 짐승같이 미개한 마을에 도착하는데 '이교도'의 강을 몇 개나 건너야 하는가?"

도드가 태연하게 대답했다.

"한 개요."

"한 개? 그러면 이 한 개의 강이 이 마을을 몇 번이나 지나간단 말인가?"

"다섯 번이요."

또 다시 태연스레 답변하면서 도드가 정색을 하고 설명했다.

"여기 가난한 캄차달 사람들에게는 물고기를 잡을 수 있는 강이 하나밖에 없었는데, 크기가 그리 크지 않아서 이 마을을 다섯 번 지나쳐 가도록 만들었습니다. 이 영리한 생각 덕분에 이들은 다섯 번이나 많이 연어를 잡을 수 있게 된 것이죠!"

소령은 놀라움에 입을 다물고 있었는데, 마치 어떤 어려운 문제를 풀어보려 고심하고 있는 듯 보였다. 마침내 안장 손잡이로부터 눈길을 들어 올리더니 비난의 눈초리로 범죄인을 바라보듯 도드를 쏘아보며 말했다.

"그러면 마을사람들에게 먹을 것을 공급하기 위해서 매번 그렇게 많은 물고기들이 마을 앞을 지나다녀야 한단 말인가?"

이런 모순에 빠진 논리 전개가 도드의 거짓말을 깨뜨려 버렸다. 그는 웃음을 터뜨리고는 말 옆구리에 박차를 가하여 네 번째 강으로 철퍼덕 소리를 내며 돌진하더니 반대편 쪽의 게눌 마을로 올라가 버렸다.

글자로 도배된 벽

　우리는 마을 촌장의 집에서 숙박하기로 하였다. 아래층의 깨끗하고 하얀 마룻바닥 위에는 우리가 가져온 곰가죽을 깔아 놓았고 벽에는《런던 일러스트레이티드 뉴스(London Illustrated News)》신문지들이 짝이 맞지 않는 벽지로 재미있게 붙어 있었다. 한쪽 벽에는 사랑싸움 뒤에 화해의 키스를 나누는 두 연인을 그린 화려한 미국 석판화가 걸려 있었는데, 이것은 그림의 소유자가 미국의 미술, 미국사회의 법도와 관습 등에 대해 잘 알고 있음을 증명해주는 것이며, 또한 문화 예술에 대한 세련된 취미와 자부심을 명백히 드러내주는 것이었다.

　도드와 나는 피로에 지쳤음에도 불구하고 저녁 내내 신문지 글읽기에 열중했다. 벽과 천장에 달린 수지양초에 의지하여 신문지의 연속면을 부지런히 찾아 읽었다. 귀퉁이의 자작나무 판자에서 영국 왕실의 뒷이야기를, 그리고 문짝의 뒷면에서 유명 영국인의 부고란을 읽을 수 있었다. 열심히 그리고 인내심을 가지고 읽은 결과 우리는 잠자리에 들기 전까지 한쪽 벽면 전체를 읽어낼 수 있었으며, 뉴질랜드에서 일어난 전쟁에 관한 중요한 정보들을 많이 얻을 수 있었다. 이에 용기를 얻은 우리는 내일 아침에 나머지 세 벽면 및 천장에 대한 조사를 계속하기로 하였다. 그러나 아쉽게도 우리는 아침 일찍 순례여행을 떠나야 했으므로 뉴질랜드 전쟁이 어떻게 끝났는지 확인할 방법이 없었다. 아침 6시가 되기 전에 우리는 새 말로 바꾸어 타고 푸쉰(Pooschin)에 이르는 약 90km의 먼 길을 떠났다.

무서운 곰

　우리 답사팀의 옷은 이제 아주 잡다한 도적떼 같은 모습을 띠고 있었다. 개개인 모두 시간이 갈수록 불편한 도회지 옷 같은 것들은 버리고 야생생활에 필수적인 다양한 것들을 대신 갖추고 있었다. 도드는 모자를 던져버리고 대신 머리에 노란색과 진홍색이 섞인 손수건을 둘러맸다. 부쉰은 모자에 붉은 색 리본 모양의 긴 깃발을 꽂아 놓았는데, 마치 돛대 깃발처럼 바람에 펄럭였다. 나는 제복 외투와 모자 대신 푸른색의 사냥꾼 셔츠와 붉은색의 터키식 모자를 선택했다. 우리는 모두 라이플 소총을 한 자루씩 등 뒤에 걸쳐 매고 허리춤에는 리볼버 권총을 한 자루씩 차고 있었으므로 마치 아펜니노 산맥[55]에 출몰하여 부주의한 여행자들을 협박하는 환상적인 산적떼처럼 겉모습이 변해 있었다. 만일 우리가 맹렬히 말을 몰아 푸쉰을 향해 가는 도중에 소심한 여행자를 만나게 된다면, 아마 그는 필시 아무 말도 하지 않고 무릎을 꿇은 채 자기 지갑을 내주었을 것이다.

소령, 도드, 부쉰, 그리고 나는 활기에 찬 새 말들을 갈아타고서 하루 종일 나머지 일행들보다 멀리 앞서서 달려 나갔다. 오후 늦게 캄차카 툰드라 지대로 알려진 나지막한 들판을 빠른 속도로 지나쳐 가고 있었는데, 갑자기 소령이 러시아어로 소리를 질렀다.

"메드베지! 메드베지!(곰이다, 곰!)"

그러자 옆의 덤불 속에서 커다란 검은 곰 한 마리가 두 발로 딛고 슬그머니 일어섰다. 솔직히 말하건대 그때의 흥분은 엄청난 것이었다. 부쉰은 총열이 2개인 자신의 오리 사냥총을 어깨에서 내려 곰에게 오리 사냥용 탄환을 마구 뿌려줄 준비를 하고 있었고, 도드는 필사적으로 허리에 찬 리볼버 권총을 꺼내들고 있었는데, 같이 놀란 그의 말이 그를 태운 채 들판 저쪽으로 도망가 버렸다. 소령은 고삐를 떨어뜨렸고 말들은 뒷다리를 들고 차고 흥분하여 콧김을 내뿜었다. 소령은 나에게 신성한 동물이니 곰을 쏘지 말라고 간청했다.

오히려 침착하고 조용한 것은 곰이었다! 곰은 침착하게 몇 초간 주위를

---

[55] Apennines: 이탈리아 반도를 종단하는 산맥.

살펴보더니 곧 어색한 자세로 숲속을 향해 뛰어가기 시작했다. 그 사이에 정신을 차린 우리는 도망가는 곰의 발자국 소리를 듣고 무모한 영웅심이 살아나서 네 자루의 권총과 한 자루의 엽총을 집어 들고 아무런 위해도 가하지 않고 금방 사라진 곰을 향해 "곰을 잡아라!" 하고 흥분하여 외쳐댔다.

그러나 사나운 짐승을 잡겠다는 용기는 가상했지만 실제로 곰을 뒤따라 가지는 않았다. 모든 것이 쓸데없는 일이었다. 곰은 그림자 사라지듯 숲속으로 사라져 버렸다. 아마도 곰의 사납고 보복을 가하는 성질로 미루어 숲속에 잠복하여 우리를 기다리고 있을지도 모른다는 생각에 차라리 뒤따라 추격하지 않은 것이 더 나은 선택이라고 우리는 자위하고 있었다.

서로의 생각을 나누다보니 곰의 거대한 크기, 털북숭이, 야수의 모습 등은 모두에게 일치된 인상이었고, 또한 동시에 옛날 동화책에 멋지게 그려져 있는 것처럼 곰의 목을 사냥용 단도로 베어내고 싶은 충동을 모두가 가지고 있었던 것으로 밝혀졌다. 말들이 날뛰고 곰이 재빨리 도망쳤기 때문에 이런 탐나는 충동이 억제됐던 것이다. 심지어 소령조차 오래 전에 곰을 만난 적이 있었는데, 그때에도 "곰을 몰아내기만 했다"면서 호들갑을 떨며 팔스타프[56]의 말투로 두려운 듯 말했다.

"우리가 곰에게 경의를 표하면 그냥 물러나지만, 그렇지 않으면 다른 곰이 또 나타나 위험에 처하게 될 것이오."

나중에 이 문제를 조용히 감정을 배제하고 생각해보니, 곰이 사람을 위협하지 않으면 사람도 일부러 곰을 위협할 일은 없을 것이며, 반대로 사람이 곰을 위협하지 않으면, 곰도 사람을 위협하지 않을 것이라는 생각이 들었다. 사나운 야생동물을 무리해서 잡으려는 것은 경우에 따라 무모한 행동이 될 수 있으며, 또한 탐험대를 위험에 빠뜨려 임무를 수행하지 못하게 할 수도 있는 것이었다.

---

56) Falstaff: 셰익스피어의 작품 《헨리 4세》에 나오는 명랑하고 기지 있고 허풍스러운 뚱뚱한 기사.

푸쉰에 아직 도착하지 못했는데 벌써 어두워지기 시작했다. 그런데 지친 우리 말들은 저녁의 선선한 바람이 불어오자 다시 생기가 살아났다. 저녁 8시경에 멀리서 개 짖는 소리가 들려오자, 우리의 생각은 벌써 뜨거운 차, 휴식, 그리고 달콤한 잠으로 달려가고 있었다. 20분 후에 우리는 어느 캄차달 사람의 집에 우리 곰가죽을 깔고 편안하게 누워 있었다.

마지막 말타기

오늘은 날이 새자마자 출발하여 약 100km를 달려왔다. 길은 좋은 편이었다. 이제는 말타기에 익숙해져서 말쿠아에서 그랬던 것처럼 그렇게 지치지 않았다. 이제 캄차카 강 상류까지는 단지 30km 만이 남아 있을 뿐이다. 이 상류에서부터는 말을 버리고 뗏목이나 원주민이 타는 카누를 타고 약 400km를 강을 따라 내려가야 한다.

평탄한 들판을 4시간쯤 달려가니 다음날 아침 셰롬(Sherom)이란 곳에 도착했는데, 이곳에는 이미 우리가 탈 뗏목이 기다리고 있었다.

현재로서는 말을 타고 하는 여행을 끝내는 것이 그리 유감스럽지 않았다. 나는 그동안 인생의 여러 가지 면에 잘 적응해왔고, 또 이보다 더 즐거운 여행은 없었던 듯했다. 그러나 우리 앞에는 시베리아의 모든 것이 놓여 있었다. 그래서 다시 올 수 없는 이 말타기 여행을 그만두는 것에 대한 유감보다는 앞으로 다가올 새로운 모험과 지금까지 보았던 것보다 더 장대한 광경을 보게 되리라는 기대가 더 컸던 것이다.

CHAPTER 10

캄차카 강

　게으른 성향을 가진 사람에게는 보트를 타고 강을 따라 내려가는 일도 어떤 특별한 즐거움이 된다. 그런 일에는 다양한 이득이 있게 마련인데, 커다란 노력 없이도 사건과 풍경이 변하게 된다. 강에서 보트를 타고 경험하게 되는, 이른바 게으른 즐거움에는 바다에서 오랫동안 배를 타서 도저히 견딜 수 없는 그런 지루한 단조로움은 존재하지 않는다. 천국이란 "소파에 누워 마리보[57]와 크레비용[58]의 연애소설 신간을 영원토록 읽는 것"이라고 말했던 사람이 그레이[59]였던 것으로 생각난다.

　슬픈 비가를 읊은 그가 만일 캄차카를 보았다면, 방금 자른 건초와 향기

---

[57] Pierre Marivaux(1688~1763): 18세기 프랑스의 극작가, 소설가. 그의 희극은 오늘날 몰리에르 다음으로 자주 공연될 정도로 인기가 높으며, 그의 섬세한 언어구사는 마리보풍의 말투로 불릴 정도로 유명하다. 작품으로는 《사랑과 우연의 장난》, 《노예들의 섬》, 《새로운 식민지》, 《어머니들의 학교》, 《마리안의 일생》, 《벼락부자가 된 농부》 등이 있다.

[58] Prosper Jolyot de Crebillon(1674–1762): 프랑스의 시인, 비극작가. 비극에 있어서는 볼테르를 능가한다는 평을 받는다. 작품으로는 《라다미스트와 제노비아》, 《카틸리나》, 《세미라미스》 등이 있다.

[59] Thomas Gray(1716–1771): 18세기 영국 낭만주의 시인. 묘지시의 선구자로 유명하다. 작품으로는 《묘지에서 읊은 만가》, 《시인》 등이 있다.

나는 꽃들을 약 15cm 깊이로 바닥에 덮은 캄차달식 보트에 탄 채, 넓고 고요한 강을 천천히 흘러 내려가면서 눈 덮인 산들, 노랗고 빨간 색으로 빛나는 숲, 키 큰 야생초가 흔들리는 너른 초원 등을 바라보았다면, 또한 노가 물에 부딪히는 소리와 뱃꾼이 장단을 맞추기 위해 부르는 낮은 음조의 감상적인 노랫소리를 들으며 우뚝 솟은 클루체프스키 화산의 눈 덮인 정상 위에 떠 있는 보름달이 흔들리는 강물 위에 비친 모습을 바라보았다면, 아마도 그는 마리보와 크레비용의 소설책들을 배 밖으로 내던져 버리고 더 나은 천국의 즐거움을 제시해 주었을지도 모른다.

내가 이렇게 캄차카의 풍경을 칭찬하는 것이 어쩌면 과장된 것일지도 모른다는 사실을, 또한 나의 이런 열정을 이탈리아나 알프스를 다녀온 경험 많은 여행자들이 본다면 실소를 금치 못할 수도 있다는 사실을 나 역시 알고 있다. 그러나 나는 나에게 보이는 사물들을 있는 그대로 묘사하고 있는 것뿐이며, 이런 나의 인상이 더 폭넓은 경험을 가진 사람들에게도 똑같이 일어나야 할 것처럼 요구하고 있는 것은 아니다. 내가 어딘가에서 읽은 어느 스페인 작가의 말이 생각난다.

"태양의 빛나는 광채를 본 적이 없는 사람이 달과 같이 빛나는 광채는 세상 어디에도 없다고 생각한다고 해서 비난받을 이유가 없다. 혹은 달을 본 적이 없는 사람이 새벽별처럼 밝은 것은 없다고 말한다고 해서 비난받을 수도 없는 것이다."

내가 이전에 라인 강을 배 타고 가봤다거나, 마터호른을 올라가봤다거나, 아니면 나폴리 만에 비친 보름달을 보았다거나 했다면, 아마도 캄차카에 대해 그리 열렬하지 않은 좀 더 공평한 시각을 갖게 됐을지도 모른다. 그러나 내가 이전에 봐왔던, 혹은 상상해왔던 모든 것들과 비교해봐도 캄차카의 남부와 중부지역의 풍경들은 뛰어나게 아름다운 것이었다.

카누로 강을 타고 내려오는 여정

    셰롬에서는 우리를 기다리고 있는 캄차카식 통나무 뗏목이라고나 할까 아니면 보트라고나 할까 아무튼 한 척의 배를 발견했다. 우리보다 앞서서 지나간 전령에게 감사할 일이다. 그 보트는 약 1m 간격으로 속이 파인 원주민 카누 3대를 단단한 가로대에 나란히 물개가죽끈으로 동여맨 구조였다. 그 위에는 약 3×4m 크기의 판자를 깔았고, 각 카누의 이물과 고물에는 노 젓는 사람들이 앉을 만한 공간을 남겨두었다. 그들은 볼품없고 다루기 힘들 것같이 보이는 이 배를 우리가 잘 모르는 확실하고 만족스러운 방식으로 잘 끌고갈 것이다. 바닥에는 방금 베어온 풀을 15cm 두께로 깔았으며, 우리는 그 위에 텐트를 치고 곰가죽, 담요, 베개 등을 이용해 아주 아늑한 특실을 만들었다. 지친 몸에서 라이플 소총과 권총들을 풀어내어 텐트 기둥에 걸어놓았고, 무거운 승마용 장화는 되는 대로 벗어버리고 대신 부드러운 사슴가죽으로 만든 토바스**60)**를 신었으며, 안장은 다음에 사용하기 편리하게 구석 한켠에 치워놓았다. 우리가 갖고 있는 모든 물건들은 우리의 위상에 걸맞은 귀중품으로 취급되고 있었다.

    2시간여의 휴식시간 동안에 우리의 무거운 짐들은 이미 다른 뗏목으로 옮겨졌고, 휴식을 끝낸 우리는 모래가 깔린 해안가로 걸어 내려가서 우리를 전송하려고 모여 있는 현지인들에게 러시아어로 "프랴샷챠(prash-chitia, 안녕!)"하고 작별인사를 나눈 다음, 뗏목을 타고 천천히 강을 따라 내려가기 시작했다. 해안가에 늘어선 캄차달인들이 모자와 수건을 흔들었으며, 강을 따라 옆으로 꺾어 들어가자 시야에서 이들의 모습이 점차 사라져갔다.

    약 30km를 나아가면서 바라본 캄차카 강 상류의 풍경은 그동안 비교적

---

60) torbass: 혹은 토르바사. 러시아 야쿠트 공화국 원주민 야쿠트인들이 신는 가죽신발.

익숙해진 풍경이어서 새로운 흥미를 유발하는 그런 풍경은 아니었다. 즉 산들은 소나무, 자작나무, 낙엽송 등의 빽빽한 숲으로 둘러싸인 채 강 가장자리에까지 뻗어 있었다. 하지만 텐트 안에서 부드러운 곰가죽을 깔고 누워 화려하게 물든 다양한 나뭇잎들을 바라보거나, 혹은 굴곡진 만곡부를 재빨리 돌아 갑자기 다시 평탄한 물길로 접어들자 돌출된 바위 위에 앉아 있던 캄차카 독수리가 놀라서 날아오르는 광경, 또는 구름처럼 한데 모여 시끄럽게 재잘대는 물새들이 놀라 흩어져 날아올라 시야에서 사라지는 광경을 바라보는 것은 커다란 즐거움이었다. 캄차카 강 상류를 밤에 항해하는 것은 다소 위험한 일이었다. 왜냐하면 흐름이 빠르고 물에 잠긴 나무나 암초 같은 것이 많았기 때문이다. 날이 어두워지자 노 젓기 담당 원주민들이 항해를 계속하는 것은 위험하다고 판단했으므로 우리는 해안가에 뗏목을 대어놓고 달이 뜰 때까지 기다리기로 했다.

해안가 가장자리의 무성한 덤불을 잘라내어 작은 반원형 터를 만들고 불을 피웠다. 감자와 생선을 담은 냄비를 불 위에 올려놓고 우리는 모두 불가에 모여앉아 피어오르는 연기를 바라보며 이야기를 나누고 미국 노래를 부르면서 식사시간을 기다렸다. 문명인의 눈에 비친 이런 광경은 아주 야생적이면서 한 폭의 그림과도 같은 것이었다. 어둠 속에서 강은 홀로 외로이 꾸르륵 슬픔에 잠긴 소리를 내며 물에 잠긴 나무들을 스쳐지나가고, 빽빽한 원시림은 지나가는 바람에게 불시에 들이닥친 침입자들에 대한 놀라움을 조용히 속삭여주고, 타오르는 모닥불은 잔잔한 수면 위에 그 번득이는 붉은 불빛을 드리우면서 곰가죽을 깔고 불 주위에 제멋대로 앉아 있는 이상한 차림새의 사람들과 주변의 나무들을 기묘한 분위기 속에서 비쳐주고 있었다. 이 모든 것이 연필로 그린 렘브란트의 그림 같은 분위기를 뿜어내고 있었다.

저녁식사를 마친 우리는 해안가에 떠내려온 나무들을 모아 커다란 화톳불을 피워놓고 때 아닌 소음과 불빛에 놀라 잠에서 깬 오리들과 물위로 튀어오르는 송어들에게 횃불을 비추어보는 등 여흥을 즐겼다. 화톳불이 사그라들어 잔불만 남게 되자 우리는 물가의 부드러운 모래 위에 곰가죽을 깔고 누워 밤하늘의 반짝이는 별을 바라보며 저마다의 꿈을 꾸다가 어느덧 잠들어 버리고 말았다.

얼굴에 빗방울이 튀고 나무꼭대기에서 윙윙거리며 불어대는 바람소리에 나는 한밤중에 잠이 깼다. 비에 젖은 담요에서 기어나와 보니 도드와 소령이 비바람에 나만 남겨놓고 자기들끼리 비를 피하기 위해 나무 사이에 텐트를 쳐놓은 것을 발견했다. 마치 나는 진흙탕에서 자도 대수로운 일이 아니라는 듯이! 텐트 안으로 들어가는 것이 나은지 아니면 텐트를 끄집어내려 비를 맞게 하는 복수가 더 나은 것인지를 두고 고민하다가 결국 나는 우선 비를 피하고 나중에 좀 더 좋은 기회에 복수하는 것이 낫다고 결정했다.

다시 잠을 청해보고 가까스로 깊은 잠에 떨어질 즈음에 "일어나! 떠날 시간이다!"라는 외침과 함께 젖은 텐트를 두드리는 소리가 들리더니 곧이어 텐트가 내 얼굴을 덮쳤다. 쓰러진 텐트 밖으로 기어나온 나는 불만이 가득한 채 뗏목이 있는 곳으로 걸어 내려가면서 머리를 굴리고 있었다. 나를 빗속에 남겨두고 또 한밤중에 젖은 텐트를 내 머리 위에 쓰러뜨려 잠을 깨게 한 소령과 도드에게 어떻게 복수할 것인가 하는 다양하고 교묘한 방법들을 생각하면서.

아직 어둡고 비가 내리는 한밤중인 새벽 1시였다. 그러나 달이 떠오르고 있었고, 노 젓기 담당인 캄차달인은 출발하기에 충분한 달빛이라고 말했다. 나는 소령에게 아직 어두워서 충분치 않다고 말했으나 졸음에 겨운 목소리는 무게감이 없어 나의 저항은 완전 무위로 끝났다. 패배의 쓰라린 마음을 부여안은 채 배가 물속에 잠긴 나무 같은 암초에 걸려버리면 좋겠다고 자포자기의 생각을 했다. 나는 비가 오는데도 뗏목에 깔아놓은 젖은 짚단 위에 시무룩하게 앉아 나에게 닥친 불행을 잊어보려고 잠을 청했다. 반대쪽에서 불어오는 맞바람 때문에 텐트를 세울 수 없었으므로 기껏 우리가 할 수 있는 일이란 기름 먹인 담요를 뒤집어쓰고 남은 밤을 덜덜 떨며 지새는 것뿐이었다.

밀코바에서의 환영식

날이 밝고 1시간쯤 지나자 우리는 '밀코바(Milkova)' 라는 캄차달인 마을에 도착했는데, 이 마을은 캄차카 반도에서 가장 큰 원주민 마을이었다. 비가 그치고 구름이 벗겨지기 시작했지만 아직도 공기는 차가웠다. 하루 전에 셰롬에서 카누를 타고 내려온 전령이 이곳 주민들에게 우리가 내려온다는 소식을 미리 전해주었으므로, 우리가 강의 마지막 만곡부를 돌아 나오면서 신호탄을 쏘아올리자 거의 모든 주민들이 왁자지껄하게 해안가로 달려나왔다. 환영식은 정말 열렬한 것이었다. 도드가 마을 유지들이라고 부르는 사람들 20여 명이 선착장에 모여 서 있다가 모자를 벗어들고 러시아식 인사를 건넸다.

"즈드라스트부이체(안녕하세요)!"

우리는 아직 해안가에서 50여m 떨어져 있었는데, 부싯돌로 발화시키는 녹슬고 낡은 구식소총 10여 기가 예포를 발사하자 우리는 자칫 오발탄을 맞지 않을까 생명의 위협을 느끼지 않을 수 없었다. 원주민 10여 명은 물에 뛰어들어 배가 안전하게 정박하도록 도와주었다. 마을은 강둑에서 조금 멀리 떨어져 있었다. 원주민들은 거기까지 우리 물건을 나를 수 있도록 말 두 마리를 제공해 주었는데, 그 말들은 내가 여지껏 캄차카에서 본 말들 중 가장 형편없는 말들이었다. 마구는 나무로 만든 팔자(八字) 지붕 꼴의 안장, 쓰다 버린 물개가죽끈으로 기워 만든 약 30cm의 등자, 말 엉덩이에 걸치는 곰가죽으로 만든 껑거리개, 말 코부분에 꼬여 있는 바다사자가죽으로 만든 고삐 등으로 구성돼 있었다.

우리가 뭍에 오르자 환호성이 터지고 흥분의 도가니가 되었는데, 그 순간은 아마도 이 조용한 마을 역사상 유례가 없지 않을까 하는 생각이 들었다. 우리 신체의 일부분을 만져보려고 서로 달려들어 마치 파트로클루스[61]의 시신을 두고 싸움이라도 벌이는 듯한 그 소동 속에서 소령이 어떻게 자기 말에 올라탔는지 알 수 없었고, 나와 도드도 놓아달라고 사정하는데도 불구하고 10여 명의 머리 긴 캄차달인들에게 붙잡혀서 고생하다가 기진맥진한 상태로 간신히 우리 말에 올라탈 수 있었다. 한 번 더 그런 정중한 환대를 받게 된다면 아마 우리는 영원히 러-미 전신회사의 임무를 수행할 수 없을 정도로 불구가 될 것이 틀림없었다!

나는 잠시 소령을 바라볼 수 있는 기회가 딱 한번 있었는데, 그는 마치 바람을 타고 달리는 쾌속 범선의 보조 범(帆: 돛) 활대 끝에 걸터앉아 두려워하고 있는 신참내기 선원처럼 보였다. 그의 얼굴은 고통과 즐거움, 그리고 놀라움이 뒤섞인 상반된 감정을 감추지 못하는 복잡한 표정이었다. 나는 그런 그의 고난에 동정심을 표할 여유조차 없었다. 왜냐하면 흥분한 한 원주민이 내 말고삐를 잡아채고 또 한쪽에서는 3명의 원주민이 모자를 벗고 존경심을 표하면서 머리를 조아리더니 마치 전쟁에서 승리한 듯 의기양양해하면서 어딘지 모를 먼 곳으로 나를 데려갔기 때문이었다.

마을에 도착하기 직전에 뒤를 돌아다보니 우스꽝스런 광경이 펼쳐지고 있었다. 소령, 부쉬, 도드는 비쩍 마른 캄차달 말들을 타고 있었는데 무릎과 뺨이 거의 붙을 정도였고, 양옆에는 괴상한 옷차림을 한 대여섯 명의 원주민들이 종종걸음으로 따라 오고 맨 끝에는 모자를 벗은 남자와 소년들이 엄숙하게 긴 줄을 지어 간간이 말에게 채찍을 가하면서 뒤따라오고 있었다. 이것은 마치 로마군의 개선 행진 장면을 떠올리게 하는 것이었다. 소

---

61) Patroclus: 트로이 전쟁에 참가한 그리스의 영웅. 아킬레스의 충고를 듣지 않고 트로이 함선을 추격하다가 트로이의 헥토르에게 죽임을 당하고 분노한 아킬레스가 출정하여 파트로클루스의 시신을 두고 트로이군과 일진일퇴를 거듭하다가 결국 아킬레스가 헥토르를 죽이고 승리한다.

령, 도드, 그리고 나는 승리한 영웅들이고 캄차달인들은 사로잡힌 포로들로서 이들은 이제 우리의 승리에 찬 로마 입성을 빛나게 해주고 있었다. 나는 이런 나의 환상을 도드에게 말해주었으나, 그는 사람은 자신의 환상을 깨야 하며 승리한 영웅은 따로 있다고 말하면서 영웅적으로 희생된 자들이야말로 좀 더 사실에 가까운 영웅이라는 주장을 하였다. 이런 그의 심하다 싶을 정도의 사실적인 마음가짐은 고난을 환상으로 미화시키려는 우리의 어떤 시도도 거부하는 것이었다.

마을에 들어서자 극성스런 환호는 줄어들기는커녕 더 늘어났다. 우리를 에워싼 원주민들은 미친 듯이 이리저리 뛰고 손짓 몸짓을 해가며 알아들을 수 없는 말들을 외쳐댔다. 집 창문가마다 마치 망원경에 비쳐보이는 것처럼 머리가 불쑥 나타났다 사라졌다를 반복했고, 또 300여 마리의 개들이 갑자기 뛰어들어 마치 지옥의 개들이 축제라도 벌이는 듯 온통 시끄러운 난장판이 되어버렸다.

차르의 친척으로 오해받다

마침내 우리는 커다란 단층 통나무집 앞에 도달했고 12~15명이나 되는 원주민들의 도움을 받아 말에서 내려 집안으로 들어갔다. 그제서야 도드는 제정신을 차리고 질문을 던졌다.

"러시아 성인 모두의 이름을 걸고 묻건대 도대체 이 마을에 무슨 일이 있었던 겁니까? 마을 사람 모두가 정신이 나간 겁니까?"

부쉰이 마을 촌장에게 보내졌고 잠시 후 마을 촌장이 모습을 드러내고 중국 귀족풍의 느리고 깊숙한 절로 인상적인 인사를 건넸다.

이어서 소령과 마을 촌장 사이에 러시아어로 긴 대화가 벌어졌고, 간간이 설명을 위해 캄차달 언어가 사용되었지만 실질적으로 설명이 명료하게 되는 데 도움이 된 것 같지는 않았다. 소령의 굳은 표정에 점점 미소가 번

지더니 결국 커다란 웃음이 터지면서 그 유쾌한 기분이 주위에도 전염되었다. 왜 웃는지 모르면서 나도 똑같은 감정이 되어 따라 웃었다. 다소 웃음이 진정되자 그가 말했다.

"원주민들이 당신을 황제로 잘못 알았던 거야!"

그런 다음 그는 웃겨 죽겠다는 듯이 다시 발작적으로 웃음을 터뜨렸다. 영문을 몰라 당황해진 나는 어설픈 미소만을 짓고 있었는데, 가까스로 웃음을 멈춘 그가 자기가 웃은 이유를 나에게 설명해 주었다. 우리가 오고 있다는 소식을 캄차카 반도 원주민들에게 알리기 위해 페트로파블로프스크에서부터 보내진 전령은 러시아인 주지사의 편지를 갖고 있었는데, 거기에는 우리 팀원들의 이름과 직업 등이 명시돼 있었고, 나의 경우엔 "야고르 케넌, 전신원 및 조작기사(Yagor Kennan, Telegraphist and Operator)"라고 적혀 있었다. 마을 촌장은 밀코바에서 드물게 글을 읽을 줄 아는 사람이어서 편지가 그에게 전해졌고 또 그를 통해서 마을 사람들에게 알려질 것이었다. 그런데 'Telegrahist' 라는 모르는 단어에 부닥치자 추측조차 할 수 없는 절망적인 상황에 처하게 되었다. 그러나 'Operator' 라는 단어는 어디서 들어본 듯한 글이었다. 정확한 발음은 아니었지만 분명 'Imperator(황제)' 와 유사한 발음이었다. 그렇다, '황제' 였다!

그 힘든 해석 작업 끝에 머리털이 쭈뼛 설 정도로 놀랄 만한 발견을 하게 된 마을 촌장은 뛰는 가슴을 부여안고 흥분된 상태로 밖으로 뛰쳐나가 전 러시아의 황제 차르가 캄차카를 방문 중이며 3일 안에 밀코바를 통과할 것이라는 소식을 마을 주민들에게 알렸다. 이 놀랄 만한 소식이 만들어낸 열기는 묘사할 수 없을 정도였다. 모든 대화의 주제는 단연코 밀코바 마을이 황족의 수장이면서, 신성한 그리스 정교의 오른팔이며, 7,000만 신민의 위대한 군주이신 차르에게 어떻게 그 충성심과 존경심을 가장 잘 보여줄 수 있을 것인가였다. 일부 캄차달인들은 절망감으로 미리 자포자기하기도 했다. 도대체 이 가난한 캄차카 마을이 위대한 군주를 즐겁게 하기 위해 무엇을 할 수 있단 말인가?

처음에 들떴던 열기가 사라지자 마을 촌장은 이 소식을 가져온 편지의 내용을 다시금 자세히 살펴보았고, 마침내 편지가 "황제 알렉산드르 니콜라예비치(Alexander Nikolaivitch, Imperator)"라고 정확히 명시된 것이 아니라는 사실을 확인하게 되었다. 하지만 그가 씨름했던 "Yagor …… Operator" 부분은 기본적으로 같은 내용이었다. 왜냐하면 그것이 황제 본인을 뜻하지 않더라도 황제와 가장 가까운 친척 중 하나를 뜻하는 것이기 때문에 황제와 같은 존경을 받아야 마땅한 것이었다. 전령은 이들이 청색, 금색의 멋진 제복을 입고 배를 타고 페트로파블로프스크에 도착했으며, 항구 책임자와 주지사의 영접을 받았다는 사실만 이야기해주었지 이들의 계급과 신분에 대해서는 아무것도 말해주지 않고 이미 떠나가 버렸다.

마침내 대중들의 의견은 'Op-erator'가 어원적으로 볼 때 황제 가족과 관련된 고위직일 것이 틀림없으며, 따라서 'Im-perator'의 장조카인 것으로 결론지어졌다. 이런 결론에 따라 원주민들은 가엾게도 우리에게 최상의 접대를 베풀었던 것이다. 그럼에도 그런 환대는 우리에게는 모진 시련이었다. 하지만 그것은 러시아 황족에 대한 밀코바 주민들의 충성심을 의심할 여지없이 가장 잘 증명해보인 사건이었다.

소령이 마을 촌장에게 우리의 실제 직업과 신분을 밝혀주었다. 그럼에도 우리를 대하는 그들의 진심어린 접대에는 별 차이가 없어보였다. 우리는 마을사람들로부터 최상의 대우를 받았으며, 항상 호기심 어린 눈길을 받았다. 이것은 여태까지 이 먼 밀코바에 도착한 여행객이 거의 없었다는 사실을 보여주는 것이리라. 빵과 사슴고기를 기본으로 하면서 호기심이 가는 다양한 재료들을 섞어 만든 원주민 요리를 시식한 다음 우리는 선착장으로 떠났다. 많은 원주민들이 따라 나왔고 구식 소총 15정의 예포를 받으며 우리는 강을 따라 내려가는 여행을 다시 시작했다.

CHAPTER 11

클루차이에 도착

　이 강 계곡은 의심할 바 없이 캄차카 반도 전체에서 가장 비옥한 지역이다. 우리가 지나쳐온 마을 거의 전부가 호밀밭과 울타리가 있는 정원으로 둘러싸여 있었고, 강둑에는 통나무가 쌓여 있거나 1.5m에 달하는 야생풀이 나부끼고 있었으며, 여기저기에서 좋은 토양과 따뜻하고 습한 기후를 증명이라도 하는 듯 꽃과 잡초들이 무성하게 자라고 있었다. 앵초꽃, 눈동이나물꽃, 향제비꽃, 미나리아재비꽃, 들장미꽃, 양지꽃, 붓꽃, 참제비고깔꽃 등의 갖가지 꽃들이 계곡 전체에 걸쳐 만발해 있었고, 속이 비고 마디가 있는 특이한 형태의 산형화가 2m 높이로 여기저기 빽빽하게 밀집해 자라면서 그 커다란 톱니 같은 이파리가 사람의 시야를 가려 몇 걸음 앞이 보이지 않았다. 이 모든 것이 여름 한철에 자란 것이다.
　강 상류와 클루체프스키 화산 사이에는 원주민 부락이 12개 있는데, 거의 모두가 호밀밭과 정원으로 둘러싸여 있으면서 한 폭의 그림 같은 아름다운 곳들에 자리 잡고 있었다. 여행객들은 아무도 이곳이 캄차카란 이름에 어울리는 불모의 황무지라는 증거를 어디에서도 찾아볼 수 없었다.
　황제의 조카로 뜨거운 환대를 받았던 밀코바를 월요일 아침에 떠난 이후로 우리는 3일 동안 천천히 강을 떠내려갔다. 계곡을 사이에 두고 눈에 덮인 산들을 멀리 바라다보기도 하고, 야생 장과류와 곰을 찾아 숲속을 돌아다니기도 하고, 강둑 나무 사이에 텐트를 치고 야영을 하면서 자유롭게 야생생활을 즐겼다. 우리는 키이르가닉(Keerganic), 마르슈라(Marshoora), 샤피나(Schapina), 톨바치크(Tolbatchik) 등의 원주민 마을들을 지나쳤는데, 여기서도 우리는 성대한 환대를 받았다.

9월 13일 수요일 우리는 코제레프스키(Kozerefski) 남쪽 숲에 텐트를 쳤는데, 이곳에서 120km밖에 떨어져 있지 않은 곳에 클루차이(Kloochay) 마을이 있다. 수요일 내내 비가 내려 우리는 빗방울이 떨어지는 나무 사이에 텐트를 칠 수밖에 없었는데, 폭풍우 때문에 우리가 지나쳐갈 캄차카 강 하류의 장대한 풍경을 볼 수 없게 될까봐 걱정이 되었다. 그런데 자정이 되자 폭풍우가 물러갔고, 이른 아침부터 일어나서 산을 보라고 외치는 도드의 고함소리에 놀라 잠이 깨었다.

대기는 마치 가끔 캘리포니아에서 보는 것처럼 정적에 싸인 채 맑고 투명했다. 배 위에, 풀 위에 서리가 하얗게 내려앉았고, 텐트 위로 기운 자작나무 가지의 노란 잎들이 아직도 차가운 기운에 떨고 있었지만 몇몇 잎들은 이미 시들어 떨어져 버리고 없었다. 새벽의 정적을 깨우는 소리는 없었지만 부드러운 모래가 깔린 해안가에 찍힌 야생 순록과 늑대의 발자국만이 이 조용하고 고립된 세계에도 먹이를 찾아 돌아다니는 생명체들이 우리 주위에 있다는 사실을 보여주고 있었다.

해는 아직 뜨지 않았지만 동쪽 하늘이 붉게 달아오르며 밤과 낮의 주도권 쟁탈이 벌어지는 와중에 빛이 약해져가는 새벽별이 간신히 자기 자리를 지키고 있었다. 붉은 햇살이 퍼지면서 노랗게 물든 숲을 배경으로 하여 저 멀리 북동쪽으로 쐐기처럼 높고 날카로운 봉우리들이 장대한 원추형 화산 클루체프스카야 봉우리를 가운데 두고 무리 지어 서 있었다. 내가 이 장대한 산을 처음 본 것은 거의 한 달 전에 약 120km 떨어진 바다 위 흔들리는 작은 범선의 갑판에서였다. 그러나 당시에는 내가 캄차카 강의 숲속에 텐트를 치고 이 산을 다시 보게 되리라고는 전혀 상상하지 못했었다.

거의 30여 분 동안 도드와 나는 물가에 말없이 앉아 떠오르는 태양에 빛나고 있는 먼 산을 바라보면서 아무 생각 없이 조용한 강물에 조약돌을 던져 넣기도 하고 또 페트로파블로프스크를 떠난 이후 겪은 모험들에 대해 이야기를 나누기도 했다. 태평양의 푸른 바다 위에서 불쑥 모습을 드러낸 캄차카 반도의 해안가 절벽을 처음 접했을 때와 지금 시베리아 생활을 겪은 이후의 인상이 어떻게 이렇게 달라질 수 있었는지 도무지 믿어지질 않았다.

캄차카는 사람이 살지 않는 황무지로 고립되고 금지된, 눈과 얼음으로 뒤덮인 미지의 신비한, 탐험이 필요한 땅이었다. 그러나 그것은 이제 나에게 더 이상 고립되고 황폐한 땅이 아니었다. 산봉우리마다 그 기슭에 인정 많은 마을들이 하나둘씩 둥지를 틀고 있었고, 우리가 지나온 작은 시냇물마다 즐거운 캠핑 추억이 자리 잡고 있었다. 탐험해야 할 여지는 아직 남아 있지만 상상 속에 남아 있던 고립되고 황폐한 이미지는 한 일주일 동안의 체험만으로도 어디론가 사라져버리고 말았다.

나는 내가 미국에 있을 때 품었던 캄차카에 대한 생각과 최근에 겪은 생각을 비교해보려고 했으나, 전자가 후자에 밀려 헛수고로 끝났다. 나는 잊고 있었던 문명을 떠올리며 다시 자신에게 변명도 해보았으나 소용없는 일이었고, 또한 이전의 예상과 이후에 이상스레 달라진 경험을 양립시킬 수도 없었다. 석 달 전만 해도 이전에 품었던 생각은 너무나 생생한 진실이었는데, 이제는 절반도 기억할 수 없을 정도로 꿈속으로 사라져 버렸다. 진실은 어디에도 없고 오로지 나의 발아래 조용히 흐르는 강, 나의 머리 위로 떨어지는 노랗게 물든 자작나무 이파리, 저 멀리 보이는 붉게 물든 산만이 진실이었다.

아침식사를 하라고 양은 냄비를 사납게 두드려대는 소리에 그만 나는 몽상에서 깨어났다. 30분 만에 식사를 마치고, 텐트를 접고, 캠핑 장비를 챙겨서 우리는 다시 길을 떠났다. 클루차이 마을을 향해 강을 따라 하루 종일 떠내려 가면서 우리는 북쪽으로 이동할 때마다 조금씩 새로운 풍경과 혼합된 산의 변화된 모습을 보게 되었다. 우리는 어두워질 때쯤 코제레프스키에 도착해서 대원들을 교체하고 밤새도록 강을 타고 내려갔다. 금요일 날이 밝자 우리는 크리스티(Kristee)를 지나쳤고, 오후 2시경 클루차이에 도착했는데, 페트로파블로프스크를 떠난 지 꼭 11일째였다.

클루차이 마을은 장대한 클루체프스키 화산 바로 밑 산기슭의 캄차카 강 오른쪽 둑에 있는 개활지에 자리 잡고 있었는데, 그 뛰어나게 아름다운 입지조건을 제외하면 다른 캄차달 마을들과 별다른 차이가 없었다. 그것은 강 입구를 지키고 서 있는 외로이 솟은 봉우리들이 무리지어 있는 정중앙에 자리 잡고 있어서 화산 2개로부터 뿜어져 나오는 짙고 검은색의 연기에 자주 가려졌다.

그것은 18세기 초에 중부 러시아로부터 종자와 농기구들을 갖고 먼 캄차카로 이주해온 소수의 러시아 농민들에 의해 처음 발견되었다. 토볼스크(Tobolsk), 이르쿠츠크(Irkootsk), 야쿠츠크(Yakootsk), 콜리마(Kolyma) 등을 경유하는 약 1만km의 긴 여정 끝에 소수의 자발적 이민자들은 마침내 캄차카 반도에 도달했으며, 대담하게도 거대한 화산 산기슭 밑에 있는 캄차카 강에 정착했다. 여기서 그들과 그 후손들은 100년 이상을 살아왔고 그 사이에 자신들이 어떻게, 왜 이곳에 오게 되었는지를 거의 잊어버리게 되었다. 화산 2개의 빈번한 분출 활동에도 불구하고 마을의 위치는 변하지 않았고, 어느새 마을 주민들은 때때로 깊은 분화구에서 웅얼대며 경고하듯 화염이 터져 나오거나 소나기같이 쏟아지는 재가 집과 밭을 뒤덮어도 무관심으로 대응하게 되었다. 폼페이나 헤르쿨라네움[62]에 대해 들어본 적이

[62) Herculaneum: 베수비우스 화산 폭발로 묻힌 인근 도시.]

없는 이들은 클루체프스키의 함몰된 봉우리에서 피어오르는 연기 구름을 보고도, 혹은 긴 겨울밤 내내 낮은 천둥소리처럼 우르릉대는 소리에 잠을 이루지 못하면서도 아무런 위험을 느끼지 않았다.

아마도 이 작은 마을에 아무런 재난도 일어나지 않은 채 또 한 세기가 지나갈지도 모른다. 그러나 약 100km 떨어진 먼 거리에서도 클루체프스키 화산이 우르릉거리는 소리를 들을 수 있고, 또 때때로 뿜어져 나오는 검고 짙은 연기를 보게 된다면, 그 장대한 화산의 광경을 먼발치에서 바라보는 것만으로도 만족하게 될 것이다. 그런데 이런 위치에 마을을 선택한 캄차달 사람들의 대담함에는 그저 놀라울 따름인 것이다.

클루체프스키 화산

클루체프스키는 북태평양 화산대에서 가장 높고 또 가장 끊임없이 활동하는 화산 중 하나이다. 17세기 이래로 크고 작은 분출 없이 조용히 지나간 때는 몇 년 되지 않는다. 지금도 몇 달에 한 번씩 규칙적으로 반도 전체와 양쪽 바다 위에 걸쳐 화염과 재들을 분출해내고 있다. 겨울에는 눈도 자주 내리지만, 클루차이 주변 40km에 걸쳐 쌓이는 재 때문에 썰매 여행도 거의 불가능하게 된다. 원주민들의 이야기에 의하면, 오래 전에 엄청난 분출이 있었다고 한다. 한밤중에 분출이 시작됐는데, 천둥소리와 지진 때문에 놀라 깬 주민들이 문밖으로 나와 공포에 떨었다. 분화구에서 시뻘건 불기둥이 밤하늘로 약 200m 높이 치솟더니 왕관 모양의 거대한 화염 섞인 구름으로 변했다. 천둥소리가 좀 잦아들면서 시뻘건 용암이 눈 덮인 산등성이로 흘러내리기 시작하더니 나중에는 불타는 강을 이루어 마치 태양처럼 크리스티, 코제레프스키, 클루차이 마을들을 훤하게 비추었고, 사방 40km 이내 전 지역이 밝아졌다. 이때의 분출로 화산재가 사방 약 300km까지 날아가 약 4cm 깊이 쌓였다고 전해진다.

용암이 눈 덮인 한계선 아래까지 그렇게 많이 흘러내린 적은 없었다고 한다. 그러나 내가 보기에 앞으로 클루차이 마을을 뒤덮고 캄차카 강이 용암으로 뒤덮일 날이 오지 않으리라는 보장은 없을 것 같아 보인다.

내가 알기로는 이 화산의 정상에 아무도 오른 적이 없는 것으로 아는데, 어떤 러시아 관리의 말에 따르면 높이가 대략 4,950m라고 한다. 아무튼 이 화산이 캄차카 반도에서 제일 높은 산인 것은 분명하고, 내가 보기에 4,800m 이상은 돼보이는 것 같았다.[63] 우리는 눈 덮인 능선을 따라 올라가 연기가 피어오르는 분화구 안쪽을 들여다보고 싶은 충동을 느꼈다. 그러나 최소한 2~3주 훈련도 받지 않고 그런 시도를 한다는 것은 바보 같은 짓이고, 또 우리는 그럴 시간적 여유도 없었다.

산은 거의 완전한 원추형 꼴인데, 클루차이 마을로부터의 거리는 정말 거짓말같이 짧았으며, 마지막 1km는 거의 수직을 이루고 있는 것처럼 보였다. 클루체프스키의 남동쪽으로 가까운 거리에 똑같은 이름으로 불리는 또 하나의 화산이 있는데, 이 화산은 불규칙적으로 끊어지는 능선으로 연결돼 있다. 이 화산은 높이가 본 화산에 미치지 못하지만 동일한 원천으로부터 끊임없이 화염과 석탄 같은 검은 연기를 뿜어내는데, 때때로 동풍이라도 불어대면 바람을 타고 거대한 구름 같은 연기가 클루체프스키의 눈 덮인 부분을 시야에서 거의 전부 가려버린다.

우리는 클루차이 마을 촌장의 커다랗고 안락한 집에서 휴식을 취했다. 방에는 무늬 있는 옥양목 벽지가 발라졌고 천장에는 하얀 무명 능직포가 발라졌으며, 소나무로 만든 거친 가구들은 모래와 비누로 문질러 윤이 나도록 닦아놓은 것이었다. 구석에는 모세로 여겨지는 인물을 거칠게 그린 그림이 금박 틀에 끼워져 걸려 있었다. 이 예언자는 자신을 위해 피워놓은 수많은 봉헌 촛불에서 나오는 연기를 피하려고 눈을 감고 있었는데, 결과

---

63) 현재 높이는 4,750m.

적으로 그의 표정은 다소 일그러져 있었다. 미국제 테이블보가 식탁 위에 펼쳐져 있었고 꽃이 가득 꽂힌 꽃병들이 커튼이 드리워진 창가에 놓여 있었으며, 작은 거울이 문 맞은편 벽에 걸려 있었다. 그 밖의 모든 비품들과 장식품들은 남성적인 취향에 따라 방안에 배치돼 있었고 결코 아무나 모방할 수 없는 솜씨였다. 미국적인 예술도 또한 이 황무지 통나무집에 우아함을 보태주는 데 일조하고 있었는데, 한 문짝 뒤에는 유명한 포트 크레용[64]이 연필로 그린 아름다운 버지니아 풍경화가 걸려 있었다. 나는 알렉산더 포프[65]의 유명한 구절이 생각났다.

"그것은 결코 귀하거나 비싼 것이 아니라고 알고 있지만,
다만 의아해하는 것은 그것이 어떻게 거기에 오게 되었는가
하는 것이다."

물론 사치스럽다고 말할 수는 없지만 아주 안락한 집에서 우리는 그날의 남은 시간을 즐겁게 보낼 수 있었다.

경로 선택

클루차이에서 우리는 북쪽으로 가는 길을 선택해야만 했다. 여러 가지 면에서 가장 빠르고 좋은 길은 러시아 무역상인들이 통상적으로 다니는 길이었다. 즉 욜로프카(Yolofka)를 지나서 중부 산악지대를 가로질러 티길(Tigil)에 도착한 다음 반도의 서부 해안을 따라 오호츠크 해 상단까지 올라

---

[64] Porte Crayon(1816~1888): 필명. 본명은 데이비드 헌터 스트로더(David Hunter Strother)이다. 미국 버지니아 태생의 삽화가. 인디언 추장 시팅 불의 초상화로 유명하다.
[65] Alexander Pope(1688~1744): 영국 고전주의 시인. 작품으로 〈Pastorals〉, 〈Essay on Criticism〉 등이 있다.

가는 길이다. 이 길의 유일한 단점은 계절이 너무 늦어져 산길이 눈에 덮일 가능성이 있다는 것이다. 다른 대안은 클루차이에서 동부 해안 위로 올라가 드랑카(Dranka)에 도착한 다음 산이 차츰 언덕으로 변하는 중부 지역을 가로질러 오호츠크 해에 면한 서부 해안가의 캄차달인 마을 레스노이(Lesnoi)에 도달하는 것이다. 이 길은 욜로프카 통로보다 거리가 더 멀지만 성공 가능성은 더 높았다.

현지 사정에 밝은 원주민들의 수많은 의견을 청취해 보았으나, 그들은 결국 2가지 안 모두 성공 가능성이 희박하다는 책임 회피성 발언을 하고 있는 셈이어서 소령은 욜로프카 통로를 선택하기로 결론짓고 우리를 욜로프카 강까지 데려다줄 카누를 토요일 아침까지 준비하도록 명령을 내렸다.

최악의 경우에 우리는 폭설로 산을 통과하는 데 실패할 수도 있을 것이다. 그러나 아직까지 시간적 여유가 충분하므로 다시 클루차이로 돌아와 겨울이 시작되기 전에 다른 통로를 선택해볼 수 있을 것이었다.

러시아의 '검은 목욕'

통로 문제가 결정되자 우리는 곧 작고 조용한 클루차이 마을이 제공하는 소소한 오락거리들을 마음껏 즐기는 데 열중했다. 그러나 오락거리가 여의치 않았다. 러시아인들이 "당신 자신들을 사람들에게 보여주고 당신들은 이곳 사람들 구경을 하면 되잖소?" 하고 말해 주었지만, 우리의 남루하고 비바람에 바랜 옷차림을 대중 앞에서 오락거리로 만들어주는 것은 적절한 선택이 아니었다. 우리는 뭔가 다른 것을 찾아내야만 했다.

현지인들에게서 전해들은 마을의 오락거리는 러시아식 목욕탕과 교회뿐이었다. 여행객들에게 가장 실질적인 이득이 되는 것이라는 생각에 우리는 먼저 목욕탕을 선택했다. 그것은 일종의 증기탕으로 아주 가벼운 여흥거리였다. 만일 "청결은 경건함과 함께 하는 것이다"라는 말이 사실이라면, 우리가 교회보다 먼저 증기탕을 선택한 것은 당연히 해야 할 일을 한 것이다. 나는 도드가 종종 캄차달 사람들의 '검은 목욕'에 대해 말하는 것을 들은 적이 있었는데, 그때는 그것이 무슨 뜻인지 정확히 몰랐다. 막연히 '검은 목욕'이란 캄차카 사람들이 만들어낸, 특별한 세정 능력이 있는 잉크같이 까만 용액을 바르는 것으로 생각했었다. '검은 목욕'이란 단어에서 연상할 수 있는 것으로 이보다 나은 것을 생각해낼 수는 없었을 것이다.

그러나 '검은 목욕'을 하러 탕에 들어서자 곧 내가 그 형용사의 의미를 잘못 인식하고 있었다는 사실을 알아차렸다. 탈의실이 어디에도 없었으므로 옷을 입구에 벗어놓고 우리는 가죽으로 싼 낮은 문을 열고 몸을 구부려 증기탕 안으로 들어갔다. 그곳은 어두컴컴한 곳이어서 그 형용사의 어두운 이미지와 잘 어울렸다. 바닥에 켜놓은 작은 양초 한 자루가 방안의 윤곽을 희미하게 비추어주고 있었다. 약 3m² 넓이의 천장이 낮은 증기탕은 통나무로 지어졌으며 공기나 빛이 들어올 틈이 없이 꽉 막혀 있었다. 벽과 천장은 난방 과정에서 생기는 연기 때문에 온통 시커멓게 그을려 있었다. 방 한구석에 돌이 수북하게 쌓여 있었고, 그 밑에는 돌을 달구는 시설이 되어 있었으며, 다른 한쪽 구석에는 폭이 넓은 계단이 있었다.

타던 불이 다 꺼지고 아궁이 구멍이 닫히면서 이제 달아오른 돌에서 뜨겁고 건조한 열기가 방사되기 시작했다. 숨쉬기가 고통스러웠고 필요 이상으로 땀이 흘러내렸다. 이 어둡고 지옥 같은 곳에서 우리에게 고문을 가하는 주인공은 캄차달인으로 긴머리를 하고 벌거벗은 채 곧 모습을 드러냈다. 그는 벌겋게 달아오른 돌더미에 물을 퍼부었고 그럴 때마다 증기기관차처럼 치이익 소리를 내면서 하얀 증기가 피어올랐으며, 양초는 무성한 증기 속에서 푸른 빛을 발했다. 나의 뼈는 뜨거운 열기로 녹아내릴 것만 같았다. 실내 온도가 거의 100℃에 이르자 캄차달인이 내 팔을 잡더니 맨 아래 계단에 나를 걸쳐놓고 얼굴부터 발끝까지 무차별적으로 비누거품을 퍼부었다.

그런 다음 주무르며 마사지를 해대는데 마치 작정하고 나의 몸을 분리시키려 하는 것 같았다. 그 20여 분 동안 내가 당한 고문 기술이 얼마나 다양하고 무자비했는지는 묘사하고 싶지 않다. 이리저리 굴리고, 발로 밟고, 찬물을 퍼붓고, 뜨거운 물로 화상을 입히고, 자작나무 가지로 채찍질하고, 벽돌같이 딱딱한 삼다발로 박박 밀고, 그리고 마지막으로 기운을 차리라고 계단의 맨 위쪽 가장 뜨거운 자리에 올려놓았다. 끝난 줄 알았던 나의 시련과 불행은 야외의 찬물 속에 맨몸으로 던져지고난 다음에야 끝났다. 나는 이를 덜덜 떨며 찬물 속을 빠져나와 옷을 입으러 입구 쪽으로 다가갔다. 입구에서 만난 소령과 나는 그곳으로부터 걸어나왔는데, 마치 육체와 정신이 따로따로 노는 것 같았다.

시간이 늦어짐에 따라 우리는 교회를 방문하려는 계획을 무기한 연기할 수밖에 없었다. 하지만 우리는 비록 즐거운 것은 아니었지만 캄차카 사람들의 검은 목욕을 체험한 것으로 이미 하루 동안 충분히 여흥을 즐겼으므로 만족한 상태로 집으로 돌아갔다.

저녁에는 캄차카 반도의 북부 지역에 대해, 그리고 코랴 유목민들 사이로 여행하는 데 필요한 장비 및 시설 등에 대해 마을 주민들에게 질문을 던지면서 시간을 보냈다. 다음날 일찍 출발하기 위해 우리는 9시 이전에 잠자리에 들었다.

갈색과 흰색의
가죽으로 만든 모자

CHAPTER 12

욜로프카에서의 카누 여행

　캄차카 여행 중 우리가 받아들여야만 했던 운송수단은 매우 다양했다. 우리는 고래잡이 보트, 말, 통나무 뗏목, 카누, 개썰매, 순록썰매, 설피 등으로 운송수단이 변화함에 따라 즐거움과 불만스러움을 번갈아가며 겪어야만 했다. 한 가지 수단에 익숙해져 즐거움을 누리다가 싫증이 날 즈음이면 또 다른 수단으로 바뀌어졌다. 수시로 바뀌는 이런 변화에도 불구하고 잘 적응할 수 있었던 것은 아마도 석 달 간의 캄차카 반도 여행 기간 동안 조금도 식지 않았던 새로운 것에 대한 열정 때문이었는지도 모른다.

　클루차이에서 우리는 통나무 뗏목을 버리고 캄차달식 통나무 카누를 타게 됐다. 그것은 이제 우리가 거슬러 올라가야 하는 욜로프카 강의 급류를 보다 수월하게 헤쳐나갈 수 있는 운송수단이었다. 이런 종류 배들의 가장 큰 특징은 어떤 미세한 자극에도 배가 잘 뒤집어진다는 것이다. 내가 들은 믿을 만한 정보에 의하면, 우리가 떠나기 전에도 캄차카에서 배가 뒤집어진 사건이 있었는데, 그것은 그 배에 타고 있던 어느 캄차달인이 자기 오른쪽 주머니에 잭나이프를 넣어두고 다른 주머니에는 그에 상당하는 무게의 물건을 넣어두지 않는 부주의를 범했기 때문이라는 것이었다. 그리고 머리털을 중간에 모아두는 캄차달식 헤어스타일 역시 이런 카누를 타고 갈 때 개인적인 균형을 잡기 위한 습관에서 기원했다는 것이었다. 나는 이런 새로운 이야기들이 다소 의심스러웠지만, 나의 정보원이 다름 아닌 도드이었기 때문에 믿지 않을 수 없었다. 진지한 내용이었기 때문에 설마 그가 농담 한마디로 나를 우습게 만들지는 않을 것이라고 나는 굳게 믿고 있었다.

토요일 아침 늦잠에 빠진 우리는 거의 8시가 돼서야 해안가로 내려갔다. 단번에 부서질 것처럼 약해 보이는 카누를 처음 보자마자 우리의 운명과 러-미 전신회사의 이익이 그 작은 배에 달려 있다는 생각에 경악과 불만을 금할 수 없었다. 우리 팀원 중 한 명은 재빠른 추리력으로 그런 배로 항해한다면 물에 빠져 익사하는 것을 피할 수 없다는 결론을 내리고 배를 타지 않으려고 할 정도였다.

내가 소년시절 읽기 싫어했던 《내전기》[66]에 따르면, 로마의 위대한 장군 율리우스 카이사르는 폭풍우가 몰아치는 이오니아 바닷길에서도 '시저의 행운'을 믿고 따르면 아무런 재난도 닥치지 않는다고 선원들을 독려하였다. 그러나 캄차카의 시저는 자신의 운을 믿지 못하는 것 같았다. 그때 노 젓기 담당 한 명이 다가와 안심시키는 말을 건넸다. "시저, 용기를 내세요. 캄차달 사람인 나의 행운이 따를 것입니다"라고 말하는 대신 수년 동안 이 강을 항해했어도 "한 번도 물에 빠져 익사한 적이 없습니다"라고 안심시켜 주었다. 카이사르가 그 이상 무엇을 더 물어볼 수 있었겠는가! 약간의 저항을 하다가 우리는 모두 카누 바닥에 깔린 곰가죽 위에 앉은 채 강으로 밀려나갔다.

클루차이 부근의 자연 경관은 모두 클루체프스키 화산의 장대함에 압도되었다. 시베리아 산들의 왕인 이 화산은 날카로운 봉우리에서 황금색 연

---

66) 《내전기(內戰記): Commentaries on the Civil War》: 《갈리아 전기》와 더불어 유명해진 율리우스 카이사르의 기록 작품. 당시 로마의 3두 정치체제가 무너지면서 폼페이우스와 카이사르 간의 권력 투쟁을 그린 작품.

기를 마치 움직이지 않는 깃발처럼 피워올리고 있었는데, 그 광경은 160km 반경 안 어디에서도 관찰할 수 있었다. 이웃한 다른 풍경들은 모두 지엽적인 것일 뿐이었고, 캄차카 강과 욜로프카 강이 흐르고 풀이 무성한 계곡에서부터 죽 위로 눈에 덮인 채 솟아 있는 이 장대한 봉우리를 오로지 꾸며주고 드러나게 해줄 때에만 그 가치가 있었다.

해가 진홍빛으로 물든 티길의 산들 너머로 지고난 후 오랜 시간이 지나면, "석양을 이어받아 아침이 왔음을 알려준다"는 이 봉우리의 분화구는 아침 안개가 일기 전에 벌써 일출의 붉은 빛에 싸이게 되고, 어둠은 서서히 계곡에서 사라져간다. 이렇게 변하는 모든 양상들은 이제껏 내가 본 것들 중 가장 아름다운 산 풍경이었다. 이제 그것은 인디언 섬머[67] 같은 따뜻한 날씨에 편히 누워 일광욕을 즐기고 있는 것처럼 보였다.

양털구름 몇 개가 눈 덮인 산록 위에 머물면서 얼룩덜룩 진홍색 그림자를 만들어 놓았다. 그러다가 시커멓고 짙은 화산재 연기기둥을 만들어 자신의 몸을 감추고는 천둥치는 소리를 내지르며 자신의 발밑에 있는 마을 사람들에게 거친 경고음을 발했다. 저녁 무렵이 되면 맑은 대기 속에서 회색 안개가 봉우리 주변을 외투처럼 감싸 안기 시작하다가 점점 두터워져서 4,800m 높이의 거대한 '구름기둥'을 형성하여 마침내 130km² 정도 넓이의 무성한 소나무 숲을 뒤덮어 버렸다.

해가 서쪽으로 붉은 아지랑이를 일으키며 가라앉으면서 산록에 쌓인 눈을 들장미꽃 같은 발그레한 색깔로 은은하게 물들이는 광경을 보노라면 이보다 더 아름다운 광경은 없으리라는 생각에 빠지게 된다. 하지만 하얀 달빛이 빛나는 달밤에 보면 낮보다 더 아름답다고 말하게 될지도 모른다. 달밤에 보면 산끝자락은 은빛 안개로 덮여 있고, 깊은 계곡은 어둠에 싸여 있

---

[67] Indian Summer: 북미 대륙에서 늦가을에서 겨울로 넘어가기 전 약 일주일 동안 따뜻한 날씨를 보이는 현상으로 서리가 내린 뒤에도 나타나는 경우가 있다.

으며, 눈 덮인 산봉우리는 하얀 달빛에 빛나고 있다. 높이 치솟은 봉우리 위로는 수많은 별들로 이루어진 별자리들이 무리지어 있고, 어느 암벽 봉우리 위로는 플레이아데스 성단이 은빛을 발하며 매달려 있는 광경은 낮에는 절대 볼 수 없는 장관이다.

정오 무렵 우리는 욜로프카 강에 진입했다. 이 강은 클루차이 너머 12km 북쪽에서부터 시작하여 캄차카 강으로 흘러들어간다. 강변은 보통 낮은 습지대이어서 골풀이나 갈대 같은 잡초들로 무성하여 오리나 거위, 백조 같은 야생 조류들에게 은신처를 제공해주었다. 밤이 되기 전에 우리는 하르치나(Hartchina)라고 불리는 원주민 마을에 도착했으며, 산길을 안내해줄 유명한 러시아인 가이드 니콜라이 브라간(Nicolai Bragan)을 데려오도록 곧 사람을 보냈다.

우리는 브라간으로부터 지난주 내내 산에 폭설이 내렸다는 이야기를 들었다. 그러나 3~4일 전부터 날씨가 따뜻해져 아마 대부분의 눈이 녹아내려서 적어도 산길은 지나갈 만할 것이라는 것이 그의 생각이었다. 그는 어떤 경우에도 우리를 데려다줄 의욕에 차 있었다. 많은 고심 끝에 출발 결정을 내린 우리는 17일 아침 일찍 하르치나를 떠나 강을 거슬러 올라가는 항해를 다시 시작했다.

본류의 물살이 너무 빨라서 우리는 다른 지류로 길을 잘못 들기도 하고 또 장대로 삿대질을 하며 천천히 거슬러 올라가기를 4시간 동안 하였다. 수로는 좁고 구불구불해서 노를 내밀면 양쪽 둑이 닿을 정도였고 여기저기 자작나무와 버드나무들이 수면 위에까지 가지를 뻗어내려 배가 지나갈 때마다 노란 나뭇잎들이 머리 위로 떨어졌다. 말라빠진 나뭇등걸들이 여기저기 둑에서 물속으로 자빠져 있고, 물속 깊이 박힌 통나무들 끝부분은 푸른 이끼에 덮인 채 수면 위로 튀어나와 있었으므로 우리는 습지 중간에서 빠져나가지 못할 뻔한 적이 한두 번이 아니었다.

우리의 가이드 니콜라이 알렉산드로비치 브라간은 우리보다 앞서서 카누를 타고 가며 여흥을 돋우기 위해 단조로운 곡조의 애수에 젖은 캄차달 노래 몇 곡을 이어 불렀고, 도드와 나는 사기를 북돋우는 노래들인 〈킹덤 커밍〉**68)**과 〈유피디〉**69)**를 번갈아 가며 숲이 쩡쩡 울리도록 불러 젖혔다. 노래를 실컷 부르고 나면 좁은 카누 안에서 불편해진 양다리를 쭉 뻗고 깔아놓은 곰가죽 위에 누워 철썩이는 물결소리와 강바닥에 장대 긁히는 소리에도 아랑곳하지 않고 깊은 잠에 빠졌다. 그날 밤 우리는 욜로프카로부터 남쪽으로 16~20km 떨어진 어느 높은 해안가 모래사장에서 야영을 했다.

화산들의 대화법

저녁에는 아직도 날씨가 따뜻했다. 우리는 모닥불 주위에 곰가죽을 깔고 앉아 담배를 피우면서 오늘의 모험에 대해 이야기를 나누고 있었는데, 갑자기 멀리서 천둥치는 소리같이 낮게 울리는 소리와 함께 가끔 무언가 폭발하는 소리가 들려왔다.

"이게 무슨 소리지?"

소령이 묻자, 니콜라이가 담배 연기를 내뿜으며 담담하게 말했다.

"그것은 클루체프스키 화산이 수바일리치**70)** 봉우리에게 말을 건네고 있는 것입니다."

"그가 큰소리로 외쳐대는 걸 보니 둘 사이에 비밀스런 대화는 하나도 없군요."

도드가 비꼬아서 논평했다. 천둥소리가 수 분 동안 계속됐지만, 수바일

---

68) Kingdom Coming: 미국에서 링컨이 노예해방을 명하면서 유행한 노예해방 찬가로 1863년 헨리 클레이 워크(Henry Clay Work)가 작사, 작곡했고 남북전쟁 때 북군이 불렀던 노래 중 하나이다.

69) Upidee: 원래 독일민요인데 미국 남북전쟁 때 남군이 불렀던 노래 중 하나로 D. G. 나이트(Knight) 작사, A. E. 블랙마(Blackmar) 편곡. 후에 응원가, 교가 등으로 널리 애용되었다.

70) Soovailitch: 쉬벨루치(Shiveluch) 화산.

리치 봉우리는 아무런 반응을 보이지 않았다. 이 불운한 산은 초기 시절에 자신의 화산 에너지를 무모하게 낭비했기 때문에 지금은 옆에 있는 힘센 친구가 천둥소리로 외쳐대도 대답할 기력이 하나도 남아 있지 않은 것 같았다. 캄차카에는 마치 아서 왕을 둘러싼 원탁의 기사들처럼 수많은 화산들이 있었던 시절이 있었다. 그때는 밤낮을 가리지 않고 울려대는 천둥 같은 소리에 반도 전체가 벌벌 떨고 있던 시절이었다. 그러나 세월이 가면서 불을 토해내던 입들이 하나씩 막혀버렸고, 마침내 클루체프스키만 홀로 남아 길고 적막한 겨울밤 내내 옛 친구들을 불러대고 있다. 그 힘찬 목소리가 멀리까지 메아리치고 있는데도 이젠 아무런 대답을 들을 수가 없었다.

"오, 수잔나!" – '미국어' 말하는 원주민

다음날 아침 "오, 수잔나, 나를 위해 울지마오(Oh, Susanna, don't ye cry for me)"71) 하고 들려오는 경쾌한 노랫소리에 나는 일찍 잠에서 깼다. 텐트 밖으로 기어나온 나는 노 젓기 담당인 한 원주민이 프라이팬을 드럼삼아 두드리며 즐겁게 노래 부르는 것을 보고 놀라지 않을 수 없었다.

"번갯불이 우편선에 내려치고
깜둥이 2,000명이 죽었네,
나도 눈을 감고 숨을 죽였네,

---

71) 미국 민요의 아버지라는 스티븐 포스터(Stephen Collins Foster: 1826~1864)의 첫 히트작으로 당시 캘리포니아 골드러시를 따라간 사람들에게서 선풍적 인기를 끌었고 줄여서 "오! 수잔나"로 부른다. 원래 4소절로 돼 있는데, 그중 2번째 소절은 흑인 비하적인 표현 때문에 현재는 다른 내용으로 대체되었다. 원래의 2번째 소절은 다음과 같다.
"I jumped aboard the telegraph, And trabbled down the riber,
De lectric fluid magnified, And killed five hundred nigger.
De bullgine bust, de horse run off, I really thought I'd die;
I shut my eyes to hold my breath, Susanna don't you cry."

수잔나, 울지 마오!"

캄차카의 한복판에서 우스꽝스런 가죽옷을 입은 원주민이 프라이팬을 두드리며 "오, 수잔나" 하고 노래 부르는 광경은 마치 북극 원주민들이 흑인으로 분장하고 공연하는 순회극단처럼 보여서 나도 모르게 자지러지는 웃음을 터뜨렸고, 곧 도드에게도 웃음이 전염됐다. 혼자서 노래를 가다듬고 있어서 아무도 듣는 사람이 없는 줄 알았던 원주민 가수가 갑자기 노래를 중단하고 수줍은 듯 주위를 둘러보았다. 마치 정확히 뭔지는 모르지만 무언가 자기가 우스꽝스런 짓을 했다는 것을 깨달았다는 듯이.

"안드레이(Andray), 당신이 영어할 줄 안다는 것을 난 몰랐어요."

도드가 말했다.

"난 영어할 줄 몰라요, 나으리. 하지만 미국어로 조금 노래할 순 있어요."

안드레이의 대답이 돌아왔다.

도드와 나는 또 한 번 폭소를 터뜨렸고, 그러자 안드레이는 더욱더 당황해했다.

"어디서 배웠어요?"

도드가 물었다.

"2년 전 페트로파블로프스크에 있을 때 어떤 포경선 선원들이 가르쳐 줬어요. 이 노래 좋은 노래 아닌가요?"

뭔가가 잘못됐을지도 모른다는 표정으로 그가 말했다.

"훌륭한 노래예요. 미국말 더 알고 있어요?"

도드가 안심시켜주는 듯이 말했다.

"그럼요. 'dam yerize[72]', 'by' m bye tomorry[73]', 'no savey

---

72) damn your eyes인 듯하다.
73) by and by tomorrow인 듯하다.

John[74]', 'goaty hell[75]' 등입니다. 하지만 그게 무슨 뜻인지는 모릅니다."
자랑스레 그가 말했다.

무슨 뜻인지 그가 모르는 것은 분명했다. 그의 미국어는 실제로 써먹을 수 있을지 의심스러운 한정된 것이었다. 하지만 40개 언어를 구사할 줄 아는 유명한 언어학자인 메조판티 추기경[76]조차도 "dam yerize"와 "goaty hell"을 구사할 줄 안다는 안드레이의 자부심에는 미치지 못할 것 같았다. 만일 그가 축복받은 나라라고 들었던 미국을 방문하게 된다면, 아마도 이 의심스러운 단어들이 그가 최초로 방문한 나라에서 그의 신분을 알려주는 여권 역할을 하게 될 것이다.

우리가 안드레이와 이야기를 나누고 있는 동안 부쉰은 불을 피우고 아침식사를 준비했다. 해가 계곡을 비추기 시작할 무렵 우리는 작은 양초상자 주위에 곰가죽을 깔고 앉아 부쉰이 특별히 자부심을 갖고 만든 시큼한 수프인 셀량카[77]를 먹고 뜨거운 차를 마셨다. 야영할 때 우리가 먹는 식단은 셀량카, 딱딱한 빵, 차, 그리고 가끔 꼬챙이에 오리를 꿰어 불에 구워 먹는 것이었다. 오로지 정착촌 마을 같은 거주지에 들렀을 때만 우리는 우유, 버터, 신선한 빵, 생선 파이, 장미꽃 등과 같은 사치스런 음식을 맛볼 수 있었다.

아침식사를 끝낸 다음 우리는 다시 카누를 타고 강을 거슬러 올라갔다. 가끔 날아오르는 오리와 백조에 총을 쏴 사냥하기도 하고, 수면 위로 낮게 드리워진 나뭇가지에 탐스럽게 열린 야생 열매들을 따먹기도 했다. 정오

---

74) no save John인 듯하다.
75) go to hell인 듯하다.
76) Cardinal Giuseppe Caspar Mezzofanti(1774~1849): 이탈리아 볼로냐 태생의 추기경. 이탈리아 밖을 나가지 않고도 중국어, 아랍어를 포함한 28개 외국어를 완벽하게 구사하고 총 38개 외국어와 40개 방언을 구사할 수 있었던 천재적인 언어학자이다.
77) Selanka: 고기, 생선, 식초절임 양배추 등으로 만든 러시아 수프.

무렵 우리는 강의 기다란 만곡부를 돌아가자 카누를 버리고 원주민의 안내를 받아 욜로프카 마을까지 걸어서 갔다. 강바닥이나 땅바닥이나 무성하게 자란 잡초들의 키는 우리 허리보다 훨씬 높아서 걸어서 잡초밭을 통과하기란 아주 힘든 일이었지만 우리는 오후 1시쯤 마을에 도착하는 데 성공했다. 카누는 한참 후에 마을로 옮겨졌다.

힘겨운 등산

 욜로프카는 가구 수가 대여섯밖에 되지 않는 작은 캄차달인 정착촌으로 캄차카 중부 산악지대 산기슭에 자리 잡고 있었다. 마을 바로 위쪽으로 나 있는 욜로프카 통로는 티길과 서부 해안으로 향하는 직통길이다. 마을은 카누를 타고 욜로프카 강을 항해하는 시작점이면서 또한 말을 타고 산악지대를 통과하기 위한 출발점이기도 했다. 이 작은 마을에서 우리가 필요한 만큼의 말을 충당하기 어렵다고 예상했던 소령은 이미 클루차이에서 육상으로 8~10마리의 말을 떠나보냈으므로, 우리가 도착하기 전에 벌써 그 말들은 마을에 도착해 우리를 기다리고 있었다.

 오후 시간은 거의 전부 말 위에 짐을 꾸리고 출발 준비를 하는 데 보낸 다음 우리는 마을에서 몇km 떨어지지 않은 샘물가에 텐트를 치고 야영할 준비를 했다. 지금까지 날씨는 맑고 따뜻했지만 밤이 되자 구름이 잔뜩 끼기 시작했다. 19일째 되는 화요일 아침 북서쪽으로부터 불어오는 차가운 비바람을 맞으며 우리는 드디어 산을 오르기 시작했다.

 길이라고 말할 수 있을지 모르지만 어쨌든 길은 너비가 25cm 정도밖에 되지 않는 험한 산길로 저절로 욕이 나올 지경이었다. 길은 강을 따라 옆으로 나 있었는데, 강물은 산꼭대기의 눈이 녹으면서 불어나 있었고, 좁고 가파른 계곡 아래로 폭포를 이루며 우르르 소리를 내고 떨어져 내렸다. 길은 강의 양옆 가장자리를 따라 나 있었는데, 처음에는 이쪽 가장자리에, 다음에는 저쪽 가장자리에, 그 다음에는 물속으로, 거대한 화산암들이 모여 있는 주위로, 용암이 흘러내리다 굳어버린 가파른 언덕으로 이어졌고, 거기서부터 물길은 마치 물방앗간 도랑처럼 빽빽한 소나무숲 사이로, 꺾어져 내린 나뭇등걸 사이로, 산양이 겨우 지나다닐 수 있을 정도로 좁은 바윗길 사이로 돌아나갔다.

이런 정도의 험한 지형이라면 유럽 전체 연합군 병력이 들이닥친다 해도 12명이면 이 계곡을 충분히 지켜낼 수 있다고 나는 확신한다! 짐을 실은 말들은 가파른 언덕에서 미끄러지고, 나뭇가지에 걸려 짐이 찢어지고, 부서진 화산암 바위에 걸려 넘어지면서 다리가 찢어지고, 길이 끊어진 좁은 강틈 사이를 훌쩍 날아올라 건너뛰는 등 그야말로 캄차카 산 말이 아니면 견뎌낼 수 없는 그런 힘과 지구력을 가지고 모든 고난을 헤쳐 나가고 있었다.

그러나 결국 나는 2~3m 폭의 강물을 뛰어올라 건너려다 안장에서 떨어지는 사고를 당했는데, 나의 왼발이 쇠로 된 등자에 단단히 걸렸던 것이다. 나의 몸은 한쪽 발이 땅에 닿은 채 질질 끌려가고 있었고, 놀란 말은 건너편 둑으로 기어 올라가 계곡 쪽으로 내달리기 시작했다. 나는 팔꿈치를 들어 올려 필사적으로 머리를 보호하려고 했는데, 갑자기 말이 나를 옆으로 걷어찼다. 등자가 부러져 나가면서 등자와 발이 뒤엉킨 채로 나는 땅바닥에 나동그라졌고 말은 계곡 쪽으로 멀리 달아나 버렸다. 한 번만 묶은 끈이 끊어지는 바람에 나는 모난 돌에 머리를 부딪혀 계란껍질처럼 부서지는 것을 피하고 목숨을 구할 수 있었던 것이다. 여기저기 몸에 멍이 들고 기절할 정도로 머리가 빙빙 돌았지만 다행히 뼈가 부러진 곳은 없어서 혼자 힘으로 일어설 수 있었다.

지금까지 소령은 자신의 급한 성질을 잘 참아왔으나, 이번에는 너무 화가 나서 그런 위험한 산길로 안내했다고 니콜라이에게 무섭게 욕설을 퍼부으며 티길에 도착하면 엄벌로 다스리겠다고 겁을 주었다. 불쌍한 니콜라이는 다른 통로가 없었노라고 변명했으나 소용없는 일이었다. 산사태, 쓰러진 나무, 급류, 용암, 화산암 덩어리 등으로 길이 가로막힌 이런 험난한 계곡으로 안내하여 위험에 빠뜨리는 일 없이 안전한 통로를 확보하는 것이 그의 임무였기 때문이다. 만일 이 험난한 계곡에서 우리 대원들 중 한 명이라도 사고를 당하는 일이 벌어진다면 그 자리에서 니콜라이를 사살하겠노라고 소령은 엄포를 놓았다. 겁에 질려 창백해진 불쌍한 가이드는 내 말을 붙잡아 와서 등자를 수리한 다음 우리보다 앞에 서서 길을 나섰다. 우리가 따라와도 아무 이상이 없다는 것을 보여주기 위해서.

우리가 600m 정도 올라가는 동안 이쪽저쪽 번갈아가며 나타나는 바위 지대와 산사태 지대를 피해가기 위해서 산골짜기의 급류를 무려 50여 차례를 말타고 건너뛰었던 것으로 나는 판단한다. 짐을 실은 말들 중 한 마리가 완전히 지쳐버렸고 나머지 몇 마리도 거의 지쳐갈 무렵인 오후 늦게 우리는 마침내 해발 1,300m 산 정상에 도달했다. 우리 앞에는 먹구름과 안개로 반쯤 가려진 채 너른 고원 지대가 펼쳐졌는데, 그곳에는 마치 거대한 이불을 깔아놓은 듯 스펀지처럼 물을 머금고 있는 부드러운 북극권 이끼가 약 45cm 깊이로 밀집해서 뒤덮여 있었다.

나무 한그루, 혹은 무슨 이정표가 될 만한 것 하나 서 있지 않았고 오로지 이끼와 하늘에 떠 있는 비구름뿐이었다. 살을 에는 듯한 차가운 북풍이 폭풍우 구름을 몰고 오더니 반쯤 얼어붙은 비를 우리 얼굴 위에 찌르듯이 뿌려댔다. 8~9시간 동안 거센 바람에 시달리고, 오랜 등반으로 지치고, 등산화는 얼음같이 찬 물에 다 젖어 있고, 손은 추위로 뻣뻣하게 감각이 없어져 갔으므로 우리는 잠시 멈추어서 말과 함께 휴식을 취하면서 앞으로의 진로를 결정하기로 했다.

브랜디가 모든 사람들에게 분배되었지만, 추위가 너무 심해 별 효과가 없었다. 욜로프카 촌장은 불쌍한 몰골이었는데, 옷은 비에 흠뻑 젖어 있고, 입술은 시퍼렇고, 이는 덜덜 떨리고, 검은 머리털은 창백한 뺨 위에 착 달라붙어 있어서 마치 금방이라도 기진해 쓰러질 것만 같았다. 그는 소령이 건네준 브랜디를 움켜잡았지만, 손발이 경련하듯 덜덜 떨고 있어서 입에 들어가기도 전에 대부분을 쏟아버리고 말았다.

어둠이 닥치기 전에 피난처를 찾아야 했으므로, 우리는 약 8km 떨어져 있는 이 고원의 서쪽 끄트머리 근처에 반쯤 부서진 '유르트78)'가 버려져 있다는 니콜라이의 말에 따라 그곳을 향해 출발했다. 바닥에 부드러운 스펀지 같은 젖은 이끼가 이불처럼 깔려 있어서 말이 한 발자국 걸을 때마다 무릎까지 빠졌으므로 우리의 속도는 느리게 걷는 정도여서 8km의 짧은 거리가 한없이 길게 느껴졌다. 0℃의 기온 아래 혹독한 북서풍을 맞아가며 안개 같은 먹구름을 뚫고 이리저리 헤매다가 마침내 우리는 반쯤 얼어 있는 상태에서 유르트에 도착했다.

그것은 비어 있는 낮은 오두막집이었는데, 거의 사각형 모양으로 다양한 크기의 통나무를 잘라 만들었으며, 밖에는 약 70~100cm 높이로 이끼와 잔디 입힌 흙벽을 경사지게 쌓아 놓아 마치 야외 움집 같아 보였다. 한쪽 벽의 절반은 비바람에 내몰린 여행자들의 땔감용으로 뜯겨져 무너져 내렸고, 흙마루는 새는 지붕으로부터 뚝뚝 떨어지는 진흙 섞인 빗방울에 젖어 있었다. 비바람이 굴뚝 구멍 사이로 음울한 소리를 내며 들이닥쳤다. 문짝은 어디론가 사라져버린 을씨년스런 폐허의 모습만 남아 있었다. 그런 것에 아랑곳 하지 않고 부쉰은 무너져 내린 벽의 다른 쪽을 뜯어내어 불을 피우고 차를 끓였으며, 나머지 짐들도 피난처 안으로 옮겨왔다.

나는 부쉰이 이 밤에 어디서 차 끓이는 물을 구해왔을까 하는 의문을 도무지 풀 수 없었다. 왜냐하면 15km 이내에는 시냇물이 없었고, 또 지붕에서 떨어지는 빗물도 진흙 섞인 물이었기 때문이다. 그러나 나는 그가 물을 흠뻑 머금고 있는 툰드라 지대의 이끼들을 쥐어짰을 것이라는 생각이 들었다. 도드와 나는 등산화를 벗어서 안에 든 흙탕물을 쏟아내고 발을 말렸으

---

78) yourt: 몽골 유목민의 겨울철 통나무 가옥.

며, 모닥불의 열기로 벗어놓은 젖은 옷에서 김이 모락모락 피어오르자 우리는 비로소 안락함에 빠져 들었다.

부쉰은 유머 감각이 아주 뛰어난(?) 긍정적인 기질의 사람이었다. 그는 오늘 하루 내내 자발적으로 마부들의 모든 책임을 떠맡아서 지칠 줄 모르는 노력을 경주해왔다. 넘어진 말들을 일으켜 세우고, 위험 지역을 넘도록 도와주고, 의기소침해진 캄차달 사람들의 사기를 북돋아 주었다. 그리고 이제 사람들이 지치고, 추위에 떨고, 배고파하는 것은 아무 소용없는 짓이라는 듯 웃으면서 그는 태연하게 자기 옷에서 물을 짜내고, 또 아무 생각 없이 자기의 젖은 머리에서 물을 쥐어짜내어 그 물들을 수프 냄비 속에 넣었다. 폐허 같은 유르트의 어두운 분위기를 비춰주는 그의 밝은 표정 때문에, 그리고 즐겁게 들려오는 그의 웃음소리 때문에, 우리는 우리의 불행에 대해서도 웃을 수 있게 되었고, 또 우리가 좋은 시간을 보냈었다고 스스로에게 확신할 수 있게 되었다.

셀량카, 마른 생선, 딱딱한 빵, 그리고 차 한 잔의 빈약한 저녁식사를 마친 후, 우리는 진흙탕이 된 흙마루 중 물기가 제일 없는 부분에 지친 몸을 누이고 곰가죽, 담요, 외투, 그리고 방수옷을 뒤집어 쓴 채, 젖은 옷과 젖은 잠자리에도 불구하고 간신히 잠드는 데 성공했다.

사냥과 전투시 사용하는 칼과 옷에 덮인 눈을 털어내는 데 사용하는 눈 털개

CHAPTER 13

비바람 몰아치는 밤

자정 무렵 손발이 시리고 떨려서 나는 잠에서 깼다. 진흙탕으로 젖은 바닥에 피워놓은 불은 다타버리고 연기 나는 잔불만 남아서 어둡고 황량한 유르트 내부에 가끔 불빛을 발할 뿐이었다. 바람은 오두막 주위에서 슬픈 신음소리를 내고 있었고, 비는 끊임없이 내리쳐 이미 젖은 내 담요의 미세한 틈으로 물이 뚝뚝 떨어지고 있었다.

나는 한 팔로 몸을 일으켜 주위를 둘러보았다. 오두막 안에는 나 혼자만 있었다. 잠이 덜 깨서 그런지 나는 내가 어디에 있는 것인지, 내가 어떻게 이런 이상하고 음침한 곳에 오게 된 것인지 알 수가 없었다. 그런데 어제의 기억이 되살아나면서 나는 우리 대원들에게 무슨 일이 생겼는지 알아보러 문 쪽으로 다가갔다.

밖에 나와보니 소령과 도드, 그리고 캄차달 사람들 모두 스펀지 같은 이끼 위에 텐트를 치고 그 속에서 밤을 보내고 있었다. 텐트가 모든 해결책은 아니었지만 그래도 진흙탕보다는 깨끗한 빗물을 맞는 것이 더 낫다는 생각에 나도 침구를 꾸려서 도드 옆자리로 기어들어갔다. 밤새도록 바람이 몰아쳐서 잠시 텐트가 벗겨지기도 했으나, 유르트의 벽에서 뜯어내온 통나무를 받쳐 다시 텐트를 세우고 우리는 그럭저럭 다시 아침까지 잠에 들었다.

날이 밝아 텐트 밖으로 나온 우리들 모습은 그저 애처로울 뿐이었다. 물에 젖은 옷을 입은 채로 도드는 자신의 젖은 담요를 비참하게 바라보더니 우스꽝스럽게 얼굴을 찡그리며 큰소리로 외쳤다.

"날씨는 예측할 수 없고,

우리는 밤마다 습기에 시달리네.

도대체 그 누가 류머티즘 관절염과 경련에

시달리지 않을 수 있겠는가!"

이 시적인 탄식에 비록 우리 모두가 동참하지는 못했지만, 심적으로는 모두 동감하는 바이었다.

캄차카 동서 분수령을 넘어서

날이 밝으면서 폭풍우가 사라질 기미가 보이자 우리는 아침식사를 마치자마자 사기가 저하된 젖은 말들에게 안장을 얹고 다시 떠날 채비를 했다. 방향은 산꼭대기에 형성돼 있는 이 고원의 서쪽 끝이었다. 맑은 날씨에 이 지점에서 바라본 경치는 그야말로 장대할 것이다. 한쪽으로는 티길 계곡과 오호츠크 해가, 다른 한쪽으로는 태평양, 욜로프카 강과 캄차카 강의 계곡들, 수바일리치와 클루체프스키 화산의 장엄한 봉우리들이 내려다보일 것이다.

안개가 걷히는 사이사이로 수백m 아래 푸른빛을 띠고 있는 구름바다 속에서 우리는 멀리 구름버섯 모양의 연기를 내뿜고 있는 화산과 욜로프카 강을 볼 수 있었다. 하지만 오호츠크 해로부터 새로운 안개가 산 정상에 밀어닥쳐 우리 얼굴에 심하게 뿌려지면서, 지치고 기운 빠진 말들이 내딛고 있는 이끼 지대를 제외한 모든 것들이 안개에 가려졌다.

거의 언제나 구름에 가려져 있으면서 눈과 비를 동반한 폭풍이 빈번하게 쓸고 가는 해발 1,300m의 이 황량한 이끼 고원에서 사람이 산다는 것은 불가능해 보였다. 하지만 이런 불리한 조건들조차 우습게 여기는 듯 여기에서도 코략족 유목민들은 연기 구멍이 있는 가죽 텐트를 치고 강건한 순록 떼를 기르며 살고 있었다.

오늘 하루 동안 우리는 지나가면서 상록수 나뭇가지를 모아다 태운 잿더미와 순록 뿔을 쌓아놓은 곳을 3~4군데 목격했는데, 그것들은 코략족이 텐트치고 머물렀다는 표시였다. 그러나 이런 흔적을 남긴 야생 유목민들은 벌써 오래 전에 사라졌고, 지금은 아마 바람이 휘몰아치는 북극해 부근 해안가로 이동하여 순록을 기르고 있을 것이다.

항상 주위를 에워싸고 있는 진한 안개 때문에 우리는 지나쳐가고 있는 이 산들이 어떻게 생겼는지, 또 사화산 꼭대기 높이 자리 잡은 이끼 고원이 얼마나 넓은지, 그리고 그 특색이 무엇인지에 대해 전혀 알 수가 없었다. 단지 내가 알고 있는 사실이란 정오가 되기 전에 우리가 이끼로 뒤덮인 지대를 뜻하는 '툰드라 지대'를 떠나서, 모든 식물이 사라지고 몇몇 키 작은 관목들만이 자라고 있는, 돌이 많은 야생 지대로 서서히 내려갔다는 것뿐이다. 적어도 16km에 달하는 땅이 모두 판판한 석판 모양의 화성암군으로 뒤덮여 있었는데, 무게가 150kg에서 15t에 이르도록 크기가 다양하고 아무렇게나 무질서하게 놓여 있었다.

우리가 모르는 어떤 지질학적 시기에 하늘에서부터 거대한 화산암 판석들이 비처럼 쏟아져 내려 15m 두께로 땅을 뒤덮게 된 것 같았다. 이 돌들은 거의 모두가 두면이 평평했으며, 마치 말랑말랑한 푸딩을 칼로 베어놓은 것처럼, 검고 불규칙한 화성암 조각들이 딱딱하게 굳어져 돌이 된 것 같았다. 나는 이런 화산 현상이 어떻게 일어난 것인지에 대한 전문적인 지식이 없었다. 그러나 그것은 마치 하늘에서 계속 떨어지면서 층층이 굳어버린 용암이 땅에 떨어지면서 수백만 개의 사각 석판으로 산산이 부서진 것처럼 보였다.

이곳을 보고 나는 월터 스코트[79]의 서사시 〈섬의 지배자(The Lord of Isles)〉[80]가 생각났다. 이 작품에서 브루스[81]와 로날드[82]가 론 성(Castle of Lorn)을 빠져나간 후 상륙했던 장소에 대한 묘사가 이곳의 모습을 떠올리게 했던 것이다.

또 한 번의 곰 사냥

정오쯤 우리는 이 황량한 돌밭의 서쪽에서 차를 마셨고 밤이 되기 전에 풀과 열매가 있는 숲에 도착했다. 비바람이 몰아치는 가운데 우리는 그곳에서 야영을 했다. 다음날 날이 밝자 그날은 우리가 산의 서부 능선을 타고 내려온 지 21일째 되는 날이었다. 오전에 우리는 세돈카(Sedonka)라는 원주민 마을에서 보내온 새로운 사람들과 말들을 만나게 되어 사기가 충만해졌다.

지치고 절룩거리고 기가 꺾인 동물들을 새로 바꾸게 되자 우리는 다시 빠르게 달릴 수 있게 되었다. 곧 날씨가 환하게 걷히면서 따뜻해졌다. 길은 노란 자작나무와 붉은 마가목류 나무들이 자라고 있는 작은 숲을 통과하여 구불구불한 산자락을 따라 계속 이어져 있었다. 물에 젖은 우리 옷이 햇빛

---

[79] Walter Scott(1771~1832): 스코틀랜드 에딘버러 출생의 영국 낭만주의 시인, 역사소설가. 작품으로는 서사시 〈최후의 음유 시인의 노래(The Lay of the Last Minstrel)〉, 〈마미온(Marmion)〉, 〈호수의 여인(The Lady of the Lake)〉, 소설 《웨이벌리(Waverley)》, 《아이반호(Ivanhoe)》 등이 있다.

[80] 1811년 발표된 시로 브루스가 왕이 되기까지의 이야기와 로날드와 에디트, 이사벨의 삼각관계를 그렸다.

[81] Robert the Bruce(1274-1329): 스코틀란드 왕인 로버트 1세로 왕이 되기 전 도망자 신세로 섬을 전전하다가 1314년 배넉번(Bannockburn) 전투에서 잉글랜드 왕 에드워드 2세 군대를 물리치고 스코틀랜드 왕이 되어 독립을 쟁취한 영웅.

[82] Ronald: 섬의 지배자(Lord of Isles)로 브루스에게 충성을 서약하고 약혼녀인 론(Lorn)의 공주 이디스(Edith)를 버리고 브루스의 여동생 이사벨(Isabel)과 사랑에 빠졌다가 이사벨이 수녀가 되자 이디스에게 용서를 빌고 재결합한다.

에 서서히 말라가고 움츠러들었던 손발에도 기운이 다시 돌아오면서, 우리는 황량한 산 정상에서 비바람에 시달렸던 사실을 잊고 평상시의 들뜬 기분으로 되돌아갔다.

나는 전에 한번 캄차카 툰드라 지대를 지나갈 때 우리가 곰과 실랑이를 벌였던 이야기를 한 적이 있는데, 그것은 단지 전초전에 불과해서 그런 것에 관심을 갖고 있는 사람들에게 별다른 흥밋거리가 되지 못했다. 그래서 나는 다시 한 번 티길 산자락에서 곰과 마주치게 되는 그런 모험을 은근히 기대하게 되었고, 그것은 정말 마지막 기회가 될 지도 몰랐다.

한 번도 곰을 잡아본 적이 없는 신참 사냥꾼들은 명포수 이야기에 푹 빠져들어 곰발자국을 따라 추적하고픈 열망을 지닌 사람들인 것이며, 용기는 위기 때 나타나는 것이라고 굳게 믿고 있는 사람들인 것이다. 정오 무렵 우리는 자작나무, 낙엽송, 소나무 등이 빽빽한 숲과 맞닿아 있는 풀이 무성한 좁다란 계곡 가장자리를 따라 길을 가고 있었는데, 갑자기 마부들 중 하나가 계곡 아래쪽을 가리키며 소리쳤다.

"메드베지(medvaid: 곰이다)!"

그곳에는 커다란 검은 곰 한 마리가 키가 큰 풀숲 사이로 열매를 찾아 어슬렁거리다가 조심성 없이 서서히 우리 쪽으로 다가오고 있었다. 곰이 아직 우리를 보지 못한 것이 확실했다. 곧 다가오는 곰을 공격할 팀이 구성됐다. 소령과 나, 그리고 2명의 캄차달인은 라이플 소총, 도끼, 리볼버 권총, 칼 등으로 완전무장을 갖추었다. 우리는 나무 사이로 조심스레 포복 이동하여 곰이 정면으로 바라보이는, 수풀 가장자리에 있는 은폐된 유리한 위치를 확보하고 숨을 죽인 채 곰이 다가오기를 기다렸다. 위험이 닥친 줄도 모르고 열매를 따먹으려고 눈치도 없이 곰이 어기적거리며 천천히 50여m 안으로 들어왔다.

캄차달인들은 무릎을 꿇은 채 땅바닥에 단단히 고정된 받침대 위에 무겁고 긴 라이플 소총을 올려놓았다. 그리고 경건하게 세 번 가슴에 십자가를 그은 후 긴 숨을 몰아쉬고 신중하게 조준을 한 다음 총을 발사했다. 쉬이 익- 하고 심지가 타들어가는 소리가 길게 나더니 마침내 엄청난 총소리가 정적을 깨뜨렸고, 곧이어 소령과 나의 날카로운 총소리가 뒤따랐다.

화약 연기가 사라지자 당연히 죽음의 고통에 빠져 뒹굴고 있을 곰을 보게 되리라 기대했다. 그러나 놀랍게도 총을 맞지 않은 곰이 우리를 향해 맹렬하게 달려오고 있는 모습을 발견하게 되었다. 미처 예상하지 못했던 변고가 생겼던 것이다. 우리는 난폭해진 곰의 반격을 받게 된다는 계산을 하지 못했던 것이다. 순간적으로 나는 나무에 올라가면 살 수 있다는 이야기를 떠올렸으나 너무나 다급한 나머지 그런 지식은 아무런 소용이 없었다.

"코란 전부를 외우는 사람도 곰의 추격을 당하면 단어 한 자도 기억하지 못한다!"라는 속담도 있듯이 이런 극적인 위기 상황에서 무엇을 해야 할지 우리는 알 수가 없었다. 소령이 리볼버 권총을 꺼내들고 한 발을 발사했고, 그것이 곰의 방향을 갑자기 비틀어 놓았던 것 같았다. 곰은 장전되지 않은 우리의 라이플 소총에서 약 3m 떨어진 덤불 속으로 돌진해 들어가더니 이내 숲속으로 사라져 버렸다. 수풀 속을 샅샅이 뒤져보았으나 핏자국은 어디에도 보이지 않았다. 우리는 곰이 아무런 상처도 입지 않고 도망간 것으로 결론내릴 수밖에 없었다.

러시아제 라이플 소총을 들고 곰 사냥에 나선다는 것은 아주 즐거운 일이며 전혀 다칠 일 없는 오락인 것 같았다. 마치 화승총 같은 라이플 소총의 심지가 타들어가는 긴 시간이란 곰이 블루베리 같은 열매들을 배불리 먹은 다음 산을 타고 약 25km를 도망쳐 굴속에서 편안하게 잠들 수 있을 정도로 여유로운 시간인 것이다.

하지만 소령과 나에게 '곰고기 스테이크'를 먹어보자고 제안하는 사람들에게는 안전한 오락이 아닐 수도 있을 것이다.

위험한 말 경주

우리는 그날 밤 사건의 현장으로부터 몇 km 떨어지지 않은 어느 커다란 자작나무 아래에서 야영을 했고, 다음날인 금요일 아침 일찍 세돈카 마을을 향해 출발했다. 마을에 도착하기 전 약 15km 정도를 남겨놓고 도드가 새로운 말들의 기질을 살펴볼 겸 또 우리의 사기를 북돋우기 위해 말 경주를 하자고 제안했다. 도드와 나는 말을 잘 탔으므로 우리 둘은 마을까지 장애물 경주에 도전했다. 이제까지 우리가 캄차카에서 벌였던 무모하리만큼 위험했던 경주 중에 이번 경주가 제일 위험했다.

기수와 더불어 말들은 곧 흥분하기 시작하여 미친 듯이 덤불숲을 뚫고 지나가고, 통나무, 바위, 습지 등을 날아 올라 건너뛰었다. 나는 떨어지려는 라이플 소총을 잡다가 안장에서 미끄러진 적이 한 번 있었고, 우리 둘 다 머리가 나뭇가지에 부딪혀 박살날 뻔한 것을 가까스로 피한 적이 여러 번 있었다.

마을이 가까워지자 가까운 거리에서 나무를 베고 있는 3~4명의 캄차달인들이 보였다. 도드가 마치 북미 인디언 수우족[83]처럼 전쟁 시의 고함소리를 외치면서 말에 박차를 가했고 우리는 전광석화처럼 그들에게 다가갔다. 푸른 사냥꾼 셔츠, 장화, 빨간 모자, 그리고 허리에 두른 요대에 걸려 있는 권총과 칼 등으로 무장한 2명의 까무잡잡한 이방인이 마치 피라미드를 공격하는 이집트의 맘루크 왕조 노예기병들처럼 들이닥치자, 캄차달 사람들은 놀라서 도끼를 버리고 숲속으로 도망쳤다.

---

83) Sioux(혹은 다코다족 Dakotas): 수우족은 미국과 캐나다의 대평원에 걸쳐 살고 있으며, 인구는 20세기 말 약 4만 명으로 추정되고 있다. 시팅 불(Sitting Bull), 크레이지 호스(Crazy Horse) 등 위대한 전사들의 후예인 이들은 다코타, 라코타, 나코타 3개 부족의 연합이다. 수우족 언어는 알곤퀸(Algonquian), 아타파스칸(Athapaskan), 카도이안(Caddoean), 이로쿼이안(Iroquoian), 머스크호기안(Muskhogean), 페뉴션(Penutian), 수우(Siouan), 유토-아즈테칸(Uto-Aztecan)의 8개 미주 인디언 언어군 중 하나이다.

내가 말에서 미끄러졌을 때를 제외하고 우리 둘이는 한 번도 말고삐를 당겨 늦춘 적이 없었으며, 마을에 도착할 즈음 말들은 땀범벅이 되어 헐떡거렸다. 만일 도드의 눈빛이 흥분에 들뜨게 만들고 싶다면, 세돈카 마을까지 장애물 경주를 했던 것을 기억하느냐고 그에게 물어보면 될 것이다.

티길

우리는 다시 배를 타고 티길 강을 따라 내려가서 어두운 밤이 돼서야 티길에 도착했는데, 그날이 여행 16일째 되는 날로 총 1,130km를 주파한 셈이었다.

티길에 대한 나의 기억은 다소 흐릿하다. 인상 깊었던 것은 샴페인, 앵두 강장주, 럼주, 보드카 등으로 엄청나게 술이 많았다는 것과 티길이 다른 캄차카 마을들보다 조금 나아 보였다는 것이 기억난다. 하지만 티길은 반도에서 페트로파블로프스크에 이어 두 번째로 중요한 정착촌이면서 서부 해안가 전체의 무역 중심지였다.

매년 여름이면 러시아의 증기 화물선과 미국의 무역선이 티길 강 어구에 정박해서 반도 전체에 분배할 많은 양의 밀가루, 차, 설탕, 옷, 구리 솥, 담배, 보드카 등의 화물을 내렸다.

브라간스(Bragans), 보레베오프스(Vorrebeoffs) 등 2~3개의 무역회사들이 그곳에 본부를 차려놓았고, 그곳은 겨울철에 축치족, 코랴족 같은 많은 북부 원주민들이 몰려와 만나는 장소가 되었다. 우리가 오호츠크 해의 머리 부분이 되는 기지가(Geezhega) 정착촌에 도달할 때까지는 앞으로 이런 무역기지를 만날 수 없으므로, 우리는 티길에서 며칠간 쉬면서 팀을 재정비하기로 하였다.

북부 캄차카 고원지대

이제 우리는 계절이 늦어짐에 따라 험하게 바뀔 이 지역 자연환경 때문에 우리 여행에서 가장 어려운 고비가 될 시점에 놓여 있었다. 우리와 코략 유목민들이 사는 평원 지대 사이에는 7개의 캄차달인 마을이 있을 뿐이었고, 순록 썰매를 타고 넘을 수 있는 겨울철 이전에 이런 험한 황무지를 횡단한다는 계획은 아직 생각해보지 못하고 있었다. 북극권 생활을 겪어보지 못한 사람이 단지 말로만 하는 설명으로부터 시베리아 이끼 지대에 대한 명확한 개념을 이끌어낸다거나, 아니면 여름철 여행 때 부딪히게 되는 모든 문제점들을 완전히 파악한다는 것은 어려운 일이다.

얼어붙고 눈으로 덮이는 겨울철이라 해도 횡단한다는 것은 결코 쉬운 일이 아니다. 그런데 여름철이 되면 길은 실제로 지나갈 수 없는 상태가 된다. 약 800~1,000km² 정도의 넓이에 걸친 영구 동토 지대에 약 70cm 깊이로 부드러운 스펀지 같은 북극 이끼들이 밀집해서 무성하게 땅을 뒤덮어버리게 되는데, 물을 흠뻑 머금고 있는 이 이끼들은 작은 언덕을 이루고 있는 발육부전의 블루베리 덤불숲 및 북미산 백산차(Labrador tea) 덤불숲과 더불어 여기저기 산재해 있다. 그것은 결코 마르는 일도 없고, 또 딱딱해지는 일도 없어서 쉽게 밟고 지나갈 수가 없게 된다. 6월부터 9월까지 그것은 부드럽게 흔들리는 거대한 젖은 이끼 스펀지가 된다. 발로 밟으면 무릎까지 빠지게 되고, 압력이 사라지면 스펀지 같은 탄력으로 다시 일어서므로 발자국 같은 아무런 흔적도 남지 않는다. 그 위로 걷는다는 것은 거대한 젖은 스펀지 위를 걷는 것과 똑같은 것이다.

이런 비정상적인 이끼 성장의 원인은 식물류 성장에 가장 강력한 영향을 미치는 것들, 즉 열, 빛, 수분 등의 요소들에 있다. 여름철에는 이 요소들이 결합되어 강화됨으로써 일부 식물종들을 자극하여 거의 적도 식물군처럼 무성하게 자라게 만드는 것이다. 봄이 되면 약 70cm 깊이까지 땅이 녹아내리지만 그 밑에는 여전히 두꺼운 동토층이 형성돼 있다. 겨울눈이 녹으면서 생긴 물은 이 동토층 때문에 땅속으로 스며들지 못하고 지표면에 머물면서 천천히 대기 속으로 증발하는 수밖에 없게 된다. 그리하여 지표면에 있는 이끼들은 그 물들을 머금게 되고, 또한 게다가 6~7월의 햇빛을 지속적으로 받으면서 빠른 속도로 놀랄 만큼 무성하게 자라게 되는 것이다.

여름철에 탄력 있으면서 물에 젖어 있는 부드러운 이끼로 뒤덮인 너른 들판을 횡단하는 여행은 불가능한 일은 아니지만 매우 어려운 일이다. 말이 한 발자국 건넬 때마다 무릎까지 빠져 버린다면, 그런 걷기로는 금방 지치고 말 것이다. 이미 욜로프카 통로의 산 정상에서 그런 경험을 해본 적이 있는 우리들이 그런 거대한 이끼 지대를 통과해야 한다는 것은 커다란 걱정거리였다. 아마도 티길에서 인내심을 가지고 기다렸다가 겨울철에 개썰매를 타고 횡단하는 것이 더 현명한 방법일 수도 있었다.

그러나 소령은 시기가 늦어지면 회사의 기술 책임자가 잘못해서 베링 해협 근처의 위험스런 지역에 한 팀을 상륙시킬 수도 있는 상황을 걱정하면서 가능한 한 빨리 그에 대한 상황을 알 수 있는 지점에 도달할 수 있기를 바라고 있었다. 그래서 그는 모든 장애에도 불구하고 코랴족이 사는 변경의 이끼 지대로 밀어붙이기로 하고 가능하면 말을 타고 횡단하기로 결정했다.

우리는 코랴족 이끼지대를 횡단하는 데 실패할 경우를 대비하여 티길에서 고래잡이 보트 한 척을 구입하여 원주민 선원 한 명과 함께 레스노이(Lesnoi)로 보내 놓았다. 거기에서 겨울이 시작되기 전에 뱃길로 오호츠크 해를 가로질러 기지가에 도착할 수 있기 때문이다. 보급품, 무역상품, 모피옷 등 모든 물건들을 구매해서 가죽상자 속에 포장하는 등 우리는 험한 날씨와 거친 삶이 기다리고 있는 이번 여행에 필요한 모든 준비를 마쳤다.

CHAPTER 14

오호츠크 해안가 – 레스노이

9월 27일 수요일 우리는 2명의 카자크인, 1명의 코략어 통역자, 8~10명의 짐꾼, 그리고 14마리의 말을 동반하고 다시 길을 나섰다. 출발 전에 조금 눈이 내렸으나 길에 영향을 줄 정도는 아니었다. 다만 겨울이 다가오고 있다는 사실을 경고해주는 것이어서 우리는 앞으로 좋은 날씨를 기대할 수 없는 상황이었다.

우리는 오호츠크 해의 해안가를 따라 가능한 한 빠른 속도로 길을 나아가고 있었다. 때로는 절벽 아래 해안가 길을 따라, 때로는 중앙의 산악 지대에서 해안가까지 뻗어 있는 나지막한 숲 언덕 길이나 계곡 길을 따라갔다. 우리는 '아민야나(Aminyana)', '와이움펠카(Wyumpelka)', '훅타나(Hucktana)', '폴란(Polan)'이란 정착촌을 지나가면서 말과 사람을 바꾸었고 마침내 10월 3일 반도에서의 마지막 캄차달인 정착촌인 레스노이에 도착했다. 레스노이는 북위 59° 20´, 동경 160° 25´에 위치해 있는데, 코략족 이끼지대 남쪽으로 약 150km 떨어져 있으며, 현재 우리의 목적지인 기지가 정착촌으로부터 직선거리로 약 320km 떨어져 있었다.

지금까지 우리는 반도를 뚫고 올라오는 데 별 어려움을 겪지 않았다. 특히 날씨가 좋았기 때문에 우리의 진로를 멈추거나 지연시키는 자연적인 장애물은 별로 없었던 것이다. 그러나 이제 우리는 캄차달인 가이드조차 잘 모르는, 사람이 전혀 살지 않는 황무지로 진입하려 하고 있는 것이다. 레스노이의 북쪽으로는 거대한 중부 캄차카 산맥이 갑자기 오호츠크 해로 떨어져 내려 엄청나게 긴 절벽 구간을 만들어 내면서 우리와 유목 코략족 이끼 지대와의 사이에 거대하고 험한 장벽을 형성하고 있었다. 이 산맥은 한여름에도 말을 타고 지나가기가 아주 어려운 곳으로 지금은 더 말할 나위도 없다. 비가 내려 불어난 계곡 물은 급류를 이루고, 겨울을 예고하는 폭풍은 하시라도 불어댈 기세였다.

레스노이의 캄차달인들은 강이 얼어붙고 눈이 쌓여 개썰매를 사용할 수 있기 전에 이 산맥을 횡단하려 하는 것은 아무 소용없는 일이며, 그런 모험으로 자신들과 15~20마리 말의 생명을 위험에 빠뜨리게 할 수는 없다고 단정적으로 말했다. 소령은 그들에게 감정이 섞인 말투로 자신은 그런 낭설을 믿지 않으며, 우리는 산을 넘어야 하니까 당신들은 우리와 함께 가야만 한다고 말했다. 그들은 소령같이 그런 결의에 차고 완강한 사람을 본 적이 없었는지 잠시 자기들끼리 모여 의논을 하더니, 우리의 모든 짐과 무거운 야영 장비들은 레스노이에 남겨두고 짐을 싣지 않은 말 8마리와 함께 횡단하기로 한다면 동의한다고 말했다.

처음에 소령은 이 제안을 귀담아 듣지 않았으나 신중하게 생각한 다음 우리 대원들을 두 팀으로 나누기로 결정했다. 한 팀은 고래잡이 보트에 무거운 짐을 싣고 바다로 산을 돌아가고, 다른 한 팀은 짐을 싣지 않은 말 20마리를 데리고 산을 넘어간다는 것이었다. 산길은 해안가 근처에 나 있을 것이므로 육상에 있는 팀은 멀리 바다에 떠 있는 고래잡이 보트와 서로 신호를 보낼 수 있을 것이다. 그러면 어느 한 팀이 사고를 당하거나 장애물로 인해 진로가 막힐 경우 다른 한 팀이 구조하러 올 수 있을 것이다. 주능선의 서쪽으로 산길의 중간 부근에 '사만카(Samanka)'라고 불리는 작은 강이 있다고 하는데, 폭풍이나 안개 낀 날씨 때문에 서로 시야가 가려질 경우 이 강의 하구에서 두 팀이 만나기로 합의했다.

소령은 도드와 함께 고래잡이 보트를 타고 가고 나는 최고의 카자크족 동료 부쉰, 캄차달인 6명, 말 20마리로 구성된 육상 팀의 지휘를 맡기로 결정했다. 깃발과 신호를 만들고, 무거운 짐을 고래잡이 보트와 물개가죽을 씌운 커다란 카누에 옮긴 다음 10월 4일 아침 일찍 해안가에서 나는 소령과 도드에게 작별인사를 나누었고, 그들은 배를 타고 떠나갔다. 배가 툭 튀어 나온 절벽을 돌아 사라지자 우리는 말을 일렬로 세우고 출발했다.

쾌활하게 말을 달려 계곡을 가로질러 가다가 좁은 협곡을 통과하자 우리는 드디어 '황무지'에 들어서게 되었다. 처음에 10~15km까지는 길이 아주 좋았다. 그러나 길이 해안가로 가지 않고 바다에서 멀리 산 쪽으로 들어가게 되는 것을 알게 되자 놀란 나는 우리가 서로 협조하기로 한 계획이 아무 소용이 없어지게 되는 것이 아닐까 하는 걱정이 들기 시작했다.

첫째 날에는 바람이 없어서 노만 저으면 고래잡이 보트가 그리 멀리 떨어져 있지는 않을 것으로 판단하고 우리는 두 산 사이의 좁은 계곡에 자리를 잡고 일찍부터 야영을 했다. 나는 텐트 뒤에 있는 나즈막한 산 위에 올라가 바다를 보려고 했으나, 해안가에서 적어도 15km 정도는 떨어져 있어서 중간에 많은 눈 덮인 산봉우리들이 시야를 가렸다.

그날 밤 모닥불 가에 앉아 있을 때, 장난기 있는 도드의 얼굴이 보이지 않자 나는 문득 외로움이 느껴졌다. 지금까지의 길고 지루한 야영생활을 밝게 만들어 주었던 익살스런 농담들, 우스운 얘기들, 치열한 말경주 등이 생각나서 나는 그가 더 그리워졌다. 만일 내가 그날 밤 모닥불 가에 석고상처럼 앉아서 생각하고 있던 것을 도드가 읽어낼 수 있었다면, 그는 주변 사람들이 자기의 존재를 인정하고 있다는 사실에 만족해했을 것이다.

나의 심정을 눈치챈 부쉰이 나의 기운을 북돋워주기 위해 캄차카 여행에서 있었던 재미있는 이야기와 추억들을 들려주면서 특별한 저녁식사를 준비해 주었다. 하지만 나는 사슴고기 커틀릿에도 별 맛을 느끼지 못했으며, 또한 러시아어 농담과 이야기들도 이해할 수 없었다. 저녁식사를 마친 다음 나는 텐트 안에 곰가죽을 깔고 누워 계곡 동쪽으로 울퉁불퉁한 화산 봉우리 위에 떠 있는 둥근 달을 바라보다가 잠이 들었다.

'악마의 통로'

둘째 날이 되자 우리는 산속의 좁다랗게 꼬여 있는 길을 따라 가다가 스펀지 같은 이끼로 덮인 습지를 지나고 좁고 깊은 여울을 가로질러 레스노이와 사만카 강 사이의 거의 절반쯤 되는 지점에서 반쯤 땅에 묻혀 부서진 오두막집에 도착했다. 여기서 우리는 말린 생선과 굳은 빵으로 점심을 먹고 다시 계곡길을 오르기 시작했다.

사방이 바위와 눈으로 뒤덮인 사화산 봉우리들로 둘러싸인 계곡에 강한 비바람이 몰아쳤다. 길은 시시각각 점점 더 험해져 갔다. 계곡은 점점 좁아지더니 약 50m 낭떠러지의 험한 바위협곡이 나타났다. 밑에는 산에서부터 불어난 급류가 검고 날카로운 바위에 부딪혀 포말을 일으키며 돌출된 화산암 바위턱 위로 떨어지면서 장엄한 폭포를 이루고 있었다. 검은 암벽 낭떠러지 길인 이 '악마의 통로'에는 산양이 발 디딜 틈도 없어 보였다. 그러나 우리 가이드는 전에도 몇 번씩이나 이 길을 오르내렸었다고 말하면서 이전에 내가 보지 못했던 그런 위험한 절벽임에도 아랑곳없이 말에서 내려 말을 끌고 툭 튀어나온 좁은 바윗길을 조심스레 따라갔다.

우리는 조심조심 길을 나아갔고, 이제 길은 약 17m 높이의 급류 가장자리까지 거의 내려왔다가 다시 올라갔다 했는데, 돌이 떨어지면 곧바로 급류 속으로 떨어져 버리는 그런 거리였다. 말이 총명하게 발을 잘 디디겠지 하고 너무 과신한 나머지 나는 조심하지 않고 말을 탄 채로 길을 가다가 거의 죽을 뻔한 사고를 당했다. 길은 급류로부터 약 2~3m 위에 나 있었는데,

절반쯤 지났을 무렵 무게를 이기지 못한 가장자리 길바닥이 무너져 내리면서 나와 내말도 함께 미끄러져 물가에 있는 바위 위로 떨어져 내렸다.

나는 지난 번에 사고 났던 철제 등자에 내발을 고정시키지 않았으므로 떨어질 때 내 말과 부딪히는 것을 피하기 위해 낭떠러지 정면으로 몸을 날렸다. 다행히 그다지 높지 않은 곳에서 추락한 것이고 또 내가 착지를 잘했으므로 발버둥치는 말발굽에 머리가 박살나는 것을 간신히 피할 수 있었다. 말도 조금 찢기고 멍이 들었을 뿐 그다지 심하게 다치지 않았다. 그래서 나는 물에 잠긴 말에게 다가가서 안장을 다시 조인 다음 말을 물 밖으로 끌고나와 길로 들어섰다. 옷에서 물이 뚝뚝 떨어지고 신경이 곤두선 상태에서도 나는 다시 안장에 올라앉아 가던 행보를 계속 했다.

날이 어두워지기 시작할 무렵 우리는 높은 산들이 앞길을 완전히 가로막은 것같이 보이는 지점에 도달했다. 그것은 사만카 산맥의 중부 능선이었다. 가이드는 산위를 가리키며 저기에 길이 있다고 말했는데, 나는 그에게 의심스런 눈초리를 보내지 않을 수 없었다.

자작나무 숲이 산 아래쪽으로 거의 절반을 차지하고 있었고, 이어서 낮은 상록수림, 소나무 숲, 그리고 맨 마지막에는 야생 순록이 뜯어먹는 이끼조차 뿌리를 내릴 수 없을 정도로 흙이 없는 검은 암석 지대가 산꼭대기까지 뒤덮고 있었다. 짐을 실은 말들을 데리고 그곳을 횡단할 수 없다고 단정하던 캄차달 사람들의 말에 나는 더 이상 의구심을 갖지 않고 전적으로 동의하게 됐다. 그러나 가벼운 짐을 싣게 되면 가능하지 않을까 하는 또 다른 의심을 하기 시작했다. 험한 등반을 많이 해본 나로서는 가능할 것같이 보이기도 했다.

일단 나는 우리들과 말들이 앞으로 있을 험한 여정에 대비하여 충분한 휴식을 취할 수 있는 장소에서 야영을 하기로 결정했다. 어둠이 일찍 찾아왔고, 계곡에는 비가 계속 내려 우리는 젖은 옷을 말릴 틈이 없었다. 나는 추운 몸에 온기를 더해줄 브랜디 한잔이 생각났으나 레스노이에서 급하게 서둘러 출발하는 바람에 휴대 술병을 빠뜨리고 왔으므로, 그 대신 덜 자극적인 뜨거운 차로 만족할 수밖에 없었다. 나는 담요를 기름천으로 덮어 싸 놓아서 다행히 물에 젖지 않았으므로, 먼저 곰가죽 침낭 속으로 기어들어 간 다음 무거운 담요를 덮고 비교적 편안한 상태에서 따뜻하게 잠들었다.

눈폭풍 속에서 길을 잃다

부쉰이 눈이 내리고 있다고 말하면서 아침 일찍 나를 깨웠다. 나는 서둘러 일어나 텐트 밖을 둘러보았다. 내가 가장 걱정했던 일이 발생했던 것이다. 눈폭풍이 계곡으로 몰아치고 있었는데, 갑자기 자연이 하얀 겨울옷으로 갈아입으면서 냉혹하고 엄한 모습을 취하고 있는 것이다. 계곡에는 이미 눈이 8cm 가량 쌓였고, 산에는 더 깊은 눈이 쌓였을 것이다. 나는 이런 날씨에 험한 산을 오른다는 것에 대해 잠시 망설였으나, 적어도 사만카 강까지는 가야 한다는 명령을 내릴 수밖에 없었다. 만일 그것이 실패로 돌아간다면 탐험 전체 계획에 차질이 생길 수 있기 때문이었다.

전에 소령은 폭풍우가 불어오더라도 자기의 계획을 실천하는 데 아무런 장애가 될 수 없다고 나에게 자신 있게 말한 적이 있었다. 만일 그가 사만카 강에 도달하는 데 성공하고 나는 실패한다면, 나는 결코 그 실패의 굴욕감으로부터 벗어날 수 없을 것이다. 또한 앵글로색슨 혈통도 슬라브 혈통만큼 괜찮다는 사실을 그에게 증명할 수도 없을 것이다. 그래서 나는 마지못해 하면서도 출발을 명령했고, 텐트를 접고 말에 안장을 올리자마자 우리는 산으로 향하기 시작했다.

약 70m 가량 올라가자 북동쪽에서 허리케인 같은 눈폭풍이 우리를 덮쳤다. 하늘과 땅이 거대한 안개처럼 하얀 소용돌이 속에 파묻힌 것처럼 보였고, 눈보라가 얼굴에 휘몰아쳐 앞이 보이지 않고 숨이 막힐 정도였다. 산길은 점점 가파르게 변했고 바위가 많아져서 더 이상 말을 타고 갈 수가 없었다. 우리는 말에서 내려 말을 끌고 힘들게 눈을 헤치며 걸었고, 날카로운 바위에 물개가죽 장화가 찢어지기도 했다. 이런 식으로 힘들게 약 300m 가량을 오르자 나는 너무 지쳐서 그냥 바닥에 누워버렸다. 눈은 내 허리만큼 높이 쌓였고, 말은 한 걸음도 내딛기를 거부하고 있어서 억지로 끌고갈 수밖에 없었다. 잠시 휴식을 취한 다음 우리는 계속 전진했고, 1시간쯤 더 고생한 다음에야 우리는 해발 약 650m 정도의 산 정상으로 보이는 지점에 도달하는 데 성공했다.

여기서 불어대는 거센 바람에는 버틸 수 없을 것 같았다. 휘몰아치는 눈보라가 두터운 구름처럼 몇 걸음 앞에 있는 것들조차 시야에서 가려버리자 우리는 마치 회오리 눈폭풍에 강타당해 폐허로 변한 세상에 우리만 외로이 서있는 것 같았다. 때때로 검은 화산암으로 이루어진 험한 바위산 하나가 마치 다가갈 수 없는 마터호른 정상처럼 멀리 하얀 안개 속에서 불쑥 모습을 드러내기도 했는데, 마치 공중에 걸려 있는 것처럼 잠시 동안 놀랄 만한 자연미를 연출하기도 했다. 그러다가 다시 휘날리는 눈 속으로 사라져갔고, 남은 우리는 아무것도 보이지 않는 빈 허공을 바라다보고 있을 뿐이었다.

내 모자 앞가리개에는 긴 고드름이 둥그렇게 매달려 있었고, 전날 비에 젖은 옷은 마치 갑옷처럼 딱딱하게 얼어 있었다. 눈 때문에 앞이 보이지 않고, 손발은 추위로 마비되어 가고, 입은 얼어 이가 딱딱거리는 가운데, 가이드에게 제발 이곳에서 빨리 벗어나 다른 곳으로 가게 해달라고 간청하면서 나는 말에 올라타 말이 가고 싶은 대로 가도록 그대로 놔두었다. 가이드는 눈보라에 맞서 자기 말을 몰아 붙였으나 모든 노력이 허사였다. 고함을 치고 주먹으로 때려도 말은 방향을 바꾸지 않았으므로 결국 그는 산 정상에서 동쪽으로 갈 수밖에 없었다.

우리는 비교적 바람이 덜한 계곡 쪽으로 내려왔다가 다시 처음보다 더 높은 능선으로 올라갔는데, 그 원뿔형 정상 부근에는 바람이 더 강하게 불고 있어서 다시 다른 계곡으로 내려왔다가 또 다시 다른 능선을 탔는데, 결국 나는 방향을 잃고 우리가 어디로 가고 있는지 전혀 알 수가 없었다. 내가 아는 것이라곤 우리가 반쯤 얼어붙은 상태로 눈이 휘몰아치는 황량한 산속에 버려져 있다는 것뿐이었다.

나는 30분도 안 돼서 여러 번 가이드가 다른 캄차달인들과 길에 대해 자주 논의하는 광경을 목격했는데, 아마도 우리가 가야 할 방향을 헷갈리고 있는 것 같았다. 이제 그는 근심스런 얼굴로 나에게 다가와 우리가 길을 잃었다고 고백했다. 나는 이런 눈폭풍 속에서 길을 잃은 불쌍한 친구를 비난할 수 없었고, 다만 사만카 강으로 가는 길이라고 생각되는 방향으로 계속 가야 한다고, 그리고 만일 대피할 만한 계곡을 찾을 수 있다면 그곳에서 야영을 하며 날씨가 좋아지기를 기다려야 한다고 그에게 말해주었다. 또한 나는 앞이 보이지 않는 눈폭풍 속에서 가파른 낭떠러지 길을 선택했던 것은 잘못된 것이라고 그에게 주의를 주고 싶었지만, 나 자신도 알아듣기 힘든 정도의 러시아어 실력으로는 그에게 설명해줄 수가 없었다.

작은 황동제 상자로 구원받다 – 거친 바다 풍경

우리는 방향 감각을 잃은 채 2시간 동안 헤매고 있었다. 능선 위로, 봉우리 위로, 계곡 밑으로 오르내리다가 점점 더 깊이 산속으로 들어가는 것이 분명했지만, 눈폭풍 때문에 대피장소를 찾지 못하고 있었다. 이제 무언가 해야 할 때가 온 것이 분명했다. 그렇지 않으면 우리 모두 얼어 죽을 판이었다. 마침내 나는 가이드를 불러서 내가 앞장선다고 말하면서 주머니 속에서 나침반을 꺼내놓고 그에게 해안가 방향을 보여주었다. 어딘가 빠져나갈 데가 나올 때까지 그 방향으로 계속 갈 것이라고 나는 결정했다. 그는 의아한 눈초리로 잠시 그 황동으로 만든 작은 상자 속에서 흔들리고 있는 자침을 바라보더니 절망에 빠진 듯한 소리를 외쳐댔다.

"오, 나으리! 이 저주받을 산에 대해 그 물건이 무얼 알 수 있겠습니까? 이전에 이 통로를 다니면서 이런 물건을 쓴 적이 한 번도 없었습니다. 평생 동안 이 길을 다녔습니다. 신이시여, 제발 용서해 주십시오. 바다가 어느 쪽인지 모르겠습니다!"

배고프고, 걱정되고, 또 반쯤 얼어붙어 있는 상태였지만, 나는 가이드가 캄차카에서 한 번도 나침반을 갖고 여행해본 적이 없으며, 나침반이 길에 대해서 무얼 알려줄 수 있겠느냐고 묻는 것을 듣고 웃지 않을 수 없었다. 나는 나침반이 길을 알려주는 족집게 같은 훌륭한 전문 장비(쉬프카 마스테르 shipka masteer)이며 이런 눈폭풍 속에서도 바다 쪽 방향을 찾아준다고 자신 있게 그에게 말해 주었지만, 그는 그 장비에 대한 믿음이 전혀 가지 않는다는 듯 낙담한 표정으로 머리를 흔들면서 내가 가리킨 방향으로 가는 것을 거부했다.

바람을 맞으면서 말을 몰아가는 것이 불가능했으므로 나는 말에서 내려 나침반을 손에 들고 바다 쪽 방향으로 말을 끌고 갔다. 뒤이어 부쉰이 따라왔는데, 그는 커다란 곰가죽을 머리에 뒤집어써서 마치 야생동물같이 보였다. 우리가 나침반을 믿어보기로 결정했다는 것을 알게 된 가이드는 마침내 우리와 함께 가기로 결론을 내렸다.

눈이 깊게 쌓이고 허리케인 같은 바람을 얼굴에 맞으며 걸어갔으므로 우리는 매우 느리게 나아갈 수밖에 없었다. 그런데 오후 중반쯤 돼서 눈보라가 휘몰아치는 가운데 우리는 갑자기 약 50m 높이의 절벽 가장자리에 도달하게 되었는데, 우리 눈앞에는 푸른 바다가 사나운 바람에 일렁이고 있었다. 나는 그런 야생의 거친 광경을 본 적이 없었다. 우리 뒤에는 냉기 서린 회색빛 하늘 아래 무섭도록 하얀 눈에 덮인 황량한 산들이 군데군데 파란 소나무 군락들 및 정상 부근의 검은 화성암 바위들과 뚜렷한 대조를 이루며 서 있었다.

그러나 우리 앞의 먼 아래쪽에는 신비스럽게도 눈보라가 휘몰아치는 회색 지대를 멀찌감치 벗어난 바다가 일렁이고 있었다. 파도가 검은 화성암 절벽에 부딪히면서 생긴 포말이 추운 날씨에 두껍게 얼어붙기도 하고, 또 반쯤 물에 잠긴 동굴 속을 파도가 드나들면서 쿨럭거리는 소리를 냈다. 눈, 산, 그리고 바다를 배경으로 하여 험한 절벽 위에서 반쯤 얼어붙은 사람과 말들이 바다를 바라보고 있었던 것이다. 그것은 단순한 풍경화가 아니라 기진맥진하여 애처로운 지경에 빠진 자들을 그린 그림이었다.

우리의 가이드는 무언가 친숙한 이정표 같은 것을 찾아내려고 해안가의 가파른 벼랑길을 오르내리다가 마침내 밝은 표정을 지으며 나에게 돌아와서 나침반을 보여달라고 요청했다. 나는 뚜껑을 열고 그에게 여전히 떨면서 북쪽을 가리키고 있는 파란색 자침을 보여주었다. 그는 호기심 어린 눈으로 면밀히 살펴보더니 마침내 그 신비한 능력에 대해 분명한 존경심을 나타냈다. 그는 그것이 진정 길을 알려주는 훌륭한 장비라고 말하면서 그것이 항상 바다를 가리키는 것인지에 대해 알고 싶어 했다.

나는 그에게 그것의 성질과 사용법에 대해 설명해주려고 노력했으나, 그를 이해시킬 수는 없었다. 그는 한 번도 가본 적이 없는 지역에서 바다로 가는 길을 가리켜줄 수 있는 그 작은 황동제 상자 안에는 신비스럽고 초자연적인 무언가가 들어있다고 굳게 믿으면서 나에게서 떨어졌다.

우리는 오후 내내 북쪽을 향해 계속 나아갔다. 가능한 한 해안가에서 멀리 떨어지지 않으면서 계속 이어져 있는 산봉우리들을 돌아가기도 하고, 또 9개 이상의 낮은 능선을 가로질러 가기도 했다.

나는 그날 하루 종일 틴달[84]의 《알프스의 빙하(Glaciers of the Alps)》에서 읽은 적이 있는 특이한 현상, 즉 모든 눈에 찍힌 발자국들과 갈라진 작은 틈새인 크레바스(crevice)들에서 푸른빛이 발하는 현상을 목격했다. 기

---

84) John Tyndall(1820~1893): 아일랜드의 물리학자 겸 산악인. 알프스에 매료되어 수차 마터호른에 오르며 빙하를 연구하고, 수증기나 먼지에 의해 빛이 산란되는 틴달 현상을 발견하였다.

다란 지팡이가 만들어낸 깊은 구멍 속에서도 푸른빛의 증기가 감돌았다. 거의 3년 동안 북극권 여행을 하면서도 이런 특이한 현상을 본 적은 한 번도 없었다.

날은 벌써 어두워진 지 1시간쯤 지났고 우리는 외따로 떨어져 있는 어떤 깊은 계곡으로 들어섰는데, 가이드의 말에 따르면 그곳은 사만카 강 하구 근처에 있는 해안가로 이어진다고 했다. 여기에는 눈 대신 비가 많이 내리고 있었다. 나는 소령과 도드가 이런 폭풍우 속에서는 약속 장소에 도착할 수 없을 것으로 생각했다. 그러나 나는 사람들에게 텐트를 치도록 지시해 놓고 고래잡이 보트가 도착했는지 여부를 확인하기 위해서 부쉰과 함께 말을 타고 강어귀까지 달려갔다. 날이 너무 어두워져서 사물을 똑똑히 보기가 어려웠고, 또 우리는 거기에 사람이 왔다간 아무런 흔적도 발견하지 못했으므로 실망한 상태로 캠프에 되돌아왔다.

하루 종일 기운이 다 빠진 상태에서 텐트에 들어가 저녁식사를 하고 곰가죽 침낭 속에 기어들어가 쉬는 것보다 더한 기쁨은 없었다. 우리 옷은 거의 48시간 동안 비에 젖어 있거나 아니면 얼어붙어 있었고, 우리는 14시간 동안 따뜻한 음식도 먹지 못하고, 제대로 쉬지도 못하면서 걷거나 말을 타고 왔던 것이다.

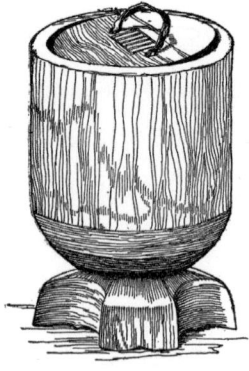

담뱃잎 가는 데 사용하는 목제 절구

CHAPTER 15

눈폭풍으로 인한 계획 포기 – 떨어진 식량

토요일 아침 일찍 우리는 계곡 입구로 이동해서 사만카 강 하구를 한눈에 볼 수 있는 지점에 텐트를 쳤다. 바람에 쓰러지지 않도록 텐트 모서리에는 돌을 매달아 놓았고, 소령과 약속한 대로 이틀 동안 고래잡이 보트를 기다릴 준비를 했다. 폭풍이 계속 불어댔으므로 성난 파도가 하루 종일 텐트 아래쪽에 있는 검은 화성암 바위에 밀어닥쳤다. 이런 상태라면 소령 팀으로부터 어떤 소식도 기대할 수 없을 것이라는 생각이 들었다.

단지 내가 희망하는 것은 폭풍이 불어오기 전에 그들이 어딘가 안전한 곳에 성공적으로 상륙했으면 하는 바람이었다. 만일 해안가 몇 km에 걸쳐 뻗어 있는 험한 바위 절벽 아래에서 돌풍이라도 맞는다면, 고래잡이 보트는 모두를 배에 실은 채 침몰하거나 아니면 절벽에 부딪혀 산산조각이 날 것이 분명해 보였다. 어느 경우에도 살아남아 무용담을 들려줄 사람은 한 사람도 없을 것 같았다.

그날 밤 부쉰은 우리가 먹고 있는 것이 마지막 식량이라는 놀라운 소식을 전해주어서 나는 낙담하지 않을 수 없었다. 고기는 다 떨어지고 남아 있는 것이라곤 물에 젖은 약간의 딱딱한 빵뿐이었다. 그와 캄차달인들은 모두 사만카 강에서 틀림없이 고래잡이 보트와 합류하게 되리라 기대했으므로 단지 3일분 식량만 준비했던 것이다. 그는 고래잡이 보트가 도착하거나 다른 무엇이 나타나줄 것으로 기대하면서 마지막 순간까지 아무 말도 하지 않았는데, 결국 더 이상 숨길 수 없게 된 것이다. 우리는 어느 마을에 가더라도 3일은 걸려야 도달할 수 있는 위치에 있었는데 식량이 없었다.

나는 우리가 어떻게 레스노이로 돌아갈 수 있을지 알 수 없었다. 눈은 우리가 레스노이를 출발했을 때부터 계속 내렸을 것이므로 아마 지금쯤은 산을 넘어갈 수 없을 것이고, 또한 험한 날씨가 계속돼서 고래잡이 보트가 오리라는 희망도 가질 수 없을 것이다. 많은 고민을 해봤지만, 한순간도 지체하지 않고 다른 통로를 거쳐 산을 가로질러 가는 것 이외에 다른 방법이 없었다.

나는 소령으로부터 이틀 동안 고래잡이 보트를 기다리라는 명령을 받았었다. 그러나 명령을 따르지 못할 상황이 발생했다고 생각했다. 그래서 나는 내일 아침 일찍 레스노이로 떠날 준비를 하라고 캄차달인들에게 지시했다. 그런 다음 소령에게 보내는 짧은 쪽지를 써서 양철통에 넣고 야영 장소에 남겨놓기로 하고, 내일 있을 산과의 투쟁에 견디기 위한 체력을 얻기 위해 곰가죽 침낭 속으로 기어들어가 잠을 청했다

밀물과의 경주

다음날 아침은 춥고 폭풍이 불어댔다. 산에는 눈이 계속 내렸고, 계곡에는 비가 많이 내렸다. 새벽부터 우리는 텐트를 철거하고, 말안장을 얹는 등 깊이 쌓인 눈을 헤치고 올라가는 험한 등반을 하기 위해 필요한 모든 준비를 마쳤다.

가이드가 자기 동료들과 잠시 의논을 하더니 나에게로 다가와서 우리의 등반계획은 전혀 실행 불가능한 것이라고 하면서 포기할 것을 제안했다.

그 대신 썰물로 물이 빠지면서 절벽 아래 바닥이 드러나면 그 좁은 해안가 길을 따라가면 된다는 것이었다. 그가 강력히 주장하는 이 계획은 산을 넘어가는 것보다 더 위험스런 것은 아니었으며, 단지 물이 덜 빠진 곳에서 말이 건너가기가 어렵다는 것뿐, 성공의 가능성은 더 많아 보였다. 좁은 해안가 길을 따라 약 50km 정도 내려가면 산의 남쪽 계곡에 도달하게 되고, 이 계곡에 있는 옛길을 따라 하루 종일 말을 달려가면 레스노이에 도착하게 된다는 것이었다.

예상되는 단 한 가지 위험은 우리가 이 남부 계곡에 도달하기 전에 밀물이 다가오는 것인데, 그럴 때는 말을 버리고 암벽 위로 기어 올라가야 할 수도 있다는 것이었다. 말들이 산에서 추위에 떨다가 굶어죽는 것보다는 이것이 더 나은 방법으로 보였다.

그럴듯해 보이는 그의 계획은 더도 덜도 아닌 그야말로 밀물과의 경주였다. 약 30~60m 높이의 가파른 절벽으로 퇴로가 차단돼 있는 좁은 해안가 길을 따라 약 50km 거리를 우리가 먼저 주파하느냐 아니면 밀물이 먼저 우리를 덮치느냐 하는 경주인 것이다. 만일 우리가 먼저 남쪽 계곡에 도착한다면 모든 것이 잘 될 것이고, 그렇지 않으면 3m 정도의 거대한 파도가 해안가를 뒤덮어 버려서 우리까지는 아니더라도 말들은 코르크 마개처럼 파도에 휩쓸려 버리고 말 것이다.

이 제안에는 다소 무모한 면이 있었지만, 식량도 없이 얼어붙은 옷을 입고 무릎까지 빠지는 눈 속을 힘들게 헤쳐 나가야 하는 것과 비교해볼 때 아주 매력적인 것이었으므로, 나는 기꺼이 이 제안에 찬성했고, 또 이제껏 보지 못했던 가이드의 사기가 오른 모습에 격려를 보내기까지 했다.

이제 조류는 썰물로 빠지기 시작하고 있었으므로 우리가 출발하기 전까지는 아직 3~4시간의 여유가 남아 있었다. 그 여유 시간 동안에 캄차달인들은 레스노이에서부터 우리를 따라온 개들 중 한 마리를 잡아 인정사정없이 기다란 칼로 죽인 다음, 이 산을 지옥같이 만들어놓은 악령에게 제물로 바쳤다. 그 불쌍한 짐승의 내장은 대지의 네 방향으로 뿌려졌고, 나머지 몸뚱이는 땅에 직각으로 세워진 긴 장대 끝에 뒷다리가 묶인 채 매달려졌다. 그러나 악령의 분노는 가라앉지 않은 것 같았다. 왜냐하면 분노를 달래려던 이 희생제의를 하기 전보다 하고난 이후에 폭풍이 더 심해졌기 때문이다. 그럼에도 불구하고 이 속죄의식의 효력에 대한 캄차달인들의 믿음은 여전했다.

만일 폭풍이 계속 잦아들지 않는다면, 그것은 오로지 믿음이 없는 한 사람의 미국인 때문일 것이었다. 그 미국인은 이 지역 수호신이 눈폭풍을 휘몰아치면서 경고했음에도 불구하고 나침반이라 불리는 악마와 같은 황동제 상자를 갖고서 산을 횡단하라고 지시했던 것이다. 악령은 개 한 마리를 제물로 바쳤다고 그런 신성 모독에 대한 속죄가 되는 것이 아니라고 분명히 밝히고 있었다. 하지만 희생제의가 원주민들의 안위에 대한 근심을 어느 정도 덜어준 것으로 보였으므로, 나는 한편으론 무자비하게 살해당한 불쌍한 개에게 동정을 표하면서도 다른 한편으로는 미신을 믿는 내 동료들의 표정이 한결 나아진 것에 기뻐했다.

나는 이제 시계 없이도 시간을 알아챌 수 있을 정도가 됐는데, 대략 10시쯤 되자 가이드가 해안가를 조사해 보더니 이제 떠날 때가 됐다고 말했다. 앞으로 우리는 4~5시간 안에 남쪽 계곡에 도달해야 했다. 우리는 재빨리 말 위에 올라 해안가 길을 따라 달려가기 시작했다.

한쪽에는 거대한 검은 절벽이 드리워져 있고, 다른 한쪽에는 밀려가는 파도에 하얀 포말이 흩날리고 있었다. 녹색의 미끈미끈한 해초, 조개, 물에 젖은 통나무, 수많은 해파리 등이 파도에 휩쓸려 와서 해안가를 따라 여기저기 흩어져 쌓여 있었다. 우리는 그 사이로 혹은 그 위로 말을 달려 나가면서 잠시도 고삐를 늦추지 않았다. 단지 거대한 바위나 화물차 높이만큼 쌓여 있는 회색 조개껍질 더미가 해안가 길을 막아서 있는 경우를 제외하고.

처음의 약 30km까지는 성공적으로 달려왔는데, 앞서 달리던 부쉰이 그의 몸이 말 앞으로 떨어질 듯 갑자기 말을 정지시키더니 귀에 익은 러시아어로 외쳤다.

"곰이다, 곰! 2마리."

약 400m 전방에서 분명 곰들이 해안가를 따라 자기들 길을 가고 있는 것으로 보였다. 곰이 어떻게, 왜, 2~3시간밖에 남지 않은 이런 위기 상황 속으로 뛰어들게 되었는지에 대해 우리는 전혀 추측할 수가 없었다. 우리 사정이야 어떻든 곰이 거기에 있고 또 우리는 그곳을 지나가야 한다는 사실은 변함이 없었다. 그야말로 우리가 아침식사로 곰을 잡아먹든지, 아니면 곰들이 우리를 잡아먹든지 둘 중의 하나였다. 한쪽에는 절벽, 다른 한쪽에는 바다, 그리고 우리 앞에는 외길만이 남아 있어 어디로 피하거나 돌아갈 방도가 없었다.

나는 새 탄창을 라이플 소총에 끼워 넣었고, 내 주머니 속에는 12발이 더 남아 있었다. 부쉰은 오리 사냥총에 총알 2발을 장전했고, 우리는 가능하면 우리가 노출되기 전에 곰을 쏘려고 바위 뒤쪽으로 기어갔다. 라이플 소총 사정거리 안에 들어왔을 때 갑자기 부쉰이 웃음을 터뜨리며 일어서더니 소리쳤다.

"사격 중지! 저들은 사람입니다."

바위 뒤에서 나와 보니 그들은 분명 사람이었다. 그런데 어떻게 사람들이 여기까지 왔을까? 위아래 모두 모피옷을 입은 원주민 2명이 휴전을 의미하는 하얀 깃발 같은 무언가를 들어 올린 채 손짓 몸짓을 해가며 다가오면서 총알이 아니라 러시아어로 우리에게 마구 무언가 퍼붓고 있었다. 가까이 다가오자마자 둘 중 하나가 나에게 허리를 굽혀 인사하면서 더럽게 젖어 있는 종이쪽지 하나를 건네주었다. 나는 그가 레스노이에서 온 캄차달인 임을 알아보았다. 이들은 소령이 보낸 전령이었던 것이다. 소령팀이 안전하다는 사실에 진심으로 하느님께 감사드리면서 나는 쪽지를 펴서 급히 읽어보았다.

"10월 4일, 레스노이로부터 15km 떨어진 해안가에서. 폭풍으로 이곳 해안가에 피신중, 빨리 돌아오기 바람. – S. 아바자 소령."

캄차달인 전령들은 우리가 떠난 지 단 하루 뒤인 바로 다음날 우리를 쫓아 레스노이를 출발했던 것이다. 하지만 폭풍과 나쁜 도로 사정으로 발이 묶여 있다가 어젯밤에서야 겨우 우리가 묵었던 두 번째 야영 장소에 도달했다. 눈 때문에 산에 오르기가 불가능하다고 판단한 이들은 말을 버리고 해안가 길을 따라 걸어서 사만카 강에 도달하려 했던 것이다. 그들은 썰물 한 번 만에 건너려 했던 것은 아니고 밀물 때는 높은 암벽 위로 대피했다가 물이 빠지면 다시 건너려 했다는 것이다.

그런데 이제 더 이상 그들의 설명을 들어줄 시간이 없었다. 조류가 빠르게 흘러 들어오고 있어서 이제 우리는 1시간에 약 20km의 거리를 달려야 했으며, 그렇지 않으면 말들을 버려야 했다. 우리는 지치고 젖어 있는 두 캄차달인들을 여분의 말들에 태우고 다시 말을 달렸다.

남쪽 계곡에 가까워 갈수록 상황은 점점 더 어려워졌다. 바닷물이 점점 밀려들어와 이미 절벽 밑바닥에 물방울이 튀기 시작했다. 20분 후에는 해안가 길을 지나갈 수 없을 정도가 될 것이다. 우리 말들은 꿋꿋하게 잘 지나왔고, 남쪽 계곡은 이제 지척거리에 있었다. 바닷물은 이미 절벽으로 밀어닥치기 시작했지만, 우리는 60~70cm 높이의 바닷물을 뚫고 말을 달렸고, 5분 만에 계곡 입구에 도달했다. 어려운 길이었지만 결국 우리는 10분을 남겨놓고 파도와의 경주에서 승리했다.

이제 우리는 눈 덮인 산의 남쪽에 도달했으며 레스노이까지는 16km도 남지 않았다. 가이드의 좋은 생각과 용기가 없었더라면, 우리는 사만카 강 남쪽으로 16km 정도 떨어져 있는 험악한 산봉우리들 사이에서 아마 길을 잃고 아직도 눈 속에서 허우적거리고 있었을 것이다. 우리가 가야 할 계곡 길은 커다란 암벽들, 소나무 군락, 빽빽한 오리나무 숲 등으로 막혀 있어서 그곳을 뚫고 나가려면 도끼로 나무를 베어나가는 힘든 작업을 2시간 넘게 해야 할 것 같았다.

2일간의 굶주림 – 레스노이로의 귀환

어두워지기 전에 우리는 둘째 날 묵었던 야영 장소에 도달했고, 자정 무렵에는 5일 전에 점심을 먹었던 무너진 유르트에 도착했다. 쉬지도, 먹지도 못하면서 14시간 동안 달려오느라 기진맥진해진 우리는 더 이상 나아갈 수가 없었다. 레스노이에서 온 캄차달인 전령들로부터 먹을 것을 얻어먹으려 했지만, 그들의 식량도 바로 전날 다 떨어져 버렸다는 사실을 알고는 실망에 빠질 수밖에 없었다.

부쉰이 우리 빵자루를 탈탈 털어내어 남아 있는 빵부스러기 한줌을 냄비에 넣고 자기 총에 바르려고 가져온 듯한 작고 더러운 고래 기름으로 볶아서 먼저 나에게 건넸다. 하지만 나는 무척 배가 고팠으므로 그 어두운 색깔의 기름진 덩어리를 먹지 않을 수 없었다. 그런 다음 그는 캄차달인들에게 한 입씩 나누어 주었다.

다음날은 아무 것도 먹지 못하고 나아갈 수밖에 없었는데, 그것은 정말 나의 기력을 혹독하게 시험하는 것이었고, 나는 배고픔으로 인해 위장이 갉아먹어 들어가고, 또 타들어가는 것 같은 고통을 느끼기 시작했다. 소나무 솔방울에서 씨앗을 빼내 먹고 물을 한 바가지씩 떠먹으면서 허기를 없애보려 했지만 아무런 도움이 되지 않았고, 급기야 저녁때쯤 되자 나는 거의 실신한 상태가 되어 안장에 앉아 있을 기력도 없었다.

날이 어두워진 후 2시간이 지나서야 우리는 레스노이의 개들이 짖어대는 소리를 들을 수 있었고, 20분 후에는 마을에 도착했다. 우리는 촌장의 작은 통나무집으로 달려가 저녁을 먹고 있는 소령과 도드에게로 들이닥쳤다. 우리의 긴 말타기 여행이 끝났던 것이다. 이렇게 사만카 산맥을 가로지르는 모험은 실패로 끝났다. 이것은 캄차카에서 내가 겪어본 가장 어려운 여정이었다.

　이틀이 지난 후, 온갖 걱정 속에 폭풍을 맞으며 해안가에서 5일간의 야영생활을 견뎌냈던 소령은 그 대가로 심한 관절염을 앓게 되었고, 따라서 앞으로의 모든 일정이 당분간 취소되었다. 마을에 있는 말들은 거의 모두가 기력이 쇠해 있었고, 우리와 함께 했던 가이드도 5일 동안 폭풍에 노출된 탓으로 염증성 단독증(丹毒症)을 앓으면서 눈이 멀어 있었으며, 또한 우리 팀의 절반 정도가 임무를 수행할 수 없는 상태에 놓여 있었다. 이런 상황에서 겨울이 오기 전에 산을 오르려는 시도는 불가능했다. 도드와 카자크족 동료 메로네프(Meroneff)를 의사와 새 공급품을 구하러 티길로 보내놓고, 부쉰과 나는 레스노이에 남아 소령을 돌보았다.

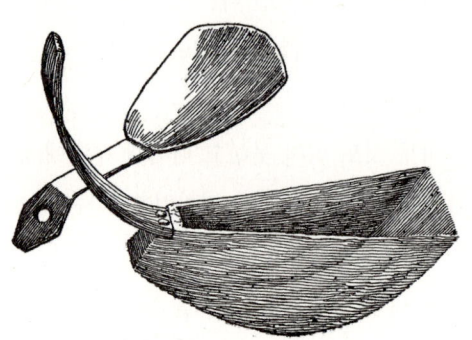

뿔로 만든 수저와 뿔로 만든 물 떠먹는 그릇

CHAPTER 16

캄차카 밤의 여흥거리

사만카 산맥을 가로지르려는 시도가 실패한 후에, 우리들이 할 일이란 강이 얼어붙고 눈이 깊이 쌓여서 개썰매를 타고 기지까지 우리의 여행을 계속할 수 있게 될 때까지 그저 레스노이에서 인내심을 갖고 기다리는 것 외에 다른 할 일이 없었다. 그것은 길고도 지루한 기다림이어서 나는 평생처음 집, 고향, 문명으로부터 유배당한 심정을 강하게 느끼고 있었다. 소령은 계속 앓아누워 있었는데, 기지가로 떠나는 여행에 대해 걱정하면서 우리들에게 서로 엇갈리는 명령을 내리는 등 몇 시간 동안 헛소리를 하고 있었다. 그는 겨울 전에 기지가에 도착해야 한다는 생각으로만 가득 차 있었다. 그의 병 때문에 도드가 돌아올 때까지의 시간이 무척 길게 느껴졌다.

소령은 불투명한 물고기 가죽으로 만든 창문이 있는 작은 통나무 방에 누워 있었다. 나는 그의 곁에 그저 가만히 앉아 있는 것 외에 달리 할 일이 없었으므로 셰익스피어와 성경책 읽기에 몰두하여 그것들을 거의 다 외울 정도가 되었다. 날씨가 좋으면 나는 라이플 소총을 어깨에 둘러메고 순록이나 여우를 찾아 하루 종일 산을 헤매고 다녔다. 그러나 사냥에 성공하기란 드문 일이었다. 사슴 한 마리와 북극 뇌조 몇 마리가 나의 유일한 전리

품일 뿐이었다.

　밤이면 나는 작은 부엌에 있는 통나무 의자에 앉아 이끼조각 심지와 물개 기름으로 가득 찬 양철통으로 만든 거친 캄차달식 램프에 불을 붙이고 캄차달 사람들이 들려주는 모험 이야기나 또는 기타를 치며 불러주는 노랫소리를 몇 시간씩 듣고 있었다. 이런 밤에 벌어지는 캄차카식 여흥을 통하여 나는 전에는 아무 것도 몰랐던 캄차달 사람들의 생활, 관습, 특성 등에 관한 흥미로운 많은 것들을 배울 수 있게 되었다. 이 잘 알려져 있지 않은, 호기심 가는 종족에 대해 앞으로 말할 기회가 없을 것 같으므로, 이 기회에 이 종족의 언어, 음악, 오락, 미신, 생활상 등에 관해 언급해두는 것이 나을 것 같다.

캄차달인의 특성

　나는 이미 이들을 조용하고, 공격적이지 않으며, 친절한 반(半) 야만적인 종족으로 묘사한 바 있는데, 특히 정직하고, 상냥하며, 법적인 권위에 웃길 정도의 존경심을 나타내고 있다. 억압에 대한 반란이나 저항 같은 관념은 과거 독립 시절에 있었을지 모르나, 현재의 캄차달인 성격에는 아주 이질적인 것이다. 이들은 복수심을 갖기보다는 오히려 최상의 착한 성격과 유연한 기질을 갖고 온갖 학대와 무시를 견뎌낼 것이다. 이들은 마치 개와 같이 충성스러우면서 너그럽기까지 하다. 만일 이들을 잘 대해준다면, 아마 당신이 원하는 사소한 것도 이들의 법이 될지도 모른다. 게다가 이들은 당신이 표현하지 않은 욕구조차도 미리 알아내어 그에 대한 감사함을 자신들의 거친 방식으로 최선을 다해 보여줄 것이다.

　우리가 레스노이에 머무는 동안 소령이 어느 날 우연히 우유가 먹고 싶다고 말한 적이 있었다. 촌장은 그에게 마을 안에 젖소가 없다고 말하는 것이 아니라 자기가 우유를 약간 얻어보도록 노력하겠노라고 말하는 것이었다. 즉시 한 남자가 말을 타고 이웃 마을 킨킬(Kinkill)로 달려갔으며, 밤이 되기 전에 그는 샴페인 병 하나를 팔에 끼고 돌아왔고, 소령은 그날 밤 차에 우유를 타먹을 수 있었다. 그리고 그 시간부터 우리가 기지가를 향해 출발할 때까지의 약 한 달 이상의 기간 동안 우리에게 신선한 우유 한 병을 갖다주기 위해 한 사람이 말을 타고 매일같이 30km 정도 거리를 다녀왔다. 이것은 어떤 대가도 바라지 않는 순수한 마음에서 우러난 친절로 보여졌으며, 또한 반도 안에 있는 모든 캄차달 사람들이 우리에게 보여준 일반적인 태도의 전형적인 본보기였다.

연어잡이와 담비덫 사냥

캄차카 북부의 정착 원주민들은 보통 계절에 따른 두 가지의 다른 주거 양식을 갖고 있다. 겨울 주거지는 '짐니아(zimnia)'라고 불리고 여름 주거지는 '레토바(letova)'라고 불린다. 짐니아는 보통 해안가에서 수 km 떨어진 나무가 많은 언덕 아래 안전한 곳에 위치하는데, 원주민들은 9월부터 다음해 6월까지 이곳에서 보낸다. 레토바는 물고기를 잡는 집으로 서로 약 8km 정도의 간격을 두고 세워지며, 항상 강이나 시냇물 근처 입구에 위치해 있다. 보통 서너 채의 유르트, 아니면 겉에 흙을 바른 통나무집으로, 혹은 땅에 지주를 박고 그 위에 원뿔형 집을 세우고 수많은 나무들에 물고기를 널어 말리는 '볼로간(bologan)'이라는 집 8~10채로 구성돼 있다.

6월 초가 되면 주민들은 모두 겨울집을 떠나 이 물고기 잡는 집으로 이동한다. 개와 까마귀들조차도 더 풍요로운 환경을 찾아 여름철 볼로간으로 이동한다. 7월 초가 되면 수많은 연어가 바다에서 강으로 올라오다가 원주민들이 쳐놓은 덫, 양동이, 어살, 자망, 예인망 등에 잡히게 되면, 여인네들은 날렵한 솜씨로 연어의 배를 가르고, 뼈를 발라내고, 깨끗이 한 다음 긴 수평 건조대에 널어 말린다. 험한 바다생활에 자신감이 붙었음에도 연어는 마치 어부가 해안가로 돌아오듯 좋은 시간을 보내기 위해 강으로 돌아오지만, 목적지에 도달하기도 전에 운 없는 수많은 동료들과 함께 예인망에 걸려 강 밖으로 끌어 올려진다. 그런 다음 큰 칼에 배를 찢기우고, 등뼈는 제거되고, 머리는 잘리고, 내장은 도려내지고, 그리고 나머지 절단된 몸들은 장대 위에 걸려 7월의 뜨거운 태양 아래 말라가게 된다. 자기 몸이 더 많은 유용한 용도로 새롭게 변모하는 신속한 과정을 연어 스스로 보고 만족감을 느낄 수 없다는 것은 안타까운 일이다. 이런 단계를 거친 연어는 더 이상 물고기가 아니므로 '유칼라(Yookala)'라는 새로운 이름을 부여받게 된다.

그 먼 거리에도 불구하고 어마어마한 양의 연어들이 시베리아 강들로 거슬러 올라가는 모습은 놀라운 광경이다. 바닷가에서 약 100km 정도 떨어진 캄차카 내륙에서 우리가 지나쳤던 수십 개의 작은 강들마다 죽어가는, 이미 죽은, 죽어서 썩어가는 수천 마리의 연어들로 가득해서 그 강물을 어떤 다른 용도로도 쓸 수 없을 정도였다. 아이들이 건널 수 있는 작은 개울에서조차도 길이가 약 50cm에 달하는 연어들이 자신의 등이 드러날 정도로 얕은 데도 불구하고 상류를 향해 열심히 헤엄치고 있는 광경을 목격한 우리는 물 속에 들어가 맨손으로 잡아 밖으로 내던지는 방법으로 십여 마리씩 잡기를 자주 했다.

연어들은 강 상류로 올라가게 되면 겉모습이 크게 변한다. 바다에서 처음 강으로 들어갈 때 연어의 비늘은 밝고 딱딱하며, 살은 통통하고 화려한 색을 띠지만, 상류로 올라갈수록 비늘은 밝은 색을 잃어버리고 떨어져 나가며, 살은 마르고 거의 하얀색으로 탈색되어 맛이 없게 된다. 이런 이유 때문에 캄차카에 있는 모든 물고기 잡는 장소는 가능하면 강어귀 근처에 위치해 있다. 북동부 시베리아의 모든 정착촌 마을들의 생계는 산란을 위해 강을 거슬러 오는 연어의 본능에 달려 있는 것이다. 만일 이 풍부한 물고기가 없다면, 순록 유목민인 코랴족 지역을 제외한 전 지역이 사람이 살 수 없는, 살지 않는 곳이 될 것이다.

물고기 잡이 철이 끝나자마자 캄차달 사람들은 말린 유칼라를 볼로간에 저장해놓고 겨울 막사로 되돌아가서 담비 사냥 준비를 한다. 이들은 가을 한 달 동안 내내 숲과 산을 돌아다니며 덫을 만들어 설치해놓는다. 담비 덫을 만드는 방법은 다음과 같다.

먼저 커다란 나무줄기에 담비가 일어서면 머리가 닿을 정도의 높이에서부터 가로 35cm × 세로 10cm × 깊이 13cm의 홈을 파낸 다음, 더 작은 다른 나뭇가지를 잘라 한쪽 끝은 땅에 닿게 하고 다른 끝은 홈의 맨 윗부분에 닿도록 비스듬히 걸쳐놓으면 4자 모양의 덫이 완성된다. 여기에 먹이를 놓아두면 담비가 다가와 뒷다리를 들고 머리를 홈 안에 넣으면 무거운 통나무가 4자형 틀에서 굴러 떨어져 나머지 부분은 전혀 손상하지 않고 단지 담비의 머리만 내리치게 된다. 가을에 원주민들은 이런 덫을 한 사람당 약 100여 개씩 만들어 설치해 놓았다가 겨울 동안 내내 담비를 잡아들인다.

이런 방법에 만족스러워하지 않는 일부 원주민들은 설피를 신고 개를 동원해 자기들이 쳐놓은 그물로 담비를 몰아가서 몽둥이로 때려잡는다.

캄차카 반도에서 잡히는 담비의 수는 연간 6,000~9,000마리에 달하며, 이 모두가 북유럽으로 수출된다. 유럽 시장에 들어오는 러시아산 담비의 대부분은 이곳 캄차카 원주민들이 잡아들인 것으로 미국 상인들에 의해 모스크바로 운송되는 것이다. 내가 알기로는 러셀 앤 컴퍼니(Russell & Co.)로 알려진 미국 상사를 중국에 갖고 있는 보스턴의 보드맨(W.H. Bordman)이 실제로 캄차카와 오호츠크 해안의 모든 모피 무역을 관장하고 있다.

1867년 당시 캄차달인들에게 지불된 담비 모피 1장당 가격은 명목상 15루블의 은이나 11달러의 금에 해당됐다. 그러나 실제로는 차, 설탕, 담배, 그리고 무역상인이 임의로 정하는 가치에 따른 다른 잡화들로 지불되었으므로, 원주민들이 실제적으로 받는 가치는 명목상 가격의 절반을 겨우 넘는 정도였다. 그럼에도 불구하고 겨울 동안 중부 캄차카의 거의 모든 주민들은 직간접적으로 이 모피 무역에 종사하고 있었고, 그들 중 많은 수가 모피 무역으로 안락하고 독립적인 경제생활을 영위해가고 있었다.

이렇게 연어와 담비 사냥은 캄차달인들에게 중요한 연중행사지만, 이것들은 원주민의 특성보다는 그 지방의 자연 환경을 보여주는 것으로 캄차달인과 캄차달인 삶의 특성에 대한 불완전한 관념을 보여주고 있을 뿐이다. 따라서 그들의 진정한 특성을 그려보려면, 일상적인 일거리보다 언어, 음악, 여흥, 미신 등을 살펴보는 것이 더 가치 있는 일이다.

캄차달어와 음악

캄차달 언어는 나에게 있어서 아시아의 모든 소수종족 언어 가운데 가장 흥미로운 것 중 하나이다. 그 언어 구조 때문이 아니라 단순히 그 이상하고 거친, 그리고 숨넘어갈 듯 꼴깍거리는 발음 때문이다. 빨리 말할 때 보면 그것은 항상 주전자의 좁은 주둥이를 빠져나가는 물소리를 연상케 했다. 캄차카를 방문한 어느 러시아 여행가는 이렇게 말했다.

"캄차달 언어는 반은 입에서, 나머지 반은 목구멍에서 만들어진다."

하지만 반은 목에서, 그리고 나머지 반은 뱃속에서 만들어진다고 표현하는 것이 더 정확할 것이다. 그것은 이제까지 내가 들어왔던 어떤 아시아 언어들보다 더 많은 후음(喉音)을 갖고 있으며, 그런 면에서 축치어, 코략어와 상당히 다른 면을 보이고 있다. 비교언어학자들이 교착어라고 부르는 이 언어는 변화 가능한 접두사와 변하지 않는 어근으로 구성돼 있는 것처럼 보인다. 내가 아는 한 이 언어에는 말미(末尾) 어형 변화가 없으며, 문법은 단순해서 쉽게 배울 수 있는 것처럼 보인다. 반도의 북부에 사는 캄차달인 대부분은 마치 아주 능숙한 언어학자처럼 자기 종족언어에다 더하여 러시아어와 코략어를 구사하고 있다.

내가 보기에 캄차달인의 노래들은, 특히 다른 데서 차용하지 않고 자작으로 만든 노래들은 언제나 그들의 성격을 아주 많이 나타내주고 있는 것으로 보인다. 일부 학자들이 주장하고 있듯이 노래는 성격을 반영한다거나, 아니면 단순한 감정 표시일 수도 있지만, 결론은 둘 사이에 커다란 차이가 없다는 것이다. 노래에서 그들의 성격이 드러난다는 면에서 캄차달인들은 시베리아의 다른 어떤 종족보다도 뛰어나다. 이들이 호전적인 종족이 아니었던 것은 분명해 보인다.

이들의 노래에는 많은 북미 인디언 종족들이 그렇듯이 자기 조상들의 영웅적 행위를 찬양한다거나, 아니면 사냥과 전쟁에서의 위대한 업적을 기리는 노래가 없다. 이들의 발라드풍 노래는 모두 애수를 띤 슬픔, 사랑, 그리고 가정에서 느끼는 감정에 관한 것이며, 자부심, 분노, 복수 등과 같은 거친 감정에 관한 것은 별로 없다. 이들의 음악은 모두 이방인의 귀에는 이상한 소리로 들리지만, 그것은 마치 묘지에서 사랑하는 친구를 떠나보내는 장송곡처럼 영원히 지나가버린 무언가에 대한 희미하고 슬픈, 그리고 헛된 후회의 감정을 그들 방식으로 전달해주고 있다. 오시안[85]이 카릴[86]의 노래에 대해 말해주듯이, "그것은 슬픔에 잠겨 있는 영혼이 과거의 달콤하고 즐거웠던 기억을 회상하는 것과 같은 것이다."[87]

내가 특별히 기억하고 있는 노래가 하나 있는데, 그것은 펜진스키(Penjinski)라 불리는 노래로 내가 레스노이에 있을 때 어느 날 밤 원주민들이 불러주었던 노래였다. 그 노래도 역시 예외 없이 내가 들어본 노래 중

---

85) Ossian: 3세기경 아일랜드, 스코틀랜드 고지 지방에 살았던 고대 켈트족 영웅이자 우울한 낭만적 서사시를 썼던 음유시인으로 전한다. 1765년 영국 시인 제임스 맥퍼슨(James Macpherson)이 민요 등을 수집하여 《고지방 수집 고대시가단장》, 《핑갈(Fingal)》, 《테모라(Temora)》 등을 발표함으로써 알려지기 시작해 18세기 후반 낭만파 시인들에게 큰 영향을 끼쳤다. 오늘날에는 맥퍼슨이 자신이 수집한 자료를 근거로 하여 자작한 것으로 보고 있다.
86) Carryl 혹은 Carril: 고대 아일랜드 왕 쿠슐린(Cuthullin)의 휘하에 있는 음유시인.
87) 《핑갈(Fingal)》 제5편에 나오는 장면으로 보이는데, 로크린(Lochlin)의 왕 스와란(Swaran)이 아일랜드 왕 쿠슐린(Cuthullin)을 공격하자 쿠슐린의 친구인 스코틀랜드 왕 핑갈이 군대를 이끌고 와 스와란을 물리치자 쿠슐린이 자기의 음유시인 카릴을 보내 승리를 축하하는데, 그 자리에 참석한 핑갈의 아들 오시안과 카릴이 서로 만나 나누는 대화 중 하나인 듯하다.

가장 달콤하면서도 무언가 표현할 길이 없는 가장 애처로운 음조의 노래였다. 그것은 절망에 빠져 자비심을 간구하는 죽은 자의 영혼의 통곡소리 같았다.

나는 그 가사들을 번역해 보려고 애를 썼으나 헛수고였다. 그것이 더 사나운 북부 이웃 종족들을 만나 피를 흘리는 재앙을 겪은 것을 묘사한 것인지, 아니면 살해당한 사랑하는 아들, 형제, 남편의 사체를 앞에 두고 통곡하는 것을 묘사한 것인지 알 수 없었지만, 곡조만은 사람들의 눈물을 흘리게 만들고, 또한 노래 부르는 사람에게도 형언할 수 없는 영향을 미쳐, 때때로 북받치는 감정에 거의 광란 상태에 이르도록 만든다.

물론 캄차달인들이 춤출 때 부르는 노래들의 곡조는 전혀 다르다. 보통 매우 활기차고 기운찬 스타카토 악절들이 변주 없이 계속 이어진다. 원주민들은 거의 모두가 첼랄라이카[88]라고 불리는 두 줄짜리 삼각형 기타를 켜면서 노래를 부르는데, 일부는 스스로 만든 투박한 바이올린을 연주하기도 한다. 캄차달인들은 어떤 종류의 음악이든 다 열정적으로 좋아한다.

개썰매

이들이 몰두하는 다른 여흥거리들은 춤, 눈 위에서의 축구, 그리고 개썰매 경주 등이다.

캄차달인들의 겨울 여행은 전적으로 개썰매에 의해 이루어지고 있으며, 이보다 더 나은 방법은 없는 것처럼 보인다. 처음부터 이들이 개를 자신들에 적합하도록 만들었다는 이야기가 있는데, 현재의 시베리아 개가 여전히 늑대의 본능과 특성을 가진, 반쯤 가축화된 북극의 늑대에 다름 아니기 때

---

88) Cellalika: 3줄짜리 러시아 민속악기인 발랄라이카(Balalaika)를 잘못 표기한 것이거나 아니면 3줄로 바뀌기 이전의 2줄짜리의 옛 이름인 듯하다.

문이다. 아마도 세계에서 이렇게 강인한 동물은 또 없을 것이다. 야외의 영하 70도 눈 위에서 잠을 자기도 하고, 발바닥이 갈라져 피가 눈을 적셔도 끝까지 무거운 짐을 끌고 가기도 하고, 또 자기 몸에 걸친 가죽끈을 다 먹어치울 정도로 굶주림을 잘 견뎌내기도 한다. 이 개의 힘과 기질은 결코 굴하지 않는 것처럼 보인다.

나는 9마리가 한 팀이 된 개썰매를 타고 하루 낮과 하루 밤 동안 약 150km를 달려본 적이 있고, 또 48시간 동안 먹이를 줄 수 없는 상황에서 힘든 여정을 같이 한 적도 여러 번이었다. 보통 이 개들은 하루에 한 번 먹이를 먹는데, 그 양은 700~900g의 마른 생선 한 마리 정도이다. 밤에 한 번 먹이를 주면 다음날 하루 종일 일할 수 있는 것이다.

개썰매는 마른 자작나무로 만들어지는데, 길이는 약 3m, 너비는 약 60cm 정도이며, 놀라울 정도로 가볍고 단단하다. 그것은 넓고 휘어진 바닥 활주부를 말린 물개가죽끈으로 묶은 단순한 구조이다. 철제 재료를 사용하지 않기 때문에 무게는 9kg를 넘지 않는다. 하지만 그것은 약 180~250kg의 무게를 지탱하며 험한 산에서의 극심한 충격도 견뎌낸다.

썰매에 매다는 개의 숫자는 가는 곳의 지형과 짐의 무게에 따라 달라지는데, 보통 7~15마리 정도이다. 양호한 환경이라면 11마리의 개가 사람 한 명과 약 180kg의 짐을 싣고 하루에 약 65~80km를 갈 수 있다. 개들은 두 마리씩 연이어 썰매에 묶여 있는데, 물개가죽끈으로 한 마리씩 하나의 목줄과 하나의 짧은 끌잇줄로 묶은 다음 가운데로 길게 연결하여 썰매에 묶는다.

개들을 인도하고 조정하는 것은 전적으로 썰매 몰이꾼의 목소리와 특별히 훈련된 선도 견에 달려 있다. 썰매 몰이꾼은 채찍을 갖고 있지 않고 대신 약 1.5m 길이에 직경 약 5cm 정도의, '외르스텔(oerstel)'이라 부르는 굵은 장대를 갖고 있다. 이 장대의 한쪽 끝에는 긴 쇠못이 달려 있는데, 이것은 언덕길을 내려갈 때 속력을 줄이기 위해서, 그리고 순록이나 여우를 쫓아가려고 길을 벗어나는 개들을 정지시키기 위해서 사용하는 것이다. 썰매 몰이꾼은 이 막대의 한쪽 끝을 단단히 잡고 무릎 앞에서 수직 방향으로 못이 달린 부분을 눈 속에 내리 찌른다. 그러면 그것은 훌륭한 조종간이 되어 속도가 느려지면서 아주 신속하고 효과적인 브레이크 역할을 하게 된다.

개썰매를 모는 기술은 세계에서 가장 매력적인 기술 중 하나이다. 보통 여행객들은 개썰매를 처음 보게 되면, 개썰매를 모는 것이 시내에서 차를 모는 것처럼 쉬워 보인다고 생각한다. 그런데 10분만 타보면 그것이 생각처럼 쉽지 않다는 사실을 깨닫게 되고, 하루도 지나지 않아 썰매 몰이꾼은 시인과 마찬가지로 배워서 되는 것이 아니라 타고나는 것이라는 사실을 확신하게 된다. 썰매가 눈 속에 뒤집어지고, 뒤집어진 채로 길에서 몇 백m씩 벗어나는 등 쉽지 않은 작업인 것이다.

겨울옷

여름과 겨울에 입는 캄차달인들의 옷은 대부분 가죽으로 만들어진다. 겨울옷은 순록가죽으로 만든 무거운 스타킹, 속에 털 달린 모피바지, 무릎까지 올라오는 '토르바사(torbassa)'라고 불리는 물개가죽 장화, 무릎까지 내려오며 모자달린 쿠크랑카(kookhlanka)라 불리는 무거운 이중 모피 외투 등으로 구성된다. 쿠크랑카는 다양한 색깔의 아주 두껍고 부드러운 순록가죽으로 만들어지는데, 아래쪽 부분에는 비단 자수로 장식하고, 소매와 목 부분에는 윤이 나는 비버가죽으로 테를 두르고, 목깃은 높아서 뺨과 코를 덮을 정도이며, 목뒤에 붙은 모자는 날씨가 나빠지면 머리를 덮어버린다. 여우가죽으로 만든 모자의 가장자리는 긴 오소리털로 마무리돼 있고 동물의 귀로 장식돼 있다. 이런 옷차림으로 캄차달인들은 영하 20~40도까지의 혹독한 추위 속에서도 눈 위에서 잠자는 등 몇 주 동안을 무사히 버텨낼 수 있다.

▲ 다가오는 어두운 밤: 지친 개썰매 팀 – 조지 프로스트 그림

레스노이에 오랫동안 머물러 있는 동안 우리는 겨울 폭풍에 대비하여 곰 가죽으로 침낭을 만들고, 옷과 썰매 등을 준비하는 등 혹독한 겨울등반을 위한 만반의 준비를 갖추는 데 대부분의 시간을 보냈다.

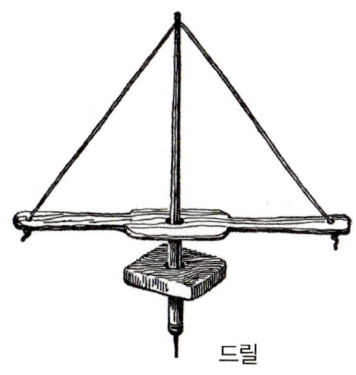

드릴

CHAPTER 17

새로운 출발 – 사만카 산맥 횡단

10월 20일 러시아인 의사가 티길로부터 도착했다. 소령은 열이 높고, 관절이 부풀어올라 피가 나고 있었다. 의사의 정성스런 치료 덕분에 열이 떨어지면서 서서히 상태가 호전되기 시작했다. 같은 주(週) 안에 도드와 메로네프가 차, 설탕, 럼주, 담배, 딱딱한 빵 등의 새로운 공급품을 갖고 티길로부터 돌아왔고, 우리는 사만카 산맥을 가로지르는 새로운 여행을 위해 킨킬(Kin-Kil), 폴란(Polan) 같은 이웃 마을에서 개들을 사 모으기 시작했다. 어디에나 눈이 약 70cm 깊이로 쌓였고, 날씨는 맑고 추운 날씨로 바뀌었다. 이제 소령의 병을 제외하곤 우리를 레스노이에 억류할 수 있는 것은 더 이상 없었다. 28일 소령은 이제 여행할 수 있다고 말했고, 우리는 출발을 위해 짐을 꾸렸다.

11월 1일 우리는 마치 사나운 짐승처럼 보이게 하는 무거운 모피옷으로 갈아입고 레스노이의 친절한 주민들에게 송별인사를 나눈 다음, 18명의 대원과 200마리의 개가 40일 분의 식량을 16대의 썰매에 나눠 싣고 코략 유목민 자치구역을 향해 출발했다. 우리는 40일 안에 기지가에 도착해야 했다. 그렇지 않으면 도중에 죽었다고 신문이 보도하게 될 것이다.

11월 3일 늦은 오후 북극 밤의 특이한 쇳빛 푸른 하늘 속으로 황혼이 저물어갈 무렵, 우리 개들은 천천히 사만카 산맥의 마지막 정상을 힘들게 올라갔고, 우리는 약 700m 고지에서 저 멀리 지평선까지 온통 눈으로 뒤덮인 황량하고 너른 평원을 내려다보았다. 바로 유목민 코랴족의 땅이었다. 바다에서 불어오는 차가운 바람이 산꼭대기까지 치고 올라왔고, 바람이 소나무 사이로 지나갈 때마다 우웅대며 내는 애처로운 소리는 하얀 눈에 파묻힌 황량한 겨울풍경의 적막함과 고독함을 더해주고 있었다. 해는 자기보다 높아진 산 너머로 기울면서 아직도 희미한 황혼 빛을 비쳐주고 있었다. 그러나 우리 밑에 있는 계곡은 낙엽송과 소나무 숲이 빽빽하게 들어차 있어 이미 밤 그림자가 어둡게 깔리고 있었다.

저 멀리 산기슭에 코랴족의 야영지가 처음 눈에 띄었다. 산을 내려가기 전에 정상에서 잠시 개들에게 휴식시간을 주면서 우리는 점점 어두워지는 시야 속에서 저 멀리 어딘가에 있을 검은 텐트들을 찾아보려고 애썼다. 하지만 죽은 듯 정적에 싸인 하얀 설경을 깨뜨리는 어떤 움직임도 보이지 않았다. 코랴족의 야영지는 툭 튀어나온 산허리에 가려져 있었던 것이다.

코랴족 야영지로의 하산

어둠 속에서 달이 떠오르고 있었고, 오른쪽 산봉우리들의 윤곽이 부조처럼 드러났다. 우리는 개들을 일으켜 세우고 아래쪽 평원지대로 통하는 어두운 계곡 속으로 뛰어들었다. 어두운 밤 그림자와 거대한 바위들이 협소한 산길을 막아서고 있어서 산을 내려가는 길은 극히 위험스러웠다. 사고를 피할 수 있는 숙달된 썰매 몰이꾼들의 모든 솜씨가 요구되는 상황이었다. 썰매 몰이꾼들은 못이 달린 막대에서 눈이 흩날려 눈구름이 형성될 정도로 썰매가 내려가는 속도를 제어하려 했으나 소용없는 일이었다. 그들이 외쳐대는 경고의 소리들은 메아리가 되어 더 크게 울렸고, 오히려 개들의 속력을 더 빠르게 만들어 주었다. 우리는 마치 떨어져 내리는 눈사태의 아가리를 벗어나려고 하는 듯 숨 쉴 틈 없이 빠른 속도로 나무와 바위들을 지나쳐 어두운 계곡 아래로 내려갔다. 서서히 썰매의 속도가 줄어들면서 우리는 달빛 아래 눈으로 뒤덮인 너른 평원지대로 빠져나왔다.

그로부터 반 시간 동안 더 썰매를 타고 달리자 우리는 코략족 야영지 부근에 도달했다. 하지만 우리는 아직 순록이나 텐트 같은 어떤 흔적도 발견할 수 없었다. 보통 눈을 파헤친 자국 같은 것들은 반경 수km 내에 있는 순록떼들이 먹이인 이끼를 찾으려고 발로 눈을 파헤친 것이므로 코략족의 유르트가 근처에 있다는 것을 알려주는 것이다. 그런 흔적을 발견하는 데 실패한 우리는 길을 잘못 들었을 가능성에 대해 논의하고 있었다.

그런데 갑자기 선도견들이 귀를 쫑긋 세우고 코를 킁킁거리며 컹컹 짖어대더니 우리가 온 방향에서 거의 직각 방향에 있는 낮은 언덕을 향해 뛰어가기 시작했다. 썰매 몰이꾼들이 흥분한 개들의 속도를 줄여보려 애썼으나 소용없었다. 위쪽에 있는 순록떼의 냄새가 바람을 타고 흘러나오자, 이때까지 훈련받은 모든 것을 잊어버리고 개들에게서 늑대의 본능이 살아났던 것이다.

언덕 위에 도달하자 우리 앞에는 밝은 달빛 아래 코략족의 원뿔형 텐트들이 드러났다. 주위에는 적어도 4,000마리 정도는 돼보이는 순록들이 있었는데, 그 가지난 뿔들은 마치 마른 나뭇가지들이 숲을 이루고 있는 것 같았다. 개들은 마치 여우 사냥에 나선 한 떼의 사냥개들처럼 함께 짖어대며 주인들이 소리치며 제지하는 데도 불구하고 순록들에게로 달려들었다.

그때 갑자기 개들과 놀란 순록들 사이로 서너 명의 검은 형체들이 뛰어들면서 개들에게 소리를 질러댔다. 그런 소란 속에서도 나는 도드의 목소리를 들을 수 있었는데, 그는 무진 애를 썼는데도 썰매가 뒤집힐 정도로 순록을 쫓아와 짖어대는 개들을 향해 러시아어로 무어라 꾸짖고 있었다. 놀라서 잠시 멈칫대던 순록들이 갑자기 도망가기 시작했고, 그 뒤를 따라 200

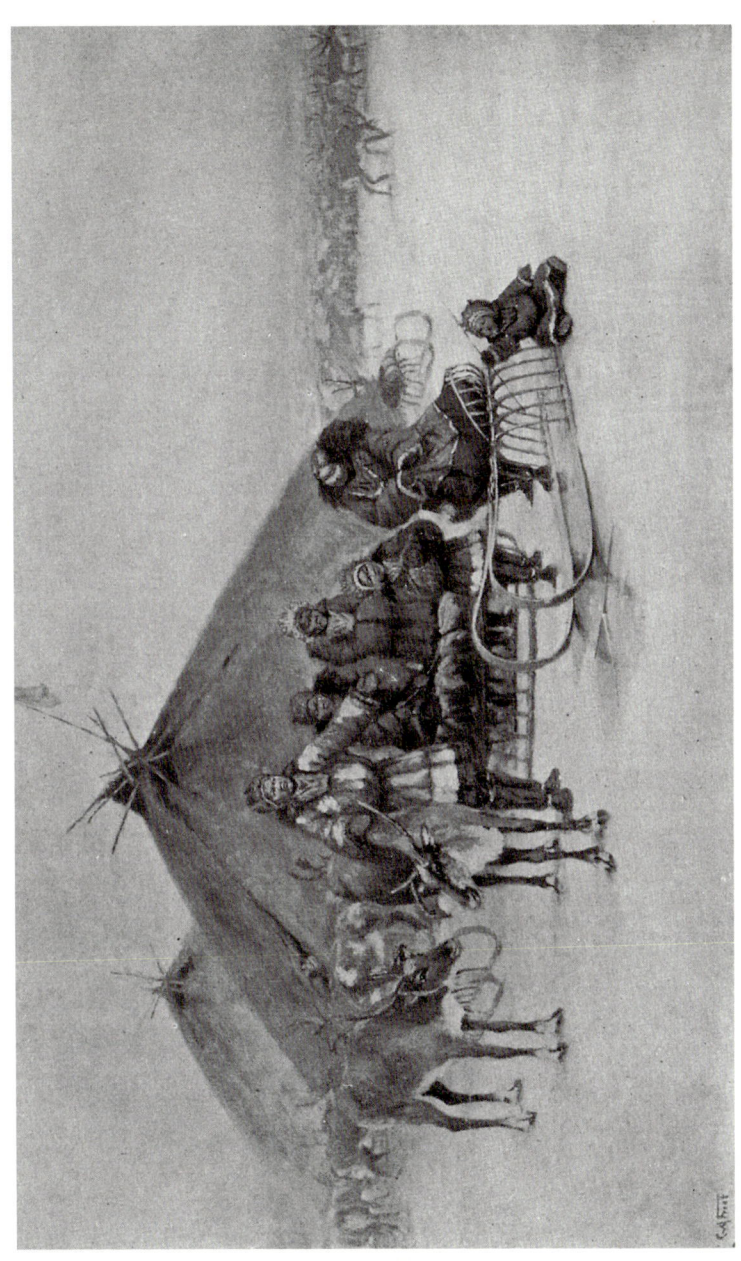
▲ 유목 코랴족과 그들의 순록 및 썰매 – 조지 프로스트 그림

마리의 개들과 썰매 몰이꾼들, 그리고 코랴족 감시인들이 쫓아갔다.

일은 원치 않는 방향으로 진행되고 있었고, 나는 썰매에서 뛰어내려 개 짖는 소리와 고함소리가 뒤섞여 평원을 질주하고 있는 그 소동을 지켜보고 있을 수밖에 없었다. 정적에 싸여 있었던 코랴족 야영지는 이제 놀라 깨어나서 즉각적인 행동에 들어가고 있었다. 갑자기 텐트에서 검은 형체들이 튀어나와 문 옆에 세워둔 긴 창을 그러쥐고 바다코끼리 가죽으로 만든 올가미를 개들에게 던지면서 추적에 가담하였다.

달아나는 와중에 수천 개의 순록뿔들이 부딪히는 소리, 눈 위를 짓밟는 수없는 발굽소리, 놀란 순록들의 거친 울음소리, 알아들을 수 없는 코랴족들의 외침소리 등이 멀리서도 들리는, 얼어붙은 한밤중의 아수라장 속에서, 코랴족들은 놀란 순록떼를 한데 모으려고 애썼다. 그것은 마치 한밤중에 북미 인디언 코만치족이 적으로 보이는 야영지를 공격하는 장면과 비슷해 보였다. 우리가 의도하지 않은 상태에서 온갖 고함소리들이 난무하는 소동을 나는 놀란 눈으로 바라볼 수밖에 없었다.

멀리 나아갈수록 소동은 점점 더 수그러들었고, 흥분하여 일시적으로 과도한 체력을 소모한 개들은 지친 상태에서 주인의 통제하에 들어갔고, 결국 야영지로 돌아왔다. 숨을 헐떡이는 도드의 개들은 마치 도중에 추적을 포기한 자신의 약한 체력을 원망하는 듯 때때로 순록떼가 있는 방향으로 눈길을 돌리면서도 느릿느릿 뒤로 물러났다.

나는 비웃는 듯한 말투로 도드에게 말했다.

"왜 개들을 제지하지 못한 거야? 너 정도라면 그보다는 잘했어야 한다고."

그는 감정이 상한 듯 소리쳤다.

"네가 개들을 제지해 보라고! 난 네가 하는 것을 보고 싶어. 마치 증기식 윈치처럼 덩치큰 코랴족 사람 하나가 네 목에 올가미를 걸고 끌어당길 거야! 그러면 '제발 그만둬!' 하고 울어대는 것이 전부겠지. 하지만 야만인들이 마치 네가 야생동물이라도 되는 양 네 썰매의 뒤쪽 끝에 매달아 끌고 다 닌다면, 너의 그 위대한 머리가 무슨 수를 궁리해낼 수 있을까? 내 목에는 지금 그 올가미의 자국이 남아 있다고."

이렇게 말하면서 그는 물개가죽끈이 닿았던 자신의 귀 주위를 조심스레 만지고 있었다.

유목민들과 유르트 – 문구멍과 개

순록떼를 다시 한곳에 모으고 감시인 하나를 배치한 다음, 코랴족 사람들은 자신들의 조용한 야영지에 그런 무례한 침입을 한 방문자들이 누구인지 알아보려고 우리들 주위에 몰려와서 우리의 통역인 메로네프에게 우리가 누구이며 원하는 것이 무엇인지를 물어보았다. 은빛의 밝은 달빛이 이들의 까무잡잡한 얼굴에 흘러내리고, 옷에 매단 금속제 장식들과 기다란 창끝에 달린 날들이 반짝거리면서 이들의 모습은 마치 한 폭의 그림 같은 풍경을 연출하고 있었다. 이들은 툭 튀어나온 광대뼈, 경계의 눈초리, 직모의 검은 머리 등을 제외하면 북미 인디언들과 닮은 점이 없었다. 이들 얼굴 대부분은 우리 서구인들의 특징과는 달리 선이 굵고 아주 순박한 표정이어서 우리가 이들의 친절함과 깊은 신앙심을 충분히 보증할 수 있을 정도였다.

우리가 북극권 야만인들에 대해 갖고 있던 기존의 생각들과 정반대로 이들은 미국인 평균 신장의 키에 강건한 신체를 갖고 있었다. 이들은 길고 검은 오소리털로 밑단을 대고 목에서 무릎까지 감싸주는 무거운 외투 '쿠크랑카'나 아니면 점박이 순록가죽으로 만든 사냥용 외투를 허리띠를 하고 입고 있는데, 옷 여기저기에 색색의 작은 구슬들을 엮은 줄, 가죽으로 만든 주홍빛 장식솔, 금속 장식품 등이 치장돼 있었다. 여기에 모피 바지, 무릎까지 올라오는 물개가죽 장화, 늑대가죽 두건, 머리 양쪽으로 솟아 있는 동물의 귀 장식 등이 추가되면 그 기괴한 형상에도 불구하고 달빛이 흐르는 이상한 분위기에 동화된 한 폭의 그림 같은 광경을 연출한다.

소령과 우리의 통역인 카자크인 메로네프가 우리의 임무와 원하는 것을 설명하는 동안 도드와 나는 코략족의 야영지를 살펴보려 돌아다녔다. 그것은 4개의 커다란 원뿔형 텐트로 구성돼 있는데, 텐트는 몇 개의 기둥으로 만든 틀과 그 위에 느슨하게 씌워놓은 순록가죽을 물개나 바다코끼리의 가죽을 꼬아 만든 밧줄로 원뿔 꼭대기에서부터 땅바닥에까지 팽팽하게 늘어뜨려 묶어놓은 것이다. 처음에 이것들을 보면 아주 빈약해 보여서 겨울에 북극해로부터 불어닥치는 폭풍을 견뎌낼 수 없을 것 같은 생각이 들지만, 나중에 겪어보면 아주 심한 돌풍이라도 단단히 매어진 이 텐트를 찢어낼 수 없다는 사실을 알게 된다.

눈 위에는 다양한 크기와 모양으로 잘 만들어진 눈썰매들이 여기저기 흩어져 있었고, 가장 큰 텐트 옆에는 순록 위에 싣는 등짐 200~300여 개가 대칭을 이루며 쌓여 있었다. 15~20명 가량의 코략족 사람들이 마치 일종의 감독위원회처럼 우리의 행동거지를 살피려 뒤따라 다녀서 분위기가 다소 거북해진 우리는 둘러보기를 마치고 문명세계와 야만세계의 대표들이 협상을 진행하고 있는 자리로 되돌아갔다. 그들이 우호적인 합의에 도달한 것이 분명해 보였다. 왜냐하면 우리가 다가가자 무리들 중에 머리를 박박 깎은 키 큰 원주민 하나가 나서서 가장 큰 텐트로 길을 안내하더니, 가죽 커튼을 들어 올리고 직경 약 80cm 정도의 어두운 구멍 속을 우리에게 보여주면서 안으로 들어가라고 손짓했다.

그동안 부쉰이 가르쳐준 시베리아 교육 중에서 그가 특별히 자부심을 갖고 있는 것은 바로 조그만 구멍 속으로 기어들어가는 기술이었다. 수많은 실습을 통해 그가 습득한 것은 구불구불 잘 휘어지는 신체와 허리의 유연성으로 우리는 도저히 흉내 낼 수 없어서 그저 감탄만 할 뿐이었다. 그런 특별한 능력이 항상 바람직한 것은 아니었지만, 그는 우리 앞을 가로막는 모든 어두운 구멍들과 지하통로들(문이라 잘못 불리고 있는)을 탐험하는 데 가장 적합한 인물로 변함없는 선택을 받고 있었다. 이것은 우리가 지금까지 보아왔던 다른 특이한 출입구 양식들보다 더 이상하게 보였다. 하지만 자기 몸을 어떤 구멍에도 맞출 수 있다는 원리를 신봉하고 있는 부쉰은 수평 자세로 몸을 낮춘 다음 도드에게 조심해서 뒤따라 기어오라고 말했다.

그가 먼저 사라지고 난 다음에 몇 초간의 정적이 흘렀고 모든 것이 잘돼 가고 있는 것으로 판단됐으므로, 나는 머리를 구멍 속으로 집어넣고 조심스레 그의 뒤를 따라 기어갔다. 캄캄한 어둠이었지만 부쉰의 숨 쉬는 소리를 안내자로 삼아 나는 잘 따라가고 있었는데, 갑자기 사납게 으르렁대는 소리와 그에 놀란 고함소리가 앞쪽에서 들려왔고, 곧 부쉰의 머리가 쇠망치처럼 내 머리에 부딪쳐왔다. 아픔을 느낄 틈도 없이 무언가 매복해 있다가 침입자를 죽여버리는 것이 아닌가 하는 생각이 갑자기 들면서 나는 급히 뒤로 물러났다. 부쉰 역시 불구가 된 게처럼 어정쩡한 자세로 급히 내 뒤를 따라왔다.

"빌어먹을 무슨 일이야?"

러시아어로 물으면서 도드가 가죽 커튼을 들어 올려 부쉰의 머리를 끌어당겼다.

"악마라도 쫓아오는 양 그렇게 도망치다니!"

흥분한 부쉰이 몸짓을 해가며 대답했다.

"내가 그 구멍 속에서 코략족 개들에게 잡아 먹힐 뻔한 것은 몰랐겠지? 바보같이 안으로 너무 들어갔지만, 나는 언제 빠져 나와야 할지 정도는 알고 있었다고. 하지만 구멍이 어디로, 얼마나 통해 있는지는 알 수 없었어."

그는 변명하는 듯이 덧붙여 말했다.

"그리고 그곳은 개들로 꽉 차 있다고."

부쉰이 곤경에 처한 것을 재빨리 알아챈 코략족 가이드는 재미있다는 듯이 미소를 지으며 구멍 속으로 들어가더니 개들을 모두 쫓아낸 다음 안쪽 커튼을 들어올려서 붉은 불빛이 비치도록 만들어 놓았다. 높이가 낮은 문을 통과하여 약 4~5m 정도를 손과 무릎으로 기어서 들어가자 우리는 텐트 안의 너른 원형 장소에 도달했다. 가운데 땅바닥에는 송진 많은 소나무 가지들이 타닥 소리와 함께 밝게 타오르면서 검게 윤이 나는 기둥과 나무 골조들을 붉게 비추어주고 있었다. 또한 주위에 웅크리고 앉아 있는 코랴족 여인네들의 문신한 까무잡잡한 얼굴 위에, 그리고 거무스름한 검댕이 묻은 천정 가죽 위에 불빛이 어른거리고 있었다.

뭔지 모를 재료가 가득 담긴 커다란 구리 냄비가 알 수 없는 냄새를 풍기며 불 위에 올려져 있었는데, 팔을 드러낸 마른 여인네 2명이 번갈아 가며 막대로 냄비 안의 내용물을 저어주고, 불이 꺼지지 않도록 불을 쑤셔주고, 또 2~3마리의 사납고 호기심 많은 개들의 머리를 토닥여주고 있었다. 불에서 천천히 피어오른 연기는 땅바닥에서 약 1.5m 위에 푸르스름한 구름층을 형성하고 있었는데, 위에는 나쁜 냄새와 연기, 수증기 등이 포함된 층이, 아래에는 그보다 맑은 공기가 포함된 층이 형성돼 있었다.

폴로그

유르트에서 신선한 공기를 마실 수 있는 방법은 물구나무를 서서 마시는 것이 가장 바람직해 보였다. 매캐한 연기가 눈을 찌르고 눈물이 흘러내리자 나는 도드에게 물구나무를 서보자고 제안했다. 그렇게 하면 연기로부터 빠져나올 수 있을 것 같았다. 하지만 항상 나의 귀중한 제안을 비웃었듯이 그는 이번에도 나만 그렇게 해보라고 하면서 자신은 땅바닥에 넙죽 엎드려서 한 코랴족 아이에게 묘한 표정을 지어보이며 장난을 쳤다. 시간이 지나면서 부쉰은 연기 때문에 매워진 눈이 조금 회복되자 저녁식사 준비를 하려고 했으나, 자기 주위를 따라다니며 으르렁대는 개들에게 복수의 일격을 가할 기회를 엿보고 있었다.

한편 우리들 중 가장 쓸모 있는 역할을 맡아 하고 있는 소령은 '폴로그

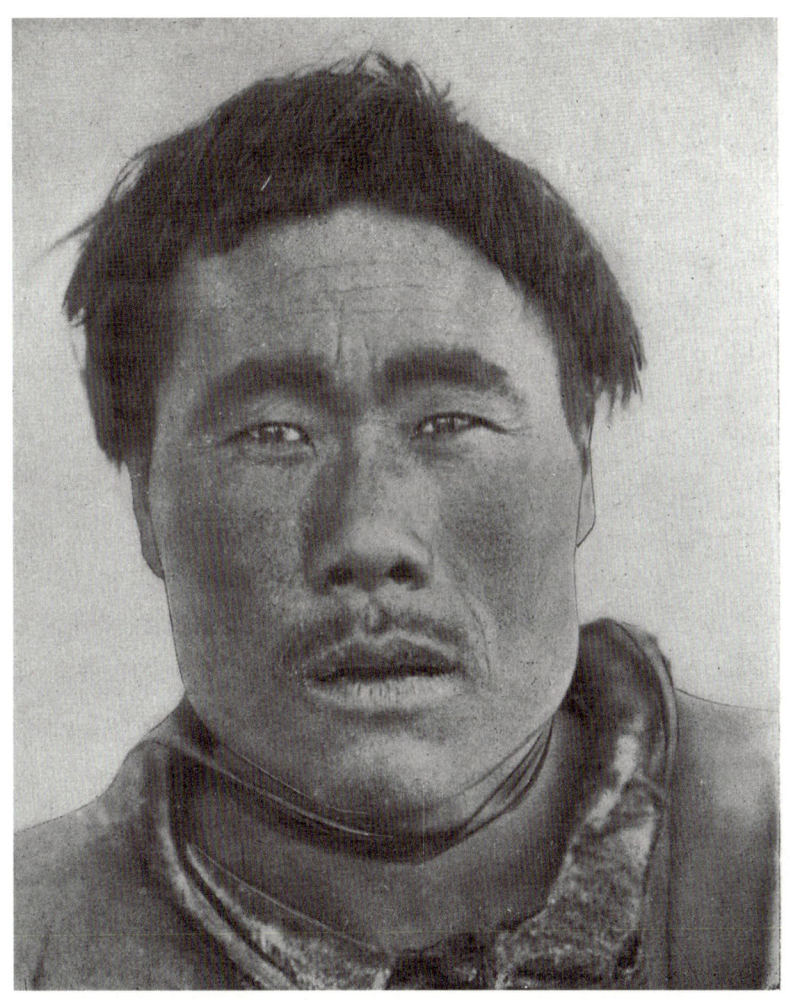

▲ 유목 코략족 남자

(polog)' 방을 독채로 쓸 수 있는지 협상하고 있었다. 겨울에 통상 코략족 텐트 내부 온도는 영하 4~7도 이하이지만, 항상 그런 추운 온도에 노출돼 있는 것은 아니다. 코략족 사람들은 내부에 조그만 텐트를 하나 더 설치하는데, 이곳은 가죽 커튼으로 하나씩 따로 분리된 '폴로그'로 불리는 거의

밀폐된 방들로 구성돼 있어 따로 독립적이면서 상당히 따뜻한 효과를 나타내고 있었다. '폴로그'의 크기는 대략 가로 260×세로 200×높이 130cm 정도이다. '폴로그' 방은 촘촘이 짜인 무거운 모피로 둘러쳐져 있어서 공기가 빠져나가지 않았고, 나무 사발 안에 물개기름을 넣고 이끼 조각을 띄워 불을 붙인 호롱불이 방안을 밝혀줄 뿐만 아니라 공기를 훈훈하게 만들어주고 있었다.

하지만 코랴족 텐트인 유르트 안의 폴로그 방에서도 역시 자연의 법칙인 대상(代償)의 원리는 제대로 작동되고 있었다. 즉 방안이 따뜻해질수록 그 반대 급부로 방안의 연기는 더 심해지는 것이었다. 호롱불의 타오르는 심지는 마치 지독한 냄새 나는 기름 호수 위에서 화염에 휩싸인 채 불타고 있는 작은 배처럼 물개기름 위를 떠돌아 다니면서 폴로그 방 안의 신선한 공기를 다 빨아먹고 있었으며, 또한 토할 것 같은 역겨운 냄새를 풍기면서 탄산가스와 기름연기를 내뿜고 있었다.

위생학의 기본 원칙을 거스르는 이런 저열한 환경에도 불구하고 코랴족 사람들은 건강해 보였다. 아니 부정적으로 말한다 해도 이들의 건강하지 못함을 증명해낼 아무런 증거가 없었다. 이런 폴로그 방에서 거의 대부분의 시간을 보내는 코랴족 여인네들도 통상 고령의 나이까지 살고 있으며, 신체적으로 좀 말라보인다는 점을 제외하고는 다른 나라들의 늙은 여인네들과 별다른 점을 찾아보기 어려웠다. 질식해 죽을 것 같은 두려움도 없었던 것은 아니었지만 나는 처음으로 코랴족 유르트 안에서 잠을 잤다. 하지만 내가 불편하게 생각했던 것들은 나중에 전혀 근거 없는 것으로 밝혀졌으며, 오히려 그런 생각은 서서히 사라져갔다.

우리를 둘러싸고 땅바닥에 웅크리고 앉아 있는 코랴족 사람들의 호기심 어린 시선들에 지친 도드와 나는 그 자리를 피하기 위해 소령의 능숙한 외교로 확보한 폴로그 방의 모피 커튼을 들어올리고 방 안으로 들어가 저녁 식사 시간이 되기를 기다렸다. 좁은 폴로그 방 안에서 전신을 뻗을 공간을 찾지 못해 방밖으로 밀려나간 9명의 호기심 많은 코랴족 사람들은 바닥에 누워 커튼 아래로 자신들의 머리를 쑥 내밀고 침묵의 감시를 계속하고 있었다. 코랴족은 머리를 밀어버려 보기 흉했는데, 몸은 없고 머리만 달랑 9개가 일렬로 늘어서서 우리가 움직이는 대로 두 눈이 똑같이 따라서 움직이는 기괴한 광경이 연출되자 우리는 웃음을 참을 수 없었다. 그러자 곧 9개의 검게 그을린 얼굴들에서도 웃음이 터져 나왔고, 동시에 같은 표정을 짓는 이런 모습은 마치 머리 9개 달린 괴물을 연상케 했다.

담배를 피워 그 연기로 9개 머리를 쫓아내자는 도드의 제안에 따라 나는 주머니에서 가시나무 뿌리로 만든 파이프를 꺼내들었고, 우리가 가장 아끼는 문명세계 물건 중 하나인 딱성냥으로 불을 붙였다. 갑자기 날카로운 폭발음을 내며 성냥에 불이 붙자, 곧장 9개의 머리가 놀라 사라져 버렸다. 커튼 너머로부터 놀란 원주민들이 내는 긴 한숨소리가 들려왔고, 뒤이어 불을 만들어내는 이 악마의 도구들에 대해 수군거리는 소리가 들려왔다.

하지만 놀라운 일이 벌어졌다는 소식을 접한 다른 코랴족 사람들이 추가된 채로 백인들의 초월적인 힘을 다시 보기 위해 머리들이 곧 다시 나타났다. 이제 우리가 처한 상황은 100개의 눈을 가진 아르고스[89]에게 당하는 것처럼 일거수일투족을 감시받는 상황이 되었다. 코랴족 사람들은 우리의 입에서 동그란 담배 연기가 피어오를 때마다 마치 바닥을 알 수 없는 구멍으로부터 퍽하고 터지는 소리와 함께 불꽃이 일면서 올라오는 죽음의 연기를 보는 것처럼 열중해서 넋을 놓고 바라보고 있었다.

갑자기 도드가 커다란 소리를 내며 기침을 해대자 줄지어 있던 머리들이 깜짝 놀라 또 다시 사라졌고 커튼 너머에서 서로의 의견을 나누는 수근거림이 들려왔다. 우리는 터져나오는 웃음을 참을 수 없었다. 하지만 이제 이런 놀이에도 지쳤고 또 배가 너무나도 고팠기 때문에 우리는 저녁 준비하

---

[89] Argus – 그리스 신화에 나오는 100개의 눈을 가진 거인.

는 모습을 지켜보기 위해 폴로그 방 밖으로 기어나왔다.

코략족 음식

  부쉰은 즉석에서 전신기계가 들어 있던 소나무로 만든 작은 상자를 다리 없는 식탁으로 만들어 그 위에 딱딱한 빵으로 만든 케이크, 얇게 썰어놓은 베이컨, 뜨거운 차가 담긴 손잡이 없는 컵 등을 진열해놓고 있었다. 이것들은 우리들 문명인들이 차려놓은 귀한 음식들이었고, 그 옆으로 땅바닥에는 야만인들이 준비한 진수성찬이 기다란 나무 여물통 하나와 커다란 나무 사발 하나에 담겨져 있었다. 물론 그 맛과 성분에 대해서 우리는 단지 추측만 할 수 있을 뿐이다.

  여행에 지친 우리들의 입맛은 식별력이 떨어지는 것이지만, 우리는 제공된 모든 음식을 먹어치움으로써 코략족의 깊은 환대에 보답하기로 마음의 결정을 내리고 여물통과 상자 식탁 사이의 땅바닥에 마치 책상다리를 하고 앉는 투르크족 사람들처럼 주저앉았다. 이상한 내용물을 담고 있는 커다란 나무사발이 의심 많은 도드의 주의를 끌어당겼고, 도드는 기다란 수저로 그 내용물을 미심쩍은 듯이 이리저리 뒤적이더니, 요리의 총책임자인 부쉰에게 물었다.

"이게 뭐야?"

부쉰이 곧 대답했다.

"그거? 그것은 '카샤(Kasha: 쌀로 만든 죽)' 야."

도드가 경멸하는 듯이 말했다.

"카샤라고? 마치 아이들이 소꿉장난하는 진흙반죽 같아 보이는데. 빨대도 필요 없을 것 같군."

그는 마른 풀잎 몇 가닥을 낚시질하듯 위로 끌어올리면서 물었다.

"그런데 이건 뭐지?"

CHAPTER 18

코랴족이 떠돌아다니는 이유 - 그들의 독립심

　캄차카의 코랴족 유목민은 약 40여 개의 씨족단체로 나뉘는데, 북위 58~63도 사이의 반도 북부 너른 초원지대를 떠돌아다니며 살고 있다. 이들의 남방 한계선은 서부 해안에 있는 정착촌 티길(Tigil)이며, 이들은 매년 무역 거래를 하기 위해 이곳에 들른다. 또한 이들의 북방 한계선은 오호츠크 해 북단에서 약 320km 떨어진 마을 펜지나(Penzhina)로 더 북쪽에서는 이들을 발견하기가 쉽지 않다. 이 한계선 내에서 이들은 한 곳에 정착해 살지 않고 순록떼를 이끌고 떠돌아다니는 유목생활을 끊임없이 영위하고 있는데, 간혹 한 곳에 일주일 이상 머물기도 한다.

　이런 유랑생활은 이들이 정착을 싫어하고 항상 변화를 좋아하기 때문에 생긴 전통이 아니다. 4,000~5,000마리의 순록떼가 한 곳에 머무르게 되면, 이 순록떼는 발굽으로 눈을 헤치며 며칠 만에 반경 몇km 안의 이끼를 모두 먹어버리기 때문에 코랴족은 어쩔 수 없이 다른 신선한 초지를 찾아 떠나야만 살 수 있는 것이다. 그래서 이들의 유목생활은 선택의 문제가 아니라 순록에 의지해 살아가는 생존 차원의 필연적 결과인 것이다. 떠돌아다니지 않으면 순록이 굶어죽고, 다음엔 그들 자신이 굶어죽을 수밖에 없는 것이 자연의 이치인 것이다. 아마도 이런 유목생활은 순록을 가축으로 기르기 시작하며 생겨났으리라. 그러다가 생겨난 떠도는 습성이 이젠 코략족 삶의 전부가 되어 다른 식의 삶을 살 수 없게 된 것이다. 이렇게 고립된 채로 떠돌아다니며 독립적인 삶을 지탱해주는 유목생활은 코략족을 용감하고, 구속받기를 싫어하고, 자부심이 강한 민족으로 만들어주었고, 또한 그런 특성은 캄차달족 및 시베리아의 다른 정착 원주민들과 구별되는 점이기도 하다.

이들에게 약간의 순록떼와 떠돌아다닐 초지가 주어진다면, 이들은 세상에서 더 바랄 것이 없이 자체적으로 살아나갈 것이다. 이들은 문명이나 국가로부터 떨어져 독립된 삶을 영위해 나가고 있으며, 더더구나 국가의 법에 예속되거나, 혹은 문명의 혜택을 받는 것조차 달가워하지 않는다. 코략족 사람들은 한 사람이 한 열댓 마리의 순록을 가지고 있게 되면, 그 자신이 곧 법이 될 정도로 독립적이다. 본인이 원한다면 그 자신이 스스로 세상과 단절하고 오로지 자신의 순록을 돌보면서 살아나갈 수 있는 것이다.

보통 코략족은 6~8가족들이 작은 무리를 이루어 산다. 이것은 서로간의 동의에 의한 것일 뿐이고 이런 무리를 다스리는 우두머리를 세울 필요성도 느끼지 않는다. 형식상 순록을 가장 많이 소유한 사람이 '타이온(Tyon)'이라 불리는 지도자 역할을 하는데, 그는 다른 곳으로 이동하는 시기와 장소 등에 대한 결정권을 가지고 있으면서 무리의 구성원 개개인의 의무와 권리에 대해 말해줘야 하는 책무를 맡고 있을 뿐, 어떤 다른 권한을 갖고 있지 않다.

이들은 자신들에게 재앙을 가져다주는 악령, 그리고 그 사이에서 중재자 역할을 하는 샤먼이나 사제 같은 종교인에게만 특별한 존경심을 보일 뿐, 그 밖의 어떤 것에도 존경심을 보이지 않는다. 이들은 세속적인 위계질서를 경멸감을 갖고 바라보는데, 만일 러시아의 황제 차르가 이들의 텐트 안으로 들어온다 하더라도 차르는 단지 그 텐트의 주인장과 똑같은 대우를 받을 수 있을 뿐이다.

이런 코랴족 원주민에게서 우리가 필요로 하는 것을 얻어내기 위해서는 자신이 세상에서 어느 정도의 지위, 부, 권력을 갖고 있는지 이들에게 깊은 감명을 주어야 자신의 명령에 어느 정도의 존경심을 가지고 따를 것이라고 소령은 생각했다.

어느 날 그는 코랴족 무리 중 가장 나이 많고 영향력 많은 노인네 한 명을 부른 다음, 통역을 통해 자신이 얼마나 부자인지, 러시아에서 얼마나 높은 지위에 있는지 등의 설명에 이어 자신과 같은 사람은 가난하고 떠돌아다니는 이교도들로부터 마땅히 충성스런 존경을 받아 마땅하며 결과에 따라 상벌이 뒤따른다는 사실을 알려주었다.

맨땅에 쭈그리고 앉아 있던 코랴족 노인네는 얼굴 근육 하나 움직이지 않은 채 우리 지도자의 완벽하고 존경받을 만한 품위에 대한 장광설을 조용히 듣다가 마침내 통역이 끝나자 아무 일 없었다는 듯이 천천히 일어나서 소령에게 다가오더니 아주 다정하게, 그리고 마치 격려라도 하는 듯이 소령의 머리를 툭툭 두드렸다. 소령은 얼굴이 시뻘개지더니 그냥 웃음을 터뜨리고 말았다. 이후로 소령은 코랴족을 위압해서 감명시키려는 시도를 두 번 다시 하지 않았다.

코랴족은 이런 타고난 독립심을 갖고 있을 뿐 아니라, 또한 변함없이 우호적이면서 친절하기까지 하다. 우리는 이런 사실을 첫 번째 야영했을 때부터 확인할 수 있었으며, 이후 우리가 펜진스크 만(Penzhinsk Gulf) 어구에 도달할 때까지 여러 번 야영지를 옮겨갈 때마다 코랴족 사람들은 변함없이 우리를 순록썰매에 태워 다른 코랴족 무리들에게 데려다줌으로써 이동 중에 아무런 어려움도 발생하지 않았던 것이다.

모닥불 옆에 둘러 앉아 코랴족 사람들과 긴 대화를 나눈 우리는 졸리고 피곤함이 몰려오자, 이 새롭고 낯선 사람들에 대한 우호적인 인상을 간직한 채 우리의 잠자리인 좁은 폴로그 방 안으로 기어들어갔다. 눈이 감기면서 잠이 들 무렵 유르트의 다른 방으로부터 낮고 애잔한 단조 가락의 노랫소리가 가끔 되풀이되는 후렴구와 함께 흘러나왔다. 이렇게 코랴족 텐트 안에서의 나의 첫 밤은 아주 이국적이면서도 애처로운 곡조에 휩싸여 보내게 되었다.

불편한 삶

타고 남은 재에서 나오는 자욱하고 매운 연기 때문에 기침이 발작적으로 나오면서 아침잠에서 깬 우리는 좁은 방안에서 기어 나왔다. 어제 먹었던 식탁에는 말린 생선, 굳어 있는 동물성 기름, 사슴고기 등이 더러운 나무 여물통에 그대로 담겨져 있었고, 또 바로 옆에는 사나운 개가 지켜보고 서 있어서 매번 먹을 때마다 개 눈치를 봐야만 할 것 같았다. 이것은 코랴족과의 생활에서만 겪어볼 수 있는 드문 경험이었다. 코랴족의 뜨거운 환대는 불편함에 대한 보상이라도 되는 듯이 계속 이어졌지만, 하루 이틀이 지나자 그 신선함은 사라지고 대신 경험에 정비례하여 불편함도 더해지는 것 같았다.

철학자들은 마음이 고르게 되면 어떤 외부 상황에도 잘 대처하게 된다고 주장하지만, 코랴족 텐트에서 2주일을 보내게 되면 논리적인 사고는 사라지고 자신이 잘못된 상황에 빠져 있다는 사실만을 깨닫게 될 것이다. 나는 내 자신이 아주 밝은 성격이 아니라는 사실을 밝히는 바이지만, 우리가 첫 야영지에서 밤을 보내고 다음날 아침 슬리핑백에서 기어 나와 마주치게 된 현실은 기분 좋은 것이 아니라 우울한 분위기였다.

아침 햇살은 푸른빛의 선을 이루며 텐트의 자욱한 연기를 뚫고 들어왔다. 방금 지펴놓은 모닥불은 타오르지 않고 연기만 내뿜고 있었다. 아침 공기는 차고 쌀쌀했다. 이웃한 폴로그 방에서는 어린 아이 2명이 울고 있었다. 아침식사는 아직 준비되지 않았고, 우리는 모두 말이 없었다. 이런 분위기를 깨기란 어려운 것이어서 나 역시 조용히 앉아 있었다. 하지만 곧 서너 잔의 뜨거운 차를 마시게 되자 우리는 평상시의 활기를 되찾고 서서히 상황을 긍정적으로 바라보기 시작했다.

우리는 코랴족 '타이온'을 불러다놓고 머리 회전을 빠르게 하기 위해 독한 체르케스[90] 산 여송연을 권한 다음, 북쪽으로 약 64km 떨어져 있는 다음 코랴족 야영지까지 우리를 데려다주도록 부탁했다. 부탁이 성공적으로 받아들여지면서 곧 떠날 준비가 시작됐다. 썰매를 준비하고 순록 20마리를 포획하라는 명령이 떨어졌다. 딱딱한 빵과 베이컨으로 서둘러 아침식사를 마친 나는 두건 달린 가죽외투를 입고 벙어리 장갑을 끼고 4,000여 마리의 순록떼 중에서 20마리의 순록을 어떻게 포획하는지 보러 밖으로 나갔다.

순록의 이용

텐트 사방으로 순록떼가 둘러싸고 있었는데, 일부는 이끼를 찾으려고 날카로운 발굽으로 눈을 헤집고 있었고, 또 다른 일부는 거친 소리로 짖어대며 서로 뿔을 맞닥뜨려 싸우고 있었고, 나머지는 서로의 뒤를 쫓아 미친 듯이 초원 위를 질주해 달리고 있었다. 텐트 가까이로 올가미를 쥔 사람 10여 명이 두 줄로 늘어서 있고, 또 한편에서는 물개가죽으로 만든 200~300m 길이의 긴 밧줄을 20명도 넘는 사람들이 잡고 소리 지르며 한떼의 순록들을 둥그렇게 에워싸 올가미를 쥔 사람들쪽으로 몰아간다.

둥그런 원이 좁혀들면서 순록들이 빠져나가려고 애를 써보지만, 튼튼한 밧줄에 밀려 올가미 쥔 사람들이 두 줄로 늘어서 있는 좁은 길로 들어서게

---

90) Circassian: 체르케스, 혹은 체르키스, 키르케스라고도 한다. 캅카스 산맥 북서부 평원지대에 사는 소수민족으로 목축, 농경이 주업. 전체 인구는 약 160만 명으로 주로 러시아 연방의 아디게야 (Adigeya) 자치공화국과 카라차이 체르케시야(Karachay Cherkessiya) 자치공화국에 살며, 나머지는 주변 나라들에 흩어져 살고 있다.

된다. 이따금 올가미가 허공을 가를 때도 있지만, 대부분의 경우 정확하게 순록뿔에 걸리게 되고, 운 나쁘게 잡힌 순록은 비록 귀에 길들인 표시가 되어 있다고 해도 빠져나가려고 길길이 날뛰는 것을 보면 그동안 길들인 것이 도로아미타불이 아닌가 하는 생각이 들 정도이다.

썰매를 끌 순록 두 마리를 앞에 세우려면 서로의 뿔이 부딪히지 않도록 하기 위해 뿔 하나는 무자비하게 잘라내야 했다. 원주민 하나가 날카로운 검처럼 생긴 칼을 들고 순록머리 바로 위에서 뿔을 잘라냈고, 잘린 부위에서는 시뻘건 피가 순록의 귀밑으로 졸졸 흘러내렸다. 그런 다음 순록 두 마리의 앞다리 사이로 굴레를 씌우는 등 썰매 장구들을 매달았다. 머리 굴레에 박혀 있는 작은 못에는 고삐끈이 연결돼 있어 끄는 대로 좌우로 움직이게 돼 있었다. 이렇게 떠날 준비가 모두 완료되었다.

레스노이에서 같이 왔던 캄차달족 사람들에게 작별 인사를 나눈 다음, 우리는 살을 에는 추운 날씨에 두터운 모피 외투를 두르고 각자의 썰매에 앉았고, 코랴족 타이온이 "톡(tok: 떠나라)" 하고 짧게 말하자 곧 출발했다. 끝없이 펼쳐진 눈 덮인 평원을 향해 달려 나가자 우리 뒤로 원뿔형 섬처럼 보이는 코랴족 텐트들이 멀어져 갔다. 살을 에는 듯한 추위에 내가 약간 떨고 있는 모습을 보이자, 우리 썰매 몰이꾼이 북쪽을 가리키며 몸짓을 섞어 외쳤다.

"탐 쉬프카 홀로드노(Tam shipka Kholodno: 저쪽은 무지무지 추운 곳이다)."

사실상 우리는 그런 이야기를 들을 필요가 없었다. 북쪽으로 갈수록 기온이 급속히 내려가고 있었고, 이미 책을 통해 극지 기후에 대해 잘 알고 있었으므로, 그런 기후 속에서 야영해야 한다는 것을 예상하고 있었다. 우리가 아직 그런 추위를 겪어본 것은 아니지만.

이번이 순록을 타고 가는 나의 첫 여행이었다. 하지만 내가 어렸을 때 지리책에서 랩랜드(Lapland: 핀란드, 스웨덴, 노르웨이, 러시아 콜라 반도에 걸친 유목민 랩족의 땅)의 순록이 뛰어다니는 사진을 보고 가슴이 마구 뛰었던 것과는 달리 다소 아쉬운 느낌이었다. 순록이 바로 내 앞에 있었지만, 이들은 내가 어릴 때 품었던 환상 속의 그 이상적인 순록이 아니었다. 활기찬 발걸음으로 재빠르게 내달리던 환상 속의 그 동물이 이제 이 볼품없고 다루기 힘든 짐승으로 바뀐 인정할 수 없는 현실에 나는 누구에게 속임을 당한 것처럼 개인적으로 아픔을 느꼈다. 이들의 발걸음은 무겁고 어색했으며, 머리를 축 늘어뜨리고 입을 크게 벌린 채 가쁜 숨을 내쉬는 모양새는 완전히 지친 상태를 나타내는 것이어서 고역을 치르는 데 대한 동정심이 우러나오지 않을 수 없었다.

나의 환상 속에 있는 순록은 그렇게 입을 크게 벌리고 헐떡이는 모습으로 자신의 품위를 손상시키는 일은 결코 하지 않았던 것이다. 이들이 입을 벌리고 숨 쉬는 것은 콧속에 얼음이 급속히 쌓이는 것을 방지하기 위한 극지생존의 한 방편이란 사실을 나중에 알게 됨으로써 이들이 헐떡이다 지쳐 쓰러질 것 같다는 나의 염려는 불식되었다. 그렇다고 해서 나의 환상 속의 순록이 실제보다 더 우월하다는 굳은 신념은 흔들리지 않았다.

하지만 나는 유목 원주민들에게 이들 순록은 가치를 따질 수 없는 중요한 존재라는 사실을 인정하지 않을 수 없었다. 이리저리 짐을 옮겨줄 뿐만 아니라, 이들은 원주민들에게 먹을 것, 입을 것, 텐트 덮을 것 등 모든 것을 제공해 주었다. 뿔은 갖가지 원시적 도구들을 만드는 데 쓰였고, 힘줄은 말렸다가 짓찧어 실을 만들어 썼고, 뼈는 물개 기름에 적셔 땔감으로 썼으며, 내장은 깨끗이 씻은 다음 동물성 기름으로 채워 먹을거리로 이용했다. 피는 내장 안에 든 내용물들과 섞어 마냘라를 만들어 먹었으며, 골수와 혀는 최고의 진미로 간주되었다. 뻣뻣한 다리 가죽은 눈을 헤치고 다닐 때 신는 신발 만드는 데 사용됐으며, 마지막으로 순록의 몸 전체는 코랴족에게 모든 영적인 축복을 내려다주는 신에게 희생물로 바쳐졌다. 시베리아 코랴족의 삶과 가내 경제에서 순록이 차지하는 비중처럼 그렇게 중요한 역할을 차지하고 있는 동물이 다른 사람들에게 또 있을지 의문이다.

즉 먹을거리, 입을거리, 주거지, 수송수단 등 이 4가지의 중요한 필수요소들을 모두 제공해주고 있는 동물은 순록밖에 없었던 것이다. 이 시베리아 원주민들은 랩족(Lapps: 우랄어족 계열의 유목종족 사미족Sami이라고도 함. 20세기 말 현재 인구는 약 10만 명으로 추정)과 마찬가지로 순록을 가축화으로 만들어온 유일한 종족들이지만 순록의 젖을 짜먹지 않으며, 또한 다른 식으로도 이용해 먹지 않는다는 사실이 이상했다. 순록의 모든 부분이 유용하게 쓰이고 있는데, 왜 그 이상적인 식품인 젖을 먹지 않는 것인지 이해할 수 없었다. 내가 아는 한 북동부 시베리아의 유목민들인 4종족, 즉 코략족, 축치족, 퉁구스족, 라무트족(Lamootkees)[91]이 어떤 식으로든 순록의 젖을 먹지 않는다는 것은 분명한 사실이다.

코략족의 거리 감각

오후 2시쯤 되자 날이 어두워지기 시작했다. 우리는 적어도 오늘 가야할 거리의 절반 정도는 도달했다고 생각했으므로 잠시 멈춰서 순록들이 쉬고 먹이를 먹도록 했다. 하지만 나머지 절반 거리는 끝이 보이지 않는 것 같았다. 아킬레스의 방패처럼 둥그렇게 떠오른 달이 이 거대하고 황량한 툰드라 지대를 마치 대낮처럼 환하게 비쳐주고 있었다. 밝은 빛에 지친 눈은 어두운 곳을 찾아 쉬고 싶어 했지만, 끝없이 펼쳐져 있는 적막한 설원이 놀라운 광경으로 우리를 압도하고 있을 뿐이었다.

---

91) Lamootkees, Lamut, Evens(에벤족, 에웬족)라고도 한다. 시베리아 여러 지역에 걸쳐 살고 있으며, 주로 오호츠크 해 연안에 많이 살고 있다. 1979년 당시 인구는 약 12,000명이다. 퉁구스족에 속하고, 혈통상 에벤키족(Evenks. 혹은 에웽키족)과 밀접한 관련이 있으며, 돌간족, 네기달족과도 비슷한 유대관계에 있다. 현대 인류학에서는 에벤족과 에웽키족이 모두 퉁구스족에 속하는 것으로 분류하고 있으나, 이 책의 저자 케넌은 퉁구스족과 라무트족을 구별하고 있는 것으로 보아 퉁구스족을 에웽키족으로 보고 있는 것 같다.

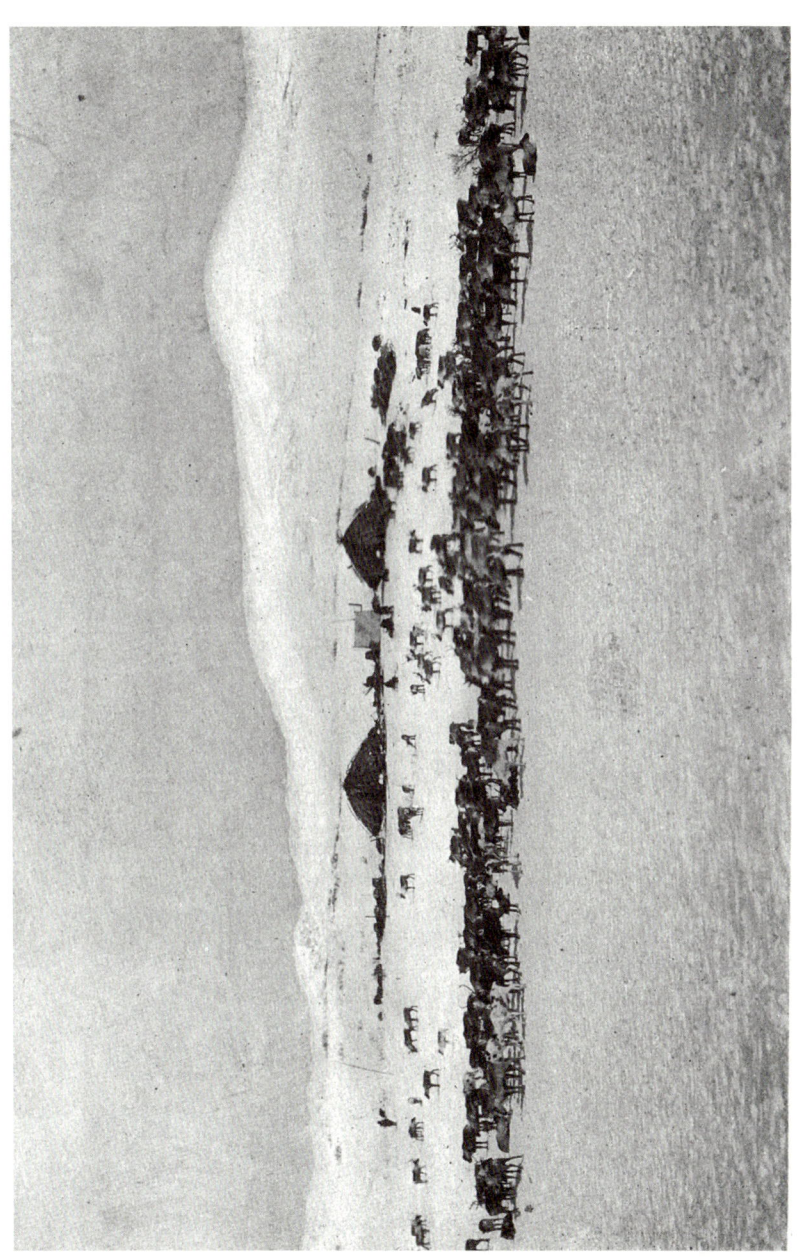
▲ 유목 코략족의 텐트와 순록

순록의 몸에서 뿜어져 나오는 수증기는 짙은 안개가 되어 우리가 지나온 길 위에 내려앉았는데, 이것은 추위가 점점 더 심해지고 있다는 것을 알려주는 확실한 표시였다. 턱수염은 얼어붙어 마치 철선이 뭉쳐 매달려 있는 것 같았고, 눈꺼풀에는 하얗게 서리가 내려앉으면서 점점 얼어붙어 무거워졌고 그럴 때마다 눈이 깜빡였다. 코는 무방비 상태로 그대로 노출돼 있어 밀랍처럼 하얘졌다. 그나마 때때로 썰매에서 내려 썰매 옆을 따라 달리기를 해준 덕분에 발만은 정상적인 감각을 유지할 수 있었다. 추위와 배고픔이 심해지자 우리는 절망적인 목소리로 거의 20번이나 되풀이해 물었다.

"얼마나 더 가야 하나?"

되돌아온 대답은 매번 똑같은 것으로

"차이묵(chaimuk: 거의 다왔다)."

이거나 아니면 가끔 용기를 내란 듯이 곧 도착한다는 등의 애매한 말이었다. 묻다가 지친 우리는 이제 우리가 곧 도착할 수 있는 거리에 있는 것이 아니며, 아마도 1시간 안에도 도착할 수 없을지 모른다는 사실을 깨닫게 되었다. 하지만 그런 판에 박힌 말을 들을 때마다 위안이 되었던 것도 사실이었다. 잦은 질문에 압박을 받은 우리 썰매 몰이꾼이 거리를 계산해보더니 마침내 자기도 러시아어를 말할 수 있다는 자부심을 보이며 러시아어로 단지 "2km 정도" 남았다고 말해주었다. 나는 금방 얼굴이 밝아졌고, 따뜻한 불과 뜨거운 차, 그리고 편안한 휴식을 상상하면서 지금 겪고 있는 고통을 잊어버렸다.

하지만 1시간이 다가도록 아무런 마을의 흔적도 보이지 않았으므로 나는 다시 얼마나 남았는지 물어보았다. 코략족 사람 하나가 눈에 띄는 장소를 찾으려고 설원 주위를 둘러보더니 나에게 돌아서서 확실하다는 듯이 손가락 4개를 들어 보이며 러시아어 "베르스타(verst. 약 1.067km)"를 되풀이했다! 나는 절망감으로 썰매에 도로 주저앉았다. 우리가 2km를 거의 1시간 걸려 잘못 왔다면, 아까 떠난 지점으로부터 우리는 얼마나 멀리 떨어져 있는 것일까? 이것은 사기를 저하시키는 문제였다. 세 번씩 두 번이나 역산을 하는 등 여러 번 계산을 해보았지만 풀 수 없는 문제였으므로 나는 포기했다.

하지만 미래의 여행자들을 위해 이 코랴족 원주민들의 숫자에 따른 거리 개념을 알려줄 필요가 있다. 즉 다왔다는 뜻의 '볼샤이 니옛(Bolshai nyett)[92]'은 실제로는 약 15km 정도의 거리를, 가깝다는 뜻의 '차이묵(Chaimuk)'은 약 20km 정도의 거리를, 곧 도착한다는 뜻의 '세이 차스 프레아뎀(Sey chass preadem)[93]'은 하루 정도의 거리를, 그리고 멀다는 뜻의 '딜로코(diloco 혹은 daloco)[94]'는 일주일 정도의 거리를 의미한다. 이 간단한 계산법을 알게 된다면, 처음 온 여행자들도 쓰라린 절망감을 피해갈 수 있을 것이며, 또한 인간의 진실성에 대한 믿음을 잃어버리는 일도 없을 것이다.

저녁 6시쯤 지치고, 배고프고, 반쯤 얼어버린 우리는 앞에서 불꽃이 반짝이고 연기가 피어오르는 광경을 포착했다. 그것은 두 번째 코랴족 야영지 텐트에서 피어오르는 연기였으며, 곧이어 개들이 뛰어와 짖어대고 사람들이 몰려나왔다. 야영지에 도착하자마자 나는 아무 생각없이 오직 따뜻한 불가로 달려가려는 생각으로 썰매에서 뛰어내렸다. 그런 다음 지난 밤들을 지새웠던 경험을 되살려 방문이 틀림없다는 굳은 믿음을 가지고 눈앞에 보이는 첫 번째 구멍 속으로 기어 들어갔다.

어둠 속에서 한 동안 더듬거리다가 죽은 순록 두 마리와 쌓아놓은 말린 생선들이 손에 닿자, 나는 놀라서 황급히 소리쳐 구조를 요청했다. 크게 놀란 코랴족 주인장이 횃불을 들고 들어와 발견한 것은 자신의 저장 창고 안

---

[92] "볼쉐이 니옛"이 표준어.
[93] "쓰이챠스 프리예젬"이 표준어.
[94] "달리코"가 표준어.

에서 방향을 잃고 기어다니고 있는 백인 이방인이었던 것이다. 그는 나를 텐트 안쪽의 다른 방으로 데려갔다. 그곳에는 소령이 무딘 코랴족 칼을 가지고 자신의 머리 두건에 얼어붙어 있는 턱수염을 잘라내려고 애를 쓰고 있었다. 얼어붙은 턱수염 때문에 입을 벌리기가 어려웠기 때문이다. 활활 타오르는 불 위로 찻주전자가 곧 끓어오르면서 증기를 내뿜었다. 얼어붙은 턱수염이 녹아내리기 시작했고, 코에 동상이 걸렸는지도 살펴보았다. 30분 가량 지나자 우리는 촛불 켜놓은 상자를 둘러싸고 땅바닥에 편안한 자세로 주저앉아 차를 마시며 오늘 있었던 일들에 대해 이야기를 나누었다.

'황동 손잡이 달린 칼을 지닌 군주'

부쉰이 우리들 잔에 세 번째 차를 따라줄 무렵 낮은 방문 역할을 하는 가죽휘장이 위로 들쳐 올려지면서 커다란 사람 하나가 조용히 기어 들어왔다. 그는 내가 캄차카에서 본 가장 특이한 사람이었는데, 똑바로 서니 키가 무려 약 2m에 달하는 장신으로 위엄 있게 우리 앞에 서 있었다. 그는 약 30세 가량의 얼굴이 못생긴 어두운 표정의 사나이였다.

그는 누런 놋쇠 단추가 달린 푸른 소매와 금박 꽃줄 장식이 길게 드리워진 가슴선이 돋보이는 주홍색 연미복과 기름칠로 반들거리는 순록가죽으로 만든 검은 바지를 입고 가죽 장화를 신고 있었다. 머리는 면도날로 정수리 부분을 말끔히 밀어내고 주변으로 긴 머리털이 귀와 이마까지 타래를 이루어 매달려 있었다. 귀에는 색색의 작은 구슬을 꿴 긴 귀걸이가 매달려 있었고, 한쪽 귀 위에는 나중에 한번 쓸 정도의 씹는 담배가 끼워져 있었다. 허리에는 거친 물개가죽으로 만든 줄이 둘러져 있고, 돋을새김이 돼 있는 칼집과 은으로 된 손잡이가 달린 멋진 칼이 매달려 있었다.

코랴족임을 의심할 수 없는 그의 검게 그을은 얼굴, 일부러 민 대머리, 주홍색 연미복, 반들거리는 가죽바지, 금줄 장식, 물개가죽 요대, 은 손잡이 달린 칼, 가죽 장화 등이 서로 심한 부조화를 이루고 있어서 우리는 그저 놀라움으로 한동안 말을 잊고 그를 바라만 보고 있었다. 그를 보자 나는 예전에 책에서 읽은 구절이 떠올랐다.[95]

"탈리폿(Talipot: 남인도산 야자) 야자의 왕, 마나카보(Manacabo)의 영원한 군주, 태양과 아침의 사자(使者), 전 세계의 지배자, 놋쇠 손잡이의 칼을 지닌 강력한 군주."

소령이 러시아어로 물었다.
"당신은 누구요?"
대답 대신 정중히 허리를 굽힌 인사만이 되돌아 왔다.
"도대체 당신은 어디서 온 사람이요?"
다시 한 번 허리를 굽힌 인사가 되돌아 왔다.
"당신 그 외투는 어디서 얻은 것이요? 뭐라고 말 좀 해봐요! 아이고 답답해! 메로네프! 이리 와서 이 친구에게 말 좀 걸어봐요. 말을 한 마디도 하지 않으니."
도드는 그가 아마도 북극의 북서쪽 루트에서 실종된 존 프랭클린 경[96] 탐사대로부터 온 전령일지도 모른다는 견해를 내놓았고, 이 침묵의 이방인

---

95) 아일랜드 출신 영국 작가 올리버 골드스미스(Oliver Goldsmith, 1728~1774)의 《세계의 시민(The Citizen of the World)》에 나오는 구절로 인도네시아 수마트라에 있는 작은 부족 마나카보의 왕이 포르투갈 사신으로부터 칼을 선물받은 후 부족민들에게 앞으로 자신을 그렇게 길게 부르도록 했다는 것을 풍자하는 내용이다.
96) Sir John Franklin(1786~1847): 영국의 해군 소장이며 태즈메니아 총독을 역임한 탐험가로 기사 작위를 받음. 수차 북미 북동부해안을 탐험했던 그는 1845년 2척의 배에 129명을 태우고 대서양에서 태평양으로 가는 북미 지역 북극 해로를 세계 최초로 도전했으나, 빙하에 갇혀 모두 사망했다. 이들이 실종된 이후 1850년, 1859년 수차에 걸친 탐색으로 이들의 일부 유해와 유물들이 발견되었다. 비록 그는 실패했지만, 후에 아문센이 그가 남긴 기록을 보고 많은 준비 끝에 북극의 북서 해로를 최초로 개척하는 데 많은 도움을 주었다.

은 그것이 사실이라는 듯이 거듭 허리를 굽혔다.

"당신은 소금에 절인 양배추요?"

갑자기 도드가 러시아어로 물었다. 그가 또 다시 허리를 굽히는 것을 보고 우리는 그가 말을 알아듣지 못한다는 사실을 알아챘다.

"그는 말을 알아듣지 못해요! 메로네프는 어디에 있어요?"

도드가 짜증을 내며 말했다. 메로네프가 곧 나타났고, 이 이상한 방문객에게 어디서 온 누구인지 물어보기 시작했다. 처음으로 그가 입을 열었다.

"뭐라고 하는 거요? 이름은?"

소령이 물었다.

"이름은 하날푸기닉(Khanalpoogineek)이랍니다."

"그 외투와 칼은 어디서 얻은 것이랍니까?"

"그것들은 백인 왕이 죽은 순록을 대신해 그에게 준 것이랍니다."

이것은 그리 만족스런 답변이 아니어서 좀 더 정보가 될 만한 것을 물어보도록 메로네프에게 지시했다. 백인 왕은 누구이며, 또 그는 왜 죽은 순록에 대한 보상으로 외투와 칼을 그에게 주어야만 했는가 하는 것이 의문점이었다. 마침내 메로네프는 의문이 풀렸다는 표정을 지으면서 그 외투와 칼은 캄차카에 기근이 닥쳤을 때 굶주리던 러시아인들에게 순록을 제공한 보상으로 황제가 이 이상한 코략인에게 하사했던 것이라고 우리에게 말해주었다.

우리는 그가 이 하사품들과 함께 받은 증서 같은 것이 있는지 물어보았고, 곧 그가 텐트 밖으로 나가더니 잠시 후 순록 힘줄로 만든 실로 잘 묶어 놓은 나무판을 들고 되돌아왔다. 2개의 얇은 나무판 사이에는 1장의 종이가 끼워져 있었다. 이 종이가 모든 것을 설명해주고 있었다.

차르 알렉산드르 1세 당시 캄차카에 기근이 닥쳤을 때 러시아인들을 구조해준 것에 대한 보상으로 캄차카의 지방장관이 이 이상한 코략인의 아버지에게 외투와 칼을 주었던 것이다. 그 하사품들은 아버지에게서 아들에게로 상속됐으며, 그런 영예를 자랑스러워하는 아들은 우리가 도착한다는 소리를 듣자마자 우리 앞에 자신을 드러냈던 것이다.

그는 특별히 다른 어떤 것을 원해서 그런 것이 아니었고, 다만 자신을 내세워 보이고 싶어 했을 뿐이었다. 그래서 그는 자기가 갖고 있는 칼이 정말 훌륭한 물건이라는 듯이 칼을 한번 뽑아 보이는 시연을 했고, 우리는 그에게 약간의 담배를 건네주었으며, 그리고 그는 곧 자리를 떠났다. 우리는 캄차카의 내륙 속에서 나폴레옹 시대까지 거슬러 올라가는 차르 알렉산드르 1세 당시의 유물을 예상치 못하게 보게 되는 행운을 누렸던 것이다.

목제 컵

CHAPTER 19

눈더미 나침반

다음날 아침 날이 새자마자 우리는 다시 길을 재촉했다. 초원은 끝없이 펼쳐져 있으나, 길 표지 하나 없는 황무지를 날이 어두워지고 나서도 4시간이나 더 달려갔다. 나는 썰매 몰이꾼들이 단순히 눈이 쌓인 모습을 보는 것만으로도 나침반 자침이 가리키는 방향을 정확하게 짚어내 길을 따라가는 것을 보고 놀라지 않을 수 없었다.

이 툰드라 지대에서 겨울 동안 불어대는 거센 북동풍은 눈을 쓸어내어 '사스트루지(sastroogee)'라는 물결 모양의 긴 능선을 만들어내고, 이것은 언제나 바람의 반대 방향인 북서쪽 및 남동쪽에 형성된다. 이것은 새로 내린 눈에 덮여 때때로 며칠 동안 눈에 띄지 않기도 하지만, 경험 많은 코략족 사람이라면 누구라도 밤이나 낮이나 맨 위의 눈을 걷어내면 방향을 가리키는 표시를 알 수 있어 거의 똑바로 자기 길을 갈 수가 있는 것이다.

코략족의 따라잡기 결혼

우리는 저녁 6시쯤 세 번째 야영지에 도착해서 그중 가장 커다란 텐트 안으로 들어갔다가 마치 무슨 행사나 놀이가 벌어지고 있는 것처럼 원주민들로 북적이는 광경을 보고 놀랐다. 통역을 통해 무슨 일인가 물어보았더니 결혼식이 진행될 것이라는 답변이 돌아왔다. 그래서 애초에 다른 붐비지 않는 텐트로 가서 방을 잡으려던 계획을 포기하고 우리는 그대로 남아서 이 문명화되지 않은 야만인들의 결혼식이 어떻게 진행되는지를 지켜보기로 결정했다.

코랴족 결혼식의 특징은 신랑에게 매우 가혹하다는 것이다. 어떤 나라에서도 결혼이라는 고상한 이름으로 그런 불합리한 굴레를 신랑에게 씌우는 나라는 없다. 또한 어떤 사람도 그런 굴욕적인 모욕을 감수하면서 결혼하려는 불행한 신랑이 되지 않기를 바랄 뿐이다. 결혼은 모든 젊은이들에게 매우 중대한 일이며, 또 그래야만 한다. 하지만 코랴족 젊은이들에게 있어서 결혼은 분명 두려운 일임에 틀림없다.

코랴족에게는 결혼증명서(만일 코랴족에게도 문서가 있다면)보다도 용감한 행동을 보이는 것이 더 나은 증명서 역할을 하며, 남자가 두 번, 세 번 결혼할수록 영웅 대접을 받게 된다. 언젠가 나는 4명의 아내를 거느린 코랴족 남자를 본 적이 있는데, 그는 마치 발라클라바 전투[97]에서 영웅적인 용감성을 드러냈던 600여 명의 병사들처럼 주변의 많은 코랴족 사람들로부터 존경을 받고 있었다.

코랴족 결혼식은 알려진 적이 없는 것으로 알고 있는데, 그 장면을 생생하게 묘사하고 전달하기란 쉬운 일이 아니다. 하지만 이렇게 묘사하는 것

---

97) Balaklava: 전쟁사에서 무능한 지휘관들이 벌인 최악의 졸전으로 평가받고 있는 전투이다. 1854년 크림전쟁 때 영국, 프랑스, 오스만투르크 연합군은 러시아의 세바스토폴 진지를 점령하기 위해 남쪽에 있는 발라클라바 항구를 공격한다. 이때 매관매직으로 사령관직에 오른 무능한 귀족 출신 영국군 지휘관들은 600여 명의 영국 경기병대를 막강한 러시아 포대 정면으로 천천히 진격시키다가 절반 이상이 포탄에 희생되는 패배를 안게 된다. 후에 영국 시인 알프레드 테니슨은 무능한 지휘관의 무모한 명령에 따라 죽어간 이 경기병들의 용기를 찬탄하는 시를 써 추모하기도 했다.

만으로도 미국인들은 자신이 캄차카에서 태어나지 않고 미국에서 태어난 것을 감사하게 생각하게 될 것이다. 코랴족 젊은이들의 고민은 첫사랑에서부터 시작된다. 그것은 아킬레스의 분노[98]처럼 "셀 수 없는 고통이 뒤따르는 불길한 봄날"의 시작인 것이다.

  코랴족 젊은이가 결혼할 마음이 있으면, 처녀의 아버지에게 찾아가서 공식적으로 결혼 의사를 전하고 그녀가 상속받을 수 있는 몫과 몸값이 순록으로 얼마나 되는지를 알아본다. 그러면 장인될 그녀의 아버지는 젊은이들의 사랑에 대한 대가로는 다소 가혹하다 싶은 2~3년간의 의무 노동을 그에게 요구한다. 그런 다음 그는 그녀와의 면담 기회를 갖게 되고, 문명사회의 구혼 관습에 상응하는 신부 측 요구들을 이행하게 된다. 우리는 코랴족에게서 결혼이라는 중대한 일을 성공적으로 치러내는 가장 좋은 방법에 대한 귀중한 힌트를 얻을 수 있을 것으로 희망했다. 하지만 문명사회의 보다 인위적인 관계에 적용할 만한 것은 찾아볼 수 없었다.

  신부 측 요구들이 이행되면, 신랑은 결혼에 대한 긍정적인 약속을 얻어내게 되고, 그는 마치 셰익스피어의 《템페스트》에서 페르디난드가 미란다의 아버지를 위해 일하는 것처럼 즐거이 신부집으로 가서 순록을 돌보고, 나무를 베고, 썰매를 만드는 등 2~3년간 장인될 사람을 위해 일을 하게 된다. 이 수습기간이 끝나면 그동안의 긴 노동시간이 의미가 있었느냐에 따라 그의 운명을 결정하는 중요한 시점이 다가온다.

  우리가 세 번째 야영지에 도착해 코랴족 사람들로 북적이던 모습에 놀라

---

98) Achilles' wrath: 호메로스의 《일리아스》에 나오는 주인공 아킬레스가 트로이와의 전쟁에 참여했다가 총사령관 아가멤논과의 불화로 분노하여 전장에서 이탈함으로써 그리스 동맹군은 트로이군에 대패한다. 위기에 빠진 아가멤논은 사절을 보내 아킬레스와 화해를 시도하나 아킬레스는 단호히 거절한다. 하지만 친구인 파트로클루스가 트로이의 헥토르에게 참살당하자 분노한 아킬레스는 전쟁에 참가하면 죽는다는 신의 계시에도 불구하고 아가멤논과 화해하고 다시 전장에 참가한다. 아킬레스는 헥토르를 죽이고 그리스 동맹군은 트로이군을 패배시키지만, 적군의 화살에 유일한 약점인 아킬레스건을 맞은 아킬레스는 결국 죽고 만다.

워했던 때가 바로 이 흥미롭고도 중요한 시점이었다. 우리가 들어간 텐트는 보통 것보다 큰 텐트로 안쪽으로 둥글게 원을 그리며 26개의 폴로그 방이 늘어서 있었다. 가운데 넓은 공간 한가운데에 모닥불이 피워져 있었고 그 주위로 머리를 반쯤 밀고 얼굴이 거무스름한 코랴족 관중들이 들어 차 있었다. 이들의 관심사는 결혼식 예절에 대한 이야기와 끓어오르는 찻주전자, 그리고 여물통에 담겨 있는 마냘라, 사슴고기, 골수, 굳어 있는 지방 덩어리 등의 잡다한 음식에 대한 이야기로 양분돼 있는 것 같았다.

우리가 갑자기 들어서자 저녁 만찬장에서 진행되던 본격적인 행사가 잠시 중단되는 듯했다. 문신을 한 여자들과 머리를 반쯤 밀어버린 남자들이 입을 벌린 채 놀란 눈으로 초대하지도 않은, 그리고 예복도 입지 않은 백인 손님들을 바라만 보고 있었다. 우리 얼굴은 정말 더러웠고, 푸른색 윗도리와 사슴가죽 바지는 두 달 간의 험한 여행을 말해주듯 여기저기 얼룩지고 찢어져 누더기가 된 상태였고, 단지 두꺼운 순록털로 뒤덮인 기다란 모피 외투인 쿠크랑카로 일부 가려져 있을 뿐이었다. 실로 우리의 몰골은 비누, 면도기, 바늘 등으로 대변되는 문명세계와는 동떨어진 더러운 유르트, 거친 숲덤불, 폭풍이 몰아치는 시베리아와 더 잘 어울리는 모습이었다.

그럼에도 불구하고 우리는 마치 그런 것에 익숙해진 사람처럼 아무렇지도 않다는 듯이 예식이 시작되기를 기다리면서 우리에게 배달된 뜨거운 차를 간간히 마셔가면서 모여 있는 사람들을 천천히 둘러보았다. 나는 오늘 결혼식의 행복한 주인공들을 찾아보려고 유심히 주변을 살펴보았다. 하지만 이들은 분명 닫혀 있는 폴로그 방들 중 하나에 숨겨져 있는 것 같았다. 이제 먹고 마시는 시간은 다 지나가고 관중들은 무언가를 기다리는 듯한 기대감으로 가득 차 있었다.

갑자기 원주민의 악기인 베이스 드럼 '바라반(baraban)'을 두드리는 요란한 소리가 텐트 안을 가득 채웠다. 그와 동시에 텐트가 열리면서 키가 크고 엄숙한 표정의 코랴족 사람 하나가 가느다란 버드나무와 오리나무 가지들을 한아름 안고 들어오더니 모든 폴로그 방에 나눠주었다.

"저걸로 뭘 할 것 같아?"

도드가 낮은 목소리로 물었다.

"나도 몰라. 조용히 지켜보자고."

나뭇가지들을 나누어주는 동안 북소리가 규칙적으로 들리다가 다 나누어주자 북 두드리는 사람이 낮은 목소리로 노래를 부르기 시작했다. 목소리가 점점 커지더니 규칙적인 북소리를 압도하면서 사납고 야만스러운 곡조로 발전해갔다. 잠시 관중들 사이에 술렁임이 있은 다음 모든 폴로그 방의 앞 커튼이 말아 올려졌고, 각 방에는 두세 명씩의 여자들이 아까 나눠준 나뭇가지를 손에 들고 앉아 있었다. 곧이어 양쪽 집안 중 어느 한쪽의 아버지로 추정되는 코략족 사람 하나가 문 옆에 있는 폴로그 방에서 젊고 잘생긴 신랑과 거무스름한 얼굴의 신부를 데리고 나왔다.

이들이 등장하자 관중 분위기는 달아올라 음악이 빨라졌고, 텐트 가운데 앉아 있던 사람들이 거칠게 노래를 따라 부르며 간간히 찢어질 듯한 고함소리를 토해냈다. 신랑 신부를 데리고 나온 사람이 신호를 보내자 갑자기 신부가 맨 첫 번째 폴로그 방으로 뛰어가 커튼을 들어 올리더니 계속 연결돼 있는 폴로그 방들로 뛰어다니며 커튼을 들어 올렸다. 신랑은 즉시 그 뒤를 쫓아 다니는데, 각 방에 앉아 있던 여인네들이 달려들어 그의 다리를 걸어 넘어 뜨리거나, 혹은 못 지나가게 커튼을 다시 내려서 그의 진로를 방해했고, 그가 커튼을 다시 들어 올리려고 몸을 구부리면 준비한 버드나무와 오리나무 회초리로 사정없이 그의 몸을 휘갈겼다.

이제 텐트 안은 북소리, 격려와 조롱이 뒤섞인 고함소리, 그리고 마치 두 줄로 늘어선 사람들 사이를 알몸으로 내달리게 하여 몽둥이와 주먹세례를 퍼붓는 태형처럼 신랑이 내달리면 주위의 여인네들이 회초리로 무자비하게 갈겨대는 채찍소리 등으로 가득 찼다. 신랑이 필사의 노력을 다하고 있음에도 불구하고 마치 날아가듯 달리는 아탈란타[99]처럼 앞서가는 신부가 텐트 주위를 한 바퀴 돌기 전에 그녀를 따라잡기가 어렵다는 것이 확실해 보였다. 설사 헤스페리데스100)의 황금사과가 그에게 주어진다 해도 승산이 없어 보였다. 그는 방해하는 여인네들의 딴죽걸기에 걸려 넘어지기도 하고 또 마치 투우사가 빨간 천으로 소의 머리와 눈을 가리듯 그의 머리 위로 떨어지는 넓은 가죽 커튼 속으로 휘말려 들어가기를 계속 했지만, 그럼에도 불구하고 그는 절망하지 않고 앞으로 나아가려는 투쟁을 계속했다.

이 불행한 신랑이 아직도 텐트 한 바퀴의 절반 정도의 거리에서 힘겨운 투쟁을 벌이고 있는 가운데 신부는 거의 입구 쪽에 있는 마지막 폴로그 방에 다다르고 있었다. 신부가 눈앞에서 멀어져 가면 신랑은 힘이 빠져서 이 경기를 포기하고 경기의 불공정함에 대해 강하게 항의할 것으로 나는 기대했지만, 놀랍게도 신랑은 여전히 투쟁을 계속하더니 결국 마지막 폴로그 방의 커튼을 뚫고 신부를 찾아냈다. 그러자 갑자기 음악이 멈추고 관중들이 텐트 밖으로 줄지어 나가기 시작했다. 마침내 결혼예식이 끝난 것이다. 우리는 밝은 미소를 지으며 그 광경을 바라보고 있는 메로네프에게 물어보았다.

"젊은이들의 결혼은 성공한 것인가?"

"그렇다."

"하지만 신부를 따라잡지는 못한 것 아닌가?"

"신부는 마지막 폴로그 방에서 신랑을 기다리고 있었다. 마지막으로 그 방에서 신부를 만나면 된 것이다."

"그러면 만일 신부를 찾아내지 못하면 어떻게 되는가?"

---

99) Atalanta: 그리스 신화에 나오는 발 빠른 여자 사냥꾼. 자기와 달리기 시합을 해서 이긴 남자와 결혼하겠다고 하고 진 남자들은 창으로 찔러 죽였다고 한다. 하지만 히포메네스와의 경주에서는 그가 아프로디테 여신에게서 받은 헤스페리데스의 황금사과 3개를 땅에 떨어뜨리자 그것들을 주으려던 그녀는 그만 시합에 져 그와 결혼하게 된다.

100) Hesperides: 그리스 신화에서 세계의 서쪽에 있는 헤라의 황금 사과나무를 머리가 100개인 용 라돈과 함께 지키는 처녀신들. 후에 헤라클레스가 용 라돈을 죽이고 황금사과를 빼앗았다.

메로네프는 불쌍하다는 표정을 지으며 대답했다.

"그러면 그 가엾은 신랑은 또 다시 2년간 장인을 위해 일해야 할 것이다."

이것은 신랑에게 불공정한 것으로 보인다. 신부 측에서 약속을 깰 수도 있는 상황에서 그에 대한 아무런 보장도 받지 못한 채 신랑은 신부 측을 위해 2년간 일을 해주고 또 수습기간이 다 끝나면 혹독한 버드나무 회초리 의식을 치러야 하는 것이다. 이 의식은 애초에 신랑이 신부를 따라갈 수 없는 구조로 돼 있어서, 신부가 결혼할 마음을 먹고 어느 한 방에 자리 잡고 있어야만 신랑이 신부를 만날 수 있는 것이다. 따라서 이 결혼 예식의 분명한 의도는 여성에게 결혼을 선택할 권리를 부여해주는 데 있다고 볼 수 있다. 이 결혼예식은 일반적인 미개사회에서 보이는 것보다 여성에 대한 존경과 남성의 기사도적 관심을 더 많이 보여주고 있는 경우이다.

그럼에도 불구하고 제3자인 나에게는 그것이 그 불행한 신랑을 학대함으로써 이루어진 결과로밖에는 보이지 않았다. 신랑도 한 인간으로서의 대접을 받아야 마땅한 것이다. 나는 뭇 여인네들이 신랑에게 회초리질을 해대는 징벌의 의미가 무엇인지 알 수 없었다. 도드가 그것은 하나의 결혼생활의 상징으로서 앞으로 있을 순탄치만은 않은 가정생활의 어려움을 예시해주는 것이라는 의견을 제시했지만, 내가 보기에는 남성중심적인 코략족 성향으로 보아 그럴 듯해 보이지 않았다. 지각 있는 여자라면 설사 자기 신랑이 그런 의식을 정당한 것으로 받아들인다 해도 두 번이나 그런 시련을 겪게 하고 싶어하는 신부는 없을 것이다. 물론 환경이 모든 것을 결정할 것이지만 말이다.

1868년 5월 어느 날 미국 과학학회지(American Journal of Science) 소속의 빅모어[101]는 이 호기심을 끄는 코략족의 관습을 관찰한 다음 여기서 벌어지는 매질은 "앞으로 다가올 인생의 나쁜 일들을 겪어낼 수 있는" 젊은이들의 능력을 시험하기 위해 의도적으로 만든 것이라고 말했다. 하지만 나는 그의 말에 동의할 수 없다. 통상 인생의 나쁜 일들은 그런 식으로 일어나지도 않으며, 또한 회초리로 신랑을 마구 때리는 방법만이 미래에 일어날 불행에 대비하는 유일한 방법도 아닌 것이다.

동기가 무엇이든 그것은 남성의 특권을 인정하는 사회에 대한 반대인 것이 분명하며, 따라서 남성 우월주의를 선호하는 코랴족 사람들의 반대에 봉착했어야 마땅하다. 하지만 자신들도 모르는 사이에 여성의 권리를 주장하는 사람들이 많아지면서, 권리를 주장하는 여성들이 이 마을 저 마을 옮겨다니며 곤봉이나 투석기보다 해가 덜한 회초리 사용을 권장하면서 이런 재미있는 게임을 적어도 일주일에 두세 번 즐길 수 있도록 허용해 달라고 전제 군주 같은 족장에게 촉구했던 것이 아닐까?

취하게 하는 독버섯

결혼식이 끝나고 나서 우리는 옆에 있는 텐트로 이동해갔다. 도중에 우리는 서너 명의 코랴족 사람들이 마약에 취한 듯 비틀거리며 방금 끝난 결혼식을 축하하는 듯 질러대는 고함소리에 놀랐다. 내가 알고 있기로는 북부 캄차카 지역에 술이라곤 한 모금도 없으며, 만들 수도 없는 것으로 알고 있다. 그렇다면 저렇게 완전히 취하게 된 상태가 어떻게 발생할 수 있는 것일까? 로스 브라운이 사랑했던 워쇼 지방의 주점[102]조차도 이보다 더 취

---

101) Albert Smith Bickmore(1839~1914): 미국의 박물학자로 미국 자연사 박물관 설립자 중 한 사람이다. 저서로 《동인도 군도 여행(Travels in East Indian Archepelago)》 등이 있다.
102) 아일랜드 태생의 미국작가이자 여행가인 존 로스 브라운(John Ross Browne: 1821~1875)의 여행기《Adventures in the Apache country: a tour through Arizona and Sonora, with notes on the silver regions of Nevada》의 《Washoe Revisited(1865)》에 나오는 장면으로 금광, 은광으로 유명했던 네바다 주 워쇼 지방을 다시 방문하면서 당시 북적이던 광부 고객들을 끌려는 광고문으로 유난했던 버지니아 시티(Virginia city)의 풍경을 "시선집중! 단돈 50센트로 훌륭한 한 끼 식사 제공! 울부짖는 황야의 이리 주점.(LOOK HERE! For fifty cents you can get a good square meal at the HOWLING WILDERNESS SALOON!)" 등의 당시 광고문구로 묘사하고 있다.

한 주정뱅이 모습을 보여주기란 어려울 것이다. 이들을 취하게 만든 것이 무엇이든, 그 효과는 문명세계에서의 싸구려 위스키와 다를 바 없었다.

주위에 물어보고 나서 코랴족 사람들이 독버섯 같은 약초를 먹는다는 사실을 알고 우리는 놀라지 않을 수 없었다. 시베리아에는 원주민들에게 '카무르(muk-a-moor)' 라고 알려진 이런 특이한 종류의 독버섯이 있으며, 원주민들은 이것을 각성제로 사용하고 있다는 것이다. 많은 양이면 강한 마취성의 독이 되며, 작은 양이면 술을 마신 효과를 본다는 것이다.

그러나 습관적으로 사용하면 몸의 신경체계를 망가뜨리므로 러시아 법으로 러시아 무역상인들이 원주민들에게 이것을 판매하는 것은 불법으로 되어 있었다. 이런 금지에도 불구하고 무역 거래는 여전히 은밀하게 이루어지고 있었고, 이 독버섯 하나에 20달러에 달하는 모피와 교환하는 상거래를 나도 목격한 바 있다. 코랴족 사람들이 직접 이 독버섯을 채취하기도 하는데, 산림의 그늘진 곳에 자라는 특성상 코랴족이 떠돌아다니는 황량한 평원지대에서는 발견하기가 쉽지 않다. 그래서 이들은 주로 러시아 무역상인들로부터 비싼 값을 치르고 그것을 사들여야만 하는 것이다.

미국 사람들에게는 이상하게 들릴지 모르지만, 보통 코랴족 사람들은 옆에 지나가는 친구에게 "들어와서 술이나 한잔 하세"라고 청하는 것이 아니라 "독버섯이나 좀 먹고 가지?" 하고 청한다. 이것은 문명세계의 술꾼들에게는 그리 매력적인 제안이 되지 못하지만, 유흥을 즐기는 일부 코랴족 사람들에게는 아주 마력과 같은 효과를 갖고 있는 제안이 된다.

이 독버섯은 항상 공급이 수요를 못 따라가므로, 코랴족 사람들은 머리를 짜내어 할 수 있는 한 이 귀한 각성제를 최대한 경제적으로 사용해왔다. 행사가 있는 경우에는 부족민 전체가 집단적으로 하나의 독버섯을 나누어 먹는데, 때로는 일주일 동안 계속 먹기도 한다. 하지만 이런 무서운 관습은 주로 펜진스크 만에 정착해 사는 코랴족 사람들 중 일부 좋지 않은 부족들에 한정된 것이다. 이동해 사는 코랴족 유목민들에게는 거의 없는 현상이

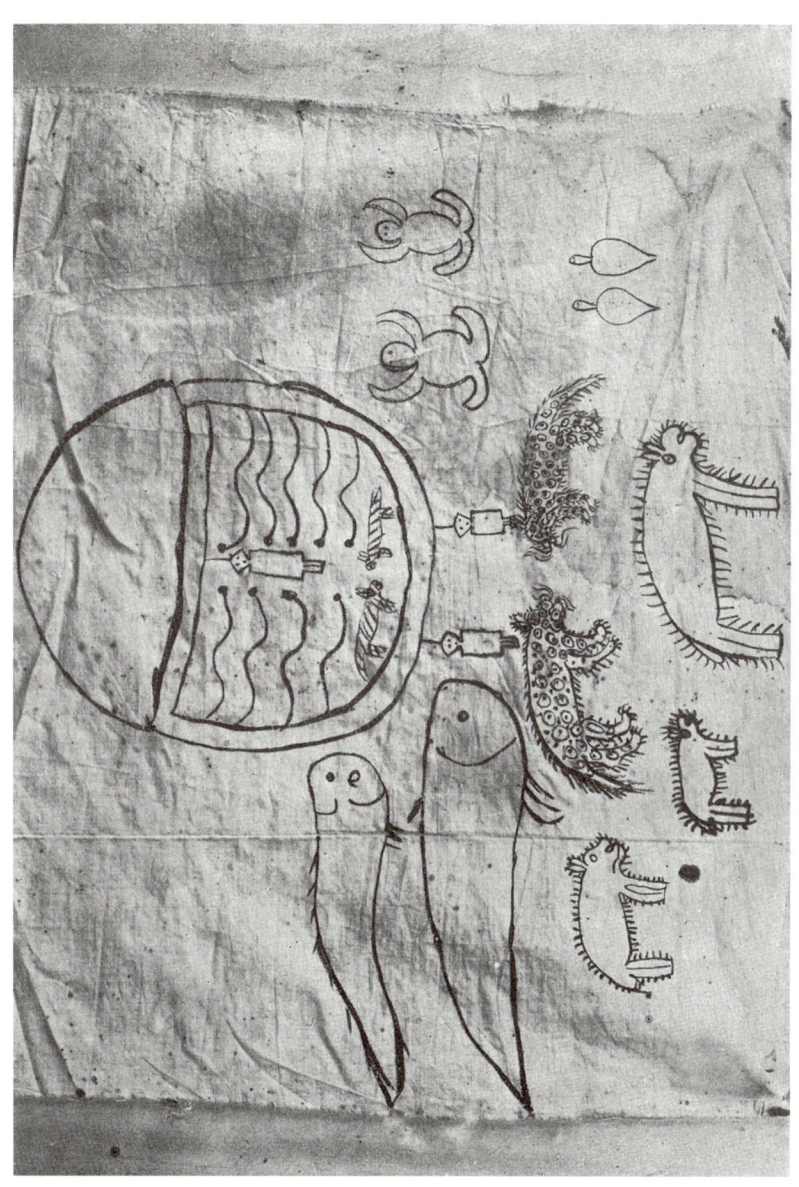
▲ 코략족의 그림. 신화를 형상화한 그림

고, 나 역시 펜진스크 만 정착촌 바깥에서 그런 관습을 들어본 것은 단 한 건뿐이었다.

단조로운 코랴족 생활

세 번째 야영지를 떠난 우리는 며칠이 지나자 다시 단조롭고 피곤한 일상으로 되돌아갔다. 매캐한 연기로 뒤덮인 코랴족 텐트 속에서의 판에 박힌 일상생활, 평평하고 황량한 똑같은 풍경 등은 말로 표현할 수 없을 만큼 사람을 지치게 만들었다.

그래서 우리는 기지긴스크 만(Geezheginsk Gulf) 입구에 있는 러시아인 정착촌 기지가(Geezhega)를 마치 우리의 긴 순례여행의 종착지이자 메카라도 되는 것처럼 동경하게 되었다.

코랴족 유목민들과 일주일 이상을 같이 보내면서 외로움이나 향수병 같은 것에 걸리지 않으려면 고갈되지 않는 샘처럼 끊임없이 솟아나는 정신력이 필수적이다. 흥밋거리는 스스로 만들어내야 한다. 생각할 거리와 토론 거리로 가득 찬 신문이 매일 배달된다 하더라도, 매일 텐트 사이로 피워놓은 모닥불 곁에서 보내야 하는 그 길고 무료한 밤에 활력을 불어넣지는 못할 것이다. 또한 흥미로운 정쟁의 배경, 쿠데타, 전쟁 등과 같은 소식도 결코 이 격리된 코랴족 영토의 침체된 분위기를 바꾸어 놓을 수 없을 것이다.

세상의 모든 관심거리, 욕망 등으로부터 벗어나 육체적으로나 정신적으로 머나먼 거리에 격리돼 있는 우리 주위에는 오로지 저 깊은 바닷속에서 단조로운 삶을 영위해가는 조개나 굴처럼 살아가는 코랴족만이 존재할 뿐이다. 때때로 벌어지는 아기 출산 의식, 결혼식, 코랴족의 악신(惡神)에게 바치는 개 희생제의, 혹은 드문 경우이지만 인간 희생제의, 간간이 찾아오는 러시아 무역상인들의 방문 등이 이들 코랴족이 태어나서부터 죽을 때까지의 삶에서 가장 중요한 비중을 차지하는 행사들인 것이다.

코랴족 텐트 사이에 피워놓은 모닥불 곁에 앉아 있으면, 내가 신문, 철로, 전신 등이 있는 문명세계에 있었다는 사실을 때때로 잊어버리는 경우가 있다. 나는 저 먼 시간의 터널을 지나 마치 노아의 방주 시대로 되돌아가 노아의 아들인 셈, 야벳과 함께 텐트 속에 있는 듯한 착각이 든다. 주변에서 19세기가 자랑하는 계몽과 문명의 흔적이라곤 하나도 찾을 수 없고, 문명세계에 대한 우리의 기억도 비현실적인 신기루인양 사라져가면서, 다만 우리는 신기하고 이상한 원시 야만의 세계로 서서히 적응해갈 뿐인 것이다.

석제 등잔

CHAPTER 20

코략어

　코략족 유목민들과 많은 나날들을 함께 보낸 결과, 우리는 잠시 들렀다 가는 방문객들이 간과할 수 있는 그들의 많은 특성들을 살펴볼 기회를 갖게 되었다. 펜진스크 만 입구에 도달할 때까지 우리의 여행에는 별다른 사건이 없었으므로, 나는 이 장을 캄차카 코략족의 언어, 종교, 미신, 관습 등의 모든 생활상에 관련된 정보를 제공하는 데 할애하고자 한다.

　브랑겔의 견해에 따르면, 코략족과 또 다른 강력한 시베리아 종족으로 알려진 축치족은 원래 같은 조상으로부터 나온 후손들인데, 예로부터 살던 곳을 떠나 현재의 이곳으로 이주해 왔다고 한다. 수세기 동안 서로 떨어져 살았음에도 불구하고 이들은 서로 구별하기 어려울 정도로 비슷하게 닮아 있으며, 이들의 언어도 스페인어와 포르투갈어와의 관계와 같이 차이가 많이 나지 않는다. 우리의 코략족 통역자들은 축치족들과의 대화에서 커다란 어려움을 느끼지 않았으며, 나중에 양쪽 어휘들을 비교해본 결과 우리는 수세기에 걸친 격리생활에 따른 약간의 변형만을 확인할 수 있었을 뿐이다.

　내가 아는 한, 시베리아의 언어들은 모두 일정한 형태의 글자가 없어서 빠른 속도로 변하고 있는 것 같다. 1788년 레셉스**103)** 가 편집한 것과 현재의 축치어 어휘들을 비교해보면, 많은 단어들이 알아보기 힘들 정도로 변형돼 있다. 그러나 10까지의 숫자 대부분과 '틴틴(tin tin, 얼음)', '우툿(ootoot, 나무)', '윙가이(weengay, 아니오)', '아이(ay, 예)' 등과 같은 다른 단어들은 변화를 겪지 않고 그대로 남아 있다. 코랴족과 축치족은 10진법 대신 5진법을 사용하는 특징이 있는데, 이런 특징은 알래스카의 유콘족(Yukons)**104)** 언어에서도 확인할 수 있다.

이닌(Innin)	1
니아크(Née-ak°h)	2
니오크(Nee-ók°h)	3
니아크(Nee-ák°h)	4
밀리겐(Mil-li-gen)	5
이닌 밀리겐(Innin mil-li-gen)	5 +1(6)

---

103) Jean-Baptiste Barthelemy de Lesseps(1766~1834): 프랑스 외교관, 작가로 수에즈 운하를 건설한 페르디낭 드 레셉스(Ferdinand de Lesseps)의 삼촌이다. 러시아 크론쉬타트 주재 프랑스 부영사였던 그는 라페루스 탐험대의 통역관으로 참가하게 된다. 라페루스 탐험대는 프랑스를 떠나 남아프리카 희망봉, 인도, 동남아시아, 일본 등을 거쳐 캄차카에 도착하여 그동안의 보고서를 육로를 통해 프랑스에 전달하도록 레셉스를 내려놓고 다시 출항한다. 1787년 레셉스는 캄차카 반도를 썰매로 횡단하여 오호츠크에 도달한 후, 말을 타고 야쿠츠크, 이르쿠츠크로 향한다. 바이칼 호수를 거쳐 톰스크, 토볼스크, 우랄 산맥을 지나 드디어 1788년 9월 1년 이상의 여정 끝에 상트 페테르부르크에 도착하고 이어 프랑스로 귀국하여 루이 16세에게 보고서를 제출한다. 루이 16세는 그를 영웅이라 부르며 그를 크론쉬타트 주재 영사로 임명한다. 라페루스 탐험대는 이후 실종되어 그가 유일한 생존자가 되었다. 《캄차카 여행기(Travels in Kamchatka during the years 1787~88)》를 남겼다.

104) 저자가 말하는 유콘족이란 일반 명칭으로, 캐나다 브리티시 컬럼비아 주 북부에서 발원하여 알래스카 동쪽에 있는 유콘 준주로 들어와 미국 알래스카 주로 들어가 베링 해로 빠지는 유콘 강 지역에 살고 있는 12개 북미 인디언 부족(Gwichin, Hen, Tanana, Tutchone, Kaska, Tlingit, Tagish 등)을 말하는 것 같은데, 그중 어느 부족 언어인지는 알 수 없다. 다만 인류학자들이 많이 연구해온 틀링기트족(Tlingit) 언어일 가능성이 있다. 또한 미주 원주민 언어 중 유토-아즈테칸 어족에 이어 두 번째로 큰 북미 인디언의 아타바스칸(Athabascan) 어족 중 유콘어 계열(Tsetsaut, Tutchone, Tagish, Tahltan, Kaska, Sekani, Dunneza 등)을 말하는 것인지도 모른다.

니아크 밀리겐(Née-akᵒh mil-li-gen)	5 +2(7)
니오크 밀리겐(Nee-ókᵒh mil-li-gen)	5 +3(8)
니아크 밀리겐(Nee-ákᵒh mil-li-gen)	5 +4(9)
민예깃킨(Meen-ye-geet-kᵒhin)	10

10부터 15까지는 10 +1, 10 +2 …… 등으로 세지만, 15 이후로는 10 +5 +1 …… 등으로 센다. 하지만 20 이상이 되면 이들 숫자가 너무 복잡해져서 차라리 말로 표현하는 것보다 돌을 한웅큼 집어서 계산하는 것이 더 쉬운 방법이다.

예를 들어 56만 해도 "니악-클립킨-민예깃킨-파롤-이닌밀리겐(Nee-akh-khleep-kin-meen-ye-geet-khin-par-ol-innin-mil-li-gen)"으로 긴데, 숫자가 백 단위, 천 단위 …… 억으로 넘어가면 그 길이가 얼마나 길어질 것인가? 코략족에게 그런 큰 단위를 세는 일은 드문 일이겠지만, 만일 조셉 레이[105]의 수학교재에 나오는 많은 문제 중 하나인 $324 \times 5260 = 1,704,240$를 풀어야 하는 경우가 생긴다면 아마도 하루 종일 계산해야 하는 힘든 일이 될지도 모른다. 우리가 보기에 코략-축치어와 베링해 동쪽 원주민 언어들과의 사이에는 별로 유사성이 없는 것 같이 보이는데, 만일 유사성이 조금 있다면, 그것은 어휘 쪽보다는 문법 쪽에 있을 것이다.

공포심에서 생긴 종교

유목민과 정착민을 모두 합해 6~7개의 다른 종족으로 구성된 북동부 시

---

[105] Joseph Ray(1807~1855): 오하이오 태생의 미국 교육자. 오하이오 의대를 졸업한 의사였으나, 신시내티에 있는 우드워드 고등학교(Woodward High school)의 수학교사, 교장으로 있으면서 《Ray's arithemetic(대수 4권, 기하 2권)》을 출간하여 당시 미국 전역에 수학공부 교재로 유명해졌으며, 오늘날에도 수학교재로 쓰이고 있다.

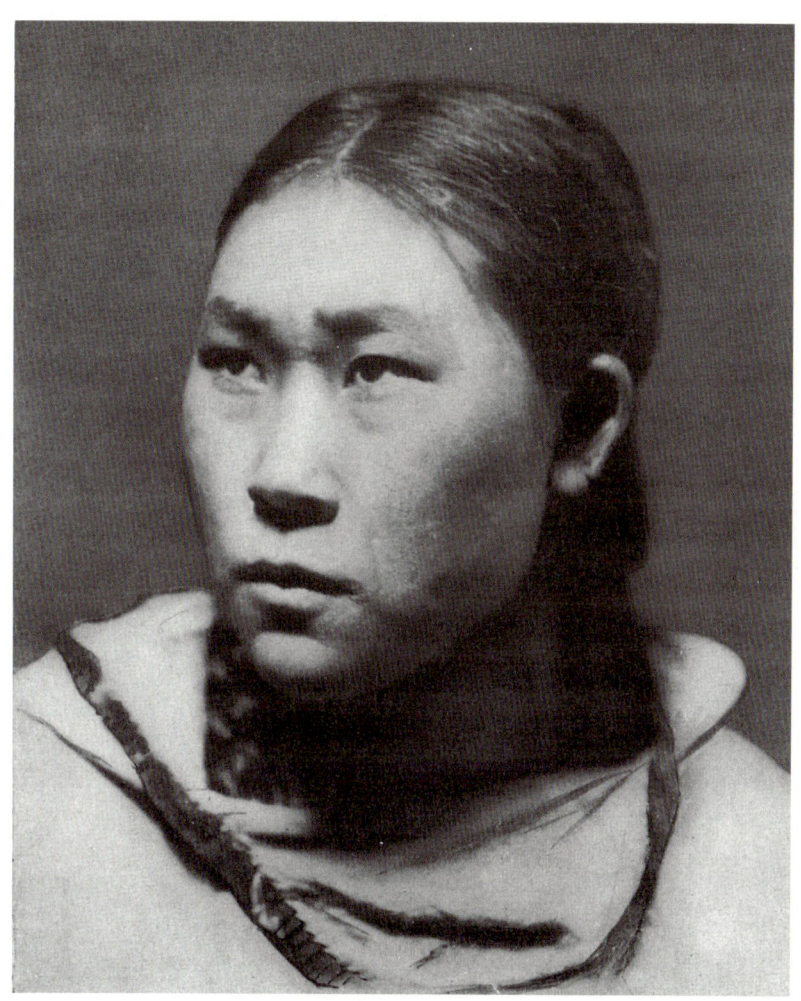

▲ 코랴족 소녀

베리아 원주민들의 종교는 샤머니즘이나 샤머니즘과 혼합된 불교로 알려져 있다. 그것은 지역과 민족에 따라 상당히 다른 면을 보여주고 있는 종교이다. 코랴족과 축치족에게 있어서 그것은 전염병, 폭풍, 기근, 일식, 오로라 등과 같은 자연재해나 기이한 현상을 일으키는 악령들을 숭배하는 것이라고 간단히 정의내릴 수 있다. 샤먼은 악령들과 인간 사이의 중재자, 그리고 악령들이 무엇을 원하는지를 인간에게 알려주는 전달자로서의 역할을 수행한다. 모든 초자연적인 현상들, 특히 무서운 자연재해는 악령들이 불만을 품고 일으키는 것으로 간주된다.

많은 사람들이 샤머니즘이란 미신에 쉽게 속아 넘어가는 원주민들을 대상으로 소수의 교활한 샤먼들이 벌이는 거대한 사기극이라고 주장하고 있다. 나는 분명 이것이 편견에 치우친 견해라고 생각한다. 시베리아 원주민들과 같이 살아보고, 그들의 특성을 연구하고, 또 그들을 둘러싼 주변 환경을 직접 체험해본 사람이라면 샤먼들이나 그 추종자들의 신실한 믿음을 의심할 수 없으며, 또한 악령 숭배만이 그들의 유일한 종교라는 주장을 받아들일 수 없을 것이다. 다만 그것은 그런 혹독한 환경 속에서 가능한 종교일 뿐이다.

최근에 렉키[106]는 아무런 편견 없이 아주 공정한 입장에서 종교에 대해 기술하고 있는데, 나는 시베리아 코략족의 성격에 대해, 그리고 그들의 종교적 믿음의 기원과 성격에 대해 그의 말을 인용하는 것보다 더 나은 설명은 없다고 생각하므로, 다음과 같이 그의 말을 인용해본다.

"어디서나 종교의 시작점은 공포이다. 야만인들의 마음에 가장 깊은 인상을 심어주는 현상은 순조로운 자연법칙이 가져다주는 풍성한 혜택이 아니라 아주 비정상적으로 다가오는 재난인 것이다. 자연의 섭리에 감사하기보다는 두려워하기가 더 쉬운 일이어서, 아주 웅장한 일이 벌어져도 자연법칙을 깨는 아주 사소한 일보다 더 깊은 인상을 받을 수 없는 일이다. 그래서 전염병이나

---

[106] William E.H. Lecky(1838~1903): 아일랜드의 역사가. 이성과 도덕을 강조하며 민주주의와 자유를 주장했고, 민족주의에 기반한 독재주의와 퇴행적인 사회주의의 출현을 예견했다. 저서로 《A History of England in the 18th century》, 《A History of the Rise and Influence of Rationalism in Europe》 등이 있다.

자연재해 같은 무서운 자연현상이 닥쳐오면, 야만인들은 거기에서 어떤 악마의 존재감을 강하게 인식하게 된다. 기근이 닥치고, 지진이나 페스트 같은 전염병이 마을을 황폐화시킬 때, 어두운 한밤중에 깊은 골짜기에서 짐승들의 울음소리가 들려오고, 혜성이 나타나거나 일식 현상이 벌어져 암흑세계로 변하게 된다면, 인간의 이성은 뒤틀리고 왜곡되게 마련이다.

모든 것이 이상하게 죽음의 냄새를 풍기게 되고, 야만인들은 초자연적 현상 앞에서 위축될 수밖에 없는 것이다. 자연의 위력 앞에 완전히 굴복한 채로 야만인들은 악령들의 계속적인 위협 속에서 살아가게 된다. 악령들이 자신들 주위에 항상 있다고 느끼면서 야만인들은 자연스럽게 악령들과 소통하려고 애쓰게 된다. 그들은 제물로 악령들을 위로하려고 노력한다. 커다란 재앙이 닥치거나, 복수심으로 불타는 감정이 이성을 제압하게 되면, 악령들의 힘을 빌려 자신들의 소망을 이룰 수 있다고 스스로를 설득하게 되는 것이다."

이 의미심장한 언급은 시베리아 원주민들의 종교에 대한 열쇠이며, 또한 샤먼의 기원에 대한 설득력 있는 설명인 것이다.[107] 샤머니즘이 야만 상태의 인간이 만들어낼 수 있는 자연스런 결과물이란 사실에 또 다른 증거가 필요하다면, 샤머니즘이 북동부 시베리아의 다양한 종족들 사이에 보편적

---

[107] 저자가 인용한 윌리엄 렉키의 샤머니즘에 대한 언급은 애니미즘을 주창한 영국 인류학자 에드워드 타일러(Edward Tylor)로 대표되는 19세기 서구인들이 시베리아를 바라본 초기적 편견을 잘 드러내고 있다. 오늘날 인류학자들은 샤머니즘이 자연에 대한 공포에서 시작된 단순한 종교현상만이 아니라, 그 공동체의 생존을 보장하기 위한 제의 기능, 즉 사냥감의 멸종을 막기 위한 생태계 균형 유지 기능, 하늘과 인간과 땅으로 분류되는 세계관 속에서 3세계의 조화로운 균형을 위해 자유로운 영혼비행으로 병든 영혼을 치료하고 죽은 영혼을 인도하는 치유 및 중개, 예언 기능, 노래와 춤, 구술 등으로 공동체의 전통을 계승하는 전달 기능 등의 여러 복합적 성격을 가진 종교현상으로 보고 있다. 오늘날 샤머니즘은 퉁구스어에서 온 그 어원이 보여주듯 시베리아에 특유한 종교현상으로 보는 학자들도 있으며, 엘리아데와 같이 샤머니즘을 세계에 보편적으로 퍼져있는 종교현상으로 보는 학자도 있는 반면, 앨리스 키호우(Alice Kehoe)같이 샤머니즘은 너무 다양해서 보편화할 수 없다는 학자도 있으며, 피어스 비텝스키(Piers Vitebsky)같이 뚜렷한 유사성을 공유하고 있지만, 모두를 하나로 묶을 수는 없다고 중간 입장을 취하는 학자 등 다양한 견해들이 있으며, 서구에서는 고대 유럽의 제의 전통을 현대에 되살리려는 네오샤머니즘의 경향도 일어나고 있는 형편이다.

으로 퍼져 있다는 사실이 또 하나의 증거가 될 것이다.

예를 들면 퉁구스족은 중국인 계열이고**108)**, 야쿠트족은 투르크족 계열이다. 양자는 서로 다른 지역 출신이며, 다른 신앙과 다른 사고방식을 지니고 있다. 하지만 양자 모두 똑같은 외부 환경에 놓이게 되자, 똑같은 샤머니즘 체계로 나아가게 되었다.

일단의 이슬람 교도들이 북동부 시베리아로 이주해갔을 때, 그들은 수십 년 동안 계속해서 스타노보이 산맥(Stanovoi Mts)의 거칠고 음울한 환경 속에서 텐트를 치고 외롭게 살아가야만 했다. 말로 표현할 수 없는 피해를 안겨다주는 무서운 눈폭풍, 갑작스레 순록떼를 몰살시키는 전염병, 세상을 온통 불꽃으로 이글거리게 만들어놓는 오로라 등 이해할 수 없는 기이한 현상과 자연재해들은 이들을 무력하게 만들어 조금씩 이슬람 신앙을 잊어버리게 만들고, 결국 오늘날의 시베리아 코략족, 축치족과 마찬가지로 샤머니즘을 신봉하게 만들어 버린다.

한 세기 동안 문명과 기독교 세례를 받은 사람조차도 외롭고 적대적인 이 지역에서 지내다보면 샤머니즘의 위력에 전적으로 맞서거나 거부할 수 없음을 느끼게 된다. 나를 사만카 산맥에 데려다준 캄차달족 사람들은 기독교 세례를 받은 부모의 자식들로 어린 시절부터 그리스 정교 교회에서 교육을 받았다. 그들은 하나님의 섭리와 예수의 희생을 굳게 믿는 기독교 신자들로 자신들의 보호와 안전을 간구하는 기도를 밤낮으로 드렸다.

그러나 그 음울한 산골짜기에 폭풍이 몰아치자, 초자연 현상에 대한 공포심이 굳은 신앙심을 쫓아냈다. 하나님은 멀리 달아나버린 것 같았고, 악령들이 가까이에서 위력을 발휘하고 있었으며, 폭풍이 바로 그 증거였다. 그들은 이교도들과 마찬가지로 악마의 분노를 진정시키기 위해 개를 한 마

---

108) 퉁구스족이 중국인 계열이라는 저자의 언급은 정확한 표현이 아니다. 오늘날 퉁구스족은 알타이어족의 만주–퉁구스어계에 속하며, 중국인은 티벳–중국어계에 속하는 다른 어족이다. 따라서 퉁구스족은 만주–퉁구스족 계열이라고 해야 맞는 것이다.

리 제물로 바쳤다.

이와 유사하게 초월적 존재인 하나님의 나라와 지배를 굳게 믿는 사람들이 몇몇 초자연적인 현상들에 놀라 굴복해 버리는 경우들을 나는 많이 인용할 수 있다. 사람은 자기가 지성적으로 믿는 것보다 자기가 직접 생생하게 겪은 것에 의해 지배되는 경우가 많다. 이 악마의 존재를 생생하게 실감하게 되는 순간이 바로 샤머니즘의 기원이 되는 것이다.

샤먼의 주술 – 노인과 병자를 죽이는 관습

코랴족 샤먼의 의무는 병든 자에게 주문을 외워주고 악령들과 소통하면서 인간에게 바라는 바를 통역해주는 것이다. 질병, 폭풍, 기근 등의 자연재해가 코랴족에게 들어닥치면, 이들은 물론 그 원인을 악령들의 분노로 돌리면서 그 분노를 달래줄 최선의 방법이 무엇인지 샤먼에게 물어보게 된다. 신청을 받은 샤먼은 마을에서 가장 큰 텐트에 사람들을 모아놓은 다음, 새와 짐승 같은 환상적인 물체, 그리고 이상한 상형문자 같은 상징 등이 그려진 긴 옷을 입고 긴 머리를 풀어 헤친 상태에서 느린 북소리를 따라 음울한 목소리로 노래를 부르기 시작한다.

노랫소리가 점점 커지고 빨라짐에 따라, 샤먼의 시선은 한 곳으로 고정되고, 마치 경련을 일으키는 듯 자기 몸을 비틀어 댄다. 거친 목소리의 노래가 점점 격렬해지면서 북소리도 점점 빨라지고 단조로워진다. 이제 샤먼은 머리를 발작적으로 흔들며 펄쩍펄쩍 뛰면서 텐트 주위를 미친 듯이 춤추며 다니다가 마침내 녹초가 되어 자기 자리에 주저앉는다. 잠시 후 그는 악령들에게서 받은 메시지를 놀라움에 휩싸인 원주민들에게 전달해주는데, 그것은 대체로 분노한 악령들에게 개나 순록, 혹은 사람을 희생 제물로 바치라는 내용이다.

이런 의식을 진행하는 도중에 때때로 샤먼들은 활활 타는 석탄을 삼키는 시늉을 하거나 자신의 몸을 칼로 꿰뚫는 시늉을 하는 등 온갖 사기를 치는 경우도 있다. 하지만 대부분의 경우 샤먼은 실제로 악령의 지도를 받고 있다고 믿는 듯하다. 때에 따라서 일반 원주민들은 샤먼이 가짜로 연기한다는 의심이 들 경우, 심할 정도로 샤먼에게 매질을 가하여 그가 보여주는 것이 진짜인지, 또는 그가 성실하게 자기 의무를 다하고 있는지를 시험해본다. 만일 그가 어떤 인간적인 약한 모습이나 고통스러워하는 모습을 보이지 않고 그 시험을 견뎌내면, 악령들의 대리자로서의 그의 권위가 증명되고 그의 명령에 복종하게 되는 것이다.

샤먼의 명령에 따라 치러지는 희생제의와는 별도로, 코랴족 사람들은 물고기, 물개 등을 많이 잡게 해달라고, 그리고 풍성한 수확을 빌면서 1년에 적어도 두 차례 제물을 바친다. 우리는 코랴족 한 거주지에서 20~30마리의 개 뒷다리가 긴 장대 끝에 매달려 있는 광경을 자주 목격하였다. 여름에는 푸른 풀을 모아 화환처럼 만들고 제물로 바쳐진 동물의 목에 걸어둔다. 코랴족 사람들은 언덕배기나 산의 높은 곳을 지나칠 때마다 항상 악령들에게 담배를 제물로 바친다. 코랴족 유목민들은 육체와 정신이 다시 부활하라고 죽은 자의 시신을 화장한다. 병들어 회복이 불가능한 환자는 돌로 쳐 죽이거나 창으로 찔러 죽인다.

우리는 코랴족 사람들이 험한 유목생활에 적응하지 못하는 노인네와 병든 사람들을 모두 죽인다는 사실을 러시아인들과 캄차달족 사람들로부터 들었다. 우리는 이것이 사실이라는 것을 확인했다. 험난한 생활을 오래 견뎌온 이 종족이 선택한 최선의 방법이 바로 이 무서운 관습인데, 이들은 이제 이 관습에 익숙해져 있다.

밤에 연기 나는 폴로그 방에 같이 앉아 있을 때, 이들은 종종 우리에게 아주 질릴 정도로 상세하게 병든 자를 죽이는 방법에 대해서 설명해 주었다. 즉 창이나 칼로 단숨에 죽일 수 있는 부위를 찌른다는 것이다. 이런 설명은 나로 하여금 토마스 드 퀸시[109]의 유명한 수필《살인의 예술적 고찰》

▲ 악령에게 제물로 바쳐진 코략족 개들

을 떠올리게 만들었고, 또한 그의 '살인 감식가 협회(Society of Connoisseurs in Murder)'에도 어떤 도움이 되는 정보를 제공할 수 있을 것이란 생각이 들게 만들었다.

코략족 사람들은 모두 죽음을 자연스런 종말로 받아들이도록 교육받았고, 또한 통상 그것을 아주 태연하게 받아들인다. 그들이 자기의 육체적 활동이 가능하고 소용이 되는 기간 이상으로 더 오래 살려고 하는 경우는 거

---

109) Thomas De Quincey(1785~1859): 맨체스터 태생의 영국 평론가 및 수필가. 옥스퍼드 재학 시절부터 안면신경통으로 아편을 상용한 그는 시적이며 상상력이 풍부한《어느 영국인 아편쟁이의 고백(Confessions of an English Opium Eater)》으로 유명해졌으며, 《살인의 예술적 고찰 (On Murder Considered as one of the Fine Arts)》, 《영국의 우편마차(The English Mail-Coach)》《호반 시인들에 관한 회상(Lake Reminiscences)》 등의 작품이 있다. 에드가 알란 포, 샤를르 보들레르, 니콜라이 고골리 등에게 영향을 미쳤으며, 현대작가인 장 콕토, 호르헤 루이스 보르헤스에게도 영향을 미쳤다. 베를리오즈의 환상 교향곡도 그의 영향을 받은 것으로 알려졌다. 《살인의 예술적 고찰》은 1811년 영국에서 살인범 존 윌리엄스(John Williams)에 의해 실제로 일어난 연쇄살인사건에 대해 언급한 것으로 범죄에 관한 문학적 접근으로 커다란 반향을 일으켰으며, 이후 윈덤 루이스(Wyndham Lewis), 조지 오웰(George Orwell) 같은 비평가들의 호평이 잇따랐다.

의 없다. 더 이상 소용이 없어진 자들은 전체 마을 사람들이 모인 앞에서 이성으로는 이해할 수 없는, 그러나 매우 공을 들인 살인의식으로 죽음에 이르게 되며, 이후 그들의 사체는 화장되고 남은 재는 바람에 휩쓸려 산산이 흩어져 버린다.

노인과 병든 자를 죽이고 그 사체를 화장하는 이런 관습은 코랴족이 선택하여 적응해온 유목생활에서 자연스럽게 나온 것으로, 어디에서나 인간의 행동과 도덕에 강력한 영향을 미치는 자연법칙의 한 예를 보여주고 있을 뿐이다. 인간이 자기가 있는 곳의 자연환경에 따라 살아가는 것은 합리적인 일이면서 또한 불가피한 일이다.

북동부 시베리아의 황량한 풍토, 혹독하고 긴 겨울, 이런 것들이 코랴족으로 하여금 생계를 유지하는 유일한 수단으로 순록을 기르게 만들었다. 순록을 기르는 것은 유목생활의 필수적인 요소이다. 힘든 유목생활에서 병들고 쇠약해진 사람들은 본인뿐만 아니라 부양하는 사람들에게 때로는 많은 부담이 되기도 한다. 그래서 결국 양자의 고통을 줄이기 위해 노인과 병자를 죽이는 방법을 선택하게 된 것이다. 이것은 남은 가족이 해야 할 의무이자 마지막으로 자비를 베푸는 일이다.

죽은 자를 화장하는 관습 역시 자연환경의 소산물이다. 떠돌아다니는 유목생활의 특성상 이들이 어느 한곳에 공동묘지를 갖는다는 것은 불가능한 일이며, 또한 영구 동토층에서 매장하기 위해 땅을 파기도 어려운 일이다. 죽은 자의 사체는 늑대들이 뜯어 먹도록 놓아두었다가 뼈를 모아 화장하는 것만이 그 가능한 대안인 것이다. 이런 관습들이 코랴족 본래의 야만성에서 기인한다고 예단해서는 안 된다. 그것들은 단지 주변 환경에 적응하기 위해 발전시켜온 자연스런 결과물인 것이며, 오로지 강인한 인간 본성들, 즉 부모 자식간의 사랑과 존경심, 형제간의 우애, 친구간의 우정, 생에 대한 집착과 사랑, 그리고 모든 만물이 자연의 법칙에서 벗어날 수 없다는 사실을 증명해주고 있을 뿐이다.

▲ 유목 코략족의 순록 썰매 경주

러시아 정교는 시베리아 원주민들을 모두 기독교로 개종시키려는 선교활동에 주력하고 있다. 이들의 선교활동은 유카기르족(Yookagaree, 혹은 Yukagir)110), 추반치족111), 캄차달족 등의 일부 정착 원주민들에게서 어느 정도의 성과를 이루었지만, 유목 원주민들은 여전히 샤머니즘을 신봉하고 있으며, 인구가 적은 북동부 시베리아에서만 7만 명이 넘는 추종자들이 있는 형편이다. 코략족과 축치족의 유목 원주민들을 진정으로 개종시키려

---

110) 러시아 사하 공화국 콜리마 강하류 지역과 축치족 자치구에 걸쳐 살고 있는 유카기르족은 오늘날까지도 그 기원이 알려져 있지 않으며, 토착어인 유카기르어도 고립어로서 고아시아어 중 하나로 알려져 있다. 17세기 중엽 약 5,000명이었던 인구는 러시아의 침략으로 17세기 말 절반으로 줄어들고 20세기 말 약 600명까지 줄었다가 2002년 약 1,500명으로 늘었다는 보고가 있다. 유카기르족 대부분은 주변 종족들의 영향으로 토착어인 유카기르어보다 야쿠트어나 러시아어를 구사하고 있다.

111) Chooancee, 혹은 Chuvantsy: 유카기르(Yukagir)족의 하나인 추완(Chuwan)족의 후손으로 알려져 있다.

면, 그들의 생활방식을 완전히 바꾸고 계몽교육을 실시하는 것이 먼저 선행돼야만 한다.

순록에 관한 미신

코략족과 축치족 유목민들의 많은 미신들 중에 가장 두드러진 것 중 하나는 이들이 살아 있는 순록과 떨어져 있지 않으려 한다는 것이다. 죽은 순록의 경우, 누구나 원하는 숫자만큼 500마리까지 마리당 약 70센트에 살 수 있다. 하지만 살아 있는 순록은 매매의 대상이 아니다. 원주민들이 돈으로 간주하는 담배, 구리 주전자, 목걸이, 옷 등을 제공하며 살아 있는 순록 한 마리를 달라고 해도, 이들은 한사코 살아 있는 순록을 팔려고 하지 않는다. 하지만 그 살아 있는 순록을 죽여서 달라고 하면, 이들은 그 순록을 죽여서 그 사체를 조그만 구슬 목걸이 하나와 교환해준다. 이 말도 안 되는 미신에 대해 이들과 언쟁을 벌이는 것은 소용없는 짓이다. 그에 대한 어떠한 이유도, 설명도 없고, 다만 "살아 있는 순록을 파는 것은 나쁜 짓(원주민 어로 아트킨 'atkin')"이다.

우리가 계획한 전신선 가설공사에 훈련받은 순록이 필요했으므로, 우리는 코략족 사람들에게 순록 한 마리만 팔도록 갖은 유혹을 다하며 요청했지만, 우리의 모든 노력은 소용이 없었다. 원주민들은 죽은 순록 100마리를 담배 45kg과 교환해주었으므로, 우리는 그 5배인 담배 225kg과 살아 있는 순록 1마리를 교환해 주도록 온갖 유혹을 했음에도 원주민들은 순록의 숨이 붙어 있는 한 절대로 팔지 않았다. 우리가 시베리아에서 보낸 2년 반이란 기간 동안, 우리 팀의 어느 누구도 코략족과 축치족으로부터 살아 있는 순록을 사본 적이 없다는 사실을 나는 알고 있다. 그러나 마침내 우리는 살아 있는 순록 800마리를 소유하게 되었는데, 그것은 다름 아닌 퉁구스족 유목민들에게서 사들인 것이었다.

코랴족의 특성

코랴족은 아마도 시베리아에서, 아니 전 세계에서 순록을 가장 많이 소유하고 있는 종족일 것이다. 우리가 북부 캄차카 지역에서만 본 것이 약 8,000~12,000마리 정도이고, 중부 툰드라 지대에 살고 있는 어느 코랴족 부자는 세 군데에서 순록떼를 기르고 있는데, 그 총수가 3만 마리에 달한다. 이렇게 많은 순록을 기르는 것은 그것이 코랴족의 삶에 있어서 거의 유일한 생계수단이기 때문이다.

코랴족 유목민들은 순록 먹이를 찾아 끊임없이 옮겨다녀야 하고, 또 늑대로부터 보호하기 위해 밤낮으로 경계를 서야만 한다. 매일 8~10명의 코랴족 사람들이 창과 칼로 무장하고 해가 지기 바로 직전에 야영지를 떠나 순록떼 주변 2~3km 되는 지역까지 걸어가서 높이 약 1m, 너비 약 70cm 정도 되는 조그만 움집을 나뭇가지를 꺾어 만들고, 그 안에 들어가 웅크린 상태로 늑대를 지켜보며 북극의 길고 추운 밤을 지새는 것이다.

날씨가 좋지 않으면 않을수록, 경계의 필요성은 더 커지는 것이다. 때때로 무서운 폭풍이 눈을 휘날리며 몰아치는 겨울 한밤중에는 늑대가 떼를 지어 갑자기 순록떼를 공격하여 사방으로 흩어버리기도 한다. 이 때문에 코랴족 사람들이 경계에 나서는 것이다. 각각의 경계요원들은 너른 바다같이 온통 눈으로 뒤덮인 평원에서 홀로 외로이 엉성하게 만든 움집 안에 웅크리고 앉아 푸른 하늘과 눈 덮인 대지를 진홍빛으로 물들이는 환상적인 장관을 연출하는 오로라를 바라보면서, 그리고 멀리서 희미하게 들려오는 늑대의 울음소리에 비례해서 뛰노는 자신의 심장 박동소리를 들으면서 기나긴 겨울밤을 지새우는 것이다. 그들은 바람에 금방 날아갈 것만 같은 엉성한 움집 속에서 수은주가 오그라드는 매서운 추위를 인내심을 가지고 견디어낸다. 어떤 것도 그들의 사기를 떨어뜨리지 못하며, 어떤 것도 그들을 텐트 속으로 도망칠 만큼 겁쟁이로 만들지 못한다.

나는 밤새 움막 속에서 지내고 아침을 맞은 경계요원을 본 적이 있는데, 얼굴을 모피외투에 파묻고 있는데도 그의 코와 뺨은 얼어서 검게 변해 있었고, 그는 마치 죽은 사람처럼 보였다. 그 후로 나는 황량한 툰드라 지대 벌판에 있는 그런 작은 움집을 지나칠 때마다 그곳에서 혼자 외로이 밤을 보낸 경계요원들을 생각하지 않을 수 없었다. 그들은 동이 트기를 기다리며 그 길고 지루한 밤을 지새우는 동안 무슨 생각을 하고 있었을까? 머리 위로 물결치듯 떠돌아다니는 휘황찬란한 오로라를 보면서 어떻게 이런 기이한 현상이 생겼을까 하는 의문을 품은 적이 있을까? 눈 덮인 벌판 위 둥그런 하늘에 떠있는 별들의 장엄한 광경을 보면서 지금보다 더 나은, 행복한 다른 세상이 있지 않을까 하는 생각을 해본 적이 없을까?

"세상이 어둠에 싸여 있을 때,
달과 별에게서 훔쳐 내려와,
흙으로 만든 인간에게 불을 밝혀주었다.
인간은 정녕 운명과 신에 대해 생각하고
있는 것일까?"

도움 받을 길이 없는 불쌍한 인간 본성이여! 인간은 초자연적 힘을 느끼고 또 알 수 있었다. 그러나 샤먼의 북소리와 거친 외침소리는 다만 인간이 어떻게 그 초자연적 힘의 본성과 가르침을 완전히 망각하고 있는지를 보여주고 있을 뿐이다.

코략족 유목민의 성향은 아주 선하다. 이들은 여자와 아이들을 아주 친절하게 대한다. 이들과 교류해온 2년 넘는 기간 동안 나는 한 번도 이들이 여자와 아이들을 때리는 모습을 본 적이 없다. 이들의 정직성은 놀랄 만한 것이다. 우리가 아침에 이들의 야영지를 떠난 이후에, 이들이 8~16km의 먼 거리를 순록 썰매를 타고 우리를 쫓아와, 우리가 서둘러 출발하는 바람에 잊고 떠난 칼, 파이프 등의 사소한 물건들을 전해주었던 일들은 비일비재하다. 썰매에 담배, 구슬 목걸이 등의 온갖 무역 상품들을 실은 채로 아무도 돌보는 이 없이 이들의 텐트 밖에 세워 두었는데, 잃어버린 것이 하나도 없었던 일도 있었다.

우리는 이들로부터 문명국가에서 받을 수 있는 것보다 더 많은 친절과 호의를 받아왔다. 만일 내가 돈도 없고 도와줄 친구도 없는 상황에 처한다면, 나는 미국에 있는 많은 친척들에게 호의를 구하기보다는 기꺼이 코랴족 유목민들에게 도움을 청할 것이다. 우리의 관념으로 볼 때 이들이 잔인하고 야만스러워 보이지만, 내가 아는 한 이들은 결코 배반하지 않는 것으로 알려져 있다. 나는 거리낌 없이 이들의 손에 나의 생명을 맡길 수 있다고 생각한다.

우리가 북쪽을 향해서 여행길을 재촉하다보니, 밤마다 북극성은 북극에 더 가까이 다가서고 있었고, 마침내 우리는 북위 62도 지점에 도달해서 스타노보이 산맥112)의 흰 눈에 뒤덮인 봉우리들을 눈으로 볼 수 있었다. 이 봉우리들은 펜진스크 만의 갑(岬)에 위치하면서 캄차카 반도의 북쪽 경계선을 형성하고 있었다. 우리는 이 봉우리들의 눈 덮인 경사면에 자리 잡은 캄차카 코랴족의 야영지에서 마지막으로 '연기 나는 텐트 속 시간'을 보냈다. 코랴족의 나무 여물통 식사를 마지막으로 마치고, 우리는 캄차카 반도의 황량한 벌판에 대한 아무런 미련도 없이 코랴족 유목민들과의 텐트 생활에 작별을 고했던 것이다.

---

112) 저자가 스타노보이 산맥이라 한 곳은 저자의 착오이다. 스타노보이 산맥은 북위 62도가 아니라 북위 55도 선을 따라 바이칼 호 동북쪽으로부터 연해주까지에 걸쳐 있는 산맥이므로, 캄차카 반도 맨위쪽 펜진스크 만 부근에 있는 것은 펜진스크 산맥이다. 따라서 스타노보이 산맥이 아니라 펜진스크 산맥으로 정정해야 한다.

CHAPTER 21

첫 동상에 걸리다

　11월 23일 아침 섭씨 영하 32도의 맑고 냉랭한 날씨 속에서 우리는 오호츠크 해 윗부분의 펜진스크 만으로 흘러 들어가는 펜지나(Penzhina)라는 커다란 강의 하구에 도달했다. 만의 한가운데 구름같이 짙은 안개가 걸려 있었고, 그 사이로 바다가 열려 있었다. 그러나 강 하구는 남서쪽에서 불어온 폭풍으로 얼음 덩어리들이 이리저리 어지럽게 각진 형태로 얼어붙어 작은 언덕을 이룬 상태로 완전히 막혀 있었다. 우리는 맞은편에 있는 높은 언덕 위에 카메노이(Kamenoi, 혹은 Kamenskoye) 지역 코략족의 X자 모양 유르트들의 윤곽을 회색빛 안개 사이로 희미하게 바라볼 수 있었다.
　썰매 몰이꾼들이 순록, 썰매와 함께 하구를 건너려는 것을 내버려두고, 소령과 도드, 그리고 나는 걸어서 건너기로 했다. 우리는 불규칙하게 놓여 있는 얼음 장애물들 사이로 조심스레 걸어가면서 커다란 빙산 위를 손과 무릎으로 기어오르다가 미끄러져 깊은 크레바스 속으로 떨어지기도 하고, 또 빙산이 깨져 날카로운 얼음조각들로 가득한 곳을 지나다가 넘어져 상처를 입기도 했다. 맞은편에 거의 다 왔을 무렵, 갑자기 도드가 소리를 질렀다.
　"오, 케넌! 네 코가 완전히 하얗게 얼었어. 빨리 눈으로 비벼줘!"

도드의 말에 나는 내 코가 하얗게 얼어버렸다는 사실을 깨달았다. 북극에서의 경력을 쌓아가려는 시점에서 내 코를 동상으로 잃어버린다는 것은 아주 커다란 불행이었다. 나는 한움큼 눈을 집어 들고, 거기에 얼음조각들을 섞어서 무감각한 코 부위를 피부가 닳아 없어질 정도로 문질러 댔다. 그런 다음 벙어리장갑을 끼고 팔이 아프도록 계속 문질러 주었다. 마침내 코에 아픔이 느껴지고, 혈액 순환이 다시 되는 것을 느끼게 된 나는 비로소 문지르는 동작을 멈추고 도드와 소령의 뒤를 따라 카메노이 코략족 마을이 있는 경사진 언덕을 오르기 시작했다. 그때 그렇게 바로 조치를 취하지 않았더라면, 나는 코를 동상으로 잃어버렸을 것이다.

정착 코략족 – 모래시계 모양의 유르트

코략족 마을의 주거지는 마치 나무로 만든 거인용 모래시계들을 모아 놓은 곳 같았으며, 지진으로 흔들려 반쯤 주저앉은 모양새였다. 원주민들이 집이라고 부르는 이것들은 높이가 약 6.6m 정도로 바다에서 떠밀려온 나무로 거칠게 만든 모래시계 모양의 집이라고 밖엔 표현할 방법이 없었다. 여기에는 들어가는 문이나 창문 같은 것이 없고, 단지 밖에 있는 기둥을 타고 위로 올라가 굴뚝 사이에 있는 또 하나의 기둥을 타고 내려가게 돼 있었다. 이것은 오로지 밑에서 불이 잘 피워 오르도록 만든 구조이다. 우리로서는 충분히 납득이 가지 않았지만, 매캐한 연기와 튀는 불꽃은 그다지 중요하지 않다는 이야기를 들었다.

나는 어린 시절 산타클로스 할아버지가 굴뚝을 타고 집안으로 들어온다는 이야기를 들었던 것이 기억났다. 어린 마음에 별 생각 없이 그 이야기를 받아들였겠지만, 당시에도 나는 어떻게 굴뚝을 타고 들어오는 것이 가능한지 이해가 가지 않았다. 그래서 나는 매년 크리스마스가 돌아오면 실험을 해보고 싶은 생각이 많았지만, 난로 연통 두께를 생각해 보고는 실행에 옮길 수 없었다. 굴뚝을 타고 내려오는 것까지는 성공할 수 있었을지 모른다. 하지만 20cm 두께의 좁은 난로 연통과 난로 앞문을 통과해 방 안으로 빠져 나온다는 것은 있을 수 없는 일이었다.

하지만 내가 처음 카메노이 코랴족 유르트 안으로 들어가 봄으로써, 내 어릴 적 의문들이 모두 풀리는 것 같았고, 또 아마도 산타클로스가 이런 비정상적인 방법으로 집안에 들어왔던 것이 아닌가 하는 생각도 들었다. 마을에 들어서자, 모피를 걸쳐 야만인들처럼 보이는 원주민들이 우리 주위에 몰려들더니, 우리가 처음 기둥을 타고 유르트 안으로 들어가는 모습을 호기심에 가득 찬 눈초리로 바라보았다.

우리는 소령이란 계급과 팀의 대장이란 지위를 배려하여 맨 처음 소령이 올라가도록 했다. 그는 무난히 밖에 있는 기둥을 타고 올라가는 데 성공했고, 이제 고상한 몸짓으로 연기 구덩이인 좁고 어두운 굴뚝 구멍 속으로 한 발짝 내려섰다.

연기 속으로 그의 몸이 빠져 들어가고 머리는 아직 희미하게 보이는 순간, 갑자기 그의 얼굴에 당황한 표정이 드러났다. 기둥에 파인 홈이 너무 작아 커다란 모피장화를 신은 그가 간신히 발을 디디고 있으면서 굴뚝에 매달려 있는 상황이어서, 다시 올라갈 수도 없고 자칫하면 떨어질 수도 있는 아주 처량한 장면이 연출되고 있었다. 연기가 머리를 감싸고 올라오자, 그는 눈이 매워 눈물을 흘리기 시작했고, 질식할 것같이 기침을 해대며 도와달라고 소리를 질러댔다.

마침내 안쪽에 있던 한 원주민이 괴로워하는 그의 모습에 놀라 기둥을 타고 올라와서 그를 안전하게 땅바닥으로 내려 주었다. 그의 전철을 밟지 않으려고 도드와 나는 기둥에 파인 홈은 거들떠보지도 않고 그냥 기둥을 팔로 감싸 안은 채 주르륵 미끄러져 바닥으로 내려갔다.

매캐한 연기 때문에 아린 눈을 떠보니 불가에 책상다리를 하고 앉아서 모피옷을 깁고 있는 예닐곱 명의 마르고 지저분한 나이 먹은 여인네들이

▲ 정착 코략족의 모래시계 모양 집 – 미국 자연사 박물관의 모형

마지못해 느릿느릿 러시아어로 합창을 하듯 우리에게 인사를 건넸다.
"즈다로-오-바(Zdaro-o-va : 인사를 전합니다)."

유르트 내부 – 다리 모양으로 사람을 식별하다

이 나무로 만든 코랴족 정착민의 유르트 내부는 그동안 연기나고, 더럽고, 추웠던 유목민 유르트에 단련돼온 우리에게도 낯설고 어딘가 손님을 반기지 않는 그런 풍경이었다. 유르트 중앙에 뚫린 둥근 구멍은 그를 통해서만 빛이 들어와 이 어둡고 침침한 내부를 비추어 주는 창문 역할과 연기가 빠져나가는 굴뚝 역할을, 그리고 가운데 수직으로 세워 놓은 홈이 파인 기둥은 출입문 역할을 하고 있었다. 유르트를 지지하는 들보, 서까래, 기둥 등의 모든 나무들은 연기에 지속적으로 그을려 검게 빛나고 있었다. 가운데에 불을 피우고 커다란 구리 주전자에 눈을 녹이기 위한 장소로 지름 약 3m 정도의 공간을 남겨 두고, 벽에서부터 약 2m 너비로, 그리고 바닥에서 약 30cm 높이에 나무로 만든 앉을 자리가 마루처럼 한 면을 제외한 삼면으로 쭉 뻗어 있었다.

마루 위에는 사각으로 모피 칸막이를 친 3~4개의 폴로그 방이 세워져 있었고, 이것들은 때때로 참을 수 없는 연기를 피할 수 있는 피난처로, 그리고 내부 구성원들의 잠자리로 사용되었다. 유르트 중앙 바닥에는 둥글게 깔아놓은 판돌들이 화로 역할을 하고 있어서 그 위에 솥을 얹어 놓고 보통 생선, 순록고기, 말린 연어, 물개 지방 부위, 그리고 냄새 나는 기름 등을 넣고 부글부글 끓여 코랴족 음식을 만들어낸다. 내부에서 우리가 보고 만지는 물건들은 모두 마치 코랴족의 것이라고 표시라도 하는 듯 더러운 기름과 그을음이 묻어 있다.

누군가 유르트 안으로 들어올 때마다 갑자기 굴뚝 구멍이 가려지면서 내부가 어두워진다는 사실을 알게 되었고, 위를 올려다보면 모피옷에서 빠진 털이 날리고 연기가 자욱한 가운데 기둥을 타고 내려오는 사람의 양 다리만 보일 뿐이다. 그런 경험을 몇 번 하다보면, 다리 모양, 착용하고 있는 옷과 신발만 보고도 그가 누구인지 곧 알게 된다. 그래서 통상 사람을 식별하게 되는 얼굴도 여기에서는 다리에 이어 2차적인 수단에 그치고 만다. 예를 들면 이반의 다리만 보고도, 니콜라이의 장화만 보고도 연기 구름 위 어디엔가 있을 그들의 얼굴을 떠올릴 수 있는 것이다. 그래서 이 유르트 안에서는 다리가 무엇보다도 가장 뚜렷한 특징이 되는 것이다.

눈폭풍이 들이닥치는 날에는 개들을 굴뚝 주변에 데려다 놓는데, 개들은 굴뚝 주변에 앉아 유르트 내부를 내려다보면서 밑에 있는 커다란 솥에서 풍겨 나오는 생선 끓이는 냄새를 킁킁대며 맡는다. 밑에서는 불가에 모여 사람들이 다 익은 연어로 저녁식사를 하려고 하고, 위에서는 좋은 자리를 차지하려고 개들끼리 싸움을 벌이다가 싸움에 진 놈이 깨갱거리며 솥 위로 떨어지는 경우가 간간이 있다. 그러면 위에서는 싸움에 이긴 놈이 승리에 찬 모습으로 밑에 떨어진 놈을 내려다보고 있고, 밑에서는 코랴족 사람이 솥에 빠져 반쯤 덴 개를 끄집어내 굴뚝 위로 데려가 눈이 휘몰아치는 유르트 밖으로 내던진다. 그리곤 별일 없었다는 듯이 다시 식탁으로 돌아와 개털이 둥둥 떠 있고 간간이 개 냄새가 나는 생선 수프를 먹기 시작한다.

터럭은, 특히 순록의 털은 코랴족 유르트에서 요리하는 모든 음식에 들어가는 빠지지 않는 양념이라고 생각하면 된다. 그래서 우리도 곧 털을 완전히 무시하고 자연스레 받아들이게 되었다. 우리가 아무리 주의한다고 해도 털은 우리가 먹는 차, 수프, 구운 고기 등 모든 음식에 계속 들러붙는다. 화덕 위쪽의 굴뚝 구멍을 통해 사람들이 계속 오르내리면서 여기저기 긁힌 순록 모피 외투로부터 빠져나온 회색의 짧은 털들이 구름처럼 날려 밑에서 장만해놓은 모든 음식 위에 내려앉게 된다. 그래서 카메노이 코랴족 유르트 안에서 먹게 된 우리의 첫 식사는 그렇게 아주 불만스런 것이었다.

뚜껑 달린 썰매 '파보스카'를 타고 간 여행 - 정착 코략족의 나쁜 성격

　식사를 마친 후 우리는 유르트 밖에 나와 있었는데, 우리 주위로 일단의 사람들이 몰려들었다. 이들은 색색 구슬로 귀걸이를 하고 점박이 사슴가죽 옷을 입고 있었으며, 다리에는 약 70cm 길이의 칼집 달린 무거운 칼을 차고 있는 무자비하게 보이는 사람들이었다. 이들은 분명 우리가 지금까지 보아왔던 원주민들과는 다른 종류의 사람들이었다.
　그중에 한 잘생긴 러시아인이 우리에게 다가와 모자를 벗고 인사하더니, 자신들은 기지가(Geezhega)에 있는 러시아 지방관이 우리를 만나도록 보낸 카자크족 용병들이라고 했다. 레스노이에서 우리를 앞질러 떠난 전령이 우리보다 10일 먼저 기지가에 도착했고, 소식을 전해들은 기지가 지방관이 카자크족 용병들을 보내 펜진스크 만 위쪽에 있는 카메노이 코략족 정착민 마을에서 우리를 만나 데려오라고 했던 것이다.
　아바자 소령이 앞으로 나와 그 카자크족 용병에게 기지가의 북쪽과 서쪽 지역의 환경, 카메노이에서 아나디르스크의 러시아군 기지까지의 거리와 여행에 걸리는 시간, 그리고 겨울여행에 필요한 장비 등에 대해 물어보았다. 이미 계획에 따라 일단의 미국인 전신 기술자들을 태운 배가 아나디르 강 하구에 상륙했을 것으로 예상한 소령은 한편으로 그들의 안전을 염려하면서, 그들과 만나기 위해 자신이 직접 카메노이로부터 아나디르스크까지 갈 생각을 했다. 또한 서쪽에서 올라오는 마후드, 부쉬와 만나게 하기 위해서 도드와 나를 오호츠크 해안가를 따라 서쪽으로 보낼 생각을 하고 있었다.
　그러나 그 카자크족 용병은 자기가 기지가를 떠나기 전에 아나디르스크에서 개썰매를 타고 기지가에 도착한 일단의 사람들로부터 아나디르 강 주변에 미국인들이 상륙했다는 소문을 듣지 못했다는 말을 전해 들었다고 우리에게 말해주었다. 웨스턴 유니온 전신회사 기술부장인 벌클리 대령이 우

▲ 코략족 유르트의 내부. 나무 마찰로 불피우기 – 미국 자연사 박물관 사진

리가 샌프란시스코 항을 출항할 때 우리에게 말해준 것이 있다. 즉 자기는 겨울이 오기 전에 미리 일단의 기술자들과 함께 고래잡이 보트를 타고 아나디르 강 하구에 상륙하겠다는 것이다. 그래야만 강을 타고 거슬러 올라가 아나디르스크 기지[113]에 도달한 다음 첫 겨울에 육로로 우리와 만날 수 있다는 것이었다.

하지만 막상 그들이 상륙에 실패했고, 또 이제 자기와 남은 단 4명의 요원들로 아무르 강에서 베링 해협 사이의 약 2,900km 거리의 구간을 탐험해야만 한다는 사실을 깨닫게 된 소령은 다소 실망감을 느끼지 않을 수 없었다. 그러자 그 카자크족 용병은 기지가에서 개썰매와 사람들을 충원하는

---

[113] 케넌이 머물던 당시엔 아나디르스크가 내륙 쪽에 위치해 있었다. 현재의 아나디르 만 하구에 있는 아나디르 시가 아니라 강을 거슬러 올라가 내륙 쪽의 마르코보(Markovo) 위치에 해당된다.

데 어려움이 없으며, 또한 러시아 지방관이 모든 지원을 아끼지 않을 것이라고 소령을 위로해 주었다.

이런 상황에서라면 기지가로 가는 방안 말고는 다른 대안이 없었다. 그 카자크족 용병의 말로는 2~3일이면 도착할 수 있다는 것이었다. 곧 카자크족 용병들의 명령과 감독 아래 카메노이 코략족 마을 사람들 전체가 우리를 다음 행선지인 셰스타코바(Shestakova, 혹은 Shestakovo)에 데려다주기 위해 개썰매를 10여 대 준비하면서 우리의 짐들을 코략족 유목민들의 순록 썰매로부터 자기들의 길고 좁은 개썰매로 옮겨 실었다. 우리와 정들었던 썰매 몰이꾼은 담배, 구슬목걸이, 화려한 옥양목 등으로 운임을 계산 받았다.

카메노이 코략족 사람들과 우리의 새로운 가이드인 카자크족 용병 케릴로프(Kerrillof)와의 사이에 썰매에 실을 짐을 놓고 한바탕 언쟁이 있은 후, 우리는 모든 준비가 됐다는 연락을 받았다. 지금은 낮 12시에 가까운데도 날씨는 여전히 칼로 에는 듯 춥다. 우리가 얼굴과 머리 전체를 커다란 머플러로 감싼 채 각자의 썰매에 자리 잡고 앉자, 사나운 카메노이 개들이 썰매를 끌고 마을을 벗어나 내달리기 시작했다. 썰매 몰이꾼이 속도를 제어하기 위해 '외르스텔'이라 부르는 못이 달린 장대를 지면에 마찰시키면서 날아오르는 눈구름을 뒤로 하고 언덕 아래로 질주해 내려갔다.

소령, 도드, 그리고 나는 시베리아에서 '파보스카(pavoska)'로 알려진 덮개 달린 썰매를 타고 가고 있었는데, 카메노이 코략족의 거친 썰매 몰이 때문에 우리는 채 1시간도 되지 않아 덮개 없는 다른 교통수단을 선택했더라면 썰매가 뒤집혔을 때 쉽게 빠져나올 수 있었을 것이라는 후회를 하게 되었다. 우리는 마치 상자 속에 꼭 갇혀 있는 상태여서 외부 도움이 없이는 조금도 움직일 수 없었다.

파보스카는 마치 물개가죽을 씌워 놓은 관처럼 좁고 긴 상자 구조로 썰매 활주부 위에 설치돼 있다. 앞부분에서 뒷부분의 앉는 자리까지는 딱딱한 물개가죽 덮개를 지붕삼아 씌어 놓았다. 그 덮개의 위쪽에 무거운 커튼이 달려 있어, 만일 날씨가 나쁘거나 눈이 몰아치면 끌어내려 잠글 수 있게 돼 있다. 우리가 이 썰매에 앉으면 다리가 몰이꾼 자리에까지 길게 뻗어 내렸고, 머리와 어깨는 물개가죽 덮개에 가렸다. 썰매 위에 설치된 기다란 관 속에 앉아 머리 위에 커다란 바구니를 덮고 있는 모습을 상상해 보면 시베리아의 파보스카란 것이 어떤 모습인지 알 수 있을 것이다.

다리는 상자 속에서 움직일 수 없었고, 상체는 베개와 무거운 모피 등으로 꽉 끼어서 일어날 수도, 또 뒤집을 수도 없었다. 어떻게 해볼 도리가 없는 상황에서 우리는 그저 썰매 몰이꾼의 처분만 바랄 뿐이었다. 만일 그가 급한 산비탈을 타고 가는 길을 선택하게 된다면, 우리가 할 수 있는 일이라곤 그저 눈을 감고 신에게 모든 것을 맡기는 것이었다. 나의 썰매 몰이꾼은 14마리의 개들을 미친 듯이 달리게 만들고, 또 못이 달린 막대기 외르스텔로 수시로 제동을 걸면서 3시간 사이에 일곱 번이나 썰매를 뒤집어 놓았다. 썰매는 뒤집힌 채 질질 끌려가면서 눈범벅이 되었고, 내가 파보스카 안에서 물구나무 선 상태로 휘몰아치는 눈보라를 얼굴에 맞고 있는 동안, 썰매 몰이꾼은 태연하게 담배를 피우며 산을 오르내리는 여행의 어려움에 잘 대처하고 있는 대견한 개썰매에 대한 명상에 빠져 있는 것이다!

《구약성경》에서 시련을 당한 욥(Job)이 저주의 말을 퍼부었던 것은 당연한 일이다. 나는 화가 치밀어 올라 만일 다시 한 번 뒤집어지는 일이 일어난다면 죽여 버리겠다고 코랴족이 믿는 모든 악령들을 두고 맹세하면서 썰매 몰이꾼에게 권총을 들이댔다. 하지만 그런 것은 소용없는 짓이었다. 그가 나의 위협을 이해하지 못했기 때문이다. 그는 단지 눈 위에 털썩 주저앉아 볼을 씰룩이며 담배를 뻑뻑 빨면서 이해할 수 없다는 눈초리로 나를 응시하고 있을 뿐이었다. 마치 내가 뚜렷한 이유도 없이 우스꽝스런 모습으로 손짓 발짓 해가며 원숭이처럼 알 수 없는 말을 하며 이상한 행동을 보이고 있는 특이한 야생동물이라도 되는 것처럼 말이다.

별 도리 없이 다시 가는 수밖에 없었다. 그는 이제 한 술 더 떠 1시간에 세 번씩이나 썰매를 엎어놓고서 나를 물구나무시킨 채 태연스레 한 조각의 사슴가죽을 가지고 눈을 털어내는 형편이었다. 마침내 절망스런 상황이 된 나는 분노가 폭발하여 죽이고 싶은 심정을 품고 끈질긴 투쟁을 통해 관 같은 파보스카에서 빠져나와 아무 일 없다는 듯이 앉아 있는 썰매 몰이꾼의 옆에 앉는 데 성공했다. 앞에 앉으니 이번에는 무방비 상태의 코가 다시 얼기 시작했다. 나는 썰매가 셰스타코바에 도착할 때까지 양손으로 번갈아가며 코를 비벼주고, 또 휘몰아치는 눈을 털어내기를 반복하며 시간을 다 보냈다.

그나마 내가 한 가지 위안을 삼을 수 있는 것은 소령이 자기 썰매 몰이꾼의 어리석음과 불손한 태도에 손을 들 정도로 나보다 더한 경우를 당했다는 사실이었다. 그가 계속 가자고 하면, 몰이꾼은 잠시 멈춰서 담배 한 대 피고 가자고 하고, 반대로 그가 담배 한 대 피자고 하면, 몰이꾼은 교묘하게 썰매를 뒤집어엎어 눈더미에 처박았다. 아주 가파른 언덕에서 그가 걸어가자고 하면, 몰이꾼은 개들에게 소리를 질러 더 빠른 속도로 달리다 눈사태를 맞아 거의 죽을 뻔 한 일도 있었다. 그가 잠자고 싶다고 하면, 몰이꾼은 무례한 몸짓으로 그가 일어나서 옆길을 걸어 올라가는 것이 좋을 거라고 협박했다.

결국 소령은 케릴로프를 불러다 확실하게 그 몰이꾼에게 전하도록 했다. 만일 명령에 복종하지도 않고, 또 더 나은 태도를 보이지 않는다면, 썰매에 묶어 매를 때릴 것이며, 기지가에 도착하면 러시아 지방관에게 넘겨 처벌을 받게 할 것이라는 것이다. 이에 몰이꾼은 약간 주의를 기울이는 듯했지만, 통상적으로 우리의 모든 몰이꾼들이 보여주고 있는 무례함이란 우리가 지금까지 시베리아에서 겪어본 적이 없는 것으로 아주 화를 돋우는 것이었다. 소령은 우리가 완수해야 할 전선 가설작업에 또 이런 불상사가 일어난다면, 카메노이 코략족은 결코 잊을 수 없는 교훈을 배우게 될 것이라고 선

▲ 유르트로 들어가는 정착 코략족 여인

언했다.

우리는 오후 내내 길이 나쁜 황량한 지역을 달려갔다. 하얀 민둥산 지역과 바다와의 사이에 있는 식물이 전혀 자라지 않는 불모지였다. 우리는 어두워지기 바로 직전에 셰스타코바 마을에 도착했다. 그곳은 숲으로 둘러싸인 작은 강 하구의 해안가에 자리 잡고 있었다. 여기서 잠시 개들이 휴식을 취하고 나서, 우리는 다시 개썰매를 재촉하여 서쪽으로 약 16km 떨어져 있는 미키나(Meekina)라고 불리는 또 다른 코랴족 마을로 향했다. 그곳이 오늘밤 우리가 묵어갈 곳이다.

미키나는 카메노이 마을의 축소판이었다. 똑같은 모래시계 모양 유르트, 층층이 장대를 박아 놓아 생선을 저장하는 똑같은 원추형 볼로간, 물개가죽을 씌워 만든 '바이데라(baidera)'라 불리는 똑같은 배, 카누 등이 해안가에 줄지어 늘어서 있었다. 우리는 마을에서 가장 좋아 보이는 유르트에 올라갔다. 그곳 역시 내장을 뺀 죽은 개를 매달아 놓았는데, 역시 목에는 풀로 엮은 화환을 걸어놓았다. 굴뚝 구멍을 타고 어두운 방으로 내려가자, 푸르스름한 연기가 질식할 것같이 자욱하고 오로지 바닥 중앙 화롯불만이 빛나고 있는 가운데, 썩은 생선과 고약한 기름 냄새가 진동하고 있었다.

부쉰은 곧 화롯불에 찻주전자를 올려놓았고, 우리가 유르트의 한쪽 구석에서 투르크족 사람들같이 책상다리를 하고 앉아 딱딱한 빵을 우걱우걱 씹으며 차를 마시는 동안, 우리 주위를 둥그렇게 둘러싸고 웅크려 앉아 있던 약 20여 명의 야만인같이 생긴 사람들이 우리의 동작 하나하나를 지켜보고 있었다. 펜진스크 만의 코랴족 정착민들은 북동부 시베리아 전체에서 가장 야만적이고 질이 떨어지는 원주민임에 틀림없었다. 300~400 이상의 숫자는 세지 못했고, 시베리아의 어느 원주민들보다도 더 많은 문제들을 일으켜 우리를 괴롭혔다. 이들은 바다 해안가를 따라 다섯 군데의 정착촌에 살고 있었는데, 원래는 다른 코랴족들과 마찬가지로 떠돌아다니는 유목생활을 했었다. 그런데 어떤 재해나 질병 때문에 순록떼를 잃게 되자, 이들은 바다 해안가에 떠밀려온 나무들로 집을 짓고 정착해 살면서 물고기나 물개를 잡고, 또 가끔 미국 포경선이 주요 부위를 도려내고 바다에 버린 고래 사체가 해안가에 떼밀려 오면 그것을 건져 부족한 생계를 이어갔다. 이들은 성질이 잔인하고 무례했으며, 복수심이 강하고 정직하지 않았다. 코랴족 유목민들이 갖고 있는 덕목들을 이들은 전혀 갖고 있지 않았다.

코랴족 유목민과 정착민 사이에 이런 큰 차이가 있는 것에는 여러 가지 이유가 있다. 첫째로, 러시아 무역상인들과 개척농민들이 이들에게 자주 들이닥쳐 문명의 좋은 덕목보다는 가장 나쁜 악행들을 일삼았기 때문이다. 게다가 미국 포경선원들이 럼주를 가져다주고 무서운 질병을 옮기는 등 이들의 삶을 악화시키는 데 일조했을 것이 분명하다. 이들은 러시아인에게서 거짓말, 사기, 도둑질 등을 배웠고, 미국인에게서 럼주를 마시는 등 방탕한 생활을 배웠다. 이외에도 이들은 사람을 완전히 망가뜨리는 마약과도 같은 독버섯을 과다하게 먹는 습관이 있었다.

코랴족 유목민들은 이런 모든 나쁜 요소들로부터 멀리 떨어져 있었다. 이들은 러시아 무역상인이나 미국 포경선을 볼 기회가 별로 없었고, 너른 들판에서 자신들만의 건강한 삶을 누릴 수 있었기 때문에, 이들의 품성은 순수하고, 온건하고, 또 건전했다. 코랴족 유목민들이 정착민들보다 육체적으로나 정신적으로나 더 나은 상태에 있다는 사실은 자연스런 결과물인 것이다. 황량한 시베리아 툰드라 지대에서 만났던 코랴족 유목민들에 대해서 나는 나의 충심에서 우러나오는 감사의 마음과 존경심을 갖고 있지만, 이들의 친척인 코랴족 정착민들에 대해서는 베링 해협에서 우랄 산맥까지의 북부 시베리아 전체에서 내가 본 최악의 사람들이란 생각밖에 들지 않는다.

CHAPTER 22

개썰매 몰이의 첫시도 – 예기치 못한 모욕

우리는 11월 23일 아침 일찍 미키나를 떠났다. 우리가 가는 곳은 광대한 설원으로 작고 뻣뻣한 잡초와 소나무가 간간이 있는 것 외에는 아무런 식물도 자라지 못하는 곳이다.

레스노이를 떠날 때부터 나는 개썰매 모는 기술에 매료되어 흥미를 가지면서, 말은 하지 않았지만 언젠가 나도 능숙한 몰이꾼을 뜻하는 '키우르(kiour)'처럼 우리 팀의 개썰매를 잘 다루는 모습을 보여줌으로써 도드와 원주민들을 모두 놀라게 하리라 굳은 결심을 한 터였다.

글도 모르는 코략족 사람들이 사람을 평가할 때 뭔가 남이 하지 못하는 특별한 일을 할 줄 아는 사람을 높이 평가한다는 것을 나는 몇몇 경험을 통해 알고 있었다. 그래서 나는 이 문맹인들에게 문명의 지식이 어디에서나 보편적으로 유용하게 쓰일 수 있으며, 또한 피부색이 하얀 백인이 직관력을 통해 개썰매도 더 잘 다룰 수 있고, 그 높은 도덕심으로부터 우러나와 마음만 먹으면 개썰매 모는 기술을 더 향상시킬 수 있다는 사실을 보여주기로 결심했던 것이다.

하지만 이런 생각을 내가 철저하게 실천하지 못했던 것을 고백하지 않을 수 없다. 나는 개썰매를 아름답다고 할 정도로 잘 다루는 원주민들의 축적된 경험을 무시할 수 없었던 것이다. 나는 코랴족 몰이꾼의 행동거지를 유심히 관찰해 보았다. 나는 그가 브레이크 역할을 하는 못이 달린 장대를 활주부 사이 눈 속에 수직으로 내리꽂는 모습을 기억 속에 담아두고, 그가 개에게 던지는 말들, 즉 '왼쪽', '오른쪽' 등과 같은 단음절 지시어들을 열심히 외워 두면서, 그보다 더 잘하지는 못하더라도 똑같이 몰 수는 있다고 스스로에게 주문을 걸었다. 직접 경험해보지 못한 나로서는 그것이 아주 쉬운 일로 보였던 것이다.

그러다가 길도 좋고 날씨도 좋은 오늘 드디어 나는 나의 생각과 능력을 시험해 보기로 결정했다. 나는 코랴족 몰이꾼에게 못이 달린 장대를 나에게 넘기고 뒷자리로 가라고 손짓했다. 그는 나에게 장대를 넘기면서 설마 내가 개썰매를 몰수 있을까 하는 깔보는 듯한 웃음을 지었다. 하지만 나는 내색치 않고 문명의 지식이 어떤 것인지 보여 주겠노라고 오히려 그를 깔보고 있었다.

썰매 앞자리에 단단히 걸터앉은 나는 개들에게 "누(Noo)! 파숄(Pashol)!"하고 소리쳤다. 나의 목소리는 내가 예상했던 놀라운 효과를 발휘하지 못하고 있었다. 네스토르[114] 역할을 하는 험상궂게 생긴 우두머리 개가 으르렁거리며 어깨너머로 힐끗 쳐다보더니 잘 알아들었다는 듯이 발걸음을 늦추었다. 나의 권위를 욕보이는 개들의 이런 갑작스런 행동은 코랴족의 모욕스런 행동보다 더한 것이었다. 그러나 나의 의욕은 여전히 넘치고 있었다. 나는 개들에게 단음절, 이음절, 삼음절 단어들을 외쳐댔다.

"아흐(Akh)! 테 셸마(Te shelma)! 프로클라타야 타카야(Proclataya takaya)! 스마트리(Smatree)! 야 티비 담(Ya tibi dam)!"

하지만 모든 것이 소용없었다. 불을 토해내듯 쏟아붓는 나의 외침에도

---

114) Nestor: 트로이 전쟁에서 그리스군의 현명한 노장.

개들이 알아듣지 못하고 있는 것이 분명했으며, 여전히 걷는 속도가 느린 것은 개들이 아무런 반응을 보이지 않고 있다는 징표였다. 흥분한 내가 개들에게 욕설을 하며 분풀이를 하고 있을 때, 그것을 들은 도드가 천천히 썰매를 몰고 다가와 사정없이 말했다.

"너는 아주 바보같이 멍청한 초보자야!"

내 발밑으로 땅이 꺼진다 해도 이보다 더 놀라진 않았을 것이다.

"내가 바보라고? 내가 지금 바보 같은 짓을 하고 있단 말이야?"

"그래, 넌 지금 해적질하듯이 남의 일을 가로채 바보 같은 짓을 하고 있잖아."

나는 절망감으로 못이 달린 장대를 떨어뜨렸다. 이것이 나의 깊은 도덕심에서 우러나온 더 발전된 개썰매 모는 기술의 결과란 말인가? 오히려 이런 결과는 나의 깊은 무의식 속에 있는 부도덕한 마음에서 우러나온 것 같았다.

나는 감정이 상해서 소리 질렀다.

"너야말로 나쁜 놈이다. 나한테 그런 말들을 가르쳐준 것이 너였잖아?"

태연스런 대답이 돌아왔다.

"물론 내가 가르쳐줬지. 하지만 너는 그 말들이 무슨 뜻인지는 묻지 않고 오로지 정확한 발음만 물어서 그렇게 말해준 것뿐이야. 난 네가 디거 인디언115) 이 중국인의 후손이란 터무니없는 가설을 연구하듯이, 욕설은 만인의 공통어라는 가설을 입증하기 위해 비교언어학적으로 연구하고 있는 줄은 몰랐지. 네 머리는 때론 아주 훌륭한 때도 있기는 하지만, 항상 그런 말도 안 되는 엉뚱한 생각으로 가득 차 있단 말이야."

나는 근엄한 표정으로 그의 잘못도 있다는 것을 지적하려 애썼다.

---

115) Digger Indians: 북미 중부 대평원(Great Basin)에서 땅을 파 뿌리를 먹는 인디언들을 비하해서 부르는 명칭으로 오리건, 아이다호, 유타, 아리조나, 네바다, 캘리포니아 중부 등에 사는 유트족(Utes), 파이유트족(Paiutes), 서부 쇼숀족(Western Shoshones) 등 인디언들의 총칭이다.

▲ 정착 코략족의 힘겨루기(우리나라 민속놀이에도 이와 똑같은 것이 있다.)

"도드, 내가 본의 아니게 잘못을 저질러왔다고 하더라도 나는 그 잘못을 고치려 하는 일은 없을 거야. 난 너의 잘못된 가르침의 결과를 너에게 되돌려줘야 한다는 그런 판단력은 갖고 있거든."

도드는 비웃는 웃음을 지으며 가던 길을 갔다. 이 작은 소동으로 인해 나의 열정은 많이 수그러들게 되었고, 외국어 사용에도 매우 신중하게 되었다. 가장 간단한 단음절어 '흐타(Khta: 오른쪽)', '후그(Hoogh: 왼쪽)'조차도 무언가 잘못 배운 것이 있는지 의심하게 될 정도였다. 나의 명령에 무관심한 태도로 일관했던 개들은 내가 말이 없어지자 이젠 아예 멈추어 서서 쉬기까지 했다. 개들이 숙달된 몰이꾼과 함께 있다면 이런 것은 감히 할 수 없는 행동이었다. 더 강력한 방법으로 나의 실추된 권위를 바로 세우기로 결심한 나는 썰매가 지나칠 때 다시 회수할 생각을 하고 마치 작살 던지듯이 장대를 개 우두머리에게 던졌다. 그러나 개는 영리하게 살짝 피했고, 장대는 길에서 약 3m 정도 멀리 굴러갔다.

바로 그때 약 300~400m 떨어져 있는 작은 언덕 뒤쪽에서 3~4마리의 야생순록이 튀어나오더니, 벌판을 가로질러 미키나 강의 한 지류가 흘러가는 경사진 깊은 계곡으로 달려갔다. 늑대의 본능이 되살아난 개들이 흥분하여 으르렁대며 맹렬히 뒤를 쫓았다. 나는 서둘러 떨어진 장대를 잡아보려 했으나, 빠른 속도로 계곡을 향해 달려가는 썰매 때문에 집는 데 실패했다. 썰매는 눈이 휘몰아쳐 생긴 물결 모양의 딱딱한 경사면에 부딪히자, 활주부와의 연결 부위가 떨어져 나갈 정도의 힘으로 튀어 올랐다. 뒤를 흘끗 보니 뒷좌석에 앉아 있던 코랴족 몰이꾼은 이미 눈 속에 뒤집어진 썰매 속에서 팔다리를 허우적거리고 있었다. 그는 괴로운 표정으로 나를 쳐다보고 있었으나, 나는 그의 불행을 동정할 시간적 여유가 없었다.

나는 계곡을 향해 무서운 속도로 달려가고 있는 마차를 세우려고 온 힘을 기울이고 있었다. 하지만 못이 달린 장대가 없는 절망적인 상황에서 순식간에 우리는 언덕 가장자리에 도달했고, 끄트머리에 걸리는 순간 나는 눈을 감았고 바로 밑으로 떨어졌다. 낭떠러지처럼 갑자기 급경사가 되면서 우두머리 개가 궤도를 이탈하여 썰매에 한번 크게 부딪히고 한 바퀴 빙글 돌더니 마치 하늘에서 떨어지는 거대한 혜성처럼 나를 덮치면서 바닥에 깊게 쌓인 눈더미 위로 떨어졌다.

나는 적어도 5m 이상의 높이에서 떨어진 것 같았고, 눈에 푹 파묻힌 채 다리만 눈 위로 나와 있는 상태여서 구조하기가 쉽지 않은 상황이었다. 이럴 때는 무거운 모피 외투가 오히려 짐이 되었다. 마침내 내 몸을 뒤덮고 있는 눈덩이에서 어렵게 빠져나오자, 한쪽 구석의 덤불숲 사이에서 아픔을 참으며 나를 향해 씩 웃고 있는 코랴족 몰이꾼의 둥근 얼굴이 보였다. 그가 러시아어로 소리쳤다.

"우마(Ooma: 괜찮아요)?"

허리까지 눈에 덮인 채 마치 눈사람처럼 서 있던 내가 대답했다.

"괜찮아요."

"아메리칸스키 니엣 도브라 키우르, 어(Amerikanski nyett dobra kiour, eh 미국인은 좋은 몰이꾼이 못 되는군요)?"

나는 눈 속을 간신히 빠져 나오면서 처량하게 대답했다.

"니엣 소프셈 도브라(Nyett sofsem dobra : 좋은 몰이꾼이 전혀 못 됩니다)."

썰매는 근처 덤불숲에 처박혀 있었고, 개들은 여전히 묶여 있는 채로 괴롭다는 듯이 울어대고 있었다. 현재 상태에서 나는 이 정도의 시험 몰이에 만족하면서 다시 한 번 해보겠다는 생각은 추호도 없었으므로, 코략족 몰이꾼이 제자리로 돌아가는 데 아무런 이의도 제기하지 않았다.

나는 실제 환경에 부닥치게 되면서 개썰매 몰이 기술이 내가 지금까지 생각해왔던 것보다 더 세심하고 사려 깊은 접근이 필요하다는 사실을 절실히 깨닫게 되었다. 또한 어떤 일이든 내 생각대로 실행에 옮기기 전에 그 분야의 코략족 전문가의 설명을 들은 다음 그 기본 원리들을 자세히 배워 나가기로 결심했다.

계곡을 빠져나와 다시 너른 평원지대로 들어서자, 한 1~2km 앞서 코략족 마을 쿠일(Kooeel)을 향해 빠르게 달려가고 있는 나머지 우리 팀이 눈에 들어왔다. 오후 늦게 쿠일 마을을 지나쳐 우리는 자작나무, 포플러나무, 사시나무 등이 우거져 있는 파렌(Paren) 강둑의 숲에서 오늘 밤을 보내기 위해 텐트를 쳤다.

기지가 도착

이제 기지가까지는 단지 약 110km 정도 남아 있을 뿐이다. 다음날 우리는 기지가 강의 한 지류에 러시아 정부가 지나가는 여행객들이 쉬어갈 수 있도록 만들어놓은 조그만 통나무집에 도착하여 밤을 보냈다. 11월 25일 11시경 기지가의 러시아인 정착촌이란 것을 알려주는 붉은색 교회 첨탑이 눈에 들어왔다. 3개월 동안 캄차카 같은 험한 황무지에서 폭풍을 맞아가며 야영을 하고, 코랴족의 연기 나고 더러운 텐트 안에서 3주 동안 잠을 자는 등 완전한 야만인의 삶을 살면서 여행해본 사람들은 그리 많지 않을 것이다. 이런 경험을 해보지 못한 사람들은 문명세계의 상징인 붉은 교회 첨탑이 엄청 반가워 보이는 심정을 결코 이해하지 못할 것이다.

거의 한 달 동안 우리는 세수를 3~4번만 하고 땅바닥이나 눈 위에서 매일 밤을 보냈고, 의자, 탁자, 침대, 거울 등은 한 번도 보지 못했으며, 밤이나 낮이나 옷을 한 번도 벗어본 적이 없었다! 코랴족 굴뚝을 오르내리느라 온몸이 연기에 그을리고 더러워졌으며, 머리털은 귀를 덮을 정도로 길게 헝클어졌고, 코와 뺨의 피부는 얼었다 녹았다를 반복하여 벗겨졌으며, 두껍고 기다란 모피 외투인 '쿠크랑카'에서 빠져나온 순록털 때문에 안에 입은 윗도리와 바지는 온통 회색 털 투성이였다. 우리는 한때 좋았던 시절의 흔적만 조금 남은 채, 인간이 보여줄 수 있는 가장 야만스럽고 볼품없는 모습을 연출하고 있었다.

하지만 우리는 그런 모습을 고칠 시간적 여유도, 생각도 없었다. 우리 개들이 큰소리로 짖어대며 마을로 질주해 들어가자, 마을에 있는 개들이 모두 합창이라도 하는 듯이 일제히 짖어대기 시작했다. 우리의 코랴족 몰이꾼이 "흐타(khta)! 흐타! 후그(hoog)! 후그!"라고 소리치면서 못이 달린 장대로 눈보라를 일으키며 썰매를 마을 안으로 몰고 들어가자, 주민들이 모두 무슨 소동인가 확인하기 위해 문을 열고 밖으로 뛰어나왔다. 우리의 개썰매 15대가 차례차례 마을 중심가를 질주해갔고, 마침내 어떤 커다랗고 안락해 보이는 집앞에 멈춰 섰다. 케릴로프의 말에 따르면 이중창으로 된 그 집은 우리를 접대하기 위해 준비해놓은 집이었다.

우리가 깨끗이 쓸고 닦아놓은 커다란 방안으로 들어가 얼어붙은 무거운 모피 외투를 벗어 던지자마자, 방문이 다시 열리면서 빠른 동작으로 성급하게 한 남자가 들어왔다. 턱에는 적갈색 수염을 기르고, 머리는 사방으로 짧게 잘랐으며, 안에는 깨끗한 아마포 셔츠를 입고 그 위에 폭넓은 천으로 만든 말쑥한 상의와 바지를 입었으며, 손가락에는 인장이 새겨진 반지가 끼워져 있었고, 조끼 단추에는 순금 사슬이 매달려 있었으며, 손에는 지팡이가 쥐어져 있었다. 우리는 한눈에 그가 '이스프라브닉(Ispravnik)', 즉 러시아의 지방관임을 알아보았다. 도드와 나는 황급히 방에서 나가려 했으나, 너무 늦었으므로 그에게 인사를 건네지 않을 수 없었다.

"즈드라스트부이챠(안녕하십니까)?" **116)**

우리는 어색하게 우리 의자에 앉았고, 검댕이 묻은 손을 노랗고 빨간색의 손수건으로 감쌌다. 자신의 더러운 얼굴과 초라한 모습을 너무나 잘 알고 있던 우리는 러-미 전신회사 탐험대(Russo-American Telegraph Expedition) 대원으로서의 위신을 지키려고 애썼다. 하지만 안타깝게도 그런 노력은 수포로 돌아갔다. 우리가 아무리 노력해도 힘난한 환경에서 살아가는 코랴족 유목민의 모습과 별로 달라 보이지 않았기 때문이다. 그러나 러시아인 지방관은 우리 겉모습에는 별 신경을 쓰지 않는 것처럼 보이면서, 속사포처럼 끊임없이 질문을 퍼부어댔다.

"페트로파블로프스크를 언제 떠났는가? 미국에서 왔는가? 내가 카자크족 사람 한 명을 보냈는데, 그를 만났는가? 어떻게 툰드라 지대를 지나왔는가? 코랴족과 함께 생활을 했다고? 아이구! 그 망할 놈의 코랴족! 페테르부르크의 요즘 소식은 어떤가? 당신들은 나와 함께 여기에서 저녁식사를 함께하자고. 여기서 얼마나 더 머무를 작정인가? 당신들은 저녁식사 후에 바로 목욕할 수 있을 거야. 어이! 부관!(아주 명령조의 큰소리로) 이반(Ivan)에게 가서 목욕물을 빨리 데워 놓으라고 전해! 제기랄!"

쉴새없이 물어보던 이 작은 체구의 사내가 마침내 지쳤는지 물음을 멈추더니, 이번에는 신경질적으로 방안을 오락가락하기 시작했다. 그 사이에

---

116) "즈드라스트부이체?"가 표준어.

소령은 그에게 황실이야기 등의 최근 러시아 소식들을 들려주면서, 앞으로 우리 탐사대의 탐험계획, 탐험목적 등과 링컨 대통령의 암살사건, 프랑스의 멕시코 침입 등의 세계 최신 뉴스들도 전해주었다. 이 뉴스들은 우리가 지난 6개월 동안 주워들은 것들이지만, 이 오지에 유배당한 불쌍한 러시아 지방관은 전혀 들어본 적이 없는 새로운 소식들이었던 것이다. 그는 거의 11개월 동안 러시아 중앙정부와 아무런 연락도 없었던 것이다. 그는 우리가 목욕하고 옷을 갈아입은 후 곧 자기 관사로 저녁식사를 하러 오도록 우리에게 다시 강조하면서 부산하게 방을 나갔다.

지방관의 환대

2시간 후, '최초의 시베리아 탐험대(First Siberian Exploring Party)'는 모두가 말끔하게 면도를 하고, 풀 먹인 셔츠를 안에 입고, 멜빵을 하고, 반짝이는 가죽장화를 신고, 금빛 나는 황동 단추 달린 멋진 청색 제복 상의를 입은 모습으로 저녁식사를 하기 위해 러시아 지방관의 관사로 향했다. 러시아인 농부들은 우리를 지나칠 때마다 본능적으로 얼어붙은 모피 모자를 벗으면서 마치 우리가 하늘에서 떨어진 신비로운 존재들인 양 놀라운 눈초리로 우리를 바라보았다. 아무도 우리가 2시간 전에 마을에 들어온 그 지저분하고, 검댕이 묻고, 다 찢어진 옷을 입은 부랑자들 모습이었던 것을 알아채지 못했을 것이다. 굼벵이가 파란색과 황금색의 나비로 변신한 것이다!

러시아 지방관은 문명세계의 모든 사치품으로 장식된 것 같은 널찍한 방에서 즐거이 우리를 맞았다. 벽지가 발라진 벽에는 값비싼 그림과 판화들이 걸려 있었고, 창에는 커튼이 쳐 있고, 바닥은 부드럽고 밝은 색의 카펫이 깔려 있었다. 방 한쪽 구석에는 커다란 호두나무 책상이, 다른 한쪽에는 자단(紫檀) 나무로 만든 오르간이 자리 잡고 있었으며, 방 한가운데에는 깨끗한 식탁보가 씌워진 식탁 위에 도자기 그릇과 은식기가 반짝이며 놓여 있었다.

우리는 기대하지 않았던 화려한 접대에 압도당하고 말았다. 러시아식 정찬 요리에 앞서 항상 먼저 나오는 호밀 빵, 훈제 생선, 캐비어 등을 안주로 하여 브랜디를 15잔 정도 마시는 불가피한 러시아식 통과의례를 거친 다음, 우리는 식탁에 앉아 계속 제공되는 양배추 수프, 연어 파이, 사슴고기 커틀릿(저민 고기), 고기 파이, 푸딩, 페이스트리(구워 만든 과자) 등의 수많은 음식들을 섭렵하면서, 캄차카의 통나무집에서부터 모스크바와 페테르부르크의 황실에 걸친 전 세계 뉴스들을 거론하며 1시간 반을 보냈다.

대접이 후한 우리의 주인장은 이어서 뵈브 클리코117) 샴페인을 가져오도록 시켰고, 우리는 길고 날씬한 샴페인 잔에 차디찬 이슬방울을 맺으며 담겨 있는 샴페인을 바라보며 시베리아 삶의 극명한 차이에 관한 명상에 잠겼다. 어제만 해도 우리는 코략족 텐트에서 땅바닥에 주저앉아 나무로 만든 여물통에 담긴 순록고기를 손으로 집어 먹었는데, 오늘은 사치스런 집에서 러시아 지방관과 같이 사슴고기 커틀릿, 오얏 푸딩, 샴페인 등으로 저녁식사를 하고 있는 것이다.

저녁식사를 하는 동안 도드와 내가 잠시 다리를 꼬고 마루바닥에 앉았던 것을 제외하면, 우리가 그동안 익숙하게 경험해왔던 야만스런 행동이나 비도덕적인 일을 은연중에 드러낸 일은 없었다. 우리는 귀족이자 외교관이었던 체스터필드 경118)조차 시기할 정도로 우아하게 샴페인을 마시고, 한가로이 포크와 나이프를 다루었다. 하지만 그것은 힘든 작업이었다. 우리는 식사를 끝내고 우리 집에 돌아오자마자, 제복을 벗어 내던지고 마루바닥에 곰가죽을 깔았고, 그 위에 책상다리를 한 채 주저앉아서 예전의 아주 편한

---

117) Veuve Cliquot : 프랑스 샹파뉴 지방의 유명한 샴페인.

118 Lord Philip Dormer Stanhope, 4th Earl of Chesterfield(1694~1773): 영국의 귀족으로 정치가이자 저술가. 네덜란드 대사, 국무장관, 상원의원으로 활약하면서 뛰어난 웅변과 유머로 정계를 주도했다. 당시 볼테르, 홉스, 스위프트, 포프 등의 작가들과 교류했다. 세속적인 성공비법으로 유명한 《Letters to His son》, 《Letters to His Godson》 등을 저술했다.

자세로 담배를 맛있게 즐겼다. 몸에 조금 더러운 것들이 묻을 테지만, 우리의 기분은 날아갈 듯 아주 편했다!

동절기 탐험 계획

기지가에서 보낸 첫 열흘은 게으름을 피우며 지냈다. 날씨가 너무 춥지 않은 날에만 잠시 밖으로 나가 산보를 했고, 러시아 상인들과 만나는 공식적인 날에만 나갔다. 가끔 저녁 때 러시아 지방관의 관사에 들러 맛있는 '꽃차'를 마시고 장미꽃 향이 나는 여송연을 피우는 등 우리는 3개월간의 험한 생활을 보상받으려고 이 작은 마을이 제공하는 여유로운 즐거움을 최대한 만끽하고 있었다.

그러나 하릴없이 지내는 이런 즐거움도 곧 끝장이 났다. 소령이 겨울철 탐험을 준비하라는 명령을 내렸기 때문이다. 우리는 북극권 탐험이나 오호츠크 해 서부 해안 탐험을 시작할 준비를 해야 했다. 그는 봄이 다가와 얼음이 녹기 전에 베링 해협에서부터 아무르 강까지 우리가 계획해놓은 경로를 따라 탐험하기로 결정했으므로, 낭비할 시간이 없었다.

우리가 기지가에서 내륙 지역에 대해 얻을 수 있는 정보는 그곳이 사람이 별로 없는, 끝없이 펼쳐진 벌판이란 것뿐이었다. 원주민들 말에 따르면, 오호츠크 해와 베링 해협 사이에는 마을이 단 두 군데밖에 없으며, 가장 가까운 마을인 펜지나(Penzhina, 혹은 Verkhne Penzhino)가 약 400km 정도의 거리에 있었다. 그 사이에 있는 지역은 이끼로 가득 찬 툰드라 지대로, 여름철엔 푹푹 빠져서 지나다닐 수 없고, 마지막 마을의 북동쪽 지역은 나무가 전혀 없어 사람이 살 수 없는 지역이라고 했다.

1860년 겨울 필리페우스(Philippeus)라는 러시아 장교가 그곳을 탐험하려 했으나, 지치고 굶주려서 성공하지 못하고 되돌아 왔다고 한다. 기지가와 아나디르 강 하구 사이의 약 800km 정도 되는 거리에는 전봇대로 쓸 만

▲ 정착 코략족 노인 - 미국 자연사 박물관 사진

한 커다란 나무가 자라고 있는 곳이 4~5곳 정도밖에 없고, 나머지는 대부분 작은 소나무가 듬성듬성 있을 뿐이라고 했다.

기지가에서 북극권에 있는 마지막 정착촌인 아나디르스크(Anadyrsk)까지의 여행은 날씨에 따라서 대략 20~30일 정도 걸릴 것으로 예상됐다. 기지가의 서쪽으로 오호츠크 해의 해안가를 따라가는 경로는 그보다 더 나은 것으로 알려져 있지만, 산이 많아 아주 험하고 소나무와 낙엽송이 빽빽하게 자라고 있다고 했다. 서쪽으로 약 800km 정도 떨어져 있는 오호츠크(Okhotsk) 마을은 개썰매로 약 한 달 정도면 도달할 수 있다고 했다.

이상이 우리가 이곳에서 얻을 수 있는 모든 정보였는데, 우리가 계획한 대로 마지막까지 성공할 수 있을지 아주 확신할 수 없는 상황이었다. 나는 러-미 전신회사가 계획하고 있는 사업이 엄청난 일이란 사실을 이제서야 처음으로 깨닫게 되었다. 우리가 그 사업을 위해 지금 이 자리에 있는 것이고, 우리의 첫 번째 임무는 그 지역으로 뚫고 들어가 그 지역의 넓이와 자연환경을 조사한 다음, 전선 가설작업에 필요한 것들이 무엇인지 알아내는 것이었다.

러시아인 정착촌인 오호츠크와 기지가는 아무르 강과 베링 해협 사이의 지역을 거의 균등한 세 구간으로 나누고 있는데, 그중 두 구간은 산과 나무가 많은 곳이고, 나머지 한 구간은 비교적 평평하지만 거의 불모지에 가까운 곳이었다.

세 구간 중 첫 번째 구간인 아무르 강과 오호츠크 정착촌 사이의 지역은 마후드와 부쉬에게 할당되었고, 이들은 이미 그 지역을 탐험 중에 있었다. 다음으로 오호츠크 정착촌과 베링 해협 사이의 모든 지역을 포함하고 있는 나머지 두 구간은 소령, 도드, 그리고 나에게 할당될 것이었다. 그리고 황무지로 알려져 있는 베링 해협의 바로 서쪽 지역은 현재 우리 이외에 다른 인원이 없기 때문에, 봄이 올 때까지, 아니면 그 이후 적당한 시점까지 탐험하지 않고 그대로 남겨두는 것이 좋을 것으로 판단됐다.

벌클리 대령이 이끄는 팀이 약속대로 아나디르 강 하구 상륙에 성공했더라면, 베링 해협 서쪽 지역도 탐험할 수 있었을 것이다. 하지만 대령이 실패함에 따라 현재 남은 인원이 없는 상태에서 소령은 한겨울에 그 험한 지역을 탐험한다는 것은 무리라고 생각했다. 그래서 우리가 주파해야 할 거리는 오호츠크 정착촌에서부터 북극권 바로 남쪽에 있는 아나디르스크 러시아 기지까지의 약 1,400km 정도가 남아 있을 뿐이었다. 잠시 숙고를 한 뒤, 소령은 원주민 한 팀을 붙여 도드와 나를 아나디르스크 기지로 보내고, 자신은 마후드와 부쉬를 만나기 위해 오호츠크 정착촌으로 떠나기로 결정을 내렸다. 이렇게 우리는 거의 전 구간을 5개월 안에 힘하지만, 비교적 정확한 답사를 마칠 수 있게 되기를 희망했다.

현재 페트로파블로프스크에서 가져온 공급품들은 거의 다 써버렸고, 약간의 차, 설탕, 몇 개의 소고기 통조림이 남았을 뿐이다. 하지만 기지가에서 40~50kg의 흑빵, 4~5마리 분량의 냉동 순록고기, 약간의 소금, 그리고 '유칼라(yookala 말린 연어)'와 기타 말린 생선 등을 비롯해서 모자라는 것들을 충분히 구입했다. 또한 유사시 돈으로 쓸 수 있는 체르키스 산 담뱃잎 약 130kg도 준비했고, 구슬 목걸이, 칼 등의 무역상품들도 똑같이 나누어 가졌으며, 새 모피옷을 사는 등 극지 기후 속에서 지낼 3~4개월의 야영 생활에 필요한 모든 물품들을 준비했다.

러시아 지방관은 6명의 카자크족 용병들에게 명령하여 도드와 나를 개썰매에 태워 셰스타코바의 코랴족 마을까지 데려다주고, 혹시 아나디르스크까지 되돌아가는 사람들이 있으면 12월 20일경 우리를 데리고 함께 출발하여 펜지나와 아나디르스크까지 가도록 주선해줄 것을 명령했다. 우리는 축치어 통역자 겸 안내인으로 그레고리 지네비에프(Gregorie Zinevief)라는 이름의 나이 많고 경험 많은 카자크족 사람 한 명과, 요리사 겸 잡일꾼으로 야고르(Yagor)라는 이름의 젊은 러시아인 한 명을 고용하여 썰매에 짐을 싣고 물개가죽 끈으로 단단히 묶었다.

이렇게 12월 13일까지 떠날 채비를 다해놓았다. 그날 저녁 소령은 우리가 수행해야 할 지침을 내려 주었다. 그것은 간단했다. 셰스타코바와 펜지나를 거쳐 아나디르스크까지 정규 썰매길을 따라가다가 전선 가설공사에 필요한 흙과 나무가 있는지 확인하고, 또 펜지나와 아나디르스크에서 현지 원주민들을 시켜 전신주 만드는 작업을 해보라는 것이었다. 그리고 펜진스크 만과 베링 해를 연결해 주면서 목재 운반이 가능한 강들이 있는지도 부수적으로 알아보라는 것이었다.

내년 늦은 봄이면 우리는 기지가와 북극권 사이의 지역에 대해 우리가 모을 수 있는 모든 정보를 갖고 기지가로 돌아가게 될 것이다. 소령은 12월 17일까지 기지가에 남았다가 부쉬과 일단의 카자크족 병사들과 함께 개썰매를 타고 오호츠크 정착촌을 향해 떠날 것이다. 그가 오호츠크 정착촌에서 마후드와 부쉬를 만나게 되면, 곧 다시 그들과 함께 기지가로 돌아올 것이고, 그렇게 모든 일이 순조롭게 진행되면 우리는 모두 1866년 4월 1일까지 기지가에서 다시 만나게 되는 것이 우리의 계획이었다.

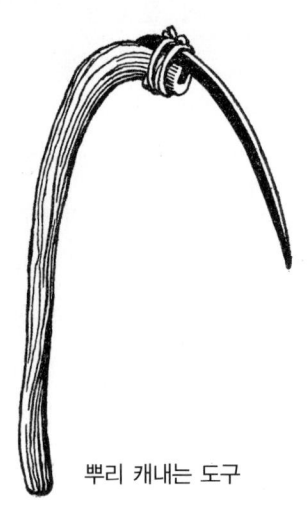

뿌리 캐내는 도구

CHAPTER 23

개썰매 여행

　12월 13일 아침 날씨는 맑았지만 섭씨 영하 35도의 강추위였다. 오전 10시 반이 지났는데도 아직 해가 뜨지 않아 정오가 다 돼서야 비로소 썰매 몰이꾼을 찾아 썰매에 개를 매다는 등 출발 준비를 마칠 수 있었다. 10명으로 구성된 우리 팀은 화려하게 수를 놓은 모피 외투에 붉은 색 허리띠를 두르고, 머리에는 노란 색의 여우가죽 두건을 쓴, 아주 멋지고 새로운 모습으로 단장한 채 러시아 지방관과 소령에게 작별 인사를 나누기 위해 우리 숙소 앞에 모여 있었다. 무거운 짐을 실은 8대의 썰매가 문 앞에 줄지어 서 있고, 거의 100여 마리에 가까운 개들이 썰매 장구들을 달아매려는 것에 반발하여 미친 듯이 뛰어오르며 울어대는 바람에 귀가 먹먹할 지경이었다. 잠시 후 소란이 멎고 조용해지자, 우리는 모든 사람들에게 작별을 고했고, 소령으로부터 따뜻한 격려의 말을 받았다.
　"신의 가호가 있기를!"
　곧 우리는 눈구름을 일으키며 출발했고, 앞에서 휘날리는 눈발은 마치 튀는 불꽃처럼 우리 얼굴을 찔러댔다. 기지가 카자크족 족장이며 머리와 수염이 허옇게 나이든 파데린(Paderin)이 자신의 빨간색 작은 통나무집 앞에 서서 모피 모자를 흔들며 우리에게 작별 인사를 보내는 모습이 스쳐 지나갔다. 이윽고 우리는 마을을 뒤로 한 채 너른 벌판으로 나왔다.

가장 높이 떠올라야 할 한낮인데도 불구하고, 태양은 마치 불타는 공처럼 붉게 빛나면서 눈빛으로 하얀 겨울풍경을 연출하고 있는 남쪽 지평선 위로 어스름한 황혼인양 낮게 걸려 있었다. 그것은 오히려 태양이 방금 떠올라 곧 온 세상을 환하게 밝혀줄 것 같은 착각을 들게 하는 분위기였다. 가끔 하얀색 뇌조가 우리 앞에서 갑자기 "컥, 컥, 컥" 하고 거친 소리를 내며 푸드득 날아올랐다가 얼마 떨어지지 않은 눈 위에 내려앉더니 곧 어디론가 사라져 버렸다. 까치 몇 마리가 소나무 위에 미동도 없이 깃털을 곤두세우고 앉아 있는 모습은 마치 강추위에 얼어붙어 있는 것처럼 보였다.

멀리 기지가 강을 따라 늘어서 있는 숲의 윤곽이 푸른 띠처럼 가물가물 떨려 보였고, 남쪽으로 약 50 km에 걸쳐 뻗어 있는 산맥은 대기 굴절현상에 의해 하얀 유령처럼 1,000여 개의 환상적인 모양을 그려내곤 하다가 하나씩 차례로 녹아 없어지듯 사라져갔다. 이런 모든 광경의 특징은 이상하고, 괴이하며, 아주 극지적인 현상이라는 것이었다. 붉은 태양은 느릿느릿 남쪽 지평선을 향해 기울어가더니, 드디어 멀리 남서쪽에 있는 하얀 산봉우리 위에 걸터앉았다. 아직 밝은 낮을 기대하고 있는 우리의 바람에도 불구하고, 태양은 갑자기 산 너머로 사라져버리고 황혼은 서서히 어두운 밤으로 깊어만 갔다. 해가 뜬 지 다만 3시간 지났을 뿐인데, 하늘에는 이미 1등성 별들이 총총히 빛나고 있었다.

우리는 마을 동쪽으로 약 15 km 떨어져 있는 기지가 강둑 위에 있는 어느 러시아인 농부의 집에서 하룻밤을 묵어가기로 했다. 그 집에서 여장을 풀고 차를 마시던 중, 마을에서부터 특별 전령이 도착했다. 그는 소령이 석별의 표시로 전해준, 이미 얼어붙은 블루베리 파이 2개를 갖고 왔던 것이다. 그것들은 문명세계의 마지막 선물로 보였다. 이 맛있는 것들을 싸들고 가다가 도중에 잃어버리는 등의 불상사가 벌어질까 두려워, 도드는 미리

예방책으로 그중에 하나를 다 먹어버렸다. 그가 나머지 하나마저 먹어치우는 불상사가 벌어질까 두려워, 나는 그것을 그의 손이 닿지 않는 곳에 꼭꼭 숨겨 두었다.

다음날 우리는 말모프카(Malmofka)의 한 작은 통나무 유르트에 도착했다. 그곳은 전에 우리가 기지가로 가던 도중에 하룻밤을 묵어간 곳이었다. 강추위가 계속됐으므로, 우리는 기꺼이 그곳을 피난처로 다시 이용하기로 했으며, 방 한가운데에 있는 진흙 화로에 야고르가 피워 놓은 따뜻한 불 주위로 모여들었다. 우리 팀 모두를 수용하기에는 널빤지 마루 공간이 충분치 않았으므로, 일부 사람들은 밖에다 낙엽송 나무를 쌓아 커다란 불을 피워 놓은 다음, 그 위에 찻주전자를 올려놓고, 얼어붙은 수염을 녹이며, 말린 생선을 먹고, 러시아 노래를 즐겁게 부르면서, 떠들썩하게 여흥을 즐기고 있었다.

안에 있던 우리도 지붕 아래 있는 사치를 버리고 밖으로 나와 이들의 즐거움에 동참했다. 하지만 밖의 온도가 섭씨 영하 37도에 달했으므로, 우리는 계속 밖에 있지 못하고 간간히 커다란 웃음이 터져 나올 때마다 굉장히 재미있는 시베리아 이야기가 있나 하고 들락날락 하였다. 밖의 분위기는 카자크족 용병들에게는 흥을 돋궈주는 재미있는 분위기인 듯했지만, 우리 같은 미국인들에게는 익숙치 않은 그런 것이었다. 하지만 우리는 모닥불을 따뜻하게 피워놓은 유르트 안에서 각자 최대한 편안한 자세를 취한 상태에서 차를 마시고, 체르케스 산 담배를 피우고, 이야기를 나누고, 미국 노래를 부르고, 또한 성격 좋고 소박한 카자크족 동료 메로네프와 장난치면서 기나긴 시베리아의 밤을 보내고 있었다.

밤이 깊어지자 마침내 우리는 잠자기 위해 모피 침낭 속으로 기어들어갔다. 하지만 그 이후로도 오랫동안 밖에서 썰매 몰이꾼들이 모닥불 곁에 모여 앉아 시베리아 여행 도중 생긴 재미난 이야기들을 나누며 웃음을 터뜨리고, 노래를 부르는 소리들을 들을 수 있었다.

다음날 아침 날이 새기 전에 일찍 일어난 우리는 서둘러 흑빵, 말린 생선, 뜨거운 차로 아침식사를 마친 후, 썰매에 개를 연결하고, 찻주전자로 썰매 활주부에 물을 뿌려 얼음 코팅을 해주고, 장비를 꾸린 다음, 유르트가 위치해 있는 낙엽송 지대를 떠나 말모프카 강과 펜진스크 만 사이에 자리 잡고 있는, 마치 눈 덮인 사하라 사막 같은, 너른 설원으로 빠져 나왔다. 그 곳은 정말 아무 것도 없는 황무지였다. 눈에 덮인 채 바다처럼 사방으로 끝없이 펼쳐져 있는 너른 벌판에는 단 한 그루의 나무도, 덤불숲도 보이지 않았다. 어디에서도 살아 있는 동물이나 식물의 흔적도, 심지어 눈폭풍이 몰아치는 불모지를 따뜻하게 비추어주는 햇빛조차 찾아볼 수 없었다.

북극권의 신기루 – 북쪽 밤하늘에 펼쳐진 빛의 전쟁

우리 앞에는 하얀 눈으로 덮인, 춥고 정적에 싸인 설원이 마치 얼어붙은 너른 바다처럼 펼쳐져 있었다. 동쪽으로 기운 초승달이 희미한 빛을 발하고 있었으며, 푸른 띠 모양의 기이한 오로라는 북쪽 지평선을 따라 이리저리 빠르게 움직이고 있었다. 태양이 남쪽의 얼어붙은 대기층을 뚫고 불타는 듯이 떠올랐는데도 불구하고, 아직은 그 황량한 겨울 풍경 속으로 따뜻한 온기를 불어넣지 못하고 있는 것 같았다. 태양은 단지 붉은 빛을 희미하게 발하면서 설경을 황혼처럼 붉게 물들이고 있을 뿐이었고, 푸른 띠 모양으로 진동하고 있는 오로라와 달과 별들이 뿜어내고 있는 하얀 빛들이 북서쪽 상공에 어디서 본 듯한 익숙한 모양들의 찬란한 신기루를 만들어 내어 우리를 놀라게 하고 있었다.

북국(北國) 마법사의 지팡이가 황량한 설원에 닿자 곧 열대의 푸르른 호수로 변하여 해변에 성벽, 회교 사원의 둥근 지붕과 날씬한 첨탑 등 동양풍의 거대한 도시 모습이 나타났다. 수많은 나뭇잎들이 맑고 푸른 호수 위에 드리워져 물속 깊이까지 투영돼 있는 듯이 보였고, 떠오르는 태양 때문에

▲ 정착 코략족의 유르트와 개썰매 – 조지 프로스트 그림

  성벽 윗부분이 붉게 물들기 시작했다. 한 겨울에 여름 풍경이라니 말이 안 되는 일이었지만, 정말 손으로 만져도 될 것같이 완벽한 환영이었다. 다시 한 번 확인하기 위해 주위를 둘러보아도 낯익은 광경 때문에 그것은 도저히 꿈처럼 보이지 않았다.

  푸르른 호수 너머 북서쪽으로 "구름에 싸인 탑들과 멋진 왕궁들"이 이 지구상에 없는 아름다운 모습을 한 채, 거대하고 장엄한 신기루로 눈앞에 나타나자, 어느 누구도 그것을 꿈이라고 내칠 수 없을 것 같았다. 신기루의 빛이 밝아졌다 어두워졌다 명멸하더니, 장밋빛 수정으로 만들어진 기둥 2개가 불쑥 솟아오르고, 서서히 하나로 합쳐져서 마치 거인이 드나드는 천상의 문처럼 거대한 아치가 만들어졌다. 그러더니 다시 녹아들면서 거대한 요새로 변했다. 성벽 옆으로 탑들이 삐죽이 나와 있고, 총을 쏠 수 있는 총안(銃眼)이 올록볼록 깊숙이 파여 있는 등 그 모습이 정말 너무나 자연스러웠다. 사람 눈을 속이는 이런 환영 같은 신기루는 얼마간의 거리를 두고 형성되는 것 같았다. 약 180m 거리에 떨어져 눈 위에 서있는 까마귀 한 마리가 알아볼 수 없을 정도로 과장되고 왜곡돼 보였다.

한번은 뒤떨어져 따라오고 있는 나머지 우리 팀 동료들을 돌아보았는데, 지상에서 2~3m 높이의 공중으로 기다란 개썰매 그림자가 줄을 지어 빠르게 날아가는 모습을 목격하고 깜짝 놀랐던 적이 있었다. 환영 속의 썰매는 공중에서 방향도 바꾸고, 또 개들은 버젓이 두 다리로 뛰어다녔다. 개썰매의 윤곽은 지상에 있는 진짜 개썰매의 그것과 거의 같을 정도로 뚜렷했다. 이런 기이한 현상은 단지 한순간 지속됐을 뿐이지만, 우리는 마침내 우리의 시력에 대한 전적인 신뢰를 잃어버리고, 손으로 만져서 확인할 수 없으면 그 존재를 믿을 수 없었다.

눈 위에 있는 어두운 물체나 작은 언덕 같은 것들이 모두 그런 현상을 만들어내는 역할을 하고 있었는데, 우리는 두세 번 그런 현상에 속아 넘어갔다. 늑대나 검은 여우가 나타난 줄 알고 엽총을 들고 뛰어나갔으나, 가까이 다가가보니 그것들은 까마귀였던 것이다. 여태까지 나는 빛과 공기의 조화로 눈 위에 있는 물체의 크기, 형태, 거리 등이 그토록 왜곡될 수 있다는 사실을 알지 못했던 것이다.

한낮의 온도는 섭씨 영하 37도, 그리고 해질녘에는 섭씨 영하 39도였다. 말모프카 강가의 유르트를 떠난 이후로 우리는 숲을 발견하지 못했는데, 이런 추위에 모닥불을 피우지 않고는 도저히 야영을 할 수 없었으므로, 우리는 어두워진 후에도 별과 멀리 북쪽에서 춤추고 있는 푸른 오로라를 길잡이 삼아 5시간을 더 나아갔다. 강추위 때문에 우리의 숨결이 닿는 곳에는 어디나 서리가 허옇게 얼어붙었다. 수염은 철사처럼 딱딱하게 얼어붙었고, 눈가에는 하얀 서리가 길게 내려앉았으며, 개들이 내뿜는 증기는 곧 구름처럼 얼어붙어 마치 눈을 뒤집어 쓴 북극의 늑대처럼 보였다. 우리가 발에 감각이 살아있다는 것을 느낄 수 있는 때는 오로지 썰매에서 내려 계속 뜀박질을 해줄 때뿐이었다.

밤 8시경 동쪽 하늘가에 몇몇 흩어져 있는 나무들의 윤곽이 어슴푸레 보였고, 곧이어 맨 앞의 썰매 몰이꾼이 숲을 발견했다고 기쁨에 찬 소리를 질러댔다. 우리는 너른 벌판의 중간쯤 되는 지점인, 기지가에서 동쪽으로 약 75km 정도 떨어진 우시노바(Ooseenova)란 작은 강에 도착했다. 그것은 마치 바다에서 긴 항해를 마치고 어느 섬에 도착한 것 같은 기분이었다. 개들도 오늘 하루 동안의 긴 여행이 끝났다는 것을 알아챈 듯이 걸음을 멈추고 몸을 둥근 공처럼 웅크려 눈 위에 누웠고, 썰매 몰이꾼들은 조직적으로 서둘러 한쪽에 문이 달린 시베리아식 텐트를 만들었다. 썰매 3대를 'ㄷ' 자 모양으로 놓아 울타리를 만들고, 그 내부에 있는 눈을 삽으로 모두 퍼내어 세 방향 울타리에 요새처럼 눈으로 둑을 쌓고, 나머지 한 방향 쪽으로 소나무 가지들을 높이 쌓아 모닥불을 피워놓았다.

눈으로 만든 이 작은 방의 바닥에는 약 10cm 두께로 버드나무와 오리나무 가지들을 꺾어서 깔고, 그 위에 따뜻하고 부드러운 카펫 역할을 하는 털 많은 곰가죽을 깐 다음, 그 위에 모피 침낭을 놓았다. 방 한가운데 양초 상자로 급조해 만든 작은 탁자 위에 야고르가 곧 뜨거운 김이 나는 차 두 잔과 마른 생선 두 마리를 올려놓았다. 그러자 우리는 곰가죽 카펫 위에 가장 편한 자세로 자리를 잡고, 등에 베개를 받쳐 놓으며, 불가에 발을 뻗은 다음, 담배를 피우고, 차를 마시며, 이야기를 나누는 등 안락한 시간을 보냈다.

저녁식사를 마친 후 썰매 몰이꾼들은 모닥불에 한 더미의 마른 소나무 가지들을 더 넣었고, 불은 뜨겁고 붉은 화염 기둥을 만들며 약 3m 높이까지 치솟아 올랐다. 그러자 그들은 불가에 모여들어 자리를 잡더니, 캄차달족의 그 애수에 젖은 노래를 부르고, 눈 덮인 대평원과 '얼어붙은 바다'의 해안가를 따라가며 겪었던 고난에 찬 모험 이야기를 끝없이 나누면서 몇 시간을 보냈다. 마침내 밤하늘에 떠 있는 오리온자리가 잠잘 시간임을 알려 주었다. 개들은 서로 으르렁거리며 싸우는 소동 속에서 자신들에게 할당된 마른 생선 한 마리씩을 받아먹었고, 우리는 땀에 젖은 모피 스타킹을 벗어 불에 말린 다음 무거운 모피 외투 '쿠크랑카' 위에 올려놓고, 모피 침낭 속으로 기어들어가 머리까지 뒤집어쓴 채 잠을 청했다.

한 겨울밤에 별이 총총하게 맑은 밤하늘 아래 야영을 한다는 것은 완전한 야생 상태이면서도 어떤 이상한 느낌을 받게 하는 그런 것이다. 자정이 지나서 얼마 되지 않아 나는 발이 시려 잠을 깼다. 한쪽 팔을 짚고 몸을 일으켜 얼어붙은 모피 침낭 밖으로 머리를 내밀고 몇 시나 됐는지 알아보려고 별을 바라보았다.

모닥불은 다 타고 남은 수북한, 붉은 잿불에서 연기만 나고 있었다. 어두운 가운데서도 잿불 때문에 짐 실은 썰매, 불 옆에 여기저기 모피 침낭 속에 누워 있는 사람들, 그리고 눈 위에 털북숭이 공처럼 몸을 웅크리고 떼를 지어 자자고 있는 100여 마리 개들의 어렴풋한 윤곽이 눈에 들어왔다. 야영지 너머 멀리에는 황량한 설원이 구불구불 굽이쳐 이어지다가 서서히 평평해지면서 완전히 하얗게 얼어붙은 바다가 된 다음, 깊은 밤 어둠 속으로 사라져 버렸다.

캄캄한 밤하늘에는 머리 위로 높이 오리온자리와 플레이아데스 성단이 밝게 빛나고 있었는데, 이것들은 천상의 시계로 일몰과 일출 사이의 긴 밤 시각을 알려주고 있었다. 북쪽에는 신비스런 푸른 띠 모양의 오로라가 하늘 천정(天頂)을 향해 날아올랐다가 정적에 싸인 야영지 위에 커다란 곡선을 그리며 앞뒤로 움직였다. 그것은 마치 알 수 없는 북극 어디에선가 우리 같은 모험심 많은 여행자들에게 물러서라는 경고를 하는 것 같았다.

밤의 고요한 정적은 깊고 압박감을 느끼게 하는 그런 것이었다. 오로지 들리는 것이라곤 맥박 치는 나의 고동소리와 내 발밑에서 자자고 있는 사람들의 깊은 숨소리뿐이었다. 갑자기 그런 한밤중의 정적을 깨뜨리는 길고

▲ 기지가에서 개먹이 주는 여인 – 조지 프로스트 그림

도 희미한 울음소리가 들렸는데, 그것은 마치 견딜 수 없는 고통을 겪는 사람이 내는 소리와 같았다. 울음소리가 점점 커지더니 구슬픈 곡조가 되어 사방에 울려 퍼졌고, 다시 서서히 소리가 낮아지면서 마지막에는 절망적인 신음소리가 되었다. 그것은 시베리아 개 한 마리가 신호처럼 보내는 울음소리였는데, 너무 야성적이고 섬뜩해서 나는 놀란 나머지 손가락 끝까지 쭈뼛해지는 느낌을 받았다.

잠시 후 다른 개 한 마리가 더 높은 소리로 울부짖기 시작했고, 2마리, 3마리, 그리고 10, 20, 40, 60, 80, 결국에는 100여 마리 전체가 합창을 하듯 거대한 오르간의 낮은 베이스 음으로, 지옥에서나 들을 법한 소리로 울부짖었다. 한동안 천지사방이 온통 악마가 질러대는 울부짖음으로 가득 찼다. 그러다가 하나 둘씩 서서히 소리를 그치면서 그 섬뜩한 울부짖음도 약해져갔고, 마침내 한 마리가 길고도 처량한 곡조로 울어대는 처음 모습으로 되돌아가더니, 결국 그마저 그치고 다시 조용해졌다. 잠자던 사람들 중 한두 명은 마치 꿈속에서 그 섬뜩한 울부짖음을 듣고 있는 듯이 쉴새없이 몸을 뒤척여댔지만 아무도 잠에서 깨지 않았고, 다시 죽음과도 같은 정적이 천지사방에 퍼져나갔다.

갑자기 오로라가 밝아지면서 커다란 반원을 그리며 별이 총총한 하늘을 가로질러 가더니, 앞뒤로 요동치면서 눈 덮인 벌판을 일시적으로 밝게 비추어 주었다. 그것은 마치 천상의 도시에서 나오는 현란한 빛이 천상의 문이 열리고 닫힘에 따라 밝았다 어두웠다 하는 것 같았다.

곧 그것은 다시 어두워지면서 북쪽으로 흩어져 사라져 버렸고, 이수리엘의 창[119]처럼 생긴 미끈하고 밝은 녹색 띠 하나가 천천히 하늘 천정을 향해 날아가더니, 그 반투명한 창끝으로 보석처럼 빛나고 있는 오리온의 허리 요대를 건드렸다. 그러더니 다시 어두워지면서 곧 사라져 버렸고, 오로지 북쪽 지평선 위에 떠 있는 한 줄의 얇은 안개만이 북국 신들이 외로운 시베리아 설원 위에서 밤새도록 창과 칼을 휘두르며 싸웠던 그 천상 무기들의 흔적을 보여주고 있었다. 오로라가 사라지자 나는 다시 침낭 속으로 기어들어가 잠이 들었다.

아침이 밝아오자 야영지는 부산하게 움직이기 시작했다. 개들은 자기들 체온으로 녹아들어 생긴 눈구덩이에서 기어 나왔고, 카자크족 용병들은 얼어붙은 모피 외투 밖으로 얼굴을 내밀고, 밤새 숨 쉬면서 얼어붙어 쌓인 얼음덩이들을 막대기로 털어냈다. 모닥불이 지펴지고 차가 끓는 동안, 우리는 침낭에서 빠져나와 모닥불 옆에서 몸을 녹이며 호밀빵, 말린 생선, 뜨거

---

[119] spear of Ithuriel: 이수리엘은 '신의 발견(discovery of God)'이란 뜻을 가진 천사(cherub)로 존 밀턴(John Milton)의 『실락원(Paradise Lost)』에 등장한다. 대천사 가브리엘의 명에 따라 천사 제폰(Zephon)과 함께 사탄의 위치를 추적하던 중, 두꺼비로 변신한 사탄이 에덴 동산에 숨어들어 이브의 귀에 대고 유혹하는 장면을 발견하고, 창을 들어 두꺼비를 건드리니 바로 사탄이 자신의 정체를 드러낸다. 여기서 어떤 일의 진위를 가리는 기준을 뜻하는 이수리엘의 창(Ithuriel's spear)이란 말이 나왔다.

운 차로 서둘러 아침식사를 마쳤다. 20분 만에 개썰매가 준비되고 활주부에 얼음 코팅을 마친 후, 우리는 한 대씩 순서대로 야영지를 떠나 황무지 벌판을 가로지르는 여행을 다시 활기차게 시작했다.

이런 식으로 썰매를 타고 달리고, 눈 위에서 야영을 하는 단조로운 일상을 느릿느릿 해나가다가 12월 20일 우리는 펜진스크 만 하구 부근에 있는 셰스타코바의 코랴족 정착민 마을에 도착했다. 기지가에서 같이 온 카자크족 용병들은 여기에서 기지가로 다시 돌아갈 예정이고, 우리는 펜지나에서 오기로 돼 있는 썰매가 도착할 때까지 여기서 기다릴 예정이었다. 우리는 이 작은 마을에서 가장 큰 유르트에 거처를 정하고, 가운데 굴뚝 구멍을 통해 우리의 침구, 배낭, 기타 물건들을 바닥에 내려 각자 취향에 따라 나무 마루 위에 짐을 배치하고 자리를 잡은 다음, 어둠과 연기, 그리고 더러운 환경 속에서 가능한 한 최대로 안락한 자세를 취했다.

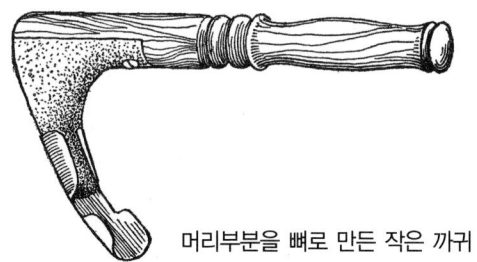

머리부분을 뼈로 만든 작은 까귀

CHAPTER 24

불쾌한 숙소

　펜지나에서 오는 썰매를 기다리기 위해 셰스타코바에 머물렀던 짧은 기간은 말로 표현할 수 없을 정도로 지루하고 우울한 나날이었다. 우리가 도착한 12월 20일 정오경부터 폭풍이 사납게 몰아치기 시작했다. 마을 북쪽의 벌판으로부터 거센 바람이 구름 같은 눈을 휩쓸어오자, 마치 일식 현상이 일어난 것처럼 온 세상이 다 어두워졌고, 하늘에는 지상에서 약 30m 높이까지 마치 하얀 안개가 낀 것처럼 눈보라가 몰아쳤다. 나는 굴뚝 구멍을 통해 꼭대기에 올라가 밖을 보려는 모험을 한번 시도해 봤으나, 거센 바람에 유르트 밖으로 날아갈 뻔 했다. 또 휘몰아치는 눈 때문에 앞이 보이지 않고 숨도 쉴 수 없는 지경이어서 서둘러 굴뚝 아래로 내려왔다. 하마터면 바람에 날려가 황량한 벌판에서 하루 종일 혹독한 폭풍 세례를 받게 될 뻔 했던 위험한 상황을 면하게 된 것을 혼자서 자축했다.
　들어오는 눈을 막기 위해 우리는 모닥불을 끄고 나무로 된 뚜껑으로 굴뚝 구멍을 막아야 했고, 결국 우리는 완전한 어둠 속에서 추위에 떨고 있어야만 했다. 우선 우리는 촛불을 켜서 기름때와 그을음으로 뒤범벅된 나무 기둥에 꽂아 어둠을 밝혀 놓았다. 하지만 추위가 너무 심해서 결국 여흥을 즐기려던 계획을 포기하고 서둘러 모피 외투와 두건을 걸쳐 입고 각자의 침낭 속으로 기어들어가 영하 23도의 어두운 반 지하 감옥 같은 유르트에서 잠을 청하는 것 외에는 다른 방법이 없었다.

정착 코랴족의 그런 혐오스러운 집에서 어떻게 사람이 만족하며 살아갈 수 있는지 나는 이해가 되지 않았다. 내가 보기에 그들의 집은 여러 단점들을 상쇄할 만한 장점을 하나도 갖고 있지 않았다. 오로지 굴뚝을 통해 드나들고, 빛이 들어오고, 공기가 통하는 것이다. 햇빛이 들어오는 것도 오로지 1년에 단 한 번, 해가 긴 6월뿐이었다. 겨울에는 춥고, 여름에는 밀폐돼 있고, 항상 연기에 싸여 있는 등 불편하기 짝이 없었다.

방 안에는 썩어가는 생선과 기름에서 나는 악취가 가득 퍼져 있고, 통나무 기둥은 연기에 그을리고 기름이 묻어 마치 흑옥(黑玉)처럼 검게 번들거렸으며, 땅바닥에는 쓰레기들이 순록털과 함께 말라붙어 발에 차이며 널려 있었다. 그들은 그릇 하나 변변한 것이 없었는데, 이끼 조각과 물개 기름을 넣어 등잔으로 사용하는 나무로 만든 사발 하나와, 유사시 깔고 앉는 자리와 음식 먹는 그릇으로 번갈아 쓰이는 검은 나무로 만든 여물통이 전부였다. 그런 환경에서 아이들이 태어난다는 사실이 안타까웠다. 아이들은 굴뚝을 타고 올라갈 나이가 되기 전에는 바깥세상을 볼 수 없는 것이다.

카자크족 전령의 도착

다음날 날씨는 훨씬 좋아졌고, 우리의 카자크족 친구 메로네프가 티길로 돌아가기 위해 카메노이 코랴족 원주민 2~3명과 함께 우리에게 작별을 고하고 길을 떠났다. 도드와 나는 무료함을 달래기 위해 차를 8~10번씩 마시면서 기지가에서 가져온 쿠퍼의 소설 전집 중 한 권을 읽거나, 엽총을 들고 해안가 절벽을 따라 거닐면서 하릴없이 여우를 찾아다니는 등으로 하루를 다 보냈다.

날이 어두워질 무렵 유르트 밖에 매놓은 개들이 갑자기 짖어대기 시작했고, 야고르가 황급히 굴뚝을 타고 내려오더니, 페트로파블로프스크에서 방금 도착한 카자크족 사람 하나가 소령에게 전하는 편지를 갖고 왔다는 소식을 전했다. 반가운 마음에 도드가 튈듯이 자리에서 일어나 찻주전자 위로 넘어가다가 찻잔을 떨어뜨리면서 굴뚝으로 달려갔다. 그러나 도착하기도 전에 누군가의 다리가 굴뚝을 타고 내려오고 있었고, 곧 점박이 순록가죽 외투를 입은 키 큰 사람 하나가 나타났다. 그는 마치 무사히 도착한 것을 감사한다는 듯이 가슴에 십자가를 긋더니 우리에게 다가와 러시아식 인사를 건넸다.

"즈드라스트부이챠."

도드가 재빨리 물었다.

"쿠다(Kooda: 어디에서 왔습니까)?"

"페트로파블로프스크에서 소령에게 전하는 편지를 갖고 왔습니다. 거기에 3척의 전신회사 배들이 정박해 있었고, 미국인 대장이 중요한 편지라고 나를 보냈습니다. 페트로파블로프스크에서 육로로 여기까지 오는 데 39일 걸렸습니다."

이것은 중요한 소식이었다. 벌클리 대령이 베링 해에서 배를 돌려 캄차카 남동쪽 항구에 닿은 것이 분명했고, 전령이 가져온 편지에는 대령 팀이 원래 계획했던 대로 아나디르 강 하구에 상륙하지 못한 이유가 설명돼 있을 것이 분명했다. 나는 편지를 뜯어보고 싶은 생각이 간절했지만, 그 내용이 나의 이동 루트와는 별 상관이 없을 것으로 생각되었고, 또 소령이 아직 오호츠크 정착촌을 향해 떠나지 않았을 것이라는 가냘픈 희망을 가지고 지체 없이 빨리 기지가로 편지를 보내기로 결정했다.

20분 만에 그 카자크족 전령은 다시 떠나갔고, 남은 우리는 그 편지의 내용과 벌클리 대령 팀이 베링 해협까지 올라간 경로에 대해서 온갖 추측을 내놓고 있었다. 나는 아까 그 편지를 개봉하여 아나디르 강 탐험 팀이 상륙

▲ 정착 코략족 유르트의 내부

하지 못했다는 것을 분명히 확인하지 못한 것을 수백 번 후회했으나, 이미 늦은 일이어서 우리는 그저 아직 기지가를 출발하지 않은 소령을 그 전령이 따라잡아 주고, 편지를 받은 소령이 아나디르스크로 가고 있는 우리에게 누군가를 보내 소식을 전해주기를 바랄 뿐이었다.

아나디르 강 하구의 미국인들

펜지나에서 썰매가 도착했다는 소식은 아직 들리지 않고 있었다. 그래서 우리는 연기 나는 유르트에서 소식을 기다리며 길고도 지루한 날을 하루 더 보내야 했다. 12월 22일 늦은 저녁에 망을 보던 야고르가 굴뚝을 타고 내려와 또 하나의 사건을 전해주었다. 그가 펜지나 쪽 방향에서 개들이 짖는 소리를 들었다는 것이었다. 우리는 유르트 지붕 위로 올라가 몇 분 동안 귀를 기울여봤으나 바람소리만 지나갔으므로, 야고르가 잘못 들었거나 아니면 한 떼의 늑대들이 마을 동쪽에 있는 계곡에서 울부짖는 소리일 것으로 판단했다.

그러나 야고르가 옳았다. 그는 펜지나 쪽 방향 길에서 개들의 울음소리를 들었던 것이고, 10분도 되지 않아 우리가 오랫동안 기다려온 썰매들이 환호성, 그리고 개 짖는 소리와 함께 우리의 유르트 앞에 나타났다. 새로 도착한 사람들과 러시아어로 대화를 나누는 과정에서, 나는 펜지나에서 온 사람 중 하나가 아나디르 강 하구 부근에 어떤 이상한 사람들이 나타나서 겨울을 보낼 생각인지 집 하나를 짓더라는 이야기를 한 것으로 알아들었다. 나는 아직 러시아어를 잘 알아듣지 못했지만, 우리가 오랫동안 이야기해온 아나디르 강 탐험 팀이 상륙한 것이라고 추측하고서, 매우 흥분된 상태로 자리를 박차고 일어나 도드에게 가서 통역해줄 것을 요청했다.

펜지나에서 온 사람들이 전해준 정보를 종합해보면, 정체를 알 수 없는 미국인들로 구성된 작은 팀 하나가 이른 겨울에 아나디르 강 하구 부근에 나타나서 자기들이 타고 온 배에서 가져온 목판과 해안가에 떠밀려온 부목들을 사용하여 집 한 채를 짓기 시작했다는 것 같았다. 그들이 누구이고, 의도가 무엇이며, 또 얼마나 머무를 것인지 아무도 아는 사람이 없었으며, 한 번도 미국인을 본 적이 없지만 들어본 적은 있는 축치족 유목민들이 그 소식을 전해주었다는 것이었다. 그 소식은 축치족 마을에서 마을로, 그리고 펜지나에까지 전해졌으며, 결국 그 미국인들이 도착했다는 지점에서 약 800km 이상 떨어져 있는, 우리가 머물고 있는 세스타코바에까지 전해진 것이었다.

우리는 벌클리 대령이 북극의 겨울이 시작되는 바로 그 시점에 베링 해협 남쪽에 있는 황량한 지점에 탐험 팀 하나를 상륙시켰다고는 믿기 힘들었다. 만일 그 미국인들이 우리 탐험대의 일원이 아니라면, 그런 곳에서 그들이 무엇을 할 수 있을까?

그곳은 문명세계 사람들이 어떤 아주 중요한 목적을 갖고 있지 않는 한, 한겨울을 보낼 만한 집을 지을 장소가 아닌 것이다. 만일 그들이 아나디르 만의 북쪽 끄트머리 쪽에 상륙했다면, 그곳에서 가장 가까운 정착촌인 아나디르스크만 해도 거의 약 400km나 멀리 떨어져 있으며, 아나디르 강 하류 지역은 나무가 없는 지역으로 오로지 떠돌아다니는 축치족 유목민들만이 살고 있을 뿐이다. 만일 그 미국인들이 통역자 없이 그곳에 상륙했다면, 그 사납고 무법적인 원주민들과 소통할 아무런 수단도 없을 것이며, 또한 아무런 운송수단도 구할 수 없을 것이다. 만일 그런 곳에 미국인들이 있다면, 그들은 정말 아주 어려운 상황에 놓여 있는 것이다.

도드와 나는 거의 자정이 다 돼도록 그 문제에 대해 이야기를 나눴고, 결국 우리가 아나디르스크에 도착하면, 30일치의 보급품을 준비한 다음, 경험 많은 원주민들로 한 팀을 구성하여 개썰매를 타고 북부 해안으로 그 정체 모를 미국인들을 구하러 가자고 결론 내렸다. 그것은 정말 흥미롭고도 새로운, 그리고 아주 위험한 모험이 될 것이었고, 만일 우리가 동절기에 아나디르 강 하구에 도달하는 데 성공한다면, 지금까지 한 번도 시도되지 않았고, 또한 성공해본 적도 없는 그런 일을 우리가 하게 되는 것이다. 이런 결론을 내리고 우리는 모피 침낭 속으로 기어들어가 잠을 청했고, 꿈속에서 우리는 실종된 존 프랭클린 경을 찾으러 북극해로 출발하고 있었다.

북극권의 모닥불용 나무

12월 23일 아침 날이 밝자마자 우리는 펜지나로 가는 썰매에 우리의 담배, 차, 설탕, 무역상품 등의 공급품을 모두 갈아 싣고 덤불숲이 제법 있는 작은 강 계곡을 따라 올라갔다. 그 계곡은 거대한 스타노보이 산맥[120]에서 뻗어나온 한 지맥과 연결돼 있었다. 우리는 오후에 일찌감치 약 300m 높이의 산 하나를 넘어서 북쪽의 좁은 계곡으로 내려갔는데, 그곳은 너른 평원으로 이어지면서 다시 아클란(Aklan) 강과 맞닿아 있었다. 날씨는 맑고 그리 춥지는 않았으나, 계곡에 부드러운 눈이 깊이 쌓여 있어서 앞으로 나아가는 속도가 짜증날 정도로 더뎠다. 저녁때쯤 아클란 강에 닿기를 희망했지만, 날이 일찍 저물고 길도 나빠서 우리는 해가 진 이후로 5시간이나 더 갔는데도 강에서 남쪽으로 약 10km 정도 떨어진 곳에서 멈추어야 했다. 하지만 우리는 그에 대한 보상이라도 되는 듯이 아주 환하게 2개의 달이 떠 있는 환월 현상[121]을 운 좋게 목격할 수 있었으며, 또한 난쟁이 소나무 군락도 발견하여 모닥불에 쓸 마른 나무도 충분히 공급할 수 있었다.

러시아어로 '케드라브닉[122]'이라고 알려진 이상하게 생긴 덤불 나무는

---

120) 스타노보이 산맥이 아니라 펜진스크 산맥이 맞다.
121) mock moons: 북극이나 남극 같은 극지방에서 종종 일어나는 현상으로 달빛이 대기 중에 얼어붙어 있는 얼음 결정을 통과할 때, 얼음이 프리즘 역할을 하여 빛을 산란시키게 되면서 또 다른 달 모양을 만들어내는 달무리 현상. 태양에도 똑같이 일어나 여러 개의 태양이 보이게 되는 해무리 현상이 바로 환일 현상이다.
122) Kedrebnik, 혹은 Kedrobnik: 시베리아 삼나무.

브랑겔의 여행기에는 '난쟁이 덩굴나무 같은 삼나무(trailing cedar)' 라고 영어로 번역돼 있는데, 이 나무는 시베리아에서 가장 독특한 산물 중 하나이다. 나는 그것을 나무라고 해야 할지, 덤불, 혹은 넝쿨이라 해야 할지 알 수 없었는데, 왜냐하면 그것이 그 3개의 성질 모두를 조금씩 갖고 있기 때문인데, 지금까지 그렇게 생긴 것을 나는 본 적이 없었다.

그것은 구부러지고 비틀린 줄기에 마디 같은 혹이 달려 있는 난쟁이 소나무 같은 모양을 닮았는데, 땅바닥을 기어가는 넝쿨처럼 수평으로 자라다가 수직으로 눈을 뚫고 위로 가지를 뻗는다. 그것은 보통 소나무처럼 바늘 같은 잎과 솔방울을 갖고 있지만, 한 그루의 나무처럼 똑바로 서서 자라지 못하고 여기저기 덤불처럼 군락을 이루어 산다. 겨울에는 눈에 덮여 푸른 바늘잎 다발이 여기저기 삐죽삐죽 나와 있는 모습을 볼 수 있으며, 사람이 그 위를 밟고 지나갈 수도 있다.

그것은 오호츠크 해에서부터 북극해까지의 사이에 있는 가장 황량한 평원 지대와 가장 돌 많고 험한 산록 지대에서 자생하고 있으며, 특히 땅이 아주 메마르고 바람이 거센 지대에서 잘 자라는 것 같았다. 다른 식물들이 자라지 못하는 황무지인 이 바다와 같이 너른 평원에서 이 난쟁이 시베리아 삼나무들이 마디진 혹을 달고 비틀린 형태로 눈 밑에 숨어서 지면 여기저기를 뒤덮고 있었다.

무슨 이유에서인지는 모르나, 그것은 항상 일정 연령이 되면 죽는 것으로 알려져 있으며, 그 푸른 바늘잎이 있는 곳에는 항상 부싯깃처럼 불에 잘 붙는 하얗게 마른 나무줄기가 있는 것을 볼 수 있다. 그래서 그것은 지금까지 코략족과 축치족의 유목민들에게 거의 유일한 땔감나무로 공급돼 왔으며, 만일 그것이 없다면, 북동부 시베리아의 많은 곳이 정말 사람들이 살 수 없는 그런 곳이 될 것이다.

지나가는 여행자들이 쓸 수 있도록 도처의 눈 밑에 풍부하게 숨겨져 있는 그 난쟁이 삼나무들을 자연이 인간에게 제공하지 않았더라면, 수많은 밤을 시베리아에서 야영으로 지낸 우리는 아마도 불, 물, 따뜻한 음식 등을 만들지 못하고 강추위 속에서 그냥 지내야 했을 것이다.

우리는 다음날 아침 계곡 야영지를 떠나 크고 무거운 나무들이 숲을 이루어 서 있는 아클란(Aklan)이라 불리는 강을 건넜고, 그 북쪽 강둑으로부터 아나디르스크 방향 쪽으로 쭉 펼쳐져 있는 대평원 지대로 접어들었다. 이틀 동안 눈에 덮인 이 황량한 평원을 이동했지만, 식물은 보이지 않고 오로지 보이는 것이라곤 가끔씩 나타나는 냇가 부근에서 군락을 이루어 살고 있는 발육부전의 작은 나무들과 난쟁이 삼나무들뿐이었다. 짐승이라곤 외로이 날아다니는 한두 마리의 까마귀와 붉은 여우 한 마리를 제외하면 아무 것도 볼 수 없었다. 이 황량하고 음울한 풍경을 두 마디로 표현한다면, 눈과 하늘, 그 둘뿐이었다.

나는 러시아와 미국 간의 전신선 구축을 성공시키겠다는 확신에 찬 자신감을 갖고 시베리아에 왔다. 그러나 시베리아에 깊숙이 들어갈수록 보이는 것은 더 지독한 황무지였으므로, 나는 점점 자신감을 잃어갔다. 기지가를 떠난 이후로 우리는 거의 약 300km를 이동했는데, 그 사이에서 우리가 전신주로 쓸 만한 목재를 얻을 수 있는 곳은 단 네 곳뿐이었고, 사람이 살고 있는 정착촌도 세 곳뿐이었다. 우리가 지나온 이 길보다 더 나은 길을 찾지 못한다면, 나는 시베리아 전신선 구축작업이 실패로 돌아갈 것이라는 비관적인 생각이 들었다.

시베리아의 눈폭풍

지금까지의 날씨는 보통 때와는 달리 우리에게 아주 우호적인 좋은 날씨였다. 그러나 지금은 1년 중 눈폭풍이 빈번하게 발생하는 계절이어서 크리스마스 날 밤 거센 눈보라가 무방비 상태로 노숙하고 있던 우리와 개, 썰매를 모두 파묻어버릴 기세로 휘몰아쳤는데도 나는 별로 놀라지 않았다. 우

▲ 가파른 산을 내려오는 개썰매

리는 시베리아의 큰 눈보라, 러시아어로 푸르가(poorga)를 살짝 맞고 있는 것이었다. 우리가 노숙하고 있던 작은 냇가 부근에 있는 숲이 바람을 막아주는 역할을 어느 정도 하고 있었지만, 바깥의 벌판에는 돌풍 같은 거센 바람이 불고 있었다.

우리가 몸을 일으켜 장소를 이동하려고 바람막이인 숲을 떠나자마자, 날아오는 눈 때문에 앞이 보이지 않고 숨이 막힐 지경이었다. 또한 개들도 거의 통제가 되지 않는 상황이어서 다시 숲으로 되돌아왔다. 10m 앞도 보이지 않고 개들도 몸을 가누지 못할 정도로 거센 바람이 불었다. 휘몰아치는 눈보라를 막기 위해 우리는 썰매를 한데 모아 방벽을 만들어놓은 다음, 그 뒤편에 모피 침낭을 펴고 속으로 기어들어가 머리를 사슴가죽과 담요로 덮고 눈보라와의 긴 전쟁을 준비했다.

시베리아 벌판에서 눈폭풍을 맞으며 노숙하는 것만큼 절망적이고도 불안한 것은 정말 없을 것이다. 텐트가 견디지 못할 정도로 맹렬히 바람이 불어대고, 휘몰아치는 눈보라에 모닥불은 반쯤 꺼지면서 연기를 뿜어낸다. 으르렁대는 바람소리와 얼굴에 퍼부어지는 눈보라 때문에 대화가 불가능했고, 곰가죽, 베개, 모피 등이 반쯤 녹아내리는 진눈깨비 때문에 얼어서 뻣뻣해졌으며, 썰매는 완전히 눈에 파묻혔다. 이제 이 불운한 여행자들에게 남아 있는 일이라곤 오직 자신의 침낭 속으로 기어 들어가 머리까지 뒤집어 쓴 채 길고도 무서운 밤을 공포에 떨면서 보내는 것뿐이었다.

이런 눈폭풍 속에서 우리는 이틀 밤을 더 지내야 했는데, 거의 모든 시간을 침낭 속에 틀어박혀 무서운 추위에 떨어야 했다. 12월 28일 새벽 4시경 폭풍이 잦아들기 시작했고, 6시까지 우리는 눈 속에 묻힌 썰매를 파내는 작업을 계속했다. 우리 야영지 북쪽으로 약 10km 정도 되는 거리에 스타노보이 산맥[123]에서 뻗어나온 낮은 지맥이 보였고, 날이 밝기 전에 그 산을 넘어가면 더 이상 이런 나쁜 날씨를 만나지 않고 펜지나에 도착할 수 있을 것이라고 러시아인 동료들이 말해주었다. 이제 개에게 줄 먹이가 완전히 바닥나 버렸으므로, 우리는 앞으로 24시간 이내에 정착촌을 찾아내야만 했다.

대설원에서 길을 잃다

눈보라가 심했지만, 개들은 이틀 동안 푹 쉬었기 때문에 활기차 있었고, 날이 밝기 전에 우리는 그 산을 넘어 북쪽 하산 길에 있는 어느 작은 계곡에 잠시 멈추어서 차를 마셨다. 시베리아 원주민들은 통상 개들에게 밤새도록 행군을 시킨 다음 해뜨기 1시간 전에 멈추어서 해뜰 때까지 잠을 재우는 습관이 있다는 이야기를 했다. 그러면 개들이 해뜰 때 깨어나서 밤새도

---

[123] 스타노보이 산맥이 아니라 펜진스크 산맥이다.

록 잠잔 것으로 착각하여 하루 종일 피곤한 줄 모르고 행군한다는 것이었다. 하지만 해뜰 때가 아니면 소용없는 일일 것이다.

휴식을 마친 우리는 다시 출발하여 펜지나 강의 한 지류인 우스카노바(Ooskanova) 강 쪽의 계곡을 타고 내려갔다. 날씨가 맑아지고 강추위가 사라지면서 우리는 모두 즐거운 기분으로 잠시 2시간이지만 햇빛을 즐길 수 있었으며, 그런 다음 해는 스타노보이 산맥[124]의 하얀 산봉우리들 아래로 가라앉았다. 날이 어두워질 무렵 우리는 펜지나에서 약 25km 떨어져 있는 콘드라(Kondra) 강을 건넜으며, 그로부터 2시간 후 또 하나의 대평원을 만났고, 거기에서 우리는 당황스럽게도 길을 잃고 두세 팀으로 나뉘었다. 나는 콘드라 강을 건넌 이후부터 피곤하여 잠에 빠져서 어떻게, 어디로 우리가 가고 있는지 아무런 생각도 나지 않았는데, 도드가 나의 어깨를 흔들면서 말하는 소리에 깜짝 놀라 나는 잠이 깨었다.

"케넌, 우린 길을 잃었어."

그런데 도드가 그리 신경 쓰는 눈치가 아니어서 썰매 몰이꾼들이 밤 사이에 펜지나를 찾아내겠지 하고 안심하면서 나는 다시 잠을 청했다.

도드, 그레고리, 그리고 나는 우리와 한 팀으로 남아 있는 다른 한 대의 마차와 같이 별에 의지하여 동쪽으로 방향을 틀었고, 밤 9시경 정착촌 아래 어딘가에 해당되는 펜지나 강에 도달했다. 우리는 얼어붙은 강을 따라 올라갔고, 잠시 후 강을 따라 거꾸로 내려오고 있는 2~3대의 썰매를 목격하게 되었다. 그 밤 시간에 마을에서 내려오고 있는 사람들을 보고 놀란 우리는 그들을 소리쳐 불렀다.

"할루(Halloo: 여보세요)!"

"할루!"

"붸 쿠다 야이데챠(Vwe kooda yaydetia: 어디로 가십니까)?"[125]

---

124) 스타노보이 산맥이 아니라 펜진스크 산맥이다.
125) "브이 쿠다 예제체?"가 표준어.

"펜지나로 갑니다. 당신들은 누구십니까?"

"우리는 기지가에서 온 사람들인데, 우리 역시 펜지나로 갑니다. 당신들은 왜 강을 따라 내려가고 있습니까?"

"우리는 마을을 찾아 가는 중입니다. 제기랄. 밤새도록 돌아다녔는데 못 찾았어요!"

이 말에 도드는 크게 웃음을 터뜨렸고, 그 신원 미상의 썰매들이 가까이 다가오자 우리는 그들이 아까 헤어졌던 우리 동료들이란 것을 확인할 수 있었다. 그들은 강 하류를 따라 내려가 오호츠크 해 방향으로 가면서 펜지나 마을을 찾고 있었던 것이다. 하지만 우리는 그들이 가고 있는 방향에 마을이 없다는 사실을 그들에게 확신시켜 주기가 어려웠다. 그러나 결국 그들은 우리에게 되돌아왔고, 자정이 얼마 지난 시각에 우리는 펜지나에 도착했다. 잠자다 깬 주민들이 떠들썩하게 소리를 질러댔고, 놀란 개들도 50~60마리가 함께 짖어대면서 마을 전체가 소란스러워졌다.

10분 후 우리는 안락한 러시아인 집에서 따뜻한 불앞에 곰가죽을 깔고 앉아 향기로운 차를 연신 들이마시면서 지난밤들의 모험 이야기를 쏟아내고 있었다.

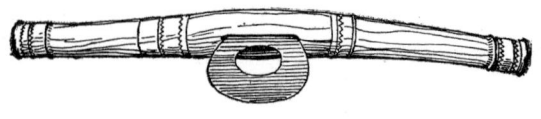

철제 가죽 긁개

CHAPTER 25

펜지나

펜지나 마을은 통나무 집, 평평한 지붕의 유르트, 다리 넷 달린 발로간 등이 모여 있는 작은 마을로 마을 이름을 따온 펜지나 강의 북쪽 둑에 자리 잡고 있었고, 대략 오호츠크 해와 아나디르스크의 중간 지점에 위치해 있었다. 주민들은 주로 농노에서 해방된 자유로운 러시아인 농민들이거나 원주민과 러시아인이 섞인 '메샨(meschans: 혼혈인)'이었고, 적은 수이지만 '추반치족[126]' 같은 시베리아 원주민들도 살고 있었다. 이들 원주민들은 18세기에 러시아 카자크족 용병들에게 정복되었고, 이제 정복자의 언어인 러시아어를 사용하면서 생계로 물고기를 잡고 모피를 팔아 가난한 삶을 이어가고 있었다.

마을 북쪽에는 약 30m 높이의 절벽이 자연 방벽을 형성하고 있었는데, 러시아인 정착촌 어디에 가나 그 부근에 있는 언덕과 마찬가지로 꼭대기에 가로대가 3개인 독특한 그리스 정교 십자가가 꽂혀 있었다. 강은 마을 건너

---

[126] Chooances 혹은 Chuvantsys: 추완 유카기르족(Chuwan Yukagirs)의 한 부족이었으나 축치족의 공격을 받아 통혼하여 생긴 부족으로 축치어와 러시아어를 구사한다.

편에 있는데, 폭이 약 10m 정도 되고 강둑에는 커다란 자작나무, 낙엽송, 포플러나무, 버드나무, 포플러 사시나무 등이 숲을 이루고 있었다. 강바닥에는 따뜻한 온천물이 솟아나고 있어서 영하 40도에도 강물이 얼지 않고 하얀 증기를 뿜어내어 마치 영국 런던의 짙은 안개처럼 맞은편 마을이 보이지 않았다.

고가도로 건설용 나무기둥

우리는 펜지나에서 3일을 머무르면서 주변 지역에 대한 정보를 수집하고 전신주로 쓸 나무를 벨 인부들을 구했다. 마을 사람들은 쾌활하고, 친절하며, 성격이 좋았으므로, 앞으로 우리 사업에 이 사람들을 고용하고 싶은 마음이 들었다. 그러나 물론 이들은 전신이나 전보에 대해 들어본 적이 없으므로, 베어낸 이 기둥들을 가지고 우리가 무엇을 하려고 하는지 상상할 수 없을 것이었다.

어떤 사람들은 우리가 기지가에서 아나디르스크까지 나무 도로를 만들어서 여름에도 여행이 가능하도록 하려는 것이라고 말했고, 또 어떤 사람들은 미국인 2명이 600km나 되는 먼 거리에 나무 도로를 건설할 수는 없으므로 진짜 목적은 어떤 거대한 집을 짓는 것이라고 논쟁을 벌였다. 하지만 집을 짓는다고 주장하는 사람들은 그 거대한 건물의 용도에 대한 질문을 받으면 혼란스러워 하면서도 단지 나무 도로 건설의 물리적 불가능성을 계속 주장하면서 상대방이 자기들 주장을 받아들이도록 요구하거나 아니면 더 나은 어떤 생각을 제시했다.

우리는 16명의 건장한 인부들을 합리적인 품삯을 주고 고용하는 데 성공했고, 이들에게 기둥의 규격 - 윗부분의 지름 13cm, 길이 6.3m - 을 알려주고 가능한 한 많은 기둥을 베어서 강둑에 쌓아놓으라고 지시했다.

나중에 3월에 아나디르스크에서 돌아오는 길에 들러보니, 펜지나 인부들이 베어놓은 기둥 숫자가 500개인 것을 확인했다. 그런데 놀랍게도 윗부분의 지름이 30cm 미만의 것은 하나도 없었고, 대다수가 너무 무거워 10여 명의 인부가 달라붙어도 운반할 수 없을 정도였으므로, 왜 지시한 규격대로 자르지 않았는지 인부들에게 물어보았다. 그들은 내가 이 기둥 윗부분에 도로의 어떤 부분을 만들 것으로 예상하고 그것을 지탱하기 위해서는 지름 13cm로는 충분치 않다고 생각해서 더 크게 베어냈다고 대답했다. 그래서 그들은 국회의사당에서나 쓸 법한 굵은 지름의 나무들을 베어냈던 것이다!

그 나무들은 북극의 눈에 파묻힌 채 아직도 그곳에 남아 있다. 내가 보기에는 토마스 매콜리[127]가 예견했듯이, 먼 훗날 미래에 아메리카나 뉴질랜드 같은 신세계 사람들이 관광하러 와서 폐허가 된 영국의 세인트 폴 성당을 둘러보고 역사의 교훈을 배우게 될 것처럼, 또한 시베리아에 관광하러 와서도 어떤 교훈을 얻어가게 될 것이라는 생각이 들었다. 즉 어떤 미친 미국인 2명이 오호츠크 해에서 베링 해협까지 고가도로를 건설하려고 했었다는 이야기를 시베리아에 온 신세계 관광객들에게 현지 가이드가 우스갯소리로 들려줄 수 있는 것이다. 내가 바라는 것은 단 하나, 미래에 관광을 마

---

127) Thomas Babington Macaulay(1800~1859): 영국의 정치가, 역사가. 하원의원, 인도 총독 고문, 육군장관, 재무장관, 상원의원 등을 역임하고 남작 칭호를 받았다. 저작으로 1688~1702년 영국을 다룬 《영국사(History of England) 5권》가 유명하다. 폭넓고 다양한 지식, 탄탄한 구성으로 에드워드 기번의 《로마제국 멸망사》에 버금가는 예술작품으로 호평 받았다. 여기서는 매콜리가 당시 베를린 대학 교수인 랑케(Leopold von Ranke)가 쓴 《교황의 역사(History of the Popes)》에 대한 우호적인 평론을 《The Edinburgh review》지에 기고한 내용을 케넌이 인용해 비유한 장면이다. 당시 프로테스탄트 교도인 매콜리는 구교 가톨릭이 유럽에서는 쇠퇴해갔으나, 영국 식민지였던 아메리카나 호주, 뉴질랜드 같은 신세계에 가톨릭이 다시 세력을 확장해가면서 미래에 폐허가 된 영국에 가톨릭이 다시 부흥하지나 않을까 하는 염려를 이 평론에 담았던 것이다. 매콜리의 걱정대로 현재 남미에는 가톨릭이 우세하다. 그 평론의 해당 원문은 다음과 같다. 여기서 she 는 가톨릭 교회를 말한다.

"...... And she may still exist in undiminished vigour when some traveller from New Zealand shall, in the midst of a vast solitude, take his stand on a broken arch of London Bridge to sketch the ruins of St. Paul's......"

친 신세계 사람들이 그 미친 미국인 2명이 비록 고가도로 건설 사업에는 실패했더라도 그 노력만은 가치 있는 영예로운 것이었다는 기록을 남겨주었으면 하는 것이다.

영하 47도

드디어 12월 31일 우리는 아나디르스크를 향해 펜지나를 떠났다. 평상시처럼 거친 벌판을 하루 종일 달려간 후에, 우리는 날김(Nalgim)이라 불리는 외따로 떨어져 있는 하얀 산봉우리 밑자락 부근에서 섭씨 영하 47도의 혹독한 날씨 속에 하룻밤을 지새우기 위해 야영을 했다. 그날은 새해 첫날 바로 전날 밤이었다. 나는 머리에서 발까지 온 전신에 하얀 서리가 내려앉은 채로 두꺼운 모피를 둘러쓰고 모닥불 가에 앉아 1년 만에 엄청나게 변해버린 내 주변 상황에 대해 생각하고 있었다.

작년 1864년 새해 전날 밤을 나는 중남미에서 보냈었다. 당나귀를 탄 채 니카라과 호수에서 태평양 연안까지의 적도 밀림을 뚫고 지나가고 있었던 것이다. 그런데 올해 1865년 새해 전날 밤에 나는 영하 47도에 달하는 북극권 부근의 눈으로 뒤덮인 어느 너른 벌판에 웅크리고 앉아 얼어붙기 전에 서둘러 수프를 먹어치우려고 하고 있는 중이었다. 이보다 더 대조적인 상황은 아마도 찾아보기 힘들 것이다.

날김 산 근처에 있는 우리 야영지에는 난쟁이 소나무가 많이 있었으므로 우리는 3m 높이로 불기둥이 올라갈 정도로 불을 많이 땠다. 그럼에도 불구하고 날이 추워 온기가 그리 멀리 뻗지 못했다. 차를 마시는 동안 눈썹에는 서리가 내려앉았고, 뜨거운 냄비에서 개별 양철 그릇으로 덜어낸 수프는 다 먹기도 전에 얼어붙었고, 커다란 화염이 치솟는 모닥불 옆에서 1m도 안 떨어져 앉아 있는데도 모피 외투 가슴 부분에는 안개 같은 하얀 무서리가 내려앉았다. 양철 그릇, 칼, 수저 등을 맨손으로 만지면 마치 불에 달구어진 것처럼 뜨겁게 데이는 느낌이었고, 모닥불에서 약 30cm밖에 떨어져 있지 않은 작은 나무 널빤지 위에 떨어뜨린 물은 2분도 안 돼 꽁꽁 얼어붙었다. 개들의 따뜻한 몸에서는 구름 같은 수증기가 뿜어져 나왔고, 물기 하나 없이 말린 사람 손에서도 외부에 노출되면 엷은 수증기가 빠져 나왔다.

지금까지 우리는 이런 추위를 겪어본 적이 없었지만, 발 부분을 제외하면 아주 견딜 수 없을 정도는 아니었다. 그러자 도드가 만일 따뜻한 모닥불과 기름진 음식이 충분히 있다면, 이보다 15도 정도 더 내려가도 겁날 것이 없다고 큰소리쳤다. 시베리아에서 가장 고통스러운 것은 사실 바람이다. 영하 28도라도 바람이 살살 불어대면 정말 견딜 수 없는 정도가 된다. 그런데 영하 40도에다 강풍이라도 불어댄다면, 그대로 노출돼 있는 생물들은 모두 죽어버리고 말 것이다.

온도가 내려가는 것 그 자체는 생물에 그다지 위험스러운 것은 아니다. 시베리아에 적합한 옷을 입고 저녁식사로 마른 생선과 기름을 배부르게 먹은 다음 두꺼운 모피 침낭 속으로 기어 들어간다면, 그 사람은 영하 57도에 달하는 바깥에서도 그리 어렵지 않게 밤을 보낼 수 있을 것이다. 그러나 만일 긴 여행으로 지쳐 있거나, 땀을 흘려 옷이 젖어 있거나, 아니면 충분히 먹지 못한 상태이거나 한다면, 그 사람은 영하 18도에서도 얼어 죽을 수 있는 것이다.

극지 여행에서 가장 중요한 법칙은 첫째, 기름진 음식을 충분히 먹어두는 것, 둘째, 과도한 체력소모와 밤 여행을 피하는 것, 셋째, 일시적으로 빨리 열을 내기 위해 심하게 움직여 땀을 많이 흘리는 운동을 절대 하지 않는 것 등이다. 나무가 별로 없고 극도로 추운 이런 지역에서도 우리는 축치족 유목민들을 볼 수 있었다. 이들은 몸을 덥히기 위해 빨리 달리면서 체력을 고갈시키는 방법보다는 발바닥이 아플 정도로 하루 종일 걸어다니는 방법으로 돌아다녔다.

이들은 몸이 얼어붙는 것을 막아야만 할 긴급한 때를 제외하면 절대로 심한 운동을 하지 않았다. 그래서 이들은 오전에 그런 것처럼 밤에도 거의 같은 체력을 유지할 수 있었는데, 만일 불 피울 나무를 구하지 못하거나, 또한 어떤 예기치 못한 일 때문에 24시간 내내 이동해야 하는 비상 상황이 발생하더라도, 이들은 그것을 충분히 감당할 체력을 갖출 수 있었던 것이다. 경험이 없는 사람들은 낮에는 많이 움직여 체력을 많이 소모하게 되고, 자칫 이 같은 비상 상황이 발생하게 되면, 밤에는 지치고 땀에 젖어 있게 되어 거의 얼어 죽을 수 있는 상황에 빠지는 것이다.

저녁식사를 마친 후 2시간 동안 도드와 나는 모닥불 가에 앉아 극지 강추위 속에서 어떤 자연 현상들이 일어나는지 여러 가지 실험을 해보고 있었다. 8시경 하늘이 갑자기 구름으로 덮이더니 1시간도 안 돼 온도가 거의 영하 1도까지 올라가는 이상한 현상이 일어났다. 이런 이상한 날씨 변화에 놀라면서도 한편 좋아진 날씨가 우리의 실험 때문에 그런 것인가 자축하면서 우리는 모피 침낭 속으로 기어들어가 극지의 긴긴 밤 동안 잠을 청했다.

여흥거리용 토론 - 천체 모형을 먹어치우다

다음날부터 며칠 동안은 단조롭고 똑같은 일상생활이 반복되었다. 썰매를 타고 달리고, 야영을 하고 잠자는, 이미 익숙해진 일상이었다. 우리가 지나쳐온 곳들은 대개 황량하고 흥미를 끌지 못하는 곳들이었고, 날씨는 매우 추웠지만 그렇다고 야외활동을 못할 정도로 위험스러운 것은 아니었다. 낮의 길이는 단지 2~3시간뿐이었고, 밤의 길이는 끝이 없는 것 같았다. 오후에 일찍 해가 지면, 우리는 앞으로 남아 있는 약 20시간의 밤을 지샐 야영지를 찾아 나섰고, 그 긴 시간을 자면서 보내든가, 아니면 여흥을 즐기든가 어떻게 해서든 보내야 했다. 립 반 윙클[128]이 아니라면 누가 매일같이 20시간의 과도한 잠을 잘 수 있겠는가? 적어도 그 시간의 절반 정도는 모닥불 곁에 곰가죽을 깔고 앉아 이야기를 나누며 보내는 것말고는 더 나은 것을 우리는 생각할 수 없었다.

페트로파블로프스크를 떠난 이후로 우리의 주된 여흥거리는 이야기를 나누는 것이었다. 처음 100여 일 동안은 좋은 여흥거리 역할을 잘해냈지만, 우리의 머릿속 지식 자원이 점점 고갈돼 가면서 단조로워지기 시작했다. 그러더니 요즈음에는 이야기나 비평거리, 혹은 논쟁거리가 될 만한 그런 주제를 하나도 생각해낼 수 없는 형편이었다. 이제 우리는 서로에 대해서 각자 살아온 인생사와 먼 조상의 삶까지도 아주 자세히 알고 있었다. 또한 우리는 사랑, 전쟁, 과학, 정치, 종교 등 모든 분야의 문제점들에 대해 충분히 논의해왔으므로, 결국 논점은 그리스를 침입한 페르시아의 크세르크세스 대왕의 군대 규모가 얼마였는지, 그리고 노아의 방주 시절에 홍수 규모가 어떠했는지 등의 세세한 주제로까지 이어지고 있었다.

이런 어려운 주제들에 관해서 양측 모두 만족할 만한 결론에 도달할 가능성은 전혀 없었으므로, 토론은 20~30일에 걸쳐 길게 늘어지고 결국 나중에 해결해야 할 미결 과제로 남겨졌다. 정말로 다른 주제들이 모두 채택되어 더 이상 올릴 것이 없는 절박한 상황에 다다르면, 결국 다시 그 크세르크세스와 홍수란 주제로 돌아갈 것이란 것을 우리 모두가 알고 있었지만, 기지가를 떠난 이후로 우리는 코략족 유르트에서 눈폭풍을 맞아 며칠간 고립돼 있었던 긴급 사태를 떠올리며 그런 비상 사태가 또 다시 발생할 때 그 주제들을 '마지막 수단(dernier ressort)'으로 쓸 수 있도록 남겨놓기로 서로 암묵적으로 동의한 상태였다.

---

128) Rip Van Winkle: 미국 작가 워싱턴 어빙(Washington Irving: 1783~1859)의 작품집 《스케치북》에 나오는 단편소설 《립 반 윙클》의 주인공. 네덜란드 전설을 바탕으로 당시 미국 상황을 각색해서 만든 이 소설에서 공처가인 주인공은 아내의 바가지를 피해 산속으로 사냥을 갔다가 술통을 날라달라는 어느 남자의 부탁을 받고 그 대가로 술을 얻어 마신 다음 크게 취하여 나무그늘아래에서 늘어지게 한숨을 잔다. 잠에서 깨어난 그는 머리카락과 수염이 길게 자라 있었고, 사냥총은 녹슬어 있었다. 마을로 내려온 그는 아내가 죽고 독립전쟁으로 미국이 독립하는 등 세월이 20년 지났다는 사실을 알게 된다. 이 단편소설이 나온 이후 시대에 뒤떨어지는 사람을 립 반 윙클이라 부르게 되었다.

셰스타코바 북쪽에 있는 어느 너른 벌판에 야영을 하고 있던 어느 날 밤, 이 기나긴 겨울밤을 즐겁게 보낼 수 있는 아이디어가 나에게 떠올랐다. 그것은 원주민 썰매 몰이꾼들에게 놀라운 현대과학에 관한 강의를 해주는 것이었다. 적어도 나 자신이 즐겁고, 또 원주민들이 교육을 받을 수 있기를 희망하면서 나는 이 계획을 실천에 옮겼다. 첫 번째 과목은 천문학이었다. 우리는 너른 벌판에 지붕도 없이 야영하고 있었으므로 별이 총총한 밤하늘을 그대로 볼 수 있었고, 그래서 나는 천문학 강의를 위한 모든 시설을 완비하고 있는 셈이었다. 매일 밤 모닥불 가에 모여 앉아 어린아이 같은 호기심을 가진 원주민들에게 나는 사계절이 일어나는 현상, 태양 주위를 도는 행성들, 월식 현상의 원인 등에 관한 강의를 해줄 참이었다.

나는 존 피닉스[129]가 했던 것처럼 내 방식으로 천체를 만들어야 했다. 즉 얼어붙은 기름 덩어리로 지구를, 흑빵 덩어리로 달을, 말린 고기 작은 조각들로 더 작은 행성들을 만들었다. 이 자리에서 고백하건대, 그렇게 만든 천체 모형들은 그럴 듯해 보이지 않았으므로 원주민들에게 믿음을 주기가 매우 힘들었다. 내 계획대로라면 내가 그 빵과 기름 덩어리를 회전시키면서 기름 덩어리 뒤로 빵을 숨겨 월식현상을 보여줄 때 숨을 죽이고 바라보던 원주민들이 놀라움으로 환호성을 지르고 나는 그 모습을 보면서 흐뭇해해야 하는 것이었다. 만일 나의 청중들인 원주민들이 그 빵과 기름 덩어리들이 천체를 상징한다는 사실을 이해할 수만 있었다면, 나의 첫 번째 강의는 커다란 성공을 거두었을 것이다.

하지만 문제는 원주민들의 상상력이 모자란다는 것이었다. 원주민들은

---

129) John Phoenix(1823~1861): 필명. 미국의 군인, 삽화가, 여행가, 만담가로 본명은 조지 호레이쇼 더비(George Horatio Derby)이며 멕시코와의 전쟁에 참여하고 캘리포니아 만을 배를 타고 측량하고 샌디에이고 댐 건설에 참여하는 등 측량장교로 활약한 원래 군인이었다. 유머러스한 작품 《Phoenixiana, or Sketches and burlesques》로 유명해졌다. 이 책에서 천문에 대해 논한 부분이 있다.

빵이 달을, 기름 덩어리가 지구를 상징한다는 것 자체를 이해하지 못하는 것 같았고, 오로지 지상에 있는 존재들은 그 자체가 갖고 있는 원래 가치로만 이해해야 한다고 생각하는 것 같았다. 그래서 원주민들은 지구를 불에 녹여 마시고 달을 모두 뜯어 먹으면서 다음 강의를 또 해주기를 바랐다. 나는 이 강의가 천문학(astronomical)에 관한 것이지 식도락(gastronomical)에 관한 것이 아니며, 그렇게 마구 천체 모형을 뜯어먹고 마시는 것은 매우 온당치 못한 행위라는 것을 원주민들에게 설명하려 애썼다. 내가 의도한 천문학은 그렇게 행성들을 먹어치움으로써 나타나는 월식 현상이 아니었으며, 그렇게 먹어치우는 강의 시간이 원주민들에게는 다소 만족스러웠겠지만, 내 천체 모형들에게는 아주 비극적인 일이었다.

나의 항의는 별 효과가 없었고, 나는 매 강의 시간마다 태양, 달, 지구 등을 새로 만들어야만 했다. 이 강의 시간은 이제 천문학 강의를 빙자한 축제가 되어버린 것이 분명해졌고, 나의 청중들은 매일 밤 오로지 태양계 전체를 먹어치울 생각만 하고 있을 정도로 너무 인기를 끌어서 천체 모형으로 쓸 재료가 떨어져버릴 정도였다. 결국 나는 빵과 기름 덩어리 대신 돌과 눈덩이로 천체 모형을 대체하게 됐는데, 그때부터 원주민들의 천문학에 대한 관심과 인기가 점점 떨어지더니 마지막에는 한 사람의 청중도 보이지 않았고, 나의 강의도 끝이 났다.

러시아 정교 신부의 집

3시간이었던 한겨울의 낮 시간은 점점 줄어들고, 갈수록 밤은 더 길어져 갔다. 그렇게 23일간의 험한 여행을 보낸 후 우리는 러시아 문명세계의 끝자락에 놓여 있는 우리의 마지막 종착지에 가까이 다가가고 있었다. 나는 썰매위에서 두꺼운 모피 속에 몸을 파묻고 누워 반쯤 졸고 있었다. 멀리서 개 짖는 소리가 들려오자 잠에서 깬 나는 우리가 아나디르스크 마을에 다왔다는 사실을 알게 되었다. 나는 서둘러 두꺼운 모피 스타킹과 물개가죽 장화인 '토르바사'를 벗고 미국산 장화로 바꿔 신으려고 했는데, 놀랍게도 벌써 썰매는 러시아 정교회 신부 집 앞에 다가가고 있었다. 거기서 우리는 따로 우리 집이 마련될 때까지 머무를 작정이었다.

놀라운 미국인들이 도착했다는 소식을 듣고 신부 집 문 앞에 많은 구경꾼들이 몰려들었다. 추운 밤중에 모피 외투를 두른 구경꾼들이 모여 있는 한 가운데에 풍성한 검은 옷을 입은 신부가 긴 머리와 수염을 휘날리며 머리 위로 긴 촛불을 치켜들고 서 있었다. 모피 스타킹을 벗자마자 나는 썰매에서 내려와 허리를 숙이고 인사를 건넸으며, 곧 구경꾼들이 "즈드라스트부이차" 하고 소리치는 가운데 주교 신부로부터 따뜻한 환영 인사를 받았다.

거의 3주 동안 황무지 벌판에서 지낸 덕분으로 나의 몰골은 그야말로 시베리아에서나 봐줄 만한 것이지 그 밖의 지역에서는 아마 뉴스거리가 됐을 것이다. 3주 동안 한 번도 깎지 않은 턱수염은 시커멓게 얼굴을 덮고 있어 지저분한 형상이었고, 머리털은 제멋대로 헝클어져 이마 위로 늘어졌으며, 그런 몰골로 모피 외투를 입고 있는 나의 모습은 아주 사납고 야만스러운 형상이었다. 마을에 도착할 때 서둘러 갈아 신었던 미국산 장화만이 이전에 문명세계와 접촉했었다는 유일한 표시였다.

누런 모피 두건과 점박이 사슴가죽 외투를 입고 문 앞에서 존경스럽다는 듯한 인사를 보내고 있는 추반치족, 유카기르족, 카자크족 등의 사람들에게 일일이 답례를 하면서 나는 신부를 따라 집안으로 들어갔다. 그것은 내가 쿠일, 미키나, 셰스타코바의 연기 나는 코랴족 유르트에서 지낸 이후로 23일 만에 들어가보는 집다운 집 중 두 번째였고, 나에게 그것은 정말 궁궐 같은 집이었다.

바닥에는 밟으면 푹신푹신한 어두운 색의 부드러운 사슴가죽을 깔았고, 한쪽 구석에는 깔끔한 화로에 불이 타오르고 있었으며, 방안에는 환한 불빛이 넘쳐나고 있었다. 탁자 위에는 밝은 색의 미국산 탁자보가 덮여 있었고, 문 반대편에는 온통 금박을 입힌 제단 앞에 작고 기다란 금박 촛대가 불을 밝히고 있었다. 창문은 시베리아에서 내가 익히 보아왔던 연기에 그을린 물고기 부레나 얼음판이 아니라 진짜 유리였으며, 한쪽 구석에는 몇 가지 신문들이 놓여 있는 신문대가 서 있었다. 이렇게 집안에는 예기치 않게 문명과 동떨어진 이런 황무지 벌판을 여행하다 지친 사람들을 위로해주는 것들로 가득 차 있었다. 아직 도착하지 않은 도드도 지금쯤이면 도착할 때가 됐다고 생각할 무렵, 우리는 문밖에서 들려오는 노랫소리를 들을 수 있었다.

"거친 황야를 벗어나, 벗어나, 벗어나면 좋겠네."

이것은 노래 부르는 사람이 자기가 마을에 가까이 있다는 사실을 전혀 모르고 있거나, 아니면 "거친 황야를 벗어나"고 싶은 바람을 노래로 표현한 것이 우연히 우리 귀에 들린 것일 수도 있다. 나의 러시아어 실력은 그리 좋은 편이 못됐으므로 신부와의 대화가 만족스러운 상태가 아니었다. 그때 도드가 그런 어려운 상황에서 나를 구하려고 거친 황야를 벗어나 내 앞에 나타나자, 나는 대단히 반가운 마음이 되었으며, 또한 그의 몰골도 나보다 나아 보이지 않는 것 역시 나에게 또 하나의 위안이 되었다.

그가 방안에 들어서자마자 나는 서로의 모습을 비교해보고 둘 다 모두 코략족 원주민처럼 보인다는 사실을 확인했고, 결국 누구의 복장이 문명인의 관점에서 더 우아한지에 따라 자신의 우월성을 주장할 수 있을 것이라는 생각이 들었다. 우리는 신부의 아내와도 악수를 나누었다. 그녀는 검은 눈에 옅은 색 머리를 가진 창백하고 마른 여인이었는데, 두세 명의 예쁜 자기 자식들을 잠깐 소개시켜준 다음 뭔가 두려운 표정으로 도망가듯 우리 곁을 떠나갔고, 우리는 우리끼리 자리에 앉아 차를 마셨다.

주인장의 정성어린 환대로 곧 우리는 편안해졌고, 10분이 안 되어 도드는 신부와 함께 보드카를 마시며 농담을 나누고 웃음을 터뜨리면서 우리의 힘들었던 모험에 대해 현란하고 능숙하게 이야기해 주고 있었다. 신부는 만난 지 몇 분 되지 않았는데도 마치 10년 지기인 것처럼 허물없이 대해주고 있었다. 이것이 도드의 특별한 재능으로 가끔 나는 질투심이 나곤 했던 것이다. 5분 만에 보드카 몇 잔의 도움을 받아 그는 엄격하고 예식적인 그리스 정교의 나이든 주교를 폭풍과 같은 재담으로 무너뜨렸고, 그러는 동안 나는 말 한마디 하지 못한 채 엷은 미소를 지으며 자리에 앉아 있을 뿐이었다. '말재주'란 정말 위대한 것이었다.

러시아어로 '쉬이(schee)'인 양배추 수프, 튀긴 소고기, 하얀 빵과 버터 등으로 훌륭하게 저녁식사를 마친 우리는 마룻바닥에 곰가죽을 깐 다음, 3주 동안에 두 번째로 옷을 벗고 잠자리에 들었다. 오랜 만에 모피 외투를 벗고, 또 머리를 밖으로 내놓고 잠자는 기분은 아주 이상해서 우리는 오랫동안 잠을 이루지 못하고 있으면서도, 벽에 걸린 촛불이 일렁이는 모습을 바라보며 부드럽고 양털처럼 푹신한 이불의 감미로운 따뜻함과 맨발로 두 발을 쭉 펼 수 있는 사치스러움을 맘껏 즐기고 있었다.

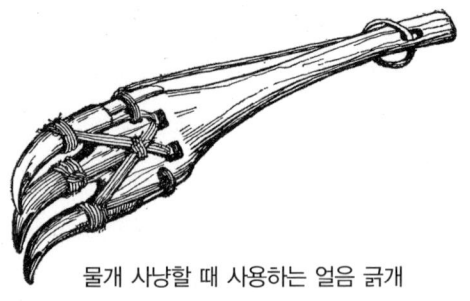

물개 사냥할 때 사용하는 얼음 긁개

CHAPTER 26

아나디르스크 – 북극의 전초 기지

    북극권 바로 남쪽에 러시아인과 원주민이 함께 살고 있는 4개의 작은 마을들을 모두 합쳐 아나디르스크 마을이라 부르는데, 이곳은 우랄산맥으로부터 베링 해협까지 거의 하나의 선을 이루면서 뻗어나온 러시아인 정착촌의 마지막을 장식하고 있는 곳이었다. 고립돼 있는 위치의 특성, 그리고 제한된 계절에만 여행이나 접근이 가능한 어려움 때문에 이곳에는 단 한 번을 제외하고 우리가 도착하기 이전에 어떤 외국인도 방문한 적이 없었다.

    그 단 한 번의 예외는 1859~1860년 겨울 아나디르스크에서 베링 해협을 향한 러시아 탐험대를 이끌었던 어느 스웨덴 장교의 경우였다. 4개의 작은 마을로 이루어진 이 아나디르스크 마을은 1년의 절반을 세상과 단절된 채, 오로지 몇몇 무역상들만이 간간이 드나드는 상황에서 마치 북극해 한가운데에 고립돼 있는 것처럼 거의 스스로 삶을 꾸려나가야 했다. 이 마을과 거래를 하고 있는 무역상들조차 이 마을이 어떻게 살아나가는지가 궁금할 정도였다.

    이 마을이 처음 발견된 것은 18세기 초 일단의 카자크족 용병들에 의해서인데, 그들은 거의 모든 시베리아를 정복하고 난 다음, 콜리마 강으로부터 산을 타고 아나디르 강까지 밀고 들어와 저항하는 축치족을 쫓아내고 현재 마을 위치에서 위로 몇 km 떨어져 있는 강가에 군사 요새 하나를 건설했다. 그러면서 이 러시아 침입자들과 원주민인 축치족 사이에 전쟁이 벌어지기 시작했고, 침입자들이 조금씩 승리를 거두어 나가면서 전쟁은 계속 진행됐다. 아나디르스크 요새는 600여 명의 병사와 1개 포대의 병력을 상당 기간 유지시켜 나갔다.

그러나 캄차카 반도를 발견한 이후로 아나디르스크 요새의 중요도가 떨어지면서 병력이 대폭 감축되면서 결국 축치족에 의해 점령당하고 말았다. 축치족은 요새를 파괴하면서 러시아군에 협조했던 추반치족과 유카기르족 원주민들을 거의 전멸시켰고, 이후로 이들 원주민들은 다시는 자신들의 고유한 민족성을 드러낼 수 없었다. 여기에서 살아남은 소수의 원주민들은 순록과 야영장비 등의 모든 것을 축치족에게 빼앗긴 채, 같은 편이었던 러시아인 정착촌으로 쫓겨나 물고기를 잡고 사냥을 하면서 생계를 이어가야만 했다. 이들은 서서히 러시아인 관습에 물들어 가면서 자신들의 정체성을 잃어버리게 되었고, 이후 몇 년도 안 돼 자신들의 고유 언어를 구사하는 사람이 한 사람도 없는 상황이 돼버렸다.

그러나 이후 러시아인, 추반치족, 유카기르족 사람들은 아나디르스크 마을을 다시 건설하여 상당히 중요한 무역기지로 만들어 놓았다. 러시아인이 소개한 담배는 곧 축치족에게서도 많은 인기를 얻었으므로, 축치족은 이 기호품을 얻기 위해 적개심을 버리고 매년 아나디르스크 마을을 방문하기 시작했다. 하지만 이들이 자신들의 영토를 침범한 러시아인에 대한 적개심을 모두 버린 것은 아니어서, 오랜 세월 동안 러시아인들과 거래할 때는 항상 창끝에 물건을 매달아 거래했다. 즉 이들이 자신들의 긴 창의 날카로운 끝날 부분에 모피나 바다코끼리 어금니 같은 물건을 매달아놓았을 때, 러시아 무역상인이 와서 그것을 벗긴 다음 그에 상당하는 담배 같은 다른 물건을 매달아놓으면 거래가 성사된 것이었다.

이런 방식은 러시아인의 사기행위로부터 안전을 담보하는 것이었는데, 왜냐하면 자기 심장 앞에서 25cm 정도 떨어져 있는 축치족 장창에 찔려 죽을 각오를 하고 이런 사나운 야만인들을 감히 속이려 드는 러시아인은 시베리아 어디에도 없었기 때문이다. 정직이야말로 가장 공정한 방식이었고, 창끝 거래방식은 가장 정직한 거래를 축치족에게 담보해 주었다. 이렇게 성립된 무역거래는 이후로 계속 유지되었고, 결국 아나디르스크 주민들과 매년 멀리 기지가에서 오는 러시아 무역상인들에게 상당한 이득을 가져다주는 원천이 되었다.

혹독한 기후

아나디르스크 정착촌을 구성하고 있는 4개의 작은 마을은 '포코루코프(Pokorookof)', '프솔킨(Psolkin)', '마르코바(Markova 혹은 Markovo)', '크레파스트(Crepast 혹은 Crepost: 요새라는 뜻)'인데, 이들 마을 인구를 다 합하면 대략 200명 정도이다. 이 중에 중심 마을은 마르코바인데, 작고 거칠게 지은 정교 교회가 있는 곳이며 주교 신부가 거주하는 곳으로 주민들이 자부심을 갖고 있지만, 겨울이 되면 황량해지는 곳이다. 작은 통나무집들에는 창문이 없고 대신 강에서 잘라온 두꺼운 얼음판을 대놓았다. 날씨가 따뜻해지면 많은 집들의 얼음판 창문들이 녹아 지면으로 내려앉았다. 마을 주변에는 낙엽송, 포플러, 사시 포플러 나무 등이 빽빽하게 자리 잡고 있어서 기지가에서 처음 온 사람들은 가끔 하루 종일 마을을 찾아 헤매기도 한다. 아나디르 강에서 갈라져 나온 여러 지류들을 알지 못하는 사람들은 마을을 찾기 힘들기 때문이다.

여름에는 4개 마을 주민들 모두 야생 순록떼가 강을 건너 이동할 때 사냥에 나서거나 강가에서 물고기를 잡는 데 주력한다. 겨울에는 보통 마을을 비우고 썰매를 타고 떠나 축치족 유목민들을 방문하여 무역거래를 하거나, 콜리마(Kolyma)에서 열리는 커다란 시장에 물건을 싣고 가 팔거나, 아니면 기지가에서 온 러시아 무역상인들에게 고용되어 일을 했다. 마을 근처에 있는 아나디르 강 위쪽으로 약 120km 거리에 걸쳐 있는 지역은 북위 66도 지역인데도 불구하고 지름이 45~60cm에 달하는 나무들이 빽빽이 자라고 있었다. 기후는 아주 혹독했다. 1867년 2월 마르코바에서 우리가 한 달 동안 실시했던 기상관측에 따르면, 16일간은 섭씨 영하 40도, 8일간은 영하 46도 이하, 5일간은 영하 51도 이하, 그리고 1일은 영하 56도를 기록했다. 이것은 우리가 시베리아에서 겪어본 가장 낮은 온도였다.

때때로 아주 낮은 온도에서 높은 온도로 급격한 변화를 보이는 경우도 있었다. 2월 18일 오전 9시 온도가 섭씨 영하 47도였는데, 27시간이 지나자 영하 6도로 41도나 높이 올랐다. 2월 21일에는 영하 16도였는데, 22일에는 영하 45도로 급격히 떨어졌다. 이런 극심한 기후변화에도 불구하고 아나디르스크 마을은 북동부 시베리아에서 러시아인 정착촌의 90%가 모여 살고 있는 재미있는 곳으로, 1866년 동절기를 우리는 여기서 보내면서 시베리아의 새로운 면모를 즐기고 있었다.

러시아 정교식 크리스마스 미사와 캐롤

이 마을에 도착한 이후 둘째날 우리는 물개가죽 트렁크에 남아 있는 공급품을 가지고 최대한 누릴 수 있는 것을 누리면서 편하게 보냈다.

1월 6일 목요일은 러시아의 크리스마스 날[130]이었다. 우리는 새벽 미사에 참석하기 위해 모두 날이 밝아오기 4시간 전부터 일어나 있었다. 집집마다 사람들이 일어나 화로에 불을 피워 굴뚝에서 연기가 피어올랐고, 우리

---

130) 동방정교에 속하는 러시아 정교에서는 로마 가톨릭의 그레고리력이 아닌 율리우스력을 채택하고 있어 매년 1월 6일이 크리스마스 날이다.

▲ 아나디르스크 겨울시장에 모인 축치족

방에 있는 제단과 모든 성화 앞에도 금촛대가 밝혀졌으며, 방안에는 향냄새가 가득했다.

밖은 아직 어둠에 싸여 있었다. 서쪽 하늘에는 플레이아데스 성단이 낮게 떠있었고, 오리온자리는 지평선으로 떨어지기 시작했으며, 마을 북쪽 나무 위로 희미한 오로라가 띠를 이루어 흔들리고 있었다. 우리는 서둘러 그 작은 통나무 성당으로 걸어갔는데, 벌써 미사가 시작되고 있었으므로 허리를 굽혀 절을 하고 있는 신자들 무리 속으로 들어가 조용히 자리를 잡았다. 성당 안 옆면에는 러시아 성인들의 성화와 주교들의 사진이 쭉 걸려 있었고, 그 앞에는 금박종이를 나선모양으로 싼 긴 촛불이 불을 밝히고 있었다. 신부가 좌우로 흔들어대는 향로에서 푸르스름한 향 연기가 천정으로 올라가면서, 화려한 사제복을 입은 신부가 낮고 깊은 억양으로 드리는 기도소리는 합창대의 높은 소프라노 찬양 소리와 이상하게 대비되었다. 그리스 정교 미사는 로마 가톨릭 미사보다 더 인상적으로 보였다.

그러나 슬라브 고어(古語)로 진행되고 있어서 거의 알아들을 수 없었다. 신부는 지껄이듯 재빨리 기도문을 낭송했으므로 아무도 이해할 수 없었다. 그는 향로를 흔들고, 허리 굽혀 절하고, 또 자기 몸에 십자가를 그으면서 무게가 약 14kg 정도 나갈 것 같은 거대한 성경책에 입을 맞추었다. 세례식, 그리고 빵과 포도주를 나눠먹는 성찬식은 아주 인상적이었다.

그리스-러시아 정교 미사의 가장 아름다운 특징은 음악이다. 이런 시베리아 벽지의 작은 통나무집 성당에서도 사람들은 감동적인 음악을 들을 수 있다. 사실 그것은 세련되지 않고 거칠기는 하지만, 신에게 바치는 헌신적인 정성이 살아 숨 쉬고 있는 것이다. 그래서 나는 합창대가 부르는 찬송과 기도를 듣기 위해 2~3시간 걸리는 긴 미사를 서서 견디어냈다. 신부의 기도소리는 알아들을 수 없이 빠르고 지루한 것이었지만, "고스포디 파밀루이(Gospodi pameelui. 신이시여, 자비를 베푸소서!)"와 "파다이 고스포딘(Padai Gospodin. 주여, 허락해주소서!) 등의 아름다운 합창 소리가 사이사이에 울려 퍼져 그나마 그 지루함을 덜어주었다.

신자들은 미사가 그토록 오래 진행되는데도 그대로 서 있었으며, 아마도 완전히 미사에 몰입돼 있는 것 같았다. 모두가 몸에 성호를 긋고, 신부의 말에 끊임없이 절을 하면서, 자주 완전히 엎드려 이마와 입술을 경건하게 마룻바닥에 갖다 댔다. 나 같은 관람객에게 이 같은 광경은 아주 흥미로운 것이었다. 내 주위에 있는 모피 외투를 걸친 카자크족과 원주민 사람들이 조용히 미사를 보다가, 갑자기 포탄 공격을 받아 납작 엎드린 병사들처럼 100여 명 모두가 마룻바닥에 납작 엎드리고 나만 혼자 서 있는 황당한 장면이었다. 크리스마스 아침 미사는 합창대가 구세주의 탄생을 알리는 천사들의 기쁨을 표현하고 있는 즐거운 찬송가를 부름으로써 끝이 났다. 문 쪽에 있는 작은 통나무 종탑으로부터 뎅그렁거리는 종소리가 울려 퍼지는 가운데, 도드와 나는 성당 밖으로 나와 집으로 돌아왔다.

우리는 방 안에 앉아 차를 마시고 담배를 피우고 있었는데, 갑자기 문이 열리며 5~6명의 사람들이 엄숙하고 감격에 찬 얼굴로 줄을 지어 들어오더니 구석에 있는 성화들 앞에 멈춰 서서 성호를 긋고 "예수님 탄생하셨네."라는 말과 함께 단순하고 감미로운 러시아 노래를 부르기 시작했다. 시베리아 북극권의 이런 작은 마을에서 크리스마스 캐럴을 듣게 되리라고는 기대하지 않았으므로, 나는 정말 놀라서 처음에는 도드가 무슨 생각을 하고 있는지 바라보다가 다시 노래 부르는 사람들을 그저 바라다보고 있을 뿐이었다. 이 찬양대원들은 우리가 있다는 사실조차 모르는 것같이 노래에 빠져들었다가 노래가 끝나자 우리에게 돌아서서 악수를 청하고 "메리 크리스마스"라고 말했다. 도드가 코페이카 동전 몇 개씩을 그들 각자에게 쥐어주었고, 그들은 다시 우리와 우리 '대통령'에게 메리 크리스마스와 행운 및 장수를 빌어주면서 다른 집을 찬양하기 위해 떠나갔다.

이런 식으로 낮 동안 서너 찬양대들이 우리 집을 다녀갔고, 그중에는 나이 어린 아이들로 구성된 찬양대도 있었다. 그들 역시 코페이카 동전들을 받아갔는데, 일부 아이들은 찬양 예식보다는 동전 받는 데 더 열중이어서 찬양 노래를 "예수님 태어나셨네. 돈 좀 주세요!"로 끝냄으로써 예식에 흠집을 내고 있었다. 하지만 대부분의 사람들은 예의 바르게 행동하면서 우리에게 커다란 즐거움을 안겨주었다.

초가 다 타버리고 해가 떠오르자 마을 사람들은 모두 좋은 옷으로 갈아입고 축제일을 마음껏 즐기는 데 동참하고 있었다. 성당 종탑으로부터 종소리가 쉬지 않고 뎅그렁거렸고, 소녀들을 실은 개썰매들이 거리를 지나쳐 달리다가 눈밭에 엎어지기도 하고, 또 즐거운 웃음소리를 내며 언덕 아래로 질주해 내려갔다. 꽃무늬 있는 옥양목 치마를 입고 머리 위에 빨간색 비단 수건을 매단 여인네들은 즐겁게 이집저집 돌아다니며 축하인사를 나누면서 놀라운 일을 하고 있는 미국인 관리들이 도착한 사건에 대해 이야기를 나누고 있었다. 눈밭에서는 남자들이 축구를 즐기고 있었으며, 마을 전체가 활기찬 모습을 보여주고 있었다.

시베리아의 무도회 - 신나는 춤

크리스마스가 지나고 3일째 되는 날 저녁에 주교 신부가 네 마을이 모두 참여하는 커다란 시베리아 무도회를 철저한 준비 속에 개최하였다. 일요일에 신부의 집에서 그런 무도회를 연다는 것은 정말 모순이라고 충격을 받은 나는 십계명 제4조131)를 위반하는 것 같아 참여하기를 망설였다. 그러나 도드는 그것은 시차 문제일 뿐으로 미국에서는 일요일이 아닌 토요일이며, 지구상의 다른 위치에 있는 사람들이 모두 똑같은 행동을 해야 할 이유는 없다고 단정적으로 말했다.

나는 그의 주장이 궤변이라고 생각했지만, 그는 '경도(經度)', '그리니치 시간대', '바우디치의 항해학', '러시아식 일요일', '미국식 일요일' 등을 예로 들면서 나를 더 혼란스럽게 만들었으므로, 나는 풀이 죽어 그것이 미국에서 오늘인지 어제인지, 혹은 시베리아 일요일이 언제 시작되는지 자신 있게 말해줄 수 없었다. 결국 나는 러시아인들이 토요일 밤을 안식일로 지키면서 또 다른 주일의 시작으로 간주하고 있다고 보고, 일요일 저녁 춤추는 것은 계율을 어기지 않는 것이라고 결론지었다. 시베리아 사람들의 사고방식과 예법에 따르면, 그것은 정말 사리에 맞는 일인 것이다.

우리 집안에서 걸리적거리는 것은 모두 제거되어 마루는 텅 비게 되었고, 벽에 꽂힌 촛불들이 방안을 밝게 비쳐주고 있었으며, 세 군데 벽 쪽으

---

131) 안식일을 지킬 것. 유대교는 토요일, 기독교는 일요일.

▲ 아나디르스크 겨울풍경

로는 여성들을 위한 의자가 준비되었다. 5시경이 되자 사람들이 모여들기 시작했다. 무도회를 열기에는 다소 이른 시간인 듯했지만, 여기서는 벌써 어두워지고 난 지 오래였다. 곧 40여 명의 사람들이 몰려들었는데, 남자들은 모두 두꺼운 모피 외투 쿠크랑카, 헐렁한 모피 바지, 모피 장화 등을 입었으며, 여자들은 하얀색의 얇은 모슬린 옷과 꽃무늬 있는 옥양목 옷 등을 입고 있었다. 양쪽 의상들은 서로 잘 어울리지 않는 것 같았는데, 한쪽은 아프리카의 더운 날씨에나 어울릴 듯하게 가볍고 바람이 통하는 차림이었고, 다른 한쪽은 북극 탐험에 나선 존 프랭클린 경의 탐험대에나 어울릴 듯한 차림이었다. 하지만 전반적인 모양새는 아주 그림 같은 풍경이었다.

음악을 연주해주는 악단은 2대의 바이올린과 2대의 발랄라이카(2줄의 현을 갖고 있는 기타 같은 삼각통의 전통 악기), 그리고 통상 아이들이 종이 한 장으로 친숙하게 만들 수 있는 커다란 빗 모양의 종이 악기로 구성됐다. 시베리아의 풍습에 따라 이런 무도회가 어떻게 진행되는지에 호기심이 발동한 나는 한쪽 구석에 조용히 앉아 지켜보고 있었다. 여자들은 도착하는 대로 방 끝에 있는 나무 의자에 줄지어 앉았고, 남자들은 반대쪽에 무리를 이루어 서 있었다. 모두가 말짱한 정신이었다. 누구 하나 웃는 사람도, 말하는 사람도 없었다. 침묵은 깨지지 않았고 오로지 악단에서 천식 걸린 듯 꺽꺽대며 줄을 고르는 소리와 빗처럼 생긴 종이 악기를 삐익삐익 하는 구슬픈 소리를 내며 시험 연주해보는 소리만이 간간이 들려올 뿐이었다. 만일 이 정도가 여흥을 즐기는 것이라면, 일요일에 무도회를 열어도 그렇게 부적절한 것이 될 수 없을 것이라는 생각이 들었다. 그것은 마치 장례식에서 슬픔에 잠겨 있는 듯한 풍경이었던 것이다. 그러나 그런 분위기 속에도 어떤 즐거움이 숨겨져 있다는 것을 나는 전혀 모르고 있었다.

　잠시 후 주위가 술렁이면서 문 쪽에서 추반치족 젊은이 한 명이 나오더니 안에 약 4리터 가량의 얼린 크랜베리 열매가 담겨 있는 커다란 나무 사발을 나에게 건네주었다. 나 혼자서 그것을 다 먹으라는 것은 아니겠지 하는 생각으로 한두 수저 떠먹고서 눈치를 보기 위해 도드를 쳐다보았다. 도드가 입안에 넣고 굴리라는 시늉을 했고, 나는 그렇게 했다. 그것은 톡 쏘는 신맛이 있는 우박 같은 얼음을 맛보는 듯하면서 이가 시려왔다.

　다음에는 스트로부스 소나무[132]를 대패질한 것 같은 것들로 가득 찬 또 하나의 나무 사발이 나왔는데, 그것을 본 나는 정말 놀라지 않을 수 없었다. 얼린 크랜베리 열매와 소나무 대패질한 것 같은 음식은 시베리아에서조차 전에 한 번도 본 적이 없는 특별한 음식이었다. 하지만 이제 나는 원주민들이 먹을 수 있는 것이라면 나도 얼마든지 먹을 수 있다는 자신감을 갖고 있던 참이었다. 스트로부스 소나무를 대패질한 것 같은 음식을 시식해본 결과, 나는 그것이 얼린 생선을 얇게 대패질한 것이라는 것을 알아챘

---

132) white pine: 잎이 흰색이 감도는 북미 동부산 소나무.

다. '스트루가니니(strooganini: 대팻살)'라고 불리는 이 음식은 시베리아 사람들이 최고의 맛 중 하나로 치는 것으로, 이후 나는 이 음식을 아주 좋아하게 되었고, 이가 시린데도 이 대팻살을 잘 먹을 수 있게 되었다.

그 뒤를 이어 하얀 빵과 버터, 크랜베리 타르트(과일 파이), 뜨거운 홍차 등이 나오면서 저녁식사가 마침내 끝이 났다. 이제 우리에게 남은 것은 무도회를 즐기는 것뿐이었다. 곡을 맞춰보는 예비 연습시간이 끝나고 악단이 '카팔루쉬카(kapalooshka: 지극히 작은 것)'라는 러시아 춤곡을 연주하기 시작했다. 연주자의 머리와 오른쪽 다리가 음악에 맞춰 흔들렸고, 빗 모양의 종이 악기를 연주하는 사람은 얼굴이 벌개지도록 불어대면서, 모든 사람들이 노래를 따라 부르기 시작했다.

그 순간 점박이 사슴가죽 외투와 헐렁하고 누런 숫사슴가죽 바지를 입은 남자 한 명이 방한가운데로 튀어나오더니 긴 의자 맨 끝에 앉아 있는 한 여자에게 머리 숙여 절을 했다. 그 여자는 우아한 맵시로 답례하면서 일어섰고, 두 남녀는 팬터마임과 춤을 절반씩 섞어 춤을 추기 시작했다. 음악에 맞추어 앞뒤로 움직이는가 하면, 홀을 가로질러 갔다가 빠른 속도로 주위를 빙글빙글 돌았다. 남자가 여자에게 사랑을 고백하는 춤을 추고, 여자는 남자를 뿌리치고 뒤돌아서면서 얼굴을 손수건으로 가린다. 이 무언극이 끝나면서 그 여자는 퇴장하고 다시 다른 여자가 나타난다. 음악은 두 배로 고조되고 속도도 빨라진다. 두 남녀 춤꾼은 엄청난 속도로 춤을 추기 시작하면서 날카롭고도 흥분된 소리를 질러댔다.

"힉(Heekh)! 힉! 힉! 발라이(Vallai: 계속)![133) 네 프스타바이(Ne fstavai: 일어서지마)!"

빗 모양의 종이 악기에서는 삐익거리는 소리가, 그리고 마룻바닥을 구르는 발소리가 온 방안에 동시에 울려 퍼졌다. 이런 분위기가 나에게도 전염

---

133) "다바이!"가 표준어.

되어 춤추고 싶은 마음에 피가 끓고 있었다. 갑자기 남자가 여자 발밑 마룻바닥에 배를 대고 엎드리더니, 마치 다리가 부러진 메뚜기처럼 발끝과 팔꿈치를 사용하여 통통 튀기 시작했다! 이 비범한 묘기에 홀 안은 열광의 도가니에 빠지면서 관중들의 고함소리와 노랫소리 때문에 다른 악기들 소리는 들리지 않았고 오직 빗 모양의 종이 악기 소리만이 스코틀랜드 백파이프 저음 소리처럼 단조롭고 고통스럽게 들려올 따름이었다.

이런 노래와, 이런 춤과, 이런 흥분을 나는 이전에 결코 본 적이 없었다. 그것은 마치 돌격을 알리는 트럼펫 소리처럼 일격에 나의 자제심을 휩쓸어가 버렸다. 방안에 있는 모든 여자들과 연달아 춤을 추고 난 그 남자는 마침내 완전히 지쳐서 멈추어 서더니, 땀으로 범벅이 된 얼굴을 하고 떨어진 원기를 회복하기 위해 얼린 크랜베리 열매를 찾아가버렸다.

'루스키(Rooske: 러시아인)' 라 불리는 이런 춤 다음에 '카자크 왈츠(Cossack waltz)'로 알려진 또 다른 춤이 이어졌고, 이번에는 놀랍게도 도드가 재빨리 춤추러 들어갔다. 나는 도드가 할 수 있으면 나도 할 수 있다고 생각하고 있었다. 그래서 빨강과 파랑이 섞여 있는 옥양목 치마를 입고 있는 여자에게 춤을 청하면서 앞으로 나왔다. 미국인 2명이 주위를 빠르게 돌아가며 춤추기 시작하자 관중들의 환호성이 터져 나왔다. 연주자들은 더 빨리 연주하기 위해 미친 듯이 손을 놀렸고, 종이 악기 연주자는 너무 힘들어 기침을 하다가 자리에 주저앉았다.

"발라이(계속)! 아메리칸스(미국인들)! 힉! 힉! 힉!"

격려의 고함소리를 외치며 50~60개의 발이 굴러대는 소리는 음악에 척척 들어맞았다. 청중 모두가 미친 듯이 시끄럽게 노래를 불러댔다. 이렇게 거의 믿을 수 없을 정도로 주민들이 흥분의 도가니에 빠져드는 것은 우리 같은 외국인에게도 정말 기운을 북돋아주는 효과가 있는 것이다. 내가 그런 흥분상태에 덩달아 빠져 들어가지 않았더라면, 웃음거리가 될 수도 있는 어려운 코사코 왈츠 춤을 결코 따라하지 않았으리라. 일단 춤추러 나갔다가 상대를 고르지 않고 돌아와 자리에 앉거나, 방 안의 모든 여자들과 춤추자고 요청하는 것은 시베리아의 예절에서 볼 때 크게 잘못된 것이다. 또한 다수의 여자들과 춤추는 것은 매우 피곤한 일이기도 하다. 카자크 왈츠를 끝낸 도드와 나는 밖으로 나가 눈 쌓인 언덕에 앉아 대팻살과 얼린 크랜베리를 약 1리터 정도 먹어치웠다. 우리의 몸은 무도회의 타오르는 열기 때문에 녹아내릴 정도로 뜨거웠기 때문이다.

이런 후미진 아나디르스크 마을에서도 미국인이 존경의 대상이 될 수 있었던 일이 있었다. 카자크 왈츠를 추는 동안 나는 뜻하지 않게 어느 러시아인 농부의 발을 내 무거운 장화로 밟았던 일이 있었다. 그의 얼굴은 한순간 심한 고통으로 일그러졌고, 춤이 끝나자 나는 즉시 도드를 통역으로 데리고 그에게 다가가 사과를 했다. 그러나 그는 전혀 다친 데가 없으며, 오히려 미국인에게 발을 밟힌 것을 영광으로 생각한다고 말해주었던 것이다! 나는 이런 경우를 이전에 한 번도 겪어본 적이 없었으므로, 이렇게 우리를 좋아해주는 사람들이 있다는 사실에 한편으로 나 자신이 자랑스러웠고, 또 한편으로는 부러운 마음이 들었다.

그래서 나도 이제는 사람 발을 함부로 밟아대는 외국에 가서 내 발이 밟히더라도, 오히려 그 미개한 외국인에게 존경심을 표하면서 나 자신의 선한 본성에 더 많은 점수를 줄 수 있을 것이다! 이곳은 분명 정당한 대접을 못 받고 있다고 느끼는 미국인들이라면 한번 와볼 만한 곳이다. 만일 자기 나라에서 자기의 장점을 인정받지 못하고 있는 젊은이가 있다면, 나는 그에게 시베리아로 가볼 것을 진지하게 권하고자 한다. 거기에서는 주민들이 자기 발을 밟은 사람에게도 존경을 표하는 곳이니까.

중간에 호기심을 끄는 전통 놀이를 하다가 얼린 크랜베리를 먹는 등 무도회는 계속 이어지다가 마침내 새벽 2시에 끝났다. 장장 9시간에 걸친 여흥이었다. 내가 이 무도회를 다소 자세하게 묘사하는 것은 이것이 시베리아에 있는 모든 러시아 마을의 절반쯤 개화된 주민들에게 가장 커다란 오락거리이면서 그들의 꾸밈없고 쾌활한 성격을 가장 잘 보여주는 것이기 때문이다.

크리스마스 연휴기간 동안의 오락거리

크리스마스 연휴기간 동안 주민들은 서로 집집마다 방문하여 차를 마시고, 춤을 추고, 썰매를 타고, 공을 차면서 시간을 보낼 뿐이었다. 크리스마스와 신년 사이의 기간에는 매일 저녁 환상적인 의상을 입은 가장행렬이 음악을 울리며 마을 집집마다 돌아다니면서 집주인과 함께 노래와 춤을 즐겼다. 북동부 시베리아에 있는 이런 작은 러시아인 마을 주민들은 세상에서 가장 꾸밈없고, 마음이 따뜻하고, 대접이 후한 사람들이며, 소박한 이들의 사회생활에는 이들의 이런 특성들이 모두 담겨 있다. 어떤 특정 계급을 나타내주는 그런 행사나 옷 입는 격식 같은 것도 없다. 모두가 거리낌 없이 함께 어울리며 서로를 애정 어린 충심으로 대한다. 사람들은 서로 만나고 헤어질 때, 마치 서로 형제인 것처럼 입맞춤을 나눈다. 세상에서 떨어져 있다는 고립감이 이들을 서로 의지하도록 묶어주고, 시기, 질투, 이기심 같은 감정들을 모두 없애주는 것 같았다.

신부의 집에 머무르는 동안 우리는 가장 사려 깊은 대접을 받았으며, 우리를 대접하기 위해 그는 자신의 작은 창고에 저장해놓은 밀가루, 설탕, 버터 같은 귀한 물품들을 아낌없이 제공하였다. 그는 아무런 보상도 바라지 않으면서 우리와 모든 것을 나누고 싶어 했으며, 또 그이상의 더 많은 것을 해주고 싶어 한 것 같았다. 아나디르스크에서 머물렀던 첫 열흘 동안은 이렇게 가장 즐거웠던 시베리아 생활로 우리에게 기억될 것이다.

CHAPTER 27

아나디르 강 탐험 팀의 소식

아나디르스크에 도착한 우리는 즉시 아나디르 강 하구 부근 어디엔가 살고 있다는 미국인 탐험대에 대해 물어보았다. 그러나 우리가 이미 알고 있는 것 이상의 정보를 얻을 수는 없었다. 축치족 유목민들이 가져다준 소식에 따르면, 늦은 가을에 증기선을 타고 온 소수의 백인들이 베링 해협 남쪽 해안가에 상륙하여 땅을 파서 방을 만든 다음, 그 위를 덤불과 나무판으로 덮고 월동장소로 들어가 버렸다는 것이다. 그들이 누구인지, 무엇 때문에 왔는지, 얼마나 오랫동안 머무를 것인지 등은 이제 축치족 원주민들 사이에 의견이 분분한 문제였지만, 아무도 대답해줄 수 없는 문제였다.

원주민들이 말하기를, 그들의 작은 지하 움집은 겨울 눈폭풍 때문에 완전히 파묻혀 버렸고, 밖으로 튀어나온 이상한 쇠로 만든 관에서 연기와 불꽃이 나오는 것으로 보아 백인들이 그 안에 살고 있는 것 같다는 것이었다. 축치족 원주민들에게 수수께끼 같은 이상한 쇠로 만든 관이란 것이 난로 연통일 것으로 우리는 추측하면서, 만일 그렇다면 축치족이 전해준 소식이 진실일 가능성이 크다고 생각했다. 시베리아 원주민들이 그런 연통을 만들었을 리 만무했고, 누군가가 그것을 본 것이 사실이라면, 그것은 베링 해

해안가 어딘가에 미국인들이 살고 있다는 것 - 아마도 벌클리 대령이 우리와 만나도록 상륙시킨 탐험대일 수도 있다는 것 - 을 우리에게 확인시켜 주는 것이었다.

우리가 기지가를 떠날 때 소령이 나에게 전해준 지시에는 베링 해협 근처에 이 탐험대를 상륙시킬 가능성은 포함돼 있지 않았다. 왜냐하면 그 당시 우리는 그런 협동작전에 대한 모든 희망을 포기하고 우리 팀만으로 그 지역을 탐험할 작정이었기 때문이다. 기술 책임자인 벌클리 대령은 우리가 샌프란시스코를 떠날 때 우리에게 약속한 것이 있었다. 만일 자기가 아나디르 강 하구에 한 팀을 내려놔야 한다면, 동절기가 다가오기 전에 일찍 커다란 고래잡이 보트에 태워 그곳에 상륙시킬 것이고, 그렇게 되면 그 팀은 동절기가 시작되기 전에 강을 거슬러 올라가 아나디르스크 정착촌에 도달할 수 있을 것이라고 말이다.

그래서 11월 말경 기지가에서 우리가 아나디르스크에서 온 사람들로부터 그런 팀에 대한 어떠한 소식도 듣지 못하자, 당연히 우리는 벌클리 대령의 계획이 어떤 이유에 의해 취소되었던 것으로 결론 내렸었다. 그가 북극의 겨울이 시작되는 시기에 아무런 운송수단도 없고, 아무런 피난처도 없으며, 험악하고 무법적인 원주민들에 둘러싸여 있고, 인간이 사는 가장 가까운 마을이 약 400km 멀리 떨어져 있는 베링 해협 남쪽의 황량한 지역에 대원 몇 명을 떨어뜨려 놓을 것이라고는 아무도 상상하지 못하는 일이었다. 그런 지역에 떨어진 불운한 탐험 팀이라면 그런 곳에서 무슨 일을 할 수 있겠는가? 오로지 그곳에서 움직이지 못하고 있다가 결국 굶어죽거나, 살해되거나, 아니면 내륙 쪽에서 온 구조대에 의해 구조되는 수밖에 없을 것이다. 그런 상황에 도드와 내가 아나디르스크에 도착한 것이다.

우리가 소령으로부터 받은 명령은 다음 하절기가 시작될 때까지 아나디르 강을 탐험하지 말고 그대로 두라는 것이었다. 하지만 셰스타코바에서 우리 손을 거쳐 전달된 벌클리 대령의 편지를 소령이 받았을 것이고, 베링 해협 남쪽에 한 팀이 상륙했다는 사실을 소령이 알게 되면, 그는 즉시 특별 전령을 우리에게 보내 그 팀을 찾게 한 다음, 그 팀을 아나디르스크로 데려가 협동작전에 유용하게 쓰도록 할 것이었다. 이 같은 예상을 하고 우리는 우리가 책임을 지고 그 미국인들의 연통을 찾아내기로 결정을 했다.

구조 계획

그러나 우리가 처한 상황은 아주 특별했다. 우리는 그 미국인들이 어디 있는지, 그리고 우리가 어디에 있는지 정확히 확인할 수 있는 방법이 없었다. 우리는 천문 관측을 할 수 있는 장비들을 갖고 있지 않았으므로, 경도와 위도를 정확히 결정할 수 없었고, 또한 태평양 해안가에서 300km 떨어져 있는지, 아니면 500km 떨어져 있는지 알 수 없었다. 아나디르 강을 부분적으로 탐험했던 필리페우스 중위의 보고서에 따르면, 아나디르스크 마을에서 아나디르 만까지 거리는 약 1,000km 정도였다. 반면에 우리가 기지가에서부터 실제로 해봤던 추측 항법에 의하면 약 600km를 넘지 않을 것이었다. 실제 거리가 얼마냐 하는 것은 생사가 걸린 중요한 문제였는데, 왜냐하면 우리는 전체 여행 기간 동안 개에게 줄 식량을 싣고 가야 했기 때문이다. 만일 거리가 1,000km 정도 된다면, 되돌아오기 전에 개들이 굶어죽을 가능성이 있었다.

또한 우리가 아나디르 만에 도달했다손 치더라도, 그 미국인들이 어디 있는지 알아낼 방법이 없는 것이다. 그 미국인들을 보았던 축치족 사람들을 만나지 못하는 한, 혹은 그 미국인들이 지하에 살고 있다는 유일한 외부 표시인 연통을 지나다가 우연히 발견하지 못하는 한, 우리는 그 황량한 벌판에서 한 달을 헤매고 다닐 수도 있는 것이다. 그것은 정말 말마따나 건초더미에서 바늘을 찾는 것보다 더 어려운 일이 될 수도 있는 것이다.

아나디르스크 주민들에게 태평양 해안가로 갈 우리의 계획을 알리고 탐험대에 지원할 인력을 요청했을 때, 우리는 강력한 반대에 부딪혔다. 원주민들은 모두가 반대를 선언했다. 그런 여행은 불가능한 것이며, 지금까지 성공한 적이 없고, 아나디르 강 하류 지역에는 무서운 눈폭풍이 몰아치며, 땔감으로 쓸 나무가 하나도 없고, 또한 맹추위가 상존하는 지역이므로, 개를 모두 잃어버리고 굶어 죽거나, 얼어 죽을 수밖에 없다는 것이었다. 또한 1860년 똑같은 지역을 탐험하다 추위와 굶주림에서 가까스로 살아나온 필리페우스 중위를 예로 들면서 그는 봄에 출발했지만, 우리는 가장 춥고 눈폭풍도 가장 심한 한겨울에 출발하려는 것으로, 그런 모험은 분명 재앙으로 끝날 것이라는 것이었다.

용감하고 믿을 만한 노인인 우리의 카자크족 동료 그레고리 지노비에프는 1860년 당시 필리페우스 중위의 안내자 역할과 축치족 통역자 역할을 직접 했던 사람으로 동절기에 강을 따라 약 250km 정도 내려간 경험이 있어, 그 지역에 대해 어느 정도 알고 있었다. 그래서 우리는 원주민들을 해산시키고 그와 함께 그 문제에 대해 이야기를 나눴다. 그가 말하길, 자기가 아나디르 만 가까이 가보았는데, 강둑을 따라 가면 땔감으로 쓸 난쟁이 소나무가 충분히 있으며, 그 지역은 우리가 이미 경험한 기지가와 아나디르스크 사이 구간보다 더 나쁜 조건은 아니라는 것이었다. 따라서 그는 자기가 이번 여행을 전적으로 떠맡을 것이며, 우리가 길을 정하면 자기 개썰매 팀과 함께 출발하겠노라고 말해주었다.

하절기에 강을 따라 갔다온 적이 있는 신부도 역시 이번 여행이 실현 가능한 것으로 믿고 있다고 하면서, 자기도 몸 상태만 된다면 따라가고 싶다고 말해주었다. 이런 격려의 말에 힘입어 우리는 원주민들에게 우리의 마지막 결정을 알려준 다음, 기지가의 러시아 지방관에게서 받아온 편지를 보여주었다. 그것은 우리에게 인력, 썰매 등 모든 것을 지원해주라는 인가증서였으므로, 만일 그들이 이것을 거절하면, 기지가에 특별 전령을 보내 그 불복종 사실을 보고하겠노라고 그들에게 전했다. 오호츠크 해에서 북극

해까지의 경험 많은 안내자로 알려져 있는 우리의 카자크족 동료 그레고리의 믿음직한 말과 이런 협박성 발언이 결국 우리가 원하던 효력을 발휘했다. 11명이 이번 모험에 동참하기로 했으며, 우리는 즉시 보급품과 개 식량을 사들이며 출발을 서둘렀다.

아직까지 그 미국인들에 대한 정보가 불명확했으므로, 우리는 코제빈(Kozhevin)이란 카자크족 사람이 축치족 유목민들에게 가서 정보를 알아본 다음 다시 되돌아올 때까지 며칠 동안을 더 기다리기로 결정했다. 신부는 그가 최근의 믿을 만한 정보를 갖고 되돌아올 것으로 확신하고 있었다. 왜냐하면 그 지역 전체를 돌아다니는 축치족 유목민들은 그 정체를 알 수 없는 백인들의 도착에 대해 알고 있을 것이며, 코제빈에게 그들이 있는 위치를 대략 알려줄 것이기 때문이었다. 그러는 사이에 우리는 모피 외투 등의 동절기 의복을 수선 및 보강하고, 강추위 때 얼굴을 덮을 수 있는 다람쥐 가죽으로 만든 마스크를 추가로 준비했으며, 또한 마을 여자들을 시켜 커다란 모피 텐트 하나를 만들도록 시켰다.

난로 연통에 관한 이야기

1월 20일 토요일 아나디르스크 북쪽에 있는 축치족을 방문하고 돌아온 코제빈이 우리가 예상한 대로 그 미국인들에 관한 최근 정보들을 갖고 돌아왔다. 그 정보에 따르면, 그 미국인들은 총 5명으로 아나디르 강 부근에 자리 잡고 있는데, 강 하구 위쪽으로 약 하루 동안만 가면 도달할 수 있다는 것이었다. 우리가 이전에 들은 바와 같이 이들 5명은 덤불과 나무판으로 엉성하게 만든, 그리고 눈에 완전히 뒤덮인 작은 지하 움막에 살고 있었다.

이들은 커다란 나무 원통들을 많이 갖고 있는 등 보급품을 잘 갖추고 있었는데, 축치족은 그 속에 보드카가 들었을 것으로 추측했지만, 우리는 소금에 절인 소고기가 들었을 것으로 추측했다. 이들은 "쇠로 만든 상자 안에 검은 돌들"을 넣고 불을 붙이는 아주 놀라운 방법으로 불을 피우며, 그러는 사이 모든 연기는 신기하게도 바람이 불면 돌아가는 구부러진 연통을 통해 빠져 나갔다는 것이다. 이런 생생하고도 웃기는 이야기 속에서 우리는 곧 그것이 석탄 난로와 회전 통풍구 달린 연통을 의미한다는 것을 알아차렸다.

또한 이들은 한 마리의 커다란 검은 곰을 키우고 있었는데, 그 짐승은 움막 주위를 뛰어다니고 때로는 축치족 원주민들을 뒤쫓아 오기도 했다는 것이다. 이 이야기를 들은 나는 환호성을 지르고 말았다. 그 미국인들은 샌프란시스코에서 같이 있었던 우리 동료들이었고, 그 검은 곰이란 바로 로빈슨(Robinson)의 뉴펀들랜드 종 개**134)**였던 것이다. 나는 미국에 있을 때 그 개를 아주 귀여워해 주었고, 사진도 찍어 갖고 있었다.

베링 해협 남쪽의 너른 벌판에서 눈에 파묻힌 움막에 은신해 있는 그 미국인들이 그렇게 오랫동안 논란이 돼왔던 매크리(Macrae) 인솔하의 아나디르 강 탐험대라는 것은 이제 더 이상 의문의 여지가 있을 수 없었다. 그 황량한 지역에 있는 그들 앞에, 약 3,000km 멀리 떨어진 곳에 상륙한 것으로 알고 있던 우리가 불쑥 나타나 그들을 놀라게 할 것을 생각하면 가슴이 뛰었다. 그런 만남은 우리가 시베리아에서 겪었던 모든 고난과 어려움보다 10배나 더 큰 보답인 것이다.

아나디르 강 하구로의 출발

이제 출발 준비가 모두 완료되었다. 우리 조의 썰매에는 1.5m 높이로 30일간의 보급품과 개 식량이 실렸고, 커다란 모피 텐트도 완성되어 짐이 꾸

---

134) Newfoundland dog: 덩치가 큰 검은색 개. 주로 호신용, 경찰견으로 쓰이며, 헤엄을 잘쳐 해난 구조견으로도 쓰인다.

려졌으며, 만일 강추위가 엄습하는 등 유사시에 사용될 것이었다. 가방, 마스크, 모피 스타킹, 잘 때 입는 두꺼운 외투, 눈삽, 도끼, 라이플 소총, 기다란 시베리아식 눈장화 등은 모두 다른 조의 썰매에 분산돼 실렸다. 그레고리, 도드, 그리고 나는 이번 탐험이 성공할 수 있도록 생각할 수 있는 모든 것을 준비했다.

1월 22일 월요일 아침 전 대원이 신부의 집 앞에 모였다. 화물을 최소화하기 위해 서로의 짐을 나누었으며, 도드와 나는 덮개 달린 썰매인 파보스카를 포기하고 짐 실은 썰매에 몸을 실었다. 원주민들이 무거운 짐과 어려운 일을 떠맡았다는 말이 나오는 것을 우리는 원치 않았던 것이다. 남녀노소 할 것 없이 마을 주민들 모두가 우리를 전송하러 나와서 신부의 집 앞 도로는 얼룩무늬 모피 외투를 입은 검게 그을린 얼굴의 남자들, 진홍색 허리띠를 두르고 머리에는 무섭게 보이는 여우가죽 두건을 쓴 채로 자기 남편과 형제들을 이리저리 찾아다니며 작별 인사를 나누고 있는 근심 어린 표정의 여인네들로 북적이고 있었다. 11대의 길고 좁은 썰매들이 말린 생선 등의 짐을 높이 쌓고 누런 숫사슴 가죽을 덮은 다음 물개가죽 끈으로 단단히 묶은 채로 줄지어 서 있었고, 125마리의 늑대 같은 털북숭이 개들은 인내심을 잃고 사납게 으르렁대고 있어서 다른 소리들은 하나도 들리지 않았다.

우리 썰매 몰이꾼들은 신부의 집 안으로 들어가더니 구세주 그림 앞에 서서 성호를 긋고 기도를 했는데, 그것은 긴 여행을 떠날 때 하는 그들의 관습인 것 같았다. 도드와 나는 친절한 신부에게 작별을 고했고, 신부로부터 "스보헴(s' bokhem: 신께서 함께 하시기를)"**135)**이라고 충심 어린 러시아식 작별 인사를 받은 다음, 썰매에 올라 날뛰는 개들을 출발시켰다. 우리는 날아가듯 마을 밖으로 빠져 나왔는데, 뒤에서 일으켜진 눈구름이 붉은 햇

---

135) '스보곰'이 표준어.

빛에 반사되어 마치 보석 먼지가루같이 반짝이고 있었다.

우리 앞에는 눈에 덮인 사막 같은 약 300~500km 정도의 설원이 펼쳐져 있고, 그 너머에는 눈에 뒤덮인 작은 언덕 위로 연통 하나가 튀어나와 있으며, 우리는 마치 중세의 기사들이 '성배(聖杯: San greal)'를 찾아 떠나는 것처럼 북극의 기사가 되어 그 연통을 찾아 떠나고 있는 것 같은 상상을 하고 있었다.

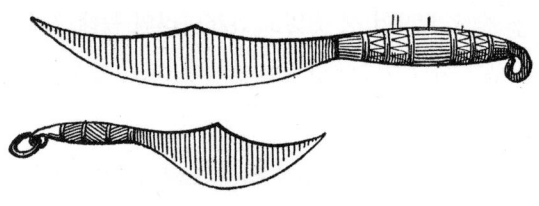

여자들이 옷 만드는 데 사용하는 칼

CHAPTER 28

동쪽으로의 썰매여행

　아나디르스크에서 태평양 해안가까지 여행의 첫 부분은 이전 시베리아 여행과 큰 차이가 없으므로 길게 언급하지는 않을 것이다. 하루 종일 얼어붙은 강이나 황량한 벌판 위로 썰매를 타고 달리다가 밤이 되면 온갖 궂은 날씨 속에 눈 위에서 야영을 하는 것이 우리의 일상이었다. 그 지겹도록 단조로운 생활에서 벗어날 수 있게 해주는 것은 오로지 유배된 듯 은거해 있는 우리 동료들을 만날 수 있다는 즐거운 기대감, 그리고 이전에는 문명세계 사람들이 들어가 본 적이 없는 그런 지역에 우리가 처음 들어간다는 설레는 마음 때문이었다.
　날이 갈수록 강둑을 따라 형성돼 있는 오리나무 덤불숲이 점점 키가 낮아지며 희박해졌고, 바다 쪽으로 갈수록 강이 넓어지면서 강을 경계로 하고 있는 너른 벌판은 점점 더 눈에 덮여 하얘지고 불모지가 되어갔다. 강을 따라가는 여행으로 10일째 되는 날, 마침내 식물이라곤 전혀 찾아볼 수 없는 지대에 들어서면서 강폭은 1.6km 정도로 넓어졌고, 생명이라곤 찾아볼 수 없는 너른 설원이 끝없이 펼쳐져 저 멀리 하늘과 맞닿아 있었다. 이런 지역에서 10일 동안 계속 눈폭풍을 맞지 않으리란 보장은 없는 것이다.

아나디르스크를 떠난 이후로 우리는 대략 200km 정도를 주파해온 것으로 추측했으나, 사실 우리가 해안가 부근에 도달했는지 여부를 알 수 있는 방법이 우리에게는 전혀 없었다. 거의 일주일 내내 날씨는 대체로 맑고 그리 춥지도 않았다. 그러나 2월 1일 밤에는 온도가 영하 37도로 떨어졌고, 땔감도 차를 겨우 끓일 정도의 작은 덤불만 구할 수 있었다. 나무를 구하려고 눈 밑 여기저기를 파보았지만, 잘 타지 않는 작은 크랜베리 덤불 약간과 이끼만이 있을 뿐이었다. 긴 여행과 소득 없는 눈 파기에 지친 도드와 나는 야영지로 되돌아와 지친 몸을 곰가죽 위에 내던지고 따뜻한 차를 마셨다. 도드가 먼저 차를 입에 대자마자 이상한 표정을 지었는데, 마치 평상시 맛이 아닌 듯했다. 바로 내가 무슨 일이냐고 묻자, 그는 기쁨과 놀라움이 섞인 목소리로 외쳤다.

"바닷물이다! 차맛이 짠 맛이야!"

아마도 찻잔 속에 우연히 약간의 소금이 떨어져 있을 수 있다고 생각한 나는 강가에 사람을 보내 강물이 얼어붙은 얼음을 떼어 오도록 시켰다. 그 얼음을 천천히 녹여 맛을 보니 영락없이 짠맛이었다. 우리는 태평양이 그리 멀지 않은 해안가 부근에 도달해 있었던 것이다. 하루만 더 가면 분명 그 미국인들이 있는 곳이나 강 하구에 도착할 수 있을 것 같았다. 우리는 주변에서 더 이상 땔감을 구할 수 없었으므로, 날씨만 좋아지기를 바라면서 6시간만 잠을 자고 자정 무렵에 일어나 훤한 달빛 아래 다시 길을 떠났다.

강 하구 도착 – 난로 연통을 찾는 야간수색

아나디르스크를 떠난 지 11일째 되는 날 해가 질 무렵 우리의 11대 썰매 행렬은 축치족 사람들이 이야기했던 대로, 그 미국인들을 찾을 수 있을 것으로 기대되는 장소 부근에 도착했다. 그날 밤 날씨는 맑고 고요했으나, 아주 추워서 해가 질 때 온도가 섭씨 영하 42도였다가 어둠이 깔리면서 영하

46도로 급속히 내려갔다. 캄차카와 시베리아에서 나는 이전에 여러 번 혹독한 겨울 날씨를 경험했었다. 하지만 이렇게 베링 해협 부근에서 보내는 밤처럼 춥고 황량한 경우는 겪어본 적이 없었다.

어둠을 뚫고 멀리 눈에 보이는 것이라곤 이전에 불어 닥친 눈폭풍으로 긴 물결처럼 굽이치는 설원이 바다처럼 끝없이 펼쳐져 있는 풍경이었다. 나무 한 그루, 덤불 숲 하나, 동물이나 식물의 흔적 하나 보이지 않는 풍경은 마치 우리가 얼어붙은 바다 위를 여행하고 있는 듯한 착각을 불러 일으켰다. 사방이 고요하고 황량했다. 그 지역은 신과 인간이 북극 정령들에게 모든 것을 양보한 장소처럼 보였다. 북쪽에서 빛을 내며 흔들리고 있는 오로라는 북극 정령들의 지배를 상징적으로 나타내주고 있는 깃발인 것이다.

8시경 동쪽에서 커다랗고 붉은 보름달이 떠오르더니 너른 설원에 붉은 빛을 드리우고 있었다. 하지만 그것 역시 북극 정령들의 지배하에 있는 듯, 단지 환월 현상에 지나지 않아서 계속해서 환상적인 다른 형태를 만들어 보이고 있었다. 이제 그것은 옆으로 늘어나 타원형이 됐다가, 거대한 붉은 항아리가 됐다가, 다시 늘어나 끝이 둥근 기다란 막대 모양이 됐다가, 마지막에는 삼각형이 되었다. 피처럼 붉은 이 일그러진 달은 그야말로 더할 수 없이 기이하고도 황량한 풍경을 연출해냈다.

우리는 모든 정상적인 자연 법칙과 현상이 작동되지 않는, 창조자의 숨결조차 닿지 않아 동식물이 모두 멸절된, 어떤 버려진 얼음 세상에 들어와 있는 것 같았다. 혹독한 추위, 고독감, 숨막힐 듯한 적막감, 그리고 멀리서 불타고 있는 화염같이 검붉게 비추이는 달빛 등, 이 모든 것들이 합쳐져 마음속으로부터 공포심이 생겨났다. 또 이 북극의 서리 대왕[136] 지배하에 있는 동절기에도 돌아다니는 축치족 유목민들 외에는 누구도 겪어보지 못했

---

136) The Frost King: 1892년 헬렌 켈러가 11세 때 설리번 선생님의 겨울 이야기를 듣고 쓴 짧은 이야기. 원래 영국 아일랜드의 민담인 '잭 프로스트(Jack Frost)'에서 유래한 이야기이다.

던 기이한 현상이라는 의식 때문에 그런 공포심은 더욱 커지게 되는 것이다. 우리의 썰매 몰이꾼들도 노래를 부르거나 농담을 하는 등으로 지루한 밤 여행에 활기를 불어넣으려고 하는 사람이 하나도 없었다. 그들이 별 감흥을 못 느끼는 둔감한 편이라 하더라도, 그들조차 침묵을 지키고 있는 것은 그들도 이런 기이한 풍경 속에서 무언가를 느끼고 있다는 것이다.

시간이 더디 가고 지루한 가운데 자정이 되었다. 우리는 이미 그 미국인들이 있을 법한 지점을 30km 정도 더 지나쳤지만, 지하 움막이나 툭 튀어나온 연통 같은 어떠한 흔적도 찾아볼 수 없었고, 보이는 것이라곤 오직 하얀 설원이 여전히 유령처럼 끝없이 우리 앞에 펼쳐져 있을 뿐이었다.

해 뜰 무렵 1시간 정도 지친 개들을 쉬게 해준 것 외에 우리는 거의 24시간 동안 밤낮으로 한 번도 쉬지 않고 여행을 계속하고 있었다. 강추위, 피로, 걱정, 따뜻한 음식을 못 먹는 것 등이 모두 침묵하고 있는 우리 대원들에게 고통스런 현실로 돌아오고 있었다. 우리는 이번 여행의 위험성과 그 미국인들을 찾아낼 가능성이 희박하다는 사실을 처음으로 깨달았다. 한밤중에, 눈 덮인 이 너른 벌판에서, 80km 이내의 거리 안에 있을 눈에 파묻힌 작은 움막을 확실한 위치도 모른 채 찾는다는 것은 백 번 시도해도 한 번도 성공할 수 없는 그런 작업일 것이다.

또한 그 미국인들이 2개월 전에 이미 지하 움막집을 버리고 일부 친절한 원주민들을 따라 더 편안한 거처로 피난 갔을지 누가 안단 말인가? 우리는 12월 1일부터 2월인 지금까지 아무런 소식도 들은 것이 없는 상황이었다. 당시에 그 미국인들은 마을을 찾기 위해 바닷가 쪽으로 약 150km 정도 내려갔을 수도 있고, 아니면 축치족 순록 유목민들을 따라 내륙 쪽으로 더 멀리 들어갔을 수도 있는 것이다. 그 미국인들이 그 황량한 지역에 있는 지하 움막집에서 다른 곳으로 피하려는 시도도 하지 않은 채, 4개월 동안을 그 자리에서 버텨 보려고 한다는 것은 별로 가능성이 없어 보이는 이야기였다. 설사 그들이 그 자리에 그대로 있다고 하더라도, 우리가 어떻게 그들을

▲ 유카기르족 남자

찾아낼 수 있단 말인가? 우리는 몇 시간 전에 그 작은 지하 움막집을 보지 못하고 지나쳤을지도 모르며, 이제는 그곳으로부터, 나무가 있는 곳으로부터, 피난처가 있는 곳으로부터 아주 멀어져 가고 있는지도 모르는 것이다.

아나디르스크 마을을 떠날 때만 해도 강을 따라 내려가 강둑 위에 있는 집에 도달하거나, 아니면 눈 덮인 곳에서 삐죽 솟아나 있는 연통을 찾아내는 일은 아주 쉬운 일로 여겨졌었는데, 이제는 마을에서 400~500km 정도 떨어진 곳에서 영하 46도의 강추위 속에 우리 목숨이 눈에 뒤덮인 그 작은 지하 움막집을 찾아내는 데 달려 있는 상황에 이르러서, 우리는 성공하리라는 우리의 예상이 얼마나 무모하고 무기력한 것이었는지를 깨닫게 되었다.

땔감을 구할 수 있는 가장 가까운 곳이 최소 80km 이상 되돌아가야 되는 거리에 있었고, 추위와 피로가 엄습해 왔지만, 모닥불 없이 야영을 할 수는 없었다. 우리는 앞으로 나아가거나 뒤로 돌아가거나 둘 중 하나를 선택해야 했다. 4시간 안에 그 지하 움막집을 찾아내거나, 아니면 찾는 것을 포기하고 땔감 있는 곳으로 빨리 되돌아가야 했다. 개들은 이미 지친 증상을 나타내 보이기 시작했고, 오랜 여행으로 부풀어 오른 발가락 사이가 갈라져 피가 나면서 걸음마다 하얀 눈 위에 붉은 반점을 남기고 있었다.

일말의 희망을 버리지 않은 채, 탐색을 포기하지 않겠다는 의지를 가지고 우리는 계속 앞으로 나아가기로 결정했다. 동쪽으로 강가의 높은 절벽 길을 따라 올라가다보니 썰매와 썰매 사이의 간격이 벌어져 우리 전체 팀의 줄이 길게 늘어지게 되었다. 이제 보름달이 하늘 높이 걸렸고, 강 북쪽의 너른 벌판을 환하게 비추고 있었다. 온 세상이 달빛으로 하얀 가운데, 오로지 어두운 모습을 드러내고 있는 것은 단 하나, 거센 바람에 눈이 쓸려나가 여기저기 모습을 드러낸 이끼 낀 작은 바위들뿐이었다.

난로 연통에서 들려오는 소리

추위가 너무 혹독해서 머리에 쓴 모피 두건과 모피 외투의 가슴 부분에는 숨 쉬면서 생긴 허연 서리가 덩어리져 얼어붙어 있었다. 나는 무게가 모두 합쳐 약 14kg 정도 나가는 두 벌의 무거운 순록가죽 외투 '쿠크랑카'를 껴입고 허리띠로 단단히 동여맸으며, 머리에는 두꺼운 모피 두건을 뒤집어

썼고, 얼굴은 다람쥐 가죽 마스크로 가렸다. 이렇게 입었는데도 불구하고 나는 몸이 얼어붙는 것을 방지하기 위하여 썰매 옆에서 뛰어가야만 했다. 도드는 아무런 말도 하지 않았는데, 분명 낙담한 데다 아마 몸이 반쯤 얼어붙었을 것이다. 원주민들도 마치 아무 것도 기대하지 않았고, 또 희망을 걸지 않았다는 듯이 썰매에 조용히 앉아 있었다.

오로지 그레고리와 새 안내인으로 데려온 축치족 노인 한 명만이 결국 그 미국인들을 찾아낼 수 있다는 듯이 활기를 띠며 자신감을 보여주고 있었다. 이 두 사람은 앞서 가면서 강둑 여기저기를 나무로 파헤쳐 주의 깊게 살펴보고, 또 가끔 북쪽의 눈 덮인 벌판을 한 바퀴 돌아보곤 했다. 말 한마디 없던 도드가 마침내 브레이크 역할을 하는 못이 달린 막대를 원주민에게 넘겨주더니, 머리와 팔을 모피 외투에 파묻고 내말에는 대꾸도 없이 잠에 빠져들었다. 내가 보기에 그는 두꺼운 모피를 뚫고 팔다리부터 심장까지 스며든 치명적인 추위에 정신을 잃어버린 것이 분명했다. 그렇게 정신을 잃고 잠에 빠져들었다가 깨어나지 못하면, 2시간 만에 얼어 죽을 수도 있었다. 그의 몸 상태에 걱정이 되고, 또 추위와 싸우느라 지친 나는 내키지는 않았지만 결국 탐색을 포기하고 야영을 하기로 마음을 먹었다.

현재 위치에서 멈추어 썰매 중 하나를 부수어 땔감으로 쓰고 차를 끓인다면, 도드가 다시 일어날 수 있을 것 같았으나, 동쪽으로 계속 나아가는 것은 그 미국인들이나 땔감을 찾을 수 있다는 아무런 보장도 없이 모든 사람의 생명을 위험에 빠뜨릴 것 같았다. 당장 나는 내 옆에 있는 원주민에게 야영준비를 하라는 명령을 내렸다.

바로 그때 멀리서 우리를 부르는 희미한 소리가 들려왔다. 갑자기 쿵쾅거리며 심장이 크게 뛰기 시작하면서 나는 머리 두건을 뒤로 젖히고 소리 나는 곳으로 머리를 돌렸다. 멀리 선두로 앞서간 썰매에서 들려오는 희미한 외침소리였다. 나의 개들이 귀를 쫑긋 세우고 소리 나는 쪽으로 맹렬히 뛰어갔고, 잠시 후 나는 앞서간 서너 명의 썰매 몰이꾼들이 모여 있는 곳에 도착했다. 그곳에는 낡은 고래잡이 보트 한 척이 뒤집어진 채, 강둑 옆으로 눈에 반쯤 파묻혀 있었다. 우리가 이 버려진 고래잡이 보트를 발견한 것은 로빈슨 크루소가 무인도에서 모래 발자국을 발견한 것만큼 중요한 의미가 있었다. 그것은 어딘가 근방에 사람과 피난처가 있다는 증거였다.

조금 전에 앞서가던 동료 하나가 앞으로 나아가다가 눈 속에 어떤 딱딱하고 시커먼 물체가 있는 것 같아, 처음에는 표류해온 통나무이거니 했는데, 멈추어서 자세히 살펴보니 고래잡이 보트였다는 것이다. 마음속 깊은 곳으로부터 우러나와 신에게 감사드려야 할 때가 있다면, 그것은 바로 이 순간인 것이다. 벙어리장갑을 낀 손으로 눈썹 위에 허옇게 얼어붙어 있는 서리를 떼어내면서 나는 피난처로 지어 놓았을 집을 찾으려고 주변을 자세히 둘러보았다.

그러나 그레고리가 나보다 빨랐다. 강 아래쪽에서 또 다른 것을 발견했다는 기쁨에 찬 외침 소리가 들려왔다. 개들도 남겨두고, 못이 달린 막대도 팽개친 채, 나는 소리 나는 쪽으로 달려갔다. 그레고리와 축치족 노인이 강둑에서 90m 정도 떨어져 있는 어느 낮은 눈 언덕 옆에 서서 부드러운 눈 위에 불쑥 튀어나와 있는 어떤 시커먼 물체를 자세히 살펴보고 있었다. 그것은 우리가 오랫동안 들어왔고, 찾아왔던 바로 그 연통이었던 것이다. 아나디르 강 미국 탐험 팀은 이렇게 발견되었다.

피난처를 찾을 수 있다는, 목숨을 구할 수 있다는 모든 희망을 포기했을 때, 예기치 못한 순간에 그 미국 탐험 팀을 한밤중에 발견해냈다는 것은 절망에 빠진 우리들을 구제하기 위한 신의 은총이라 하지 않을 수 없을 것이다. 나는 감격에 겨워 내가 무엇을 하고 있는지 모를 정도였다. 그때 나는 눈보라가 휘몰아쳐 쌓인 낮은 눈 언덕 앞에서 빠르게 앞뒤로 서성이며 걸음마다 "신이여 감사합니다!" "신이여 감사합니다!"를 연신 자신에게 되뇌고 있었다.

이제 우리는 안전하다는 사실 이외에는 머릿속에 아무런 생각이 없었다.

반쯤 얼어붙어 혼수상태에 빠져 있던 도드도 그 미국인들을 발견했다는 소리에 자리에서 일어나 빨리 그 지하 움막집의 입구를 찾자고 서두르기까지 했다. 우리 앞에 놓여 있는 눈 언덕 안에서는 아무런 소리도 들리지 않았는데, 만일 그 안에 누군가가 있다면, 밤늦은 이 시간에 분명 잠들어 있을 것이었다. 어느 곳에서도 문 표시가 돼 있는 곳을 찾을 수 없었으므로, 나는 그 눈 언덕 위로 올라가 연통에다 대고 커다란 소리로 외쳤다.

"이 안에 누구 있습니까?"

내 발 밑에서 놀란 소리가 들려왔다.

"거기 누구요?"

"밖에 나와 보세요! 문이 어디 있습니까?"

내 목소리가 난로 연통을 통해 안에 있는 그 미국인들에게 전달되자, 지금까지 이런 경우를 한 번도 겪지 않았던 그들이 깜짝 놀란 것 같았다. 한밤중이었지만, 난로 연통을 통해 능숙한 영어가 들려오자, 그들은 대답해 주어도 된다는 판단을 내렸던 것 같았다. 그들은 반쯤 놀라서 주저하는 듯한 목소리로 대답해 주었다.

"남동쪽 구석에 있어요."

이 말은 우리를 더 헷갈리게 만들었다. 왜냐하면 우리는 남동쪽 방향이 어디인지도 모르고, 또 그 눈 언덕에는 구석이라 할 만한 데가 없었기 때문이다. 하지만 출입구를 찾겠다는 희망을 가지고 나는 연통 부근부터 시작하여 한 바퀴를 돌았다. 그들은 밖에 통로를 만들기 위해 약 1m 정도의 길이로 깊은 구덩이를 파고, 눈보라가 들이치는 것을 막기 위해 막대기와 순록가죽으로 그 위를 덮어놓았다. 이 부실한 지붕 위를 조심하지 않고 막 걸어다니다가 나는 그 사이로 떨어졌고, 안에서 놀란 사람 하나가 밖으로 나왔다. 그는 내복 바람에 촛불을 머리 위로 치켜들고 누가 안으로 들어오나 하고 어둠 속에 쌓인 통로를 바라다보고 있었다.

유령 같은 모습으로 갑자기 지붕을 뚫고 떨어진 것은 놀란 그들을 또 다시 놀라게 하려고 고의적으로 그런 것은 아니었다. 나는 두꺼운 '쿠크랑카'를 두 벌씩이나 껴입어서 거인처럼 부풀어 있었고, 머리에는 검은 곰가죽을 덧댄 가장자리가 허옇게 얼어버린 두꺼운 순록가죽 두건을 2개씩이나 뒤집어썼고, 얼굴에는 역시 허옇게 얼어버린 다람쥐 가죽 마스크를 쓰고 있어서, 오로지 서리에 얼어붙어 매달린 머리칼 사이로 보이는 사람 눈만이 두꺼운 모피 속에 사람이 있다는 사실을 보여주고 있었다.

바닥에 떨어진 나를 발견한 그 남자는 놀라서 두세 걸음 물러섰고, 거의 촛불을 떨어뜨릴 뻔 했다. 나는 정말 '기이하고 수상한 모습' 이어서 그 남자가 나를 '사악한 유령이거나, 아니면 아주 불쌍한 거지 같은 존재' 로 취급한다고 해도 하나도 이상할 것이 없었다. 그러나 내가 그의 얼굴을 알아보고 그에게 다시 영어로 말을 건네자 그는 멈췄섰고, 나는 다시 나의 마스크와 모피 두건을 벗으면서 나의 이름을 말해주었다.

시베리아에 유배당한 것처럼 그런 작은 지하 움막집에서 지내온 그 미국인들 중에서 나의 오랜 친구 2명을 찾아낸 기쁨은 어디에도 비길 데가 없는 것이었다. 그 친구들은 8개월 전 샌프란시스코에서 내가 '올가' 호를 타고 '금문교' 를 떠나올 때, 작별 인사를 나누었던 친구들이었다. 그때 악수를 나누었던 두 친구, 하더(Harder)와 로빈슨(Robinson)을, 아나디르 강 하류에 외떨어져 있는 너른 설원의 눈에 파묻힌 작은 지하 움막집에서 한밤중에 이렇게 다시 만나게 되리라고는 나는 전혀 생각지 못했었다.

두꺼운 모피 외투를 벗어버리고 따뜻한 불 옆에 앉자마자, 우리는 24시간 동안 밖에서 쉬지 못하면서 겪은 고통과 걱정 뒤에 따라오는 후유증을 갑작스레 느끼기 시작했다. 과도하게 조였던 긴장이 한꺼번에 풀리면서 10분도 안 되어 나는 커피잔을 입술 위로 들어 올릴 힘조차 없어졌다. 그것은 아마도 첫째로 수면부족과 불안감에 따른 신경쇠약과 둘째로 밖에서 영하 46도였다가 안에서 영상 21도로 급작스레 바뀐 환경 때문에 생긴 현상일 것이었다. 그런 연약함을 창피하게 생각한 나는 그들 앞에서 그런 모습을 숨기려 애썼고, 아마 그들은 도드와 내가 처음 20여 분 동안 여러 번 그런 모습을 숨기며 넘어갔던 사실을 이후로도 전혀 눈치 채지 못했을 것이다.

우리는 어떤 강한 자극제 같은 것이 필요하다고 느끼고 있었으므로 브랜디를 요청했으나, 그들은 그런 높은 도수의 술은 갖고 있지 않았다. 곧 그런 연약한 모습은 사라져버렸고, 이제 우리는 서로의 모험 이야기와 그동안 지냈던 일들에 대해 의견을 주고받는 데로 나아갔으며, 그러는 동안 썰매 몰이꾼들은 맞은편 구석에 몰려 앉아 뜨거운 차를 마시며 피로를 풀고 있었다.

아나디르 강 탐험 팀의 이야기

이 미국 탐험 팀은 9월 어느 땐가 회사 소속 배를 타고 아나디르스크에서 300km 이상 떨어진, 우리가 눈에 파묻혀 있던 그들을 발견한 곳에 상륙했었다. 그들의 계획은 강을 거슬러 올라가 어느 정착촌에 도달한 다음, 우리와 연락을 시도하는 것이었다. 그러나 겨울이 갑자기 찾아와 강이 얼어붙는 예기치 못한 사태가 발생함에 따라, 이 계획은 실행 불가능한 것이 되고 말았다. 고래잡이 배 외에는 다른 교통수단이 없었으므로, 그들은 집을 짓고 겨울을 나는 수밖에 다른 할 수 있는 방법이 없었으며, 그러다보면 봄이 오기 전에 언젠가 아바자 소령이 자기들을 찾으러 구조팀을 보내리라는 가냘픈 희망을 갖고 있었다.

그래서 그들은 배에서 내린 약간의 목재, 떠내려온 부목, 덤불 가지 등을 이용해 지하에 동굴 같은 집을 짓고 5개월 동안 문명인의 얼굴은 한 번도 보지 못한 채 등잔불로 살아왔다는 것이었다. 축치족 유목민들이 곧 그들을 발견해냈고, 이후로 순록썰매를 타고 빈번하게 찾아와 신선한 고기, 등잔용 고래기름 등을 가져다주었다는 것이다. 그러나 이 축치족 원주민들은 내가 이전에 언급한 미신 때문에 그들에게 살아 있는 순록을 팔기를 거절했고, 새로운 운송수단을 얻어내려는 그들의 모든 노력은 수포로 돌아갔다는 것이다.

그들은 원래 5명으로 이루어진 팀이었다. 매크리, 아놀드, 로빈슨, 하더, 스미스 가 그들이었는데, 그중 매크리와 아놀드는 우리가 도착하기 약 3주 전에 '결사대'를 꾸려서 러시아인 정착촌을 찾아본다고 일단의 커다란 축치족 유목민떼를 따라 가버렸다는 것이다. 그 이후로 그 두 사람에 대한 소식을 듣지 못했고, 로빈슨, 하더, 스미스 세 사람만이 집을 지키고 있었다는 것이다.

이것이 우리가 그들을 발견하기 전의 상황이었다. 이제 우리는 이들 3명을 남아 있는 짐과 함께 아나디르스크로 데려가야 하고, 그런 다음에 먼저 떠난 매크리와 아놀드를 찾아내야 했다. 내가 알기로는 축치족 사람들이 교역을 하기 위해 매년 겨울마다 아나디르스크로 오기 때문에, 아마도 축치족 사람들이 그 두 미국인을 데려올 수 있으리라 생각되었다.

3일 동안 그 지하 움막집에서 휴식을 취하고 짐을 재정비한 후, 우리는 그 3명의 미국인들을 데리고 출발하여 드디어 2월 6일 아나디르스크에 무사히 되돌아왔다.

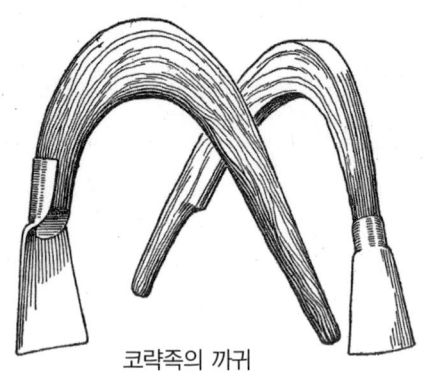
코략족의 까귀

CHAPTER 29

시베리아 원주민의 분류 – 북미 인디언 계열, 몽골리언 계열, 그리고 투르크족 계열

우리가 돌아오자 아나디르스크 마을의 주민 모두가 우리를 만나보러 거리에 나와 있었다. 하지만 우리는 그들 중에 매크리와 아놀드의 얼굴이 보이지 않아 실망스러웠다. 아나디르 강 하류에 있는 많은 축치족 원주민들이 아나디르스크 마을에 도착했지만, 두 사람의 행방에 대해 들은 이야기는 아무 것도 없었다. 그 두 사람이 지하 움막집을 떠난 지 벌써 45일이 지났으므로, 그들이 죽지 않았으면 벌써 오래 전에 도착했어야 했다. 나는 그들과 함께 간 축치족 사람들을 찾기 위해 그들이 떠나간 방향으로 그 너른 설원에 사람들을 보냈으나 아무런 단서도 찾지 못했다. 그것은 마치 태평양 한가운데에서 배 한 척 찾는 것과 같이 가망 없는 일처럼 보였다. 그래서 우리는 그저 희망을 가지고 기다리는 수밖에 없었다.

도착한 후 첫 일주일 동안 우리는 휴식을 취하면서 일지도 쓰고 탐험 보고서도 작성했고, 또한 소령에게 특별 전령을 보내기도 했다. 그 사이에 많은 야생의 유목 원주민들 – 축치족, 라무트족, 코랴족 등 – 이 모피와 바다코끼리 상아를 담배와 바꾸기 위해 마을로 몰려와서 그들의 생활상이나 다양한 특성들을 살펴볼 기회를 우리에게 제공해 주었다. 가장 많은 사람들이 찾아온 원주민은 축치족 유목민으로, 이들은 북동부 시베리아에서 가장 강력한 종족인 것이 분명했으며, 이들의 용모와 행동거지는 우리에게 아주 호의적인 인상을 남겨주는 것이었다. 복장을 제외하면 이들은 거의 북미 인디언들과 구별할 수 없을 정도였다. 이들은 내가 본 야만인들 중 대체로 키가 크고, 강건하고, 활기에 찬 종족이었다. 이들의 생활방식, 관습, 종교 등은 이미 언급한 코략족의 그것들과 본질상 크게 다르지 않았다.

그러나 라무트족은 축치족과 유목 생활하는 습관만 유사할 뿐, 전혀 다른 종족이다. 부분적으로 러시아화된 캄차달족, 추반치족, 유카기르족 등을 제외하면, 북동부 시베리아의 모든 원주민들은 다음 3개의 커다란 계열로 나눌 수 있다. 첫 번째는 북미 인디언 계열로, 동경 160도와 베링 해협 사이의 시베리아 지역에 살고 있는 축치족과 코략족을 포함하고 있다. 이들은 러시아의 침입에 맞서 스스로의 생존을 쟁취한 유일한 종족들로 전 시베리아에서 가장 용감하고 독립성이 강한 종족들이다. 러시아인들은 더 많은 수를 주장하지만, 나는 이 계열 종족수가 6,000~8,000명을 넘지 않을 것으로 본다.

두 번째는 중국인 계열137)로 퉁구스족, 라무트족, 몬주르족138), 그리고 아무르 강의 길랴족139) 등을 포함하고 있다. 이 계열은 다른 두 계열을 합친 것보다 더 큰 지역에 걸쳐 살고 있는데, 서쪽으로는 예니세이 강까지, 동쪽으로는 아나디르스크 마을을 포함한 동경 169도까지에 이른다. 내가 본 이 계열 종족들은 라무트족과 퉁구스족뿐이다. 이 두 종족은 거의 비슷하게 생겼으며, 둘 다 아주 호리호리한 몸매에 검은 직모와 어두운 올리브

---

137) J저자가 중국인 계열로 분류한 것은 정확한 표현이 아니며, 오늘날 인류학자들의 구분에 따른 만주–퉁구스족 계열이라고 고쳐 써야 한다. 오늘날 중국인에는 수많은 종족들이 포함돼 있고, 만주–퉁구스어족 계열은 티벳–중국어족 계열과 전혀 다른 계통이다. 저자가 중국인 계열이라고 열거한 종족들은 모두 오늘날의 만주–퉁구스족 계열이다.

138) Monzhours: 어떤 종족인지 정확히 알 수 없으나 발음상 만주족을 뜻하는 것으로 보인다.

색 피부를 가졌고, 또한 수염이 없고 다소 비스듬한 눈매를 갖고 있다. 이들은 코만치족이나 수우족을 닮은 축치족이나 코랴족보다 중국인을 더 많이 닮았다.

이들의 복장은 아주 특이하다. 모피 두건, 딱 달라붙는 모피 바지, 짧은 사슴가죽 장화, 프리메이슨이 두르는 것 같은 앞치마[140] 등으로 구성된 이들의 의복은 주로 부드러운 숫사슴가죽으로 만들어지며, 그 위에 구슬, 금속조각 등의 섬세한 장식이 곁들여진다. 프록코트같이 보이는 매우 문명화된 스타일이 독특하고, 가장자리에는 색색의 사슴가죽을 꼬아 기다란 줄처럼 늘어뜨려 꾸몄다. 어떻게 보면 마치 왕이 입는 옷이나 제복을 입은 것 같은 인상을 받는다. 남자와 여자는 옷 입은 모습이 서로 비슷해서 이방인이 보기에는 서로 구별하기가 어려울 정도이다.

이들은 축치족, 코랴족과 마찬가지로 순록 유목민이지만, 생활상이 다소 다른 편이다. 이들의 텐트는 더 작으며, 축치족이 텐트 기둥을 갖고 다니며 이동하는 대신, 이들은 텐트 기둥을 그대로 놓아두고 이동하며, 새로 온 사람들은 남겨진 기둥을 그대로 쓰거나 새로 만들어 쓴다. 텐트 기둥이 위치를 알려주는 표시물이 되기도 하고, 또 한 기둥에서 다른 기둥까지의 거리가 하루 여행할 거리가 되기도 한다.

퉁구스족이나 라무트족은 순록을 많이 소유하지 않는다. 200~300마리

---

139) Gilyaks(혹은 니브흐족 Nivkhs): 길랴족의 기원은 자세히 알 수 없으나, 오늘날 인류학자들은 갱신 홍적세 말기 육지로 이어져 있던 아무르 강 하류 지역과 사할린 지역에서 세석기 문화를 담당하던 신석기인들이 빙하기가 끝나면서 남쪽에서 밀고 올라온 퉁구스 계열 종족들에게 쫓겨 가다 고립된 고아시아족일 것으로 추정하고 있다. 길랴어 역시 주변 종족 언어와 관계없는 고립 어이며, 러시아 언어학자 크레이노비치는 한국어와의 연관성을 주장하고 있기도 하다. 생활 양식은 캄차카 반도의 코랴족, 이텔멘족과 유사하지만, 곰을 숭배하여 곰축제를 벌이는 것으로도 유명하다. 러시아의 침략을 받던 17세기 중엽 인구가 수천 명이었으나, 이후 주변의 다른 종족들보다 러시아의 영향을 덜 받은 탓으로 19세기 중엽 약 5,000명, 2002년 약 5,000명으로 별 변동이 없는 것으로 보고되고 있다.

140) 배후에서 세상을 조종한다는 비밀 결사단체인 프리메이슨은 자기들의 상징인 컴퍼스와 직각자를 그려 넣은 앞치마를 입는 것으로 알려져 앞치마가 그들의 상징이 되었다.

면 많이 소유한 것으로 간주되며, 그 이상 소유한 자는 백만장자쯤으로 간주된다. 북부 캄차카 코랴족의 경우 보통 5,000~10,000마리 정도를 소유하는데, 기지가 서쪽 지역에서는 그런 경우를 찾아볼 수 없다. 그러나 순록을 이용하는 면에서는 퉁구스족이 코랴족보다 더 다양하게 이용하는 편이다. 코랴족은 순록을 잘 타고 다니지도, 또 짐을 싣고 다니지도 않는다. 그러나 퉁구스족은 그 둘 다 잘한다.

퉁구스족은 비교적 유순하고 붙임성 있는 성격이어서 투쟁보다는 다른 종족의 묵인 아래 넓은 영토에 걸쳐 살아왔던 것으로 보인다. 이들의 원래 종교는 샤머니즘이지만, 지금은 거의 러시아 정교 신자임을 고백하면서 기독교식 이름을 갖고 있다. 이들은 또한 차르의 신하임을 인정하면서 매년 정기적으로 모피 공물을 바치고 있다. 유럽 시장에 나오는 거의 모든 시베리아산 다람쥐 가죽은 러시아 무역상들이 오호츠크 해 부근의 퉁구스족 유목민들에게서 가져온 것이다. 1867년 가을 내가 오호츠크 정착촌을 떠날 때만 해도, 러시아인 상인 한 사람이 갖고 있던 다람쥐 가죽이 7만 장 이상이었고, 이것은 단지 퉁구스족이 여름 한철에 잡아들이는 전체 숫자의 작은 일부에 불과한 것이었다.

라무트족은 퉁구스족과 친사촌 관계이며 생활 방식도 똑같지만, 인구 수는 퉁구스족보다 더 적다. 나는 2년 동안 북동부 시베리아 전역을 계속 다녔지만, 라무트족을 만난 것은 3~4번밖에 되지 않을 정도로 드물었다.

세 번째는 투르크족 계열로 야쿠트족이 해당된다. 이들은 주로 레나(Lena) 강 상류에서부터 북극해까지에 걸쳐 살고 있다. 이들의 기원은 알 수 없으나, 이들의 언어는 투르크어 혹은 현대 오스만 투르크어와 매우 유사해서 터키 이스탄불 사람이 레나 강 야쿠트족 사람과 서로 이야기를 나눌 수 있을 정도라는 것이다. 시베리아에서 야쿠트어의 어휘와 문법에 관한 것들을 수집하면서도 내가 비교언어학에 관심을 많이 쏟지 못한 것이 후회스럽다. 그렇게 할 수 있는 좋은 기회였음에도 불구하고, 당시 나는 투

▲ 유목 축치족 남자

르크어와의 깊은 유사성에 대해 알지 못했고, 단지 야쿠트족이 바벨탑 건설에 일조했다는 것을 증명해줄 뿐인 알 수 없는 이상한 언어로만 취급했던 것이다.

어느 땐가 한 무리의 이 종족이 아시아 쪽 북극 부근으로 이주했고, 이들은 여타 시베리아 원주민들과 마찬가지로 혹독한 추위를 견뎌낼 수 있었다. 러시아 탐험가 브랑겔은 이들을 '쇠같이 단단한 사람들(Iron men)'이라 불렀고, 이들은 그런 명칭을 받을 만했다. 수천 명 주민이 살고 있는 야쿠츠크(Yakootsk)의 동절기 3개월 동안의 평균 기온은 섭씨 영하 38도였지만, 이런 강추위도 이들에게는 아무런 불편도 초래하지 않는 것 같았다. 나는 영하 40도에서도 이들이 오로지 속에 내의 하나, 그리고 밖에 양가죽 외투 하나만 입은 채, 길거리에 서서 마치 한 여름날 부드러운 공기를 즐기고 있는 듯이 서로 웃으며 이야기를 나누고 있는 모습을 종종 보았다.

이들은 또한 북아시아에서 가장 부지런한 원주민들이다. 예로부터 전해지는 시베리아의 이야기에 이런 것이 있다. 만일 야쿠트족 사람 한 명을 잡아다 발가벗겨서 황량한 너른 벌판 한가운데 떨어뜨려 놓고 1년 후에 다시 가보면, 그는 마치 어느 족장이라도 된 듯이 말과 소 등의 가축떼를 소유하고 창고에 건초가 가득 쌓여 있는 커다랗고 안락한 집에서 즐겁게 살고 있을 것이라는 이야기이다.

이들은 모두 러시아인과의 접촉에 의해서 다소 문명화되었고, 또한 러시아식 생활 방식과 러시아 정교를 받아들였다. 레나 강을 따라 정착한 이들은 호밀과 마초를 재배하고, 시베리아산 말과 소를 길렀으며, 주로 거친 흑빵, 우유, 버터, 말고기 등을 먹고 살았다. 이들은 또한 일을 많이 하기로 악명이 높았다. 모두가 '토포르(topor)'라는 러시아식 짧은 도끼를 사용하는데 아주 능숙했으므로, 이 도끼를 가지고 혼자 숲속으로 들어가면, 나무를 자르고, 통나무와 널판을 다듬고, 안락한 집을 세우고, 마지막에는 문틀과 창틀까지 만들어 놓는다는 것이다. 이들은 북동부 시베리아에서 이런 힘든 일을 계속 해낼 수 있는 유일한 원주민이다.

이 세 가지 계열, 즉 북미 인디언 계열, 중국인 계열, 투르크-야쿠트족 계열 원주민들이 캄차달족, 추반치족, 유카기르족을 제외한 모든 북동부 시베리아 원주민들을 포함하고 있다. 제외된 세 종족은 러시아의 영향으로 많이 변질됐기 때문에 어느 계열로 분류하기가 어려우며, 머지않은 시기에 이 종족들은 멸족될 것이 불가피한 것으로 보여 이들을 분류하는 데 애를 먹는 민족지학자들의 수고를 덜어주게 될 것으로 보인다. 추반치족과 유카

▲ 가장 좋은 여름 옷을 입은 퉁구스족 남자와 여자

기르족은 이미 극소수가 되었고, 언어도 지금의 세대와 함께 사라질 것으로 보인다.

내가 이미 말했듯이 아나디르스크 마을에서 가장 많이 볼 수 있는 원주민은 축치족이다. 이들은 빈번하게 우리를 방문하여 미국인, 이상한 미국 물건 등에 순박하고 어린애 같은 질문을 해대어 우리에게 커다란 즐거움을 안겨주고 있었다. 언젠가 한무리의 축치족 사람들이 나의 망원경을 통해 바라보다가 깜짝 놀라던 모습은 결코 잊을 수 없는 장면이다.

어느 맑고 추운 날 나는 밖에서 망원경을 가지고 여기저기 바라보고 있었는데, 축치족과 유카기르족 사람들 한 무리가 나타나 내 주위에 몰려들더니 내가 무엇을 하는지 바라보았다. 이들이 호기심을 보이는 것을 알아챈 나는 이들 중 한 명에게 망원경을 넘겨주고 약 200m 떨어져 있는 다른 원주민 한 명을 보라고 말해주었다. 분명 1m도 안 되는 거리에 그 멀리 있던 원주민이 점점 커지면서 나타나는 모습을 본 그가 점점 믿을 수 없다는 듯이 황당한 표정을 짓는 것이 너무나 우스워 보였다.

그는 그것이 단순한 착시 현상이란 것을 꿈에도 모르고 있었다. 그는 이 놀라운 물건이 정말로 그 멀리 떨어져 있는 원주민을 자기가 서 있는 곳으로 데려다주는 것으로 생각하고, 한손으로는 망원경을 눈에 갖다 대고 다른 한손으로는 가까이 보이는 원주민을 잡아보려고 애썼다. 하지만 놀랍게도 잡을 수 없다는 사실을 알게 된 그는 망원경을 내려놓고 여전히 멀리 서 있는 다른 원주민을 말없이 바라보았다.

그러더니 그에게 한 생각이 떠오른 것 같았다. 만일 이 신기한 물건을 재빨리 눈에 갖다 대기만 하면, 가까이 온 원주민이 놀라 달아날 틈도 없이 잡을 수 있을 것이라는 생각이었다. 그는 다시 망원경을 천천히 들어올려 (멀리 있는 원주민이 혹시나 먼저 움직일까 하는 염려와 함께 계속 주시하면서) 눈에서 3cm 정도 간격을 두고 잠시 멈추었다가, 재빨리 눈에 갖다 대었다. 하지만 그래도 소용이 없었다. 그는 갑작스레 달려들면 잡을 수 있을 것 같아 다시 시도해 보았으나, 결과는 이전과 마찬가지로 성공하지 못했다. 주위에 있던 다른 원주민들은 그가 이상한 동작을 연거푸 하는 것을 보고 놀란 눈으로 그를 바라보고 있었다.

그는 분명 멀리 있던 사람이 자기 팔길이 안에 가까이 다가와 있는 것을 손으로 잡을 수 없었다는 사실을 매우 흥분한 상태에서 자기 동료들에게 설명하려고 애쓰고 있었다. 물론 그의 동료들은 멀리 떨어져 있던 사람은 조금도 움직이지 않았다고 화를 내며 부인하고 있었다. 결국 이들은 이런 일이 벌어지고 있는 줄도 모르고, 또 아무런 죄도 없는 그 멀리 떨어져 있던 사람이 자기들 곁에 있었다고 서로 주장하는 격렬한 논쟁에 빠지게 되었다. 처음 망원경을 보았던 원주민이 나에게로 와서 자기의 억울함을 호소했으나, 터져나오는 웃음 때문에 나는 대답을 할 수 없을 정도였다. 그러자 그는 멀리 떨어져 있는 사람이 진짜로 가까이 다가왔는지, 그리고 진짜로 다가왔다면 어떻게 그 먼 거리를 순식간에 올 수 있었는지 알아보려고 멀리 떨어져 있는 사람에게로 뛰어갔던 것이다.

이런 과학 원리를 잘 알고 있는 우리조차도 교육을 전혀 받지 못한 원주민들에게 어떻게 이런 현상이 일어나는지 설명해 주기에는 역부족이었다. 그러나 만일 지구인보다 월등한 외계인이 목성으로부터 와서 정말로 그 먼 거리를 순식간에 올 수 있도록 하는 신기한 물건을 놓고 간다면, 우리는 망원경을 보고 혼란에 빠진 저 불쌍한 축치족 사람들을 이해시켜줄 수 있을지도 모르는 것이다.

서양 의복에 대한 원주민들의 평가

이후 어느날 밤 나는 이들 축치족 원주민들과 함께 우연히 아나디르스크 마을 근처 너른 벌판으로 나가 야영을 하다가, 전령을 통해 도드가 보낸 쪽지를 받아 모닥불 옆에서 읽고 있었다. 여기저기 우스운 구절들을 보고 나는 혼자서 커다란 웃음을 터뜨렸다. 그러자 원주민들이 서로 옆구리를 찌르며 심각한 표정으로 마치 "저 미친 미국인 좀 봐라! 뭐가 잘못된 것 아닌가?" 하고 말하는 듯이 나를 가리켰다. 마침내 그들 중 하나인 머리가 희끗한 노인이 뭣 때문에 그리 웃는지 나에게 물어보았다.

"이 쪽지를 보고 웃고 있습니다."

내가 대답해 주었다. 노인이 쪽지를 다른 것들과 비교해 보면서 쪽지에 대해 잠시 생각에 잠기자, 나머지 사람들도 모두 쪽지에 대해 생각했다. 하지만 어느 누구도 나의 이해할 수 없는 웃음의 원인을 찾아내는 데 성공한 사람은 없는 듯했다. 잠시 후 노인은 불 옆에 놓여 있는 반쯤 타다만 나무 막대를 들어 올리더니 이렇게 말했다.

"자, 이제 나는 이 막대를 잠시 쳐다본 후, 웃음을 터뜨릴 것이다. 그러면 당신들은 어떤 생각을 하게 될까?"

내가 솔직하게 말했다.

"나는 당신이 바보일 것이라고 생각할 것입니다."

그는 아주 만족스럽다는 듯이 말했다.

"그래, 바로 그것이 내가 당신에 대해 생각했던 것이야!"

그는 그런 정신 나간 행동에 대해 우리 둘 다 똑같이 생각이 일치했다는 사실에 매우 기분이 좋아진 것 같았다. 막대기를 보고 웃고, 또 쪽지를 보고 웃고 하는 것은 그에게 모두 똑같이 정신 나간 짓으로 보였다. 축치족과 코랴족의 언어는 지금까지 글로 쓰인 적이 없었다. 내가 아는 한, 이들 종족들은 기호나 그림으로라도 생각을 글로 표현해 보려고 시도한 적이 없었다. 생각을 글로 표현한다는 것은 이들에게 불가능한 일인 것이다. 가끔 포경선이 해안가에 도착하여 선원들이 화보 딸린 신문을 주고가면, 이들이 그것을 얼마나 신기하게 바라볼 것인지 가히 상상이 된다. 일부 그림 화보들은 그들도 이해할 수 있는 것이지만, 그 밖의 훨씬 많은 것들은 아즈텍(Aztecs) 문명의 상형문자처럼 알 수 없는 것들이다.

▲ 퉁구스족 여름 텐트

내가 기억하기로 언젠가 한 코랴족 사람이 나에게 오래돼 너덜너덜한 《프랭크 레슬리 화보 신문(Frank Leslie's Illustrated Newspaper)》의 패션판을 가져다준 적이 있었다. 거기에는 그 당시 유행하던 넓게 부푼 페티코트 같은 옷을 입은 허구의 여인 전신 그림이 3~4개 실려 있었다. 그 코랴족 사람은 그 이상하게 생긴 그림이 무엇인지 궁금하다고 말했었는데, 이제 나는 한 사람의 미국인으로서 그에게 대답해줄 수 있는 것이다. 그는 분명 그것이 사람을 나타내고 있다는 것을 알고 있었다. 나는 그에게 그것은 미국 여자들이라고 말해주었다. 그는 "치이-" 하고 놀라움을 표시하며 이상하다는 표정으로 물었다.

　"당신네 나라 여자들은 모두 그렇게 엉덩이가 큽니까?"

　그것은 우리 미국 여자들 의상에 대한 너무 가혹한 비평이었지만, 나는 그에게 그 커다란 것은 꾸민 것이라고 애써 설명하지 않고 단지 풀 죽은 목소리로 그렇다고 대답해줄 뿐이었다. 그는 이상하다는 듯이 내발을 내려다보고, 또 그림을 보고, 그리고 다시 내발을 내려다보았다. 마치 미국 남자와 미국 여자 사이에 어떤 유사점이 있는지 살펴보려는 듯이. 하지만 아무런 유사점도 찾을 수 없었으므로, 미국인들은 아주 다른 종족들이라고 그는 현명한 결론을 내렸다.

성인(聖人)이 된 미국인

　이런 신문들에 나와 있는 화보들은 때때로 예기치 않은 놀라운 용도로 쓰이기도 한다. 아나디르스크 부근의 어느 기독교 세례를 받은 무지한 원주민의 오두막집에서 나는 《하퍼스 위클리(Harper's Weekly)》 주간지에서 오려낸 딕스 장군[141]의 그림을 초상화로 만들어 방 한쪽 구석 위에 붙여놓고 러시아 성인으로 숭배하고 있는 것을 본 적이 있었다. 연기에 그을은 그의 초상화 앞에는 금박 촛대가 불을 밝히고 있었으며, 매일 밤과 아침마다 10여 명의 원주민들이 미합중국 장군에게 기도를 올린다는 것이었다. 내가 알기로는 아직 죽지도 않았는데 소장이란 사람이 성인의 반열에 오른 경우는 이것이 유일한 경우이다. 잉글랜드의 수호 성인 조지**142)**는 원래 카파도키아의 부패한 군납업무 담당 군인이었으므로 시성되지 못하고 있다가 죽고 나서 오랜 세월이 흐른 후 그의 부패 군납에 대한 기억이 사라지자 시성되었다. 딕스 장군의 경우, 생전에 파리 주재 미국 공사이면서 동시에 시베리아의 성인으로 추앙받는 특권을 누렸던 것이다.

순록 뿔로 만든 국자와 여자들이 고기 자를 때 사용하는 칼

---

141) Maj. Gen. Dix: John Adams Dix(1798~1879) : 미국의 정치가. 남북전쟁 시 육군 소장이었으며, 뉴욕주지사, 상원의원, 재무장관 등을 역임.

142) St. George of England(?~303): 초기 기독교 순교자. 로마의 군인으로 황제의 명을 어기고 기독교 신앙을 지키다 순교하여 이후 성인으로 시성됨. 그가 부패한 군인이었다는 케넌의 언급은 그에 대한 수많은 전설 중 하나로 아직 정설은 없다.

CHAPTER 30

북극의 오로라

　온갖 고난과 생명의 위험이 따르는 먼 극지 여행에 지친 여행자를 위로해주는 몇 가지 보상 중에서 오로라만큼 오랫동안 기억에 남는 장엄한 광경은 없다. 그것은 때때로 북극의 길고도 어두운 겨울밤을 환하게 밝혀주면서 푸르스름한 밤하늘에 천국의 영광을 알리는 빛의 향연을 보여주고 있었다. 다른 어떤 자연현상도 마치 이 지상의 것이 아닌 황홀경처럼 그렇게 장대하고, 신비스럽고, 소름끼치도록 경외스러운 것은 이 지상에 없을 것이다. 그것은 마치 천국 보좌의 영광을 보지 못하도록 유한한 존재인 인간의 눈을 가리고 있던 장막이 서서히 걷히면서 놀라고 두려움에 떠는 인간이 평범한 일상으로부터 신의 세계인 천국으로 직접 들어가고 있는 광경으로 보였다.

　2월 26일 우리 모두 아나디르스크 마을에 머무르고 있는 중에 지난 50여 년 동안에 관찰된 것 중 가장 커다란 오로라가 발생했다. 이것은 원주민들조차 놀랄 정도로 예사롭지 않은 특별한 광경을 연출했던 것이다. 그날은 춥고 어두웠지만, 맑은 겨울밤이었다. 초저녁 하늘에는 그런 장엄한 광경이 벌어질 기미도 보이지 않고 있었다. 몇몇 띠 모양의 오로라만이 북쪽에 가끔 나타나면서, 강 주위에 어두운 띠를 이루고 있는 덤불숲 위에 떠오르는 달처럼 희미한 빛을 발하고 있을 뿐이었다. 하지만 이것은 통상적인 일로 별다른 현상이랄 것도 없었다. 늦은 저녁 우리는 잠잘 준비를 하고 있었는데, 우연히 도드가 자기 개들을 살펴보려고 문밖으로 나가게 되었다. 그는 밖으로 나가자마자 다시 뛰어 돌아와 상기된 얼굴로 소리쳤다.

"케넌! 로빈슨! 빨리 밖으로 나와 봐!"

혹시 마을이 온통 불바다가 된 것이 아닐까 하는 생각이 들어 나는 모피 외투도 걸치지 않고 서둘러 뛰어 나갔고, 로빈슨, 하더, 스미스가 뒤따랐다. 밖으로 나가자 우리 눈앞에는 갑자기 우리가 상상할 수 있는 온갖 현란한 색과 빛의 장엄한 광경이 연출되고 있었다. 세상 전체가 불에 휩싸인 것 같았다. 밝고 다채로운 빛을 뿜어내고 있는 거대한 무지개가 동쪽에서 서쪽으로 넓은 반원형 호를 그리며 하늘에 걸려 있었는데, 그 가장자리 부분에는 진홍빛과 노란빛의 띠가 기다랗게 형성돼 하늘 천정까지 뻗어 있었다. 1~2초의 짧은 간격으로 넓은 빛의 띠들이 무지개와 평행으로 갑자기 북쪽 지평선 위로 솟아올라 온 하늘을 장엄하게 수놓으며 빠르게 지나쳐 사라져 갔다. 그것은 마치 끝없이 너른 바다와 같은 우주 공간에서 형광 빛을 발하는 긴 파도가 계속 밀려오는 듯한 광경이었다.

거대한 무지개의 각 부분들은 순간적으로 떨면서 색깔이 바뀌고 있었으며, 그 가장자리의 띠 부분들은 마치 에덴 동산의 문 앞을 지키는 천사들이 휘두르는 화염검처럼 큰 곡선을 그리며 앞뒤로 움직이고 있었다. 잠시 후 거대한 무지개 같은 오로라가 하늘 천정을 향해 천천히 올라가더니, 바로 그 밑에서 두 번째 오로라가 다채로운 색깔의 창들이 빽빽이 길게 늘어선 형태로 북극성을 향해 솟아오르고 있었다. 그것은 마치 천국의 군단 병사들이 지휘관 천사에게 '받들어 총!' 자세를 하고 있는 모습이었다.

매순간 지상이 아닌 천상의 장엄한 경관들이 늘어가기 시작했다. 빛의 띠들이 거대한 바퀴살처럼 빠르게 돌면서 하늘을 가로질러 갔고, 또 한편으로는 진동하면서 가장자리에서부터 가운데로 빠르게 왔다갔다 하였다. 때때로 거대한 파도 같은 진홍빛 오로라가 북쪽에서부터 솟아올라 홍수처럼 전체 하늘을 뒤덮어 버리고, 하늘 아래 눈 덮인 너른 대지를 붉게 물들였다.

그러나 "그리고 하늘은 피로 뒤덮일 것이다"라는 예언 구절이 저절로 내 입에서 나올 무렵, 갑자기 진홍빛 오로라가 사라지고, 마치 갑자기 한꺼번에 불붙은 것처럼 밝은 오렌지 빛이 남쪽 지평선까지 뻗어나갔다. 이 갑작스런 오렌지 빛 때문에 놀란 나는 마치 번개가 내리친 다음 엄청난 천둥소리가 뒤따라 울려 퍼질 것처럼 잠시 숨을 죽이고 있을 정도였다. 하지만 하늘에도 땅에도 밤의 정적을 깨뜨리는 어떠한 소리도 들리지 않았고, 여전히 내 옆에서는 하늘에 나타난 장엄한 신의 모습에 놀란 원주민들이 무릎 꿇고 성호를 그으며 중얼중얼 기도를 올리고 있었다. 나는 전지전능한 신조차도 지금 이 순간 나타나고 있는 이 오로라의 장관보다 더 나은 것을 만들어낼 수 없을 것이라는 생각이 들었다.

하늘에서 벌어지는 진홍색, 푸른색, 녹색, 노란색 등 빛의 축제는 그대로 하얀 눈에 덮인 대지에 반영되어 온 세상을 색색으로 물들이면서 말할 수 없이 아름답고 장엄한 광경을 연출해내고 있었다. 하지만 아직 끝이 아니었다. 파도가 밀려왔다 밀려가듯이 천상에서 거대한 빛의 파도가 빠르게 왔다갔다 하는 광경을 놀란 눈으로 바라보고 있는데, 마지막으로 감춰둔 영광스러운 장면이 우리에게 갑작스럽게 나타났다.

앞서 나타났던 2개의 거대한 오로라들이 동시에 산산이 부서져 없어지고 수천 개의 수직 기둥들이 새로 생겨났다. 각 기둥은 위에서 아래까지 일곱 빛깔 무지개 색을 띠고 있었다. 이제는 지평선과 지평선 사이에 2개의 거대한 다리가 곡선을 그리며 걸쳐 있었고, 그 위로 또 다른 밝은 세계에 사는 사람들이 왔다갔다 하는 것 같았다. 놀란 원주민들 사이에서 감탄의 외침소리가 들려왔다.

"신이여, 자비를 베푸소서!"

수없이 많은 수직기둥들이 눈이 따라가지 못할 정도의 빠른 속도로 자체 회전하면서 마치 춤추듯이 앞뒤로 움직이기 시작했다. 이제 오목한 하늘은 무지개가 부서져 안에서 돌아가는 거대한 만화경으로 변모한 것 같았다. 나는 지금까지 이런 오로라가 있으리라고는 상상도 하지 못했었고, 이제 나는 그런 장엄한 광경에 너무 놀랐었던 사실을 부끄럼 없이 고백하고자 한다.

지평선에서 하늘 천정까지 하늘 전체가 말로 표현할 수 없는 그런 진홍색, 자주색, 초록색 등의 빛깔로 마치 녹아내리는 용암 바다처럼 벌겋게 불타고 있었다. 하늘에 나타난 장대한 '징조'는 어떤 한 세계를 파괴시킬 것이라는 사실을 알려주기에 충분한 것이다. 한순간 다채로운 불빛들이 하늘 절반을 뒤덮어 놓았다가, 마치 한여름 번개처럼 갑자기 사라져 버리고, 밝게 빛나는 초록색 띠들은 빠르게 날아올라 하늘 천정까지 오르내리며, 수천 개의 다채로운 수직 기둥들은 자체 회전하면서 통째로 움직여 다니고, 거대한 빛의 파도가 별과 별 사이에서 넘실거리다가 어두운 세계의 긴 해안선에 부딪쳐 부서져 버린다.

2개의 거대한 오로라가 수천 개의 수직 기둥으로 바뀌는 순간에 최고의 장엄한 장면이 연출되었고, 그 이후부터 초자연적인 아름다움은 서서히 시들어 갔다. 2개의 오로라가 산산이 부서져 사라지고 난 직후부터 다채로운 불빛이 서서히 사라져갔고, 밝게 빛나던 띠들도 하늘 천정을 가로질러 도는 것을 멈추었으며, 1시간도 안 돼 언제 화려한 오로라 축제가 있었느냐는 듯이 어두운 밤하늘에는 별들이 총총하고 마젤란 성운[143] 같은 허연 수증

---

143) Magellan clouds: 원래 성운이 아니라 마젤란 은하(Magellan Galaxy)라고 불러야 맞는 말이며, 우리 태양계가 속해 있는 은하에서 가장 가까이 있는 은하이고, 지구 북반구에서는 보이지 않고 남반구에서만 보인다.

기 구름 몇 점만이 빛나고 있을 뿐, 다른 아무런 흔적도 남아 있지 않았다.

나는 이 거대한 북극 오로라의 황홀한 현상을 묘사할 수 있는 능력이 부족하다는 것을 가슴 아프게 생각하고 있다. 하지만 그런 장엄한 광경은 어떤 수학적 공식으로도 설명될 수 없는 것이며, 또한 목탄만으로 현란한 풍경화를 그려내는 터너[144] 같은 화가라도 그런 광경을 재현해낼 수 없을 것이다. 나는 단지 독자들이 상상할 수 있는 몇 가지 암시만 주었을 뿐이다. 확신하건대 어떠한 서술이나 묘사도, 어떠한 상상력을 발휘해도 그런 장관에 합당한 것은 있을 수 없다고 생각한다. 사람은 육체의 탈을 벗어버리고 신 앞에 서지 않는 한, '가공할 정도로 영광스러운 신'의 나타나심을 볼 수 없고, 또 마찬가지로 북극 오로라의 화려한 장관도 살아생전에는 볼 수 없는 것이다.

아바자 소령의 지시

2월 한 달은 그렇게 천천히 지나갔고, 3월에도 소령이나 잃어버린 두 사람, 즉 아놀드와 매크리로부터 어떤 소식도 듣지 못한 채, 우리는 여전히 아나디르스크 마을에 머물러 있었다. 아놀드와 매크리가 사라진 지도 벌써 57일째였으므로, 우리는 그들을 다시는 보지 못하는 것이 아닌가 하는 두려움이 들기 시작했다. 베링 해협 남쪽의 어느 황량한 벌판에서 굶어죽거

---

144) Joseph Mallord William Turner(1775~1851): 영국 국민화가이자 낭만주의 풍경화의 대가. 이발사의 아들로 태어나 27세에 영국 로열 아카데미 정회원이 될 정도로 천재성을 드러낸 그는 당시 프랑스 화가 클로드 로랭(Claude Lorrain) 스타일의 정적인 풍경화를 따르다가 점차 동적이고 현란한 색채의 세계로 옮겨간다. 그의 관심은 서사적인 서술이 아니라 자연에 대한 세밀한 관찰을 통해 빛과 색채의 역동적인 움직임과 거기에서 발산되는 강한 에너지의 세계를 표현하는 것이었다. 폭풍을 그려내기 위해 폭풍이 몰아치는 배 위에 자신의 몸을 묶고 폭풍의 변화무쌍한 움직임을 관찰할 정도로 역동적인 자연을 그려내려고 노력했던 그는 '빛의 연금술사'라는 칭호를 얻으며, 초기 인상파 화가들에게 커다란 영향을 미친다. 작품에는 〈눈보라〉, 〈노예선〉, 〈전함 테메레이르 호〉, 〈수장〉, 〈비, 증기 기관차, 속력〉 등이 있다.

▲ 순록가죽으로 만든 축치족의 바닥 깔개

나, 얼어 죽거나, 아니면 축치족에게 살해당했다고는 결코 상상할 수 없는 일이지만, 그들이 이토록 오래도록 돌아오지 않는 것은 그들이 어떤 불행스런 일을 당하고 있다는 증거이기도 했다.

나로서는 우리가 지나온 셰스타코바에서 아나디르스크까지의 경로를 결코 좋아하는 편이 아니었다. 왜냐하면 그 경로는 너무 황량해서 강가에 나무도 별로 없고, 또 있다 해도 무거운 전신주용 나무를 눈 덮인 너른 설원을 가로질러 운반하기가 어려웠기 때문이었다. 나는 아나디르 강과 펜지나 강 상류 사이에 더 나은 경로가 있는지 찾아보기 위해 3월 4일 로빈슨과 함께 5대의 개썰매를 끌고 아나디르스크 마을을 출발했다.

출발 후 3일째되는 날 우리는 펜지나로 가는 길에서 기지가로부터 오는 특별 전령을 만났다. 그는 소령이 1월 19일 오호츠크에서 보낸 편지를 갖고 있었다. 거기에는 매크리 중위가 이끄는 아나디르 강 탐험 팀이 상륙했다는 사실을 알리는 벌클리 대령의 편지와 그들이 상륙한 지점을 나타내주는 지도가 동봉돼 있었다. 소령은 다음과 같이 쓰고 있었다.

"그럴 일은 없겠지만 만일 매크리 탐험 팀이 아나디르스크 마을에 아직 도착하지 못했다면, 9월에 아나디르 강 하구에 상륙하여 어딘가에 머무르고 있을 그들이 너무 오랜 겨울나기를 하지 않도록 당신은 이 편지를 받는 즉시 최선을 대해 구조에 나서도록 하라.

내가 듣기로 매크리 팀은 오로지 보트를 타고 갈 수 있는 확실한 상황에서만 상륙하여 아나디르스크 마을로 향하기로 했는데, 벌클리 대령이 지금 같은 겨울에 그들을 상륙시킨 것은 놀라운 일로 나로서는 마음에 들지 않는 일이다. 당분간 우리의 임무는 최선을 다해 현재 그들이 있는 곳에서 그들을 구해내는 일이다. 그래서 당신은 가능한 한 개썰매를 모두 모아 개 식량과 보급품을 싣고 바로 매크리 팀이 있는 곳을 찾아 떠나도록 하라."

나는 이미 이런 지시가 있을 것을 예상했고, 또 이미 그 지시를 수행했으므로, 내가 발견해낸 매크리 팀원들 모두는 지금 아나디르스크 마을에 살아 있다. 하지만 소령이 이 편지를 썼을 당시 그는 도드와 내가 축치족 유목민들로부터 그들이 상륙했다는 소식을 들었거나, 그런 지시 없이 그들을 찾으러 갔으리라고는 상상도 하지 못했을 것이다. 그는 우리에게 봄이 다가오기 전에는 아나디르 강을 탐험하지 말도록 특별히 말해두었으므로, 우리가 그 마지막 마을 너머로 넘어가지 않았을 것이라고 생각했다.

나는 썰매 위에서 손가락이 얼어붙는 추위 속에 서둘러 도드에게 보내는 쪽지를 썼고, 다른 편지들과 함께 아나디르스크 마을로 전령을 보냈다. 거기에는 회사 소속 배의 선장 스캐몬(Scammon)과 박물학자인 나의 친구 달(Dall)이 나에게 보낸 편지들이 포함돼 있었다. 달은 배를 타고 샌프란시스코로 돌아가는 중에 며칠 페트로파블로프스크에 머무르는 동안 나에게 편지를 쓴 것이었다. 그는 오로지 성스러운 과학적 관심 속에서 어떤 종류이건 살아 있는 것이라면 벌레 하나라도 좋으니 소홀히 하지 말아줄 것을 간곡하게 요청하고 있었다. 그러나 나는 그날 밤 모닥불 옆에서 그의 편지를 생각하며 웃음 지었다. 섭씨 영하 34~40도를 오르내리는 눈 덮인 시베리아 벌판이란 벌레들이 생존하기에 그리 바람직한 환경이 아니어서 굳이 벌레를 잡아 잘 보존해야 할 필요성이란 없었던 것이다.

로빈슨과 함께 펜지나 강과 아나디르스크 마을 사이에서 새로운 경로를 찾으러 떠난 탐험길에 대해 자세히 설명함으로써 독자들을 피곤하게 만들 생각은 없다. 우리는 아나디르스크 마을 주변의 수계(水系)가 쉽게 넘을 수 있는 낮은 산들로 이어져 펜지나 강 수계와 만나며, 따라서 오호츠크 해와 베링 해협 사이에는 수계가 거의 끊어지지 않는다는 사실을 발견하였다. 또한 대체적으로 이 강들을 따라 나무들이 무성하게 자라고 있으므로, 나무가 없는 곳에는 통나무 뗏목을 만들어 강을 따라 쉽게 분배할 수 있을 것이다. 이렇게 새로운 경로는 우리가 원하는 바를 모두 충족시켜 주었으므로, 우리는 고생한 만큼 보람을 느끼며 3월 13일 아나디르스크 마을로 되돌아왔다.

축치족과 함께한 매크리와 아놀드의 모험

마을에 들어서서 첫 번째로 만난 사람으로부터 매크리와 아놀드가 도착했다는 소식을 듣고 우리는 너무 기뻤다. 5분 후 우리는 그들을 만나 악수를 나누고 무사히 돌아온 것을 축하해 주었으며, 그들이 겪은 모험과 그토록 늦어진 이유 등에 대해 질문을 퍼부어댔다.

64일 동안 그들은 축치족 유목민들과 함께 살아오면서 천천히 우회경로를 통해서 아나디르스크 마을로 왔다는 것이었다. 그들은 대체적으로 좋은 대우를 받았지만, 축치족 유목민들은 마을에 도착하기 위해 결코 서두르지 않았으며, 아나디르 강 남쪽에 있는 너른 황무지 벌판을 따라 하루에 약

15~20km 정도만 나아갔다. 그들은 매우 힘든 유목생활을 겪어야 했다. 몇 주일 내내 순록 내장과 기름으로만 살아야 했고, 거의 언제나 이, 벼룩, 빈대 같은 것들에 시달려야 했으며, 연기 나는 축치족 폴로그 방에서 거의 2개월 동안을 보내면서 때때로 러시아인 정착촌 마을이나 문명인들을 다시는 만나보지 못할 것 같은 절망감에 휩싸이기도 했다.

그러나 희망과 용기를 버리지 않고 버틴 결과 드디어 아나디르스크 마을에 무사히 도착했던 것이다. 그들이 마을에 들어올 때 갖고 있던 짐이란 것은 미국 국기에 싼 1쿼트(quart: 약 0.9리터)짜리 위스키 병 하나뿐이었다. 우리는 우리의 작은 통나무집에 모두 모여 기둥 위에 미국 국기를 걸어놓고, 북동부 시베리아의 거의 절반을 횡단해온 위스키에 다른 음료를 섞어 위스키 펀치를 만든 다음, 축치족 유목민들과의 64일 동안의 삶을 견디면서 지구상에서 가장 황량한 오지를 통과해 성조기를 운반해온 두 사람에게 경의를 표하며 술을 마셨다.

이제 우리가 해야 할 탐험을 모두 마쳤으므로 우리는 기지가로 돌아갈 준비를 하기 시작했다. 소령은 3월 말이나 4월 초에 그곳에서 나와 함께 매크리, 아놀드, 로빈슨, 도드를 만나자고 지시했었던 것이다.

기지가로의 귀환

3월 20일 우리는 짐을 꾸려 마음씨 좋고 친절한 아나디르스크 주민들에게 작별을 고한 다음, 긴 개썰매 줄을 지어 오호츠크 해안을 향해 출발했다.

되돌아가는 여행길은 별다른 일없이 단조로운 편이었다. 4월 2일 밤늦게 우리는 파렌(Paren) 강가의 눈 덮인 황량한 벌판을 지나 기지가에서 단지 약 25km 정도밖에 떨어져 있지 않은 말모프카(Malmofka)에 가까이 다가가고 있었다. 여기서 우리는 소령이 우리를 맞이하기 위해 보낸 팀을 만났다. 우리는 썰매 몰이꾼, 개, 썰매 등을 새로 다 바꾼 다음, 기지가 카자크족 사람들의 가벼운 '나르타(narts 혹은 narta: 개썰매)'에 올라타고 밝게 빛나는 오로라 빛에 의지한 채 기지가 마을을 향해 달려갔다.

새벽 1시경 멀리서 개 짖는 소리가 들려왔고, 잠시 후 우리는 정적에 싸인 마을에 쳐들어가서 지난 가을 우리가 머물러 살았던 러시아 상인 보레베오프(Vorrebeoff) 집 앞에 멈추어 섰다. 나는 썰매에서 뛰어내려 따뜻하고 어두운 집안으로 들어가면서 안에서 잠자고 있는 사람들을 깨우려고 소리를 질렀다.

"브스타바챠(Fstavaitia 혹은 Vstavatia : 일어나)!"

갑자기 누군가가 내 발 밑 마룻바닥에서 일어나더니 두 팔로 나를 얼싸안고 어디서 들어본 듯한 목소리로 외쳤다.

"케넌, 너로구나?"

깜짝 놀란 나는 아직 못미더워 하는 말투로 대답했다.

"그러는 너는 부쉬 아니냐?"

잠자다 깬 어떤 소년이 등불을 들고 오자, 놀라운 광경이 벌어지고 있었다. 두꺼운 모피 외투를 입고 있는 남자와 내복만 입은 남자 둘이서 꼭 껴안고 있었던 것이다.

되돌아본 동절기 탐험

소령, 부쉬, 매크리, 아놀드, 로빈슨, 도드, 그리고 나는 방 한가운데 있는 소나무 탁자 위에 러시아식 주전자 '사모바르(samovar)'를 올려놓고 주위에 둘러앉아 북극에서 맞이한 첫 동절기 탐험에서 일어난 행불행 등 온갖 이야기들을 나누며 즐거운 시간을 보내고 있었다. 우리들 중 어떤 사람들은 캄차카의 오지에서, 또 어떤 사람들은 중국과의 국경지대에서, 그리고 또 어떤 사람들은 베링 해협에서 탐험을 마치고 온 사람들로, 그날 밤 기지가에서 모두가 만난 우리는 러-미 전신회사가 계획한 아나디르 만에서부터 아무르 강까지의 전 구간 탐험을 성공적으로 마친 것을 서로 자축하고 있었다. 우리 모두가 7개월 동안 여행한 거리를 모두 합하면 거의 총 1만 6,000km에 달하는 것이었다.

우리의 동절기 탐험의 결과를 간단히 말하자면 다음과 같다.

부쉬와 마후드는 페트로파블로프스크에 소령과 나를 남겨두고 먼저 떠난 이후, 아무르 강 하구에 위치해 있는 러시아인 정착촌 니콜라예프스크(Nikolaevsk)로 갔고, 거기에서부터 곧바로 오호츠크 해 서부 해안을 따라 탐험에 들어갔다. 이들은 퉁구스족 유목민들과 함께 순록을 타고 니콜라예프스크와 아얀(Aian. 혹은 Ayan) 사이의 빽빽한 삼림지대를 통과한 다음, 오호츠크 정착촌 남부에 있는 험악한 스타노보이 산맥을 지나 마침내 2월 22일 오호츠크 정착촌에서 소령과 만났던 것이다.

다른 팀원 없이 혼자였던 소령은 오호츠크 해 북부 해안가 전체를 탐험한 다음, 전신주 가설공사에 필요한 인력과 말을 구하기 위해 오호츠크 마을에서 서쪽으로 약 600km 떨어져 있는 야쿠츠크(Yakootsk) 도시로 갔다. 그는 레나 강변에 있는 어느 마을로부터 1명당 1년에 60달러의 임금으로 1,000명의 야쿠트족 인력을 공급받고, 또 아주 합리적인 가격으로 필요한 만큼의 시베리아산 말들을 공급받을 수 있는 가능성을 알아냈다. 그는 기지가에서부터 오호츠크까지의 경로를 알아냈으며, 전체적인 탐험 일정을 관리했다.

매크리와 아놀드는 아나디르 강 남쪽과 마인(Mayn) 강 하류 부근 거의 전 지역을 탐험하면서 축치족 유목민 중 전혀 알려지지 않았던 부족에 관한 많은 귀중한 정보들을 얻어왔다.

도드, 로빈슨, 그리고 나는 기지가에서부터 아나디르스크까지의 경로 2개를 찾아냈고, 또 오호츠크 해와 베링 해협 부근 태평양을 연결해주는 수계와 그에 딸린 삼림지대도 발견해냈다. 우리는 거의 모든 곳에서 평화적이고 우호적인 원주민들을 발견해냈으며, 전선가설 공사구간 주변에 있는 원주민들 중 상당수가 이미 벌목작업에 참여하고 있었다. 북동부 시베리아 지역은 결코 전신주 가설작업에 우호적인 환경은 아니지만, 그렇다고 극복할 수 없을 정도의 장애를 제공하고 있는 것은 아니었다. 우리는 우리가 끝낸 동절기 탐험을 되돌아보면서, 비록 모두에게 쉽지 않은 일이었지만, 적어도 앞으로 성공으로 나아갈 수 있는 발판을 마련했다는 사실에 만족감을 느꼈다.

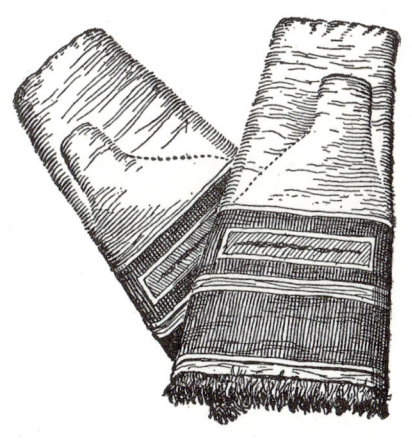

말사슴가죽으로 만든 여성용 벙어리장갑

CHAPTER 31

동절기의 마무리 작업

 4월과 5월은 낮이 길어지고 날씨가 비교적 따뜻해지기 때문에, 북동부 시베리아에서는 밖에 나가 일하거나 여행하기에 가장 좋은 계절이다. 6월 초까지는 우리 회사 배가 기지가에 도달할 수 없으므로, 아바자 소령은 그때까지의 시간을 최대한 이용하기로 했다. 그래서 여행으로 지친 몸이 어느 정도 회복되자마자, 그는 50~60명의 현지 원주민 인력을 고용하여 전신 사무소 건물을 건설하고 나무를 베어 아나디르 강을 따라 전신주를 배분하는 작업을 시작하기 위해 부쉬, 매크리, 그리고 러시아 지방관과 함께 아나디르스크를 향해 출발했다. 내가 아나디르스크에 머물렀을 때 그 작업을 하려고 했으나, 현지 주민들의 게으름 때문에 성공하지 못했던 것이다. 그러나 이제는 공권력의 협조를 통해 그 작업이 잘 이루어지기를 희망했다.
 아바자 소령은 겨울이 막 끝나가는 5월에 기지가로 돌아왔다. 그의 이번 여정은 완전히 성공적인 것이었다. 부쉬가 펜지나에서부터 베링 해협까지의 북부 구역을 관리하는 책임자로 선정되어 매크리, 하더, 스미스와 함께 여름 기간 동안 아나디르스크에 머무르도록 남겨졌다. 아나디르 강이 열리면 이 북부 구역 팀은 카누를 타고 강 하구까지 내려가, 보급품과 물자를 싣고 샌프란시스코로부터 오는 우리 회사 배가 도착할 때까지 거기서 기다리라는 지시를 받았다. 그러는 동안 아나디르스크, 오솔킨(Osolkin), 포코루코프(Pokorookof) 등지에서 고용된 50여 명의 원주민 인력들은 적재적소에 배치된 다음, 얼어붙은 강이 녹기 시작하면 6~8개의 전신 사무소 건물을 짓기 시작하고, 또 베어낸 수천 개의 전신주 재목들을 뗏목으로 만들어 아나디르스크 마을과 태평양 사이의 강을 따라 내려가며 필요한 장소에 분배해주게 될 것이다. 이 모든 것을 부쉬가 통솔하는 북부 구역 팀에게 맡겨 놓고, 아바자 소령은 기지가로 돌아와 공사에 필요한 인력, 물자, 보급품을 싣고 미국으로부터 오는 약속된 배가 도착하기를 기다리고 있었다.

새 울고 꽃 피는 봄 - 길고 긴 낮

이제 개썰매를 타고 여행하는 계절은 끝났다. 북동부 시베리아에서 내륙여행을 할 수 있는 다른 수단이 없었으므로, 우리는 더 이상 아무런 일도, 또한 아나디르스크와 오호츠크 마을에 있는 우리 팀들과의 연락도 할 수 없었고, 오직 우리 배가 도착하기만을 기다려야만 했다. 그래서 우리는 기지가 강 계곡이 내려다보이는 작은 통나무집 하나를 빌렸다. 그런 다음 나무의자와 탁자들 몇 개를 갖다놓고, 벽에는 지도와 도표를 걸어 놓았으며, 방 한구석에는 적어도 한 달 동안 사치스런 게으름을 피울 수 있도록 우리들만의 작은 도서관 - 셰익스피어와 신약성경 단 두 권 - 을 마련했다.

이제 6월이 되었다. 따뜻한 햇살이 오래도록 계속 내려 쪼이면서 눈이 빠른 속도로 사라져갔고, 강에 얼어붙은 얼음도 녹아 없어지기 시작했다. 햇빛이 비치는 언덕마다 여기저기 땅이 드러나기 시작하면서, 짧지만 뜨거운 북극의 여름이 빠르게 다가오고 있음을 만물이 예고해주고 있었다. 북동부 시베리아 대부분의 지역에 있어서 겨울은 5월부터 물러나기 시작하고, 여름이 빠른 걸음으로 들이닥쳐 겨울 동안 쌓인 눈을 녹이면서 잃어버린 대지를 되찾고, 곧바로 그곳을 풀과 꽃으로 뒤덮이게 한다.

대지에서 눈이 사라지자마자, 블루베리와 별꽃의 밀랍처럼 하얀 꽃잎과 눈송이처럼 다발진 백산차145) 꽃잎들이 이끼로 뒤덮인 벌판을 하얗게 장식하기 시작한다. 자작나무, 버드나무, 오리나무 등이 갑작스레 연두색 잎을 뻗어내고, 강둑에는 부드러운 카펫을 깔아놓은 듯 초록 풀들이 자라나며, 온기를 머금은 하늘에는 트럼펫을 불어대는 것처럼 야생 백조와 거위들이 하루 종일 울어대며 커다란 삼각 편대를 지어 바다 쪽으로부터 날아와서 멀리 북쪽으로 날아간다.

마지막 눈이 사라지고 3주 정도가 지나면 대지는 한여름의 옷으로 갈아입고 거의 하루 종일 햇빛을 만끽한다. 봄이란 계절은 길게 머뭇거리는 법이 없으며, 또한 하나하나씩 서서히 싹이 돋는 법도 없다. 8개월이란 긴 기간 얼음 속에 갇혀 있던 식물들은 갑자기 커다란 폭풍이 불어와 모든 것을 쓸어가듯 모든 속박을 떨쳐내고 온 세상에 그 모습을 드러낸다. 더 이상 어두운 밤이란 것도 없다. 단지 해가 지는 짧은 황혼 무렵에 완전히 어두워지지 않으면서 밤 같은 서늘함을 느낄 수 있을 뿐, 밝은 대낮은 식별할 수 없을 정도로 자연스럽게 다음 날의 밝은 대낮으로 넘어간다.

시각으로는 밤 12시인데도 아직 훤한 대낮이어서 사람들은 열린 창가에 앉아 책을 읽는다. 시원한 밤바람에 날려온 꽃향기가 코를 찌르고, 계곡아래 반짝이며 흘러가는 강물 소리가 귀를 간질인다. 해가 산에 걸렸다가 산 밑으로 떨어져 가려지자, 장미처럼 붉은 황혼 빛이 홍수처럼 온 세상을 뒤덮는다. 낮처럼 밝지만 사실상 만물이 잠을 자고 있는 시간이며, 이상하리만큼 신비한 정적이 마치 일식 현상처럼 하늘과 땅에 스며들고 있어서 15km 정도 떨어져 있는 해안가 바위에 부서지는 파도소리가 희미하게 들릴 정도이다. 때때로 강둑 옆 오리나무 덤불숲에 숨어 있는 작은 멧종다리

---

145) Labrador tea: 북미산 백산차속의 관목으로 상록의 잎과 흰꽃이 핀다.

▲ 순록을 타고 야영지로 이동하는 퉁구스족 – 미국 자연사 박물관 사진

새가 아침인가 착각하여 무의식적으로 빠르게 지저귀고 있다가 금방 멈추더니, 마치 아침인지 저녁 무렵인지, 노래를 불러야 하는지 다시 잠자러 가야 하는지 아직 확실치 않다는 듯이, 혼란스러워 하는 작은 목소리로 몇 번 "삑삑"거렸다. 마침내 그 새는 다시 잠자러 가야겠다고 결정한 듯 사방이 다시 고요해졌고, 오로지 강물이 흘러가는 소리와 먼 바다에서 부딪치는 파도소리만이 희미하게 들려올 뿐이었다.

새벽 1시가 지나자 멀리 산봉우리들처럼 보이는 구름 사이로 빛나는 태양이 살짝 얼굴을 내밀기 시작하더니, 이내 황금빛 햇살이 이슬을 머금은 초록 숲 대지를 뒤덮었다. 오리나무 덤불숲의 그 작은 멧종다리 새가 아까 끝내지 못한 노래를 승리에 찬 목소리로 다시 지저귀기 시작했으며, 강을 따라 있는 평평한 습지에서는 오리, 거위, 물새 등이 거친 목소리로 서로 불협화음을 내기 시작했다. 자연의 살아 있는 모든 것들이 마치 새로운 일이라도 되는 양 날이 밝았다는 것을 의식하면서 갑자기 깨어나기 시작하고 있었다. 밤은 없었지만, 날은 밝아 새로운 날이 된 것이다.

이전에 북극의 여름을 경험해보지 못하고, 시베리아를 눈과 얼음에 영원히 묻혀 있는 땅으로 익히 상상해온 여행자들이라면, 이 북동부 시베리아의 6월에 벌어지는 동식물 식생의 갑작스럽고도 놀라운 변화에, 즉 불과 몇 주일의 짧은 기간에 겨울에서 여름으로 넘어가는 빠른 변화에 깜짝 놀라지 않을 수 없을 것이다. 6월 초까지 기지가 주변에서는 개썰매로 여행하는 것이 종종 가능할 수 있지만, 6월 말경이 되면 나무에 잎이 무성해지고, 금달맞이, 눈동이나물, 미나리아재비, 쥐오줌풀, 양지, 백산차 등이 강둑과 벌판 어디에서나 꽃을 피우고 있으며, 한낮에는 그늘에서도 온도가 섭씨 21도까지 자주 올라간다. 말 그대로 봄이 실종된 것이다.

눈이 사라지는 것과 거의 동시에 온갖 식물들이 등장한다. 툰드라 지대, 즉 동토지대는 눈이 녹으면서 이끼로 뒤덮인 벌판으로 변하는데, 마치 물먹은 스펀지처럼 한동안 계속 물을 머금고 있다가 블루베리꽃을 비롯한 온갖 꽃들이 갑자기 만발하면서 그렇게 길고도 추웠던 겨울의 흔적은 어디에서도 찾아볼 수 없게 되는 것이다.

1866년 눈이 다 녹고 한 달도 안 되는 시점에, 나는 기지가 강 하구 부근의 어느 고지대 벌판에 갔는데, 그곳 약 4,000m² 넓이에서 60여 종이 넘는 꽃을 채취할 수 있었다. 때를 같이 하여 온갖 동물들도 그 모습을 드러내기 시작한다. 강 하구 얼음이 녹아내리기 오래 전부터 철새들은 떼를 지어 바다로부터 날아온다. 헤아릴 수 없을 정도로 많은 종류의 오리, 거위, 백조 등 – 이들 중 많은 종들이 미국 조류학자들에게 알려져 있지 않은 – 이 계곡과 저지대의 습지로 몰려든다. 강 하구 부근이면 어디라도 갈매기, 물수리, 독수리 등이 계속 소리를 질러대고 있으며, 해안가 절벽은 셀 수 없을 정도로 많은 붉은 부리 섬새들로 가득 차 있다. 이들은 절벽의 접근할 수 없는 틈새나 툭 튀어나온 곳에 둥지를 지어놓았고, 총소리 한 방이 울리자 구름처럼 떼를 지어 놀라 달아나는데, 하늘이 다 어두워질 정도였다.

이들 육식성 물새들 이외에 큰 무리를 지어 살지 않는 다른 새들도 많은데, 그 때문에 이 다른 새들은 눈에 덜 띄게 마련이다. 이들 중에는 헛간이나 굴뚝에 사는 제비, 까마귀, 까치, 개똥지빠귀, 물떼새, 그리고 러시아인들에게 '테티르(teteer)' **146**로 알려져 있는 뇌조 등이 있다. 참새는 습지가 아닌 마을 부근의 풀 많은 마른 평지에 자주 찾아오는 유일한 새이다.

기지가의 사회생활

우리가 임시본부를 차려놓고 있는 기지가 마을은 바닷가 만에서 약 15km 정도 떨어져 있는 기지가 강의 왼쪽 둑에 위치한, 50~60여 개의 통나무집들을 품고 있는 작은 마을이다. 당시에 그곳은 오호츠크 해 근방에서 제일 유명하고, 제일 번성했던 곳 중 하나로, 북쪽으로는 멀리 아나디르 강까지, 서쪽으로는 오호츠크 마을까지에 걸친 북동부 시베리아 무역의 중심지였다. 그곳은 러시아 지방관이 주재해 있는 곳이자 4~5개의 러시아 무역상 본부들이 주재해 있는 곳이었으며, 매년 러시아 정부의 물자 공급 증기선이 드나들고, 또한 부유한 미국회사들의 무역상선들이 여러 척 들락거리는 곳이었다.

주민은 주로 시베리아 카자크족과 러시아 본토에서 강제로 이주해온 대가로 자유를 얻어낸 러시아인 농노 이민자들의 후손들이었다. 시베리아와 캄차카의 모든 다른 이주민들과 마찬가지로, 이들 역시 생계는 주로 물고기 잡이에 의존하고 있었다. 하지만 이 지역에는 사냥감이 풍부하고, 또한 기지가 강 계곡의 기후와 토양 역시 생존력이 강한 야채들 재배에 적합했으므로, 이들의 생활 여건은 러시아 본토보다 훨씬 나은 것이었다. 이들 주민들은 완전한 자유인으로, 시간과 노동력을 자기 마음대로 처분할 수 있

---

146) '체체리(사냥꾼이 쓰는 용어)', '체체료프(원래 명칭)'가 표준어.

었으므로, 겨울 한철 동안 러시아인 무역상들에게 자신의 노동력과 개썰매를 대여해 줌으로써 돈을 벌었고, 그 돈으로 차, 설탕, 담배 등과 같은 기호품이나 간단한 사치품 등을 1년 내내 공급받을 수 있었다.

시베리아의 모든 원주민들이나 러시아인들과 마찬가지로, 이들 주민들은 매우 친절하고 마음이 따뜻한 사람들이어서, 멀리 고립돼 있는 마을에 몇 달이라는 긴 기간 동안 머물러야만 하는 우리들에게 위안과 오락거리를 제공해 주었다.

이방인들의 방문이 별로 없는 기지가 같은 작은 마을에 미국인들이 출현한 것은 그 사회에 아주 커다란 뉴스거리가 되는 것이다. 이 놀라운 외국인들이 자기들 같은 '프로스타이 나로드(prostoi narod: 보통 사람들)'과 교제하는 것을 부끄럽게 여기지 않는다고 생각한 주민들은 이후로 우리를 다과회나 야간 무도회 등에 무수히 초청하였다. 우리의 단조로운 생활을 다양화하기 위해 기꺼이 무슨 일이든 해보려는 마음으로, 또한 현지주민들의 삶을 더 많이 보고 싶은 마음으로, 우리는 그런 모든 요청을 받아들였고, 소령과 러시아 지방관이 아나디르스크에 가 있는 동안 아놀드와 나는 그런 야간 무도회에 빠지지 않고 참석했다.

우리의 카자크족 친구 야고르에게 언제 또 무도회가 열리는지 물어볼 필요도 없었다. 단지 "어디서 오늘밤 무도회가 열리는가?"를 물어보면 되었다. 어딘가에서 무도회가 열리는 것은 분명히 알고 있지만, 단지 그 무도회가 열리는 집이 우리 머리 높이에 맞는 높은 천장을 갖고 있는지 알기만 하면 됐기 때문이었다.

평균 신장의 남자가 똑바로 서 있을 수 없을 정도의 낮은 천장을 가진 방 안에서 빠르고 경쾌한 러시아식 지그(Russian jig) 춤을 추도록 초대한다는 것은 상식에 맞지 않는 일일 것이다. 하지만 기지가의 열정적인 춤꾼들에게는 전혀 그렇지 않은 것 같았다. 매일 밤 머리가 천장에 부딪히고 남의 발을 밟는 불편함을 감수하면서도 이들은 미친 듯이 울려대는 바이올린과

2줄짜리 발랄라이카의 음악소리에 맞춰 아주 즐겁게 방안 구석구석을 이리 저리 춤추며 돌아다녔다. 이런 무도회 분위기 속에서도 우리 미국인들은 항상 따뜻한 환영을 받으면서 각종 열매들, 흑빵, 차 등을 대접받았다.

그러나 모두가 즐겁게 노는 이런 시베리아식 환대에도 가끔 황당한 일들이 벌어지기도 한다. 어느 날 저녁 도드와 나는 어느 카자크족 사람의 집에서 열리는 무도회에 초대되어 갔는데, 그런 경우에 통상 그러하듯이 주인은 우리 앞에 흑빵, 소금, 냉동된 날생선, 그리고 주인이 '보드카'라고 선언한 어떤 액체가 반쯤 채워져 있는 작은 후추가루 양념병 등으로 구성된 평범한 식사를 차려놓고 있었다.

마을에서 우리가 갖고 있는 것을 제외하면 술이라고는 없다는 것을 알고 있으므로, 도드는 주인에게 그 술을 어떻게 구했느냐고 물었다. 주인은 당황스런 낯빛을 보이며 비상시에 쓰려고 지난 가을 어떤 무역선으로부터 조금 사다 보관해놓은 것이라고 대답했다. 나는 이 북동부 시베리아에서 카자크족 사람들이 그렇게 오랜 기간 술을 보관해놓을 수 있다는 사실을 믿지 않았고, 또한 그의 당황해하는 표정에 비추어볼 때, 우리는 그 차려놓은 술을 사양하는 것이 최선이라는 생각이 들어 더 이상 아무런 질문도 하지 않았다. 그것은 진짜 '보드카'일 수도 있지만, 그렇다고 모든 의구심이 사라질 수는 없는 것이었다.

집에 돌아온 우리는 심부름하는 소년을 불러 러시아인 상인들이 팔 수 있는 술을 갖고 있지 않은 계절에 어떻게 그 카자크족 사람이 술을 구하게 됐는지를 혹시 알고 있는가 물어보았다. 소년은 잠시 망설이더니 잇단 재촉에 그 의문점에 대한 설명을 하기 시작했다. 결국 그 술은 우리 술이었다는 사실이 밝혀졌다.

휴일에 마을 주민들이 우리를 방문할 때마다, 방문객들에게 일일이 한 잔씩 따라주는 일은 관습적인 일이었다. 이런 관습을 이용해 그 카자크족 친구는 작은 병에 줄을 매달아 자기 목에 걸고 외투로 감싼 다음, 표면상으로는 러시아 휴일을 맞아 우리를 축하해 준다는 구실을 내걸고 수시로 우리 집을 방문했던 것이다. 물론 이런 일이 별 흥미를 끌지 못하는 일이라 하더라도 우리에게서 한 잔 술이 따라 나올 것이라는 기대를 품고서 말이다.

그 카자크족 친구는 한 잔 술을 입에 털어넣은 다음, 마치 술이 매우 독하다는 듯이 얼굴을 찡그리면서 한 손으로 얼굴을 가리고 물을 마시러 간다고 서둘러 부엌으로 뛰어간다. 사람들 시야에서 벗어나자마자 그는 작은 병을 꺼내놓고 아직 삼키지 않은 술을 그 안에 넣은 다음, 잠시 후 자리로 돌아온다. 그는 이런 작전을 여러 번 되풀이하여 실행함으로써 결국 거의 반 리터 정도의 술을 모을 수 있었던 것이다.

그리고 그는 아무런 부끄러움 없이 이 반쯤 삼켰던 '보드카'를 오래된 후추가루 양념병에 넣어 우리 앞에 차려놓고, 마치 그것이 지난 가을 비상용으로 사다놓은 것인 양 말하고 있는 것이다. 도대체 인간의 뻔뻔스러움이 이보다 더할 수 있을까 하는 생각이 들 정도이다.

이상한 병

이번에는 기지가에서 첫 달을 보내는 동안 생긴 다른 사건에 대해 이야기하고자 한다. 이 사건은 기지가 주민들이 갖고 있는 또 하나의 일반적인 성격, 즉 극도로 미신적인 성향을 잘 보여주고 있다. 어느 날 아침 나는 집에서 혼자 앉아 차를 마시고 있는데, 갑자기 콜마고로프(Kolmagorof)라는 카자크족 사람이 들어왔다. 그는 아주 멀쩡한 상태였고 무언가를 찾고 있는 것 같았다. 그는 나에게 허리를 구부리고 아침인사를 한 다음 우리의 카자크족 친구 부쉰에게 돌아서서 낮은 목소리로 무언가 이야기하기 시작했다. 나의 짧은 러시아어 실력으로는 그 낮은 목소리의 대화를 알아듣기 힘들었지만, 대충 내가 이해하기로는, 콜마고로프가 부쉰에게 스카프 같은 어떤 옷 종류를 달라고 간청하는 것 같았다.

부쉰은 즉시 방 한구석으로 가더니 자기의 개인물품들을 쌓아두는 작은 옷장에서 커다란 물개가죽 가방을 끄집어내고 그 안에서 무언가를 찾기 시작했다. 3~4켤레의 모피장화, 한 덩어리의 고래기름, 개가죽 스타킹 몇 개, 손도끼 하나, 한 무더기의 다람쥐가죽 등을 끄집어낸 후, 그는 마침내 좀먹어 낡고 더러운 모직 스카프 반쪽짜리를 찾아내어 승리에 찬 모습으로 콜마고로프에게 넘겨주고 나머지 반쪽을 다시 찾기 시작했다. 곧 다시 찾아낸 반쪽은 앞서 찾은 것보다 상태가 더 좋지 않았다. 이것들은 마치 화이브 포인츠147)의 뒷골목 하수구에서 넝마주이가 건져 올린 가방 속에 들어 있는 내용물처럼 보였다.

콜마고로프는 두 조각을 하나로 묶더니 낡은 신문지로 조심스레 싼 다음 부쉰에게 커다란 도움을 받았다는 듯이 감사함을 전했고, 나에게 다시 인사하면서 밖으로 나갔다. 그런 더럽고, 낡고, 닳아빠진 스카프를 가지고 그가 어떤 용도로 쓸 것인지 궁금해진 나는 부쉰에게 그 알 수 없는 비밀에 대한 답을 물어보았다.

"그 스카프를 무슨 용도로 쓸 것인가? 상태로 보아 어디에도 쓸 수 없을 것 같은데."

"나도 안다. 그것이 보잘 것 없는 낡은 물건이란 것을. 하지만 마을에 그런 것이 없고, 또 그의 딸이 '아나디르스키 볼(Anadyrski bol: 아나디르스크 병)'을 앓고 있단 말이지."

"아나디르스크 병이라고? 도대체 그 병은 무엇이고, 또 그 낡은 스카프하고 무슨 관계라도 있단 말인가?"

그런 병을 들어본 적이 없는 나는 놀라서 말했다.

"그의 딸이 아나디르스크 병에 걸려 스카프를 갖다 달라고 했기 때문에 사람들이 스카프를 구하러 돌아다녔던 것이지. 스카프가 낡아빠진 것하고

---

147) Five Points: 1840년대 미국 뉴욕 맨해튼 로어 스트리트의 빈민가.

는 아무런 상관이 없다네."

이것은 매우 흥미로운 일에 대한 아주 야릇한 설명이어서 충격을 받은 나는 이 이상한 병의 정체가 무엇인지, 그리고 그 좀먹고 낡은 스카프가 그 병을 치료할 수 있는지에 대해 좀 더 자세히 말해달라고 부쉰을 재촉했다. 내가 얻어낸 정보를 간략하게 말하자면 다음과 같다.

이른바 '아나디르스크 병'이란 것은 아나디르스크에서 유래한 독특한 병으로, 북동부 시베리아에서 오랫동안 유행해왔던 정신적 '트랜스 상태 148)'와 아주 유사하며, 어떤 통상적인 치료나 약이 소용없는 병이다. 보통 여자들이 이 병에 잘 걸리는데, 이 병에 걸린 사람은 주위 사물을 알아보지 못하고, 갑자기 한 번도 들어보지 못한 언어들, 특히 야쿠트어를 말하는 능력을 얻게 되고, 또한 한 번도 본 적이 없고 또 볼 수도 없는 물체를 정확히 묘사해내는 일종의 투시력을 일시적으로 갖게 된다. 이런 상태에서 환자는 어떤 특정 물건을 요구하면서 그 물건이 있는 위치를 정확히 묘사해주고, 그 물건이 자기에게 전달되지 않으면 계속해서 경련마비 상태에 빠지면서 야쿠트어로 노래를 부르고 이상한 소리를 지르는 등 마치 미친 사람처럼 행동하게 된다. 그 물건이 전달될 때까지는 그 어떤 것도 소란을 잠재울 수 없다. 그래서 콜마고로프의 딸은 명령하듯이 그 모직 스카프를 요구했던 것이고, 콜마고로프는 온 마을을 돌아다니며 그것을 찾았던 것이다.

이것이 부쉰이 나에게 줄 수 있는 모든 정보였다. 그 자신은 이런 빙의 현상에 걸린 사람을 한 번도 본 적이 없고 단지 다른 사람들로부터 그 병에 대해 들은 것뿐이었다. 그래서 그는 기지가 카자크족 족장인 파데린의 딸이 그와 유사한 고통을 겪었으므로 틀림없이 파데린이라면 그 병에 대한 모든 것을 나에게 이야기해줄 수 있을 것이라고 말했다. 북동부 시베리아의 무지한 농민들 사이에 퍼져 있는 이 질병의 증상이 현대의 강신술(降神

---

148) trance: 탈혼 상태. 샤먼이 의식을 행하는 도중 혼이 떠난 상태.

術) 현상과 많이 닮아 있는 것에 놀란 나는 할 수 있는 대로 이 주제에 대한 연구를 계속하기로 마음먹었다.

소령이 방 안으로 들어오자마자 나는 그를 설득하여 파데린을 데려오도록 하였다. 카자크족 족장 파데린은 아주 단순하고 솔직한 노인이어서, 그가 의도적으로 속임수를 쓴다고 의심하기가 어려웠다. 그는 부쉰이 나에게 말해준 모든 것을 인정하면서 덧붙여 많은 것들을 우리에게 들려주었다. 그는 그의 딸이 탈혼 상태에 있으면서 야쿠트어로 자주 말하고, 또한 그녀가 수백km 멀리 떨어진 곳에서 일어난 사건들을 마치 알고 있는 것처럼 생생하게 말해주는 것을 자주 들었노라고 말해주었다.

딸이 말하는 것이 야쿠트어라는 것을 그가 어떻게 아느냐고 소령이 물었다. 그는 그것이 야쿠트어인지는 확실히 모르지만, 분명 러시아어, 코략어는 아니며, 그가 익히 알고 있는 여타 다른 원주민 언어도 아니고, 마치 야쿠트어와 아주 비슷하게 들렸다고 말했다. 나는 만일 환자가 요구하는 물건을 얻지 못하게 되는 경우에는 어떤 일이 벌어지는가 물어보았다. 파데린은 그런 경우는 한 번도 들어본 적이 없노라고 대답했다. 만일 그런 물건이 평범한 물건이 아닐 경우, 환자는 한 번도 그 물건을 보지 못했으면서도 마치 그 물건을 보고 있는 듯이, 항상 그 물건이 있는 위치와 생김새를 아주 자세하게 묘사해 준다는 것이었다.

그는 언젠가 한번 딸이 자기가 몰고 다니는 개썰매의 점박이 개를 요구했었다고 말했다. 그 개를 딸에게 데려가자, 딸이 곧 평온해졌다. 그러나 그때부터 개는 거의 통제할 수 없을 정도로 사나워지고 들떠 있게 되었으므로 결국 죽여야만 했다는 것이다.

"그럼 당신은 이 모든 일을 믿는다는 말입니까?"

소령이 참지 못하고 끼어들자, 파데린은 잠시 망설이더니 대답했다.

"나는 하느님과 우리의 구세주 예수 그리스도를 믿습니다."

그리고 경건하게 성호를 그었다.

"맞습니다. 그래야지요. 우리의 믿음은 '아나디르스크 병' 과는 아무런 상관도 없습니다. 당신은 정말 그 여자들이 들어본 적도 없는 야쿠트어로 말하고, 또 본 적도 없는 물건들을 묘사한다고 믿습니까?"

소령이 재차 물었다.

파데린은 어깨를 으쓱해 보이며 자기는 자기가 본 것을 믿는다고 말했다. 그런 다음 그는 사람 몸에 나타나는 그 병의 신비한 증상에 대해 자기 딸의 경우를 예로 들면서 더 믿을 수 없는 일들을 말해주었다. 그는 분명 그 병의 실체를 굳게 믿고 있었지만, 그 병의 대표적인 증상인 이상한 언어 말하기와 투시 현상이 어떻게 가능한 것인지에 대해서는 말하지 않았다.

그날 우리는 우연히 러시아 지방관을 방문하게 되었는데, 그와 대화를 나누는 가운데 '아나디르스크 병' 에 대한 이야기가 나왔고, 우리가 파데린 으로부터 들은 이야기를 일부 들려주었다. 매사에 회의적인 지방관은 이 이야기에 특히 더 회의적이어서 자기가 그 병에 대해 들은 이야기와 자기 부인이 그 병을 굳게 믿고 있었다는 이야기를 해주었다.

그러나 자기가 볼 때, 그것은 신체적으로 심한 형벌을 받게 되는 일종의 사기술이라는 것이었다. 러시아 농민들은 아주 미신적이어서 어떤 것도 거의 다 믿는 경향이 있기 때문에, '아나디르스크 병' 은 일부분 사기술이며, 또 여자들이 자기의 이기적인 목적을 달성하기 위해 남자 친척들을 일부분 이용한다는 것이었다. 새 모자를 갖고 싶어 하는 여자가 정상적인 방법으로 졸라서 그것을 얻을 수 없는 경우, 마지막 방법으로 트랜스 상태에 빠져들면서, 그 병의 치유책으로 그 모자를 요구하는 것이 아주 편리한 방법이 된다는 것이다. 만일 남편이 여전히 고집을 부린다면, 그런 남편을 항복시키는 방법은 몇 번 경련을 일으키는 시늉을 하고 또 이른바 야쿠트어로 노래 한두 마디 불러주는 것이면 충분하다는 것이다.

그런 다음 러시아 지방관은 '아나디르스크 병' 에 걸린 어느 러시아 상인의 부인을 예로 들어주었다. 그 부인은 자기가 원하는 비단옷을 얻어내기 위하여 기지가에서 약 300km나 멀리 떨어져 있는 얌스크(Yamsk)**149)**까지 동절기 여행을 실제로 감행했다는 것이다.

물론 여자들은 건강한 상태에서 결코 그런 물건들을 요구하지 않는다. 만일 건강한 상태에서 그런 것을 요구한다면, 곧바로 남편이나 부모형제들을 속이려 한다는 의심을 받고 그 이상한 병의 원인이 무엇인지에 대한 편치 않은 질문 공세에 시달릴 수 있는 것이다. 그래서 이런 상황을 피하고 남자들의 판단을 흐리게 하기 위해 여자들은 종종 개나 썰매, 도끼 등과 같은 여자들에게 쓸모없는 것들을 요구함으로써, 그런 요구가 오로지 종잡을 수 없는 병에 의한 것이지 어떤 특정 물건을 염두에 두고 있는 것이 아니라고 남자 친척들을 설득하려 한다는 것이다.

러시아 지방관이 우리에게 전해준 이런 내용은 '아나디르스크 병'이라 알려진 이상한 망상에 대한 합리적인 설명인 것이다. 비록 여자 측이 더 교활하고, 남자 측이 더 멍청하다는 사실에 논란의 여지가 있겠지만, 나는 이런 설명이 더 그럴 듯하고, 또 대부분의 현상을 만족스럽게 설명해주고 있다고 인정하지 않을 수 없었다.

이런 놀랄 만한 여성의 전략적 관점에서 볼 때, 우리 미국의 강력한 여권주의자들은 이들 시베리아 자매들이 기독교 국가의 여성권익 옹호협회들보다 남자들 눈을 속여서 자기들 권리를 쟁취하는 영리함을 더 잘 보여주고 있다는 사실을 인정해야만 할 것이다. 그런 이상한 증상들을 나타내는 망상적 병을 만들어내어 그 지방 전체에 전염병처럼 퍼뜨리고, 그것을 지렛대삼아 남성들의 지갑을 열어 여성들이 원하는 것을 얻게 하는 것은 지금까지 있어왔던 어리석은 남성에 대한 영리한 여성의 승리 중 가장 위대한 승리인 것이다.

러시아 지방관의 설명은 도드에게 아주 특이한 영향을 미쳤다. 도드는

---

149) 기지가와 마가단 사이 기지가 아래쪽에 있는 마을.

이미 '아나디르스크 병'의 전조가 나타나고 있음을 느끼고 있었다고 하면서 자기가 그 잠행성 질병의 희생자인 것이 확실하다고 말했다. 그러면서 그는 소령에게 자신이 어느 날 심한 경련 현상을 보이며 야쿠트어로 '양키 두들150)' 노래를 부르고 그동안 밀린 체불임금을 달라고 요구하더라도 결코 놀라지 말라고 말했던 것이다. 그러자 소령은 한술 더 떠 그런 위급한 상황이라면, 러시아 지방관에게 특효약인 채찍질 20대를 그의 등짝에 때려달라고 부탁하여 시베리아 회사지부 재정이 그의 요구를 들어줄 때까지 그의 경련 현상을 멈춰 주겠노라고 말했다.

여름철의 낮과 밤

6월 초 기지가에서의 우리 생활은 이전에 겪은 6개월간의 경험을 바탕으로 아주 많은 개선이 이루어졌다. 통상 날씨는 따뜻하고 쾌적했으며, 언덕과 계곡은 초록 식물로 무성하게 뒤덮였고, 해는 거의 종일 빛나고 있었으므로, 우리가 할 일이라곤 그저 사냥감을 쫓아 여기저기 돌아다니고, 또 배가 도착했나 알아보려고 때때로 강 하구로 보트를 타고 내려가거나, 아니면 시간을 보내려고 온갖 종류의 여흥거리를 궁리해내는 것뿐이었다.

하루 중 가장 재미있는 시간은 여흥이 벌어지는 밤이었는데, 실상 밤이라 해도 햇빛이 여전히 비치고 있으므로, 처음에는 겨울에 어둠이 계속 이어지는 것보다 더 이상하게 여겨졌다. 하루가 끝나고 다음날이 시작돼도, 그리고 잠자러 갈 시간이 돼도 우리는 결코 하루가 끝났다는 충족감을 느낄 수 없었다. 해가 지지도 않았는데 하루 일을 정리하고 잠자러 갈 준비를

---

150) Yankee Doodle: '양키 겁쟁이' 라는 뜻을 가진 이 노래는 미국 독립전쟁 당시 영국 정규군이 식민지 미국 의용군을 조롱하여 부르던 노래였지만, 미국이 승리하여 독립한 후에는 미국인들이 자랑스럽게 부르기 시작하여 오늘날에는 코네티컷 주의 주가가 된 것으로 알려져 있다.

한다는 것이 이상하게 여겨졌던 것이다. 설사 잠자리에 누웠다 해도, 우리가 잠들기 전에 이미 해는 다시 떠오르기 때문에, 잠자리에 눕는다는 것이 마치 상식을 벗어난 이상한 일처럼 어색하게 여겨지는 것이다.

결국 우리는 모든 창마다 나무 덧문을 붙여 햇빛을 가리고 방 안에 촛불을 켜는 방식으로 환경을 바꿔 줌으로써, 비록 바깥에서는 한낮의 햇빛이 밝게 빛나고 있었지만, 마치 진짜 밤인 것처럼 우리의 감각을 속이는 데 성공했다. 하지만 잠에서 깨어나면 또 다른 문제가 발생했다. 우리가 잠잔 것이 어제인지, 오늘인지 헷갈리는 것이다. 그렇게 오늘, 어제, 내일이 한데 뒤섞여서 오늘이 무슨 날인지 거의 구별할 수 없을 정도가 되었다. 그 당시 나는 하루인데도 이틀이 지난 줄 알고 내 일지에 두 번이나 계속 기입했던 적도 있었다.

미국에서 온 소식

기지긴스크 만(Geezheginsk Gulf)에서 얼음이 다 녹을 무렵 배들이 들어올 것으로 예상한 아바자 소령은 강 하구에 일단의 카자크족 사람들을 주둔시켜 놓고 밤낮으로 살펴보면서 배가 들어오면 즉시 우리에게 알리도록 지시를 내렸다.

6월 18일 보스턴의 보드맨(W. H. Bordman) 회사 소속 무역 범선 '할리 잭슨(Hallie Jackson)' 호가 만으로 들어왔다. 조류의 흐름에 따라 강 하구 안쪽으로 들어와 짐을 내렸다. 이 배는 우리가 여기서 11개월 이상 있으면서 얻어낸 것보다 많은 외부 세계에 관한 새로운 소식들을 갖고 왔으므로, 러시아인들과 미국인들 모두가 열렬히 이 배의 도착을 환영했다. 배가 도착했다는 소식이 알려지자마자, 마을 주민 절반 정도가 강 하구로 달려 내려왔으며, 배가 상륙한 부두는 여러 날 동안 흥분에 싸인 특별한 풍경을 연출했다. '잭슨' 호가 우리 배에 관해 전해준 것은 단지 우리 회사 배가 3월에 샌프란시스코를 출항했다는 것뿐이었다. 하지만 '잭슨' 호는 차, 설탕, 담배 등의 시베리아 무역상품들뿐만 아니라, 우리가 지난 가을 페트로파블로프스크에 두고온 모든 물품들을 함께 가져왔다.

우리는 동절기 경험을 통해 돈이란 것이 오호츠크, 기지가, 아나디르스크 같은 커다란 마을에서만 쓰이지, 그 이외의 곳에서는 원주민 노동의 대가로 지불하는 화폐 수단으로 쓰이지 않는다는 사실을 알고 있었다. 오히려 차, 설탕, 담배 등이 모든 면에서 선호하는 화폐 수단이었다. 왜냐하면 동절기 기간에 이 북동부 지역에서 이들 물품들이 광범위하게 소비되고 또 값도 오르기 때문이다.

만일 한 달 동안 일해준 짐꾼이나 썰매 몰이꾼이 돈으로 20루블을 요구한다면, 그 대신 차 3.6kg과 설탕 4.5kg을 지급하면 아주 만족해하는 것이다. 또한 이 정도 현물의 가치는 우리에게 10루블 정도에 해당하므로, 우리도 절반 정도의 이익을 보는 셈이었다. 이런 관점에서 아바자 소령은 가능하면 돈을 적게 쓰고, 대신 그에 상당하는 물품으로 용역비를 지급하겠다고 결정했다. 그래서 그는 다가오는 겨울에 돈 대신 쓰려고 '잭슨' 호로부터 4.5톤의 차와 7~9톤의 설탕을 구입하여 정부 소속 창고에 저장해 놓았다.

'잭슨' 호는 기지가에 모든 짐을 내려놓은 후, 조류가 강 하구를 충분히 채워 배가 모래톱을 빠져나갈 수 있는 시점에, 우리만 홀로 여기에 남겨두고 다시 페트로파블로프스크를 향해 출항했다.

CHAPTER 32

지루한 기다림 – 북극권의 모기떼들

'잭슨' 호가 떠나간 후 우리는 우리 회사 배가 도착하여 기지가에서의 오랜 감옥 같은 생활에 종지부를 찍어주기를 간절히 기대하고 있었다. 8개월 간의 유목 야영생활은 우리에게 오랜 여행만이 줄 수 있는 감동적인 맛을 주었지만, 그 후 게으름을 충분히 만끽한 우리는 이제 노는 것에도 지쳤고, 또 일하는 것에도 익숙지 않게 되었다.

우리는 기지가에서 우리가 할 수 있는 모든 여흥거리들을 다 해보았다. '잭슨' 호가 가져다준 신문 모두를 읽고 그 내용에 따라 아주 자세하게 토론도 해보았으며, 마을 근방에 발이 닿는 대로 가보지 않은 데가 없고, 또 시간을 보내기 위해 고안해낸 모든 여흥거리들을 다 해보았지만, 그럼에도 불구하고 지루함을 덜어주는 데는 별 도움이 되지 않았다. 하루하루가 더디게 느껴졌으며, 기다리는 배는 오지 않고, 모기와 각다귀만이 우리를 괴롭힐 뿐이었다.

7월 10일경이 되면 북부지역 여름의 저주라 할 수 있는 모기떼가 저지대 습지에서 날아오르는데, 바람을 타고 들려오는 모기떼의 앵앵거리는 날카로운 소리가 모든 살아 있는 동물들에게 모기떼의 승리에 찬 부활을 알려준다. 날씨가 따뜻하고 바람이 불지 않으면, 3~4일 만에 대기 전체가 말 그대로 구름같이 몰려든 모기떼들로 뒤덮이고, 그때부터 8월 10일경까지 모기떼는 피에 굶주린 흡혈귀처럼 무자비하게 쉴 새 없이 살아 있는 모든 것들을 공격한다. 도망간다는 것은 불가능하고, 또 방어한다는 것도 소용 없는 짓이다. 모기떼는 운이 나쁜 희생자들을 도처에 따라다니며 쉬지 않고 공격하는데, 인간이 고안해낸 어떤 방어물들도 이들에게는 무용지물이 돼버린다. 연기를 피워 쫓아내는 평범한 방법도 이들에게는 코웃음 칠 정도로 통하지 않는다.

이들은 모기망도 피해 들어오거나 직접 뚫고 들어오기도 한다. 그래서 결국 땅속으로 숨는 것밖에는 이들의 무자비한 공격으로부터 피할 수 있는 방법이란 없는 것이다. 머리에 얇은 거즈 같은 면사포를 뒤집어 쓰고, 또 몸 전체를 '폴로그 방'처럼 옥양목으로 둘러쳐도 별 소용이 없다.

떼로 몰려 있는 이 작은 공격자들 중 일부는 이내 가려지지 않고 열려 있는 곳을 찾아내어, 우리가 안심하고 있는 순간에 갑자기 들이닥쳐 공격을 퍼붓는다. 일반적으로 사람들은 시베리아에 무슨 모기가 있겠나 하는 생각을 갖게 되지만, 나는 결코 적도의 열대지방에서도 7월의 북동부 시베리아에서와 같은 그런 엄청난 모기떼를 본 적이 없다.

이들은 이끼로 뒤덮인 '툰드라 지대'를 완전히 사람이 살 수 없는 곳으로 만들어 놓는데, 심지어 모피로 둘러싼 순록조차도 이들을 피해 서늘한 산록으로 쫓겨날 정도이다. 러시아인 마을에서도 이들은 개와 소 같은 가축들을 집요하게 공격하는데, 가축들이 고통스러워 미친 듯이 이리저리 뛰어다니다가 매운 모닥불 연기 속으로 들어가 오랫동안 필사적으로 참고 견디기도 한다. 북극 해안가의 콜리마(Kolyma) 정착촌 같은 북쪽에서는 바람도 불지 않고 따뜻한 날이면, 원주민들이 이 끊임없는 모기떼 공격으로부터 자신과 가축을 보호하기 위해 집 주위로 '모깃불'을 둥글게 원을 그리며 피워놓는다.

보급품을 기다리다

7월 초가 되면 러시아 지방관과 몇몇 부유한 상인들을 제외한 모든 기지가 주민들은 겨울집을 폐쇄하고 강둑을 따라 있는 '레토바(letova: 물고기잡이 여름 거주지)'로 이동하여 연어떼가 몰려들기를 기다린다. 버려진 마을처럼 황량하게 주민들이 사라지자, 도드, 로빈슨, 아놀드, 그리고 나는 강 하구로 이동하여 '할리 잭슨'호가 머물렀을 때 정부 창고로 썼던 빈 '카자르메(kazarme: 관영건물)'을 빌려 우리 집으로 삼았다.

나는 다음 달에도 그렇게 오랫동안 단조롭고 지루한 생활을 하고 싶지 않았다. 왜냐하면 거기에는 다음의 네 가지 단어, 즉 게으름, 실망, 모기떼, 불행 등이 포함돼 있기 때문이었다. 배를 기다리는 일이 우리의 유일한 일이었고, 모기떼와 싸우는 일은 우리의 유일한 오락거리였다. 그런데 배는 결코 나타나지 않았고, 모기떼는 결코 사라지지 않았다. 양쪽 일 모두 무슨 이득을 보는 일도 아니었고, 또 만족스러운 일도 아니었다.

하루에도 스무 번 우리는 손목과 발목 등 신체가 드러나는 부분을 거즈 면사포로 덮고, 높은 절벽 위로 힘들게 올라가 배가 도착했는지 살펴보았다. 그러나 하루에 스무 번씩 실망한 채 활력 없는 빈집으로 돌아오게 되면, 우리는 시베리아, 회사, 배, 모기떼 등을 목표로 하여 무차별적으로 분노를 발산하였다. 우리는 마치 바삐 돌아가고 있는 세상으로부터 멀리 떨어져 있는 곳에서 자신의 존재감을 상실한 채 거대한 인간사의 흐름 속에서 낙오돼 있는 것 같은 느낌을 받지 않을 수 없었다.

우리 회사 기술책임자인 벌클리 대령은 사업의 즉각적인 실행을 위해서 인력, 자재, 보급품 등을 실은 배들이 얼음이 풀리는 대로 일찍 아나디르 강하구와 기지가 강 하구에 도착할 것이라고 굳게 약속했었다. 그러나 지금은 벌써 8월인데도 아직 배가 나타나지 않고 있는 것이다. 우리로서는 단지 배가 길을 잃었거나, 아니면 전체 사업이 취소된 것이 아닌가 하고 추측만 할 뿐이었다. 하지만 수주일이 지나도 아무런 소식이 없자, 우리는 서서히 희망을 잃어가면서 누군가를 시베리아 대도시에 보내 우리의 상황을 전신으로 회사에 알려야 할 필요성에 대해 논의하기 시작했다.

아바자 소령은 이렇게 지루하게 오랫동안 기다려온 기간에도 회사가 이 사업을 계속 해나갈 것이라는데 아무런 의심도 두지 않으면서 대원들의 사기를 꺾는 발언을 한마디도 하지 않았다. 그는 배가 다소 늦어질 수도 있고, 또 어떤 불행한 일을 당할 수도 있다고 생각했지만, 사업 자체가 취소될 것이라고는 전혀 생각하지 않고 있었으므로, 계속 여름 내내 다음 겨울 작전을 위한 준비를 해나가고 있었다.

배가 도착했다는 신호가 울리다

8월 초 도드와 나는 오지 않는 배를 기다리다 지쳐서 배는 결코 오지 않으리라 굳게 믿으면서 걸어서 마을로 돌아갔고, 강 하구에 남은 아놀드와 로빈슨은 지켜보기를 계속했다.

8월 14일 오후 늦게 나는 지난 겨울 탐험했던 경로를 지도로 그리는 작업에 열중하고 있었는데, 우리 일을 돕는 카자크족 사람 하나가 헐레벌떡 뛰어오더니 이렇게 소리 질렀다.

"푸쉬카(Pooshka: 대포소리가 났습니다)! 수드나(Soodna: 배가 나타났습니다)!"

배가 만으로 들어오는 것을 보는 대로 대포 3발을 발사하라고 아놀드와 로빈슨에게 지시를 내렸으므로, 우리는 급히 밖으로 나가 두 번째 폭발음을 들으려 기다렸다. 오래지 않아 등대 쪽 방향에서 둔탁한 폭발음이 희미하게 들려왔고, 잠시 간격을 두고 세 번째 폭발음이 이어졌다. 의심할 여지 없이 오래 기다렸던 배가 도착한 것이다. 크게 흥분한 가운데 카누 한 척이 급히 띄워졌고, 바닥에 깔린 곰가죽 위에 자리를 잡은 우리는 카자크족 노

젓는 사람들에게 빨리 가자고 재촉했다.

빠른 속도로 강을 내려가면서 여름 주거지인 '레토바'들을 지나쳐가자, 주민들이 '수드나! 수드나!' 하며 소리를 질렀고, 맨 마지막집에서 잠시 멈추어 노 젓는 사람들을 쉬게 하였다. 그 사이에 우리는 배가 지금 언덕에서 보이며, 강 하구에서 약 20km 떨어져 있는 마투가(Matooga)란 섬 근처에 정박하고 있다는 이야기를 들었다. 다시 카누에 탄 우리는 속도를 배로 올려 나아갔고, 약 15분 만에 만의 윗부분에 상륙했다. 이미 아놀드와 로빈슨은 러시아인 케릴로프(Kerrillof)가 모는 작은 고래잡이 보트를 타고 그 배 쪽으로 가버렸으므로, 우리는 그 배를 바라보기 위해 등대가 있는 절벽 위로 올라가는 수밖에 없었다.

배가 도착했다는 신호가 울린 것이 늦은 오후였고, 우리가 강 하구에 도착한 것이 거의 해질녘이었다. 배는 돛이 3개 달린 꽤 큰 범선으로 맨 꼭대기에 작은 성조기를 휘날리며 약 20km 정도 떨어져 있는 만의 거의 한가운데 지점에 조용히 닻을 내리고 정박해 있었다. 고물 쪽에 작은 고래잡이 보트가 붙어 있는 것으로 보아 아놀드와 로빈슨이 범선에 승선한 것이 틀림없었다. 그러나 범선에 작은 보트들이 그대로 매달려 있는 것으로 보아, 아직 해안가에 상륙할 준비를 하고 있지 않은 것이 분명했다.

마을을 떠나올 때, 만일 배가 도착한 것이 진짜로 판명되면 대포를 3발 더 쏠 것이라고 우리는 러시아 지방관과 약속을 했었다. 너무 자주 배가 도착했다는 오보를 들어왔던 지방관은 아주 확실한 정보가 아니면 물이 새는 카누를 타고 등대까지 가는 여행을 감행하고 싶지 않았던 것이다. 이번에는 더 이상 의심할 여지가 없는 사실이었으므로, 우리는 다시 한 번 녹슨 낡은 대포에 포탄을 장착한 후, 소리를 크게 내기 위해 젖은 풀을 채워 넣고 발사했다. 커다란 대포 소리가 해안가 절벽에 부딪혀 메아리치더니 멀리 바다 쪽으로 울려 퍼져나갔다.

1시간도 안 돼 지방관이 모습을 나타냈고, 날이 어두워지기 시작했으므로, 우리는 배가 어둠 속에 사라지기 전에 한 번 더 보기 위하여 모두 절벽 위로 올라갔다. 배 위에 돌아다니는 사람의 모습이 보이지 않았고, 또 너무 늦은 시각이어서 아놀드와 로빈슨이 아침까지 돌아올 것 같지 않았다. 그래서 우리는 집으로 돌아갔고, 배가 왜 늦게 도착했는지, 그리고 어떤 소식을 갖고 왔는지에 대해 온갖 추측을 하느라 잠자리를 설쳤다.

회사소속 범선 클라라 벨 호와 러시아 코르벳 군함 바락 호

동틀 무렵 일찌감치 도드와 나는 다시 절벽 위로 올라가 배가 어둠 속에서 마치 유령선 플라잉 더치맨 호151)처럼 사라져 다시 한 번 우리를 실망시키지나 않는지 확인해 보았다. 하지만 걱정할 여지는 없어 보였다. 범선은 여전히 제자리에 정박해 있었을 뿐만 아니라, 밤 사이에 또 한 척의 배가 도착해 있었던 것이다. 대략 2,000톤 정도 돼 보이는 돛대 3개 달린 커다란 증기선이 연안 앞바다에 정박해 있었고, 3척의 작은 보트들이 6~8km 정도 떨어진 거리에서 강 하구 쪽을 향해 나아가고 있는 모습이 보였다. 이런 광경을 목격하게 되자 우리는 매우 흥분되었다. 도드는 아주 빠른 속도로 언덕을 타고 내려가 우리 숙소로 달려가서 만에 증기선 한 척이 도착해 있고, 상륙 보트들이 등대에서 약 8km 정도 거리에 진입해 있다고 소령에게 소리 질렀다.

잠시 후 우리는 모두 절벽 위에 모여 있었고, 작은 보트들이 다가오고 있는 모습을 지켜보면서 우리를 놀라게 한 이 증기선의 정체가 무엇인지에 대해 생각하고 있었다. 이제 맨 앞의 보트가 5km 안에 진입했고, 망원경을

---

151) Flying Dutchman : 이 배는 1641년 네덜란드에서 출항해 인도 동쪽 바타비아로 향했으나, 반 데르데켄 선장이 항해사의 경고를 묵살하고 폭풍우치는 희망봉을 돌아가다 실종된다. 이후 1680-1942년까지 수십 척의 민간선박과 군함들에 의해 목격되어 유명한 유령선 전설로 남게 됐다.

통해 살펴보니 기다란 노를 규칙적으로 젓는 것으로 보아 군함 승조원들의 숙달된 솜씨로 보였으며, 보트의 후미 쪽에서는 러시아 해군장교의 독특한 어깨 견장이 보였다. 증기선은 분명 커다란 군함이었는데, 그 큰 군함이 무엇 때문에 이 세상 오지인 이곳에 오게 되었는지 궁금해졌다.

30분이 지나자 작은 보트들이 등대 언덕에 다가오고 있었으므로, 우리는 그들을 맞이하기 위해 흥분된 상태로 상륙 지점을 향해 내려갔다. 고향을 떠난 지 벌써 14개월이 지나갔고, 편지를 받을 수 있고, 또 다시 일에 착수할 수 있다는 기대감 때문에 우리는 평상시와 달리 매우 흥분해 있었던 것이다. 가장 작은 보트가 제일 먼저 해안가 모래밭에 상륙하면서 푸른 해군제복을 입은 장교 한 명이 뛰어내렸다. 그는 러-미 전신회사 소속 범선인 클라라 벨(Clara Bell) 호의 선장 서튼(Sutton)이라고 자신을 소개하고, 이 배가 2개월 전 전선 가설공사를 위해 필요한 인력 및 물자를 싣고 샌프란시스코를 떠났다고 말했다. 소령이 선장과 악수를 나누며 물었다.

"여름 내내 어디에 있었던 겁니까? 우리는 6월부터 계속 당신 배를 기다리다 지쳐서 사업이 취소된 걸로 생각하고 있었습니다."

서튼 선장은 회사 배 모두가 샌프란시스코에서 늦게 출발했고, 또 편지에 설명돼 있는 것처럼 불가피한 상황 때문에 페트로파블로프스크에서 한동안 묶여 있었다고 대답했다.

"그럼 클라라 벨 호 너머에 정박해 있는 증기선은 무엇입니까?"

소령이 물었다.

"그것은 러시아의 코르벳 군함152)인 바락153) 호로 일본에서 왔습니다."

---

152) corvette: 보통 1,000톤 내외로 고속정이나 해안경비정보다는 크고 프리깃 함(frigate : 보통 1,500~3,500톤 내외로 구축함보다 작은 호위함)보다는 작은 경무장 초계함이다.

153) Varag: 이 배는 이후 몇십 년 뒤 1904년 제물포 앞바다에서 일본 군함 14척에 맞서 싸우다 자폭 수장된 2척 중 하나인 7,000톤급 러시아 순양함 바락(Varyag) 호의 전신일 가능성이 있다. 현재 러시아 극동 함대는 똑같은 명칭을 부활시킨 12,000톤급 순양함 바락 호를 보유하고 있다.

"그런데 그 배는 이곳에 무슨 일 때문에 온 것입니까?"

"그 배는 당신들에게 전할 명령을 갖고 온 것으로 나는 알고 있습니다. 그 배는 러시아 정부가 전선 가설공사를 돕기 위해 파견한 것입니다. 이것은 페트로파블로프스크에서 그 배를 만났을 때 내가 직접 들은 사실입니다. 그 배에는 러시아 감독관과 《뉴욕 헤럴드(New York Herald)》의 기자도 타고 있습니다."

선장은 장난기 있는 듯한 미소를 지으며 대답했다.

우리는 러시아와 미국의 양국 해군성이 미국과 시베리아 양쪽 해안 사이에서 실측 조사를 하고 전선을 깔기 위한 우리 회사 작업을 돕기 위해 베링 해에 양측 배들을 보내도록 지시했다는 사실을 들은 적이 있었지만, 기지가에서 그런 배들을 전혀 보지 못하고 있었던 것이다. 그런데 지금 물자를 실은 미국 범선과 러시아 감독관 및 미국 기자를 실은 러시아 증기선 군함이 동시에 도착했다는 것은 분명 사업이 진행되고 있다는 것이어서, 우리는 회사 시베리아 지부의 전망이 밝아진 것에 대해 서로 자축해 주었다.

이때쯤 나머지 보트들도 모두 해안가에 상륙했으므로, 아노소프 씨(Mr. Anossof), 녹스 대령(Col. Knox), 뉴욕 헤럴드 기자, 그리고 영어를 아주 능숙하게 구사하는 5~6명의 러시아 장교들과 인사를 나눈 다음 우리는 오랫동안 전달되지 못한 편지들을 개봉하여 읽어 내려갔다.

회사일과 사업의 전망에 관련된 내용들이 들어 있는 편지들은 아주 만족스러운 것이었다. 기술책임자인 벌클리 대령은 북쪽으로 가는 도중에 페트로파블로프스크에 들렀다가 자신의 이동상황과 처리사항 등의 모든 세세한 일들을 편지로 써서 바락 호와 클라라 벨 호를 통해 우리에게 전달토록 했다. 먼저 샌프란시스코를 출항하여 기지가를 향해 떠나간 배는 클라라 벨 호, 팔메토(Palmetto) 호, 언워드(Onward) 호 3척이었는데, 이들 배에는 60여 명의 인력과 6만 달러에 상당하는 엄선된 화물들이 가득 실려 있었다.

이들 중 하나인 클라라 벨 호는 전신주 애자(碍子)와 받침대를 가득 싣고 이미 도착했으며, 나머지 2척은 보급품, 전선줄, 기계 및 인력을 싣고 오고 있는 중이었다. 나중에 떠난 4번째 배는 일반노동자와 현장감독을 합쳐 모두 30명의 인력, 강을 오르내리는 작은 증기선 1척, 그리고 각종 도구 및 보급품들을 싣고 아나디르 강 하구로 떠났으며, 그곳에서는 팀장 부쉬가 배를 맞이할 것이었다.

초계함인 바락 호는 베링 해협을 가로질러 전선을 가설하는 작업을 도와주도록 러시아 해군성이 파견한 배였는데, 영국에 주문한 전선이 아직 도착하지 않았으므로 특별히 할 일이 없었던 이 배에 러시아 감독관을 싣고 기지가로 향하도록 벌클리 대령이 지시했던 것이다. 이 군함은 흘수선(吃水線: 선체가 물에 잠기는 한계선)이 약 7m로 아주 깊어서 오호츠크 해 연안 25~30km 이내로는 안전하게 들어올 수 없었으므로, 우리에게 커다란 도움을 줄 수 없었다. 그러나 러시아 감독관이 승선해 있다는 특별한 지위 때문에, 이 군함이 이곳에 와 있다는 것 자체가 우리 회사에게 일종의 러시아 정부가 갖는 권위와 강제력을 부여해주는 것이어서, 우리가 이전보다 더 성공적으로 지방 정부 관리들과의 관계를 맺을 수 있게 해주었다.

아바자 소령의 의도는 회사 배가 도착하는 대로 레나 강의 야쿠츠크 시로 가서 원주민 노동자 500~600명을 고용하고, 또 말 300마리를 구입하여 공사 구간 전체에 골고루 나눠준다는 계획이었다. 그런데 바락 호와 클라라 벨 호가 동시에 기지가에 도착했는데도 그는 떠날 수가 없었다. 왜냐하면 그가 직접 감독하면서 오호츠크 해안을 따라 나눠주고 싶어 했던 중요한 화물들을 싣고 오는 언워드 호와 팔메토 호 2척의 배가 아직 도착하지 않았기 때문이었다. 그래서 그는 야쿠츠크로 가려던 계획을 늦가을까지 연기하고 그사이에 이미 도착한 2척의 배를 가지고 다른 일을 하려고 마음먹었다.

클라라 벨 호는 화물 이외에 현장감독 1명과 3~4명의 승객을 함께 태워 가지고 왔는데, 아바자 소령은 아놀드의 통솔하에 이들을 타고온 배와 함께 얌스크로 보내기로 결정했으며, 그곳에서는 가능한 한 많은 원주민 인력을 고용하여 바로 전신주용 나무를 베고 전신 사무소 건설을 시작하라는 지시를 내렸다. 또한 그는 오호츠크에 거의 5개월 동안 아무런 소식도, 돈도, 보급품도 없이 거의 낙담한 상태로 홀로 살아가고 있을 마후드에게는 보급품을 실은 바락 호를 보내기로 결정했다.

바락 호가 떠나기 하루 전날 우리는 모두 마음이 따뜻하고 사교적인 장교들이 초대하는 마지막 축하 선상 만찬에 참석했다. 비록 우리는 그런 호의에 보답할 수 있는 여유가 없었지만, 한 번 더 문명생활의 즐거움을 맛보고자 주저하지 않고 초청을 받아들인 것이다. 바락 호 장교들은 약 30여 명 정도로 보였는데, 이들은 거의 모두가 영어를 아주 능숙하게 구사했다. 배는 고급스럽게 단장돼 있었고, 우리가 배에 승선하자 괜찮은 군악대가 〈헤일 컬럼비아〉154)를 연주하며 환영해주었고, 저녁식사를 하고 있는 동안에는 〈마르타〉155), 〈라 트라비아타〉156), 〈마탄의 사수〉157) 중에서 고른 곡들을 연주해주었다. 이 모든 친절한 대접으로 말미암아 우리의 바락 호 방문은 고된 시베리아 생활에 밝고 즐거운 점 하나를 더 추가해주었다.

다음날 아침 10시경 우리는 작은 보트를 타고 클라라 벨 호로 돌아갔으며, 군함은 증기를 뿜으며 천천히 바다로 빠져나갔다. 선상에서 장교들이 모자를 벗어 흔들며 말없이 작별을 고하고, 군악대는 해적들의 합창인 〈영원한 행복과 축복이 함께 하기를(Ever be happy and blest as thou art)〉을 연

---

154) Hail Columbia: 1798년 조셉 홉킨슨(Joseph Hopkinson)이 원래 필립 필레(Philip Phile)의 작품인 〈The President's March〉를 개작한 것으로 1931년 미국 국가가 공식 제정되기 전까지 비공식 국가로 불렸다.

155) Martha: 독일 작곡가 플로토(Friedrich von Flotow: 1812~1883)의 오페라로 1847년 비엔나에서 초연되어 유명해졌다. 아리아 〈꿈과 같이(M'appari tutt'amor)〉, 〈한 떨기 장미꽃(Letze Rose)〉 등이 유명하다.

156) La Traviata: 베르디(1813~1901)의 오페라로 1853년 베네치아에서 초연. 아리아 〈축배의 노래〉, 〈빛나고 행복했던 어느 날〉 등이 유명하다.

157) Der Freisch?tz: 베버(1786~1826)의 오페라로 〈서곡〉, 〈사냥꾼의 합창〉 등이 유명하다.

주하고 있었는데, 그것은 마치 우리를 외롭고 쓸쓸한 유배지에 남겨놓고 떠나는 것처럼 구슬픈 장면이었다. 그날 오후 정부 창고로 쓰였던 우리의 황량하게 비어 있는 숙소로 돌아가 순록 고기와 양배추로 저녁식사를 하고 있던 우리들의 모습은 말 그대로 처량하기 그지없는 것이었다. 그때서야 비로소 우리는, 이전에는 왜 그렇게 불렀는지 결코 몰랐던, 우리가 무심코 '신의 나라(God's country)'라고 불렀던 미국에서의 삶과 북동부 시베리아에서의 삶 사이의 차이점을 절실하게 깨닫게 되었다.

바락 호가 떠나간 후 바로 클라라 벨 호는 강 하구로 들어와 화물을 내렸고, 조류가 흘러 들어오자 아놀드 팀을 태운 다음, 기지가에 원래 캄차카 탐험 팀이었던 도드, 소령, 그리고 나만을 남겨놓고 8월 26일 얌스크와 샌프란시스코를 향해 출항했다.

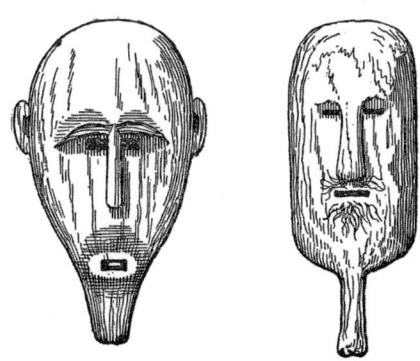

나무로 만든 제의용 가면

CHAPTER 33

보급선 팔메토 호의 도착 – 강풍으로 해안가에 좌초하다

바락 호와 클라라 벨 호가 도착함으로써 촉발된 흥분은 잠시 동안으로 끝나고, 또 하나의 길고도 지루한 기다림의 나날이 이어지고 있었다. 도착해야 할 배들로부터 아무런 기별도 없이 주 단위로 세월이 그냥 지나가고 있었다. 마침내 북쪽 지방의 짧은 여름이 끝나고 산 위에 하얀 눈이 보이기 시작하더니, 폭풍이 몰아치면서 겨울이 빨리 다가올 것을 예고하고 있었다. 언워드 호와 팔메토 호가 샌프란시스코를 떠난 이후로 벌써 3개월이 더 지났으므로, 우리로서는 이 배들이 항해할 수 없는 상황에 처했거나, 아니면 바다에서 길을 잃어버려 아직 도착하지 못하고 있는 것으로 추측할 수밖에 없었다.

9월 18일 아바자 소령은 시베리아의 대도시에 전령을 보내 어떻게 해야 할지에 대한 지시를 받기 위해 회사로 전보를 치기로 결정했다. 우리는 2번째 겨울이 시작되는 시점에, 5만 점의 애자와 받침대를 제외하면 아무런 인력과 장비도 없는 상태에 놓여 있었으므로, 전선 가설공사를 아무것도 할 수 없었고, 우리가 할 수 있는 유일한 일이란 것은 우리의 불행한 현재 상황을 회사에 알리는 것뿐이었다.

그런데 9월 19일 이런 우리의 결정이 실행되기 전에, 오랫동안 기다려왔 던 범선 팔메토 호가 도착했고, 잇따라 러시아의 증기 보급선 사갈린 (Saghalin) 호가 니콜라예프스크로부터 도착했다. 사갈린 호는 바람에 구애 받지 않고, 또 흘수선이 낮았으므로, 별 어려움 없이 모래톱을 가로질러 강 쪽에 정박할 수 있었다. 그러나 팔메토 호는 만 바깥쪽에 닻을 내리고 조류 가 들어오기만을 기다려야만 했다.

요즘 들어 며칠 동안 날씨가 추워지면서 점점 안 좋아지더니, 9월 22일 돌풍 같은 바람이 남동쪽으로부터 돛을 말아 올릴 정도로 강하게 불어오면 서 엄청난 파도가 무방비 상태의 만을 덮치고 있었다. 우리는 이 운이 없는 범선의 안전에 대해 크게 걱정하고 있었다. 조류가 아직 충분치 않아 이 배 가 강 하구의 모래톱을 건널 수 없었기 때문에, 조류가 들어차기까지는 아 무런 일도 할 수 없었던 것이다.

다음날이 되자 이제 우리의 모든 희망이 걸려 있는 팔메토 호가 바다로 나가야만 하는 상황이 되었다. 왜냐하면 배의 그 무거운 닻이 부러져 이리 저리 흔들리면서 천천히 강의 동쪽에 있는 시커먼 절벽 해안가 쪽으로 다 가가고 있었기 때문이었다. 만일 그 절벽에 부딪히기라도 한다면, 배는 산 산조각이 날 것이었다. 이제 다른 대책이 없었으므로, 아서(Arthur) 선장은 닻줄을 풀어버리고 배가 가는 대로 놔둘 수밖에 없었다. 그런데 우연히 배 가 강 하구를 향해 똑바로 서 있는 상황이 되었다.

더 이상 배가 해안가로 돌진하는 것을 막을 방법이 없었으므로, 차라리 모래톱에 좌초하는 것이 더 나아 보였다. 배는 등대에서 1km도 안 되는 거 리까지 만 안으로 밀려들어 오더니, 수심 2m 정도밖에 안 되는 곳에서 둔 탁하게 좌초했다. 배가 물밑 땅바닥에 심하게 부딪히면서 바닷물이 갑판 위에까지 구름처럼 하얀 물방울을 일으키며 튀어 올랐다. 밤사이 배가 살 아남을지 의문이었다. 그러나 조류가 불어나면서 배는 강 하구 안쪽으로 더 밀려 들어왔고, 이제 등대에서 500m 정도밖에 떨어져 있지 않았다. 다행히 아주 튼튼하게 만들어진 배였으므로, 우리가 생각했던 것보다 피해가 덜했다. 조류가 빠져 나가자, 배는 모래톱에 걸려 덩그러니 놓여 있었는데, 용골에 덧댄 부분이 떨어져 나가고 구리로 씌운 외장 부분이 몇 군데 부서진 것을 제외하면 별다른 피해가 없었다.

어려운 화물 하역 – 흑인 선원들의 반란

배가 옆으로 45도 가량 기울어 있었으므로, 배 밑에 있는 화물을 위로 끌어 올릴 수가 없었다. 우리는 조류가 들어와 다시 배를 똑바로 세울 때 보트에 화물을 내릴 준비를 했다. 배를 구해낼 수 있는 희망이 전혀 없어 보였지만, 일단 배가 박살이 나기 전에 화물을 내리는 것이 가장 중요했다. 러시아의 증기선 사갈린 호의 토베진(Tobezin) 선장은 우리에게 자기들 보트와 선원들을 모두 이용하라고 제의했고, 다음날 우리는 6~7척의 보트, 커다란 거룻배 1척, 그리고 약 50명의 인력을 동원하여 작업을 시작했다.

바다는 여전히 파도가 높았다. 범선은 다시 밑의 땅바닥에 부딪히기 시작했다. 보트는 높은 파도를 맞더니, 가득 실은 짐과 함께 해안에서 약 100m 떨어진 지점에서 침몰했다. 상자, 바구니, 밀가루 통 등 잡다한 물건들이 조류를 타고 강으로 올라갔다. 이런 모든 불운한 사태에도 불구하고, 밀물 때문에 배가 충분히 바로 설 수 있었으므로, 우리는 썰물 때까지 어느 정도의 보급품을 보트로 나를 수 있었고, 이후로 밤사이 배가 산산이 부서진다 하더라도, 최소한 우리는 굶주림을 면할 수 있는 정도의 보급품을 건질 수 있었던 것을 자축했다.

9월 25일 바람이 다소 잦아들고 파도도 낮아졌다. 범선이 그리 심하게 파손된 것이 아니었으므로, 우리는 배와 화물 모두를 구해낼 수 있겠다는 희망을 품게 되었다. 9월 25~29일은 사갈린 호와 팔메토 호의 모든 보트와 선원들이 동원되어 팔메토 호의 화물을 해안으로 나르는 데 집중했고, 9

월 30일에는 적어도 절반쯤 되는 화물을 무사히 날랐다. 우리 판단으로는 10월에 들어오는 첫 조류를 타고 배가 바다로 나가는 데는 아무런 이상이 없어 보였다. 배를 세심하게 살펴본 결과, 용골에 덧붙인 부분이 떨어져 나간 것 이외에 다른 커다란 피해를 입지 않은 것으로 확인되었다. 또한 사갈린 호의 장교들 의견에 따르면, 그 정도면 항해에 지장이 있을 정도는 아니며, 항해를 못할 정도도 아니라는 것이었다.

그러나 새로운 어려움이 뒤따랐다. 팔메토 호의 선원들은 모두 흑인이었다. 아바자 소령이 가을을 넘기지 않고 범선을 샌프란시스코로 보내려 한다는 소식을 접한 이들은 즉각 항해하기를 거부하면서, 위험한 배로 항해하느니 차라리 시베리아에서 겨울을 나겠노라고 선언했다. 아바자 소령은 즉시 사갈린 호의 장교회의를 소집하였고, 다시 한 번 면밀한 배 검사를 통해 배가 항해할 수 있는지에 대해 서면으로 그 결과를 자기에게 보내달라고 요청했다.

배 검사가 다시 이루어졌고, 그 결과가 제출되었다. 배는 페트로파블로프스크, 캄차카까지는 문제없이 항해할 수 있고, 샌프란시스코까지는 알 수 없다는 결론이었다. 이 결론을 흑인들에게 읽어줬음에도 불구하고, 이들은 여전히 항해하기를 거부했다. 이들에게 명령 불복종의 결과가 어떤 것인지에 대해 잘 알려준 소령은 이들의 주동자에게 수갑을 채워 사갈린 호에 있는 깜깜한 감방에 가두도록 명령을 내렸다. 그럼에도 불구하고 이들의 항해 거부는 여전했다. 팔메토 호가 첫 밀물을 타고 바다로 나가는 것은 아주 중요한 일이었다. 왜냐하면 계절이 이미 겨울로 접어들고 있었기 때문에, 만일 10월 중순까지 만을 빠져나가지 못한다면, 배가 얼음 때문에 파손되는 것을 피할 수 없기 때문이었다.

아바자 소령이 증기선 사갈린 호를 타고 야쿠츠크로 떠나야 할 시점이 다가오자, 증기선은 바다로 나갈 준비를 하고 있었다. 10월 1일 오후 사갈린 호가 출항하기 위해 증기를 내뿜자, 흑인 선원들이 소령에게 말을 전하길, 만일 감옥에 갇힌 주동자를 풀어주면, 팔메토 호에 남아 있는 화물을 최선을 다해 다 내리고 샌프란시스코로 돌아가겠노라고 했다. 주동자는 즉각 석방되었으며, 그로부터 2시간 후, 아바자 소령은 좌초된 배와 반란 성향이 있는 흑인 선원들을 우리와 함께 남겨둔 채, 사갈린 호를 타고 오호츠크 정착촌을 향해 출항했다.

범선에는 아직도 화물이 절반 남아 있었으므로, 우리는 앞으로 5일 동안 계속해서 보트로 화물을 날라야 했다. 그것은 힘들고 사기를 저하시키는 작업이었다. 하루 24시간 중 보트를 댈 수 있는 시간이 6시간밖에 안 되었고, 그것도 밤 11시부터 새벽 5시까지였다. 다른 시간대에는 배가 옆으로 기울었고, 또 수위가 널빤지 한 장 뜰 수 없을 정도로 낮았다. 게다가 날씨가 갑자기 추워져서 온도가 영하로 떨어졌고, 조류가 들어올 때마다 부빙이 떠다니면서 배의 구리 표면을 긁어 찢어 놓았다. 강에 부빙들이 가득 들어차 밧줄을 잡고 보트를 앞뒤로 끌어당겨야만 했다.

추운 날씨, 낮은 수위, 얼음에도 불구하고 우리는 천천히 지속적으로 화물을 날랐고, 드디어 10월 10일 배에는 우리가 원하지 않았던 몇 개의 커다란 밀가루통, 얼마간의 소금에 절인 소고기와 돼지고기, 그리고 100톤 정도의 석탄 외에 아무런 화물도 남아 있지 않았다. 우리는 배가 이것들을 그대로 실은 채 균형 잡는 짐으로 쓰면서 샌프란시스코로 돌아가도록 했다. 이제 조류가 밀려들어 오면서 매일 수위가 점점 높아져 갔고, 10월 11일 팔메토 호는 거의 3주 만에 처음 바닷물 위로 떠올랐다. 용골 부분이 모래톱에서 떨어지자마자, 배가 빙그르 한 바퀴 돌더니 바다 쪽을 향해 섰고, 가벼운 보조 닻을 내려 배를 정지시킨 상태에서 다음날 출항할 준비를 갖췄다.

지난 한 주일 동안 몰아닥친 매서운 추위 때문에, 흑인 선원들은 더 이상 시베리아에서 겨울을 보내고 싶지 않다는 의사를 표시했고, 또 바람이 갑자기 남풍으로 바뀌지 않는 한, 배는 안전하게 바다 쪽으로 나갈 수 있을 것이다. 10월 12일 오후 2시 일단 바람이 순조롭게 불어대자, 팔메토 호는

▲ 한겨울의 정착 코략족 유르트

오랫동안 접어놓았던 큰 돛을 펼치고 보조 닻을 끌어 올렸다. 북동풍이 가볍게 불어대자, 배는 천천히 만 바깥쪽을 향해 나아갔다. 모래톱을 벗어나면서 흑인 선원들이 맨 위쪽 돛을 펴면서 "어영차 돛을 올리세!" 하고 외치는 소리가 나에게는 더없이 감미로운 음악소리로 들렸다. 범선은 무사히 바다로 나갔다. 배는 마침 제때에 잘 빠져나간 것이다. 배가 떠나고 일주일도 안 돼 강과 만의 윗부분이 다 얼어붙었으므로, 만일 조금만 더 늦게 출항했더라면 배가 움직이지도 못하고 완전히 파손돼 버렸을 것이다.

두 번째 겨울이 시작되는 시점에서 전신 사업의 전망은 첫 번째 겨울보다 더 나아 보였다. 회사 배들이 매우 늦게 도착하고 언워드 호는 아직 도착도 못하고 있는 것이 사실이지만, 팔메토 호는 12~14명의 인력과 공구 및 보급품 등의 모든 물자들을 가져다주었으므로, 아바자 소령은 600~800명의 원주민 인력과 300마리의 말을 구입하기 위해 야쿠츠크로 떠날 수 있었고, 우리로서는 2월 초쯤 전 구간에 걸쳐 공사가 빠르게 진행될 것을 기대하고 있었다.

외로운 아나디르스크 행 여행

팔메토 호가 출항하자마자 나는 그 배를 타고온 샌포드(Sandford) 외 12명의 인력을 기지가 마을 위쪽에 있는 기지가 강의 숲속으로 보냈는데, 그들에게 도끼, 설피, 개썰매 등의 보급품을 지급하고 기지가와 펜진스크 만 사이의 벌판을 가로질러 전신주로 쓸 나무를 베고 집을 짓도록 시켰다. 나는 또한 윌러(Wheeler)가 통솔하는 작은 원주민 팀에게 썰매 5~6대 분량의 도끼 및 보급품들을 가지고 얌스크로 가서 아놀드에게 전달하고 아바자 소령에게 그 소식을 전하고 오도록 시켰다. 이렇게 되면 당분간 오호츠크 해안가 구간에서는 별로 할 일이 없으므로, 나는 다시 한 번 북쪽으로 출발할 준비를 하기로 했다.

지난 5월부터 부쉬가 통솔하는 팀으로부터 아무런 소식도 듣지 못하고 있었기 때문에, 우리는 부쉬 팀이 나무를 베어 아나디르 강 하류로 떠내려 보내는 작업에 얼마만한 성과를 거두고 있고, 또 이번 겨울에는 어떤 계획을 하고 있는지 등에 대해 알고 싶었다. 팔메토 호가 기지가에 늦게 도착하는 바람에 아나디르 강으로 가야 할 이 배가 얼어붙는 겨울 동안 이곳에 억류되는 일이 생기게 되면, 보급을 받지 못하는 부쉬 팀에게 어쩌면 불행한 사태가 발생할 수도 있었다. 그래서 아바자 소령은 나에게 지시하기를, 자기가 배를 타고 오호츠크 정착촌으로 가게 되면, 나는 초겨울쯤 육로 길을 통해 아나디르스크로 가서 회사 배가 강 하구에 도착했는지, 또 부쉬 팀에게 어떤 지원이 필요한지 등을 확인해 보도록 했던 것이다. 이제 기지가에서 내가 할 일은 다 했으므로, 나는 모피 옷을 챙기고 야영 장비와 차, 설탕, 담배 등 보급품을 썰매 5대에 나눠 싣고 6명의 카자크족 사람들과 함께 11월 2일 나의 마지막 북극권 여행을 떠났다.

나의 모든 시베리아 여행 중에서 이번만큼 외롭고 쓸쓸한 경우는 없었던 것으로 기억한다. 짐을 최대한 줄이기 위해 나는 미국인 친구 하나 데려가지 않았던 것이다. 그런데 매일 밤마다 나는 모닥불 곁에 앉아 극기 훈련이라도 하는 것 같은 여행을 후회하면서 나의 '피두스 아카테스' 158) 인 도드의 우스갯소리와 웃음소리를 그리워했다. 25일 동안 나는 영어라곤 한마디도 듣지 못했으며, 또한 문명인이라곤 한 사람도 만나보지 못했다. 하지만 여행이 끝나갈 무렵 나는 개가 나의 영어를 알아듣고 이제는 서로 이야기도 나눌 수 있을 정도가 된 것을 기쁘게 생각하고 있었다. 비처159)가 한 말이 생각난다.

"사회생활에서 외로움이 갖는 의미는 음악에서 쉼표가 갖는 의미와 같은 것이다."

하지만 '외로움'으로만 채워진 여행은 쉼표만 있는 음악과 별다를 게 없는 것이다.

---

158) fidus Achates: 충실한 친구라는 뜻. 아카테스는 로마 건국신화인 베르길리우스의 서사시 〈아에네이드(Aeneid)〉에 나오는 주인공인 트로이 장군 아에네아스(Aeneas: 안키데스와 아프로디테 사이의 아들)가 트로이 함락 후 카르타고로 피신하면서 여행을 같이 다니던 친구. 이후 아에네아스는 이탈리아로 갔고 그 후손들이 이탈리아를 건국했다는 전설이다.

159) Henry Ward Beecher(1813~1887): 미국 개신교 목사. 유명한 장로교 목사이자 노예제 찬성론자인 라이먼 비처 목사의 13명 자녀 중 8번째로 태어난 그는 교육자로 유명한 캐서린 비처와 《톰 아저씨의 오두막》으로 유명한 해리엇 비처 스토우의 동생이다. 그는 미국 개척사회에서 일어나는 악과 위험에 대해 생생한 권고를 담은 탁월하고 호소력 있는 설교로 유명해졌으며, 이후 노예제도에 반대하고 여성의 참정권, 진화론, 과학적 성서비판 등을 옹호하는 등 자유주의적 입장을 견지하며 죽을 때까지 많은 영향력을 행사했다.

어리석은 코략족 - 통조림의 폭발

펜진스크 만 해안가의 작은 마을 쿠일에서 나는 성격 좋은 카자크족 사람들을 떠나보내고 대신 썰매 몰이꾼으로 5~6명의 어리석고, 무뚝뚝하고, 대머리의 코략족 사람들을 고용해야만 했는데, 그때부터 나는 이전보다 더 외로움을 타게 되었다. 카자크족 사람들과는 조금씩 이야기도 가능했으므로, 긴 겨울밤마다 모닥불 옆에 앉아 그들의 신앙, 미신 등 시베리아 생활상에 대한 이야기를 묻고 들을 수 있었지만, 이제 코략어를 전혀 모르는 나로서는 여흥거리를 찾아낼 방법이 전혀 없었던 것이다.

코략족 썰매 몰이꾼들은 펜진스크 만에 있는 마을 전체에서 얼굴이 제일 못생기고 악당같이 생긴 사람들만 뽑아 놓은 것 같았고, 또한 성격마저 고집불통에다 무뚝뚝해서 나는 쿠일을 떠날 때부터 펜지나에 도착할 때까지 계속 기분이 언짢은 상태로 지내야 했다. 정기적으로 리볼버 권총을 가지고 위협하지 않으면 결코 그들을 움직일 수 없었다. 날씨가 나빠도 그들은 안락한 잠자리를 마련하는 법이 없었고, 좋은 방법을 알려줘도 아무런 소용이 없었다. 내가 모범을 보이고 지시를 내리는데도 불구하고, 내가 내 잠자리를 스스로 만드는 동안에도 그들은 매일 밤 모닥불 피울 눈구덩이 하나만 파놓고 마치 옹달샘에 모인 개구리들처럼 주위에 쭈그리고 앉아 있을 뿐이었다.

그들은 또한 요리하는 법에도 무지해서 이상하게 생긴 통조림 깡통의 용도를 전혀 알지 못했다. 왜 어떤 깡통 속 내용물은 끓여야 하고, 또 어떤 것은 기름에 볶아야 하고, 또 어떤 것은 수프로 만들고, 또 어떤 것은 케이크로 만드는 가 등의 문제들에 관해 그들은 매일 밤 진지하게 토론을 벌였지만, 언제나 합의에 이를 수 없었다. 때때로 그들이 그 이해할 수 없는 깡통 속 내용물들에 대해 여러 가지 실험을 가한 결과물들은 놀라운 것들이었다. 그들이 나에게 가져온 요리는 버터로 볶은 토마토를 넣은 케이크, 통조림 소고기와 복숭아를 섞어 끓인 수프, 달게 만든 덜 익은 옥수수, 돌 부스러기처럼 부순 말린 야채 등이었다. 내가 먹을 음식은 내가 옆에 서서 감독하지 않는 한, 그들이 제대로 요리하기를 기대할 수 없었다. 그러나 이상한 미국 음식 재료들에 대해 아무 것도 모르는 그들이 항상 그 맛이 어떤지에 대해 커다란 호기심을 표하면서 맛을 시험해보는 모습들은 때때로 나에게 재미를 안겨주었다.

우리가 셰스타코바를 떠난 후 어느 날 밤, 그들은 내가 오이 피클을 먹고 있는 것을 우연히 목격하게 되었는데, 그것은 그들의 요리 경험 중에 들어 있지 않은 것이어서 한 조각 맛보게 해달라고 나에게 요청했다. 그 결과가 어떻게 될 것인지 잘 알고 있는 나는 오이 피클 하나를 그들 중 제일 더럽고 못생긴 코랴족 사람에게 주고 한입 베어 먹는 시늉을 해주었다. 그가 그것을 입에 갖다 대자, 그의 동료들이 숨을 죽일 정도로 호기심을 가지고 그를 지켜보면서 그가 그것을 좋아하는지 살펴보았다. 잠시 후 그는 놀라움과 혐오감이 뒤섞인 우스꽝스런 표정을 짓더니, 베어 문 조각을 삼킬 수 없어 토할 것같이 보였다. 그러나 그는 강한 자제력을 보이면서 오히려 만족스럽다는 듯이 입맛을 쩍쩍 다시며 코랴어로 이렇게 말하며 남은 오이 피클을 옆 동료에게 넘겼다.

"아흐멜 네멜킨(akhmel nemelkhin: 아주 맛있네)."

옆 동료 역시 그 예상치 못한 신맛에 똑같이 놀라고 혐오감을 나타냈지만, 다른 동료들의 비웃음을 사거나 자신의 약한 모습을 보이지 않으려고 그 또한 그것이 맛있다고 가장하면서 남은 오이 피클을 다시 옆으로 넘겼다. 이렇게 원주민 6명이 돌아가며 속이 훤히 들여다보이는 뻔한 연극을 아주 진지한 자세로 연출하고 있었다. 그러나 이제 그들 모두가 맛을 보는 시험에 빠진 희생자가 되었으므로, 그들은 모두 놀랍다는 뜻의 감탄사 "타이이(ty-e-e-e)"를 연발하면서 그동안 자제했던 혐오스런 감정을 맘껏 터뜨렸다. 격렬하게 토하고, 기침을 해대고, 눈[雪]으로 입을 씻어내면서 그런 오이 피클 맛이 자기들에게 맞지 않는다는 사실을 입증해 보이고 있었다.

하지만 그런 와중에도 특별히 나에게 흥미로웠던 사실은 그들이 서로에게 책임을 미루는 방식이었다. 그들 각자는 자신이 시험에 빠졌다는 사실을 알게 되자마자 곧 다음 사람도 시험에 빠져야 공평하다는 생각을 했던 것이며, 또한 모두가 시험에 빠지지 않는 한 아무도 그 피클 맛이 나쁘다는 사실을 인정하지 않았던 것이다. '동병상련'이란 인간 본성에 관한 속담은 전 세계 어디에서나 공통인 것이다. 이번 시험의 결과에도 불구하고 그들은 계속해서 나에게 모든 통조림 깡통을 열어볼 것을 요청했다. 그러나 우리가 펜지나에 도착하기 직전에 재앙과도 같은 사고가 일어남으로써 나는 그들의 성가신 요구로부터 풀려날 수 있었고, 또한 그 후로 그들이 통조림 깡통을 어떤 미신적인 존경심을 가지고 대하는 계기가 되었다.

통상 늦은 밤에 야영지에 도착하게 되면, 우리는 얼어붙은 통조림 깡통들을 잿불 속에 넣어 녹이는 습관이 있었고, 나는 통조림을 따지 않고 불속에 넣어서는 안 된다고 원주민들에게 반복해서 주의를 주었었다. 따지 않으면 증기압 때문에 통조림이 폭발할 수 있다는 자세한 설명을 해줄 수는 없었지만, 불 속에 넣기 전에 구멍을 뚫어놓지 않으면 코략어로 "아트킨(atkin: 나쁜)" 일이 생길 수 있다고는 말해 주었었다.

그러던 어느 날 밤 그들은 이 주의사항을 잊었거나, 아니면 소홀히 하였다. 그들이 불가에 둥글게 모여 앉아 있을 때, 갑자기 통조림 하나가 엄청난 소리를 내며 폭발하면서 날아올랐고, 커다란 수증기 구름을 분출하면서 끓고 있던 뜨거운 양고기 파편들이 사방에 흩어졌다. 갑자기 화산이 터졌다 해도 코략족 사람들이 이보다 더 당황스러워 하지는 않았을 것이다. 그들은 일어나서 도망갈 시간도 없었으므로 뒤로 굴러가며 소리를 질렀다.

"깜묵(Kammuk: 악마다)!"

이제 죽은 목숨이라고 생각하고 체념한 것 같은 모습이었다. 내가 웃음을 터뜨리자, 그제서야 그들은 안심을 하면서도 잠시 공황 상태에 빠졌던 것을 조금 부끄럽게 여기는 듯했다. 그때부터 그들은 통조림 깡통을 마치 장전된 폭탄을 다루듯이 조심해서 다루면서 다시는 그 내용물을 꺼내 한 입 먹어보자는 말을 꺼내지 않았다.

아나디르스크에서의 기근 사태

오호츠크 해의 해안 지대를 벗어나 내륙 쪽으로 들어가 아나디르스크로 향하는 여정은 아주 더디게 진행됐다. 왜냐하면 낮이 짧고, 또 금방 내린 눈이 깊이 쌓여 발이 푹푹 빠질 정도였기 때문에 개들은 금방 지쳐버렸고, 우리는 눈에 빠지지 않기 위해 설피를 신고 무거운 짐을 실은 썰매를 끌면서 15~25km 정도 되는 거리를 헤쳐 나가야 했기 때문이었다. 날씨 또한 너무 추워서 내가 갖고 있는 온도계는 항상 영하 23도만 가리키는 상태로 거의 쓸모없게 되었다. 여러 날 동안 수은주는 그 상태에서 움직이지 않았으므로, 나는 방금 만든 저녁 음식이 얼어붙는 속도로 온도를 추측할 수 있을 뿐이었다. 손 안에 떨어뜨린 수프가 곧 액체에서 고체로 변해버리고, 내 양은 그릇 안에 들어 있는 옥수수 죽이 다 먹기도 전에 얼어버리는 경우가 몇 번 있었다.

기지가를 떠난 지 14일째 되는 날 우리는 아나디르스크에서 약 200km 떨어져 있는 펜지나의 원주민 마을에 도착했다. 지난 5월에 이어 이번이 두 번째 방문이었다. 마을의 남자, 여자, 아이, 그리고 개까지 모두 나와 열렬히 환영하면서 우리를 맞아주었다. 이들은 6개월 만에 외부 세계에서 온 이 방인들을 보게 된 것이므로, 그 기쁨을 표시하기 위해 5~6정의 낡은 머스킷 소총으로 예포를 쏘아 올렸다.

기지가를 떠날 때 내가 자신 있게 예상했던 것은 길을 가는 도중에 부쉬가 보낸 전령을 만나게 될 거라는 것이었다. 그런데 펜지나에 도착하여 아나디르스크로부터 온 사람이 아무도 없고, 또 지난 봄 이후 우리 탐험대에 관한 소식을 들어본 것이 없다는 이야기를 현지 주민들로부터 듣고 나는 놀라움과 함께 아주 많이 실망하고 있었다. 나는 무언가 잘못돼가고 있다는 예감이 들었다. 왜냐하면 부쉬는 첫 겨울길이 열리는 시점에 기지가로 전령을 보내도록 지시를 받았기 때문인데, 지금은 벌써 11월 말이었던 것이다.

다음날 나쁜 예감이 현실이 되었다. 저녁 늦게 나는 어느 러시아인 농부의 집에서 차를 마시고 있었는데, 밖에서 누군가의 외침소리가 들려왔다.

"아나디르스키 야이두트(Anadyrski yaydoot: 아나디르스크 사람이 오고 있어요.)"**160)**

서둘러 집밖으로 나간 나는 마침 썰매에서 내린 긴 수염을 기른 아나디르스크 정교회 신부를 만났다. 만나자마자 내가 먼저 물었다.

"부쉬는 어디에 있습니까?"

"보흐 예보 즈니엣(Bokh yevo zniet: 오로지 신만이 아시지요)."**161)**

신부의 대답에 나의 심장이 덜컥 내려앉았다.

"어디에서 부쉬를 마지막으로 보았습니까? 그는 어디에서 여름을 보냈습니까?"

내가 재차 물었다.

"제가 마지막으로 그를 본 것이 7월 아나디르 강 하구에서였습니다. 그러나 그 이후로 그에 관해 아무 것도 들은 것이 없습니다."

신부가 대답했다.

몇 번 더 질문이 오갔지만 전체적으로 암울한 이야기뿐이었다. 6월경 부

---

160) "아나디르스키예 이두트"가 표준어.
161) "보흐 이보 즈나옛"이 표준어.

쉬, 매크리, 하더, 스미스는 강둑을 따라 전신 사무소를 짓기 위해 커다란 뗏목을 타고 아나디르 강을 따라 내려갔다는 것이다. 필요한 지점에 사무소를 지어 놓은 다음, 이들은 카누를 타고 아나디르 만으로 가서 샌프란시스코로부터 오는 회사 배가 도착하기만을 기다리고 있었다. 거기에서 신부가 그들과 만나 여러 주를 함께 보냈다.

그런데 6월 말경 보급품이 떨어졌고, 기다리던 배도 오지 않았다. 그래서 신부는 강 하구에서 반쯤 굶주린 상태로 마냥 배를 기다리고 있는 불행한 미국인들을 남겨두고 마을로 돌아왔고, 그 이후 그들에 관해 들은 이야기가 전혀 없다는 것이었다. 그래서 그들이 어디에 있는지, 그리고 어떤 일이 생겼는지에 대해서는 "오로지 신만이 아시지요"라고 신부가 슬픈 표정으로 대답했던 것이다. 이것은 나쁜 소식이었지만 이보다 더 나쁜 최악의 소식이 우리를 기다리고 있었다.

그해 아나디르 강의 연어잡이가 전체적으로 실패로 돌아감으로써, 아나디르스크 마을에 무서운 기근이 발생하여 일부 주민들과 거의 모든 개들이 굶어 죽고, 마을이 거의 황폐화되었다는 것이었다. 개를 충분히 갖고 있는 사람들은 썰매를 타고 축치족 유목민들을 찾아가서 다음 해 여름까지 함께 살아갈 수 있었다. 그러나 마을에 남은 일부 주민들은 살아남기 위해 순록 가죽 조각들이나 모피 장화까지 먹어야 했다.

10월 초 원주민들로 구성된 한 팀이 썰매를 타고 부쉬 일행을 찾으러 갔지만, 한 달 이상이 지났는데도 아직 아무런 소식이 없었다. 이 모든 소식을 종합해보면 그들은 아나디르 강 하류 지역의 끝없이 너른 황량한 벌판에서 굶어 죽었을 가능성이 있었다. 왜냐하면 그들은 오로지 10일치 보급품만을 싣고 출발할 수밖에 없었고, 또 중간에 축치족 유목민들을 만나 더 보급을 받았을 가능성이 희박했기 때문이었다.

이것이 내가 북쪽 지역에 관해 처음 들은 소식이었다. 아나디르스크 마을에 발생한 기근 사태, 7월 이후 실종 상태인 부쉬 일행, 그리고 10월 중순

이후 실종 상태인 8명의 원주민 구조팀. 나는 상황이 더 나빠질지 알 수 없었으므로, 밤에도 잠을 이루지 못하고 구조 방법에 대해 숙고하느라 날을 샜다. 나는 한겨울에 아나디르 강 하구로 또 다시 들어가야 한다는 사실에 무척 두려움을 느끼고 있었지만, 이제 그것을 피할 방법이 없었다. 4개월 동안 부쉬에게서 아무런 소식이 없다는 것은 그가 어떤 불행한 사태에 처했다는 것을 말해주는 것이며, 할 수만 있다면 아나디르 강 하구로 그를 찾아가는 것이 나의 의무인 것은 분명했다.

그래서 다음날 아침 나는 개 먹이를 사들이기 시작했고, 밤이 되기 전에 말린 생선 2,000개와 상당한 양의 물개 지방 덩어리를 모아 들였다. 그 정도면 개썰매 5대가 적어도 40일은 충분히 버틸 수 있을 것이다. 그런 다음 나는 펜지나 마을 가까이에 우연히 들러 야영을 하고 있는 코랴족 유목민들 우두머리에게 찾아갔다. 나는 그를 설득하여 아나디르스크 마을에 그의 순록떼를 몰고 가서 아사 직전에 있는 주민들을 도와주도록 요청했다. 또한 나는 러시아 지방관에게 이 기근 사태를 알리는 편지 한 통, 그리고 도드에게 가능한 많은 보급품을 썰매에 실어 즉시 펜지나로 보내도록 지시하는 편지 한통을 2명의 원주민에게 주고 썰매에 태워 기지가로 보냈다.

드디어 11월 20일 펜지나에서 가장 우수한 인력과 5대의 개썰매를 갖춘 나는 아나디르스크를 향해 출발했다. 만일 아나디르스크 마을에 도착할 때까지도 부쉬에게서 아무런 소식이 없다면, 나는 가장 우수한 이들과 함께 아나디르 강 하구까지 같이 갈 작정이었다.

CHAPTER 34

한밤중의 조우

　우리는 신부가 썰매로 왔던 길을 이용하여 아나디르스크로 향했는데, 길이 다져져서 예상했던 것보다 더 빠른 속도로 나아갈 수 있었다. 11월 22일 우리는 아나디르스크 마을에서 남쪽으로 30km밖에 떨어져 있지 않은 '루스키 흐레벳(Rooske Krebet 혹은 Khrebet: 러시아인 산)'이라는 낮은 산의 밑에서 야영을 했다. 다음날 아침이 다가오기 전에 목적지에 도착하려는 생각으로 우리는 밤새워 길을 재촉할 예정이었지만, 날이 어두워짐과 동시에 눈폭풍이 몰아치면서 우리의 갈 길을 막아 세웠다. 자정 무렵 바람이 조금 잦아들면서 달이 이따금 구름 사이로 얼굴을 내밀었다. 이보다 더 나은 기회가 없으리라 생각한 우리는 지친 개들을 일으켜 세워 산을 타고 올라가기 시작했다.
　그것은 황량하고 외로운 장면이었다. 눈이 구름처럼 몰려와 휘몰아치면서 눈앞에 하얀 산봉우리는 절반만 보였고, 우리 뒤편 풍경은 완전히 보이지 않았다. 때때로 희미한 달빛이 구름처럼 날아오르는 눈 사이로 희끗희끗 보이다가 잠시 우리의 앞길인 산등성이를 밝게 비추어 주었다. 그러다가 갑자기 눈폭풍이 계곡으로 다시 몰아쳐 오면서 모든 것이 구름과 어둠 속으로 사라져 버렸다. 바로 앞도 제대로 보이지 않았지만 숨을 헐떡이며 우리는 결국 정상에 올랐고, 지친 개들을 위해 잠시 쉬고 있는 중에 갑자기 불과 몇 m 되지 않는 거리 옆으로 빠르게 지나쳐 내려가고 있는 검은 물체들을 발견하고 깜짝 놀랐다. 단지 어렴풋이 보았을 뿐이었지만, 그것들은 개썰매처럼 보였으므로 우리는 큰소리를 외치며 쫓아가기 시작했다.

그것들은 분명 개썰매였고, 가까이 다가갈수록 그것들 중 하나가 지난 겨울 내가 아나디르스크 마을에 남겨 놓고 온, 낡은 물개가죽을 씌운 '파보스카'인 것을 알아보고, 나는 그 안에 탄 사람이 미국인일 것이라는 확신이 들었다. 갑자기 심장박동이 빨라지면서 흥분한 나는 썰매에서 뛰어내려 파보스카로 다가갔지만 너무 어두워서 얼굴을 분간할 수 없었다. 나는 영어로 물어보았다.

"거기 앉아 있는 사람은 누구입니까?"

"부쉬입니다!"

대답하는 소리를 나는 똑똑히 알아들었고, 그 소리는 더할 수 없이 반가운 목소리였다. 3주 이상을 나는 영어 한마디 할 줄 아는 현지인을 한 사람도 만나보지 못했고, 또 계속해서 불운이 닥쳐와 외로움과 마음고생이 심한 상태에서 갑자기 한밤중에 눈보라가 휘몰아치는 황량한 산꼭대기에서 나는 거의 죽었다고 포기했던 오랜 친구이자 동료인 부쉬를 만났던 것이다. 그것은 정말 환희에 찬 만남이었다. 부쉬 일행을 찾으러 아나디르 만으로 떠났던 원주민 팀이 부쉬를 찾아서 데리고 아나디르스크로 안전하게 돌아왔다가, 이제 기근 소식을 알리고 도움과 보급품을 얻기 위하여 기지로 가고 있는 중이었던 것이다. 그들 역시 눈폭풍 때문에 잠시 피신해 있다가 자정 무렵 조금 잦아들자 반대편 방향에서 산을 타고 오다가 우리와 만난 것이었다.

우리는 어제 야영했던 산의 남쪽 야영지로 함께 되돌아갔고, 아직 연기가 피어오르는 잿불에 바람을 불어넣어 다시 살려낸 다음, 바닥에 곰가죽을 깔고 앉아 동이 틀 때까지 마치 북극곰처럼 하얀 눈을 뒤집어 쓴 채 이야기를 나누었다.

부쉬 팀의 고난 – 시베리아의 기근 사태

부쉬가 전해준 소식은 더 나쁜 것이었다. 신부가 이미 나에게 알려주었던 것처럼 그들은 6월 초 아나디르 강 하구로 내려가서 거의 4개월 동안 회사 배가 도착하기만을 기다리고 있었다. 마지막 보급품이 떨어지자 그들은 생존을 위해 매일 물고기를 잡으러 가야 했고, 물고기마저 떨어지면 그냥 굶어야 할 판이었다. 소금 대용으로 쓰기 위해 그들은 지난 겨울 매크리 팀이 야영했던 곳에 버려진 돼지고기 통 속에 들러붙어 있는 염분을 긁어냈고, 커피 대용으로 쓰기 위해 쌀을 태워 물에 타 마셨다.

마침내 염분과 쌀마저 떨어지자 오로지 생선만 끓여서 먹을 수밖에 없었다. 나무가 있는 가장 가까운 곳도 약 80km나 멀리 떨어져 있으면서, 이끼로 뒤덮인 거대한 습지 한가운데 고립된 채, 무방비 상태로 모기의 공격에 항시 시달리고 때때로 굶주림의 고통을 겪으면서도 매일매일, 또 매주일마다 오지않는 배를 끊임없이 기다려야 하는 상황이란 정말 비참한 일인 것이다.

마침내 10월 회사의 범선 골든게이트(Golden Gate) 호가 25명의 인력과 작은 증기선 한 척을 가지고 도착했다. 그러나 이미 겨울이 시작된 시점이어서 화물을 다 내리기도 전인 5일 후에 배는 얼음에 갇히고 말았다. 그럭저럭 배의 선원과 화물은 거의 다 구해낼 수 있었지만, 전체 인원수가 25명에서 47명으로 예상치 않게 늘어남에 따라 자연히 보급품도 부족하게 될 수밖에 없었다. 하지만 다행스럽게도 부근에 축치족 유목민들이 있었으므로, 부쉬는 그들로부터 상당한 양의 순록고기를 사들이는 데 성공했고, 나중에 쓸 요량으로 얼려서 비축해 놓았다.

아나디르 강이 얼어붙자, 부쉬는 지난 겨울의 매크리 팀이 그랬던 것처럼 400km나 멀리 떨어져 있는 아나디르스크 마을로 거슬러 올라갈 방법이 없이 고립될 수밖에 없었다. 하지만 이미 그는 이런 어려움을 예상하고, 만일 강이 얼어붙기 전에 자신이 카누를 타고 되돌아오지 못하면, 개썰매를 보내 자신을 돕도록 아나디르스크 마을 주민들에게 지시를 내려놓고 있었다. 기근사태가 발생했음에도 불구하고 마을 주민들은 개썰매를 보내 부쉬와 2명의 남자를 아나디르스크 마을로 데려왔다. 마을에 기근 사태가 발생하여 황폐화되기 시작한 상황을 파악한 부쉬는 한시도 지체하지 않고 기지가를 향해 출발했으며, 가는 도중에도 개들이 굶어죽어 갔다고 전했다.

강 하구에 남아 있던 44명의 사람들은 그곳을 떠나 이동할 운송수단이 없는 채로 부족한 보급품을 갖고 겨울을 보내는 수밖에 없었다. 아나디르스크 마을은 황폐화되었고, 펜지나에서도 몇몇 팀을 제외하면 쓸 만한 개가 없었다. 즉 오호츠크에서 베링 해협까지의 북부 지역 전체에서 썰매를 끌 개들이 별로 없었던 것이다. 그런 심각한 상황 속에서 무슨 일을 할 수 있었겠는가?

부쉬와 나는 루스키 흐레벳 산자락 밑에서 홀로 외로이 불타고 있는 모닥불 곁에서 밤새 문제점을 논의했지만 결론을 내지 못하고 3~4시간 잠을 잔 후 아나디르스크 마을을 향해 출발했다. 오후 늦게 우리는 마을에 도착했다. 하지만 그것은 더 이상 마을이라 부를 수 없을 정도로 황폐화돼 있었다. 위쪽에 있는 두 마을, 즉 오솔킨과 포코루코프는 지난 겨울 매우 번창하는 모습을 보여 주었지만, 이제는 주민이 한 사람도 없는 폐촌이 되었고, 마르코바에는 단지 몇몇 가족들만 남아 굶주리고 있으면서 개들이 모두 죽어 다른 곳으로 이동도 못하고 있는 상태였다.

우리의 도착을 알리는 개짓는 소리도 없었고, 우리를 맞이하러 나온 사람도 없었다. 집집마다 창문에 나무 가림막이 씌어져 있는 상태로 반쯤 눈 속에 묻혀 있었다. 길 위엔 눈이 쌓인 채 그대로 있었고, 마을 전체가 고요하고 황량했다. 그것은 마치 주민 절반이 죽어나가고 나머지 절반은 장례식에 가 있어 텅빈 마을처럼 보였다. 우리는 이전에 부쉬가 회사 본부로 쓰려고 세워 놓은 조그만 통나무집에 머물렀고, 그곳에서 서로의 경험담을 나누며 그날의 나머지 시간을 보냈다.

우리가 처해 있는 불행한 상황은 거의 전적으로 아나디르스크 마을의 기근사태 때문에 생긴 것이라 말할 수 있다. 물론 골든게이트 호가 늦게 도착하고 이어서 얼음에 난파된 것이 커다란 불행이었던 것도 사실이지만, 기근 사태가 우리에게서 모든 운송수단을 빼앗아간 것이야말로 정말 돌이킬 수 없는 불행이었던 것이다.

아나디르스크 마을 주민들뿐만 아니라 북동부 시베리아 러시아인 정착촌 주민들은 모두 생계를 물고기 잡이에 두고 있었다. 매년 여름이면 물고기들이 강을 타고 내륙의 얕은 시냇물까지 올라와 산란을 하게 되는데, 그때 마을 주민들은 수천 마리의 물고기들을 잡는다. 이런 물고기의 이동이 규칙적으로 일어나고 있으므로, 원주민들은 별다른 어려움 없이 생계를 이어나갈 수 있었던 것이다.

그런데 무슨 이유 때문인지는 몰라도 3~4년마다 한 번씩 물고기가 올라오지 않는 경우가 생기고, 그러면 그해 겨울엔 이번에 아나디르스크 마을에서 일어난 것과 같은 기근 사태가 발생하는 것이다. 1860년에는 펜진스크 만 해안가에 있는 4개 마을에서 150명 이상의 원주민이 굶어죽었고, 캄차카 반도에서는 주민 수가 절반 이하로 감소하여 러시아인의 정복 이래 가장 혹독한 기근 사태로 기록되었다. 코략족 유목민들이 엄청난 순록떼를 몰고와 굶주리는 사람들을 구제하지 않았더라면, 틀림없이 러시아인, 추반치족, 유카기르족, 캄차달족 등을 포함한 시베리아의 정착민들은 50년도 못가 모두 죽고 말았을 것이라고 나는 생각한다.

마을과 마을이 서로 멀리 떨어져 있고, 또 여름에는 마땅한 교통수단이 없으므로 서로간의 지원이나 도움을 받을 수 없는 상태에서 마을은 전적으로 가지고 있는 자원에 의존할 수밖에 없게 된다. 그런 기근 사태가 발생하면 항상 첫 번째 희생자는 개들이 된다. 그러면 유일한 교통수단인 개를 잃게 된 주민들은 기근이 닥친 지역을 벗어날 수 없게 되어, 가죽장화, 물개 가죽 끈, 무두질하지 않은 가죽조각 등을 먹으면서 연명하다가 결국 굶어 죽게 되는 것이다.

이런 불행한 사태를 불러온 책임은 제일 먼저 주민들 자신의 부주의에 있다. 그들은 한 해 동안에 3년치 물고기를 충분히 잡아 말려놓을 수도 있었을 것이다. 그러나 그렇게 하는 대신 매년 1년치 물고기만 잡음으로써 기근 사태를 맞을 수밖에 없는 것이다. 혹독한 기근 사태를 경험하고도 그들은 거기에서 벗어나려는 지혜를 배우지 않고 있는 것이다. 겨울에 기근 사태를 겪고 가까스로 살아난 사람도 좀 더 열심히 일해 더 많은 물고기를 잡기보다는 차라리 다음번 기근 사태를 겪는 것을 선택하고 있는 것이다. 그들은 기근 사태가 피할 수 없이 닥쳐온다는 사실을 알면서도 그로부터 벗어나거나 그것을 완화시키려는 아무런 조치도 취하지 않으면서 결국 입 안에 넣을 음식 한 점 없는 상태에 놓이게 되는 것이다.

한번은 어느 아나디르스크 마을 원주민이 대화 도중에 자신에게 개 먹이가 5일치밖에 남지 않았다고 나에게 말한 적이 있었다. 그래서 나는 그에게 물었다.

"그 5일치 먹이가 떨어지면 어떻게 합니까?"

"보흐 게보 즈니엣(Bokh gevo zniet: 신만이 아시겠지요)!"

이런 무책임한 대답을 하면서 그 원주민은 마치 어떤 결과가 오든지 자기와는 아무런 상관이 없다는 듯이 무관심한 태도로 돌아섰다. "신만이 아시겠지요"라고 말하는 것은 누군가가 알거나 혹은 알지 못하거나 아무런 차이가 없다고 생각하는 것이다. 개에게 마지막 먹이를 주고난 후에도, 그에게는 개 먹이를 더 구하기 위한 시간이 충분히 남아 있었을 것이다. 하지만 그때까지도 그는 힘들여 노력하려는 생각이 없었던 것이다.

이렇게 원주민들의 무모함과 부주의함은 이미 잘 알려져 있었으므로, 러시아 정부는 마침내 북동부 시베리아 정착촌 여러 곳에 물고기 저축은행(Fish Savings Bank), 즉 기근 보험 사무소(Starvation Insurance Office)라고 불리는 특별한 기구를 설치했다. 처음에 그것은 원주민들에게서 은행 자본으로 쓸 약 10만 마리의 '유칼라(Yookala: 말린 생선)'를 점차적으로 구입하면서 설립되었다. 그리하여 정착촌의 모든 남성 주민들은 매년 이 은행에 자신이 잡은 물고기의 1/10을 의무적으로 내도록 법으로 정했다. 그렇게 해서 매년 자본이 쌓여져 갔고, 물고기가 정기적으로 계속해서 들어오는 한, 은행자본은 계속 늘어만 갔다.

그러다가 물고기가 잡히지 않으면서 기근이 닥치게 되면, 저축 가입자, 즉 좀 더 엄밀히 말하자면 납세자 모두는 은행으로부터 즉각 필요한 만큼의 충분한 물고기를 대여 받게 되고, 그 대신 다음 여름에 매년 정기적으로 내는 1/10과 함께 같이 갚으면 되는 것이었다. 이런 원리로 운영되는 제도가 완전히 정착된다면, 자본이 계속 축적되면서 정착촌은 기근의 위험으로부터 안전해질 수 있는 것이다.

북극해에 있는 러시아 군기지인 콜리마(Kolyma)에서 이 제도의 실험이 처음 이루어졌는데, 완전한 성공으로 끝났다. 그곳 은행은 2년 연속 들이닥친 심각한 기근 사태를 극복해 내면서 마을 주민들을 구제해냈고, 1867년에는 자본이 말린 생선 30만 마리로 늘어났으며, 매년 2만 마리의 속도로 계속 축적돼가고 있었다.

아나디르스크는 러시아 군기지도 아니었으며, 또한 이런 종류의 은행도 없었다. 그러나 다음 해에도 우리 사업은 계속 이어져 나가야 했으므로, 우리는 러시아 정부에게 전선 가설 구간 전체에 걸친 모든 정착촌에 그런 제도를 실시해 주도록 요청했다. 그러나 그 사이에 기근 사태는 걷잡을 수 없이 확산되었으므로, 1867년 12월 1일 가엾게도 부쉬는 기지가에서 600km 정도 떨어져 있는 황폐화된 마을에 돈, 보급품, 운송수단도 없이 버려져 있었던 것이다. 그리고 그에게는 아나디르 강 하구에서 절망적인 상황에 빠져 있으면서 그의 도움을 기다리고 있는 44명의 인원들이 딸려 있었다. 이런 어려운 상황 속에서 전선 가설 공사를 진행한다는 것은 가망 없는 일이었다. 그가 바라는 것은 다만 야쿠츠크로부터 인력과 말들이 도착하여 일을 다시 시작할 수 있을 때까지 자기 팀원들에게 보급품이 떨어지지 않도록 계속 공급해주는 것이었다.

아나디르 강 지역에서의 작업 - 굶주리는 전신주용 나무 베는 팀

11월 29일 아나디르스크에 더 머물러봐야 부쉬 팀의 부족한 보급품만 축낼 뿐, 더 이상 아무런 도움이 되지 않는다고 판단한 나는 펜지나에서 온 2대의 썰매를 끌고 다시 기지가를 향해 출발했다. 이제 나는 더 이상 이 북쪽 지역과 연관된 업무상 일이 없었으므로 다시 이 지역을 방문할 일도 없었다. 그래서 나는 이후로 이 지역에서 진행된 불운한 일들에 관해 내가 나중에 편지로 알게 된 사실들을 이 자리에서 간략하게 이야기하고자 한다.

12월 말경 기지가에서 출발하도록 내가 지시해놓은 썰매들이 약 1.4톤에 달하는 콩, 쌀, 빵, 그리고 기타 부식품들을 싣고 아나디르스크에 도착했다. 부쉬는 제일 먼저 6대의 썰매에 보급품을 실어 아나디르 강 하구에 있는 팀에게 보냈고, 2월이 되자 그 팀 중 6명이 먼저 돌아왔다. 조금이라도 일을 진척시키겠다고 마음먹은 부쉬는 이 6명을 아나디르스크에서 약 75km 떨어져 있는 마인(Mayn) 강가의 어느 한 지점으로 보냈고, 그들은 설피를 신고 전선 가설 구간을 따라 전신주 기둥을 분배해놓는 작업에 착수했다.

늦겨울에 또 한 팀이 아나디르 만으로 보내졌고, 3월 4일 매크리 외 7명이 되돌아왔다. 매크리 일행은 강 하구에서 아나디르스크로 오는 도중에 아주 혹독한 날씨를 만나 일행 중 로빈슨이 목적지를 약 150km 남겨놓은

▲ 북극의 장례식

지점에서 눈폭풍으로 사망하는 사고를 당했다. 그의 시신은 지난 여름 부쉬 일행이 세워 놓은 집들 중 한 곳에 묻지 않고 놓아두었다. 매크리 일행은 다시 마인 강가로 보내졌고, 그곳에서 두 팀은 함께 3월 중순까지 나무를 잘라 약 3,000개의 전신주를 강둑을 따라 분배해 놓았다. 그러나 4월에 다시 보급품이 떨어지기 시작했으므로, 이들은 서서히 굶주림 상태에 몰리게 되었고, 부쉬는 보급품 추진을 위해 반쯤 굶은 상태로 지쳐 있는 불쌍한 개썰매 팀을 데리고 다시 한 번 기지가를 향해 출발했다.

그가 없는 동안 마인 강가에 남겨진 불운한 사람들은 어떡하든 살아남아야 했으므로, 마지막 남은 식량을 다 소비한 후에는 운송수단으로 남겨진 말 3마리를 다 먹어 치우고나서 결사대를 조직하여 설피를 신고 아나디르스크를 향해 출발했다. 반쯤 굶은 상태의 사람들에게 그것은 끔찍한 행군이었다. 무사히 목적지에 도달했지만, 이들은 완전히 지쳐서 마을을 100m 가량 앞에 두고 모두 고꾸라질 수밖에 없었다. 아나디르스크에서 이들은 소량의 순록고기를 얻는 데 성공했고, 이들은 이것으로 부쉬 일행이 기지가로부터 보급품을 갖고 돌아오는 5월까지 견뎌냈다.

이렇게 북극권에서의 두 번째 겨울이 끝이 났다. 실제적인 성과면에서 볼 때, 그것은 거의 완전한 실패였다. 그러나 그로 인해 우리 탐험 대원들의 용기, 인내심 등은 고난을 통해 더 굳건해졌으며, 만일 좀 더 지원이 원활해진다면 훨씬 좋은 성과를 거둘 수 있을 것이란 생각이 들었다. 2월 중 마인 강가에서 일하던 노튼(Norton) 일행은 기온이 섭씨 영하 40도로 떨어진 것이 16일, 영하 51도가 5일, 영하 56도가 1일, 그리고 영하 73도가 1일이었다고 기록했다. 영하 40~50도를 오르내리는 추위 속에서 설피를 신고 나무를 벤다는 것 자체가 인간의 인내력을 시험하는 것이지만, 거기에 굶주림의 고통까지 더해진다면 그것은 인간의 한계를 넘어선 것으로, 노튼 팀과 매크리 팀은 그런 놀라운 기적을 성취하기까지 했던 것이다.

얌스크로의 여행

아나디르스크를 떠난 나는 16일간의 고되고 외로운 여행을 겪은 후 12월 15일에야 기지가에 도착했다. 거기에는 야쿠츠크로부터 아바자 소령의 지시가 담긴 편지를 갖고 온 특별 전령이 방금 도착해 있었다.

아바자 소령은 야쿠츠크 지방관의 허락과 협조를 받아 1인당 연봉 60루블, 혹은 40달러로 800명의 야쿠트족 노동자들을 3년간 고용하는 계약을 맺는데 성공했다. 또한 그는 300마리의 야쿠트 말과 짐 안장, 다양한 장비, 그리고 노동자와 말에게 필요한 엄청난 양의 보급품을 구입했다. 이 노동자들 중 일부는 이미 오호츠크 정착촌을 향해 가고 있는 중이었고, 나머지 인력도 가능한 한 빨리 이동하여 공사구간 전역에 배치될 예정이었다.

물론 이 많은 원주민 노동자들을 감독할 수 있는 능력 있는 미국인들이 필요할 것이다. 우리는 보통 5~6명 이상을 감독할 수 있는 현장감독을 충분히 확보하고 있지 못하므로, 아바자 소령은 필요한 인력을 구하기 위해 페트로파블로프스크에 전령을 보내도록 지시했다. 페트로파블로프스크에는 샌프란시스코에서 온 범선 언워드 호가 도착해 있을 것이고, 또 그 배를 타고 온 현장감독들이 있을 것이기 때문이었다.

그래서 아바자 소령은 이 사람들을 페트로파블로프스크에서 기지가로 수송하는 작업, 50~60명 되는 야쿠트족 노동자들을 맞이하기 위한 준비 작업, 얌스크에 머무를 미국인 팀을 위한 600개의 군용 야전식량과 2월에 얌스크에 도착할 야쿠트족 팀을 위한 1.4톤 분량의 호밀가루를 보내는 작업 등을 잘 추진하라고 나에게 지시했다. 이런 작업들을 추진하기 위해 나는 약 15대의 개썰매를 갖고 있었으나, 부쉬 일행을 구조하기 위해 보급품과 함께 모두 펜지나로 보내버리고 말았다.

하지만 러시아 지방관의 도움으로 나는 페트로파블로프스크에 전령으로 보낼 카자크족 원주민 2명과 얌스크까지 보급품을 운반할 코략족 원주민 6명을 확보할 수 있었고, 그러는 동안 아놀드가 직접 600개의 군용 야전식량을 운반할 개썰매들을 보내왔다. 그래서 나는 다시 15대의 개썰매를 확보할 수 있었고, 그것들로 펜진스크 만의 북쪽에 있는 틸가이(Tilghai) 강가에서 나무를 베고 있는 샌포드(Sandford) 팀에게 보급품을 공급할 수 있게 되었다.

 12월 말경 어느 날 도드와 내가 마을 위쪽 강가에서 개들을 훈련시키고 있는데, 캄차카로부터 어떤 미국인이 도착했다는 연락을 받았다. 그 미국인이 우리가 오랫동안 기다려왔던 범선 언워드 호와 그 배가 페트로파블로프스크에 내려놓은 사람들에 관한 소식을 갖고 왔다는 것이었다. 서둘러 마을로 돌아간 우리는 의혹에 싸인 미국인 루이스(Lewis)가 우리 집에서 편안한 자세로 앉아 차를 마시고 있는 것을 발견했다.

 이 모험심이 강한 젊은이는 전신수(電信手)였는데, 러시아어를 한마디도 모르면서 한겨울에 페트로파블로프스크로부터 기지까지의 황량한 캄차카 반도를 횡단해왔다. 그는 동료도 없이 원주민 몇 명, 그리고 티길 출신의 카자크족 1명과 함께 42일의 여정 동안 거의 약 200km의 거리를 개썰매를 타고 왔던 것이다. 그는 자신이 해낸 일을 아주 겸손하게 이야기하고 있었다. 하지만 이것은 회사 직원이 해낸 가장 놀라운 여행 중 하나로 어느 정도 존경받아 마땅한 것이었다.

 우리가 예상했던 대로 언워드 호는 겨울이 빨리 왔기 때문에 기지가에 올 수 없었으므로, 페트로파블로프스크에 짐과 대부분의 승객을 내려놓았다. 루이스는 그때 내린 작업 팀장이 자신들의 상황을 아바자 소령에게 알리고 어떻게 해야 할 것인지에 대한 지시를 받기 위해 우리에게 보낸 사람이었다.

 루이스가 도착한 이후부터 3월까지는 별다른 특별한 일은 없었다. 얌스크에 있는 아놀드, 틸가이에 있는 샌포드, 그리고 아나디르스크에 있는 부쉬는 소수의 인원을 데리고 무언가 할 수 있는 일을 찾아서 하고 있었다.

그러나 혹독한 추위, 무서운 눈폭풍, 보급품과 개의 부족 등으로 이들의 노력은 거의 성과가 없었다.

1월에 나는 15대의 개썰매를 몰고 틸가이에 있는 샌포드의 캠프로 갔고, 그로부터 기지가에서 30~40km 떨어진 가까운 지점으로 샌포드 팀을 옮겨주려 시도했다. 하지만 쿠일 평원지대에서 혹심한 눈폭풍을 만난 우리는 4~5일 동안 앞에 있는 개도 보이지 않을 정도로 몰아치는 눈보라 속에서 뿔뿔이 흩어지고 말았다. 그래서 샌포드는 일부 팀원들만 데리고 틸가이로 되돌아갔고, 나는 나머지 일행들과 함께 기지가로 돌아갔다.

2월 말경 카자크족 콜마고로프(Kolmagorof)가 페트로파블로프스크로부터 언워드 호에서 내린 작업 인력 3명을 데리고 도착했다.

3월에 나는 야쿠츠크에서 온 특별 전령으로부터 아바자 소령이 보낸 또 하나의 편지를 받았다. 그가 고용한 800명의 원주민 노동자들이 오호츠크 정착촌을 향해 가고 있는 중이며, 그중 150명 이상의 노동자들이 이미 도착하여 오호츠크와 얌스크에서 일에 착수하고 있다는 것이었다. 나머지 인력과 장비의 수송에는 아직도 그의 지휘감독이 필요하기 때문에, 그가 이번 겨울에 기지가로 되돌아가기는 힘들 것이라는 내용이었다.

하지만 그는 기지가에서 서쪽으로 300km 정도 떨어져 있는 얌스크의 코략족 정착촌까지는 갈 수 있으므로, 내가 이 편지를 받은 후 12일 이내에 그곳에서 자기와 만나줄 것을 요청하고 있었다. 나는 곧 리트(Leet)라는 미국인 친구와 같이 12일치 분량의 개 먹이와 보급품을 싣고 길을 떠났다.

기지가와 얌스크 사이에 있는 지역은 내가 이전에 보았던 시베리아 지역과 완전히 분위기가 달랐다. 캄차카 북부 지역이나 기지가와 아나디르스크 사이의 지역같이 그런 거대하고 황량한 벌판은 없었다. 반대로 기지가 서쪽으로 거의 1,000km에 걸친 오호츠크 해의 해안지대 전체가 거의 지나갈 수 없는 험한 산악지대로 소나무와 낙엽송이 빽빽하게 뒤덮은 깊은 계곡들이 겹겹이 교차하고 있었다.

스타노보이(Stanovoi) 산맥이 중국과의 국경지대로부터 오호츠크 해를 둥글게 감싸 안으면서 해안선을 따라 측면으로 수많은 지맥들이 퍼져 나가고, 그 사이로 작은 강과 시냇물이 나무로 우거진 깊은 계곡을 통해서 바다로 빠져나갔다. 기지가에서 얌스크까지의 길은 차라리 여행자들이 다니는 샛길이라고 해야 할 정도인데, 모든 강, 산과 직각으로 교차하고 있으면서 커다란 산맥과 바다 사이에서 중간 통로를 형성하고 있었다. 작은 강들을 사이에 두고 있는 산들은 대개 높이가 높았지만, 쉽게 횡단할 수 있는 정도였다.

그러나 기지가에서 서쪽으로 약 150km 떨어져 있는 지점에는 750~950m 높이의 비교적 높은 지맥이 형성돼 있으면서 샛길을 가로막고 있었다. '빌리가(Viliga)' 라는 산의 깊은 계곡이 이 지맥을 따라 뻗어가다가 스타노보이 산맥을 뚫고 들어가 평원지대와 바다 사이에 갇힌 바람에 통로를 열어주고 있었다.

겨울에는 오호츠크 해 바닷물이 산맥 북쪽에 있는 얼어붙은 평원지대보다 더 따뜻하므로, 바다 위에 있는 공기가 위로 올라가면서 평원지대의 찬 공기가 빌리가 산 계곡을 타고 내려와 자리를 잡는다. 여름에는 반대로 바닷물이 녹지 않은 얼음 덩어리들로 인해 여전히 차디차지만, 산맥 뒤편에 있는 평원지대는 거의 하루 종일 비치는 따뜻한 햇빛으로 인해 온갖 식생들로 가득 차게 되고, 또한 바람의 방향도 반대로 바뀌게 된다. 그래서 빌리가 산 계곡은 자연이 만들어 놓은 하나의 거대한 숨구멍으로 간주될 수 있으며, 그 숨구멍을 통해 내륙 안쪽에 있는 평원지대가 1년에 한 번 숨을 쉬게 되는 것이다.

그 밖의 어떤 지점에서도 스타노보이 산맥은 공기가 평원지대와 바다 사이에 걸쳐 앞뒤로 지나다닐 수 있는 통로를 만들어 놓지 않았으므로, 자연적으로 이 계곡은 자주 눈폭풍이 몰아치는 곳이 되기도 한다. 다른 곳에서는 날씨가 잠잠하고 조용해도, 이곳 빌리가 산 계곡을 통과한 바람은 허리케인 같은 폭풍으로 변하여 산 측면에서 눈사태를 일으키면서 바다까지 멀리 밀어내기도 한다. 이런 이유 때문에 현지 원주민들은 이쪽 길을 통과해 가야만 하는 여정을 두려워하며, 또한 이쪽 길은 북동부 시베리아에서 "빌리가 산의 폭풍이 몰아치는 난코스 계곡"으로 악명이 높기도 하다.

기지를 떠난 지 5일째 되는 날, 우리는 3~4대의 썰매에 1년 동안 캄차카에서 온 우편물을 싣고 이동하고 있는 러시아인 포치탈론(pochtillion 혹은 pochtallion: 우편배달부) 일행을 만나 같이 합류하여 그 무서운 빌리가 산자락 부근에 도달했다. 눈이 깊이 쌓여 기대했던 것보다 더 느리게 앞으로 나아갈 수밖에 없었으므로, 우리는 밤이 돼서야 빌리가 산에서 30km 정도 떨어진 토폴로프카(Topollofka) 강 하구 근처에 있는, 여행객을 위해 지어놓은 작은 유르트에 도착했다. 우리는 내일 험난한 일정이 기다리고 있다는 사실을 잘 알고 있었으므로, 저녁식사를 마친 다음 차를 마시고 곧 마룻바닥에 몸을 누인 채 잠을 청했다.

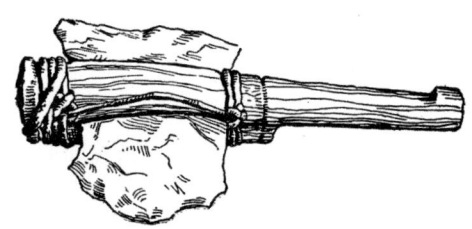

식용 풀을 자르는 데 사용하는 돌도끼

CHAPTER 35

토폴로프카 강 하구에서의 유르트

"케넌! 케넌! 일어나! 날이 밝았다고."
"정말?"
마룻바닥에 누워 겹겹이 쌓인 모피 이불 사이로 여전히 졸린 소리를 내고 있는 나는 벌써 날이 밝았다는 사실을 인정하고 싶지 않았으므로, 곧 다시 깊은 숨을 들이쉬며 잠에 빠져 들었다. 다시 꿈나라에 빠진 나를 깨우기 위해서는 더 강력한 수단이 필요했다.
"케넌! 일어나! 아침식사가 벌써 30분 전에 준비됐다고."
아침식사라는 마술 같은 말이 졸음보다 더 강하게 나를 깨웠으므로, 나는 모피 이불 사이로 얼굴을 내밀고 졸린 눈을 껌뻑거리며 주변 상황을 살펴보았다. 그리곤 내가 어디에 있는 것인지, 그리고 어떻게 여기까지 왔는지를 기억해내려고 애썼다.
유르트 한가운데에 있는 사각형 화덕 위에는 송진 많은 소나무 가지들이 탁탁 소리를 내며 밝게 타오르고 있었고, 그 뜨거운 열기가 구석구석 퍼져 나가면서 천장 나무와 기둥 나무들에 많은 물방울이 맺혀 있었다. 지붕 한가운데 있는 사각형 구멍을 통해 천천히 피어 오른 연기는 늘어진 낙엽송

가지 사이로 차분하게 깜박이며 우리를 엄숙하게 내려다보고 있는 하얀 별들을 향해 올라갔다.

우리 일행 중에서 톰 소여(Tom Sawyer) 같은 악동 역할을 하고 있는 미국인 친구 리트는 한 손에는 베이컨 한 조각을 꿴 나이프를 쥐고, 다른 한 손에는 포크를 쥔 채 내 위에 서 있었다. 그는 나를 더 효과적으로 깨우기 위해 그렇게 나이프와 포크를 휘둘러대고 있었던 것이다. 결국 그의 미친 듯한 몸짓은 원하던 결과를 얻게 되었다. 꿈속에서 식인종들이 살고 있는 섬에 난파당하여 그들의 수호신에게 희생물로 바쳐지는 순간에 잠이 깬 나는 잠자리에서 벌떡 일어나 눈을 부비며 정신을 차리려고 애썼다. 리트는 득의만만한 표정을 지으며 무척 즐거워하고 있었다.

우리의 여행 동료가 된 우편배달부 일행은 여러 날 동안 앞장서기를 기피하며 우리가 앞장서 나아가도록 하고, 자기들은 안전하게 우리 뒤를 뒤따라왔는데, 이렇게 요령 피우는 것이 리트의 분노를 최고도로 돋우어 놓았다. 그래서 리트는 운 나쁜 그 우편배달부 일행이 잠든 지 채 5시간도 안돼서 날이 밝았다고 깨워놓고, 북극 오로라를 해가 뜰 때의 여명으로 속였다. 그래서 그들은 우리가 뒤따라간다는 리트의 말을 믿고 자정에 썰매를 끌고 출발하여 부드러운 눈이 거의 1m 높이로 쌓여 있는 가파른 산을 힘들게 올라갔다. 내가 잠에서 깬 시각이 새벽 5시였는데, 그때까지도 그들이 산 정상 부근에서 지친 개들에게 외치는 소리가 들려올 정도였다. 우리는 그들이 우리를 위해 길을 닦아놓을 시간을 충분히 주기 위해 한가로이 아침식사를 마치고 6시 이후에 느긋하게 출발했다.

날씨는 아주 화창하고 맑았고, 우리는 유르트 위쪽에 있는 산을 가로지르면서 높은 언덕들 사이에 있는 계곡들을 구불구불 통과하여 바닷가 쪽으로 향했다. 해가 동쪽 언덕 위로 떠오르면서 눈이 마치 다이아몬드를 흩뿌려 놓은 것처럼 반짝거렸고, 멀리 빌리가 산봉우리들이 그 자태를 드러냈다.

저 멀리 더할 수 없이 부드러운 진홍빛에 몸을 담근 채
엷고 짙은 음영만으로 그려진 한 폭의 그림처럼
춤을 춘다
마치 프랑스 샴페인이 터져 나오는 것처럼 희열감을 느끼며

빌리가 산은 밝고 조용한 가운데 장엄한 설경을 펼쳐보이고 있었으므로, 저 부드러운 하얀 경사면과 날카롭게 솟은 봉우리에 어떻게 폭풍이 들이닥칠 수 있을까 하는 의문이 들 정도였다. 날씨는 매우 추웠지만 맑고 상쾌해서 개들이 눈으로 다져진 길을 즐겁게 뛰어다니는 광경을 보는 것만으로도 우리 몸 안에서 피가 뛰는 것 같았다.

눈폭풍이 몰아치는 계곡

정오 무렵 우리는 산속을 빠져나와 바닷가에 도달했고, 지친 개들과 함께 쉬고 있는 우편배달부 일행을 따라잡았다. 우리 자신이 활기에 넘쳐 있었으므로, 우리가 다시 선두에 서서 빌리가 계곡 부근을 향해 빠른 속도로 전진해 나갔다.

나는 이 무서운 구간을 지나는 시점에서 맑은 날씨를 맞게 된 것을 행운이라고 자축하고 있었는데, 갑자기 빌리가 계곡 입구에서부터 오호츠크 해의 시커먼 바다 위에까지 멀리 뻗어 있는 안개 같은 하얀 구름이 눈에 들어왔다. 나는 그 구름을 가리키며 가이드에게 그것이 안개인지 구름인지 물어보았다. 그는 그 구름을 쳐다보더니 걱정스럽다는 듯이 얼굴을 찌푸리며 간단하게 대답했다.

"빌리가 두리트이(Viliga dooreet: 산이 장난하고 있습니다)."[162]

---

162) '빌리가 두렛' 이 표준어.

▲ 눈폭풍으로 악명 높은 빌리가 계곡의 유르트 – 조지 프로스트 사진

　무언가 예언 같기도 한 이 대답에 잘 이해가 가지 않은 나는 좀 더 설명해달라고 요구했다. 놀랍고도 절망스럽게도 나는 그것이 스타노보이 산맥의 높은 산에서 형성된 짙은 눈구름으로, 그것은 계곡을 타고 오면서 무서운 눈폭풍으로 변한다는 대답을 들었다. 가이드는 지금 시점에서 계곡을 가로지르는 것은 불가능한 일이며, 바람이 잦아들 때까지 위험한 시도를 해서는 안 된다고 말해주었다.

　나로서는 어떠한 불가능성이나 위험성을 찾아보기 힘들었고, 또한 계곡 다른 쪽에 또 하나의 피난처인 유르트가 있었으므로, 계속 나아가기로 결정했다. 현재 날씨는 아주 잠잠하고 조용했다. 야외에서 촛불이 흔들림 없이 타오를 정도였다. 이런 상황에서 나는 허리케인 같은 무서운 폭풍이 불과 2km 정도 앞에 떨어져 있는 계곡 입구에서부터 눈보라를 휘날리며 바다에까지 밀어닥칠 수 있다는 것을 실감할 수 없었던 것이다. 리트와 내가 계곡을 횡단해가기로 결정했다는 것을 알게 된 우리의 가이드는 어깨를 한 번 으쓱해보이고는 이렇게 말했다.

"이렇게 서두르다가는 곧 후회하게 될 것입니다."

우리는 계속 길을 나아갔다.

서서히 안개 같은 하얀 구름이 있는 곳으로 다가갈수록 우리는 간간이 휙 불어오는 날카로운 바람과 소용돌이치는 작은 눈보라를 맞기 시작했고, 계곡 입구에 가까이 다가갈수록 그 강도와 빈도가 계속 늘어났다. 가이드는 이렇게 분명한 폭풍의 징조가 나타나고 있는 곳으로 어리석게 찾아 들어가는 우리에게 한 번 더 충고의 말을 건넸지만, 리트는 미국 캘리포니아의 시에라 네바다 산맥(Sierra Nevadas)에서 만난 폭풍에 비하면 아무 것도 아니라고 서툰 러시아어로 그를 조롱하기까지 했다.

"정말 큰 폭풍이 오기나 할까?"

그러나 5분도 채 지나지 않아 리트는 빌리가 계곡의 폭풍이 캘리포니아에서 본 것과는 비교도 할 수 없이 커다란 폭풍이란 것을 스스로 인정할 수밖에 없었다.

'돌아오지 못하는 강'

우리가 계곡 가장자리에 있는 툭 튀어나온 절벽 끄트머리를 돌아 나가자, 거센 돌풍이 우리를 덮쳤고, 눈보라가 휘몰아치자 우리는 코가 막혀 숨을 쉴 수 없었고 눈도 보이지 않았다. 거센 눈보라는 또한 즉시 해와 맑고 푸른 하늘을 가려서 세상을 온통 어둡게 만들었다. 바람소리는 마치 풍랑치는 바다에 떠 있는 배의 밧줄에서 나는 소리처럼 웅웅거렸다. 밝은 햇빛이 비치는 고요한 날씨에서 한치 앞이 보이지 않을 정도로 무섭게 불어대는 눈폭풍 날씨로 갑자기 변하자, 무언가 초자연적인 현상이 있는 것처럼 보여졌다.

　나는 이제 계곡을 횡단할 수 있는 가능성에 대해 의구심을 품기 시작했다. 가이드는 마치 자신의 충고에도 불구하고 눈폭풍 속으로 걸어 들어온 고집스런 나를 비난하는 듯 절망적인 표정으로 나를 돌아다보다가 애꿎은 자신의 겁먹은 개들에게 앞으로 나아가라고 소리를 질러대고 매질을 했다. 불쌍한 짐승들의 눈은 완전히 눈〔雪〕에 뒤덮였고, 피눈물이 흐르는 개도 많았다. 그럼에도 불구하고 간간이 앓는 소리를 내며 계속 나아가려고 분투하는 모습은 으르렁대며 몰아치는 눈폭풍보다도 더 큰 충격으로 나에게 다가왔다.

　순식간에 우리는 계곡 아래쪽 경사진 곳에 도달해 있었다. 더 내려갈 수 있을지 여부를 점검해 보기도 전에, 우리는 '프로파드쉬나(Propadschina: 돌아오지 못하는 강)'라고 불리는 얼어붙은 강의 미끄러운 얼음 위에서 불과 90여m 아래 입을 벌리고 있는 오호츠크 해 바닷물을 향해 빠른 속도로 미끄러져 내려가고 있었다.

　썰매를 멈추려고 온갖 시도를 다해봐도 거센 바람의 힘을 거스를 수 없었으므로, 나는 가이드가 말했던 위험성을 이해하기 시작했다. 강 하구에 도달하기 전에 썰매를 멈추지 못한다면, 우리는 필시 얼음바닥을 벗어나 5~7m 깊이의 바닷물 속으로 빠지게 될 것이다. '돌아오지 못하는 강'이란 무서운 이름은 그런 재앙 때문에 붙여진 것이었다.

　리트와 카자크족 동료 파데린은 각자의 썰매를 타고 있었으므로, 못이 달린 막대인 외르스텔을 사용하여 그럭저럭 더 이상 떨어지지 않고 있었으나, 늙은 가이드와 나는 한 썰매에 같이 타고 있었으므로, 외르스텔로도 떨어지는 것을 막을 수 없었다. 둘이 같이 타고 있으면 썰매가 바닷속으로 빠져 들어가는 것은 기정사실이었으므로, 결국 나는 썰매에서 빠져나와 떨어지는 몸을 막아보려 애썼다.

　조금이라도 바람에 떠밀리지 않기 위해 얼음 가까이 얼굴이 닿을 정도로 최대한 몸을 납작 엎드려 보았으나, 모든 것이 소용이 없었다. 게다가 모피 옷마저 미끄러운 얼음 표면에서 마찰력이 없었으므로, 나는 이전보다 더 빠른 속도로 미끄러져 내려갔다. 나의 벙어리장갑은 벌써 찢어져 버렸고, 마침내 울퉁불퉁한 얼음 구간에 도달한 순간 나는 맨손의 손톱으로 얼음 표면의 굴곡진 부분을 잡는 데 성공했다. 가까스로 위험스런 추락을 멈추게 되었다.

그런데 손톱으로 잡은 곳을 놓치지 않으려면 숨도 크게 쉴 수 없는 상황이었다. 이런 상황을 알아챈 리트가 나에게 외르스텔을 미끄러뜨려 내려보내주었고, 그것으로 얼음을 찍어 간신히 떨어지는 것을 모면할 수 있었다. 나의 벙어리장갑은 이미 바닷속으로 떨어져 버리고 없었다.

가이드는 여전히 천천히 미끄러져 내려가고 있었는데, 파데린이 외르스텔을 가지고 그를 도우러 가더니, 둘이 함께 썰매를 얼음 밖 땅으로 끌어내는 데 성공했다. 이제 나는 누구라도 돌아서서 폭풍을 피하자는 말만 하면 얼른 동의할 참이었다. 그런데 이제는 가이드가 고집을 부렸다. 우리 썰매가 모두 바다에 빠진다 하더라도 자기는 계곡을 횡단하겠다는 것이었다. 그가 우리에게 위험성을 경고했지만, 우리가 그 경고를 무시했으므로, 이제 우리는 그 대가를 받아들여야만 했던 것이다.

이 지점에서 얼음 강을 건넌다는 것은 불가능했으므로, 우리는 이를 드러내고 으르렁대는 눈폭풍 속에서 사투를 벌이며 왼쪽에 있는 둑을 향해 거의 1km 정도 올라가 우리와 바다 사이에 길을 열어주고 있는 만곡부에 도달했다. 여기서 두 번째 시도를 하여 성공했다. '돌아오지 못하는 강'의 서쪽 측면에 있는 낮은 능선을 가로질러 우리는 빌리가 산자락에 있는 '빌리가'라는 똑같은 이름의 작은 강에 도착했다. 이 강을 따라 빽빽한 삼림이 좁은 줄을 이루어 뻗어 있었고, 이 삼림 속 어딘가에 우리가 찾고 있는 유르트가 있을 것이었다.

가이드는 직감으로 그 유르트를 찾는 것 같았다. 휘몰아치는 눈 때문에 앞서가는 개도 보이지 않을 정도이고, 오로지 보이는 것이라곤 우리가 서 있는 땅뿐이기 때문이었다. 날이 어두워지기 1시간 전에 이미 뼛속까지 스며드는 추위에 지친 우리는 숲속에 있는 작은 통나무집 앞에 도착했다. 가이드가 말했던 빌리가 산의 유르트였다. 이곳을 마지막으로 사용했던 여행자들이 굴뚝 구멍을 열어놓은 채 떠났기 때문에 집안에 온통 눈이 가득 차 있었다. 눈을 대충 치우고 난 후, 우리는 방 한가운데에 모닥불을 피우고, 연기에도 아랑곳 없이 불 주위에 웅크리고 앉아 뜨거운 차를 마셨다.

오후 내내 우편배달부 일행을 보지 못했으므로 우리는 그들이 유르트를 찾아오리라고는 생각도 못하고 있었다. 그런데 날이 어두워질 무렵 숲속에서 개들이 짖는 소리가 들려왔고, 잠시 후 그들이 나타났다. 이제 우리 여행팀은 9명이 되었다. 미국인 2명, 러시아인 3명, 코랴족 사람 4명이었다. 모두가 사나운 몰골을 한 채, 연기에 검게 그을린 방 한가운데에 피워놓은 모닥불 주위에 웅크리고 앉아 차를 마시며 으르렁대는 바람소리를 듣고 있었다. 일행 모두가 자기에는 유르트 안이 비좁았으므로, 코랴족 사람들은 밖으로 나가 눈 위에서 야영을 했고, 다음날 아침 그들은 반쯤 눈에 파묻혀 있었다.

계속되는 눈폭풍

밤새 사나운 바람이 숲속의 피난처인 유르트에 으르렁댔고, 다음날 날이 밝았어도 폭풍은 잦아들지 않았다. 우리는 계곡에서 불어대는 폭풍이 끊임없이 한 2주 정도 지속될 수도 있다는 사실을 알게 되었는데, 우리에게는 불과 4일분의 개 먹이와 보급품만이 남아 있을 뿐이었다. 무슨 수를 내야만 했다.

얌스크로 가는 길을 가로막고 있는 빌리가 산은 3개의 작은 계곡 길로 갈라지는데, 그 세 길 모두 이 계곡과 연결돼 있었으므로, 날씨만 맑으면

쉽게 찾아 가로지를 수 있었다. 하지만 우리를 덮친 그런 눈폭풍 속에서라면, 길이 100개라도 아무 소용이 없을 것이다. 왜냐하면 휘몰아치는 눈보라 때문에 10m 앞도 보이지 않아서 우리가 엉뚱한 곳으로 갈 수도 있기 때문이었다.

어쨌든 우리는 그럭저럭 잘 나아가고 있었는데, 갑자기 넘을 수 없는 커다란 장애물이 예기치 않게 우리 앞을 가로막고 있었다. 해안가에 바닷물 있는 곳에서부터 약 25~30m 높이로 거대한 눈이 쌓여 있었는데, 겨울 동안 서서히 쌓였다가 이제는 거대한 절벽이 되어 바다와의 사이에 길이 없어져 버렸던 것이다. 이 눈더미는 자주 얼었다 녹았다 하면서 거의 얼음처럼 단단해지고 미끄러워졌고, 경사면은 각도가 75~80도 정도 되었으므로, 도끼로 발판을 만들지 않으면 서 있을 수조차 없었다.

우리는 바닷물 위로 곧장 솟아 있는 이 눈 절벽의 미끄러운 경사면을 따라 얌스크로 갈 수 있는 유일한 길을 만들어야만 했다. 어떤 재난도 당하지 않고 그곳을 넘어갈 수 있으리라는 희망은 아주 희박했는데, 길을 내려고 눈을 파다가 바닷속으로 굴러 떨어질 수 있었기 때문이었다. 하지만 다른 대안이 없었으므로, 우리는 개들을 커다란 얼음 덩어리에 묶어 놓고 도끼와 손도끼를 나눠 가진 다음, 무거운 모피 외투를 벗고 얼음을 깨 길을 만들기 시작했다.

우리는 하루 종일 일을 했고, 저녁 6시경이 돼서야 얼음 같은 눈 경사면을 따라 계곡 입구 서쪽으로 약 2km되는 지점까지 1m 정도의 폭으로 깊은 구덩이 길을 파놓았다. 하지만 우리는 다시 어려운 상황에 봉착하게 되어 작업을 중단할 수밖에 없었다. 폭이 약 10m 정도로 경사면이 갑자기 바닷속으로 움푹 꺼져 들어간 구간이 앞을 가로막고 있어서 부교 같은 보조수단이 없이는 도저히 건너갈 방법이 없었던 것이다. 몹시 지치고 절망에 빠진 우리는 얌스크로 가는 것을 완전히 포기하고 다음날 되돌아가는 것 이외에는 아무런 대책이 없는 상태에서 오늘밤을 경사면 위에서 보내야만 하는 상황에 있었다.

시베리아에서는 이보다 더 어려운 상황이 얼마든지 있을 수 있는 일이지만, 날이 어두워지기 시작하자 날씨가 더 나빠질 것 같은 예감이 들면서 커다란 불안감을 느끼기 시작했다. 경사면 위에 만들어 놓은 좁은 길 위에서 잠자고 있다가 무서운 폭풍이라도 들이친다면 어떻게 될 것인가? 그런 경사면에서는 조그만 바람이라도 충분히 우리를 바닷속으로 떨어뜨려 버릴 수 있을 것이고, 만일 커다란 폭풍이라면 눈더미 전체를 무너뜨려 눈사태를 일으키면서 게딱지처럼 경사면에 붙어 있는 우리를 포함해 모든 것을 바닷속으로 쓸어버릴 것이었다. 만족할 만한 다른 대안이 생각나지 않았으므로, 나는 우선 최대로 안전한 곳을 찾아 밤을 보내기로 했다.

항상 장난기 많은 행동을 일삼는 리트는 바닷물 위쪽으로 약 15m 정도 되는 곳에 자기의 '침실'이라고 부르는 눈구덩이를 파놓고, 내가 그의 호의를 받아들여 그곳에서 잠을 자게 된다면 정말 편안하게 하룻밤을 보낼 수 있을 것이라고 장담했다. 하지만 그런 곳에서 잠자게 된다면 나는 잘해봐야 바닷물 속으로 떨어지는 수밖에 없을 것이다. 그의 '침실'에서 하룻밤을 보내게 되는 사람은 모두 다음날이면 바닷속으로 사라져버릴 것이고, 그가 말한 '편안한 하룻밤'이란 구호는 정말 요원한 일이 될 것이다.

빌리가 산쪽으로 조금 되돌아가다가 나는 마침내 예전에는 작은 시냇물이 흘렀다가 말라붙은 좁은 수로를 발견하게 되었다. 암석이 깔린 그 움푹 파인 곳에 자리 잡은 나는 같이 온 원주민들과 함께 하룻밤을 지내기 위해 몸을 뉘었다. 물론 머리는 경사면 위쪽으로 두고 약 45도의 각도로 몸을 꺾은 상태에서 말이다.

만일 독자들이 커다란 성당의 가파르게 경사진 지붕 위에서 하룻밤을 보낸다고 상상해 본다면, 머리 위로는 30m 높이의 눈더미 절벽이, 그리고 발 아래로는 6~7m 깊이의 바닷물이 있는 곳에 자리 잡은 우리가 그날 밤을 어떤 상태에서 보내게 되었는지 어느 정도 알 수 있으리라.

유빙을 타고 탈출하다 - 잠 못 이루는 밤

날이 밝아오면서 우리는 잠에서 깨어났다. 앞으로 나아갈 수 없다는 절망적인 생각에 빌리가 산 쪽으로 되돌아갈 준비를 하고 있는데, 마지막으로 그 바닷물로 뒤덮인 구간을 보러 간 코랴족 원주민들 중 하나가 급히 달려와서 기쁜 표정으로 소리를 질렀다.

"모즈노 페례카트, 모즈노 페례카트(Mozhno perryekat: 건널 수 있어요)!"

밤사이 조류가 불어 수위가 올라갔고, 또 2~3개의 커다란 얼음 덩어리들이 떠 있으면서 하나의 다리를 형성하고 있었던 것이다. 그러나 무거운 무게를 지탱할 수 없을 것 같아 우리는 모든 썰매의 짐을 내려 분산시킨 뒤, 짐, 썰매, 개 등을 따로 분리하여 건너도록 했다.

드디어 우리는 그렇게 최대의 난관을 지나갔다. 그런 다음에도 우리는 때때로 눈보라가 휘몰아치는 가운데 계속해서 눈길을 파헤쳐가며 전진해 나갔다. 해안가를 따라 서쪽으로 가면 갈수록, 코랴족 원주민들이 예견했듯이, 점점 더 길은 넓어지고 높아지면서 얼음은 사라져 갔다. 날이 저물었지만 우리는 여전히 머리 위에 벼랑을, 발밑에 바다를 끼고 있었다. 하지만 다음날 우리는 카나나가(Kananaga) 강 계곡을 통과하면서 그 무서운 구간을 빠져나왔다.

여행을 시작한 지 12일째 되는 날 우리는 얌스크에서 50km 정도밖에 떨어져 있지 않은 말카챤(Malcachan)이란 너른 평원지대에 도달했다. 개먹이와 보급품이 떨어져 갔고, 밤늦게 목적지인 정착촌에 도달할 수 있으리라 생각했으나, 날이 어두워지면서 또 다른 눈폭풍이 몰아치기 시작했고, 눈앞이 안 보일 정도가 되면서 우리는 다시 길을 잃었다. 앞이 보이지 않는 눈보라 속에서 다시 바다로 곧장 떨어지는 해안 절벽 쪽으로 잘못 갈까 두려워 마침내 우리는 가기를 멈추고 야영을 하기로 결정했다.

하지만 불 피울 나무를 구할 수 없었다. 설사 나무를 구해와 모닥불을 피운다 하더라도, 휘몰아치는 맹렬한 눈보라 때문에 불이 즉시 꺼졌을 것이다. 우리는 땅 위에 텐트를 치고 그 한쪽 귀퉁이에 무거운 썰매를 뒤집어 엎어 움직이지 않게 고정시킨 다음, 숨 막힐 것 같은 눈보라를 피해 텐트 속으로 기어들어 갔다. 폭풍 때문에 텐트 천이 심하게 퍼덕거리는 가운데 우리는 텐트 안에 엎드려서 마지막 남은 빵부스러기와 날고기 몇 점을 먹어치웠다.

15~20분이 지나자 눈이 쌓이면서 텐트 천이 점점 우리 몸을 압박해 들어왔고, 옴짝 달싹하지 못하게 된 우리는 밖으로 나가려는 시도를 한두 번 해봤으나, 텐트 안에 그냥 그대로 누워 있는 편이 더 나을 것 같다는 생각이 들었다. 눈이 완전히 우리를 파묻지 않는 한, 다른 곳보다 텐트 안에 있는 것이 더 나았다. 적어도 바람은 막아주었기 때문에.

30분이 지나자 눈은 더 많이 쌓였고, 우리는 더 이상 돌아누울 수도 없는 지경이 되었고, 공기도 더 이상 들어오지 않았다. 숨이 막혀 밖으로 나가야만 하는 상황이 되었던 것이다. 결국 단도를 꺼내 머리 위에 있는 텐트 천을 길게 찢은 후 우리는 밖으로 기어 나왔다. 밖으로 나오자마자 휘몰아치는 눈이 우리의 눈과 코를 틀어막아 마치 갑자기 소방 펌프로부터 터져나오는 물벼락을 얼굴에 맞은 것같이 숨쉬기가 어려웠다. 이제는 모피 외투를 머리까지 뒤집어쓴 채, 눈 위에 웅크리고 앉아 날이 새기만을 기다릴 수밖에 없었다. 잠시 후 나는 리트가 나의 뒤집어쓴 모피 외투 사이로 외치는 소리를 들었다.

"지금 우리 모습을 우리 어머니들이 보면 뭐라고 말씀하실까?"

나는 이런 무서운 폭풍을 어디 그런 시에라 네바다 산맥의 것과 비교할 수 있느냐고 그에게 말할 참이었다. 하지만 내가 머리를 외투 밖으로 끄집어내기도 전에 그가 사라져 버려서 그날 밤 나는 그와 더 이상 대화를 나눌 수 없었다. 그는 어둠 속에서 어디론가 멀리 가더니 눈 위에 홀로 웅크리고 앉아 아침이 올 때까지 추위와 배고픔, 그리고 두려움을 참아내고 있었다.

10시간 이상을 우리는 그런 식으로 눈폭풍이 몰아치는 황량한 벌판에서 모닥불도 없이, 먹을 것도 없이, 잠도 못 자면서 앉아 있을 수밖에 없었다. 점점 체온이 저하되고 피로가 누적되면서 마치 다시는 날이 밝지 않을 것 같은 느낌이 들었다.

죽은 듯 보였던 리트 – 드디어 얌스크에 도착하다

눈보라를 몰아오는 회색빛 구름 사이로 마침내 아침이 밝아오자, 추위로 마비된 사지를 추스르며 자리에서 일어난 우리는 눈에 파묻힌 썰매를 파내는 작업을 해야만 했다. 만일 리트의 불굴의 노력이 없었더라면, 우리는 그 작업을 마치지 못했을 것이다. 나의 손과 팔은 추위로 마비되어 도끼나 삽을 잡을 수조차 없었고, 썰매 몰이꾼들도 사기가 저하되어 어떤 일도 할 수 없을 것같이 보였기 때문이었다.

리트의 노력으로 우리는 썰매를 파내어 다시 출발할 수 있었다. 그의 이러한 분투는 지치고 가라앉은 자기 몸을 일으켜 세우려는 마지막 의지였던 것이다. 완전히 탈진한 그는 약 30분 후 썰매에 자신의 몸을 묶어달라고 요청했다. 우리는 그를 머리에서 발끝까지 곰가죽으로 덮은 다음 물개가죽 끈으로 묶고 앞으로 나아갔다.

1시간 가량 지난 후, 그의 썰매를 몰던 파데린이 놀란 얼굴을 하고 나에게 다가와서 리트가 죽었다고 말했다. 그를 흔들면서 여러 번 불러 보았으나, 아무런 대답도 없었다는 것이었다. 놀라고 충격을 받은 나는 썰매에서 뛰어내려 리트에게 다가가 어깨를 흔들면서 고함을 치고, 머리에 뒤집어 쓴 모피 외투를 벗기려 했다. 그 순간 천만다행으로 그의 목소리가 들려왔다. 자기는 괜찮으며, 밤이 될 때까지는 견딜 수 있으리라는 것이었다. 말조차 할 수 없을 만큼 고통스러웠기 때문에 파데린에게 대답하지 않았지만, 자기 문제 때문에 내가 놀라지 않기를 바란다고 말했다. 그리고 그는

"시에라 네바다 산맥에서의 더 심한 폭풍"에 대해 몇 마디 중얼거렸는데, 그것은 자기가 아직 완전히 탈진한 것이 아니라는 사실을 나에게 확신시켜 주기 위한 것이었다고 나는 생각하고 있다. 그가 캘리포니아 폭풍이 더 세다고 주장할 수 있는 한, 분명 희망이 있는 것이었다.

오후에 일찌감치 우리는 얌스크 강에 도착했으며, 한두 시간을 헤매고 다닌 후에 아놀드가 이끄는 야쿠트족 팀의 작업장에 도달하여 그들의 야영지로 인도되었다. 거기에서 정착촌까지는 몇 km 거리밖에 되지 않았다. 여기에서 우리는 호밀빵과 뜨거운 차를 대접받고 마비된 팔다리를 따뜻하게 덥혔다. 옷을 벗어 눈을 털어내는 과정에서 나는 옷을 벗은 리트의 모습을 보게 되었는데, 그의 몸 상태는 그가 죽지 않은 것이 이상할 정도로 좋지 않았다.

전날 밤 눈폭풍 속에서 눈 위에 웅크리고 앉아 있는 동안, 많은 눈이 외투속 몸으로 침투해 들어가 체온에 의해 녹았다가 다시 얼었다를 반복하면서 몸 상태가 좋지 않게 되었고, 그런 상태로 20여 km를 달려온 것이었다. 살려고 하는 강한 의지가 아니었다면, 그는 절망적인 마지막 6시간 동안을 견뎌내지 못했을 것이다.

야쿠트족 팀의 야영지에서 잠시 몸을 덥히고 휴식을 취한 다음, 우리는 다시 여행을 시작했고, 오후 늦게서야 얌스크 정착촌에 도착할 수 있었다. 그것은 다수의 시베리아 여행자들이 통상 겪게 되는 13일간의 고된 여정이었던 것이다. 리트는 곧 원기를 회복했고, 3일 후 오호츠크 정착촌을 향해 다시 떠났다. 왜냐하면 아바자 소령이 그가 야쿠트족 노동자들의 현장감독 역할을 맡아주기를 원했기 때문이었다. 내가 기억하고 있는 그의 마지막 말은 그가 눈보라가 몰아치는 말카찬 벌판에서 절망적인 밤을 보내고 있을 때 나에게 소리쳤던 말이었다.

"지금 우리 모습을 우리 어머니들이 보면 뭐라고 말씀하실까?"

이런 말을 했던 불쌍한 그 친구는 이후 계속되는 시베리아의 고된 여정 속에서 정신이상이 되었고, 결국 오호츠크 해 해안가에 있는 어느 외로운 시베리아 정착촌에서 총으로 자살하고 말았다.

내가 얌스크로 가는 여정을 다소 상세하게 기술했던 이유는 그것이 시베리아에서의 삶과 여행 중에서 가장 어두운 면을 보여주고 있었기 때문이다. 일반적으로 사람들이 여행을 하다보면 이런 고난에 찬 경험을 하게 되는 경우가 그리 자주 있지는 않다. 그러나 시베리아와 같이 사람이 별로 살지 않는 황량한 지역일 경우, 특히 겨울여행일 경우에는 다소의 험난한 여정이 필수적으로 동반된다는 사실을 말하고 싶은 것이다.

앞에 모피를 댄 여성용 머리 덮개

CHAPTER 36

밝은 전망

3월 18일 아바자 소령은 야쿠트족 노동자들의 인원 조직과 장비 공급을 마무리 짓기 위해 야쿠츠크로 되돌아갔고, 나는 다시 한 번 미국에서 오는 배들을 기다리기 위해 기지가로 되돌아갔다. 러-미 전신회사의 미래는 아주 밝아보였다. 우리는 아무르 강에서부터 베링 해까지의 공사 구간 전체를 모두 답사하고 위치를 확인하였다. 현장에는 6개의 작업팀이 있었고, 야쿠츠크로부터 600~800명의 건장한 원주민 노동자들이 곧 합류할 예정으로 있었다. 우리는 이미 1만 5,000~2만 개의 전신주용 나무를 베어놓고 있었으며, 야쿠츠크로부터 그 나무들을 운반할 600마리의 시베리아산 말들이 공급될 예정이었다. 또한 전선, 애자 등의 부품을 비롯하여 각종 공구 및 물자 등이 충분히 공급돼 있었다. 그래서 우리는 페테르부르크까지 잇는 대륙 횡단 전선의 우리 몫을 1870년 초 이전에 완수해낼 수 있다는 자신감에 차 있었다. 전신주용 나무를 베는 일부 팀원들은 사기가 올라 매일 밤마다 유명한 군가에 운을 맞춰 노래를 불러대곤 했다.

1868년 만세! 만세! 1868년 전신선 구축사업은 보잘 것 없는 시작이지만, 그것은 고래를 잡기 위해 우리가 즐거이 끼워 놓은 생선 미끼와 같은 것이라네. 1869년 만세! 만세! 1869년 이 사업이 끝나면 우리는 미국 집에서 전신으로 보낸 소식을 즐거이 받을 수 있다네.

포경선의 신호 – 시 브리즈 호

1867년 5월 31일 저녁 나는 회사의 아시아 지부 건물로 쓰이고 있는 작은 단층짜리 통나무집 안에 앉아 지형도를 그리고 있었는데, 갑자기 루이스 등의 동료들이 방 안으로 뛰어들어 오며 소리를 질렀다.

"케넌! 대포 소리 들었지?"

나는 대포 소리를 듣지 못했지만 즉각 그 질문의 중요성을 알아챘다. 대포를 쐈다는 것은 강 하구의 등대에서 배를 발견했다는 것을 의미하기 때문이다. 매년 봄이 되면 우리는 오호츠크 해로 고래 잡으러 오는 미국 포경선들로부터 문명 세계의 최신 소식을 접하곤 했던 것이다. 그래서 5월 중순경이면 우리는 보통 2명의 카자크족 사람들을 강 하구 등대로 보내어 만 안으로 들어오는 포경선이나 다른 배들을 보는 즉시 대포 3발을 발사하도록 지시해 놓았던 것이다.

10분이 채 안 되어 등대에서 배 한 척을 발견했다는 소식이 마을 전체에 퍼지면서 카자크족 사람들이 마을 선착장에 몰려들었고, 곧 루이스, 로빈슨, 그리고 내가 강 하구까지 타고 갈 보트 한 척이 준비되었다. 우리는 시베리아에서 '로드카(lodkas)'로 알려진 작고 가벼운 보트를 타고 30분 가량 강을 미끄러져 내려갔다. 우리로서는 만 안에 들어온 배가 우리 회사 배이기를 기대했지만, 설사 그 배가 포경선으로 판명이 나더라도 최소한 우리에게 바깥 세상의 최신 소식 정도는 가져다줄 것이었다. 게다가 우리는 아틀랜틱 전신회사가 두 번째 벌이는 도전의 결과가 어떻게 끝났는지에 대해 촉각을 곤두세우고 있었다. 우리의 적수인 아틀랜틱 전신회사가 우리 회사인 웨스턴 유니온 전신회사에 승리를 거두었는가, 아니면 아직도 우리가 승리할 여지가 남아 있는 것인가?

늦은 저녁 무렵에 우리는 강 하구에 도착했고, 등대에 머무르고 있던 카자크족 사람 한 명을 만났다. 내가 물었다.

"무슨 배입니까?"

"모르겠습니다. 마투가 섬 부근에서 증기선 연기 같은 검은 연기를 보고 대포를 쐈는데, 잠시 후 연기가 사라지고 아무 것도 보이지 않았어요."

그가 대답했다.

"포경선이면 잡은 고래에서 기름을 짜내러 내일 아침 다시 올 겁니다."

로빈슨이 말했다.

카자크족 사람이 로드카에서 우리 짐을 꺼내는 동안 우리 일행은 모두 등대 위로 올라갔고, 날이 아직 밝았으므로 연기를 피워낸 배가 혹시 보이지 않을까 망원경으로 살펴보았다. 하지만 만의 한쪽 끝에 있는 마투가 섬의 거무스름한 높은 절벽에서부터 반대편 끝에 있는 카테리나 곶(Cape Catherine)의 가파른 경사면까지에는 여기저기 둥둥 떠다니는 유빙을 제외하고 수평선을 가리고 있는 것은 아무 것도 없었다. 별 소득 없이 카자크족 숙소로 돌아온 우리는 거친 마룻바닥에 곰가죽과 담요를 깔고 누워 쓸쓸하게 잠을 청했다.

다음날 아침 일찍 카자크족 사람 하나가 마투가 섬 너머 8~10km되는 앞바다에 커다란 사각돛을 단 배 한 척이 떠 있다는 놀라운 소식을 전하면서 나를 깨웠다. 나는 서둘러 언덕 위로 올라가서 망원경으로 살펴보았다. 멀리 있어서 돛대만 보이고 선체는 잘 보이지 않았지만, 돛이 3개 달린 포경선이 분명해 보였고, 가벼운 남풍을 맞으며 만을 향해 다가오고 있었다.

우리는 서둘러 아침식사를 한 후 쿠크랑카를 입고 모자를 쓴 다음 고래잡이 보트에 타고 약 24km 떨어져 있는 포경선을 향해 노를 저어갔다. 바람은 그다지 세지 않고 바다도 비교적 잔잔했지만, 바다에서 노젓기는 힘든 일이어서 10시가 지나서야 포경선 뱃전에 닿을 수 있었다. 갑판에 올라서니 붉은 얼굴에 회색 수염을 기른 잘생긴 사람이 서 있었는데 선장인 듯 보였다. 그는 모피 외투를 걸쳐 입은 우리의 행색으로 보아 우리가 무역거래를 하러 온 원주민들로 파악하고 내가 고물 쪽으로 걸어가며 "당신이 선장입니까?" 하고 물을 때까지 우리에게 아무런 관심도 보이지 않았다.

그 한 마디 영어 때문에, 그는 마치 못 박힌 듯 멈춰 서서 잠시 말없이 나를 응시하다가 놀랍다는 듯이 말을 건넸다.

"와우, 놀라 자빠질 뻔 했네! 이런 곳에도 양키가 살고 있다니!"

"그렇습니다. 선장님. 그 양키는 여기서 이미 2년 반을 살아왔습니다. 이 배는 무슨 배입니까?"

내가 말했다.

"매사추세츠 뉴베드포드(New Bedford) 항에서 온 '시 브리즈(The Sea Breeze)' 호입니다. 나는 해밀튼(Hamilton) 선장입니다. 그런데 이 하느님께 버림받은 곳에서 당신들은 무엇을 하고 있는 것입니까? 배가 난파라도 당한 것입니까?"

"아닙니다. 우리는 여기서 전신선 가설 작업 중입니다."

"전신선이라고요? 미치지 않고서야 누가 여기서 그런 작업을 한단 말입니까?"

그가 소리쳤다.

나는 그에게 우리가 알래스카, 베링 해협, 시베리아를 거쳐 미국과 유럽을 연결하는 전신선을 구축하고 있음을 설명해 주면서 러-미 전신회사에 대해 들은 적이 있는지 물어보았다.

"전혀 들은 적이 없습니다. 나는 2년 동안 계속 배를 타고 돌아다니고 있었기 때문에 새로운 소식을 접할 수 없었습니다."

그가 대답했다.

"아틀랜틱 전신회사에 대해서도 뭔가 들은 것이 있습니까?"

내가 물었다.

"예, 있습니다. 그 회사는 잘 나가고 있습니다."

그는 마치 최신 뉴스를 나에게 들려주는 듯이 즐겁게 대답했다.

"잘 나가고 있다고요?"

나는 가슴이 무너지는 듯한 심정으로 물었다.

"일이란 게 마치 배에 있는 개폐(開閉) 도르래 같은 것이어서 열릴 때도 있고 닫힐 때도 있는 것 아니요? 배 안에 샌프란시스코 신문이 많으니 살펴보시오. 그중에 당신 회사에 관한 소식이 있을지 모르지요."

그는 동정하는 듯이 말했다.

선장은 아틀랜틱 전신회사에 관한 자신의 언급이 우리들에게 일격을 가해 비틀거리게 만들고 갑자기 안색이 바뀌게 만들었다는 사실을 알아챘음에 틀림없었다. 그래서 그는 즉시 화제를 돌리면서 밑에 있는 선실로 내려가자고 제안했던 것이다.

우리 모두는 아늑하고 모든 것이 잘 구비된 선실로 내려갔고, 간단한 다과가 차려져 나왔으며, 1시간 가량 세상 돌아가는 소식에 대해 이야기를 나눴다. 남태평양에서 고래 잡던 일부터 시작해서 아시아의 북극 지방에서 개썰매타던 일, 그리고 북미 대륙을 걸어서 횡단한 웨스톤[163)]의 이야기에서부터 러시아 차르를 암살하려 했던 카라코제프[164)] 사건 등에 관하여.

---

163) Edward Payson Weston(1839~1929): 미국에서 1860년대와 1870년대 걷기를 스포츠로 만들어 놓은 유명한 도보 여행가로 현대 도보 여행의 아버지로 불린다. 1861년 보스턴에서 워싱턴까지 769km를 10일 만에 주파하면서 처음 여론의 주목을 받았고, 1867년 메인 주 포틀랜드에서 시카고까지 1900km 거리를 26일 만에 주파하는 등 수많은 대회에 참가해 우승했다. 1876년부터 8년 동안 유럽에서 각종 대회에 참가했고, 1879년에는 영국 챔피언을 패배시키고 우승하기도 했다. 1909년에는 뉴욕에서 샌프란시스코까지 100일간에 걸쳐 북미 대륙을 횡단하였다. 그는 대중 강연을 통해 자동차는 건강을 해치고 걷기는 건강에 좋다는 사실을 홍보하고 다녔다. 말년에 그는 뉴욕에서 택시에 치여 심한 부상을 당했으며, 이후 걸을 수 없었던 그는 2년 후 죽었다.

164) Dmitry Vladimirovich Karakozov(1840~1866): 러시아 혁명가. 몰락 귀족 가문에서 태어난 그는 카잔 대학과 모스크바 대학에서 수학했으며, 혁명 조직에 가담하여 페테르부르크에서 황제 알렉산드르 2세를 저격하다가 실패하여 교수형에 처해졌다.

하지만 우리 측에서 보면 그것은 단지 형식적인 대화에 불과했다. 예상치 않게 아틀랜틱 전신회사가 잘나가고 있다는 소식을 들은 후부터 우리의 사기는 이미 떨어져 있었고, 어떤 소리도 귀담아 들을 수 없었다. 설사 우리가 이미 런던과 뉴욕 사이에 전신선을 구축해놓고 있다 하더라도 세상은 알래스카와 시베리아를 통과하는 대륙 횡단 전신선 사업을 필요로 하지 않을 것이다.

정오 무렵 우리는 우리를 환대해준 시 브리즈 호의 선실을 떠나 기지로 되돌아갈 준비를 했다. 따뜻하고 관대한 해밀튼 선장은 배 안에 있는 신문과 잡지를 모두 우리에게 주었을 뿐만 아니라, 샌드위치 제도[165]에서 가져온 감자, 호박, 바나나, 오렌지, 얌(Yam) 등의 많은 먹을 것들을 챙겨 보트에 넣어주었다. 나는 그가 우리의 실망스런 표정을 알아채고 다소라도 위로를 해주기 위해 문명 세계의 사치품 일부를 우리에게 나누어준 것이라는 생각이 들었다. 우리는 거의 2년 동안 신선한 야채와 과일을 맛보지 못하고 있었던 것이다.

마침내 우리는 해밀튼 선장과 시 브리즈 호에 손을 흔들며 작별 인사를 고하고 배를 떠났다.

아틀랜틱 전신회사에서 온 소식 – 사업 포기 소식

시 브리즈 호를 떠나 5~6km 정도 노를 저어 왔을 때, 루이스가 곧바로 강 하구로 되돌아가지 말고 우선 가까운 해안가로 가서 모닥불을 피워 감자를 구워 먹으면서 신문을 살펴보고 가자고 제안했다. 좋은 생각인 것 같았고, 30분 후 우리는 해변가에 밀려온 나무들을 모아 불을 피우고 주위에 둘러앉아 각자 한 손에는 신문을, 다른 한 손에는 바나나 오렌지를 들고

---

165) Sandwich Islands: 오늘날의 하와이 제도.

몸과 마음에 양식을 제공하는 시간을 갖게 되었다.

신문은 1866년 9월부터 1867년 3월까지 다양한 날짜의 신문들이 뒤섞여 있어서 순차적으로 차근차근 읽는다는 것은 불가능했다. 하지만 아틀랜틱 전신회사가 새롭게 사업에 성공적으로 뛰어들어 1865년 당시 포기하고 해저에 방치해 놓았던 전신선을 완전히 복구해 놓았다는 소식을 확인하는 데 그리 오랜 시간이 걸리지 않았다.

이것이 다른 어떤 것보다도 우리의 사기를 저하시키는 것이었다. 만일 대서양 해저 약 3,000m 깊이에 있는 전신선을 들어 올려 증기선 갑판 위에서 수리가 가능해진다면, 결국 해저에 전신선을 구축하려는 아틀랜틱 전신회사의 승리가 확실시되는 것이고, 우리는 짐을 싸서 고향집으로 돌아가야만 했다. 그런데 더 나쁜 소식이 기다리고 있었다. 몇 분 후《샌프란시스코 불레틴(San Francisco Bulletin)》지를 읽고 있던 루이스가 주먹을 쥐고 자기 무릎을 세게 두드리며 소리 질렀다.

"제군들! 이젠 다 틀렸어! 이것 좀 봐!"

"특별 호외! 뉴욕 10월 15일. 결국 아틀랜틱 전신회사의 승리로 러-미 전신회사의 모든 사업은 중단되었다."

깊은 침묵 후에 로빈슨이 말했다.

"이제 모든 게 끝난 것 같아. 아틀랜틱 전신회사가 우리를 쫓아냈다고."

오후 늦게 우리는 무거운 마음으로 강 하구에 있는 등대에 돌아왔고, 다음날 기지가로 되돌아가서 공식적인 철수 명령을 가지고 샌프란시스코에서 오는 회사 배의 도착을 기다렸다.

CHAPTER 37

나쁜 소식의 공식적인 확인

7월 15일 회사 배 언워드 호〔앞서 나간다는 의미가 아니라 뒷걸음친다는 백워드(Backward)라고 불러야 마땅한〕가 회사의 명령문을 갖고 기지가에 도착했다. 우선 우리가 갖고 있는 물건 중 팔 수 있는 것은 모두 팔고, 갚아야 할 것은 갚고, 원주민 노동자들을 해고하고, 우리 회사 인원들을 모아 미국으로 돌아오라는 것이었다. 아틀랜틱 전신회사가 완벽한 승리를 거둔 것이 증명됐으므로, 미국에서 유럽까지 대륙횡단 전신선을 구축하려고 이미 약 300만 달러를 지출한 우리 회사는 결국 그 모든 투자를 손실로 감당하면서 사업을 포기하기로 결정했던 것이다.

회사 경영진이 아바자 소령에게 보낸 편지에 따르면, 아틀랜틱 전신회사의 승리에도 불구하고 만일 러시아 정부가 베링 해협의 시베리아 쪽 전신선 구축 사업을 마무리하는 데 동의하기만 한다면, 자신들은 사업을 계속할 의향이 있다는 것이었다.

아바자 소령은 사업의 포기를 막기 위해 미국 회사가 손을 뗀 아시아 지부를 러시아가 떠맡도록 러시아 도로 및 통신장관을 설득할 수 있기를 희망하면서 곧 육상으로 상트 페테르부르크를 향해 떠나기로 결정했다. 그래서 그는 나와 함께 언워드 호를 타고 오호츠크 마을로 가서 배에서 내린 다음, 말을 타고 야쿠츠크를 향해 떠났다. 나는 해안가에 남아 있는 우리 회사 인원들을 모으기 위해 배에 남아 있었다.

바다의 오로라

7월의 마지막은 그렇게 오호츠크 항과 오호츠크 강에서 약 80km 떨어져 있는 곳에 정박해 있는 배에서 조용한 시간을 보내고 있었다. 나는 매일 밤 선실에서 서양장기를 두고 있었는데, 거의 밤 11시경에 2등항해사가 갑판으로 올라오라고 나를 불렀다. 순풍이 불어오는가 싶어 나는 갑판으로 올라갔다.

날씨는 따뜻하고 물결은 잔잔해서 거의 열대지방의 밤을 연상케 했으며, 이런 날씨는 북쪽 바다에서 좀처럼 볼 수 없는 경우였고, 하늘에는 달이 뜨지 않아 정적감은 더 깊었다. 미풍조차 불지 않아 돛도 움직임이 없었고, 배 주위의 바다 표면도 마치 잘 닦아 놓은 거울처럼 어둠 속에서 흐트러짐이 없었다. 부드러운 안개가 살며시 멀리 떨어져 있는 수평선을 감싸 안으면서 하늘과 바다를 한데 섞어 놓아 별들이 반짝이는 하나의 커다란 돔(dome)과 같은 모습을 만들어놓고 있었다.

육지와 바다는 멀리 사라져 없어져버린 것 같았고, 별들로 가득 찬 우주 속에서 대지의 유일한 존재인 양 우리가 탄 배는 마술에라도 걸린 것처럼 한 점 흔들림 없이 허공 속에 떠있는 것 같았다. 우리 배 용골 아래쪽으로 거대한 은하수의 띠가 신비로운 빛을 띠면서 빛나고 있었고, 더 아래쪽 멀리에는 오리온자리의 삼태성이 빛나고 있었다. 오로지 물고기가 첨벙거릴 때만 이 거울처럼 수면 아래에 투영된 밤하늘의 이미지를 깨뜨릴 뿐이었다.

너무나 황홀한 장면에 빠져 있던 나는 2등항해사가 왜 나를 불렀는지 물어보는 것조차 잊어버릴 정도였고, 그가 내 어깨를 건드리며 "신기한 광경이죠, 그렇지 않습니까?" 하고 말하자 소스라치게 놀랄 정도였다.

나는 그가 물 위에 비친 하늘의 모습에 관해 말하고 있다고 생각하고 대답했다.

"그렇습니다. 내가 이제까지 본 것 중 가장 놀라운 밤 풍경입니다. 우리가 바다에 있다는 사실이 믿기지 않고, 배가 마치 위 아래로 별들이 반짝이고 있는 광활한 우주 공간 속에 떠 있는 것 같습니다."

그가 물었다.

"어떻게 그런 것이 만들어졌다고 생각합니까?"

"그런 것이라면 물에 비친 모습 말입니까?"

"아니, 빛 말입니다. 보이지 않습니까?"

그가 뻗친 손의 방향을 따라가다 보니 나는 마치 희미한 오로라를 방사하고 있는 것처럼 보이는 어느 모래톱 하나를 처음 목격할 수 있었다. 그것은 북쪽 수평선을 따라 북북서 방향에서 동북동 방향으로 약 5~6도 높이로 창백한 빛을 발산하고 있었다. 안개로 시야가 가려 수평선도 잘 보이지 않는 상태에서 그 빛은 발산하고 있었다.

나는 물었다.

"전에도 이런 것을 본 적이 있습니까?"

그가 대답했다.

"결코 본 적이 없습니다. 마치 바다에서 북쪽을 알려주는 등대처럼 보입니다."

이 신비한 빛의 정체가 무엇인지 궁금해 하면서 나는 좀 더 나은 시야를 확보하기 위해 돛 줄을 타고 올라가 바라보았다. 갑자기 빛이 빠르게 번져 나가듯이 양쪽으로 길게 벌어지더니 북쪽 수평선 전체가 장막이 쳐지듯 빛나는 안개로 뒤덮였다. 또 하나의 빛이 남동쪽에서 나타나 서서히 옆으로 퍼지더니 잠시 후 두 빛의 장막이 만나 하늘 주위에 청백색의 창백한 빛줄기를 발산하면서 마치 천구 적도 주위에 별들이 흩어져 있는 듯 하나의 거대한 반원을 형성하였다.

마치 오로라처럼 보이고 움직이는 이 이상한 현상의 정체가 무엇인지에 대해 나는 아직 아무런 추측도 할 수 없었지만, 그것은 물에서 생겨난 것 같았다. 5~10분간 그것을 바라다보다가 나는 선장을 불러오기 위해 아래 선실로 내려갔다.

아래층 선실에 닿기도 전에 2등항해사가 다시 소리쳤다.

"오, 케넌! 갑판으로 빨리 와봐요!"

나는 다시 서둘러 위로 올라갔고, 바다가 황홀한 모습으로 발광하고 있는 모습을 난생 처음 보게 되었다. 믿을 수 없이 빠른 속도로 청백색 불의 장막이 어두운 북쪽 바다 거의 전부를 뒤덮었고, 분명하게 보이는 가장자리 부분은 마치 궁형(弓形) 오로라처럼 배에서 약 1km도 되지 않는 거리에서 순간적으로 너울대며 진동하고 있었다. 번개 같은 섬광이 또 한 번 우리 주위를 엄습했고, 문자 그대로 우리 배는 빛을 내뿜는 바다에서 표류하고 있었다.

사방 어디에도 검은 바다는 보이지 않고 오로지 지상에는 없는 창백한 푸른빛만이 가득했다. 바다는 잉크처럼 까만 하늘을 마주하고 있는, 마치 푸른 불빛이 비치는 거대한 설원(雪原)처럼 보였다. 물에 비쳤던 은하수는 빛의 바닷속으로 완전히 사라져 버렸고, 처음에는 아주 밝게 빛나던 별들도 마치 안개에 절반 가려진 것처럼 어두워졌다.

방금 전까지만 해도 어둡고 고요한 바다에는 하늘에 빛나는 별들이 모두 생생하게 투영돼 있으면서 배의 툭 튀어나온 돛대가 은하수에 어스름한 그림자를 드리우고 있었다. 그러나 이제 바다는 단백석(오팔)의 반투명 젖빛으로 불타고 있으면서 배의 돛대와 활대는 모두 칠흑 같은 어둠을 배경으로 옅푸른 빛을 띠고 있었다. 이런 갑작스럽고도 놀라운 변화를 어떻게 표현할 수 있단 말인가! 그것은 마치 북쪽에 근원을 두고 있는 북극의 오로라가 남쪽 바다로 내려와 투명한 전깃불 형태를 띠고 있는 것처럼 보였다.

우리는 후갑판으로 가 놀라움으로 말없이 서 있었는데, 이 투명한 푸른 빛의 일부가 갑자기 순식간에 바다 너머로 사라져 버리면서 그 자리에 잠시 동안 어둠의 심연이 자리 잡았다. 그러나 동공이 서서히 확대되면서 우리는 전과 같이 배 주위에서 어두운 바다에 투영된 거울 같은 현상을 보게 되었고, 또한 저 멀리 수평선에서는 수평선 아래 인광처럼 번득이는 물결 때문에 안개까지 밝게 빛나면서 처음 우리의 주목을 끌었던 것처럼 엷은 발광이 시작되고 있었다.

잠시 후 2등항해사는 흥분하여 소리를 질렀다.

"다시 빛이 나기 시작합니다!"

다시 거대한 빛의 파도가 배 주위로 몰려들기 시작했고, 배는 사방에서 몰려드는 빛의 바닷속에서 표류하고 있었다.

새로 시작된 발광 빛에 놀라 넋을 놓고 있다가 겨우 정신을 차리게 되자, 나는 그 이상한 현상의 정체가 무엇인지 차분하게 살펴보기 시작했다. 첫째로, 나는 그 발광 빛이 비록 움직이는 속도가 오로라와 유사하더라도 전기적인 빛이 아니라 인광 빛이라는 사실을 또렷이 확인하였다. 그 발광이 우리 배에 두 번째로 비쳐왔을 때, 나는 갑판에서 그 빛나는 바다 표면을 가까이 내려다보면서 푸른빛의 실체가 무엇인지 주의 깊게 살펴본 결과, 바닷물의 한 층이 아주 미세한 발광체들로 가득 차 있는 것을 발견할 수 있었다. 그것은 마치 물속에서 빛나는 모래들이 계속 휘저어지는 현상과 흡사했다. 빛을 내는 점들이 너무나 많기 때문에 3~4m만 떨어져 있어도 사이마다 어두운 부분이 있다는 사실을 깨닫지 못하고 다만 끊이지 않고 빛이 확산되고 있다는 인상을 받게 될 뿐이다.

둘째로, 나는 바닷속의 수많은 미생물들이 바닷물을 휘저어놓는 기계적인 충격으로 빛을 내게 되었다고는 생각하지 않는다. 설혹 그렇다 하더라도 당시에 바람은 전혀 불지 않았고, 거울같이 맑은 바닷물 표면에는 잔물결조차 일지 않았다. 인광이 빛나는 동안에도 거울같이 맑은 바닷물 표면에는 숨 한 번 쉬는 만큼도 움직임이 없었던 것이다. 그래서 잔물결조차 없는 거대한 바다에서 갑자기 그런 발광이 일어나는 것은 휘젓는 것 같은 기계적인 운동에 기인하는 것이 아니라, 바닷물 속에 있는 수많은 미세한 적충류(滴蟲類) 원생동물 같은 다른 요인에 기인한다고 봐야 하는 것이다. 하지만 바닷물에 떠다니는 미세한 원생동물들이 갑자기 발광하도록 만드는 것이 무엇인지는 알 수 없었다.

1898년 8월 베링 해에서 미국의 밀수 감시선인 맥컬로치(McCulloch) 호의 장교들도 내가 위에 써놓은 것처럼 놀라운 발광 장면들을 목격하여 기록(N.Y. Sun, Nov. 11, 1899)으로 남겨놓았다. 그러나 그들의 경우에는 바다가 거칠었고, 갑작스레 발광이 나타났다 사라졌다 하는 경우도 없었다. 아마도 어떤 기계적인 충격이 발광 미생물들을 자극하여 그런 현상이 발생했던 것으로 추측된다.

셋째로, 나는 바다가 어둠에 싸여 있을 때 바닷물 속에 잠긴 모든 물체들이 발광한다는 사실을 관찰할 수 있었다. 모든 물체들이 다 발광하기 때문에 배 주위가 충분히 밝아져서 구리로 싼 외피의 주름진 곳이나 터진 곳을 다 알아볼 수 있을 정도였고, 또한 키의 가장 낮은 축 부분도 환하게 보일 정도였다. 그리고 수심 3~4m되는 곳에서 해파리가 느린 박동으로 마치 물속에 잠긴 달처럼 떠 있는 모습도 보였다. 그래서 바닷물 속에서 자유롭게 떠다니는 원생동물들은 오로지 어떤 자극을 받을 때만 순간적으로 발광하고, 한편 어떤 딱딱한 물체에 붙어 있거나 접촉하고 있는 원생동물들은 지속적으로 발광한다는 사실을 확인할 수 있었다.

보통 발광은 3~4분 동안 지속됐는데, 나는 발광하고 있는 바닷물을 한 양동이 끌어올려 선실 안으로 갖고 들어갔다. 선실 안의 밝은 불빛 아래에서는 아무것도 보이지 않았지만, 선실등을 끄자 양동이 안의 물 자체는 어두웠지만 양동이 안쪽 면은 빛나고 있었다.

배 주변의 바닷물은 3~4번 발광했다. 사방이 온통 발광하고 있었다. 보통 발광시간은 1분 30초에서 3~4분 사이였으며, 사라질 때는 순식간에 저 멀리까지 사라졌다. 황홀한 빛의 쇼는 약 20분간 지속된 후 끝났다. 배 주변에서의 빛의 쇼는 끝났지만, 우리는 멀리 수평선 위로 빛을 내며 이리저리 빠르게 움직이는 안개를 오랫동안 볼 수 있었다. 우리는 북쪽 방향에서 한 번에 3~4군데 지역이 빛나고 있다는 것을 알 수 있었지만, 지구가 둥글게 굽어 있기 때문에 다 볼 수는 없었고, 다만 안개가 빛을 내면서 이동하는 것으로 짐작할 수 있을 뿐이었다.

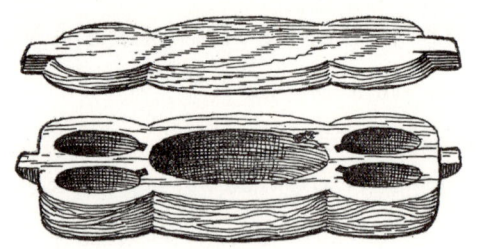

찻주전자와 컵을 담아두는 상자

CHAPTER 38

사업의 마무리 – 전신장비 바겐세일

8월 1일 우리는 오호츠크 항에 도착했고, 페테르부르크로 떠나는 아바자 소령을 전송한 뒤, 나는 다시 언워드 호를 타고 출항하여 거의 한 달 동안 해안가를 돌아다니며 여기저기 흩어져 있는 작업 인력들을 모아 배에 태우고 쓸모 있는 자재들을 배에 싣는 작업을 했다.

9월 초 나는 기지가로 돌아갔고, 사업 정리를 시작하면서 마지막 출항을 위한 준비 작업에 들어갔다. 회사의 지시는 팔 수 있는 모든 물건을 팔아 빚을 갚으라는 것이었다. 나는 이 지시가 회사 경영진에게는 상당한 돈을 만들어낼 수 있는 계획일 것이라고 생각하지만, 불행히도 그들은 우리가 처한 환경에 대한 인식에 한계를 갖고 있었으므로, 우리가 볼 때 그런 계획은 여러 걸림돌에 노출돼 있었다.

첫째로, 우리는 기지가에 1만 5,000~2만 달러에 상당하는 물품을 갖고 있지만, 그 대부분은 이 지역에서 절대로 팔 수 없는 성격의 물건들이었다. 둘째로, 오호츠크, 얌스크, 기지가 세 마을을 다 합해도 주민수가 500명을 넘지 않는데, 그 주민들이 회사 경영진이 생각하는 만큼의 돈을 만들어 줄지는 의문이었다. 원주민들은 쇠지레, 곡괭이, 전신주 등을 갖고 싶어 하겠지만, 그 값을 지불할 충분한 돈이 없었다.

그러나 지시는 지시이므로 우리는 가능한 한 빨리 우리 창고 앞에 일종의 국제시장을 열고 우리의 넘쳐나는 물건들을 가장 좋은 조건에 처분하려 했다. 우리는 값비싼 전신선을 가난한 코략족 원주민들조차 살 수 있을 만큼 값을 내려주었고, 주민들이 무덤을 팔 때 유용하게 쓸 수 있는 곡괭이, 자루가 긴 삽 등과 영양을 보충해주는 오이 피클, 괴혈병 치료제 등을 넘치도록 시장에 내놓았다. 우리는 유리로 된 절연재를 미국제 찻잔으로, 선반 받침목을 미국제 불쏘시개로 수백 개를 팔았고, 소금에 절인 돼지고기나 말린 사과를 사려는 사람들에게 비누와 양초를 덤으로 주었으며, 남아도는 라임주스와 베이킹파우더를 팔아치우기 위해 시원한 주스와 따끈한 비스킷 만드는 방법을 주민들에게 가르쳐 주었다.

우리는 이전에는 만족하면서 행복하게 살았던 주민들에게 억지로 수요를 만들어내려고 갖은 애를 다 쓰고 있었다. 사하라 사막에 사는 투아레그족(Tuaregs) 원주민들에게 유빙에 견디는 특수 보트나 쥐덫 같은 것이 아무런 소용이 없듯이 우리는 주변의 가난한 주민들에게 문명 세계에서나 소용이 있는 물건들을 잔뜩 진열해놓고 처분하려 하고 있었던 것이다.

따라서 결과는 우리 회사 경영진들이 기대하고 있는 것만큼 만족할 만한 것은 아니었다. 마침내 곡괭이와 선반 받침목은 더 이상 팔리지 않았고, 전신선도 우리가 추천한 그물용이나 개썰매 장구용으로 그다지 호응을 받지 못했으며, 초록색이 감돌며 아름답기까지 한 유리 절연재 찻잔으로 라임주스와 물을 떠먹는 시음 장면을 보였음에도 주민들의 마음을 끌기에는 역부족이었다. 그래서 결국 우리는 시장을 접어야만 했다.

내 기억이 옳다면 우리가 벌어들인 금액은 단지 300루블(약 150달러)에 불과했고, 아바자 소령이 떠나면서 남겨놓은 돈과 합하면 약 500루블에 불과했으므로, 이 금액으로는 회사 빚을 갚을 수 없었다. 더욱이 나는 육상으로 시베리아를 횡단하여 미국으로 돌아갈 예정이었으므로, 여행길에

라임주스, 오이 피클, 전신선, 말린 사과, 유리 절연재, 베이킹파우더 등을 팔면서 여행 경비라도 벌어야 할 상황이었다. 그런데 다행스럽게도 나는 몇몇 회사 채권자들의 빚을 차와 설탕으로 갚을 수 있도록 설득할 수 있었고, 그로 인해 오호츠크에서 상트 페테르부르크까지의 여행 경비를 벌 수 있었다.

필사적인 탈출

마침내 기지가에서의 일이 마무리되었다. 작업팀 인원들도 모두 소집되었으므로 우리는 범선 언워드 호를 타고 오호츠크 항으로 향할 작정이었다. 그런데 그때 갑자기 우리가 극지에서 보낸 2년 동안에 가장 위험스런 순간을 맞이하게 되었다. 어떤 과학적 연구를 위해, 또 새로운 상업 루트를 개척하기 위해, 혹은 자신의 내적인 모험심에 취해 미지의 거친 세계로 나아가는 탐험가들은 모두 그런 죽음의 순간으로부터 벗어난 특별한 구사일생의 경험을 하나씩 가지고 있는 법이다. 그들이 맞부딪히는 죽음의 순간은 한순간이거나, 몇 시간이거나, 아니면 며칠간이기도 하다. 그러나 어느 경우에도 그 순간은 죽음의 위험 속에 있다. 100명이면 100명 모두 죽을 수밖에 없으면서, 혹시 거기서 살아남을 수 있다면 단지 1명에 불과한 그런 위험인 것이다.

대체로 그런 위험은 갑자기 빠르게 다가온다. 그런 예상치 못한 위험을 처음 겪어보는 사람은 십중팔구 재앙과도 같은 충격에 빨리 허물어지고 만다. 정신을 가다듬어 비상사태에 대처할 방법을 생각할 시간적 여유가 없는 것이다. 위기의 순간은 갑작스레 다가오는 죽음처럼 찾아오기 때문에 정신을 차리기도 전에 자신의 모든 능력이 마비되고 만다. 이런 갑작스런 위기의 순간은 인간이 본능적으로 최대한 발휘하게 되는 선천적 및 후천적 능력이 얼마만큼 되는지 시험하게 된다. 하지만 통상 위기는 그것을 알아

차리기도 전에 지나가 버리기 때문에, 기다려 주지도 않고 또 회피할 수도, 감소시킬 수도 없는 경우가 많다. 다만 인간은 순간적으로 죽음의 순간을 인지하면서도 그것을 회피할 아무런 방도가 없는 재앙이 임박해 있다는 사실만을 인식할 뿐이다. 설사 그런 위기의 순간에도 일어나 싸우려는 강한 정신력을 가진 인간이 있다 하더라도, 그는 다모클레스의 검166)이 언제 내려칠지 기다리는 것 외에 다른 할 일이 아무것도 없는 것이다.

우리가 언워드 호를 타고 기지가를 출항하기 직전에 그런 갑작스런 위험의 순간이 찾아왔던 것이다. 언워드 호의 선장은 계절이 늦어졌고, 또 바위가 많고 절벽이 가파른 해안가의 위험성에 대해 사려 깊게 생각하지 않고, 기다란 A자형 만 하구로 들어와 등대에서 거의 30km 떨어져 있는 동부 해안가의 어느 얕은 곳에 정박해 있었다. 해안가 뭍에서 우리는 배를 전혀 볼 수 없었지만, 나는 배가 어디 있는지 알고 있었으므로, 뭍에서의 일이 끝나면 즉시 배에 승선하는 데 아무런 지장이 없을 것으로 예상하고 있었다.

나는 9월 11일 오전에 샌포드(Sandford) 팀과 함께 마지막으로 배에 탈 계획이었지만, 예기치 못한 주민들의 불만과 여러 문제들을 해결하느라 늦어져 오후 4시가 되었다. 북동부 시베리아 같은 높은 위도에서 9월에는 밤이 일찍 찾아오므로, 나는 그런 시각에 작은 보트를 타고 약 30km 떨어져 있는 배를 향해 떠난다는 것에 약간의 망설임을 갖고 있었다. 하지만 선장은 현재 정박해 있는 곳도 위험해서 가급적이면 빨리 떠나고자 하는 생각뿐이었다. 산들바람이 불어오고 있었으므로 우리 보트는 곧 배가 정박해

---

166) sword of Damocles: 다모클레스는 BC 4세기 시실리 섬 시라쿠사의 참주 디오니시우스(Dionysius) 1세의 신하였는데, 왕의 권력에 대해 지나친 아첨을 하자 왕이 하루 동안 위치를 바꾸어보자고 제안하여 다모클레스는 왕좌에 앉아 온갖 호사를 다 누리게 되는데, 어느 순간 머리 위로 말총 한올에 검이 매달려 있는 것을 발견하고 다시는 왕 노릇을 하지 않겠다고 했다는 고사이다. 권력자의 화려함 뒤에는 죽음의 위험이 도사리고 있다는 이 이야기는 키케로(Cicero)에 의해 인용됐으며, 이후 다모클레스의 검으로 널리 회자되었다. 현대에서는 케네디 대통령이 소련과의 핵전쟁 위험을 인류에 대한 다모클레스의 검으로 인용해 경고하면서 유명해졌다.

있는 해안가 쪽에 다다를 것이었다. 잠시 망설인 다음, 나는 출발하라는 지시를 내렸다. 보트 안에는 샌포드, 바우셔(Bowsher), 헥(Heck), 그리고 지금 이름이 생각나지 않는 4명을 포함한 8명이 타고 있었다.

우리의 보트는 필리페우스(Phillipeus)라는 러시아 상인에게서 산 것으로 뚜껑이 없고 돛이 하나 달린 길이 약 8m의 범장 보트였다. 이전에 이 보트에 대해 신경을 쓰지 않았지만, 내가 알기로 이 보트는 안전하고 타고 갈 만한 것이었다. 그러나 보다 안전을 도모하기 위하여 균형을 잡아주는 바닥짐을 싣기로 하고, 설탕이 담긴 오크통 2개를 바닥에 실었다. 그런 다음 나는 나와 수많은 고난과 위험을 나눴던 두 친구, 도드와 프로스트에게 작별을 고하고 작은 범장 보트의 후미에 앉아 출발했다.

날은 어두워진 가을 저녁이었고, 스타노보이 산맥의 눈 덮인 산꼭대기를 넘어온 돌풍이 약해지면서 북동쪽에서 불어오는 제법 강한 산들바람으로 변하여 우리 쪽으로 불어오고 있었는데, 그것은 겨울이 다가오고 있다는 것을 강하게 암시해주는 것이었다. 하지만 바다는 비교적 잔잔했으므로, 우리가 만을 잘 빠져나올 때까지만 해도 위험하다는 생각은 전혀 들지 않았다. 그러나 피난처와 같은 높은 암벽으로 둘러싸인 해안가를 벗어나자, 바람이 점점 강해지면서 파도가 치기 시작했고, 어둡게 찌푸린 하늘은 험한 날씨를 예고하고 있었다.

우리는 날이 아직 밝았을 때 돛을 감아올리는 등 사려 깊은 행동을 했어야 했다. 하지만 보트 운용을 책임진 헥은 그것이 필요하다는 생각을 하지 못한 것 같았고, 이제 파고가 더 높아져서 위험스런 수준이 되자 배가 뒤집어질까봐 움직일 엄두를 내지 못하고 있었다. 우리는 거세진 돌풍 앞에 흔들리면서 어서 빨리 언워드 호의 불빛이 보이기만을 간절히 고대하고 있었다.

돌풍이 몰아치는 높은 파도 속에서 작은 보트를 타고 가는 것은 죽음을 향해 달려가는 것과 같이 가장 위험한 일이다. 게다가 돛을 활짝 펴고 간다면, 바람을 정면으로 맞을 수도 있고, 또 거센 파도를 정통으로 맞을 수도 있는 것이다. 그런데 빠르게 질주하기까지 한다면, 거의 희망이 없다고 봐야 할 것이다. 우리는 파도에 따라 보트 안에서 이리저리 굴러다녔고, 파도에 높이 떠올려지면 보트의 키가 물 밖으로 나오면서 보트가 한 바퀴 빙그르 돌아가는 위험에 처할 정도였다. 만일 미리 돛을 감아올렸다면, 바람을 맞지도 않고, 또 파도도 덜 맞으면서 더 안전한 자세로 나아갈 수 있었을 것이다.

보트 운용을 책임진 헥은 아주 능숙한 선원이었지만, 어둠은 깊어가고 바람은 심해지고 파도는 높아졌으므로, 내가 보기에도 우리를 언워드 호로 무사히 데려다줄 수 있는 것은 오직 특별한 행운뿐인 것이 분명해 보였다. 다행히 아직까지 보트 안에 물방울이 튀는 것을 제외하곤 많은 물이 들어오진 않았지만, 높은 파도에 떠올려질 때면 보트가 한쪽으로 기울면서 매우 위험한 상태가 되었기 때문에, 아주 기술적으로 돛을 다루지 않으면 조만간 보트가 뒤집어질 수도 있다는 두려운 생각이 들었다.

육지가 보이지 않을 만큼 날이 아주 어두워졌다. 만 안의 어디에 우리가 있는지 정확히 알 수가 없었고, 바로 그때 무서운 재앙이 닥쳐왔다. 보트가 높은 파도에 떠올려지면서 순식간에 오른쪽으로 기울면서 아래로 떨어졌다. 순간적으로 나는 돛 한 가장자리의 어두운 윤곽이 떨리면서 한두 번 퍼덕이더니 갑자기 무너져 내리는 것을 보았다. 드디어 올 것이 왔구나 하는 심정으로 목청껏 소리를 질렀다.

"조심해요, 헥! 보트가 뒤집어져요!"

나는 본능적으로 쓰러지는 돛대를 피하려고 몸을 보트 바닥에 던졌다. 길고 무거운 돛대가 보트의 오른쪽에서 왼쪽으로 스쳐 지나가면서 바우셔를 때리고 보트 밖으로 밀어버렸다. 순식간에 바우셔의 모습이 바닷속으로 사라져 버렸다. 보트는 돛, 마룻줄, 삭구 등이 한데 엉킨 채로 파도와 파도 사이의 물골 속으로 처박혔다. 뱃전으로 하얀 물거품을 이루며 바닷물이 마구 넘쳐 들어왔다. 잠시 후 보트에 물이 가득 차면 가라앉을 것 같았다. 나는 몸을 웅크린 채 일어서서 얼굴에 묻은 바닷물을 닦아내며 보트 안을 자세히 바라보았다. 아직 물이 반도 안 차 있었으므로, 빨리 물을 퍼내면 항해가 가능할 것 같았다.

"살려면 물을 퍼내요! 모자로!"

나는 목청껏 외치면서 모피 두건으로 물을 퍼내기 시작했다.

나머지 사람들도 살아남기 위해 모자로 아주 짧은 시간에 보트에서 많은 물을 퍼냈고, 5~10분 사이에 물에 가라앉을 뻔한 첫 번째 위기가 지나갔다. 잠시 후 바우셔가 보트로 기어 올라왔다. 다행히 바우셔는 수영에 능숙했고, 또 부러진 돛대에 크게 다치지 않았다. 우리는 엉켜 있는 줄을 모두 끊어버리고 바닷물에 젖은 돛을 다시 정비해 남아 있는 돛대에 세운 다음, 돛의 한쪽 끝을 돛대 밑 부분에 묶고 가능한 한 적게 바람을 받아 최저속도로 나아가도록 작게 펼쳐 놓았다. 이렇게 돛을 조정하고 나니, 보트가 덜 흔들리고 속도도 느려졌다. 우리는 비로소 안도의 한숨을 쉬면서 젖은 옷과 모자를 비틀어 물을 짜냈다.

바다로 떠밀려가는 보트

첫 번째 위기가 지나가자 나는 침착함을 회복하고 냉정하게 현재의 상황을 점검해 보았다. 내가 볼 때 상황은 거의 절망적이었다. 우리는 돛대가 부러진 보트에서 노, 나침반, 물, 음식도 없이 북동쪽에서 불어오는 사나운 돌풍 속에 바다로 떠밀려가고 있었다. 날은 너무 어두워서 육지는 보이지 않고, 만은 양옆으로 계속 넓어져 갔다. 오호츠크 해상에 언워드 호는 보이지 않았고, 다른 배도 보이지 않았다. 가장 가까운 육지는 아마도 약 13~16km 정도의 거리에 있을 것이다. 우리는 점점 거기에서 멀리 벗어나 표류하고 있었다. 현재 부서진 보트의 상태로 육지에 닿는다는 것은 거의 가망이 없었다. 밤새도록 그런 돌풍 속에서 보트가 살아남을 가능성은 없어 보였고, 살아남는다 해도 다음날 아침까지 마시지도 먹지도 못하고 구조될 희망도 없이 먼 바다에서 표류하고 있을 것이 틀림없었다. 만일 바람이 지금 부는 방향으로 계속 불어준다면, 약 5km 정도의 거리에서 언워드 호를 만날 수 있을지 모른다. 그러나 우리는 등불 하나 갖고 있지 않으므로, 깜깜한 밤에 가시거리에 있는 언워드 호를 그냥 지나쳐 버릴지도 모른다. 선장은 우리 보트가 지나쳐가는 것도 모를 것이고, 아무데서도 우리를 구해줄 희망은 없을 것이다.

얼마나 오랫동안 깜깜한 어둠 속에서 파도에 오르내리며 두려움에 떨면서 표류했는지 모른다. 나에게는 몇 시간이 흐른 것 같았다. 내 주머니 속에는 언워드 호 편으로 샌프란시스코에 보내려고 전날 어머니에게 쓴 편지가 간직돼 있었다. 편지에서 나는 어머니에게 이제 러-미 전신회사 사업이 중단됐으므로 더 이상 나의 안전에 대해 걱정하실 필요가 없다고 안심시키는 내용을 썼었다. 나는 언워드 호를 타고 오호츠크 항에 내렸다가 양호한 우편도로를 통해 상트 페테르부르크를 경유하여 고향으로 돌아갈 예정이었으므로, 편지에서 더 이상의 위험은 없다고 썼던 것이다. 그런데 나는 돛대가 부러진 보트에 앉아 극지 돌풍이 불어대는 추위에 떨며 먼 바다로 표류하고 있으면서 이 편지를 생각하고 있는 것이다. 만일 현재 내가 처한 절박한 상황을 알게 되고 편지를 읽게 된다면, 나의 가엾은 어머니는 무슨 생각을 하시게 될까?

언워드 호의 구조를 받다

이 길고도 어두운 밤에 흔들리는 보트 안에서 두려움에 떨고 있는 우리들은 서로 아무 말이 없었다. 아무도 희망이 있다는 생각을 하지 못했고, 또 사납게 울부짖는 바람소리 때문에 말할 엄두를 내지 못했다. 우리는 그저 겁에 질려 보트 바닥에 앉아 머지않아 닥쳐올 마지막 순간을 기다리고 있을 뿐이었다. 때때로 바닷물이 보트 안으로 넘쳐 들어왔고, 우리는 다시 모자로 물을 퍼냈다. 이런 일 말고는 우리가 할 일이라곤 아무 것도 없었다. 내가 보기에 반쯤 부서진 보트가 앞으로 3~4시간을 더 견디기가 어려울 것 같았다. 돌풍은 계속 불어댔고, 그때마다 파도에 튄 얼음 같은 물방울이 마치 채찍처럼 몸을 때려댔다.

밤 9시쯤 되었을까, 이물 쪽에 있던 누군가가 흥분된 목소리로 외쳤다.

"불빛이다!"

"어디?"

나는 고물 쪽에서 반쯤 일어나 소리쳤다.

"이물 쪽 좌현으로 3~4도 되는 지점이요."

"확실해요?"

내가 되물었다.

"확실친 않지만, 마투가 섬 옆쪽에서 뭔가 반짝이는 게 보였습니다. 지금은 사라졌지만."

그렇게 대답하더니 잠시 침묵하다가 그가 다시 말했다.

"하지만 뭔가 보였어요."

우리는 모두 그가 말한 방향을 뚫어지게 바라보았지만, 어둠 속에서 불빛이라곤 찾아볼 수 없었다. 만일 무슨 불빛이 보인다면, 그것은 아마도 언워드 호의 정박등일 것이다. 왜냐하면 만의 양쪽 해안가에는 주민들이 살지 않기 때문이다. 하지만 그것이 인광이거나, 아니면 파도에 부딪혀 생긴 하얀 물거품을 잘못 본 것일 수도 있었다.

5분이 지났고, 아무도 말하는 사람이 없었다. 하지만 모두가 앞을 뚫어지게 바라보고 있었다. 그런데 갑자기 아까와 같은 흥분된 목소리가 이번에는 확실하다는 듯이 다시 높이 울려왔다.

"저기 또 반짝입니다. 내가 봤다고 그랬죠? 배의 불빛입니다."

다음 순간 나도 거의 정면 수평선 위에서 희미하게 간헐적으로 반짝이고 있는 불빛을 볼 수 있었다.

"저것은 언워드 호의 정박등입니다."

나는 아주 흥분되어 소리쳤다.

"여러분, 돛을 더 펼쳐서 속도를 좀 더 내봅시다. 언워드 호를 찾았어요. 헥, 보트가 침몰하는 일이 생기더라도 불빛을 향해 전진해요. 침몰하거나, 지나쳐버리거나 둘 다 마찬가지니까."

우리는 모두 달려들어 가능한 한 돛을 잡아 늘리고, 범포가 너무 부풀어 보트가 흔들리는 것을 막기 위해 남아 있는 돛대 아랫부분과 가로대에 돛을 고정시켰다. 헥이 돛대 머리를 반대쪽으로 돌려놓자, 불빛이 이물 아래 들어왔다. 이제 보트는 비틀거리면서도 돌풍이 몰아치는 어둠을 뚫고 앞으로 나아갔다. 때때로 배 안에 물이 차면서도 절반은 앞으로 나아가고, 또 절반은 표류하면서 정박해 있는 배를 향해 나아갔다. 돌풍이 맹렬히 불어댔는데, 어디서 불어오는지 알 수가 없었다. 그러나 어둠 속에서 내가 판단하기로는 서쪽으로 3~4도 방향이 들어져 불고 있는 것 같았다. 만일 그렇다면 만의 서쪽 해안이 아니라 동쪽 해안에 더 가까이 정박해 있는 언워드 호로 가까이 다가갈 수 있는 좋은 기회가 될 것이다.

"헥, 바닷물이 넘쳐 들어오더라도 최대한 보트 방향을 동쪽으로 유지해요. 모자로 퍼내면 되니까. 지나쳐 버리면 우리는 끝장입니다."

나는 소리를 질렀다.

보트가 앞으로 나아갈수록 불빛은 더 밝게 빛났다. 앞돛에 가려 보였다 안 보였다 하던 정박등이 비칠 때마다 우리가 얼마나 가까이 다가가고 있는지를 알 수 있었다. 100m도 되지 않는 거리에서 갑자기 깜깜한 하늘을 배경으로 불빛이 빛나는 언워드 호의 윤곽이 대략 드러났다.

"저기 배가 있습니다! 다왔어요!"

샌포드가 소리쳤다.

언워드 호는 닻의 방향으로 심하게 요동치고 있었는데, 우리 보트가 가까이 다가갈수록, 돌풍이 몰아치는 소리가 더 심하게 들리고 또 뱃전에 부딪히는 파도가 더 심해지는 것을 볼 수 있었다.

"배 주위로 한 바퀴 돌까요, 아니면 배에 부딪쳐 볼까요?"

헥이 나에게 소리쳤다.

"잠깐만요. 그냥 지나쳐 가느니 차라리 배 옆을 들이받는 것이 더 낫지만, 지금은 일단 모두 함께 소리쳐 불러봅시다. 하나, 둘, 셋! 어이, 어이! 밧줄을 내려요!"

하지만 삭구 사이로 으르렁대는 돌풍 소리 이외에, 흔들리는 불빛 아래 보이는 거대한 검은 그림자로부터 아무런 소리도 들려오지 않았다.

우리는 머리 위로 높이 솟아 있는 언워드 호의 어두운 윤곽을 향해 다시 한 번 고함을 질러댔다. 그런데 갑자기 보트가 기우뚱 흔들리더니 언워드 호의 선수 부분에 크게 부딪쳤다.

다음 순간 무슨 일이 벌어졌는지 나는 알지 못한다. 하얀 파도 속에 처박혀서 미친 듯이 손발을 허우적거리며 보트 벽을 짚으려고 하는 순간, 누군가가 절망적인 목소리로 외치는 소리가 들려왔다.

"어이, 이봐요! 보트가 가라앉고 있어요! 제발 밧줄을 던져주세요!"

하지만 그뿐이었다.

물이 들어찬 보트가 위아래로 출렁이면서 언워드 호 옆을 지나쳐 가다가 거대한 파도에 떠올려지는 순간, 나는 가까스로 옆 난간을 움켜잡을 수 있었지만, 다음 순간 보트는 언워드 호 배 밑의 구리판을 덧댄 부분보다 훨씬 아래쪽인 파도와 파도 사이의 깊은 골로 떨어져 내렸다. 우리는 보트가 떠밀려가는 것을 막으려고 언워드 호 측면을 손톱으로 긁어대면서까지 밧줄을 내려달라고 고함치며 수없이 구조를 요청했지만, 우리의 목소리는 으르렁대는 파도소리에 묻혀버리고 아무런 응답이 없었다. 파도에 밀려 보트는 언워드 호의 선미까지 떠내려 왔다. 이제 선미 부분을 지나치면, 우리에게 희망은 없었다.

보트는 빠르게 가라앉고 있었다. 이미 내 무릎까지 물이 차올랐다. 1분도 되지 않아 보트는 언워드 호의 시야에서 사라져버릴 것 같았다. 이제 우리는 어둠 속에서 더 이상 구조의 기회를 잃고 바닷속으로 침몰하는 수밖에 없었다. 그런데 갑자기 내 옆에 누군가가 - 나중에 그가 바우셔였다는 것을 알았다 - 외투를 벗어 던지고 대담하게 바람이 불어오는 쪽 바다로 뛰어들었다. 그는 언워드 호의 시야에서 벗어나 떠내려가는 것은 죽음을 의미한다는 사실을 알고 있었으므로, 어떻게든 언워드 호 주변에서 헤엄치고 있다가 구조될 수 있기를 희망했던 것이다. 나는 이런 생각을 전혀 하지 못하고 있었지만, 이런 시도가 마지막 절망적인 시도라는 생각이 퍼뜩 들면서 나도 모르게 그를 따라 바다로 뛰어들 자세를 취했다. 바로 그때, 이미 60cm 가량 멀어져 가고 있는 언워드 호의 후갑판에서 어떤 하얀 유령 같은 사람 하나가 손을 흔들고 나타나서 거친 목소리로 고함을 질렀다.

"구조 밧줄을 내려라!"

그는 언워드 호의 2등항해사였다. 그는 자기 숙소에 있다가 배 후미에서 떠내려가며 외쳐댄 우리의 고함소리를 듣고 잠옷바람으로 즉시 갑판으로 달려나왔던 것이다.

나침반 계기에서 나오는 희미한 불빛으로 나는 그의 손을 통해 풀려나오는 밧줄을 볼 수 있었다. 그러나 밧줄이 어디로 내려가는지는 보이지 않았다. 밧줄을 하나 더 내려보내 달라고 할 시간적 여유도 없었다. 나는 초조한 마음에 심장도 뛰지 않는 것 같았다. 그러다가 들뜬 고함소리가 보트 앞쪽에서 나는 것을 들은 다음에야 비로소 마음이 놓였다.

"됐어요! 밧줄을 잡았어요! 충분히 잡을 수 있게 좀 풀어주세요!"

30여 초가 더 지난 다음에야 우리는 안전해졌다. 보트는 언워드 호의 선미아래 고정되었고, 두 번째 밧줄이 바우셔에게 던져졌다. 우리는 1명씩 즉석에서 만든 구명부대(救命浮袋)를 타고 언워드 호의 후갑판으로 끌어 올려졌다. 내가 외투도, 모자도 없이 추위와 흥분으로 벌벌 떨면서 갑판으로 올라오자, 선장이 잠시 놀란 눈으로 나를 바라보다가 고함치듯 말했다.

"맙소사! 케넌 씨, 당신입니까? 어떻게 이런 밤에 이런 위험스런 방식으로 오게 됐습니까?"

"선장님, 우리가 출발할 때는 바람이 저렇지 않았습니다. 갑자기 돌풍이 불어 우리 보트의 돛대가 부러져 날아가 버렸습니다."

나는 대답하며 미소를 잃지 않으려 노력했다.

그는 나를 비난하듯 말했다.

"하지만 바람은 어두워지고 나서부터 강해졌습니다. 우리는 닻을 2개나 내렸지만, 질질 끌려갔습니다. 결국 나는 항해사에게 또 다시 배가 밀리면 닻을 올리고 바다로 나갈 수밖에 없다고 지시했습니다. 우리를 여기서 발견하지 못했다면, 도대체 당신들은 어디에 있었을 것입니까?"

"아마도 바다 밑이겠죠. 나는 지난 3시간 동안 아무것도 예측할 수 없었습니다."

내가 대답했다.

우리가 필사적인 탈출을 할 수밖에 없었던 그 비운의 보트는 밤새도록 언워드 호의 선미에 부딪히는 수난을 당한 뒤 산산이 부서져 버렸고, 다음 날 아침 내가 갑판 위에서 목격한 것은 선미 주위에 어지럽게 떠 있는 나무 조각들뿐이었다.

CHAPTER 39

상트 페테르부르크로의 출발

 9월 중순경 우리는 오호츠크에 도착했고, 나는 야쿠츠크로부터 온 특별 전령이 가져온 아바자 소령의 편지를 받았다. 그는 나에게 첫 동절기 길을 따라 상트 페테르부르크로 갈 것을 지시하고 있었다.

 언워드 호는 프라이스, 슈워츠(Schwartz), 말찬스키(Malchanski), 나 4명을 제외한 모든 회사 사람들을 태우고 곧 샌프란시스코로 출항했다. 프라이스는 상트 페테르부르크까지 나와 동행하고, 러시아인들인 슈워츠와 말찬스키는 동부 시베리아의 수도인 이르쿠츠크까지만 동행하기로 했다.

 9월 8일경 썰매를 타고 가기에 좋을 만큼 충분한 양의 눈이 내렸다. 하지만 강은 아직 얼지 않아서 2주 정도 더 기다려야만 했다. 드디어 9월 21일 슈워츠와 말찬스키가 3~4대의 개썰매를 끌고 스타노보이 산맥[167] 방향으로 깊이 쌓인 눈길을 나섰으며, 9월 24일 프라이스와 나는 더 무거운 짐과

---

167) 오호츠크 마을 부근에 있는 산맥은 아래쪽의 쥬그쥬르 산맥이나 위쪽의 순타르-하야트 산맥일 수밖에 없으므로, 저자가 스타노보이 산맥이라 한 것은 착각이고, 쥬그쥬르 산맥이 정확한 표현이라고 본다.

보급품을 싣고 그들을 따라 나섰다.

　마을 주민 전부가 나와 우리를 전송해 주었다. 겨울 아침의 매서운 바람에 펄럭이는, 검은색 평상복을 입은 신부는 모자도 쓰지 않은 채 긴 머리칼을 휘날리며 길가에 서서 우리에게 송별 축복을 해주었다. 미국제 베이킹파우더와 유리 찻잔 등을 사주어 우리를 기쁘게 해준 여인네들이 문 앞에 서서 밝은 색 수건을 우리에게 흔들어 주었고, 우리의 썰매 주위에 모여 있던 모피 옷 입은 주민들은 "안녕!", "행운이 함께 하기를!" 하고 외쳤다. 100여 마리의 늑대 같은 개들은 물개가죽으로 만든 널따란 목걸이가 목을 조여오자 참을성 없이 계속해서 울부짖으며 대기를 진동시키고 있었다.

　"어이! 막심(Maxim)! 준비 다 됐나?"

　지방관이 우리의 썰매 몰이꾼 우두머리에게 외쳤다.

　"다 됐습니다."

　"그럼 이제 출발하게. 신께서 함께 하시기를!"

　군중들로부터 축복과 작별인사가 뒤섞인 합창소리를 들으며, 우리 썰매는 앞으로 나아가기 시작했고, 개들의 울부짖음도 그쳤다. 썰매는 구름 같은 눈보라를 일으키며 모피 옷 입은 주민들, 녹색의 양파 같은 교회 첨탑들, 그리고 시베리아에서 가장 황량한 마을의 페인트칠조차 하지 않은 통나무집들을 영원히 뒤로 한 채 앞으로 질주해갔다.

야쿠츠크 경로

　캄차카에서 상트 페테르부르크까지의 일명 '우편도로'라는 것은 약 2,000km에 달하는 오호츠크 해 주변 도로를 지나쳐서 오호츠크 마을을 통과한 다음, 해안가를 벗어나 스타노보이 산맥[168]의 작은 강 하나를 따라

---

168) 스타노보이 산맥이 아니라 쥬그쥬르 산맥이 맞다.

올라가면서 약 1,500m 높이의 산악지대를 가로질러 마침내 레나 강의 대계곡으로 내려가게 된다. 그러나 '우편도로' 라는 것이 그 명칭대로 어떤 특별한 의미를 가진 무엇이라고 상상해서는 안 된다. 북동부 시베리아에서는 '도로' 라는 단어는 단지 추상적인 단어일 뿐이며, 자오선의 경선(經線)이라는 것 외에 다른 아무런 실제적인 의미가 없는 말이다. 즉 그것은 단순히 좌우 경선 방향으로의 길의 연장선에 불과한 것일 뿐이다. 오호츠크 지방의 약 1,000km에 달하는 시골길이란 황무지 같은 산, 우거진 삼림이 이어져 있고, 유목 퉁구스족이 띄엄띄엄 살며, 간혹 야쿠트족 다람쥐 사냥꾼들을 만날 수 있는 길이다. 이른바 '우편도로' 란 정부 우편마차가 이런 황무지를 통과하여 캄차카까지 매년 우편물을 배달하는 길인 것이다.

오호츠크 해에서부터 출발하여 야쿠츠크와 이르쿠츠크를 경유해 아시아를 횡단해가려고 하는 여행자들은 처음 약 2,500km 구간 동안에는 도로에 의지할 생각을 하지 말아야 한다. 산길, 큰 강, 우체국의 위치 등에 따라 여행길이 정해지게 된다. 또한 도끼와 삽 같은 문명의 도구로 길을 새롭게 만들어 나갈 수 있다고 생각해서도 안 된다. 길은 과거에도 그러했듯이 지금도 야생의 원시림으로 뒤덮인 산, 황량한 벌판 사이로 통과해가는 큰 강과 지류들이 자연스레 유일한 교통로를 만들어주고 있는 것이다.

오호츠크와 야쿠츠크 사이 우편도로의 가장 험한 구간은 산악지대로, 러시아인들에게 북극권의 반야생 유목민으로 알려진 퉁구스족의 영역이다. 이들은 옛날부터 해왔던 대로 가죽 텐트에서 원시적으로 살면서 이리저리 순록떼를 몰고 다니며 최소한의 생계를 유지해왔다. 하지만 이들은 이제 러시아 정부의 명령에 따라 도로 곁에 영구히 주거지를 정하고 여행자, 혹은 제국 우편물이나 화물 운송 등을 위해 순록, 썰매 등을 제공해주고, 그 대가로 매년 차, 담배로 정부에 바치던 세금을 면제받았고, 또한 여행자에게서 순록 한 마리가 1.6km를 가는 동안 약 2.5센트 정도의 비율로 운임을 징수할 수 있는 권한을 부여받았다. 오호츠크와 야쿠츠크 사이의 우편도로를 따라 7~8개의 퉁구스족 거주지가 있는데, 이것들은 계절마다 방목의 편이성에 따라 약간씩 위치가 변하지만, 스타노보이 산맥169)을 가로지르는 경로상에서 모두 같은 거리 간격을 유지하고 있다.

퉁구스족 야영지

출발한 지 3일째 되는 날 우리는 첫 번째 우편역에 해당하는 퉁구스족 마을에 도착할 예정이었다. 그러나 눈이 계속 내려 나아가는 것이 늦어짐에 따라 4일째 되는 날 퉁구스족 야영지에 도착했다. 러시아 사람들이 말하기를, 겨울에 눈에 덮인 퉁구스족 산악 야영지만큼 황량한 풍경은 없다고 했는데, 나로서도 그렇게 황량한 풍경을 본 적이 없었다.

삼림지대 위쪽에 위치하면서 장과류 덤불숲이나 극지 이끼식물만이 자랄 수 있고, 눈폭풍이나 휩쓸고 갈 황량한 고원지대에 회색 순록가죽 텐트 4~5개로 구성된 유목민 야영지가 서 있었다. 주변에 하늘이나 지평선을 가릴 만한 나무 한그루 없고, 또 벽이나 울타리처럼 바람막이가 돼줄 것도 하나 없었다. 회색 텐트들은 사방이 뻥 뚫린 채 우주 한가운데 홀로 서 있는 것 같았다. 그런 야영지로 가까이 다가가 좀 더 자세히 살펴보았다.

눈 덮인 바닥을 살펴보면, 순록이 이끼를 찾으려고 여기저기 파헤쳐 놓은 흔적이 보였다. 텐트와 텐트 사이에 커다란 썰매들이 놓여 있고, 그 앞에는 순록 안장과 짐들이 길고 낮은 줄을 이루어 대칭적으로 쌓여 있었다. 순록 몇 마리가 무언가를 찾아 주변 땅을 헤집고 다녔으며, 악마처럼 보이는 까마귀들은 퉁구스족 야영지의 청소꾼인 듯, 얼마 전에 순록을 도살하여 핏자국이 남아 있는 눈 위에서 날개를 펄럭이며 까악까악 울어대고 있었다. 앞쪽에는 눈동자 색이 옅은 늑대같이 사나운 회색 개 2~3마리가 반

---

169) 스타노보이 산맥이 아니라 쥬그쥬르 산맥이 맞다.

쯤 가죽이 벗겨진 순록의 머리 부분을 뜯어먹고 있었다.

　온도계는 섭씨 영하 43도를 가리키고 있었고, 순록, 까마귀, 개들의 가슴에는 하얗게 서리가 서려 있었다. 원뿔형 가죽 텐트 윗구멍으로 가는 연기가 맑고 정적에 싸인 하늘을 향해 수직으로 피어올랐다. 멀리 산봉우리들은 어두운 강철색 하늘을 배경으로 마치 유령처럼 하얀 윤곽을 드리우고 있었고, 눈에 덮인 황량한 야영지 풍경은 낮게 걸린 겨울 해 때문에 옅은 노란 빛으로 물들어 있었다. 모든 풍경이 낯설고, 황량하고, 극지적이었다. 심지어 모피 외투를 걸치고 서리로 하얗게 된 사람들이 가쁜 숨을 쉬는 순록 등에 걸터앉아 텐트로 다가와서 막대기로 땅을 짚고 등자 없는 평평한 안장에서 뛰어내리면서 마지못해 느린 목소리로 "즈다로-오-바(Zdar-o-o-va: 안녕하세요)!" 하고 건네는 인사조차도 극지적이었다.

　우리가 언젠가 사람들과 부대끼며 문명세계에서 살아본 적이 있었던가 할 정도로 현실을 알아차리기 힘들었다. 추위와 적막감, 눈에 파묻힌 산, 그리고 우리를 둘러싼 거대한 황무지에서의 고독감 등이 사람을 침울하게 가라앉게 만들었고, 또 이상스럽게도 이 지구상에 없는 것 같은 느낌을 들게 하면서 시베리아에 오기 전의 삶을 기억해낼 수 없게 만들었다.

스타노보이 산맥을 넘어 – 혹독한 추위

　첫 퉁구스족 야영지에서 우리는 하루종일 휴식을 취한 다음, 개를 순록과 교환하고, 썰매 몰이꾼들을 오호츠크로 돌려보냈다. 점박이 순록가죽 외투를 입고 청동빛 얼굴을 한 퉁구스족 6명의 길 안내를 받았고, 눈 덮인 계곡을 통과하여 알단(Aldan) 강을 향하기 위해 서쪽으로 나아갔다. 처음 2주 동안은 나아가는 것이 느리고 힘들었으며, 또한 온갖 어려움을 다 겪은 것 같았다. 때때로 퉁구스족 야영지에 도착하는 데 3~4일 걸리기도 했으며, 스타노보이 산맥을 오를 때는 추위가 극도로 심해져 생명의 위협을 받기도 했다. 서리를 뒤집어 쓴 순록들이 힘겹게 끄는 무거운 짐을 실은 썰매 길을 만들어주기 위해 미리 앞장서 약 1m 깊이의 부드러운 눈 위로 설피를 신고 길을 다져 만들어 나갈 때는 다리에 힘이 빠져 지친 다리를 끌고 무거운 발걸음을 옮기기도 하였다. 우리는 하루에 평균 약 50km를 나아갔다.

하지만 밤이 되면 순록들은 완전히 지쳐 버렸는데, 퉁구스족 썰매 몰이꾼의 상아로 만든 날카로운 몰이 막대기에 피가 묻어 얼어버릴 정도였다. 때때로 우리는 눈 덮인 산골짝에서 모닥불을 피우며 밤에 야영을 하기도 했고, 또는 때때로 정부에서 길을 따라 피난처로 만들어 놓은 무너진 오두막이나 유르트에서 쌓인 눈을 삽으로 퍼내고 으르렁대는 눈폭풍을 피하기도 했다. 지난 2년간의 극지 여행 경험으로 우리는 보다 강해져 있었고, 또 북부 지역 생활에 익숙하게 되었다. 스타노보이 산맥을 횡단하는 것은 우리의 지구력을 최대한으로 시험해보는 또 하나의 기회였다.

서부 능선 길의 정상 부근에서 정오 무렵에 수은주가 얼어붙기 시작하여 4일 동안 계속 얼어붙었다(우리는 수은주를 단 한 개만 갖고 있었기 때문에, 섭씨 영하 39도 이하의 온도를 잴 수 없었다). 얼굴에 입김을 조금만 불어도 마치 뜨거운 쇠를 갖다 대는 것 같은 느낌이었다. 수염은 얼어붙어 딱딱한 전선줄이 꼬여 뭉친 것 같았고, 눈썹은 눈이 쌓여 기다란 테를 이루면서 그 무게 때문에 절반밖에 시야가 확보되지 않았다. 마비된 신체의 말단 부분들에는 격렬한 운동을 해야만 겨우 피가 도는 것 같았다. 우리 팀에서 가장 연장자인 슈워츠는 어느 날 밤 의식불명인 채 유르트 안으로 들려와서 죽을 고비를 넘기기도 했고, 또 강건한 원주민 썰매 몰이꾼조차 손과 얼굴이 심하게 얼어붙어 유르트 안으로 들어오기도 했다. 우리는 지구상에서 가장 추운 지역인 야쿠츠크 지방(이 지방의 어느 곳에서는 겨울 3개월 동안의 평균 기온이 수은주 어는 온도, 즉 섭씨 영하 40도이며, 때때로 섭씨 영하 65도를 기록하기도 했다)에 들어와 있었던 것인데, 증거가 필요하다면, 온도계가 유일하고도 충분한 증거물이 되었을 것이다.

불타는 기둥 - 야쿠츠크 도착

　설피를 신고 걸어가는 단조로운 일정 속에서 때로는 순록 썰매를 타고 가기도 하고, 야영을 하기도 하고, 또 연기 나는 퉁구스족 유르트에서 자기도 하면서 몇 주가 지나고 드디어 우리는 레나 강 동부 지류 중 하나인 알단 강 계곡에 도착했다. 11월 어느 달 없는 어두운 저녁 무렵 스타노보이 산맥의 마지막 바깥쪽 능선을 타고 오르면서, 우리는 황량한 계곡을 타고 내려가면 너른 평원으로 이어진다는 사실을 알 수 있었다. 계곡 너머 검은 언덕 맞은편으로 멀리 아래쪽에서 마치 구약 출애굽기의 광야에서 길을 인도하는 것처럼 4~5개의 연기 기둥이 빛을 내며 하늘로 치솟고 있었다.
　"저것이 무엇입니까?"
　나는 퉁구스족 썰매 몰이꾼에게 물었다.
　"야쿠트족입니다."
　간단한 대답이 되돌아왔다.
　그것들은 야쿠트족 농가 굴뚝에서 피어오르는 연기 기둥이었다. 내가 그것들을 바라보며 서 있는데, 멀리서 희미하게 소 울음소리가 들려왔다.
　"맙소사! 드디어 우리가 사람과 소가 사는 마을에 다가가고 있습니다."
　나는 옆에 있던 말찬스키에게 말했다.
　끝날 것 같지 않게 20일 동안 설피를 신고 걷고, 또 개나 순록이 끄는 썰매를 타고 북극권 황무지를 통과하여 불빛이 비치는 연기 기둥을 발견한 우리의 기쁨이란 어느 누구도 완전히 이해할 수 없는 것이다. 나로서는 오호츠크를 떠난 지 1년이란 세월이 흐른 것같이 길게 느껴질 정도였다. 몇 주 동안 우리는 무거운 외투도 벗지 않았고, 거울, 침대, 깨끗한 침대보 같은 것들은 지나간 먼 과거의 유물일 뿐이었다. 지난 27개월 동안 야만스런 세계에서 살다보니, 미국이란 문명세계도 한낮 비현실적인 꿈처럼 비쳐졌던 것이다. 그러나 불빛이 비치는 연기 기둥과 가축의 울음소리는 마치 약속의 땅을 알려주는 것처럼 보였다.

　2시간이 지나지 않아 우리는 화롯불이 이글거리고 바닥에 부드러운 양탄자가 깔린 안락한 야쿠트족 집안에 앉아 있었다. 우리 옆 탁자 위에는 진짜 도자기 컵에 향기로운 캬흐타 산 차가 담겨 있었고, 머리 위 벽에는 사진이 걸려 있었다. 정말로 집의 창문에는 판얼음이 달려 있었고, 양탄자는 순록가죽으로 만든 것이었으며, 사진은 《하퍼스 위클리(Harper's Weekly)》 잡지와 《프랭크 레슬리(Frank Leslie's)》 잡지에서 오려낸 목판화 사진에 불과했다. 그러나 연기 나는 퉁구스족 유르트에서 지내다 온 우리에게는 얼음 창문, 순록가죽 양탄자, 사진 등의 모든 것들이 놀랍고도 경탄해 마지않을 것들이었다.

　알단 강가의 야쿠트족 마을과 야쿠츠크 시 사이에는 정말 도로라 할 수 있는 좋은 우편도로가 있었다. 그래서 우리는 하얀 야쿠트 산 조랑말에다 오호츠크에서 가져온 썰매를 달아매고 서쪽을 향해 빠르게 질주해갔고, 역에 닿을 때마다 말을 바꿔주면서 하루에 15~18시간을 달려갔다.

　여행 23일째 되는 11월 16일 드디어 우리는 야쿠츠크에 도착했다. 그곳에서는 어느 부유한 러시아 상인이 우리를 성대하게 맞아주었기 때문에, 우리는 그동안 퉁구스족 유르트에서 지내는 동안 몸에 찌든 연기와 검댕을 모두 목욕으로 깨끗이 닦아낼 수 있었다. 깨끗한 옷을 입고 훌륭한 저녁요리를 먹은 다음, 향기로운 차를 5잔이나 마셨으며, 마닐라 산 여송연을 2대나 피우고 마지막으로 잠자리에 들었다. 이불은 푹신한 러시아제 양털 이불이었으며, 하얀 리넨 천이 제공되었다. 모피 외투를 벗고 맨발로 부드럽고 하얀 천을 몸에 감은 채 문명세계의 사치스런 침대에 누워 있으니, 모든 감각이 새롭고 특별해서 잠이 오지 않았고, 뜬눈으로 1시간을 보내다 잠이 들었다.

CHAPTER 40

세상에서 가장 큰 말 우편배달 제도 - 여행준비

우리는 야쿠츠크에서 단 4일만 머물렀다. 하지만 유럽 쪽 러시아의 가장 가까운 철도역까지 약 8,000km에 달하는 거리를 계속 썰매를 몰고 가야 했기 때문에, 그에 대한 준비를 하기에는 충분한 기간이었다. 우리가 야쿠츠크로부터 니즈니 노브고로드(Nizhni Novgorod)까지 가려는 러시아제국 우편도로는 그 당시에 세계에서 가장 길고 잘 정비된 말 우편제도에 의해 관리되고 있었다. 마부만 3,000~4,000명, 썰매와 4륜마차는 1,500~2,000대, 즉각 쓸 수 있는 말이 1만 마리 이상 되는 자원이 뉴욕 시에서 샌드위치 제도(하와이 섬의 당시 이름)까지의 거리에 해당되는 긴 도로를 따라 세워져 있는 350개의 우편역에 골고루 분배돼 있었다.

신체 건강한 사람이, 정부에서 발행한 '포도로즈나야(podorozhnaya: 역마권)'를 지참하고, 쉬지 않고 마차를 달려간다면, 야쿠츠크에서 니즈니 노브고로드까지의 약 8,000km 거리를 25일 만에 주파할 수 있을 것이다. 만일 그 정도 거리를 기차를 타고 간다면 14일이면 주파할 수 있을 것이다. 중국과 러시아 사이에 전신선이 구축되기 이전에는, 제국 전령들이 베이징으로부터의 중요한 메시지들을 전달하기 위하여 16일간 212번 말과 사람을 갈아타며 이르쿠츠크에서 상트 페테르부르크까지의 약 6,000km를 달려가야만 했다. 이렇게 주파하려면 전령들은 썰매에서 먹고 자면서 평균 시속 16km의 속도로 거의 400시간을 계속 달려야 했다.

물론 우리가 그런 속도로 가기를 기대하는 것은 아니지만, 밤낮으로 달려 올해 말까지는 상트 페테르부르크에 닿기를 희망하고 있었다. 우리가 가려고 하는 똑같은 경로를 다녀온 러시아 과학자 마이델(Maidel) 남작의 조언과 협조를 받아 프라이스와 나는 커다란 시베리아 여행용 파보스카 썰매를 사들였고, 그것은 활주부 위에 굵은 삼베로 아기 바구니를 싸놓은 모양이었다.

우리는 그것을 집 안마당으로 들여놓고 앞으로 6주 동안 침실 겸 거실로 쓸 수 있도록 개조작업에 들어갔다. 먼저 짐을 부드럽고 평평한 가죽 배낭으로 다시 싼 다음 파보스카의 가장 밑바닥에 집어넣어 침대의 받침 부분을 만들어냈다. 그리고 험한 길에서의 충격을 완화시키기 위해 그 위에 향기로운 건초를 약 6~7cm 두께로 깔고, 그 위에 2명이 들어가도 충분한 크기인 가로 세로 각 2m의 커다란 늑대가죽 침낭을 펼쳐 놓았다. 또 그 위에 담요 2장을 덮어 놓고, 마지막으로 파보스카 뒷자리 쪽을 커다랗고 부드러운 오리털 베개들로 꽉 채워 놓았다. 썰매 몰이꾼 자리 아래쪽에는 말린 호밀빵, 냉동 수프, 100~140kg의 차, 덩어리 백설탕, 말린 연어 6마리, 그리고 찻주전자, 차깡통, 설탕 항아리, 수저, 칼과 포크, 유리잔 2개 등을 부서지지 않게 넣은 완충 상자 1개를 집어넣었다.

슈워츠와 말찬스키도 파보스카 썰매를 사서 우리처럼 개조작업을 했고, 11월 19일 우리는 우편국으로부터 2장의 역마권을 발급받았다. 프라이스는 그것들을 '유카스(ukases: 국가명령)'이라 불렀는데, 야쿠츠크와 이르쿠츠크 사이에 있는 모든 역장들이 "러시아 제국 황제 알렉산드르 니콜라예비치 …… 등등의 명령에 의해" 우리에게 6마리의 말과 2명의 마부를 제공해 주도록 하는 명령이었다.

시베리아식 '송별식'

시베리아를 제외한 세계의 모든 곳에서는 장거리 여행을 떠날 때 아침 일찍 떠나는 것이 관례처럼 되어 있다. 그러나 시베리아에서는 모든 친구들이 '프로보자트(provozhat: 송별식)'에 참석할 수 있는 저녁 늦게 떠나는 것이 관례이다. 야쿠츠크에서 겪은 우리 경험으로 미루어보면, 시베리아의 관습은 그럴 만한 이유를 갖고 있다. 그 이유는 난동 수준에 가까운 송별식에서는 사람으로 하여금 엄청난 양의 술을 마시게 하여 잠자는 것 이외에 다른 어떤 일도 할 수 없게 만들기 때문이다. 그 자리에 참석한 사람은 자기 주량의 2배, 혹은 4배 이상 마셔대기 때문에 말도 제대로 안 나오고 마치 외국어 말하듯 하게 된다.

11월 20일 밤 10시 우편역사무소에서 우리에게 말들을 보내왔는데, 우리는 이미 2~3번의 점심식사와 1번의 저녁식사를 치른 다음이었고, 우리가 묵고 있는 집주인이 내놓은 보드카와 앵두술부터 칵테일과 샴페인까지의 모든 종류의 술을 시음했으며, 영어 노래 〈존 브라운의 유해〉[170]부터 러시아 노래 〈나스토이치카 트라브나야(Nastoichka travnaya)〉까지 우리가 알고 있는 모든 노래들을 불러댔다. 슈워츠와 말찬스키는 아예 밤을 술로 지새고 또 내일 다른 송별객들을 맞을 작정을 하면서, 우편역에서 보내온 말들을 도로 돌려보내려고까지 했다.

그러나 프라이스와 나는 차르가 역장들에게 보내는 명령은 그날 밤까지만 유효한 것이며, 만일 말들을 즉시 접수하지 않으면, 우리가 늦어지는 만큼 연체료를 지불해야 하고, 또 통행금지 예비 종이 이미 울려서 곧 10시

---

170) John Brown's Body : 1858년 미국 존 윌리엄 스테프(John William Steffe)가 원래 소방대 행진곡으로 만들었으나, 다음해 노예폐지를 주장하는 봉기사건이 터지면서 존 브라운(John Brown)이라는 노예폐지론자가 죽게되자, 그를 기리는 내용으로 가사를 바꿔 불렀으며, 1861년 남북전쟁이 발발하자 북군의 대표적인 군가로 사용되었다. 우리나라에서는 "복남이네 어린아이 감기걸렸네...."로 개사되어 불렸다.

30분에 도시 대문이 닫히게 되며, 만일 우리가 그 시간 이후에 빠져나가려고 한다면, 아마도 소란을 일으킨 죄로 체포될 지도 모른다고 주장했다.

마침내 우리는 쿠크랑카 외투와 모피 두건을 챙겨 입게 되었고, 다시 한 번 주위 사람들과 악수를 나누었으며, 결국 거리로 빠져나올 수 있었다. 말찬스키는 다른 러시아인들과 함께 "라스토치텔노(Ras-to-chee-tel-no)! 보스헤티텔노(Vos-khe-tee-tel-no)! 우디비텔노(Oo-dee-vee-tel-no)!"로 끝나는 술노래를 부르고 있는 슈워츠를 억지로 떼어내 질질 끌고 자기 썰매 있는 곳으로 데려갔다. 우리가 썰매에 올라탄 후, 우리의 대머리 집주인이 마지막 이별주를 가져와서 함께 마신 다음 바로 출발하려고 할 때, 마이델 남작이 심각한 표정으로 나에게 소리쳤다.

"당신은 마부들이나 역장들에게 휘두를 곤봉은 갖고 탄 거요?"

"아니요, 곤봉은 필요 없습니다. 좋은 말로 그들을 설득할 수 있습니다." 내가 대답했다.

"아하! 네일자(Neilza: 그건 불가능합니다)! 그건 불가능합니다! 곤봉이 있어야 합니다! 잠깐만!"

그는 자기 개인 무기고에서 곤봉 하나를 꺼내가지고 나에게 가져다주기 위해서 집으로 달려 들어갔다. 그 사이에 개인적인 견지에서 그의 제안에 전혀 동의하지 않는 나의 마부는 말등에 채찍질을 하며 소리쳤다.

"누, 레바타(Noo, rebatta: 이랴, 얘들아)!"

우리는 서서히 집을 떠나가기 시작했다. 바로 그때 남작이 무서운 곤봉을 휘두르며 다시 나타나서 고함을 질렀다.

"파스토이(Pastoy: 멈춰요)! 네일자(Neilza: 그건 불가능합니다)! 곤봉 없이는 목적지까지 갈 수 없습니다!"

우리가 모퉁이를 돌아나가자, 집은 보이지 않고 우리 집 주인이 한 손에는 촛불을 들고, 다른 한 손으로는 술병을 흔들고 있었다. 마이델 남작은 여전히 곤봉을 흔들며 소리치고 있었다.

"잠깐만! 곤봉을 가져가요! 그렇게 가는 것은 불가능합니다!"

길 옆에서는 송별객들이 즐겁게 웃으며 소리쳤다.

"안녕! 행운이 함께 하기를! 신께서 함께 하시기를!"

얼어붙은 달빛 속에서 별들이 황금빛으로 반짝이고 있었다. 우리는 눈 쌓인 거리를 빠르게 통과해갔다. 얼음창을 통해 안에서 따뜻한 화롯불이 빛을 발하고 있는 흙벽 유르트들을 지나치고, 야쿠트족 집들의 넓은 굴뚝에서 피어오르는 연기 기둥들을 지나치고, 지붕 위에 녹색의 풍선 같은 돔을 얹고 있는 붉은 치장 벽토를 바른 성당을 지나치고, 도시의 외곽에 자리 잡은 외로운 묘지를 지나쳐서 마지막으로 눈에 덮인 강을 따라 내려갔다. 그 강은 폭이 거의 6km에 달하면서 서쪽으로 멀리 뻗어 있었는데, 마치 검은 숲 언덕으로 둘러싸인 얼어붙은 호수 같았다. 우리는 이 커다란 강, 즉 레나 강 상류를 따라 거의 1,600km 거리를 얼음을 타고 여행할 작정이었다. 상류를 따라 가다보면 침엽수림대에서 눈폭풍을 만나기도 하고, 또 상록수림대에서 얇아진 얼음 구멍 속으로 빠질 수도 있을 것이다. 야쿠츠크를 벗어나고 얼마 안 돼 나는 잠에 빠지고 말았는데, 2~3시간 후 첫 번째 우편역사에 도착했다고 우리의 마부가 외치는 소리에 잠이 깼다.

"어이! 역무원들! 새 말과 새 마부로 교체합시다!"

프라이스와 나는 썰매에서 내려서 역사로 들어가 역장에게 역마권을 보여주고 새 말로 교체하는 작업을 지켜봤다. 썰매는 다시 출발했고, 나는 잠이 완전히 깨어 다음 3시간 동안 말등 쪽에 달린 종에서 울리는 소리를 들으며, 서리 얹힌 눈〔眼〕으로 높게 삼림이 우거진 해안가의 검은 윤곽이 동쪽으로 빠르게 우리 곁을 지나쳐가는 모습을 바라보고 있었다.

얼음을 타고 가는 우편도로 여행 – 선잠 자기

동절기에 동부 시베리아에서 우편도로를 따라 여행하는 중에 가장 견디기 어려웠던 일은 추위가 아니라 잠자는 습관이 깨지는 것이었다. 여행 초기에는 밤 날씨도 맑고 강 얼음도 부드럽게 잘 미끄러져서 통상 역에서 역까지 걸리는 시간은 2~3시간이었고, 역에 가까워지면 잠에서 깨어나 거의 항상 섭씨 영하 18도 정도이거나 때때로 영하 40~46도까지 내려가는 밖으로 나와야 했다. 썰매로 돌아와 다시 여행을 시작하게 되면, 차가웠던 몸이 다시 따뜻해지면서 곧 잠에 빠지고, 잠이 들만 하면 또 역에 도착하여 내려야 했다. 그렇게 2~3시간마다 매번, 밤낮으로, 일주일 동안 자다 깨다를 반복하다 보니, 사람이 완전히 기진맥진한 상태가 되었다. 처음 4일이 지나자, 나는 어딘가에 썰매를 세워두고 원 없이 밤잠을 자고 싶은 생각뿐이었다.

그런데 사람이란 환경에 적응하는 동물이어서, 일주일쯤 되자 나는 마부의 고함소리, 말 등에서 울리는 종소리에 익숙해져서 더 이상 잠자는 데 방해받지 않게 되었고, 서서히 밤이나 낮이나 어떤 상황에서도 잠깐씩 칼잠자는 습관을 갖게 되었다. 우리가 강을 따라 올라가자, 달이 늦게 떠올라 밤은 아주 깜깜했고, 우리 마부는 길을 알려주는 상록수림대를 따라가는 데 큰 어려움을 겪고 있었다. 그러다가 야쿠츠크로부터 약 800km 떨어진 지점에서 당황한 마부는 길을 잃게 되었으며, 그 자리에 멈춰 서서 잠시 상록수림대를 찾아보지 않고 대신 곧장 앞으로 전진하는 모험을 택했다.

결국 우리는 깜깜한 한밤중에 강가에서 약 400m 떨어져 있는 수심이 9m에 달하는 얼음 구멍 속으로 처박혔다. 프라이스와 나는 잠에 빠져 있다가 썰매가 얼음 구멍에 처박히면서 말이 울부짖는 소리에 놀라 깨었다. 나는 침낭에서 빠져 나왔으나, 갑작스런 충격으로 정신을 차리지 못했다. 썰매는 뒤집어지는 것을 막기 위해 대놓은 3~4m 길이의 지지대 때문에 물속으로 가라앉지 않고 깨진 얼음 구멍에 걸쳐 있었다. 말들은 물에 빠져 가쁜 숨을 내뿜으며 헤엄치고 있었는데, 그 순간에도 나는 이것이 현실인지 악몽인지 구별이 가지 않을 정도로 정신이 없었다. 그때 어둠 속에서 뒤따라

오던 썰매가 다가왔고, 그쪽 마부가 우리에게 외쳤다.

"무슨 일입니까?"

"우토눌레(Oootonoole : 물에 빠졌어요)!"

"빨리 밧줄을 꺼내요. 나는 나무를 구하러 강가에 갔다 올 테니까요. 몇 분 있으면 말은 그냥 얼어죽어요. 아! 이런! 무슨 재앙이람!"

그렇게 말하면서 외투를 벗어 던지고 그는 강가 쪽으로 달려갔다. 나는 그가 강가에 쓸려온 나무토막으로 뭘 하려는 것인지 알 수 없었으나, 그가 분명 어떤 계획을 갖고 있는 것 같았으므로, 프라이스와 나는 곧 그를 뒤쫓아갔다. 우리가 그를 따라잡았을 때, 그는 숨도 쉬지 않고 말했다.

"긴 나무나 통나무를 구해야 해요. 그래야 내가 그 위로 살살 기어가 말들을 묶고 있는 것들을 풀어줘야 합니다. 하지만 우리가 돌아갈 때까지 말들이 살아있을지는 신만이 아시겠지요. 물이 너무 차갑기 때문입니다."

눈으로 뒤덮인 강가에서 몇 분을 헤매다가 우리는 기다란 통나무를 발견하여 질질 끌고 가기 시작했다. 얼마 안 돼 벌써 숨이 차오르기 시작했고, 그때 마침 슈워츠, 말찬스키, 그리고 다른 마부 1명이 달려와 함께 무거운 통나무를 끌고 갔다. 기진맥진한 상태로 얼음 구멍에 도착하자, 아직 말들이 허우적거리고 있었다. 그러나 많이 지친 상태여서 우리가 구조할 수 있을지 의문이었다.

우리는 통나무를 얼음 구멍에 걸쳐 놓았고, 우리 마부가 입에 칼을 문채 어깨에 밧줄을 메고 통나무 위로 살살 기어가 가까이 있는 말에 묶여 있는 줄을 끊어주고 목에 밧줄을 걸어놓은 다음, 기어서 돌아왔다. 그리고 우리 모두 그 밧줄을 잡아당겨 그 불쌍한 짐승의 머리를 들어올렸다. 엄청나게 힘이 들어가는 작업이었고, 또 얼음 구멍 가장자리가 깨어져 나갔지만, 결국 말을 밖으로 들어내는 데 성공했다. 그런 다음 우리는 똑같은 방식으로 남은 말을 끌어내려 했다.

하지만 이번 말은 다 죽어가고 있었으므로, 잔인할 정도로 채찍질을 가

해야 겨우 움직였다. 말의 몸체가 거의 물에 잠겨 있고, 또 생가죽으로 마구에 단단히 묶여 있어서 풀어주기가 어려운 일이었지만, 우리의 끈질긴 마부가 마침내 줄을 끊는 데 성공하였고, 우리는 그 반쯤 얼어붙은 불쌍한 짐승을 끌어냈다. 그러나 때가 너무 늦어버렸다. 그 말은 탈진과 추위 때문에 일어서지도 못하고 그냥 죽어버렸다.

다음으로 우리는 반쯤 물에 잠긴 썰매에 밧줄을 걸고 다른 팀 말들이 끌어올리도록 하여 썰매도 끌어냈다. 그런 다음 잠시 주변을 왔다갔다 살펴보면서 상록수림대를 찾아보았고, 다시 가장 가까운 역사를 향해 출발했다. 프라이스와 나는 슈워츠와 말찬스키의 썰매를 같이 타고, 나의 마부는 구조해낸 말과 썰매를 타고 따라왔다. 우리가 약 10km 떨어져 있는 역사에 도착한 시각은 오전 3~4시경이었다. 역장을 깨워 새 말로 바꿔줄 것을 요구하고, 우리는 뜨거운 차를 2~3잔 마신 다음, 슈워츠와 말찬스키의 썰매에서 담요와 베개를 가져와 역사 마룻바닥에서 잠을 청했다.

피해 복구

이 불행한 사건의 결과로 우리의 여정은 잠시 중단되었고, 우리는 피해를 복구하기 위해 이틀간 크레스토프스카야(Krestofskaya)라는 마을에서 머물러야만 했다. 우리의 썰매는 꽁꽁 얼어붙어 있었는데, 모피 배낭, 담요, 베개, 옷 등이 물에 젖으면서 바로 딱딱하게 얼어붙었고, 자루에 담긴 내용물들도 거의 못쓰게 되어버렸다. 그래서 얼어붙은 물건들을 녹이고 말리기 위해 주변의 5~6가구에 나누어 주었고, 다행히 떠나기 전날 모두 회수할 수 있었다.

이 불행한 사건 이후로 나는 밤에 잠을 이룰 수 없었다. 우리가 한 번은 다행스럽게 얼음 구멍에서 살아나올 수 있었지만, 두 번 다시 그런 행운이 찾아오리라고는 생각할 수 없었다. 그래서 나는 내 자신이 직접 상록수림대를 주시하겠다고 결심했다. 이후로 밤에 다시 길을 잃게 되면, 반드시 마부에게 정지할 것을 명하고 썰매에서 내려 다시 길을 찾을 때까지 직접 걸어다니며 살펴보았다.

내가 두려워하는 것은 물에 빠지는 것이 아니라, 물에 젖는 것이었다. 거의 매일 영하 18~46도를 오르내리는 추위 속에서 옷을 입고 물에 빠진 사람은 순식간에 얼어 죽을 수밖에 없는 것이고, 또 앞으로도 얼마든지 그런 얇은 얼음 구멍 속으로 빠질 가능성이 있는 것이므로, 조심하고 경계하는 것만이 가장 중요한 일이었다.

우리는 다시 출발하여 밤낮으로 서쪽을 향해 강을 타고 올라갔다. 강폭은 통상 2km에 가까웠지만, 때로는 3~5km에 달할 때도 있었다. 강가 쪽으로 가파른 산등성이에 매달리듯 페인트칠을 하지 않은 통나무집들이 점점이 산재해 있는 마을을 지나고, 다뉴브 강의 철문 협곡[171]처럼 절벽으로 둘러싸인 골짜기를 통과했다. 그리고 털 많고 하얀 야쿠트산 조랑말들이 풀을 먹기 위해 눈을 파헤치고 있는 평평한 목초지를 따라가고, 유럽 문명의 흔적을 볼 수 있는 키렌스크(Kirensk 혹은 Kirinsk)와 비팀스크(Vitimsk) 같은 중간 크기의 도시들을 통과하여 드디어 강 상류의 종착지인 베르홀렌스크(Verkholensk)에 도착했다. 근처에는 오하이오 강(Ohio-River)을 오르내리던 배처럼 선미에 수차(水車)가 달린 증기선이 옛 모습 그대로 얼어붙은 채 정박해 있었다.

"저 증기선 좀 봐요! 마치 고향에 온 것 같지 않나요?"

좀처럼 놀라지 않는 프라이스가 소년처럼 흥분하며 외쳤다.

베르홀렌스크에서 우리는 지금까지 상류를 타고 올라가던 레나 강의 얼

---

[171] Iron Gate of the Danube: 다뉴브 강이 흑해로 흘러 들어가는 중간에 트란실바니아 알프스와 발칸 산맥을 가르는 가파르고 험한 협곡인데, 항해에도 어려움이 많아 철문 협곡으로 불리지만, 주변 풍경이 아름다워 세계적 명승지로 유명하다.

음길을 버리고 2주 만에 처음으로 바이칼 호수 서부 해안과 거의 평행선상에 있는 지역을 가로질러 가기 시작했다. 오호츠크를 떠난 지 41일 만이었고, 거리로는 약 3,700km를 주파했던 것이다. 여기서부터 이르쿠츠크까지는 하룻길이었다.

이르쿠츠크의 첫인상

12월 초 햇살이 비치는 어느 맑은 아침에 우리는 이르쿠츠크로 향하는 도로위쪽 높은 언덕 위에서 동부 시베리아의 수도를 처음으로 볼 수 있었다. 페인트칠을 한 창문 덮개가 있는 목조집들이 밀집해 길게 늘어서 있었고, 초록색 지붕과 하얀 벽의 건물들, 황금색 풍선을 거꾸로 매달아놓은 것 같은, 혹은 군청색 돔 위에 황금색 별이 빛나고 있는 그림같이 아름다운 러시아-비잔틴 양식의 성당들이 군데군데 눈에 띄었다.

도시 남쪽으로는 몽골 국경지대에서 온 짐을 실은 썰매들이 긴 줄을 이루어 들어오고 있었고, 여기저기 정부 건물들 지붕 위에서는 국기가 펄럭이고 있었다. 또한 강변에 있는 연대급 병영에서는 군악소리가 희미하게 들려왔다. 우리 마부가 모자를 벗고 우리에게 돌아서서 자랑스레 손가락으로 가리키며 말했다.

"이르쿠츠크입니다!"

우리가 깊은 감동을 받기를 그가 기대했다면, 그는 결코 실망하지 않았을 것이다. 왜냐하면 당시 시각으로 볼 때, 이르쿠츠크는 매우 아름답고 놀랄 만한 도시였기 때문이다. 게다가 우리는 아시아 북극권의 황량한 삼림지대와 툰드라 지대에서 방금 도착하여 문화, 사치, 부를 상징하는 아름다운 건축물이 있는 곳이라면 어디라도 깊은 감동을 느낄 마음의 준비가 돼 있는 상태였던 것이다. 우리는 2년 반 동안 도시 냄새라도 풍기는 어떠한 곳도 본 적이 없었으므로, 마치 야만인 고트족이 로마를 바라보는 것 같은 기분이 들었던 것이다.

우리의 부리야트족172) 마부가 이르쿠츠크는 너무 큰 도시여서 집집마다 번호를 붙여야만 찾을 수 있는 곳이라고 우리에게 진지한 어조로 말해 준 내용도 우리는 허투루 듣지 않았다. 기지가, 펜지나, 오호츠크 같은 외지에서 방금 돌아온 우리 같은 사람들에게 수많은 집들로 둘러싸인 도시란 정말 가볍게 취급할 수 없는, 놀랍고 감동적인 그런 무엇인 것이다. 그래서 우리는 한때 그런 수많은 집으로 둘러싸인 도시를 본 적이 있었다 하더라도, 다시 원초적인 감정으로 돌아가 놀라움과 감동으로 그런 정보를 받아들일 수 있었던 것이다.

20분 후, 우리는 마치 승전 소식을 전하는 제국의 전령처럼 말을 달려 도시로 입성하고 있었다. 길거리 시장, 전신주, 가로등, 금박 간판을 단 큰 상점, 러시아산 올로프 품종 말173)들이 발을 높이 쳐들며 끌고 가는 반짝반짝 빛나는 무개 사륜마차, 제복 입은 관리들, 사브르 검을 차고 회색 외투를 입고 있는 경찰관들, 그리고 하얀 캅카스식 바쉴릭174)을 머리에 뒤집어 쓴 아름다운 여인들을 지나쳐서 우리는 마지막으로 29개월 만에 처음 보는 호텔, 즉 벽토로 치장한 근사하고 안락한 호텔 앞에 허세를 부리며 썰매를 세웠다.

---

172) Buryats: 바이칼 호수 주변에 사는 종족으로 시베리아 원주민 중 가장 큰 종족이며, 20세기 말 인구는 약 50만 명으로 보고되고 있고, 부리야티야 공화국을 이루어 살고 있으나, 공화국 내에서도 러시아인이 다수를 차지하여 토착어인 부리야트어보다 러시아어 사용이 주류를 이루고 있다. 부리야트족의 일원인 코리 부족은 우리 부여, 고구려의 전신인 고리국을 형성한 장본인들로 추정되고 있다. 부리야트족은 대궁(大弓)을 사용하고 나무꾼과 선녀 설화 등 우리와 유사한 문화 전통을 많이 갖고 있는 것으로 확인되고 있다.

173) Orloff trotter: 18세기 러시아 올로프 백작이 아랍 종자마를 바탕으로 만들어낸 품종으로 힘이 좋고 다리에 부드러운 털이 나 있다. 러시아에서 농업용, 군용으로 널리 쓰인다.

174) bashliks: 이란, 터키, 러시아 카자크족 등이 머리에 뒤집어쓰고 목까지 휘감는 원뿔형 전통 두건으로 재료는 가죽, 모직, 면, 비단 등으로 다양하며, 용도도 의복형, 스카프형, 전투용 등으로 다양하다. 러시아에는 나폴레옹 전쟁 이후 1830~1840년대에 유행했으며, 1862년에는 카자크 군대의 제복이 되었다.

CHAPTER 41

문명 세계로의 입장

지금까지 우리는 반 야만적인 생활을 하다가 이르쿠츠크에서 갑자기 높은 문명과 문화를 가진 세계로 뛰어들게 되었다. 익숙지 않은 새로운 환경에 적응하려는 우리의 시도는 처음에는 적지 않은 당혹감과 불편함이 뒤따랐다. 그러나 우리는 동부 시베리아의 수도에 나타난 몇 안 되는 미국인들 중 하나였으며, 또한 러시아 정부와 협력하고 있는 회사의 간부들이었으므로, 상당한 대우를 받았을 뿐만 아니라, 어디에서나 따뜻한 환대를 받았다.

그리고 고위관리들과 초청을 주고받으며, 만찬 초대를 수락하고, 총독 참모들의 극장 지정좌석들을 공유하고, 블라고로드나야 소브라니야(Blagorodnaya Sobrania: 귀족의회 즉 상원) 의사당에서 매주 열리는 귀족들의 무도회에 참석하는 등의 일이 필수적이라는 사실을 우리는 곧 깨닫게 되었다.

물론 우리에게 다가온 첫 번째 어려움은 적당한 옷이 없다는 것이었다. 북극권 황무지에서 2년 반 동안 여행을 하고 나니, 이르쿠츠크와 같은 도시에서 입을 만한 옷이 하나도 남아 있지 않았다. 게다가 우리는 새로운 옷을 살 만한 돈이 없었다. 오호츠크를 떠나올 때 가져왔던 250달러는 여행하는 동안 필요한 용도에 지출되어 낙숫물 떨어지듯 서서히 떨어졌고, 간신히 일주일간 호텔에 머물 수 있는 정도의 돈만 남았을 뿐이었다. 이런 위기 상황에서 우리는 전신회사 제복에 의지할 수밖에 없었다. 제복은 이미 알다시피 레나 강의 얼음 구멍에 빠진 것을 크레스토프스카야에서 녹이고 말린 것이었다. 우리는 이르쿠츠크 세탁소에서 제복을 다리미로 다리고, 녹슨 금장 단추들을 손질하여 다시 광을 냄으로써, 총독의 호출에도 당당할 차림새를 갖추게 되었다.

귀족들의 무도회 – 이상하고 괴이한 언어

그러나 우리가 통과해야 할 가장 어려운 문제는 총독의 참모장인 쿠켈(Kukel) 장군이 데리고 간 상원 의사당에서 열리는 무도회에서 춤추는 것이었다. 넓은 방에 화려하게 불이 켜 있고, 만국기와 상록수가 예쁘게 장식돼있었다. 바닥은 윤이 나도록 닦아놓았고, 군악대는 음악을 쨍쨍 울리도록 연주하고 있었다. 이브닝 드레스를 입은 아름다운 여인네들, 화려하고 다양한 제복을 입은 수많은 젊은 장교들, 이 모든 것만으로도 우리를 충분히 흥분과 당혹스러움에 빠뜨릴 수 있는 것이었다.

나는 자선파티 무도회에 나온 제복 입은 에스키모 같다는 생각이 들면서 자신이 초라하게 여겨졌고, 군악대 뒤 구석에라도 숨고 싶은 심정이었다. 내가 바라는 것은 나에게 온갖 시선이 집중돼 관찰 대상이 되는 것이 아니라, 이런 기회에 군악대가 연주하는 활기찬 폴란드 춤곡 마주르카의 박자에 맞추어 돌진하고, 원을 그리고, 정확히 선에 맞추는 화려한 춤 동작들을 관찰하는 것이었다. 그러나 쿠켈 장군은 다른 생각을 갖고 있어서 지금까지 본 제일 아름다운 여인네들에게 우리를 데리고 가서 소개했다.

"케넌 씨와 프라이스 씨는 러시아어를 완벽하게 구사합니다."

나이에 걸맞지 않게 지각있는 프라이스는 자기는 그런 수준이 아니라고 부인했지만, 지각없는 나는 경솔하게도 어느 정도 수준은 된다고 인정하면서 어여쁜 젊은 여성과의 빠른 러시아어 대화 속으로 빠져들어갔다. 그녀는 마음이 통한다는 얼굴로 눈을 반짝이며 북동아시아에서의 개썰매 여행과 유목 코략족과 고락을 같이했던 텐트 생활을 이야기해 달라고 나를 재촉했다. 내가 이야기를 해나가자, 그녀는 갑자기 얼굴이 붉어지면서 무언가 조금 놀란 듯한 표정을 지으며, 이 세상의 그 어떤 것도 그런 즐거움을 줄 수 없다는 듯이 웃음을 참으려고 입술을 깨물기까지 하는 것 같았다. 그래서 나는 대화가 마치 모국어로 하는 것처럼 성공적이었다고 생각했다.

이후 그녀는 그녀에게 춤추기를 요청한 젊은 카자크족 장교에게로 가버렸고, 나는 곧 러시아어를 말하는 미국인의 이야기를 듣고 싶어 하는 다른 여성과의 대화에 다시 빠져 들어갔다. 첫 대화를 나눴던 그녀가 얼굴을 붉히고 재미있다는 웃음을 보인 것에 나의 자부심이 조금 흔들렸으나, 나는 다시 나의 지적 능력을 재정비한 다음, 굳세게 러시아어 어휘 구사를 밀고 나갔고, 프라이스는 나의 그런 모습에 "당당히 잘해내고 있다"는 말을 해줄 것 같았다.

하지만 나는 곧 또 하나의 암초에 걸리고 말았다. 두 번째 여성 역시 놀라움으로 충격을 받았다는 증상을 보이기 시작했던 것이다. 내가 젊은 처녀의 순수한 얼굴에 대고 여자 마음에 충격을 주고 얼굴이 빨개지도록 할 만한 그런 주제의 이야기를 한 적이 없다는 것은 정말 확실하지만, 무언가 잘못된 것이 확실했다. 자리를 피할 수 있는 순간이 다가오자, 나는 쿠켈 장군에게로 다가가 말했다.

"참모장님, 나의 러시아어 구사에 어떤 문제점이 있는지 말씀해 주시겠습니까?"

"왜 문제가 있다고 생각합니까?"

장군은 회피하듯 대답했으나, 눈은 재미있다는 듯 반짝거렸다.

"여성들과의 대화가 잘 진행되지 않아서입니다. 이해는 잘하고 있는 듯 싶은데, 뭔가 놀라운 충격을 받는 것 같습니다. 발음이 너무 안 좋아서일까요?"

내가 물었다.

"당신은 정말 재미있고 매력적인 발음으로 아주 유창하게 러시아어를 구사하고 있습니다. 하지만, 실례입니다만, 솔직하게 말할까요? 당신은 여러 불리한 조건 속에서 러시아어를 배웠습니다. 캄차카와 오호츠크 해의 코략족, 카자크족, 축치족 등으로부터 말입니다. 물론 당신이 구사하는 어휘들은 아주 순수하고 자연스러운 것입니다만, 잘 들어맞지 않는 어떤, 그러니까……."

그가 말했다.

"그러니까 상류사회에서는 사용하지 않는 어휘들인 것입니까?"

내가 물었다.

"뭐, 꼭 그렇다는 것은 아닙니다. 그 어휘들이 조금 이상하다는 것이지요. 하지만 그건 별 것 아닙니다. 전혀 문제될 게 없어요. 당신은 교양 있는 러시아어를 책으로 조금 배우면 됩니다. 그리고 도시생활을 몇 개월 하면 됩니다."

그가 말하기가 미안하다는 듯이 말했다.

"문제가 풀렸습니다. 나는 이제부터 이르쿠츠크에서 젊은 여성들에게 러시아어로 말하지 않아야 하겠습니다."

내가 말했다.

나중에 상트 페테르부르크에 도착했을 때, 나는 책으로 러시아어를 공부할 기회가 생겼고, 그때 제대로 교육받은 사람들의 발음을 들어본 결과, 내가 캄차카의 모닥불가에서, 그리고 오호츠크 해의 카자크족 통나무집 이즈바(izbas)에서 주위들은 러시아어는 많은 면에서 러시아인이 콜로라도 광산 막사에서, 그리고 몬태나의 카우보이들에게서 주위들은 영어와 비슷하다는 사실을 깨달았다. 그것은 유창한 말이지만, 쿠켈 장군이 말했듯이,

"이상하고 괴이한" 말이며, 때때로 과하게 상스러운 말이었다.

셰익스피어 시대의 영어

그러나 이르쿠츠크에는 "이상하고 괴이한" 말을 쓰는 사람이 나만 있는 것이 아니었다. 무도회가 끝나고 이틀이 지나서 우리는 어느 젊은 러시아인 전신기술자로부터 같은 기술자로서 인사를 나누고 싶다는 요청을 받았다. 나는 그를 만나자 러시아어로 충심 어린 인사를 건넸다. 그런데 그는 곧 영어로 말하기 시작했고, 회화 연습을 위해 영어로 대화하기를 원했다. 그의 발음은 조금 이상했지만 잘 알아들을 수 있었으므로, 그의 말을 이해하는 데 아무런 어려움이 없었다. 그런데 그의 말은 중세 때나 쓸 만한 어휘들 때문에 이상하게 들렸다. 30여 분의 대화 끝에 나는 그가 15세기의 영어, 즉 셰익스피어, 보몬트, 플레처[175] 같은 사람들이 살던 시대의 영어를 쓰고 있다는 사실을 알게 되었다. 하지만 나는 그가 어떻게 그런 영어를 19세기에 동부 시베리아의 수도에서 배울 수 있었는지 상상할 수가 없었다.

결국 나는 내가 아는 한, 영어 선생님이 한 명도 없는 이 도시에서 그런 영어를 어떻게 배우게 됐는가를 그에게 물어보았다. 그가 대답하기를, 러시아 정부에서 러시아어와 프랑스어를 구사하는 전신 기술자를 구하면서, 추가적으로 다른 언어를 배우는 조건으로 1년에 250루블을 더 주겠다고 했

---

175) Francis Beaumont(1584~1616), John Fletcher(1579~1625): 영국 르네상스기의 극작가들. 당대에 셰익스피어와 라이벌 관계를 이루었던 두 사람은 당시 합작이 당연시되던 시절에 희비극 분야의 명콤비를 이루어 두 사람의 이름을 함께 부른다. 이들의 작품 〈필라스터(Philaster)〉, 〈처녀의 비극(The Maid's Tragedy)〉, 〈왕이로되 왕이 아니다(A King and No King)〉 3편은 영국 연극 고유 장르를 완성시킨 낭만적 희비극의 대표작으로 셰익스피어의 낭만극에 영향을 미친 공적으로도 높이 평가된다. 보몬트가 견실하고도 남성적인 외향성을 나타내고 있음에 비해 플레처는 섬세하고 기교적인 내향성을 보이며, 플레처는 만년의 셰익스피어와 〈헨리 8세〉를 합작하기도 했다.

다는 것이다. 그는 250루블이 필요했으므로, 작은 영-불 사전 한 권과 셰익스피어 작품의 오래된 복사본 한 권을 가지고 영어공부를 시작했으며, 또한 교육받은 폴란드인 유형수나, 때때로 들르는 외국인들에게서 발음에 관한 조언을 듣기도 했으나, 주로 셰익스피어의 희곡에 나오는 대화들을 외우면서 혼자 영어를 익혔다는 것이었다.

나는 그에게 러시아어와 관련된 나의 최근 경험을 들려주면서 그의 공부방법이 나의 방법보다 훨씬 나은 것이라고 말해주었다. 내가 카자크족 개썰매 몰이꾼이나 일자무식 캄차달족 사람들에게서 러시아어를 배우는 동안, 그는 역사상 가장 위대한 영어의 달인인 셰익스피어에게서 영어를 배웠던 것이다. 내가 쓰는 러시아어가 오로지 산골짜기 숲속에서나 통용될 수 있다면, 그의 영어는 젊고 어여쁜 여성들에게 로미오의 감미로운 언어로 받아들여질 수 있을 것이다.

이르쿠츠크에서의 첫 일주일이 지나가자, 우리는 다시 여행 준비를 시작했다. 하지만 여행 준비를 하느라 호텔비용을 치를 돈이 없었다. 나는 아바자 소령에게 돈을 보내달라고 몇 번이나 전신을 보냈으나 아무런 답장이 없었다. 결국 나는 굴욕감을 감수하고 셸라쉬니코프(Shelashnikoff) 총독에게 가서 500루블을 빌렸다.

대 시베리아 간선도로 – 차 무역상 카라반을 지나치다

12월 13일 우리는 우편도로인 대(大) 시베리아 간선도로를 따라 다시 여행을 시작했고, 도중에 중국 후베이성(湖北省) 한커우(漢口)로부터 온 차 무역상 카라반, 레나 강 사금광산으로부터 금을 수송하는 카자크 용병대, 트랜스 바이칼(바이칼호 동남쪽 지역) 광산으로 가는 중노동형에 처해진 죄수들, 그리고 러시아, 시베리아, 극동 등지의 생산물을 가득 실은 수백 대의 썰매들을 지나쳐갔다.

처음 1,600km 구간 동안 우리의 여행은 차 무역상 카라반 때문에 지체되었고, 특히 밤에는 제대로 쉴 수도 없었다. 11월에 동절기 도로가 개설되면 베이징을 떠나 고비사막을 넘어온, 썰매들이 수백 대씩 매일 이르쿠츠크를 떠나 니즈니 노브고로드로 향하게 된다. 그 썰매들은 한 마리의 말이 끄는데, 거기에는 가죽으로 싼 차 상자들이 가득 실려 있다. 이들은 길이가 500m~1.5km 에 이르는 긴 카라반 행렬을 5~6개씩 이루어 이동하는데, 카라반 1개 행렬에 보통 50~200개의 썰매들이 속하게 된다.

통상적으로 차 운반 말들은 천천히 걸으면서 개별 여행자들의 마차나 썰매를 만나게 되면 길을 비켜주도록 법으로 정해져 있었다. 그러나 그렇게 하는 경우가 드물었다. 또한 밤이 되면 차 운반 마부들은 짐 위에 올라가 일찍 잠에 들기 때문에, 그들을 깨워 길을 비켜달라고 할 수가 실제로는 불가능했다. 그래서 이들을 지나쳐가기 위해 우리는 옆으로 비켜서 깊이 쌓인 부드러운 눈을 쳐가며 나아가야 했다. 이에 화가 난 우리 마부들은 잠들어 있는 카라반의 말과 마부들에게 긴 가죽채찍을 휘둘러 때리며 고함을 질러댔다.

"일어나!(철썩)"

"움직여라!(철썩)"

"길 한복판에서 뭐하는 짓이냐?(철썩)"

"아! 이 사악한 타타르족 이교도들아!(철썩)"

"한밤중에나 잠을 자야지, 초저녁에 웬 잠이냐?(철썩, 철썩)"

게다가 카라반 옆을 지나가면서 우리 썰매의 딱딱한 지지대로 차 썰매를 일부러 들이받았으므로, 죽은 듯이 잠들어 있던 마부들도 모두 잠에서 깰 수밖에 없었을 것이다. 우리도 역시 우리 마부들이 외쳐대는 소리에 일찍부터 깨어 있을 수밖에 없었다. 우리가 밤에 이런 고생을 한두 번 하고 말았으면, 그래도 그렇게 나쁘진 않았을 것이다. 그런데 우리는 해가 지고 다음날 해뜰 때까지 밤새도록 그런 카라반을 6개나 지나가야 했다. 매번 채찍질을 하고 차 썰매를 들이받는 등 러시아인과 타타르인과의 불경스런 소란 속에서 어느덧 날이 밝아왔던 것이다. 톰스크(Tomsk)를 지나고 얼마 안 돼, 우리는 차 무역상 카라반의 선두를 따라잡았고, 이후로 더 이상 그들은 보이지 않았다.

빠른 여행 – 11주 만에 약 9,000km를 달리다

서부 시베리아의 도로는 단단하고 편했다. 그리고 말들의 상태도 좋아서 우리는 비교적 편안하게 빠른 속도로 전진할 수 있었다. 하루에 두 번 식사할 때만 멈춰 섰고, 매일 약 300km씩 나아갔다. 우리는 그 해를 넘기지 않고 우랄 산맥을 횡단하는 데 성공했으며, 거의 밤낮으로 25일 동안을 달려갔다. 다음해 1월 7일 당시 러시아 철도의 동쪽 종착역인 니즈니노브고로드(Nizhni Novgorod) 시의 어느 호텔 앞에 도착해 있었다. 우리는 썰매, 모피 배낭, 베개, 찻잔과 주전자, 그리고 기타 보급품 등을 모두 팔았으나, 비루할 정도로 얼마 안 되는 금액을 손에 쥐었을 뿐이었다.

그날 우리는 상트 페테르부르크 행 열차를 탔고, 드디어 1월 9일 러시아의 수도에 도착했다. 오호츠크를 출발하여 야쿠츠크, 이르쿠츠크, 톰스크, 튜멘(Tiumen), 에카테린부르크(Ekaterinburg), 니즈니노브고로드를 거쳐 상트 페테르부르크까지 11주에 걸친 여정이 끝난 것이다. 11주 동안 우리는 개, 순록, 말 등을 총 260번 이상 갈아탔으며, 거의 썰매 한 종류만으로 약 9,142km에 달하는 거리를 주파했던 것이다.

찾아보기

〈가, 나, 다〉

개썰매 196, 287
개썰매 몰이 272
게눌(Genul) 계곡 119
교착어 194
그레이 127
극북(極北) 95
금문교 61
기지가(Geezhega) 167, 240, 282, 382 387, 396
기지가 강 288
기지긴스크 만(Geezheginsk Gulf) 240, 397
길략족 358
〈나스토이치카 트라브나야(Nastoichka travnaya)〉 492
날김(Nalgim) 314
《내전기》 148
네스토르 273
눈폭풍 442, 447
《뉴욕 헤럴드(New York Herald)》 406
뉴펀들랜드 종 개 342
니즈니 노브고로드(Nizhni Novgorod) 508
니콜라예프스크(Nikolaevsk) 49, 380
니콜라이 브라간(Nicolai Bragan) 150
다람쥐 가죽 360
다모클레스의 검 472
달(Dall) 36, 52
담비 사냥 193
《데이비드 카퍼필드》 47
도드(Dodd) 87, 103
돌아오지 못하는 강 446
드랑카(Dranka) 144
드워프 크랜베리(dwarf cranberry) 108
디거 인디언 274
딕스 장군 368

〈라〉

라다만투스 119
라무트족(Lamootkees) 222, 358
라셀라스 120
라페루즈 78
랩랜드(Lapland) 220
랩족(Lapps) 222
러시아산 올로프 품종 말 500
러시아식 지그(Russian jig) 춤 388
러-미 전신회사(Russo-American Telegraph Company) 36, 45
《런던행 소포(London Packet)》 55
레셉스 243
레스노이(Lesnoi) 144, 169, 182, 185, 190
레토바(letova) 191, 401
렉키 246
로드카(lodkas) 456
로스 브라운 237
론 산(Lone Mountain) 61
루스키 흐레벳(Rooske Krebet) 425
루쿨루스 112
리처드 버튼 경 54
립 반 윙클 316

〈마〉

마냘라(manyalla) 213
마로쉬카(maroshkas) 108
마르코바(Markova) 325
마리보 127
마이델(Maidel) 남작 491
마젤란 성운 373
마투가 섬 457
《마틴 처즐위트(Martin Chuzzlewit)》 56
마후드 58, 80, 87
말모프카(Malmofka) 289, 378
말카챤(Malcachan) 450
말쿠아(Malqua) 116
《매리어트의 항해 이야기(Marryat's sea tales)》 51
매크리 팀 376
메샨(meschans: 311
메조판티 추기경 154
모피 무역 193
몬주르족 358
미국 과학학회지(American Journal of Science) 236
미키나(Meekina) 270

미트리다테스 6세 99
밀코바(Milkova) 132

〈바〉

바라반(baraban) 233
바락 호 405
《바우디의 항해법 핸드북(Bowditch's Navigator)》 50
바이데라(baidera) 270
발라클라바 전투 231
백산차(Labrador tea) 168, 384
벌클리 대령(Col. Chas. S. Bulkley) 47, 52
베르스타(verst) 224
베르홀렌스크(Verkholensk) 498
베링(Behring) 78
베링 해협 382
보고라스 38
볼로간(bologan) 105, 191
부리야트족 500
부시(R. J. Bush) 49, 59, 79, 87
북극 이끼 168
브랑겔 50, 242, 361
브리티시컬럼비아(British Columbia) 35, 48
블루베리 108
비처 417
비팀스크(Vitimsk) 498
빅모어 236
빌루친스키(Villoo-chin-ski) 봉 102
빌류친스키(Villeuchinski) 산 67
빌리가(Viliga) 438
빌리가 계곡 442, 444
빌리가 산 439

〈사〉

사만카(Samanka) 171
사만카 강 177, 180, 186
사만카 산맥 174, 189, 201
사모바르(samovar) 379
사스트루지(sastroogee) 230
산형화 137
《살인의 예술적 고찰》 250
상트 페테르부르크 508
《샌프란시스코 불레틴(San Francisco Bulletin)》 461
샤머니즘 246, 247
샤머니즘의 기원 249
샤먼 250
서리 대왕 347
〈섬의 지배자(The Lord of Isles)〉 163
세돈카 166
셀량카 154
셰롬(Sherom) 126
셰스타코바 268
수바일리치 봉우리 151
수우족 166
순록떼 205, 215, 216, 219, 255
스타노보이 산맥(Stanovoi Mts) 248, 257, 438
시베리아 탐험대 280
신기루 291, 292

〈아〉

아나디르 강(Anadyr River) 48, 282, 303, 375, 382
아나디르 강 탐험대 342
아나디르 만 339
아나디르스크 87, 284, 323, 346, 356, 374, 382
아나디르스크 병 391, 394
아나디르스키 볼(Anadyrski bol) 391
아르고스 211
아민야나(Aminyana) 170
아바자(S. Abaza) 소령 49, 86
아바차 강 100
아바차 만(Avatcha Bay) 70
아바차(Avatcha) 산 67, 75
아바친스키(Avatchinsky) 화산 102, 104, 113
아이작 월튼 114
아클란(Aklan) 강 304
아킬레스의 분노 232
아탈란타 234
알단 강 488
알렉산더 포프 143
알렉시스 소이어 101
알류샨 열도 63
《알프스의 빙하(Glaciers of the Alps)》 179
애틀랜틱 전신회사(Atlantic Cable) 35, 45
야삭(yassak) 98

야쿠츠크(Yakootsk)	140, 361, 380
야쿠츠크 시	489
야쿠트산 조랑말	498
야쿠트어	393
야쿠트족	106, 248, 360
얌스크(Yamsk)	395, 438, 453
얌스크 강	453
양키 두들	396
어빙	73
에카테린부르크(Ekaterinburg)	508
연어잡이	191
옐로우-클라우드 베리(yellow-cloud berry)	108
오로라	290, 296, 370, 372, 374, 463
오시안	195
오쿠타	108
오호츠크(Okhotsk)	284
오호츠크 강	463
오호츠크 항	463
오호츠크 해	95, 387
올가 호	52, 86, 88
와이움펠카(Wyumpelka)	170
외르스텔(oerstel)	197
요한 가스파르 슈푸르츠하임	111
요헬손	38
욜로프카(Yolofka)	143, 155
욜로프카 강	149, 150
우스카노바(Ooskanova) 강	309
우시노바(Ooseenova)	293
월터 스코트	163
웨스턴 유니온 익스텐션 회사(Western Union Extension Company)	45, 46
웨스턴 유니온 전신회사(Western Union Telegraph Company)	35, 46
웨스톤	459
윔퍼(Whymper)	34
유르트	158, 208, 262
유카기르족(Yookagaree)	253, 362
유카스(ukases)	491
유칼라(Yookala)	192
유콘족(Yukons)	243
〈유피디〉	151
이르쿠츠크(Irkootsk)	140, 499
이수리엘의 창	296
이스프라브니크(Ispravnik)	98
인디언 섬머	149

〈자, 차〉

정착 코략족	259, 264
제섭 북태평양 탐험대	386
제임스 마후드(James A. Mahood)	49
조셉 레이	244
조지 프로스트(George A. Frost)	38
〈존 브라운의 유해〉	492
존 프랭클린 경	227
존 피닉스	318
짐니야(zimnia)	191
차르 알렉산드르 1세	229
체르케스	219
체스터필드 경	281
첼랄라이카	196
추반치족	253, 311, 362
축치어	194
축치족	88, 242, 324, 358, 364
축치족 유목민	303

〈카〉

카라코제프	459
카릴	195
카메노이(Kamenoi)	258
카무르(muk-a-moor)	238
카샤(Kasha)	212
카자르메(kazarme)	401
카자크 왈츠	334
카자크(Kazak) 조랑말	86
카자크족	91, 264
카테리나 곶(Cape Catherine)	457
카팔루쉬카(kapalooshka)	333
캄차달(Kamtchadal)	77
캄차달식 램프	190
캄차달 언어	194
캄차달인	96, 104, 147, 171, 190
캄차카	71
캄차카(Kamtchatka) 강	96, 126, 127, 130, 149
캄차카 나리꽃	104
캄차카 반도	95
캄차카 해안	65

캅카스식 바쉴릭	500
케드라브닉	304
코략스키 봉	102
코략어	194, 242
코략 유목민 자치구역	200
코략족(Koraks)	88, 95, 96, 98, 202, 205
	208, 210, 215, 238, 246, 360
코략족 결혼식	231
코략족 샤먼	249
코략족 유르트	260
코략족 유목민	256, 271
코략족 이끼지대	169, 171
코략족 정착민	271
코략족 타이온	220
코만치족	121
코제레프스키(Kozerefski)	138
코젤스키 화산	102
콘드라(Kondra) 강	309
콜리마(Kolyma)	140
쿠크랑카(kookhlanka)	198, 350, 354
크레비용	127
크레스토프스카야(Krestofskaya)	497
크레용	143
크리스티(Kristee)	140
클루차이	140, 143, 148
클루체프스키	141, 142, 152
클루체프스키 화산	128, 137, 140, 148
	151, 161
키렌스크(Kirensk)	498
키우르(kiour)	272
킨킬(Kinkill)	191
〈킹덤 커밍〉	151

〈타, 파, 하〉

타이온(Tyon)	216, 219
터너	374
테티르(teteer)	387
《템페스트》	232
토르바사(torbassa)	198, 320
토마스 드 퀸시	250
토마스 매콜리	313
토볼스크(Tobolsk)	140
토포르(topor)	362
토폴로프카(Topollofka) 강	439

톰스크(Tomsk)	508
투르크족	360
투스쿨룸(Tusculum)	112
퉁구스족	106, 222, 248, 358, 360
	484, 485
튜멘(Tiumen)	508
트랜스 바이칼	506
트랜스 상태	392
티길(Tigil)	143, 167, 215
틴달	179
파렌(Paren) 강	378
파보로트니(Pavorotni)	68
파보로트니 곶(Cape Pavorotni)	70
파보스카(pavoska)	266, 343, 491
파트로클루스	133
팔스타프	125
페트로파블로프스크	65, 70, 74, 91
펜지나(Penzhina)	258, 282, 310
펜지나 강	375
펜진스크 만(Penzhinsk Gulf)	96, 217, 257
펜진스키(Penjinski)	195
포도로즈나야(podorozhnaya)	490
폴란(Polan)	170
폴로그(polog)	208, 209, 235
푸르가(poorga)	307
푸쉰(Pooschin)	123
프란츠 요셉 갈	111
《프랭크 레슬리(Frank Leslie's)》	489
《프랭크 레슬리 화보 신문(Frank Leslie's Illustrated Newspaper)》	368
프로보자트(provozhat)	492
프로크루스테스의 침대	118
프로파드쉬나(Propadschina)	445
플라잉 더치맨 호	404
피두스 아카테스	417
필리페우스(Philippeus)	282, 340
하르치나(Hartchina)	150
《하퍼스 위클리(Harper's Weekly)》	368, 489
헤스페리데스	235
〈헤일 컬럼비아〉	408
환월 현상	304, 347
훅타나(Hucktana)	170
희생 제물	249
희생제의	250